Biologische Arbeitsbücher _____ 52

W0070607

Walther Enßlin
Roland Krahn / Stefan Skupin

Böden untersuchen

Quelle & Meyer Verlag Wiebelsheim

Dr. Walther Enßlin
Comeniusweg 10
D-40723 Hilden

Roland Krahn
Merianweg 28
D-40724 Hilden

Stefan Skupin
Hagdornstr. 29d
D-40721 Hilden

Die Deutsche Bibliothek – CIP-Einheitsaufnahme

Enßlin, Walther:
Böden untersuchen / Walther Enßlin; Roland Krahn;
Stefan Skupin – Wiebelsheim : Quelle und Meyer, 2000
   (Biologische Arbeitsbücher ; 52)
   ISBN 3-494-01240-7

© 2000, by Quelle & Meyer Verlag GmbH & Co., Wiebelsheim

Einbandgestaltung: Walther Enßlin, Hilden u. Klaus Neumann, Wiesbaden
Druck und Verarbeitung: AZ Druck und Datentechnik, Kempten
Printed in Germany/Imprimé en Allemagne
ISBN 3-494-01240-7

Inhaltsverzeichnis

Über dieses Buch

„Böden untersuchen" stellt einfache und erprobte Verfahren zur Erfassung des Zustandes von Böden, seiner biologischen Aktivität, seiner Zusammensetzung und seinen Belastungen vor und erläutert die ökologischen Zusammenhänge.

Das Buch wurde u.a. für den fächerübergreifenden Unterricht (Sekundarstufe I und II) in Chemie, Biologie, Geographie und Ökologie konzipiert und erprobt. Einzelne biologische Experimente sind wegen ihrer Einfachheit auch für Grund- und Vorschulklassen geeignet.

GartenbesitzerInnen oder -käuferInnen können sich teilweise selbst mit einfachen Mitteln aus dem Haushalt ein Bild über Güte und Zustand ihres Bodens machen. Das Buch bietet Anleitung zur Probenahme, Bewertung und Einordnung des Bodens mittels einfacher physikalischer und biologischer Parameter.

Einfache eindrucksvolle chemische Experimente zur Bestimmung von Humus-, Carbonat-, Wasser- und Nitratgehalt sowie des pH-Wertes lassen auf den Säure- und Düngergehalt des Bodens schließen. Simulationsexperimente mit Fruchtsäften und Farblösungen liefern Erkenntnisse über die Fähigkeit des Bodens, lebenswichtige Mineralien festzuhalten und eingetragene Säuren abzufangen.

Da unsere Böden oft stark mit Schwermetallen belastet sind, wird ein Chromatographie-Verfahren vorgestellt, welches in kurzer Zeit erlaubt, mit schulischen Mitteln die wichtigsten Schwermetalle in ihrer ungefähren Menge zu erfassen.

Mit einem speziellen Verfahren kann der Arsengehalt eines Bodens ohne High-Tech zu Pfennigbeträgen in wenigen Minuten ausreichend genau bestimmt werden.

Doch nicht nur einzelne Parameter zur Bewertung eines Boden finden sich in diesem Buch. Mit Kresse, Bäckerhefe und anderen Mikroorganismen lässt sich der toxikologische Gesamtzustand des Bodens erfassen.

Für Unterricht und Fortbildung wurden Klausuren, Tests und Aufgaben entwickelt. Sie sollen die Schüler zum Weiterdenken anregen und dienen gleichzeitig der Lehrkraft, das Gelernte zu überprüfen.

Dieses Buch soll nicht nur Wissen zum Boden bereitstellen. Es will mehr:
Es fordert zum Handeln auf und enthält dafür Werkzeuge wie toxikologische Beurteilungen, Grenzwerte, gesetzliche Grundlagen und rechtliche Möglichkeiten.

An einzelnen Beispielen (durch Zeitungsartikel und Schülerberichte belegt) dokumentieren wir, wie in unserer Chemie-Arbeitsgemeinschaft derartige Umweltaktivitäten abgelaufen sind und angepackt werden können.

Hilden, im Oktober 1999
Walther Enßlin, Roland Krahn und Stephan Skupin

Dank

Da unser Gymnasium in einer alten Industriestadt liegt, waren vor allem die Untersuchung von belasteten Böden, aber auch von Sportplatzaschen für die SchülerInnen ein Anliegen.

Mehrere Schülerarbeiten – u.a. mit Jugend-Forscht Preisen und dem Europäischen Umweltpreis für Boden ausgezeichnet – sind in dem Buch eingearbeitet. Zu nennen sind, stellvertretend für viele andere Stefanie Jachertz, Henrike Donner, Jutta Krahn, Michael Koch, Michael Spillner, Ulli Bartsch, Michael Nieswandt, Carsten Schöning, Ulrike, Kerstin Jukosek ...

Für fachliche Korrektur und viele Hinweise danken wir Herrn Dr. Gaida, Herrn Bäcker und den Kollegen und Kolleginnen, die im Kölner Modell zusammenarbeiten: Die Herren Tüttenberg, Meloefski, Urbschadt, Dr. Bünder und Frau Schmitz.

Viele experimentelle Tipps von Herrn Finkenrath finden sich in den Vorschriften wieder.

Joachim Enßlin danken wir für einige Zeichnungen, Torsten Enßlin für die Überarbeitung der Fehlerrechnung.

Ferner danken wir dem Lektor des Verlags, Dr. Andreas Kohl, für seine schier endlose Geduld bei all den zeitlichen Verzögerungen über die Jahre hinweg, der schon zwischenzeitlich nicht mehr daran geglaubt hat, dass das Buch überhaupt zustande kommen wird.

Alle Versuche wurden in der Praxis sowohl in Arbeitsgemeinschaften als auch im Unterricht (Klasse 9-10 Differenzierung Biologie/Chemie und Grund- und Leistungskurs Chemie 13) und in der Lehrerfortbildung wiederholt erprobt und fortlaufend verbessert, wofür wir Schülern und Lehrern sehr danken.

Bedanken möchten wir uns auch bei den Behörden der Stadt Hilden und des Kreises Mettmann, welche mit viel Aufwand und unter viel Druck versuchten, Gefahren aus Böden zu vertuschen und so die SchülerInnen besonders forderten.

Vorwort oder „Der makabere Froschversuch – ein Vergleich mit unserer Umweltsituation"

Wird ein Frosch in kochendes Wasser geworfen, dann versucht er mit allen Kräften, dieses so schnell wie möglich wieder zu verlassen.

Wird der Frosch hingegen in kaltes Wasser gesetzt und dieses langsam erwärmt, kann dieses bis zum Kochen erhitzt werden, ohne dass sich der Frosch wehrt, gekocht zu werden.

Wir Menschen sind eher bereit, die schleichenden Vergiftungen unserer Umwelt, z.B. mit Schwermetallen, hinzunehmen, als die einmaligen großen Störfälle wie in Seveso (Dioxin), Minimata-Bucht (Quecksilber) oder Tschernobyl.

Dabei ist die still und langsam ablaufende Umweltzerstörung auf die Dauer wesentlich gewaltiger in ihrer Auswirkung. Beispiele dafür sind das wachsende Ozonloch, die steigende Kohlenstoffdioxidkonzentration und das Absterben der Korallenriffe wegen der steigenden Meerestemperatur.

„Die Vernachlässigung des Bodens hat dazu beigetragen, dass die Humusschicht in weiten Teilen Deutschlands dauerhaft durch tückische Gifte wie Cadmium und Quecksilber belastet ist. Der Saure Regen könnte der Ackerkrume den Rest geben" (SPIEGEL NR.32, 1984).

Die Erkrankung der Ackerkrume und das Siechtum der Wälder haben eines gemeinsam: ...„dass der schleichende Ablauf, der sich seit Jahren angedeutet hat, nun zu eskalieren beginnt und mit ungeheurer Rasanz enden wird..." (WEINZIERL, H. 1984).

Heute zeigt sich, dass die Böden in den Jahren seit 1945 Veränderungen unterworfen wurden, die weit größere Auswirkungen haben, als die menschlichen Einwirkungen tausend Jahre zuvor. Die Bodenversauerung, die großflächige Ausbreitung von Schwermetallen, Bodenversiegelungen, Bodenverdichtungen, die Lagerung von großen Mengen an Industrieabfällen und Hausmüll – genannt Altlasten – und die Zerstörung des Bodenlebens durch Pestizide und Überdüngung sind Beispiele für die Schädigung des Bodens.

Viele Naturwissenschaftler sehen in dem „Stoff" Boden immer noch eine heterogene Mischung von unterschiedlichen Chemikalien. Einen Ursprung findet diese Denkweise in Liebigs „Gesetz des Minimums an Nährsalzen". Angesichts der vielfältig verknüpften und unüberschaubaren biologischen und chemischen Systeme, wie sie im Boden herrschen, muss eine solche Sichtweise, die eine Chemie und Biologie des Bodens auf vereinfachende Ursache-Wirkungs-Prinzipien zurückführt, zu schwerwiegenden Fehleinschätzungen führen.

Gerade der Ausbildung in den Naturwissenschaften kommt es daher als Vergangenheitsbewältigung des Fortschrittsglaubens zu, den Schüler immer wieder darauf hinzuweisen, dass wir trotz genauesten punktuellen Wissens **nichts wissen**. Denn eine Simulation oder gar Berechnung der komplexen Biosphäre ist selbst mit den größten Computern unmöglich.

Die Bahnkurve einer auf dem Boden eines Behälters reibungslos bewegten Kugel ist schon nach wenigen Wandberührungen nicht mehr genau berechenbar und somit nicht mehr vorhersagbar, da sie chaotisch wird. Um wieviel weniger sicher müssen dann unsere Aussagen über die reale Umwelt sein, bei der viele Einflüsse das Geschehen bestimmen.

Dieses Buch gibt Anregungen zur Beschäftigung mit Böden und hilft somit, den Bezug der Naturwissenschaften zur Natur wieder herzustellen.

1 Einleitung

1.1 Programm für eine Bodenuntersuchung

Die folgende Zusammenstellung soll als Anregung dienen, welche Punkte eine Bodenuntersuchung beinhalten kann.

Informationen zum Probenahmeort und zur Probenahme:
1. Flächenabgrenzung, Lage, Besitzverhältnisse
2. Nutzungsart und -grenzen (auch frühere Nutzung, z.B. als ehemaliges Firmengelände)
3. Besonderheiten (Schutt, Bebauung, Pestizid-, Düngereinsatz, Kalkung usw.)
4. Geplante Veränderungen (Straßenbau, Wohnungsbau etc.)
5. Pflanzenwuchs (Arten, Verteilung, eventuelle Wachstumsbeeinträchtigungen)
6. Vorgeschichte der Probennahme (Regen oder längere Trockenzeit, Temperatur, Jahreszeit)
7. Ort und Tiefe der Probenahme

Physikalische Eigenschaften des Bodens:
1. Wasserdurchlässigkeit
2. Wasserhaltevermögen
3. Bodenart (Ton, Schluff, Sand, Kies usw.)
4. Bodengerüst
5. Bodenprofil und Bodenaufbau (Dicke der einzelnen Horizonte)
6. Porenvolumen des Bodens
7. Adsorptionsfähigkeit des Bodens für Nährsalze und Farbstoffe

Chemische Untersuchung des Bodens:
1. Wassergehalt
2. Humusgehalt
3. pH-Wert
4. Pufferkapazität
5. Carbonatgehalt
6. Extrahierbare Salze (Kalium-, Nitrat-, Phosphatgehalt etc.)
7. Ionenaustauscherwirkung des Bodens
8. Schwermetallgehalt

Biologische Bodenuntersuchungen als Hinweis auf toxische Stoffe:
1. Pflanzenwuchs als Hinweis für die Bodenzusammensetzung (Zeigerpflanzen für feuchten, sauren, kalkreichen, verdichteten, überdüngten (Stickstoff, Phosphor) oder schwermetallbelasteten Untergrund)
2. Bodentiere als Hinweis auf die „Gesundheit" des Bodens
3. Zersetzung von organischem Material im Boden als Nachweis für Bakterien und Pilze (z.B. Zelluloseabbau)
4. Atmungsaktivität von Böden und deren Hemmung (Messung der Kohlenstoffdioxidentwicklung)

5. Nitrifizierende Bakterien (Bildung von Nitrat aus Ammoniak)
6. Enzymaktivität von Böden (Katalasetest)
7. Toxizitätsuntersuchung mit Bioindikatoren (Hefe, Kresse, Senf)

Gezielte Untersuchung von belasteten Böden auf Grund ihrer Vorgeschichte:
1. Organische Schadstoffe (Öl, Phenole, Pestizide, Teer)
2. Anorganische Schadstoffe (Schwermetalle, Sulfat, Nitrat, Nitrit, Chlorid)
3. Bodenluftuntersuchung mit Gasspürröhrchen (Dräger, Bayer) auf Methan, Schwefelwasserstoff, Kohlenstoffdioxid
4. Grundwasseruntersuchung (Schwermetalle, Nitrat)

Auswertung
1. Boden
Vergleich der Messwerte mit Schwellen-, Richt- und Grenzwerten bzw. mit Normalgehalten (Klärschlammverordnung, Altlastenbewertung durch die Hollandliste, Normalgehalte der Böden nach KLOKE, LÖLF-Empfehlungsliste)[1].

Vier Hildener bei der Verleihung des „Europäischen Umweltpreises" in Bonn

Zusatzpreis für Schüler der Chemie-AG

21.6.89 RP

HILDEN (lez). Vier Vertreter der Chemie-Arbeitsgemeinschaft im städtischen Helmholtz-Gymnasium haben beim Wettbewerb um den Europäischen Umweltpreis, den die „Conservation Foundation" (London), der Bund für Umwelt und Naturschutz, der Deutsche Bund für Vogelschutz, der Deutsche Naturschutzring, die Deutsche Umwelthilfe und (als Sponsor) die Ford-Werke ausgeschrieben haben, einen Zusatzpreis bekommen. Am Montag wurden in Bonn im Beisein von Umweltminister Dr. Klaus Töpfer

die Preise überreicht. Neben Pokal und Urkunde erhielten die Schüler einen Scheck über 5000 Mark. Am Montagabend feierten die Schüler mit ihrem Lehrer Dr. Walter Enßlin die Auszeichnung mit einer Fete.

Ausgezeichnet wurden die Schüler für ihren Einsatz, der eine nicht genehmigte Müllkippe auf dem Gelände der Firma Seiffert an der Weststraße an die Öffentlichkeit brachte (wir berichteten). Sie schickten eine Dokumentation „Geschichte einer Altlast" an die Jury. Darin hatten sie u.a. Berichte

über ihre Recherchen, kartographische Untersuchungen, Fotos, geologische Bewertung und eine chemischphysikalische Untersuchung zusammengestellt.

Die „beharrliche und fundierte Arbeit der Gruppe" habe der Jury besonders zugesagt, heißt es in einer Projektbeschreibung der Wettbewerbsveranstalter: „Die Jury hofft, durch die Preisverleihung an die ... Chemie-AG zum Bekanntwerden ihrer beispielhaften Initiative beizutragen – damit sie Nachahmer findet."

Die Schülerinnen und Schüler der Chemie-Arbeitsgemeinschaft am städtischen Helmholtz-Gymnasium bekamen neben Urkunde und Pokal auch einen Scheck über 5000 Mark. Foto: Thomas Ollendorf

---

[1] Siehe Anhang 1 „Grenz- und Richt- und Schwellenwerte für ausgewählte Schwermetalle"

2. Grundwasser

Einordnung der Messwerte in die deutsche und europäische Trinkwasserverordnung, Vergleich mit den Richt- und Grenzwerten für Grundwasser, Oberflächenwasser und Abwasser.

Stellungnahme mit Gefahrenabschätzung
Gefahren für die Trinkwasserversorgung, Ermittlung des Düngemittelbedarfs, Empfehlungen zur gärtnerischen oder landwirtschaftlichen Nutzung, Gefahren für Anwohner und spielende Kinder.

Konsequenzen und Überlegungen, die Gefahren abwenden:
1. Vor jeder Veröffentlichung müssen die Ergebnisse geprüft werden (mehrfaches Wiederholen einer Messung, Berücksichtigung der Nachweisgrenze). Unsichere Ergebnisse müssen weggelassen oder als solche gekennzeichnet werden.
2. Weitere Untersuchungsergebnisse in der Hinterhand behalten, um notfalls die behördliche und gutachterliche Kontrolle überprüfen zu können. Rückstellproben zur späteren Nachkontrolle und Beweissicherung. Probenahmeort und -zeit dokumentieren (Zeuge, Photos).
3. Es muss unbedingt eine juristische Bewertung der Fakten durchgeführt werden (Abfallgesetze, Wasserhaushaltsgesetz, Bodenschutzgesetz siehe Anhang 1).
4. Verständigung der zuständigen Behörde (z.B. Ordnungsamt [illegale Ablagerungen], Umweltamt, Untere Wasserbehörde [Gefahren für Grundwasser, Altlasten], Gesundheitsamt [Gefahren für Anwohner]).
5. Eingabe an den Rat (Umweltausschuss)
6. Unterstützung dieser Meldung an die Behörden durch Pressearbeit nur gezielt und entsprechend vorsichtig durch SchülerInnen.

Merke: Die Rücknahme einer Behauptung in einem Punkt vernichtet auch leicht die Glaubwürdigkeit der restlichen Aussagen!

1.2   Die Exkursion

Benötigte Arbeitsgeräte
Spaten, kleine Schaufel oder Maurerkelle, falls möglich Bohrstock mit Hammer, Karte, Notizblock und Schreibzeug mit Unterlage, Zollstock
oder Maßband, Pflanzen-Bestimmungs-Bücher, Behälter für die Bodenproben[2], 1 L-Konservendosen mit und ohne Boden, Watte, Wassereimer oder -kanister, Lupe, Photoapparat, Stoppuhr (= Uhr mit Sekundenzeiger).

---

[2]   Plastikbehälter, wie verschließbare kleine Eimer oder Gefrierbeutel; gründlich gereinigte Marmeladengläser. Alle Behälter sind mit einem Etikett zu versehen!

Zielsetzung
Die SchülerInnen sollten möglichst **verschiedene Bodenproben** nehmen:
von Industriegrundstücken, Baustellen, aus Wäldern (Buchen-, Kiefern-, Eichen-, Tannen-...), Heiden, Gärten, Äcker (Informationen vom Besitzer, z.b. besonders fruchtbar, sandig, lehmig).

Exkursionsroute planen und genehmigen lassen
Die Planung der Exkursion erfolgt am besten an Hand einer großen Karte der Stadt und der näheren Umgebung unter Berücksichtigung der notwendigen Zeit und (gefahrloser) Wege.
Exkursion bei der Schulleitung genehmigen lassen!
Fahrräder erleichtern den Transport der Bodenproben und vergrößern den Aktionsradius wesentlich.

Genehmigung der Bodenprobenahme
Wichtig ist, dass der Eigentümer **vorher** gefragt wird, ob von dem Gelände eine etwa eimergroße Menge Boden mitgenommen und zu Unterrichtszwecken untersucht werden darf.
Die SchülerInnen, die in der Nähe des Exkursionsweges wohnen, werden beauftragt, die Erlaubnis dafür einzuholen. Sie sollen auch die Telefonnummer des Lehrers für evtl. Rückfragen hinterlassen.
Dem Eigentümer soll immer eine Rückmeldung mit den Analyse-Ergebnissen zukommen.

Zusammenstellen der Arbeitsgruppen
Eine Arbeitsgruppe, bestehend aus höchstens 4 SchülerInnen, sollte selbständig planen, die Arbeiten innerhalb der Gruppe verteilen und durchführen.

1.2.1 Durchführung der Probennahme

Dokumentation des Ortes der Probennahme
Wichtig ist, dass die SchülerInnen jede Probennahme so skizzieren, dass eine spätere Rekonstruktion möglich ist. So kann z.b. jeder Ort ausgehend von zwei Fixpunkten wiedergefunden werden:
Von diesen Geländepunkten (große Bäume, Gebäude etc.) wird mit Hilfe der Schrittlänge der Abstand zum Ort der Probenahme gemessen. Auch die Strecke zwischen den Geländemarken wird abgeschritten. Aus den drei Strecken lässt sich mit Zirkel und Lineal der Ort auf der Karte konstruieren[3].

Pflanzen bestimmen
In der Umgebung des Ortes der Probenahme werden die **Pflanzen bestimmt.** Dies geschieht am Besten anhand verschiedener Pflanzen-Bestimmungs-Bücher (Bildbände, systematische Schlüssel, z. B. AICHELE 1981, SCHMEIL/FITSCHEN 1996). Von den bestimmten Pflanzen können einige Teile zum Trocknen mitgenommen werden.
Aus der Dichte und Höhe der Vegetation und den einzelnen Pflanzenarten lässt sich zumeist ein schneller Überblick über den Zustand des Bodens gewinnen (s. Kap. 1.3, S. 6).

---

[3] Konstruktion eines Dreiecks aus drei Seiten. Beachten, dass das spiegelbildliche Dreieck keine Lösung ist.

4

Die Bodenprobe

Bei der eigentlichen Probenahme sind die Horizonte getrennt zu behandeln. Ungefähr ein Liter aus jeder Schicht werden für spätere Versuche in die mitgebrachten Behälter gefüllt.

Mit einem Bohrstock können kleine Proben aus Tiefen bis zu 2 m gezogen werden.

Den Boden „erfahren"

Der Boden und die gezogenen Proben können direkt mit den menschlichen Sinnen „erfahren" werden. Durch eine derartige Voruntersuchung lassen sich viele physikalische und chemische Parameter erfassen (Bodenart, mögliche Verdichtung, Feuchtigkeitsgehalt, Verunreinigungen etc.) – (s. Kap. 2.1, S. 18).

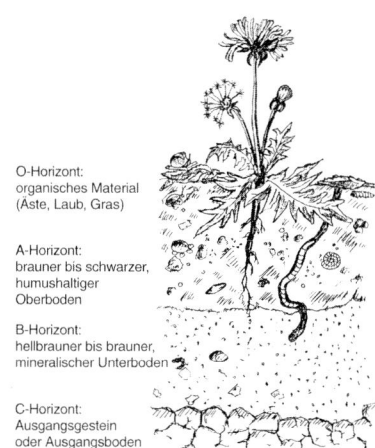

O-Horizont:
organisches Material
(Äste, Laub, Gras)

A-Horizont:
brauner bis schwarzer,
humushaltiger
Oberboden

B-Horizont:
hellbrauner bis brauner,
mineralischer Unterboden

C-Horizont:
Ausgangsgestein
oder Ausgangsboden

Das Bodenleben

Die Bodenprobe wird auf einem Papierbogen ausgebreitet und mit der Lupe abgesucht. Je größer die Artenvielfalt, desto gesünder ist der Boden. Besonders Regenwürmer sind ein Indiz für einen intakten Boden mit einem hohen Humusgehalt.

Die Wasserdurchlässigkeit des Bodens

Dieser wichtige physikalische Parameter kann mit einem einfachen Versuch direkt am Ort der Probenahme ermittelt werden.

Der Boden wird von Pflanzenresten befreit und eine 1L-Konservendose ohne Boden fest aufgestellt. Innen wird sie mit etwas Watte ausgelegt, sodass der Boden nicht aufgewirbelt werden kann. Außen wird die Dose mit etwas Erde gegen den Boden abgedichtet. Nun wird sie mit 1L Wasser zügig gefüllt. Als Messbecher fungiert eine weitere 1L-Dose.

Mit einer Stoppuhr wird die Zeit gemessen, die das Wasser zum Versickern braucht.

Böden, welche von Regenwürmern gut durcharbeitet sind, haben eine Versickerungsgeschwindigkeit von ca. 0,5 cm /s.

Der Exkursionsbericht

Aus den Skizzen wird zu Hause ein Exkursionsbericht geschrieben. Hier werden die genauen Orte der einzelnen Probenahmen festgehalten, getrocknete Pflanzen eingeklebt, das Bodenleben beschrieben und die späteren Untersuchungsergebnisse notiert.

1.3 Bioindikatoren

1.3.1 Einführung

Eine Bodenanalyse beinhaltet nicht nur einzelne physikalische und chemische Parameter, sondern auch die Untersuchung der Wirkung des Bodens auf Organismen. Dabei wird natürlich nicht nur die Wirkung des Bodens, sondern die der ganzen „Umwelt" erfasst. Organismen, die in spezifischer Weise auf ihre Umwelt reagieren, nennt man Bioindikatoren.

Bioindikatoren können frei in der Landschaft leben **(Zeigerorganismen)**, gezielt an bestimmten Orten den Umwelteinflüssen ausgesetzt werden **(Monitororganismen)** oder im Labor als Versuchsobjekte dienen **(Testorganismen)** (SCHUBERT, R. 1991):

Zeigerorganismen
Die Pflanzen- und Tierwelt reagiert sehr empfindlich auf Änderungen ihrer Umwelt. So werden zum Beispiel einige Schadstoffe in bestimmten Pflanzenteilen gespeichert. So reichern bestimmte Champignonarten über ihr ausgedehntes Myzel Cadmium und Blei aus dem Boden in ihren Lamellen an. Sie sind **Akkummulationsindikatoren** für einen Schwermetalleintrag.

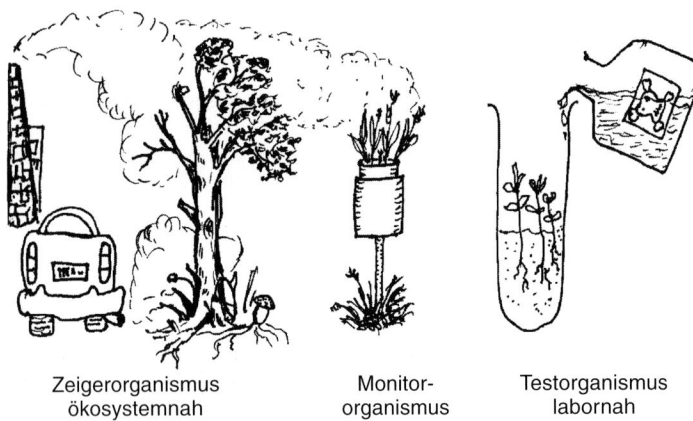

| Zeigerorganismus | Monitor- | Testorganismus |
| ökosystemnah | organismus | labornah |

Tiere nehmen Schadstoffe meist aktiv über die Nahrung auf, wobei die Endglieder einer Nahrungskette (z.B. Fischadler, Mensch) um mehrere Zehnerpotenzen höhere Schadstoffkonzentrationen in ihren Geweben aufweisen als die Anfangsglieder.Einige Pflanzen können die aufgenommen Schadstoffe tolerieren oder sich durch deren Abbau oder Festlegung in Zelldepots entgiften, während andere Pflanzen diese Möglichkeit nicht besitzen und absterben.

Als Folge davon stellen sich Pflanzengesellschaften ein, die spezifisch für den jeweiligen Boden sind. Bekannt sind Galmeiveilchenkulturen auf schwermetallhaltigen Böden. Breitwegerich hingegen ist zum Beispiel ein Indiz für verdichtete, die Brennessel für stickstoffhaltige Böden. Man spricht hier von **Existenzindikatoren**. Die räumliche Verteilung der Existenzindikatoren kann Aufschluss über die Ausdehnung einer Bodenveränderung geben.

Viele Gartenbesitzer ärgern sich zu Unrecht über die kleinen unscheinbaren Gänseblümchen. Dabei sind sie nur ein Zeichen dafür, dass der Boden durch ständiges Düngen zu nährstoffreich an Phosphat und Nitrat geworden ist. Darüber hinaus können die dem Boden anliegenden Blattrosetten des Gänseblümchens geschickt der Sense oder dem Mäherblatt entgehen. Sie behaupten und vermehren sich in dieser ökologischen Nische.

Auch das Vorkommen bestimmter Tiere ist von der Art und Zusammensetzung des Bodens abhängig. Weinbergschnecken treten besonders häufig auf kalkreichen oder gekalkten Böden auf. Vermutlich können sie ihr kalkhaltiges Schneckenhaus bei Kalkangebot leichter bilden.

Gerade für Waldböden kommt ein weiterer wichtiger Bioindikator hinzu. Eine Verringerung der Abstände der Jahresringe eines Baumes kann als **Reaktionsindikator** für die folgenden Störungen dienen:

1. *Hitzeperiode;* Wassermangel, wodurch auch die Nährstoffaufnahme aus dem Boden gestört wird
2. *Saurer Regen;* Nährsalze werden in tiefere Bodenschichten ausgewaschen, deren Aufnahme durch die Säure behindert wird, Versauerungsschübe vor allem bei Trockenheit, Aluminiumvergiftung, Feinwurzelschädigung (Nasskern bei Tannen, Rotfäule) – (s. Kap. 3.10, S. 101)
3. *Überdüngung des Bodens;* Eintrag von Ammoniak bzw. Ammoniumsalz aus der Luft mit der Folge einer Kalium-, Calcium- und Magnesiumverarmung der Pflanze[4]
4. *Bodenverdichtung;* durch schwere land- und forstwirtschaftliche Maschinen – (s. Kap. 2.5, S. 29)
5. *Schwermetalle;* aus Luft und Boden (säuremobilisierte Schwermetalle[5])
6. *Ozon;* Schönwetterperiode, Luftverschmutzung (nitrose Gase und/oder Kohlenwasserstoffe)
7. *chlororganische Verbindungen;* durch Sonneneinstrahlung Schädigung der Carotinoide und des Chlorophylls
8. *Schwefeldioxid, Fluorwasserstoff, Pestizide, organische Peroxide oder Stickstoffoxide;* aus nahegelegenen Betrieben und Anwendungen
9. *Viroide, Viren, Mykoplasmen, Rickettsien oder Pilzbefall[6].*

Außerdem kann das Alter des Baumbestandes Auskunft über das Alter der letzten Bodenveränderung geben (das Alter einer Deponie ist oft aus dem Alter der Pionierpflanzen wie Birken oder Pappeln ablesbar).

Verringerter Abstand der Jahresringe als Indikator für
• Trockenheit
• Schwermetallbelastung
• Aluminiumvergiftung
• Säurebelastung
• Ammoniak
• Pilzbefall

Nicht verrottende Bodenstreu durch Schwermetallbelastung

Pilze als Akkumulationsindikatoren für Schwermetall

Bodentiere als Zeigerorganismen (z.B. Weinbergschnecken auf kalkreichen Böden) oder als Akkumulationsindikatoren (z.B. Regenwürmer reichern Cadmium im Körpergewebe an)

---

4 Dieser Hypothese wird heute die größte Bedeutung bei den „neuartigen Waldschäden" zugewiesen

5 Siehe „Gängige Aufschlussmethoden (DEV-S4) / Einfluss des pH-Wertes auf den Aufschluss und die Extraktion" (s. S. 107f, 121, 127).

6 Können nicht für die globalen neuartigen Waldschäden verantwortlich gemacht werden (HOCK, B. et al., 1987).

Monitororganismen

Werden Pflanzen in belasteten Umgebungen angepflanzt und deren Veränderungen beobachtet, spricht man von Monitoring. Häufige benutzte Monitororganismen sind Gräser oder Gladiolen (braune Blattspitzen als Nachweis von Fluorwasserstoff). Diese Reaktionsindikatoren sind wie kleine Freiluftlaboratorien direkt im Ökosystem. Darüber hinaus werden auch Pflanzen benutzt, die z.B. Schwermetalle akkumulieren. Eine Analyse bestimmter Pflanzenteile gibt später Aufschluss über das Ausmaß der Belastung. So reichern zum Beispiel Haelsträucher Arsen in ihren Blättern an.

Testorganismen

Von großem Vorteil für die Auswertung der Reaktionen der Zeiger- und Monitororganismen sind Laborexperimente an Testorganismen.

Testorganismen werden im Labor mit einzelnen Schadstoffen oder Schadstoffkombinationen kontrolliert belastet. Ziel ist es, einzelne Schädigungen bestimmten Schadstoffen zuzuordnen. Weiterhin kann das Ausmaß der Schädigung in Abhängigkeit von der Menge und dem zeitlichen Verlauf der Einwirkung des Schadstoffes untersucht werden.

Allerdings bleibt immer Unsicherheit bestehen, inwieweit die im Labor gewonnen Ergebnisse auf ein Ökosystem mit seinen komplexen Verknüpfungen und Einwirkungen übertragen werden können.

Auch die Akkumulation von Schadstoffen kann im Labor anders als im Freiland verlaufen. Trotzdem ist die Untersuchung von getrennten Schadstoffeinwirkungen auf Pflanzen eine der Voraussetzungen für deren Einsatz als Monitororganismen.

Ein anderes Einsatzgebiet von Testorganismen sind Toxizitätsuntersuchungen. Gerade in der Bodenanalytik werden oft Testorganismen mit verschiedenen Böden konfrontiert und ihre Reaktion und weitere Entwicklung beobachtet (s. Kap. 8, „Hefetoximeter", S.241).

Zusammenfassung (verändert nach ARNDT, U. et al. 1987)

Indikatortyp	Indikation	Beispiele
Zeigerorganismen	Existenz	Galmeiveilchen (Schwermetalle)
		Breitwegerich (Bodenverdichtungen)
		Brennessel (Stickstoff)
	Reaktion	Waldsterben (Saurer Regen)
	Akkumulation	Champignon (Blei, Cadmium)
Monitororganismen	Reaktion	Gladiole (Fluorwasserstoff)
	Akkumulation	Haselstrauch (Arsen)
Testorganismen	Reaktion	Hefe (versch. Böden)
	Akkumulation	Hefe (Schwermetalle)

1.3.2 Bioindikation von Luftschadstoffen

Akkumulationsindikator:

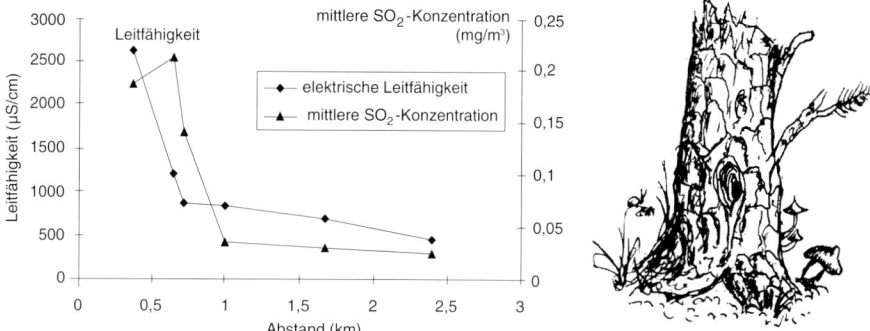

Abb. 1: Zusammenhang zwischen der Leitfähigkeit von Extrakten aus Fichtenborke und der SO_2-Konzentration der Luft in der Umgebung eines Chemiewerkes in Österreich (HÄRTEL 1972).

Der wässrige Extrakt von einer 3 mm dicken Fichtenborke *(Picea abies)* zeigt je nach Immissionsbelastung mit Schwefeldioxid und Staub unterschiedliche Leitfähigkeiten (HÄRTEL, O. et. al. 1972) und pH-Werte (HÄRTEL, O. 1977). Dabei wird die Leitfähigkeit stärker von Immissionsspitzen als vom Durchschnitt der SO_2-Belastung geprägt.

Zweckmäßig ist noch eine Messung der Leitfähigkeit nach der Fällung von SO_4^{2-}, deren Zuwachs in etwa auf die Staubbelastung der Fichte zurückgeführt werden kann (GRILL, D. 1971).

Da zwischen pH-Wert und SO_2-Belastung eine enge Beziehung besteht (GRODZINSKA, K. 1982) ist auch dessen Messung aussagekräftig.

1.3.2.1 Leitfähigkeitstest zur Erfassung der Membrantoxizität

Manche Stoffe vermögen Zellmembranen so zu schädigen, dass der Zellinhalt ausläuft. Bei Pflanzen sind die Zellen des Blattes noch von einer Epidermis umgeben, der noch wachsartige Kutikula-Schichten aufliegen, welche jedoch den auslaufenden Zellsaft auch nicht aufhalten können.

Dieser Zellsaft enthält Salze, welche in der wässrigen Lösung den elektrischen Strom leiten.

Laufen mehrere Zellen im reinen Wasser aus, kann aus der Zunahme der Leitfähigkeit des Wassers auf die Membrantoxizität geschlossen werden.

Da jede Messung einen Vergleich mit bekannten Größen ermöglicht, muss ein Null- und ein Maximalwert festgelegt werden.

Den Nullwert aus dem Leitwert von ungeschädigtem Blatt und den Maximalwert erhält

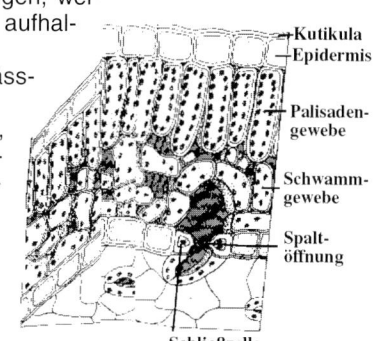

9

Untersuchung von Immisionsschäden bei Pflanzen

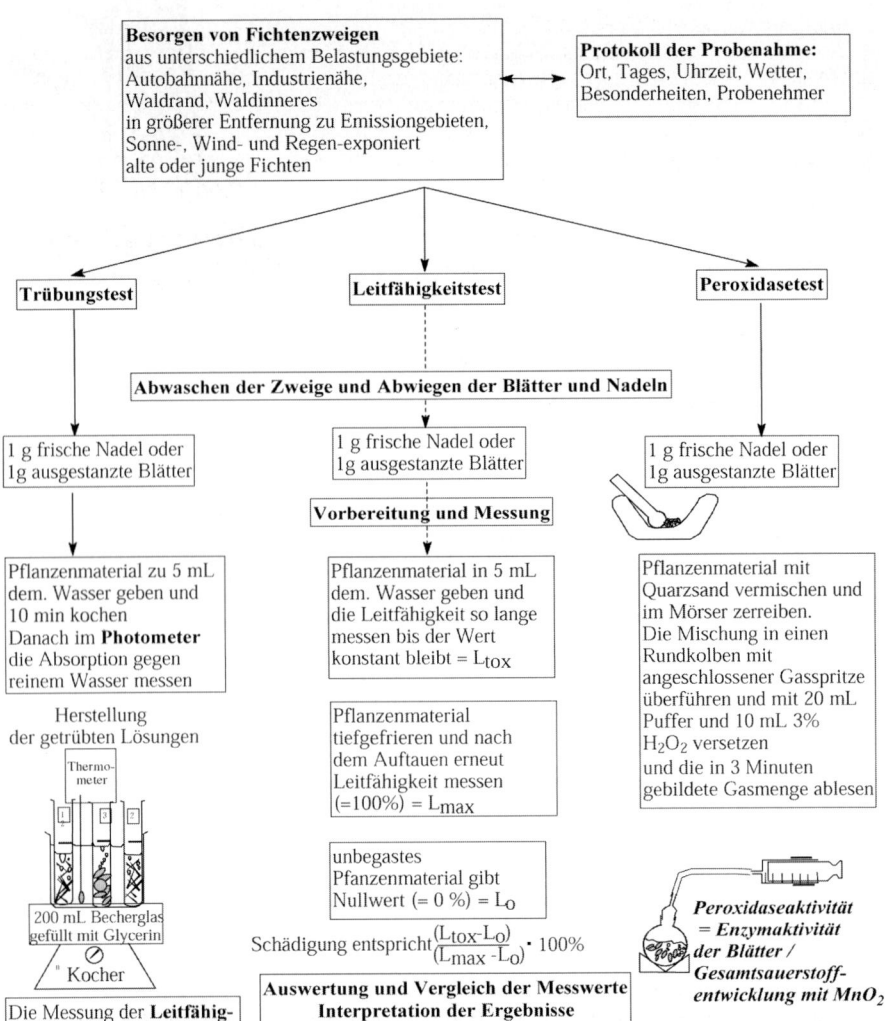

Besorgen von Fichtenzweigen
aus unterschiedlichem Belastungsgebiete:
Autobahnnähe, Industrienähe,
Waldrand, Waldinneres
in größerer Entfernung zu Emissiongebieten,
Sonne-, Wind- und Regen-exponiert
alte oder junge Fichten

Protokoll der Probenahme:
Ort, Tages, Uhrzeit, Wetter,
Besonderheiten, Probenehmer

Trübungstest

Leitfähigkeitstest

Peroxidasetest

Abwaschen der Zweige und Abwiegen der Blätter und Nadeln

1 g frische Nadel oder
1g ausgestanzte Blätter

1 g frische Nadel oder
1g ausgestanzte Blätter

1 g frische Nadel oder
1g ausgestanzte Blätter

Vorbereitung und Messung

Pflanzenmaterial zu 5 mL
dem. Wasser geben und
10 min kochen
Danach im **Photometer**
die Absorption gegen
reinem Wasser messen

Herstellung
der getrübten Lösungen

Thermo-meter

200 mL Becherglas
gefüllt mit Glycerin

" Kocher

Die Messung der **Leitfähig-keit** ist hier auch sinnvoll

Pflanzenmaterial in 5 mL
dem. Wasser geben und
die Leitfähigkeit so lange
messen bis der Wert
konstant bleibt = L_{tox}

Pflanzenmaterial
tiefgefrieren und nach
dem Auftauen erneut
Leitfähigkeit messen
(=100%) = L_{max}

unbegastes
Pflanzenmaterial gibt
Nullwert (= 0 %) = L_0

Schädigung entspricht $\frac{(L_{tox}-L_0)}{(L_{max}-L_0)} \cdot 100\%$

Auswertung und Vergleich der Messwerte Interpretation der Ergebnisse

Pflanzenmaterial mit
Quarzsand vermischen und
im Mörser zerreiben.
Die Mischung in einen
Rundkolben mit
angeschlossener Gasspritze
überführen und mit 20 mL
Puffer und 10 mL 3%
H_2O_2 versetzen
und die in 3 Minuten
gebildete Gasmenge ablesen

*Peroxidaseaktivität
= Enzymaktivität
der Blätter /
Gesamtsauerstoff-entwicklung mit MnO_2*

man durch völlige Zerstörung der Zellmembranen. Letzteres erreicht man durch Einfrieren des Blattes, wobei die Eiskristalle mechanisch die Zellmembranen durchstoßen.

1. Messung des ungeschädigten Blattes = 0% Schädigung (Nullwert)
2. Messung des maximal geschädigten Blattes = 100 % Schädigung (Maximalwert)
3. Messung des geschädigten Blattes

Die Messung kann auch zur Erfassung der Schädigung von Pflanzen durch Luftschadstoffe benutzt werden ($\rightarrow$ *Biomonitoring*).

Schwierig ist dabei vor allem, Blätter oder Nadeln zu finden, welche nicht von Luftschadstoffen geschädigt wurden, aber ansonsten unter gleichen Bedingungen wie gleiche Versorgung mit Licht, Nährsalzen und Wasser gebildet wurden. Auch die Bodenart (Sand, Ton..) und der Säuregehalt im Boden, die Wasserdurchlässigkeit des Bodens usw. müssen vergleichbar sein.

Besser vergleichbar sind die Ergebnisse, wenn die Schädigungen der Pflanzen künstlich durch Begasung erzeugt werden ($\rightarrow$ *Testorganismen*).

Geräte und Chemikalien:
Leitfähigkeitsmessgerät mit Messfühler, Thermometer, da die Leitfähigkeit sich mit der Temperatur ändert, 200 mL Becherglas, Korkbohrer mit größtem Durchmesser, demineralisiertes (dem.) Wasser, Uhr.

Vorschrift:
1. Nullwert
Blatt mit dem. Wasser kurz abspülen, um oberflächlich anhaftende Salze zu entfernen. Mit zwei Blättern überprüfen, in wieweit dieses Abspülen die Messung beeinflusst! (Bei einem abgespülten und einem nicht abgespülten Blatt die Leitfähigkeit nach Einbringen der Blätter in zwei Gefäße mit dem. Wasser messen).

Ein Blattstück mit dem Korkbohrer ausstanzen und dieses sofort in 100 mL dem. Wasser geben.

Die Leitfähigkeit der Lösung messen, wobei durch vorsichtiges Umrühren sichergestellt wird, dass sich das aus der Zelle ausfließende Salz gleichmäßig im Wasser verteilt. Gültig ist der Messwert, welcher sich nicht mehr wesentlich ändert. Falls der Messwert ständig zunimmt und auch nach 20 Minuten der Wert nicht konstant bleibt, muss ein bestimmter Zeitpunkt für die Messwerterfassung festgelegt werden. So könnten in diesem Fall alle Messungen nach 5 Minuten erfolgen (L_0).

2. Maximalwert = 100 %
Das Blattstück mit dem Wasser aus Versuch 1 wird in ein Kunststoffgefäß gegossen und im Tiefkühlschrank gefroren.

Nach dem Auftauen wird erneut die Leitfähigkeit (L_{max}) gemessen.

3. Die Leitfähigkeit des geschädigten Blattes wird analog der Bestimmung des Nullwertes gemessen (L_{tox}).

Der Messwert wird zwischen dem Nullwert und dem Maximalwert eingeordnet und als relative Leitfähigkeit in Prozent angegeben:

relative Leitfähigkeit = $(L_{tox} - L_0) / (L_{max} - L_0) \cdot 100\ \%$

Da alle Messungen Schwankungen unterworfen sind, muss die Messung der Leitfähigkeit von geschädigten Blattstücken noch zwei Mal wiederholt und aus diesen drei Messungen der Mittelwert und die Standardabweichung berechnet werden (s. S. 180).

1.3.2.2 „Trübe-Tasse-Test" oder wissenschaftlich „Trübungstest" genannt

Reaktionsindikator:
Auch die Nadeln der Fichten werden durch Schwefeldioxid geschädigt. Schwefeldioxid und andere Luftverunreinigungen binden das Calcium der Zellwände und Cuticula, wodurch diese Membranen durchlässiger werden (HÄRTEL, O. et al. 1987). Beim Kochen der Nadeln der Fichte in Wasser erhält man somit eine um so stärker getrübte Emulsion, je höher die vorangegangene Belastung mit Luftverunreinigungen war (HÄRTEL, O., 1972; KELLER, T. 1976).

Zugleich ist auch die elektrische Leitfähigkeit der trüben Suspension gegenüber der klaren wesentlich erhöht (STEUBING, L.et al. 1974; 1982).

Der Trübungstest an Fichtennadeln des jüngsten Jahrganges wird zur Bioindikation von Autoabgasen, Rauch und SO_2 eingesetzt. Das Signal ist relativ empfindlich und tritt vor dem Entstehen von Nadelnekrosen auf. Es wird nicht durch Frost oder Parasiten ausgelöst und erfordert keinen großen Arbeitsaufwand (ARNDT, U. et al. 1987).

Versuchsaufbau zur
Herstellung der getrübten Lösungen

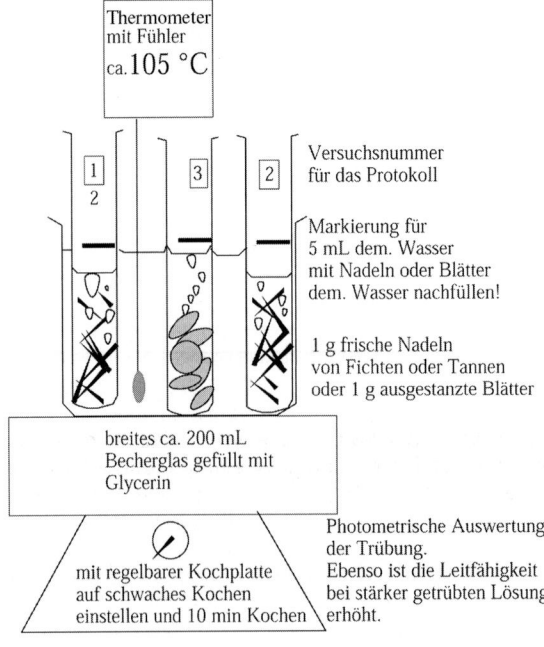

Thermometer mit Fühler ca. 105 °C

Versuchsnummer für das Protokoll

Markierung für 5 mL dem. Wasser mit Nadeln oder Blätter dem. Wasser nachfüllen!

1 g frische Nadeln von Fichten oder Tannen oder 1 g ausgestanzte Blätter

breites ca. 200 mL Becherglas gefüllt mit Glycerin

mit regelbarer Kochplatte auf schwaches Kochen einstellen und 10 min Kochen

Photometrische Auswertung der Trübung. Ebenso ist die Leitfähigkeit bei stärker getrübten Lösungen erhöht.

Vorschrift
1 g frische Nadeln (in der Regel die letzten beiden Nadeljahrgänge), Fichtenzweige oder auch von Tannen unterschiedlicher Standorte (Waldrand, Straßenrand, Waldlichtung, Waldinneres) werden unter fließendem Wasser gründlich vom anhaftenden Staub befreit.

Etwa 1 g Nadeln werden in einem Reagenzglas mit 5 mL dem. Wasser überschüttet, im Glycerinbad zum Sieden erhitzt und 10 min gekocht. Die Flüssigkeit wird heiß abgegossen und falls erforderlich auf 5 mL aufgefüllt.

Nach völligen Abkühlen auf Zimmertemperatur wird die Lichtabsorption mit möglichst gelbem Licht bestimmt (um Fehler durch die gelbe Farbe der Emulsion zu unterdrücken). Nadeln aus rauchfreien Gebieten ergeben im Herbst Emulsionen mit höchstens 30 % Lichtabsorption. Bei extremen Schädigungen kann der Messwert über 80 % liegen. Die Trübung des Wassers ist mit gleichbehandelten Fichtennadeln von anderen Standorten zu vergleichen.

Auch die elektrische Leitfähigkeit der von den geschädigten Nadeln trüben Lösung ist gegenüber der Leitfähigkeit von ungeschädigten Nadeln erhöht und leicht messbar.

1.3.2.3 Nachweis der Peroxidaseaktivität in Böden und Pflanzen (in Anlehnung an BRUCKER 1990)

Auch die Aktivität der Peroxidase – einem entgiftendem Enzym, das Wasserstoffperoxid zerlegt – steigt bei gasförmigen Belastungen durch Fluor, Autoabgase, SO_2 und allgemeinen Luftverunreinigungen (RUDOLPH, E. 1977, 1977, 1979).

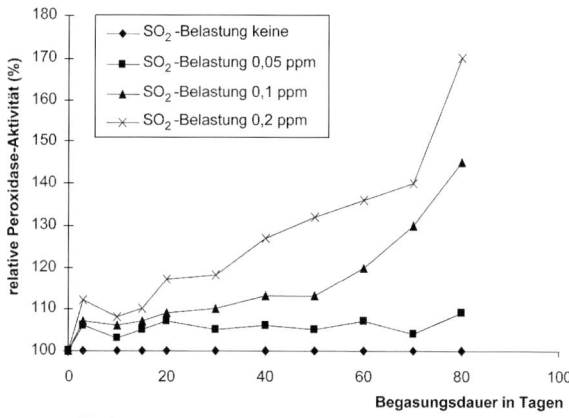

Abb. 2: Einfluss einer Dauerbelastung mit unterschiedlichen Konzentrationen an SO_2 auf die relative Peroxidase-Aktivität in Nadelhomogenaten der Weißtanne *(Abies alba)*.

Unter dem Einfluss von Stressoren werden unter bestimmten Bedingungen toxische Peroxide, z.B.: H_2O_2 vermehrt gebildet. Das Enzym Peroxidase könnte dabei eine Entgiftungsfunktion erfüllen. Daneben übt es im Stoffwechsel der Pflanzen noch andere Funktionen aus: Es spielt über die Polymerisierung von Ligninvorstufen eine wichtige Rolle bei der Verholzung. Außerdem greift es durch Beeinflussung des Indolyl-3-essigsäuregehaltes (Oxidation von Indolyl-3-acetaldehyd) in Wachstumsvorgänge ein. Beide Prozesse hängen eng mit den Entwicklungs-, Reifungs- und Alterungsvorgängen von pflanzlichen Geweben zusammen. Erhöhte Aktivität findet man aber auch nach Pilzinfektionen, Ernährungsstörungen und besonders nach Luftverunreinigungen. Die Aktivitätsbestimmung zeigt Stoffwechselschäden nach Fluor-, Verkehrs-, SO_2- und Ozon-Immissionen an. Unter Immissionsstress stellt die Aktivität der Peroxidase einen brauchbaren Indikator dar. Die erhöhte Aktivität ist zugleich Indikator für Alterung. Jedoch müssen auch hier Aktivitätsrythmen, wie sie für die Peroxidase

13

Ozonolyse ungesättigter Verbindungen

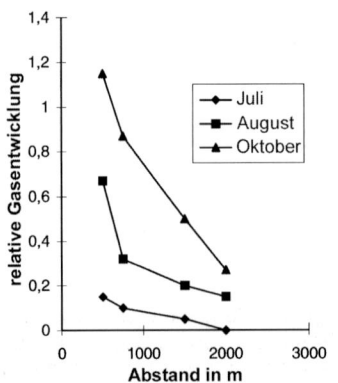

Ozon

ungesättigte Fettsäure in der Zellmembrane

H_2O

Wasserstoffperoxid $H{-}O$

Spaltung in zwei Aldehyde

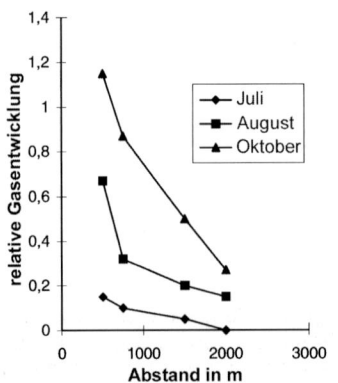

Abb. 3: Peroxidaseaktivität in Extrakten aus Douglasie *(Pseudotsuga menzesii)* in unterschiedlichen Abständen von einem Fluor-Emittenten (KELLER 1974).

bei Gehölzen geprüft wurden, unbedingt Berücksichtigung finden" (SCHUBERT, R. 1991)

Wirkt Ozon auf Pflanzen ein, dann bilden sich aus ungesättigten Verbindungen (Ethen, ungesättigte Fettsäuren der Wachse) unter Bruch der Doppelbindung reaktive Aldehyde und Wasserstoffperoxid. Letzteres Gift gilt es durch erhöhte Peroxidaseproduktion zu zerstören.

Verglichen mit dem Trübungstest ist der Peroxidasetest empfindlicher und arbeitsintensiver, kommt aber mit kleineren Nadelmengen aus (wiederholte Untersuchung an Jungpflanzen sind somit möglich) und wird nicht durch anhaftenden Staub gestört.

Es lassen sich dabei vor allem langfristige SO_2-Aktivitäten an den Nadeln der Waldkiefer nachweisen (NYMAN, B.F. 1986).

Vorschrift zur Bestimmung der Peroxidaseaktivität

Geräte:
100 mL Weithalsrundkolben NS 29, passende Gasableitung (Schliffe einfetten!) mit Schlauch, Korkring, Stativ mit Muffe und Klammer, 100 mL Kolbenprober (leichtgängig), Mörser mit Pistill

Chemikalien:
200 mL 0,2 mol/L Phosphatpufferlösung pH 6,8 (nach Sörensen)
2,71 g KH_2PO_4 + 2,82 g Na_2HPO_4 in 100 mL dem. Wasser
3 % H_2O_2-Lösung (10 mL 30 % Wasserstoffperoxid + 90 mL dem. H_2O)
10 % Na_2CO_3 (5 g Natriumcarbonat in 50 mL dem. H_2O)
MnO_2 (Braunstein)

Gefahrenhinweise:
Konzentriertes Wasserstoffperoxid verursacht Hautverätzungen und ist brandfördernd. Deshalb Schutzbrille tragen und konzentriertes Wasserstoffperoxid nicht zu brennbaren Stoffen geben. Verdünnt ist es in das Abwasser zu geben.

Peroxidaseaktivität

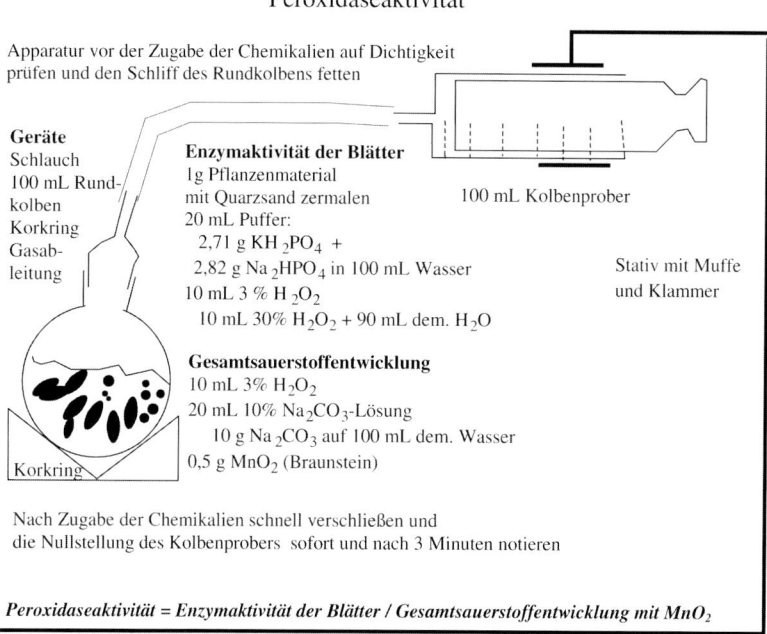

Apparatur vor der Zugabe der Chemikalien auf Dichtigkeit prüfen und den Schliff des Rundkolbens fetten

Geräte
Schlauch
100 mL Rund-
kolben
Korkring
Gasab-
leitung

Enzymaktivität der Blätter
1g Pflanzenmaterial
mit Quarzsand zermalen
20 mL Puffer:
  2,71 g KH_2PO_4 +
  2,82 g Na_2HPO_4 in 100 mL Wasser
10 mL 3 % H_2O_2
  10 mL 30% H_2O_2 + 90 mL dem. H_2O

100 mL Kolbenprober

Stativ mit Muffe
und Klammer

Gesamtsauerstoffentwicklung
10 mL 3% H_2O_2
20 mL 10% Na_2CO_3-Lösung
  10 g Na_2CO_3 auf 100 mL dem. Wasser
0,5 g MnO_2 (Braunstein)

Korkring

Nach Zugabe der Chemikalien schnell verschließen und die Nullstellung des Kolbenprobers sofort und nach 3 Minuten notieren

Peroxidaseaktivität = Enzymaktivität der Blätter / Gesamtsauerstoffentwicklung mit MnO₂

Versuchsdurchführung für Pflanzen (1a) und Böden (1b):

1a. Gesamtaktivität der Nadeln u. Blätter (enzymatische und nichtenzymatische).
1 g Nadeln oder Blätter im Mörser fein zerreiben (Quarzsand dazu nehmen) und mit 20 mL Puffer und 10 mL 3 % H_2O_2 versetzen und die Gasmenge nach 3 Minuten messen.

1b. Gesamtaktivität des Bodens (enzymatische und nichtenzymatische).
1 g Boden sieben und von organischem Material befreien und mit 20 mL Puffer und 10 mL 3 % H_2O_2 versetzen und die Gasmenge nach 3 Minuten messen.

2. Nichtenzymatische Aktivität
Statt Enzymblockade durch Natriumazid (NaN_3): Vor dem Versuch wird 1 g Boden angefeuchtet und verschlossen. Im Trockenschrank bei 105 °C werden die Enzyme des Bodens weitgehend denaturiert. Danach Zugabe des H_2O_2 zu diesem sterilen Boden und Messung der Aktivität verursacht z.B. durch Braunstein im Boden.

3. Gesamtsauerstoffentwicklung
10 ml 3 %ige H_2O_2 mit 20 mL 10 %iger Na_2CO_3- Lösung und mit 0,5 g MnO_2 (Braunstein) versetzen und die gesamte gebildete Gasmenge messen.

Auswertung:
Peroxidaseaktivität = {O_2(Gesamtaktivität) − O_2(steriler Boden)}/O_2(MnO_2)

Für Blätter und Nadeln gilt: Je höher diese Peroxidaseaktivität, um so stärker ist diese Pflanze geschädigt oder ihr Alter fortgeschritten.
Für Böden gilt: je höher die Peroxidaseaktivität, um so stärker ist dieser Boden von Bakterien und Pilzen besiedelt und um so gesünder ist er somit.

Vereinfachung:
Innerhalb einer Messreihe ist die Gesamtsauerstoffentwicklung mit Braunstein – wenn überhaupt – nur einmal zu bestimmen.
Die Bestimmung der nichtenzymatischen Zersetzung z.B. durch Metalloxidstaub auf den Nadeln oder im Boden soll wegen der Giftigkeit von NaN_3 entfallen. Einfacher wäre das Waschen der Nadeln vor deren Zerkleinerung. Beim Boden wäre vielleicht die Zugabe von Tensid eine Möglichkeit, die Enzyme zu stören.
Somit ist im einfachsten Falle nur die enzymatische Aktivität nach dem Waschen der Nadeln zu bestimmen. Laut Literatur ist die Störung der enzymatischen Aktivität durch Staub auch nicht sehr wirksam. Es lassen sich dabei vor allem langfristige SO_2-Aktivitäten an den Nadeln der Waldkiefer nachweisen (NYMANN, B.F. 1987).

1.3.2.4 Vorzeitiges Abfallen von Blüten und Blättern

Sehr einfach ist dieser Versuch durchzuführen und auszuwerten: Das Verhältnis der Zahl der vorhandenen Blüten und der Gesamtzahl der Petunienblüten wird ermittelt und mit der Luftbelastung durch Ethen (Autoverkehr) in Beziehung gesetzt (RUDOLPH, E. 1977).

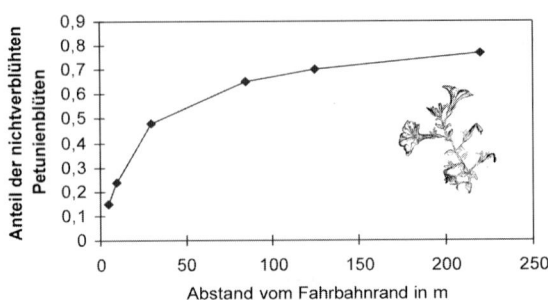

Abb. 4: Abhängigkeit des Verhältnisses „vorhandene/ Gesamt-Blütenzahl" von der Entfernung zum Fahrbahnrand (RUDOLPH 1978).

1.3.2.5 Pilze als Bioindikatoren

„*Rhytisma acerinum* parasitiert vor allem auf den Blättern von Bergahorn *(Acer pseudoplatanus)* und ist leicht erkennbar an den pfennigroßen, glänzenden schwarzen Blattflecken. In England sind Wirt und Parasit so häufig, dass unbefallene Ahornblätter als Zeichen hoher SO_2- Belastung gelten. Die Zahl der Blattflecken bezogen auf 100 cm^2 Blattfläche ergibt einen als „tar spot index" bezeichneten TSI-Wert, der mit der SO_2-Konzentration korreliert. Dieses Merkmal kann an Ahornblättern in der Zeit vom August bis November nachgewiesen werden und ist geeignet, die Flechtenindikation im Bereich geringer Belastung zu ergänzen." (ARNDT, U. et al. 1987.)

1.3.2.6 Schwefeldioxid-Monitoring

Ein gutes Maß für die Belastung der Luft mit Schwefeldioxid (SO_2) ist die Belegungsdichte von Eschenblättern mit Hefepilzen (RICHARDSON, D.H.S. et al. 1985), (s. Abbildung der Esche – *Fraxinus excelsior*).

Da die Blatthefen empfindlich gegen Luftverunreinigungen – insbesondere gegen SO_2 – sind, ist die Zahl der Kolonien ein Maß für die Luftqualität.

„Zu einer festgelegten Jahreszeit werden aus den Blättern entlang der Mittelrippe Scheibchen von 10 mm Durchmesser mit einem Korkenbohrer ausgestanzt und im Deckel einer Petrischale fixiert. Aus diesen Scheibchen fallen Sporen auf eine Agar-Malzmischung in der unteren Hälfte der Petrischale. Nach 24 Stunden wird die Schale umgedreht und aus den Sporen können sich ungestört Kolonien entwickeln, die deutlich rosa gefärbt sind und mit dem bloßen Auge ausgezählt werden können" (ARNDT, U. et al. 1987). Diese Kolonienzahl ist ein Maß für die Luftgüte.

Vereinfachte Darstellung der drei Humus-Arten Mull, Moder, Rohhumus (von links nach rechts) auf biotisch aktiven Böden auf der einen (Mull) und sauren Waldböden mit schwer zusetzbarer Streu auf der anderen Seite (Rohhumus). Die Humusform Moder nimmt eine Zwischenstellung ein.

2 Allgemeine Parameter für die Beurteilung von Böden

2.1 Boden erfahren[1]

Wir unterschätzen oft unsere Sinne und glauben, nur modernste Analysegeräte erlaubten fundierte Aussagen über den Boden. Dabei vermochten schon die Naturvölker mit ihren Sinnen zu erkennen, welcher Boden krank, zu mager, zu fett, verdichtet oder humusarm ist.

Boden ist „schmutzig"! Unsere Berührungsängste gegenüber der Basis unseres Lebens, dem Boden, werden oft mit dieser Aussage begründet. Ein von uns als sauber bezeichneter Boden, wie gewaschener Sand, ist tot und lebensfeindlich für Pflanzen und Tiere. Die Begriffe sauber und schmutzig werden von uns emotional benutzt.

Der gesunde natürliche Boden hingegen enthält schmierigen Ton und ist voll von Bakterien, Viren, Einzellern, Würmern und Insekten. Erst vom Menschen eingetragene Schadstoffe verschmutzen den Boden und lassen ihn erkranken. Um mit unseren Sinnen Erkenntnisse über den Boden zu gewinnen, müssen wir uns von der zivilisierten schmutzigen Sichtweise des Bodens trennen und Boden erfahren.

2.2 Bodengeruch

Für die folgenden Versuche werden Proben mit möglichst verschiedenen Gerüchen benötigt, z.B.:

Sandboden, humoser Boden, Lehmboden aus tiefer Schicht, Faulschlamm aus Kläranlage (Vorsicht, nur mit Handschuhen), Schlacke aus Müllverbrennungsanlagen, Streuschicht (Herbstblätter), Torf, Bachsediment, organisches Material (welches unter Luftabschluss war), Straßenbaumaterial, Bitumenbrocken, verölter Boden oder frisch gedüngter Ackerboden.

2.2.1 Geruchsverstärkung

⇒ Trockene Bodenproben anfeuchten und riechen.
⇒ Bodenprobe langsam erhitzen und immer wieder daran riechen.

Ergebnis:
– Sowohl durch die Zugabe von Wasser als auch durch das Erhitzen erfolgt eine Geruchsverstärkung.
– Die wasserunlöslichen Geruchsstoffe können besser gemeinsam mit Wasser verdampfen als alleine. Die intensiven Boden-, Tannen- und Blütendüfte nach Regenfällen hat sicher schon jeder bemerkt.

---

[1] Die Idee für einen sinnenvollen Einstieg ins Thema Boden stammt von Manfred URBSCHAT, der die folgenden und ähnliche Versuche im Natur- und Schulbiologischen Gut Ophoven, Talstr. 4 in Leverkusen/Opladen, mit Erfolg durchführt.

Aktion	Ort/Material	Eindrücke	Erkenntnisse	Folgen/Anwendungen
Boden fühlen				
Blind mit nackten Füßen	Wiese, Waldboden, Ackerboden usw.	warm - kalt, trocken - feucht	feuchter „kalter" Boden ist ein besserer Wärmeleiter und -speicher als trockener „warmer" Boden	Erdwärmespeicherung feuchter Boden überhitzt im Wurzelbereich trotz Verdunstungskälte schneller als trockener Boden. Isolationswirkung von Luft bei Doppelglasfenster, Styropor-Isolierschaum; Frühbeete, Mistbeete
Hüpfen	Waldboden, Beton, usw.	Elastizität, Festigkeit	mögliche Bodenverdichtungen	Verdichteter Boden behindert das Pflanzenwachstum (Wurzelausbildung, Atmung, Wasserdurchlässigkeit, Isolation): das Bodenleben erstickt
Blind mit Händen Berührungsängste überwinden	Fühlbox mit Boden	sauber schmutzig unangenehm	Die Begriffe *sauber* und *schmutzig* werden emotional betrachtet: Begriff *sauber* aus der Erziehung analytisch betrachtet: sauber = chem. rein, unvermischt, frei von anderen Bestandteilen; hyg. rein: frei von Bakterien, Viren usw.	geputzte Wohnung Freudsche Analfixierung Reinstoffe als Böden und chem. reines Wasser sind lebensfeindlich Keine Anregung der Imunabwehr bei Kleinkindern Gefahr der Besiedelung mit Krankheitskeimen, da ungefährliche Kulturen dies nicht verhindern
		Krümelig, körnig, feucht, matschig, homogen	Anteil an Ton, Schluff, Sand, Wasser	Bestimmung der Bodenart
Boden riechen				
	Bodenproben verschiedener Tiefen/Orte	geruchlos erdiger Geruch	toter Boden ist geruchlos humushaltiger, durchlüfteter Boden riecht erdig	Wurzelkläranlage
		Geruch nach faulen Eiern, Mist	bei anaerobem Abbau (Luftmangel) Schwefelwasserstoffbildung	Überprüfung des Komposters
Boden sehen				
	A-Horizonte	Farbe	Zusammenhang zwischen Farbe und Humusgehalt	Bestimmung des Humusgehaltes
	Siedlungsgebiete Deponien	Scherben, Knochen etc.	Bodengeschichte	Archäologie
Boden schmecken				
	Nur Heilerde, Mineralien wie Magnesiumoxid, Kalk (Kreide), Torf!	sauer seifig bitter	sauer basisch Huminsäuren	Bodenversauerung Mittel gegen Sodbrennen Bodenbelastung (Kleinkinder nehmen erhebliche Mengen Erde auf)
Boden hören				
Boden am Ohr zwischen den Fingern reiben	sandhaltiger Boden	knirscht	Quarznachweis Boden eventuell kalkarm	Erkennung von Bodentypen
Boden umgraben		Steine verursachen knirschendes Geräusch	Bodentyp ist oft Rendzina (Übers.: „Geknirsche")	Verwitternde Steine sind wichtig für den Mineraliennachschub im Boden
Boden kreativ				
Mit Boden malen Bilder mit Hilfe von Boden und Pflanzensäften malen	Erdfarben farbiger Ton	ungebrannt: hellbraun, grünlichbraun, weiß gebrannt: rot, schwarz, weiß	Ursachen der Bodenfarben: Humusgehalt, Mineralstoffgehalt, Eisen-Mangan-Gehalt, Durchlüftung (Eisen-Oxidation/-Reduktion)	Höhlenmalerei der Eiszeit Körperbemalung (Indianer, Ägypter) moderne Kosmetika Flaschenglas grün, braun Bildung von Raseneisenerz, wo Luft zum Eisen-II-haltigen Wasser kommt
Mit Boden basteln Eine ansprechende Schichtenfolge in einem Einmachglas zusammenstellen	Pflanzen Humus O-Horizont A-Horizont B-Horizont C-Horizont	Eigenschaften der einzelnen Horizonte	Bodenstruktur Waldboden hat nur noch A- und C-Horizont	Humus- und Pflanzendecke schützen den Boden gegen Austrocknen und Überhitzen Auswaschvorgänge verarmen kontinuierlich die Böden Pflanzen wie Ginster haben 7 m tiefen Wurzeln, die ausgewaschenen Nährsalze wieder hochziehen

– Auch eine Temperaturerhöhung lässt die Geruchsstoffe stärker verdampfen und bewirkt somit eine Geruchsverstärkung. Parfüms riechen z.B. je nach Hauttemperatur anders und geben so eine „persönliche Note".

– Wird allerdings stark erhitzt, werden alle leichtflüchtigen Stoffe ausgetrieben, sodass der Boden danach geruchlos ist.

Boden, der gut durchlüftet, biologisch aktiv und somit gesund ist, hat einen angenehmen Geruch (Waldboden-Geruch), unangenehm riechen nur Böden, in denen es unter Luftabschluss fault (faule Eier-, Mistgeruch).

Gebranntes Bodenmaterial wie Aschen und Schlacken ist zumeist geruchlos. Belastungen in Böden haben oft einen charakteristischen Eigengeruch (Phenole – Teergeruch; Amine – Fischgeruch). Doch Vorsicht: Asphalt (Bitumen, entsteht aus Erdöl) enthält kaum Phenole, riecht also kaum nach „Teer" (der aus Steinkohle entsteht).

2.2.2 Geruchsverdünnungsreihe

Wie schädlich ist es, wenn Öl (z.B. aus dem Auto) im Boden versickert? Unsere Nasen sollen dabei als Messgeräte dienen und auch durch gegenseitiges Überprüfen verglichen werden.

15 min.	Gefahrstoff	Sicherheit	Entsorgung
	✖ 🔥	Schutzhandschuhe · Abzug	organ. Lösungsmittel · Mülleimer

Geräte
Spatel, Reagenzgläser mit Stopfen
Folienstift
Waage oder 10 mL Messzylinder

Chemikalien
Sand oder Quarzsand
Öl (Erdöl, Dieselöl, Altöl, Motoröl – *gesundheitsschädlich,brennbar*)

Durchführung:[2]
⇒ 10 g trockenen Sand mit 1 mL Öl in ein Reagenzglas geben, dieses mit Stopfen verschließen, intensiv vermischen und riechen.
⇒ 1 g von diesem Sand wiederum mit 9 g frischem Sand mischen, riechen.
⇒ Dieses solange fortsetzen, bis kein Ölgeruch mehr festzustellen ist (evtl. auf 40 °C erwärmen).
⇒ Kann die Geruchsverdünnung mit der Nase nachvollzogen werden (Quiz mit verbundenen Augen und vertauschter Reihenfolge)?

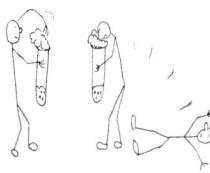

richtig   falsch

Ergebnis und Folgerungen:
– Öl im Boden kann auch in sehr geringen Konzentrationen von unserer Nase wahrgenommen werden. Je nach Bodenart wird z.B. Dieselöl bis zu ca. 0,0001 mL/kg im Boden ausgemacht.
– Es gibt für jeden Stoff eine bestimmte Schwellenkonzentration, unter der uns dieser Stoff geruchlos erscheint. Unsere Nasen sind unterschiedlich empfindlich, wobei sich unser Geruchssinn sogar innerhalb eines Tagen stark verändern kann. Der Geruchssinn stumpft leicht ab. Deshalb sind absolute Stoffmengen mit der Nase schwer zu bestimmen. Leichter gelingt die Einordnung unterschiedlich stark riechender Proben.

---

2   Zur Arbeitserleichterung werden die Füllstände von 1 g und 10 g Sand mit dem Folienstift auf die nummerierten Reagenzgläser aufgemalt. Statt der Waage kann auch ein 10 mL Messzylinder benutzt werden und statt 10 g Sand 10 mL Sand verwendet werden. Die Dichte des Sandes ist ca. 2 g/mL.

Aufgabe:
Ein Tanklaster mit 3000 L Dieselöl lief bei einem Unfall vollständig aus. Wieviel Boden kann maximal durch diesen Unfall geruchlich belastet worden sein? Welche Konsequenzen können für das tiefer liegende Grundwasser gezogen werden?

Versuchsvorschläge:
1) Versuche den auswaschenden Regen zu simulieren!
2) Ersetzt in einem gleichartigen Versuch den Boden durch Wasser!
3) Welche Probleme sind dabei zu erwarten?
4) Warum ist es dabei sinnvoll, die Ölmenge am Anfang der Verdünnungsreihe auf 0,1 mL pro 100 mL Wasser zu reduzieren oder etwas Alkohol oder Tenside zuzugeben?
5) Vergleiche das dabei gefundene Ergebnis mit dem für den Boden[3].

2.2.3 Nachweis von Ammoniak (Mistgeruch)

Frisch mit Mist, Jauche, Harnstoff oder Hornspänen gedüngte Böden riechen sehr unangenehm. Bachsedimente und verdichtete Böden mit Staunässe, in denen organisches Material fault, riechen oft ähnlich. Hervorgerufen wird dieser Geruch meist durch Ammoniak und/oder Schwefelwasserstoff.

Als Geruchsvergleich kann verd. Ammoniakwasser dienen *(ätzend)*. Eindeutig ist jedoch der chemische Nachweis von Ammoniak. Prinzip: Durch die Zugabe einer starken Base wie Natriumhydroxid wird aus Ammoniumverbindungen ($NH_4^+X^-$) Ammoniakgas (NH_3) freigesetzt. Dieses löst sich in Wasser und bildet eine Base, welche mit Lackmus nachgewiesen wird.

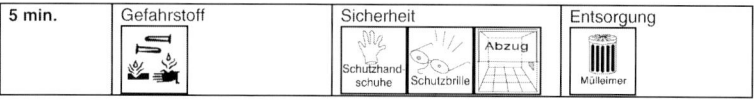

5 min.	Gefahrstoff	Sicherheit		Entsorgung
		Schutzhandschuhe	Schutzbrille / Abzug	Mülleimer

Geräte
Uhrgläser
Rotes Lackmuspapier

Chemikalien
Natriumhydroxid-Tabletten *(ätzend)*

Durchführung:
⇒ Zu der Bodenprobe im Uhrglas werden einige Tabletten Natriumhydroxid gegeben (*Schutzbrille*).
⇒ Ein zweites Uhrglas wird innen und außen mit feuchtem roten Lackmuspapier versehen.
⇒ Die Bodenprobe wird angefeuchtet und das Uhrglas mit den feuchten Papieren darüber gestülpt.

---

[3] Die Geruchsschwellenkonzentration für Benzin, Diesel oder Heizöl in Wasser liegt bei 0,001 - 0,01 mg/L, für Petroleum bei 0,01 - 0,1 mg/L (BÖHLMANN, D. 1991).

Ergebnis und Folgerungen:
– Enthält die Probe Ammoniak, färbt sich durch die entstandene Ammoniakbase das innere Lackmuspapier blau.

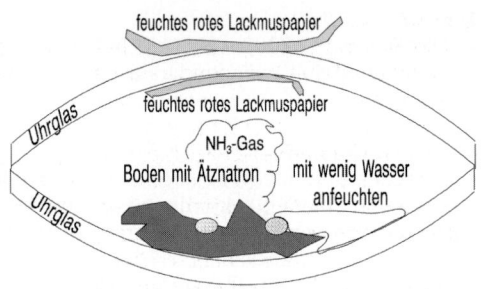

Den ungedüngten Böden mit Ammoniakgeruch ist gemeinsam, dass sie völlig von Wasser durchtränkt sind und keine Luft (genauer Sauerstoff) enthalten. Offensichtlich entsteht Ammoniak (NH_3) unter Sauerstoffmangel (anaerob) beim mikrobiellen Abbau von Eiweißverbindungen und Harnstoff. Analog reagieren Amine (NR_3) (Geruch

Amine, Ammoniumverbindungen + NaOH ---> NH_3
Ammoniaknachweis durch Blaufärbung des Lackmuspapiers

nach verfaultem Fisch), welche mit diesem chemischen Nachweis nicht von Ammoniak unterschieden werden können.

Falls weder Schwefelwasserstoff (und Mercaptane) noch Ammmoniak (und Amine) nachgewiesen werden können, dann kommen als wichtige Geruchkomponenten noch Aldehyde (R-CHO) in Frage. Letztere lassen sich mit fuchsinschwefeliger Säure nachweisen.

2.2.4 Nachweis von Schwefelwasserstoff (Fauler-Eier-Geruch)

Eine weitere Ursache übelriechender Faulgase ist neben Ammoniak auch Schwefelwasserstoff (H_2S). Er entsteht durch mikrobielle Zersetzung von Eiweiß unter Luftabschluss (anaerob).

Schwefelwasserstoff riecht je nach seiner Konzentration in der Luft verschieden stark nach faulen Eiern. In höheren Konzentrationen ist er sogar geruchlos, da er die Geruchsrezeptoren blockiert. Als Geruchsvergleich kann Ammonium- oder Kaliumsulfid (-Lösung) *(ätzend, vorsichtig riechen)* dienen. Da Schwefelwasserstoff jedoch als starkes Blutgift wirkt, ist der chemische Nachweis vorzuziehen.

Prinzip des chemischen Nachweises: Durch die Zugabe von Salzsäure wird aus Metallsulfid Schwefelwasserstoffgas freigesetzt, welches mit Bleisalz wieder ein Metallsulfid bildet.

5 min.	Gefahrstoff	Sicherheit		Entsorgung	
		Schutzhandschuhe	Schutzbrille	Abzug	Schwermetalllösung	Mülleimer

Geräte
Uhrglas

Chemikalien
Salzsäure verd. *(ätzend)*
Bleiacetatpapier

Durchführung:
⇒ Die Bodenprobe wird auf ein Uhrglas gegeben. Ein zweites Uhrglas wird innen mit feuchtem Bleiacetatpapier versehen.
⇒ Zu der Bodenprobe wird etwas verdünnte Salzsäure gegeben (Schutzbrille) und das Uhrglas mit dem feuchten Papier darüber gestülpt.

Ergebnis und Folgerungen:
- Die Bildung von schwarzem Bleisulfid auf dem Bleiacetatpapier ist ein Hinweis auf Schwefelwasserstoff (H_2S). Darüber hinaus ist der typische Faule-Eier-Geruch ein Indiz für H_2S.

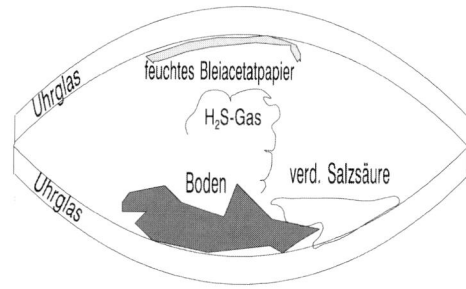

Mercaptane (R-S-H), welche einen äußerst widerlichen Geruch besitzen, reagieren auch mit Bleiacetat. Diese Schwefel(wasserstoff)verbindungen sind zumeist durch mikrobiellen Abbau aus Eiweiß von verfaulenden Pflanzen und Tieren entstanden. Die Giftigkeit des Schwefelwasserstoffes beruht

Metallsulfide + HCl ---> H_2S
Schwefelwasserstoffnachweis durch Schwarzfärbung des Bleiacetatpapiers

hauptsächlich darauf, dass er auch im menschlichen Körper mit lebenswichtigen Schwermetallen unlösliche Sulfide bildet.

Der Nachweis von Ammoniak oder Schwefelwasserstoff zeigt oft eine Bodenverdichtung an: Durch Staunässe und Sauerstoffmangel faulen die Pflanzenwurzeln und die Pflanzen gehen ein. Doch nicht nur Ammoniak und Schwefelwasserstoff sind für Fäulnisgerüche verantwortlich, auch Aldehyde (R-CHO) riechen ähnlich.

Die oft schwarze Farbe von Faulschlämmen lässt sich auf Schwefelwasserstoffbildung zurückführen: Schwermetallsulfide (Eisensulfid) verursachen diese Färbung.

Versuchsvorschlag:
1) Vermische etwas schwarzen Faulschlamm mit Sand und lasse Wasser hindurchsickern. Fange dieses Wasser auf und lasse es einige Tage stehen. Wie entsteht der rotbraune Schlamm?

2.3 Böden aus Troja? Visuelle Bodenuntersuchung

Stößt man heutzutage im Boden auf Scherben, dann ist man zumeist nicht auf ein antikes Troja gestoßen. Vielmehr können diese Schlacken und Scherben von Müllverbrennungsanlagen, von Eisen- und Glashütten, vom Straßenrückbau, von einer Bauschuttaufbereitung, einer Industriebrache oder einer Deponie stammen. Sie erzählen – wie der Trümmerschutt des zweiten Weltkriegs – etwas über die Geschichte dieses Bodens. Aus der Schwarzfärbung kann auf den Gehalt an organischen Substanzen geschlossen werden (s. Kap. 2.7, Organ. Material in Böden, S. 46).

In morastigen, mit organischem Material versetzten Böden, in denen durch das stehende Wasser Sauerstoffmangel herrscht, wird Eisen zu grünem Eisen(II) reduziert. Der Boden erscheint dann in grauem, grünlichem oder bläulichem Farbton, welcher bei Luftzufuhr durch die Bildung von Eisen(III)-oxid und Mangan(IV)-oxid nach braun bis rot wechselt. Dabei bilden sich bänderförmige Bodenhorizonte.

| 15 min. | Geräte: Sieb, Lupe

Durchführung:
⇒ Aus dem Boden die großen Teile heraussieben und, notfalls unter der Lupe, betrachten.

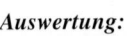

Auswertung:
Nägel, Glasscherben und Blechdosenreste, die leicht angeschmolzen sind, deuten auf Hausmüllverbrennungsschlacke hin.

Hinweis:
- Dieser Boden ist nicht frei von Schadstoffen und sollte nicht im Gartenboden untergemischt sein. Selbst unter Sport- und Spielplätzen, wo er gerne verbaut wird, stellt er eine ernste Gefahr durch seinen hohen Schwermetallgehalt dar (s. Kap. 6.1.6, Der Weg der Schwermetalle, S. 174).
- Die Verfüllung von diesem hoch mit Blei, Chromat und Kupfer belasteten Material unter Straßen und in Lärmschutzwälle ist ebenfalls problematisch.
- Glasige oder magnetische Steine lassen vermuten, dass auf diesem Boden Schlacke von einem Eisenhüttenwerk abgelagert wurde.
- Teer- und Ziegelbrocken deuten auf den Abriss einer Straße bzw. eines Hauses hin (*Hinweis:* Teer enthält viele leichtflüchtige, vom menschlichen Körper aufnehmbare Phenole und kann, da diese auswaschbar sind, das Grundwasser belasten).
- Sandiger Boden mit Kohleteilchen und Asche deutet auf ein Kohlekraftwerk oder Hausbrand hin.

2.3.1 Mikroskopische Untersuchung

Die Bodenstruktur und die diese stabilisierenden Aggregate aus Ton-, Ton-Humus-Teilchen, braunem Eisen- und schwarzem Manganoxid, weißem Kalk oder Gipsanflügen können unter dem Mikroskop betrachtet werden (20- bis 100-fache Vergrößerung). Dabei lassen sich leicht gröbere Mineralpartikel und feinere Ton- und Humusteilchen unterscheiden (BLUME, H.P. 1990).

2.4 Bestimmung der Bodenart

Böden können sehr unterschiedlich aussehen und sich sehr unterschiedlich anfühlen. Bestimmte Pflanzen gedeihen nur auf einigen Böden. Verantwortlich hierfür ist meist die Bodenart.

| 5 min. |

Geräte: Holzbrettchen, Messer, Handtuch, Seife

Durchführung
⇒ Feuchte Bodenprobe gut durchkneten (evtl. etwas anfeuchten oder mit saugfähigem Papier trocknen).

Bodenmineralien bzw. Gesteinspartikel lassen sich nach ihrer Größe bestimmten Kornfraktionen zuordnen. Man unterscheidet:

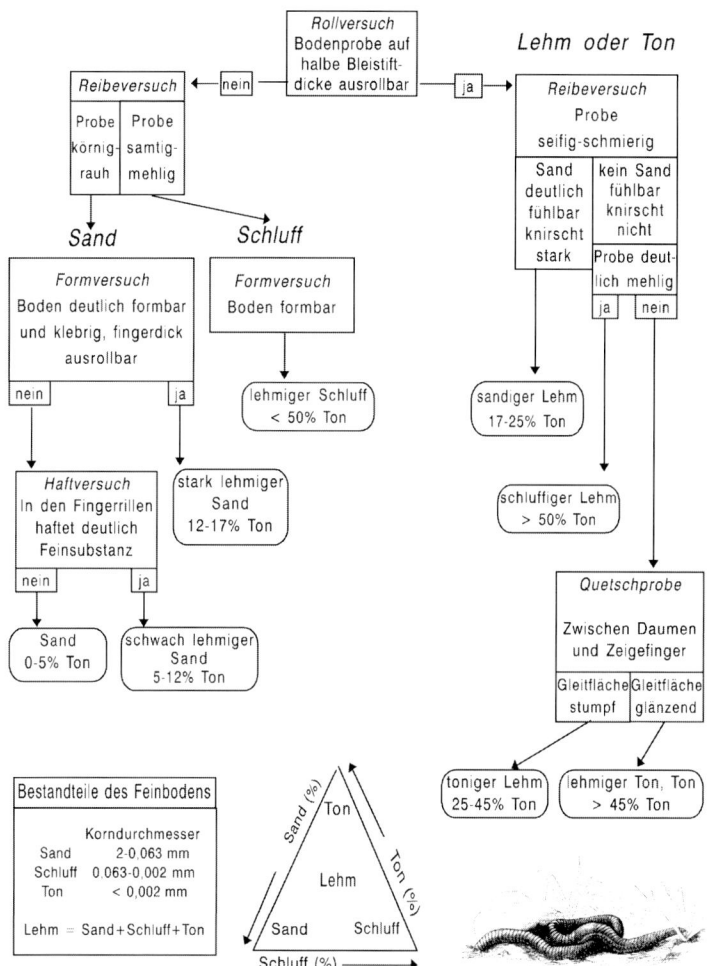

Abb. 5: Einfache Feldmethode zur Bestimmung der Bodenart (nach ALCUBILL, H. et al. 1985).

Grobboden	(Bodenskelett)		> 2 mm Korndurchmesser
Feinboden	a) Sand	63 µm −	2 mm Korndurchmesser
	b) Schluff	2 µm −	63 µm Korndurchmesser
	c) Ton	<	2 µm Korndurchmesser

Die sogenannte Bodenart ist durch den Anteil der einzelnen Kornfraktionen definiert. Ihre Benennung erfolgt nach der vorherrschenden Kornfraktion für den Feinboden (Sand, Schluff oder Ton).

Sind diese drei Fraktionen in ähnlichen Anteilen vorhanden, dann spricht man von Lehm. Ökologisch ungünstig sind Böden mit einer einseitigen Kornzusammensetzung.

Reine Sandböden sind arm an feineren Poren (< 10 µm) und haben somit ein schlechtes Rückhaltevermögen für Kapillarwasser. Dafür bieten sie aber durch ihr Hohlraumsystem (< 50 µm) eine gute Bodendurchlüftung.

Reine Tonböden hingegen, deren Porenräume unter 10 µm eingedrungenes Niederschlagswasser gut speichern, schneiden jedoch durch diesen Wasserverschluss der feinen Poren und die nicht vorhandenen Grobporen dem Bodenleben die lebenswichtige Sauerstoffzufuhr ab.

Ein hoher Humusgehalt sorgt für ein großes Porenvolumen des Bodens und begünstigt eine ausgewogene Porengrößenverteilung. Humusreiche Horizonte sind oft an ihrer dunkleren Farbe erkennbar (s. Kap. 2.7, Organ. Material in Böden, S.46). Durchwurzelung und Anwesenheit von Bodentieren gewährleisten eine stete Auflockerung des Materials.

2.4.1 Bestimmung der Korngrößenverteilung und der Bodenart mittels Sedimentanalyse oder: Wie schnell wird eine Pfütze klar?

Wird Sand kurz in Wasser aufgeschüttelt, setzt sich dieser innerhalb von Sekunden wieder auf dem Boden des Gefäßes ab (*Sedimentation*). Anders verhält sich eine Ton-Wasser-Mischung, welche noch nach Tagen trüb bleibt. Wie Staub in der Luft sinkt der feinkörnige Ton im Wasser nur langsam auf den Boden.

Diese unterschiedlichen Geschwindigkeiten der Sedimentation können zur Trennung der Sand-, Schluff- und Ton-Anteile eines Bodens und damit zu Bestimmung der Bodenart benutzt werden.

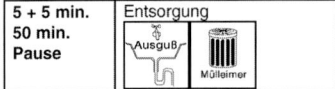

5 + 5 min.	Entsorgung
50 min.	
Pause	

Geräte
Zwei 100 mL Messzylinder
mit Stopfen
Stoppuhr

Chemikalien
0,1 mol/L Tetra-Natriumdiphosphatlösung:
44,6 g Tetra-Natriumdiphosphat-Decahydrat
auf 1L dem. Wasser oder gleich „Calgon"-Lösung (Wasserenthärter)

Durchführung:
⇒ Man gibt 10 mL Boden und 90 mL Diphosphat-Lösung in einen 100 mL Messzylinder, verschließt diesen mit der Hand und schüttelt kräftig, bis der Boden gleichmäßig in der Flüssigkeit verteilt ist.
⇒ Nun wird der Zylinder stehen gelassen. Nach genau 30 Sekunden wird der trübe Überstand in den 2. Messzylinder abgegossen und 50 Minuten stehen gelassen.
⇒ Abschließend liest man in beiden Zylindern die abgesetzten Mengen ab.

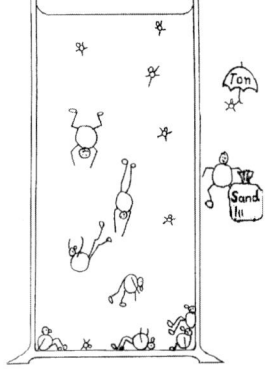

Auswertung

Die Sinkgeschwindigkeit von runden Sandkörnern hängt u.a. von deren Radien ab[4]

$$v = \frac{3\,600\,000}{(m \cdot s)} \cdot r^2 \qquad r \text{ in (m) und } v \text{ in (m/s) gemessen}$$

Daraus errechnet sich die folgende Tabelle:

Teilchendurchmesser in µm	Bodenart	Ungefähre Sinkdauer für 10 cm
< 2	Ton	> 7h 40min
2 – 6,3	Feinschluff	7h 40min – 50min
6,3 – 20	Mittelschluff	50 min – 4min 30s
20 – 63	Grobschluff	4min 30s – 30s
63 – 200	Sand	30s – 3s

Erläuterung:
Das Arbeiten mit der Diphosphatlösung ist erforderlich, da die an der Oberfläche negativ geladenen Tonteilchen des Bodens durch mehrwertige positive Ionen miteinander verklebt sind. Das Diphosphat komplexiert nun die positiven Ionen, die Tonteilchen werden beweglich und können ihrer tatsächlichen Größe nach erfasst werden.

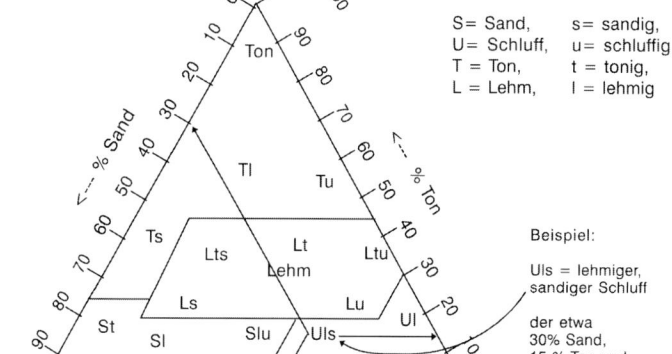

Bodenarten im Dreiecksdiagramm

S = Sand,   s = sandig,
U = Schluff,   u = schluffig,
T = Ton,   t = tonig,
L = Lehm,   l = lehmig

Beispiel:

Uls = lehmiger, sandiger Schluff

der etwa
30% Sand,
15 % Ton und
55 % Schluff enthält
----
100 %

Abb. 6: Dreiecksdiagramm der Körnungsklassen.

% Schluff --->

---

[4] Sinkt das Sandkorn mit konstanter Geschwindigkeit, dann ist die Gewichtskraft genau gleich der Reibungskraft. Diese Reibungskraft hängt nach STOKE von der Geschwindigkeit und dem Radius des Korns und der Wasserzähigkeit ab: $F = 6\,\pi\,\eta r\,v$.

$$\frac{4}{3}\pi r^3 g(\rho_K - \rho_W) = 6\pi\eta r v$$

$$\Leftrightarrow v = \frac{2g(\rho_K - \rho_W)}{9\eta} r^2$$

g: Erdbeschleunigung (9,81 N/kg)
ρ_K: Dichte der kugelförmigen Teilchen
ρ_W: Dichte des Wassers (1000 kg/m³)
η: Dynamische Viskosität des Wassers (10^{-3} Ns/m²)

Die mittlere Dichte der Bodenteilchen beträgt 2650 kg/m³. So erhält man die Beziehung: $v = \frac{3.6 \cdot 10^6}{m \cdot s} \cdot r^2$

27

Aufgaben:
- Welche Korngrößen werden mit der oben vorgestellten Methode erfasst?
- Versuche mit Hilfe des Dreieckdiagramms aus den ermittelten Grobschluff-, Mittelschluff- und Sand-Anteilen die Bodenart zu bestimmen!
- Wie lang müsste man sedimentieren lassen, bis aller Schluff erfasst wird?
- Warum kann man mit dieser Methode die Sand-, Schluff- und Ton-Anteile nicht exakt getrennt erfassen?
- Wie müsste das vorgestellte Verfahren verändert werden, damit tatsächlich die „einzelnen" Fraktionen weitestgehend vollständig getrennt erfasst werden?
- Überprüfe mit der Sedimentanalyse, ob der B-Horizont eines Bodens mehr Ton als der A-Horizont enthält (vgl. Kap. 3.1, Der molekulare Aufbau von Böden, S. 67)!

2.4.2 Bestimmung der Gefügeform einer Bodenprobe

Aber nicht allein die Korngröße, sondern auch die Art der Zusammenlagerung der Bodenpartikel – die *Gefügeform* – bestimmt die Bodeneigenschaften.

| 5 min. | **Geräte:** Handtuch, Seife

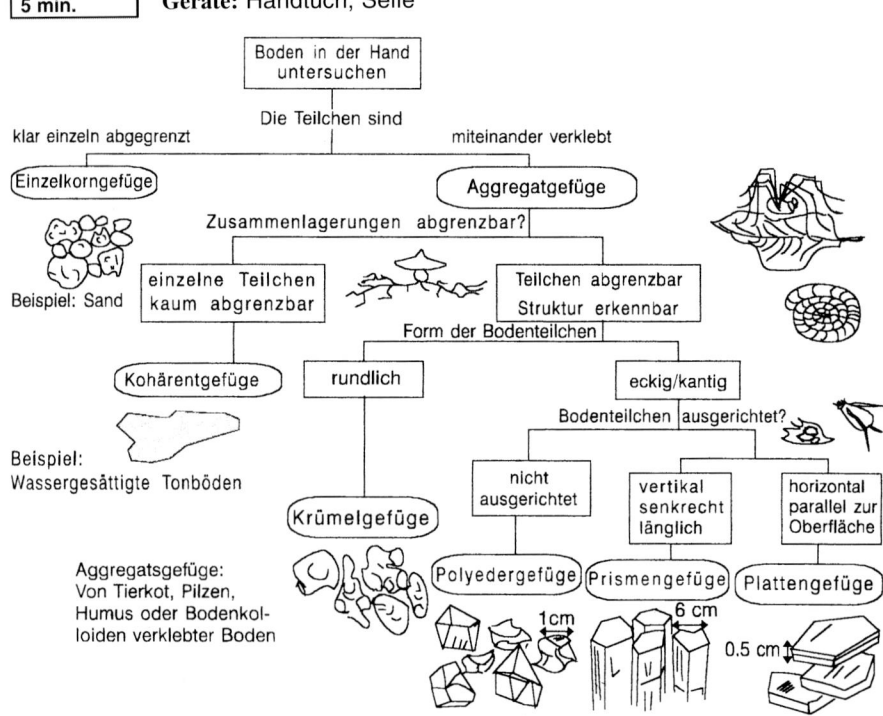

Durchführung:
Abb. 7: Bestimmung des Aggregatgefüges.

28

Erläuterungen:

Beim *Einzelkorngefüge* liegen die Bodenteilchen isoliert nebeneinander vor (typisch für Sandböden).

Ein optimales Verhältnis von Festsubstanz zu Porenvolumen und eine optimale Porengrößenverteilung sind nur bei *Aggregatgefügen*, vor allem beim *Krümelgefüge*, gegeben. Aggregatgefüge entstehen aus dem Kot von Bodentierchen, durch Verkleben von Humus mittels Pilz- und Bakterienkolonien oder durch Frosteinwirkung. In tonreichen humusarmen Böden wirkt auch das Ausflocken oder Schrumpfen von Tonmineralien (Kolloide) aggregierend.

Im *Kohärentgefüge* bilden die Bodenteilchen eine eng zusammenhaftende, nicht gegliederte Bodenmasse, deren Körner in dichtester Packung miteinander verklebt sind (z.B. wassergesättigte Tonböden).

Neben dem Wasser- und Lufthaushalt ist im Boden der *Nährstoffhaushalt* wesentlich, wobei die Tonmineralien und Humusstoffe eine wichtige Rolle als Speicher spielen.

Tonminerale sind Schichtsilikate mit Teilchengrößen < 2 μm (Kolloide). Sie zeichnen sich durch Quellfähigkeit und Kationenaustauschfähigkeit aus (s. Kap. 3.7.2) und sind daher gemeinsam mit den Huminstoffen für den Wasser-Nährstoffhaushalt der Böden von entscheidender Bedeutung.

Huminstoffe, die durch den Abbau von abgestorbenem Pflanzenmaterial entstehen, enthalten höhermolekulare, dunkel gefärbte, zyklische, zumeist aromatische, organische Verbindungen mit Phenol-, Chinon-, Carbonsäure-, Glucose- und Aminosäuregruppen (s. Kap. 3.1.2). Sie besitzen eine große spezifische Oberfläche und die Fähigkeit, Wassermoleküle und Ionen reversibel anzulagern. Kationen binden sie vornehmlich komplex. In ihrem Wasserhalte- und Austauschvermögen übertreffen sie erheblich die Tonmineralien.

Bodenarten, benotet von 1 = sehr gut/sehr hoch bis 5 = sehr schlecht/sehr wenig (BRUCKER, G. 1990).

	Sand	Schluff	Lehm	Ton
Bodenbearbeitung (umgraben, pflügen etc.)	1	3-4	2	5
Nährsalzspeicherung	5	4	2	1
Nährsalznachlieferung	3	2	1	4
Wasserspeicherung	5	1-2	1	1-2
Wassernachlieferung	4	1	2	4
Dränung (Trockenlegung)	1	4	3	5

2.5 Wassergehalt und Wasserhaltevermögen von Böden

Ohne Wasser wäre kein Leben auf der Erde möglich. Kein Organismus kommt ohne diesen „besonderen Saft" aus. Pflanzen beziehen ihr Wasser fast immer ausschließlich über die Wurzeln, d.h. aus dem Boden. Daher ist der Wassergehalt des Bodens ein sehr wichtiges Kriterium für seine Bewertung.

2.5.1 Chemische Bestimmung des aktuellen Wassergehaltes einer Bodenprobe

10 min.	Gefahrstoff	Sicherheit	Entsorgung
	🔥	Abzug	Mülleimer

Geräte
50 mL Rundkolben mit Anschlussreduzierstück
Gummischlauch, Kolbenprober, Waage,
Sieb, eventuell Dreiwegehahn

Chemikalien
Calciumcarbid in Pulverform

Durchführung:

⇒ 200 mg fein gesiebte Erdprobe werden in einen 50 mL Rundkolben eingewogen und schnell mit ca. 1g pulverisier-
tem Calciumcarbid versetzt. Sofort wird der Kolbenprober angeschlossen und das Anfangs- und nach
einiger Zeit das Endvolumen abgelesen.

⇒ Bei sehr trockenem Boden muss dessen Menge erhöht werden, damit messbare Mengen Ethin entstehen.

⇒ Die Schwierigkeiten, dass bei zu feuchtem Boden
zu viel Ethin entsteht, welches vom Kolbenprober
nicht mehr erfasst werden kann, lässt sich durch ei-
nen Dreiwegehahn umgehen. Über diesen lässt sich schnell das Gas aus dem
Kolbenprober ablassen, der sich daraufhin erneut füllen kann. Das Ablassen erfolgt im Abzug, da das entstehende Ethin Spuren des übelriechenden Nervengif-
tes Phosphin enthält.

Auswertung:

$$2H_2O + CaC_2 \rightarrow C_2H_2 + Ca(OH)_2$$

24 mL (1 mmol) Ethin entsprechen somit 36 mg (2 mmol) Wasser.

Beispiel:
Das Ethinvolumen sei 60 mL. Dies entspricht $\frac{60 \text{ mL}}{24 \text{ mL}} \cdot 36 \text{ mg} = 90 \text{ mg}$ Wasser

Der Wassergehalt ist somit $\frac{90 \text{ mg}}{200 \text{ mg}} \cdot 100 \% = 45 \%$.

Hinweis:

♦ Der gemessene aktuelle Wassergehalt ist natürlich abhängig von Wasserzufuhr,
Verdunstung und Versickerung. Deshalb sollte neben dem aktuellen Wassergehalt
auch das maximale Wasserhaltevermögen bestimmt werden.

♦ Ein Maß für das maximale Wasserhaltevermögen eines Bodens ist sein maximaler
Haftwassergehalt. Er kann nach mehrtägigem (evtl. künstlichem) Regen, dem 2-3
Tage Trockenheit folgten, analog zum aktuellen Wassergehalt gemessen werden.
Der Boden muss während der Trockenheit (überschüssiges Wasser versickert) mit
einer Plane abgedeckt werden, um eine Verdunstung des Wassers zu verhindern.

2.5.2 Messung des aktuellen Wassergehaltes einer Bodenprobe durch Trocknen

$\boxed{\text{2 + 2 min.}}$ **Geräte:** Waage, Porzellanschale, Papier, Sieb

Durchführung:
⇒ Etwa 10 g gesiebte Erdprobe in Porzellanschale einwiegen, flach verteilen und mit Papier abdecken. 1 Stunde im Trockenschrank bei 105 °C oder 24 Stunden in der Nähe der Heizung trocknen[5].
⇒ Nach dem Trocknen zurückwiegen.
⇒ Der Gewichtsverlust entspricht dem Wassergehalt, der auf die Masse der feuchten Erde bezogen mit 100 % multipliziert den prozentualen Wassergehalt ergibt.

Erläuterung:
Guter Boden hat dank seiner feineren Poren (Fein- und Mittelporen < 10 μm) ein gutes Wasserhaltevermögen. Dieses sogenannte Haftwasser ist für die Wasserversorgung der Pflanzen notwendig und daher lebenswichtig.

Die Grobporen (> 10 μm) sind für die Luftdurchlässigkeit des Bodens wichtig, da sonst leicht Wurzelfäule auftritt. Ein ausgewogenes Verhältnis von Sand (hauptsächlich verantwortlich für Grobporen, Belüftung), Ton und Schluff (verantwortlich für Fein- und Mittelporen, Haftwasser) ist für ein gesundes Bodenleben unabdingbar. Dabei ist vor allem der Schluff für die Mittelporen (0,2 - 10 μm) verantwortlich, die den Pflanzen das Wasser zur Verfügung stellen.

Daher haben Sandböden in der Regel auch einen niedrigeren Wassergehalt als Böden mit höheren Ton- und Schluffanteilen. Feuchter Lehmboden hat zum Beispiel einen Wassergehalt von ca. 50 %.

Besonders stark humushaltiger Boden ist dank der vielen Bodentiere, die diesen lockern, von vielen Grob- und Mittelporen durchsetzt.
Durch Bodenverdichtung werden diese lebenswichtigen Poren des Bodens zerstört.

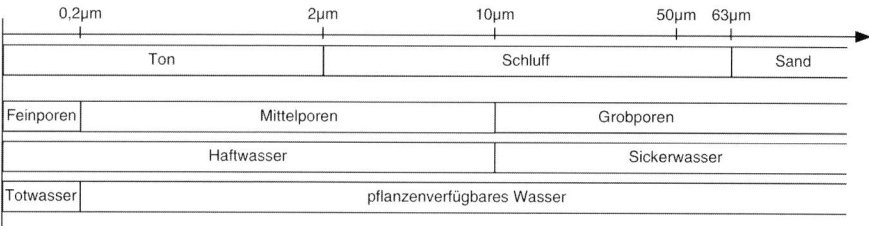

Eine Ursache für Bodenverdichtungen ist der mechanische Druck schwerer Landwirtschaftsmaschinen.

Aber auch der Saure Regen bewirkt eine Bodenverdichtung. Seine Säureprotonen waschen Mineralstoffe – wie die Kationen von Ca, Mg, K, Na, Si, Al – aus Tonmineralien aus. Dadurch werden deren Strukturen zerstört, sie brechen förmlich zusammen. Es entstehen neue Tonmineralien mit einer zumeist geringeren Fähigkeit, Wasser und Nährstoffe zu halten. Die neuen Tonmineralien werden leichter durch Wasser aus dem Oberboden in den Unterboden geschwemmt (Lessivierung, d.h. Tonverla-

---

[5] Bei dieser Bestimmung wird nur das pflanzenverfügbare Wasser erfasst, das Totwasser in den Feinporen (< 0,2 μm) bleibt unberücksichtigt. Der Boden wird erst nach 24 h bei 105 °C vollständig trocken, wonach er im Vakuum abgekühlt werden muss, um eine erneute Wasseraufnahme aus der Luft zu vermeiden.

gerung durch Wasser). Im Oberboden kommt es dabei zu Gefügezusammenbruch und Sackung. Im Untergrund können durch die Ablagerung der feinen Tonteilchen die Grob- und Mittelporen verstopft werden und es somit zu Wasserstau und Luftmangel kommen (BLUME, H.P. 1990).

Doch wie können die Bodenporen Wasser gegen die Schwerkraft speichern oder sogar hochziehen? Näheres dazu im Kapitel „Modellversuch zur Saugkraft des Bodens" (Kap. 2.5.5, S. 35). Wie wird die Versickerungsgeschwindigkeit und die Grundwassergeschwindigkeit von der Bodenart beeinflusst? Näheres dazu im Kapitel „Wassertransport im Boden" (Kap. 2.5.4, S. 34).

2.5.3 Porenvolumen und Porung von Böden

Das Porenvolumen und dessen Aufteilung auf grobe und feine Poren (Porung) sind durch die Körnung (d.h. die **Bodenart**), den **Humusgehalt** und die **Lagerungsdichte** (Bodenverdichtung) bestimmt.

Die Porung wird wie folgt in Grob- Mittel- und Feinporen unterteilt, wobei die Grobporen noch weiter differenziert werden:

Sandboden hat besonders viele Grobporen, Lehm- und Schluffboden viele Mittelporen, während Tonböden viele Feinporen besitzen.

Die Porenvolumenanteile von Mineralböden liegen zumeist zwischen 35 % und 60 %.

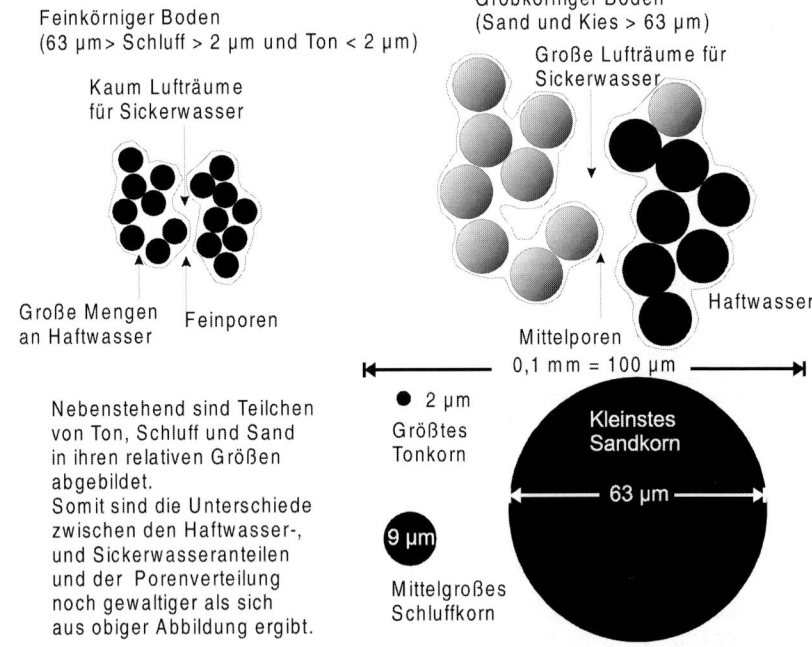

Abb. 8: Zusammenhang zwischen der Korngröße, Porengröße, Sicker- und Haftwasser.

Je größer der Humusanteil des Bodens ist, um so mehr Grob- und Feinporen besitzt der Boden.

Grobporen		> 10 µm
Gröbstporen	> 1000 µm	
mittlere Grobporen	50-1000 µm	
feine Grobporen	10-50 µm	
Mittelporen		0,2-10 µm
Feinporen		< 0,2 µm

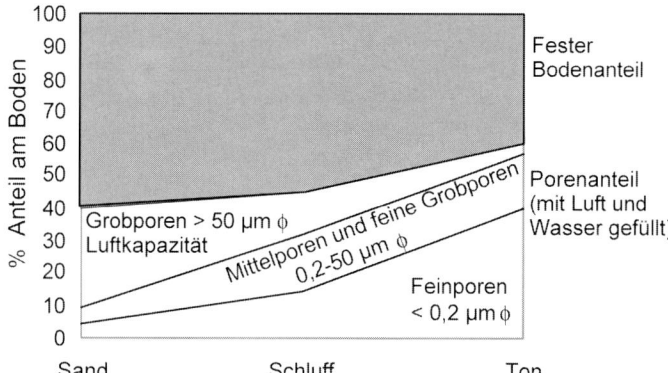

Abb. 9: Beziehung zwischen Porung und Bodenart.

Werte über 80 % (z.B. tonreicher Marschenschlick) oder unter 32 % (z.B. dichter Geschiebemergel) sind die Ausnahme. Torfe enthalten ein Porenvolumen von 80-95 % (BLUME, H.P. 1990).

Verdichtete Böden besitzen Porenvolumen von 35-40 % (BOCHTER, R. 1996).

Bei der Verdichtung nehmen vor allem die Grobporen und damit die Bodenbelüftung und Bodenentwässerung ab, was zu Staunässe und Wurzelfäule führen kann.

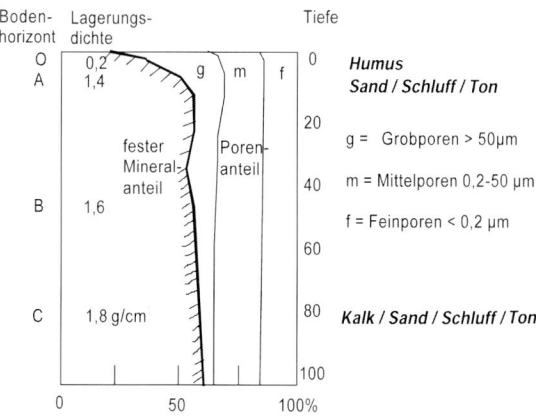

Abb. 10: Beispiel für die Porenverteilung und Lagerdichte in Parabraunerden.

33

Dichte der Lagerung	Porenvolumen %	Lagerungsdichte = Raumgewicht der ausgestochenen, getrockneten Bodenprobe (d_B) g/cm^3
Sehr locker	> 68	< 0,85
Locker	68-62	0,85-1,0
Mäßig locker	62-55	1,0-1,2
Mittel locker	55-43	1,2-1,5
Dicht	43-36	1,5-1,7
Sehr dicht	< 36	>1,7

2.5.4 Wassertransport in Böden

Der Wasserfluss im Boden findet von Pore zu Pore statt. Dieser Fluss wird durch die folgenden Faktoren bestimmt:
1. Schwerkraft
2. Bindung von Wasser an den trockenen Boden (Adsorption)
3. Mechanischer Druck (durch eine Pumpe oder Luftdruck)
4. Osmotischer Druck, bedingt durch unterschiedliche Salzkonzentrationen im Boden

Die Fließgeschwindigkeit hängt von der Bodenart und der Verdichtung des Bodens ab. Da große Poren – z.B. durch Regenwürmer oder durch Austrocknen verursacht – einen Großteil des Wassertransports übernehmen können, schwankt die Fließgeschwindigkeit in weiten Grenzen.

Bodenart	hydraulische Leitfähigkeit = Versickerungsgeschwindigkeit (aus BLUME, H. P. 1990)			
	cm/s		cm/Tag	
	untere Grenze	obere Grenze	untere Grenze	obere Grenze
Sand	4 x 10^{-3}	4 x 10^{-1}	300	30 000
Schluff	5 x 10^{-5}	"	4	"
Lehm	1 x 10^{-6}	"	0,1	"
Ton	1 x 10^{-7}	"	0,04	"
Torf	1 x 10^{-6}	"	0,1	"

Der Boden in Hilden[6] – ein schluffiger Sand – hat eine Wasserleitfähigkeit von 10^{-4} cm/s. Somit transportiert das Grundwasser auch die Schadstoffe im Boden täglich um maximal 10 cm und jährlich um ca. 30 m weiter. Dieser Transport ist für die Ausbreitung der Schadstoffe aus den vielen „Altlasten" in Richtung Trinkwasserbrunnen von hoher Bedeutung.

---

[6] Die Messung der Fließgeschwindigkeiten von Wasser im Boden erfolgt durch Anfärben des Grundwassers mit Fluorescein (technischer Name Uranit). Im Oberboden lässt sich durch Versickerungsversuche die Wasserdurchlässigkeit des Bodens bestimmen. (Vgl. Wasserdurchlässigkeit des Bodens bei Exkursion, Kap. 1.2.1)

In Tonschichten kommt das Wasser mit Schadstoffen nur sehr langsam voran, weshalb diese auch zum **Abdichten von Deponien** verwendet werden. Das Wasser bewegt sich in Ton mit einer Geschwindigkeit von 14,6 cm/Jahr. Zusätzlich adsorbieren viele Schadstoffe an Ton, sodass deren Transportgeschwindigkeit noch weit geringer sein kann.

2.5.5 Modellversuch zur Saugkraft des Bodens

Es ist schon erstaunlich, dass eine Wiese trotz längerer Trockenheit voll im Saft steht. Der Boden, in dem das Gras wurzelt, fühlt sich trocken an. Reißt man ein Grasbüschel mit den Wurzeln aus, welkt es in kurzer Zeit. Doch offen bleibt, woher das Gras auf der Wiese sein Wasser bekommt.

15 + 5 min.
1 Woche
Wachsen

Geräte	Chemikalien
Glasrohre, 50 cm lang, 2 cm	Watte
Innendurchmesser	Kressesamen
Durchbohrte Gummistopfen	
Sieb, Messlatte,	Farbstofflösung:
Becherglas	50 mg Rote Beete Saft,
Stative mit Klammern	rote Tinte 50 mg Eosin auf 100 mL Wasser

Durchführung:

⇒ Die Glasrohre werden auf einer Seite mit einem durchbohrten Stopfen verschlossen. Über den Stopfen wird ein Wattebausch gelegt. Nun werden verschiedene getrocknete und gesiebte Böden (tonhaltiger Boden, Sand, Gartenerde etc.) in die Rohre eingefüllt. Ganz oben wird Kressesamen eingesät.

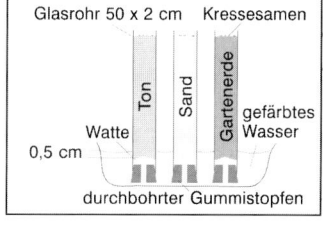

⇒ Die fertig präparierten Rohre werden in das mit gefärbtem Wasser gefüllte Becherglas gestellt. Der Wasserspiegel muss bis in den Boden steigen.

⇒ Nach ein bis zwei Wochen wird gemessen, bis zu welcher Höhe die Böden feucht sind und notiert, in welchen Rohren der Kressesamen gekeimt ist.

Aufgaben:

• Gibt es einen Zusammenhang zwischen Bodenart, Steighöhe und Kressekeimung?
• Baue eine „inhomogene Säule" mit einer Sand- oder Kiesschicht in Tonerde. Was passiert durch diese Inhomogenität?
• Welche Eigenschaft der verschiedenen Bodenarten könnte für deren Saugkraft wichtig sein? Wie könnte man diese Vermutung überprüfen?
• Untersuche die Saugkraft von verschieden fein gekörntem Sand (im Baumarkt erhältlich)!

2.5.6 Modellversuch zur Kapillarwirkung

Sicher ist schon vielen aufgefallen, dass sich die Wasseroberfläche an einer Glaswand nach oben zieht. Genauer beobachten kann man diese Wölbung in einem mit Wasser halb gefüllten Glasrohr.

Da Glas u.a. aus Sand besteht, liegt es nahe, das Hochsteigen des Grundwassers in Böden durch dünne Glasrohre (Kapillaren) zu simulieren.

| 10 min. |

Geräte
Glasrohre mit unterschiedlichen Innendurchmessern (0,1-10 mm)
Messschieber, Becherglas, Lineal

Durchführung:
⇒ Als erstes werden mit Hilfe des Messschiebers die Rohrinnendurchmesser D bestimmt.
⇒ Nun werden die Glasrohre in das mit etwas Wasser gefüllte Becherglas gestellt.
⇒ Die Steighöhe H des Wassers wird für jedes Rohr mit dem Lineal ermittelt.

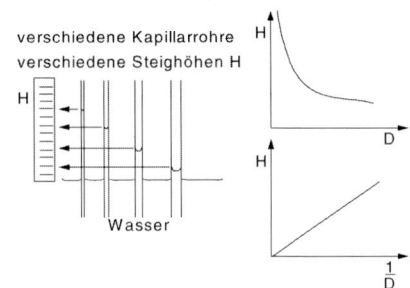

Aufgaben:
• Fertige eine Tabelle der Größen H und D.
• Gibt es einen Zusammenhang zwischen H und D?
• Zeichne den Graphen zu H gegen D.
• Trage ebenso H gegen den reziproken Durchmesser 1/D auf.
• Berechne das hochgestiegene Wasservolumen V und trage es gegen D auf.

Ergebnis:
– Je dünner die Kapillare ist, desto höher wird das Wasser gezogen. Die Steighöhe H ist umgekehrt proportional zum Kapillardurchmesser D.
– Bei einer dicken Röhre mit einem großen Innendurchmesser D ist der kapillare Anstieg folglich sehr klein. Berechnet man jedoch das hoch-
gezogene Wasservolumen, so ergibt sich erstaunliches:
Je dicker die Kapillare ist, desto mehr Wasser wird hochgezogen. Das hochgezogene Wasservolumen V ist proportional zum inneren Durchmesser D.

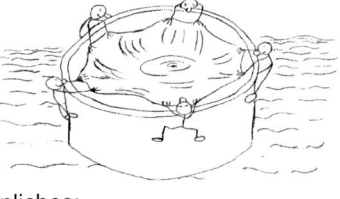

Erläuterung:
Das Verhältnis von Gewicht der hochgestiegenen Wassermenge F_g zu der Querschnittsfläche der Kapillare A entspricht einem Druck und wird als die Saugspannung S bezeichnet. Sie wird meist in bar angegeben.

Gewichtskraft = $r^2\pi H\rho g$
Kapillarkraft = $2r\pi\sigma$
Gewichtskraft = Kapillarkraft
$H = 2\,\sigma \cdot (\rho g r)^{-1}$ = konstant/r

$$S = \frac{F_g}{A} = \frac{g\rho V}{\left(\dfrac{D^2\pi}{4}\right)} = \frac{g\rho H\left(\dfrac{D^2\pi}{4}\right)}{\left(\dfrac{D^2\pi}{4}\right)} = g\rho H$$

S: Saugspannung (in Pa; 100.000 Pa = 1 bar)
F_g: Gewichtskraft des Wassers in der Kapillare
A: Querschnittsfläche der Kapillare
V: Volumen der hochgestiegenen Wassermenge

D: Innendurchmesser der Kapillare
g: Erdbeschleunigung (9,81 N/kg)
σ: Grenzflächenspannung (Wand/Luft/Wasser)
r: Dichte des Wassers in der Kapillare ($1000 \; kg/m^3$)
H: Steighöhe

Die Saugspannung S ist proportional zur Steighöhe H und lässt sich aus dieser auch direkt berechnen.

Um nun an das in Bodenporen – also in Kapillaren – gespeicherte Wasser zu gelangen, müssen die Pflanzenwurzeln die Saugspannung überwinden. Da die Saugspannung bei dünner werdenden Kapillaren zunimmt, ist nicht das gesamte Porenwasser pflanzenverfügbar. Das Wasser der Feinporen (< 2 μm) bezeichnet man deshalb auch als Totwasser.

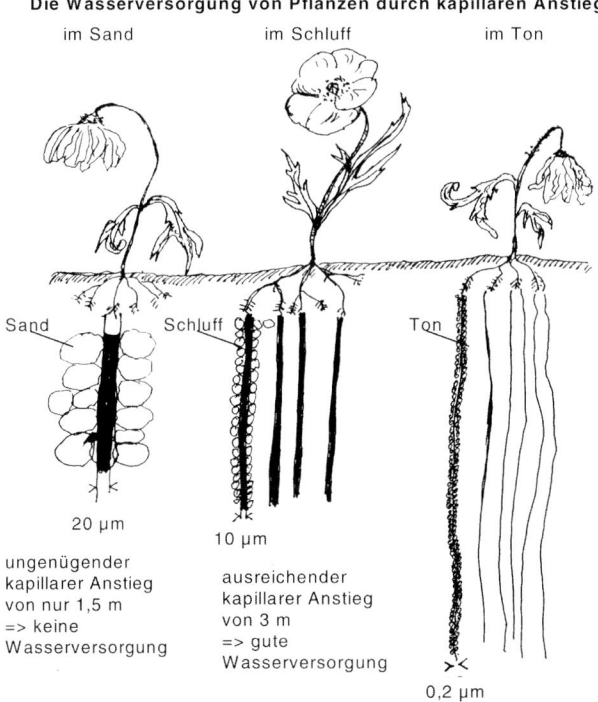

Die Wasserversorgung von Pflanzen durch kapillaren Anstieg

im Sand   im Schluff   im Ton

Sand   Schluff   Ton

20 μm

10 μm

ungenügender kapillarer Anstieg von nur 1,5 m => keine Wasserversorgung

ausreichender kapillarer Anstieg von 3 m => gute Wasserversorgung

0,2 μm

großer kapillarer Anstieg von 15 m, aber: Dieses Wasser ist nicht pflanzenverfügbar, da bei den engen Kapillaren eine zu hohe Saugspannung von den Pflanzen überwunden werden muß (Totwasser).

Abb. 11: Die Wasserversorgung von Pflanzen durch kapillaren Anstieg in verschiedenen Bodenarten. Die gesamte Querschnittsfläche aller Kapillaren sei für alle drei Böden gleich. Die Zahl der Kapillaren steigt somit von 1 (Sand) über 4 (Schluff) bis zu 10.000 (Ton).

Aufgaben:
- Pflanzen können eine Saugspannung von maximal 15 bar (1.500.000 Pa) überwinden. Bestimme aus deiner Graphik, wie fein Bodenporen sein dürfen, aus denen Pflanzen noch ihr Wasser beziehen können.
- Bestimme aus deiner Graphik, wie dünn die Bodenkapillaren mindestens sein müssen, um das Grundwasser aus 3 m Tiefe an die Oberfläche zu ziehen! Ist dieses Wasser für die Pflanzen noch verfügbar? Wie hoch ist die Saugspannung?
- Warum verhindert das Aufhacken des Bodens sein Austrocknen, wo doch hierdurch die Oberfläche vergrößert und somit die Verdunstung scheinbar gefördert wird?

2.5.7 Messung des aktuellen Luftgehalts und des gesamten Porenvolumens einer Bodenprobe

Auf Trampelpfaden und Feldwegen wachsen nur wenige kleine Pflanzen wie Gräser oder Breitwegerich. Dies hängt damit zusammen, dass diese Böden stark verdichtet sind und Wurzeln nur sehr schwer in den Boden eindringen können. Diese Bodenverdichtungen sind je nach Stärke und Tiefe auch noch nach Jahren an dem kümmerlichen Pflanzenwuchs zu erkennen (ausgediente Trampelpfade).

Ein Maß für die Bodenverdichtung ist das Luftvolumen einer Bodenprobe.

15 min.

Geräte
1 leere Kondensmilchdose
 (ca. 170 mL) ohne Deckel
1 leere Kondensmilchdose ohne
 Deckel mit durchlöchertem Boden
Spaten
500 mL Messzylinder mit Stopfen
200 mL Messzylinder

Chemikalien
0,1 mol/L Tetra-Natriumdiphosphatlösung:
 44,6 g Tetra-Natriumdiphosphat-Decahydrat
 auf 1L dem. Wasser oder gleich „Calgon"-
 Lösung (Wasserenthärter)

Durchführung:
⇒ Die Dose mit durchlöchertem Boden wird mit ihrer offenen Seite völlig in den Boden gedrückt und mit dem Spaten ausgehoben.
⇒ Der Inhalt der Dose wird völlig zerkleinert und mit 200 mL Diphosphatlösung in den 500 mL Messzylinder gegeben.
⇒ Dieser wird verschlossen und einige Minuten waagerecht geschüttelt. Aus der Waagerechten wird der Messzylinder langsam in die Senkrechte gekippt. Dabei steigen Luftblasen auf.
⇒ Nun wird das Suspensionsvolumen $V_{Suspension}$ abgelesen.
⇒ Als Vergleich wird das Volumen der undurchlöcherten Dose mit dem 200 mL Messzylinder ausgemessen ($V_{Boden+Luft}$).

Auswertung:
Aus dem Suspensionsvolumen lässt sich das Volumen des reinen Bodens V_{Boden} berechnen:

$$V_{Boden} = V_{Suspension} - 200\ mL$$

Das Luftvolumen V_{Luft} ergibt sich aus den Volumenunterschieden:

$$V_{Luft} = V_{Boden+Luft} - V_{Boden}$$

Der Luftgehalt ist somit $\dfrac{V_{Luft}}{V_{Boden+Luft}} \cdot 100\ \%$.

Hinweis:

Wird der Boden vor dem Versuch 24 Stunden bei 105 °C im Trockenschrank getrocknet und – damit der abkühlenden Boden aus der Luft kein Wasser aufnimmt – im Vakuum (Exsikkator) abgekühlt, stimmt der gemessene aktuelle Luftgehalt mit dem gesamten Porenvolumenanteil überein.

Trocknen des Bodens im Exsikkator

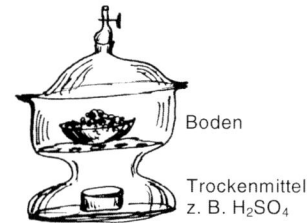

Boden

Trockenmittel
z. B. H_2SO_4

Bei mineralischem, humusarmem Boden kann eine mittlere Dichte des reinen Minerals von $d_f = 2{,}65\ kg/dm^3$ angesetzt werden.

Die Bodendichte $\quad d_b = \dfrac{m_{trocken}}{V_{Boden}}$

ist dank der Poren kleiner und der Unterschied beider Dichten sollte den Porenvolumenanteil wiedergeben:

$$\frac{V_{Poren}}{V_{Boden+Poren}} = 1 - \frac{d_b}{d_f}$$

Erläuterung:

Das Arbeiten mit der Diphosphatlösung ist erforderlich, wenn auch die Luft der Feinporen mit erfasst werden soll. Die Tonteilchen des Bodens sind nämlich durch mehrwertige positive Ionen miteinander verklebt, da sie an der Oberfläche negativ geladen sind (vgl. Kap. 3.1, Der molekulare Aufbau von Böden, S. 67). Zwischen diesen Tonteilchen befinden sich die Feinporen. Das Diphosphat komplexiert nun die positiven Ionen und die nun frei beweglichen Tonteilchen geben die Luft aus den Feinporen frei.

Das Feinporenvolumen von reinem Ton beträgt immerhin ca. ¾ des gesamten Porenvolumens (50 % des Bodenvolumens).

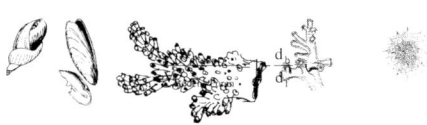

2.6 Kalk/Carbonat

Kalk (Calciumcarbonat, $CaCO_3$) gehört zu den
am weitesten verbreiteten Mineralien der Erde. So sind z. B. Teile der riesigen Bergmassive der Alpen aus Kalkstein.

An der Entstehung von solchen Kalkgebirgen waren im wesentlichen marine Organismen, also urzeitliche Muscheln, Schnecken oder Kleinlebewesen wie die Strahlentierchen beteiligt, deren kalkhaltige Mineralskelette nach ihrem Tod sedimentierten. Dies geschah etwa in der „Kreidezeit" (Kreide = $CaCO_3$), also vor 60-140 Millionen Jahren. Einstige kalkhaltige Skelette von Korallen bilden heute massive Mittelgebirge. Auch heutzutage gibt es noch riesige Korallenriffe in den Weltmeeren, man denke nur an das Barriere-Riff vor Australien.

Kalk gehört zu den wichtigsten, vielseitigsten und am häufigsten eingesetzten Werkstoffen. So wird er in der Bauindustrie als Kalkstein, Mörtel, Zement und Kalkfarbe eingesetzt. Marmor, unter hohem Druck aus Kalkstein entstanden, veredelt zahlreiche Treppen und Fassaden.

Große Mengen Kalkstein werden „geglüht". Dieser „gebrannte Kalk" wird zur Entschwefelung der Abgase von Braunkohlekraftwerken verwendet (es entstehen dabei riesige Mengen Gips).

Dass auch in unserem Trinkwasser Kalk gelöst ist, kann an weißen Ablagerungen, z. B. an Wasserhähnen und in Wasserkesseln, beobachtet werden. Türkis gefärbte Seen erhalten ihre tiefe Färbung durch winzige Kalkkristalle.

Kalk ist somit ein Stoff, der uns im Leben oft begegnet. Auch in Böden hat Kalk eine große Bedeutung, die durch den Sauren Regen noch gewachsen ist.

2.6.1 Qualitative Bestimmung von Carbonat in einer Bodenprobe

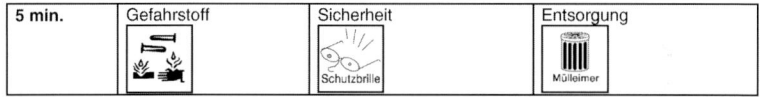

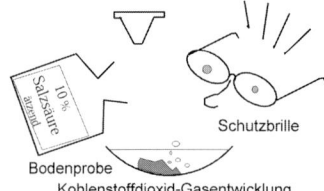

Geräte
Porzellanschale, Uhrglas oder Tüpfelplatte

Chemikalien
Salzsäure 10 % *(reizend)*
1 Teil konz. Salzsäure *(ätzend)* auf
3 Teile dem. Wasser
Kalkstück; Schulkreide

Durchführung:
⇒ Auf die Erdprobe (Kalkstück, Schulkreide) in der Porzellanschale tropft man vorsichtig die Salzsäure und beobachtet durch die Schutzbrille!

Ergebnis:
– keinerlei Aufbrausen: carbonatfrei bis -arm   < 0,5% $CaCO_3$
– schwaches, nicht anhaltendes Aufbrausen:
                                                                  carbonatarm   0,5 - 2% $CaCO_3$
– deutliches, aber nicht anhaltendes Aufbrausen:
                                                                  carbonathaltig   2 - 10% $CaCO_3$
– starkes, lang anhaltendes Aufbrausen:
                                                                  carbonatreich   > 10% $CaCO_3$

Das Kalkstück verursacht ein heftiges, lang anhaltendes Aufbrausen.

Die Schulkreide reagiert nicht mit der Salzsäure, da sie zumeist nicht aus Calciumcarbonat, sondern aus Calciumsulfat (Gips, $CaSO_4$) besteht.

Erläuterung:

Ein deutlich beobachtetes Aufbrausen weist im allgemeinen auf einen hohen Calciumcarbonatgehalt des Bodens hin. Dies ist allerdings nicht zwangsläufig immer richtig, da z.B. auch Magnesiumcarbonat und Pyrite (z.B. FeS_2) durch Säure zersetzt werden und zu Gasentwicklung führen!

$CaCO_{3(s)}$	+	$2HCl_{(aq)}$	$\rightarrow$	$CaCl_{2(aq)}$	+	CO_2	+	H_2O
Calciumcarbonat	+	Salzsäure		Calciumchlorid	+	Kohlenstoffdioxid	+	Wasser
(Kalk)								

Die Reaktion des Kalks mit Säuren läuft aufgrund des Sauren Regens täglich im Boden ab.

$$\text{Kalk} + \text{Saurer Regen} \begin{Bmatrix} \text{Salpetersäure} \\ \text{Schwefelsäure} \end{Bmatrix} \rightarrow \begin{array}{c} \text{Calciumsalz} \\ \text{der Säure} \end{array} + \text{Kohlenstoffdioxid} + \text{Wasser}$$

Bei dieser Reaktion wird mit der Säure des Regens das Calciumcarbonat in Kohlenstoffdioxid und wasserlösliches Calciumsalz umgesetzt, welches in den Untergrund ausgewaschen wird. Durch diese Reaktion neutralisiert Kalk den Sauren Regen.

Solange noch Kalk im Boden vorhanden ist, können Schwermetallsalze (z.B. Bleicarbonat) nicht ins Grundwasser ausgewaschen werden. Viele Brunnen auf den kalkfreien Böden der Norddeutschen Tiefebene mussten schon geschlossen werden, da das Trinkwasser zu hoch bleibelastet ist.

$PbCO_{3(S)}$	+	$2H^+_{(aq)}$	$\rightarrow$	$Pb^{2+}_{(aq)}$	+	CO_2	+	H_2O
Bleicarbonat	+	Säureprotonen		gelöstes Blei-Ion	+	Kohlenstoffdioxid	+	Wasser

Gegen die Versauerung kann der Boden „gekalkt", d.h. mit gebranntem Kalk (CaO) neutralisiert werden (s. Kap. 2.8, Der Säuregrad von Böden, S. 54). Calciumoxid reagiert mit Wasser stark basisch, bindet aus der Luft Kohlenstoffdioxid, wodurch wiederum Kalk (Calciumcarbonat) entsteht:

CaO	+	H_2O	$\rightarrow$	$Ca(OH)_2$
gebrannter Kalk	+	Wasser		gelöschter Kalk (stark basisch und ätzend: Ätzkalk)

$Ca(OH)_2$	+	CO_2	$\rightarrow$	$CaCO_3$	+	H_2O
gelöschter Kalk	+	Kohlenstoffdioxid		Kalk	+	Wasser

Das Kalken ist allerdings ein Schock für den Boden, da die Bodenlebewesen (Bakterien, Pilze, Regenwürmer, Insekten ...) sich nicht so schnell auf den basischen Bo-

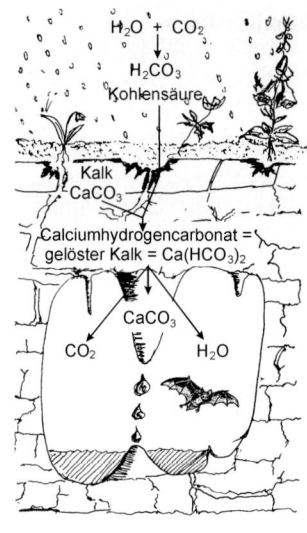

$H_2O + CO_2$

H_2CO_3
Kohlensäure

Kalk
$CaCO_3$

Calciumhydrogencarbonat = gelöster Kalk = $Ca(HCO_3)_2$

$CaCO_3$

CO_2 H_2O

den umstellen können und absterben. Schonender ist ein kombiniertes Verfahren mit Gips[7] ($CaSO_4$), welcher zusätzlich im Boden gebundene Protonen freisetzt und damit den „Basenschock" durch den gebrannten Kalk abschwächt.[8]

Im Zuge der Waldbewirtschaftung kann eine Mischung aus Kalk ($CaCO_3$) und Dolomit ($MgCO_3$) per Hubschrauber eingebracht werden. Dieses Verfahren kommt ganz ohne „Basenschock" aus, ist dadurch allerdings nicht so wirksam.

Nachteilig bei all diesen Verfahren ist, dass die Ionen des Kalks (schlecht wasserlöslich) sehr unbeweglich sind und daher kaum tiefere Bodenschichten erreichen (BANNWART, H. 1993).

Aufgaben:
• Formuliere die Reaktionsgleichung für das Kalkbrennen (starkes Erhitzen von Kalk) und das für die Reaktion von gebranntem Kalk mit Kohlenstoffdioxid (Aushärten von Mörtel).

• In den Niederlanden produzieren die Kohlmeisen zunehmend Eier mit poröser, dünner Schale, weshalb ihre Zahl rückläufig ist. In den dortigen kalkarmen, durch Sauren Regen „entkalkten" Böden gibt es kaum Schnecken. Versuche diesen Zusammenhang mittels der Bilderfolge zu deuten (GLAUBRECHT 1995).

Versuchsvorschlag:
– Versuche das Volumen des bei Säurezugabe entstehenden Kohlenstoffdioxidgases zu messen! (Ähnlich der Bestimmung des Wassergehaltes mit Carbid).

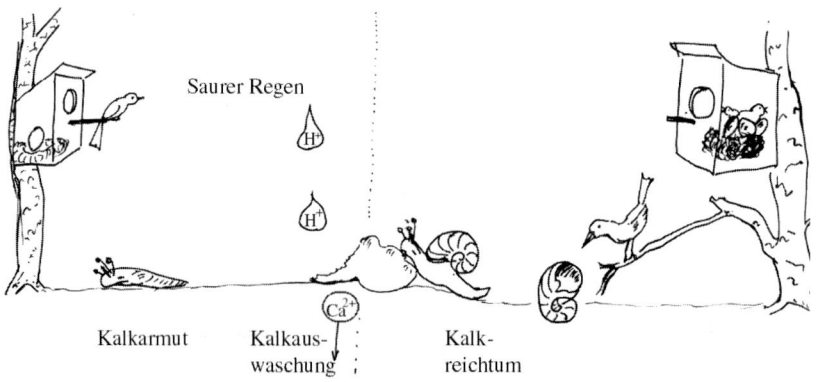

Saurer Regen

H^+

H^+

Ca^{2+}

Kalkarmut   Kalkaus-   Kalk-
             waschung   reichtum

---

[7]   z.B. aus Entschwefelungsanlagen der Braunkohlekraftwerke.

[8]   Branntkalk reagiert mit Wasser zu Calciumhydroxid. Dieses löst sich als Hydroxid-Ionen (OH^-) (basisch) und Calcium-Ionen (Ca^{2+}). Die freien Calcium-Ionen mobilisieren Protonen (H^+) aus dem Boden. Gelöste Calcium-Ionen aus dem etwas wasserlöslichen Gips mobilisieren nun zusätzlich Protonen. Die Hydroxid-Ionen und freigesetzten Protonen neutralisieren sich gegenseitig. Das Sulfat (SO_4^{2-}) des Gipses dringt tief in den Boden ein und bindet das durch den niedrigen pH-Wert aus den Bodenmineralien freigesetzte und giftige Aluminium-Ion (Al^{3+}). Durch diese Komplexierung wird das Aluminium-Ion entgiftet (BANNWART, H. 1985/86).

2.6.2 Quantitative Bestimmung des Carbonatgehaltes einer Bodenprobe

Ist bei einer Bodenprobe im qualitativen Vorversuch ein Aufbrausen bei Säurezusatz erfolgt, kann der Carbonatgehalt auch quantitativ bestimmt werden. Gemessen wird die Massenabnahme der Probe durch die Reaktion. Der Vorversuch liefert außerdem die Information, wieviel Säure gebraucht wird.

20 min.	Gefahrstoff	Sicherheit	Entsorgung
		Schutzbrille	Mülleimer

Geräte
Becherglas
Papier
elektronische Waage

Chemikalien
Salzsäure 10 % (reizend)
1 Teil konz. Salzsäure (ätzend)
auf 3 Teile dem. Wasser

Durchführung:
Bodenprobe in Becherglas auf die Waage geben und ablesen (Bodenmasse).

Die Bodenprobe mit verdünnter Salzsäure überschichten und mit Papier abdecken. Neue Masse sofort ablesen (Anfangsmasse) und im folgenden solange jede Minute ablesen, bis es keine merkliche Massenänderung mehr gibt (Endmasse).

Vor dem Ablesen der Endmasse sollte man kurz in das Becherglas hineinblasen, da das gebildete Kohlenstoffdioxid schwerer als die verdrängte Luft ist und sonst teilweise mitgewogen würde.

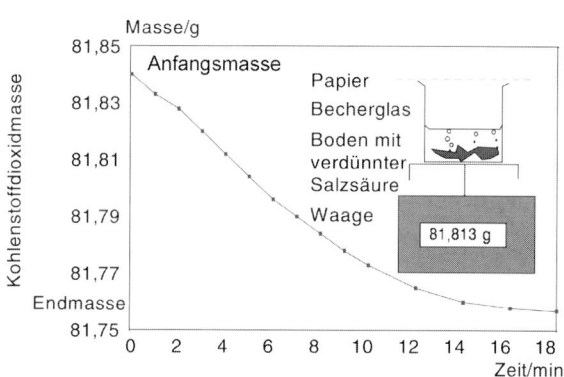

Auswertung:
Die Massenabnahme soll im folgenden nur auf die Zersetzung von Calciumcarbonat in Calciumchlorid und Kohlenstoffdioxid zurückgeführt werden.

$$CaCO_3 + 2HCl_{(aq)} \rightarrow CaCl_2 + H_2O + CO_2$$

Kalk + Salzsäure $\rightarrow$ Calciumchlorid + Wasser + Kohlenstoffdioxid

1 mol CO_2 entsteht also aus 1 mol $CaCO_3$. In Massen ausgedrückt:
Masse von 1 mol $CaCO_3$: $(40 + 12 + 3 \times 16)g = 100g$
Masse von 1 mol CO_2: $(12 + 2 \times 16) = 44g$

Masse des entwichenen Kohlenstoffdioxides = Anfangsmasse - Endmasse
Masse des entwichenen Kohlenstoffdioxides auf ......g Boden: .....g
Masse des entwichenen Kohlenstoffdioxides auf 100g Boden: .....g

44g Kohlenstoffdioxid entsprechen   100g Kalk.
....g Kohlenstoffdioxid entsprechen   .....g Kalk.
Antwort: 100g Boden enthalten .....g Kalk.

Aufgabe:
Messe die pH-Werte kalkreicher und kalkarmer Böden (s. Kap. 2.8). Gibt es einen Zusammenhang zwischen Kalkgehalt und pH-Wert?

2.6.3 Der Kalkbedarf von Böden

Im Abschnitt „Kalk / Carbonat" wurde eine heute sehr wichtige Maßnahme gegen die Versauerung unserer Böden vorgestellt: Durch das Aufbringen von Kalk in verschiedenen Variationen soll der saure Boden neutralisiert werden.

Im folgenden Versuch (in Anlehnung an BOCHTER, R. 1996) soll die Kalkmenge bestimmt werden, die entsprechend der Bodenart den richtigen pH-Wert im Boden einstellt. Dazu wird die Bodenprobe mit unterschiedlich konzentrierter Calciumhydroxid-Lösung versetzt und nach mehreren Tagen die sich ergebenden pH-Werte im Wasserüberstand gemessen.

Auch soll ein Blick auf die Kosten einer „Gesundkalkung" des Bodens geworfen werden.

20 + 5 min.	Gefahrstoff	Sicherheit	Entsorgung
	✖	Schutzhand-schuhe Schutzbrille	Ausguß Mülleimer

Geräte
8 Filmdöschen (Fotoladen)
Waage
pH-Teststäbchen,
pH-Meter
25 mL Bürette

Chemikalien
0,05 mol/L Calciumhydroxidlösung *(reizend):*
140 mg Calciumoxid *(reizend)* in 50 mL heißes dem. Wasser einrühren und abkühlen lassen, die verdampfte Flüssigkeit ersetzen (auf 50 mL auffüllen), $\Rightarrow$ 2,8 g CaO /L
20 %ige Kaliumchlorid-Lösung:
5 g KCl auf 25 mL dem. Wasser

Durchführung:

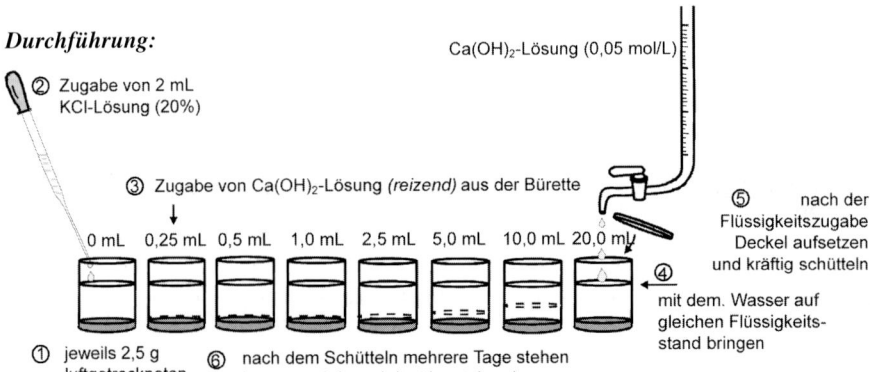

② Zugabe von 2 mL KCl-Lösung (20%)

Ca(OH)$_2$-Lösung (0,05 mol/L)

③ Zugabe von Ca(OH)$_2$-Lösung *(reizend)* aus der Bürette

0 mL   0,25 mL 0,5 mL 1,0 mL 2,5 mL 5,0 mL 10,0 mL 20,0 mL

⑤ nach der Flüssigkeitszugabe Deckel aufsetzen und kräftig schütteln

④ mit dem. Wasser auf gleichen Flüssigkeitsstand bringen

① jeweils 2,5 g luftgetrockneten Boden einwiegen

⑥ nach dem Schütteln mehrere Tage stehen lassen und danach im überstehenden Wasser den pH-Wert messen

Auswertung:

Als Beispiel soll der Kalkbedarf und die Kalkungskosten für ein kleines Waldstück von 100 m x 100 m = 1 ha bestimmt werden.

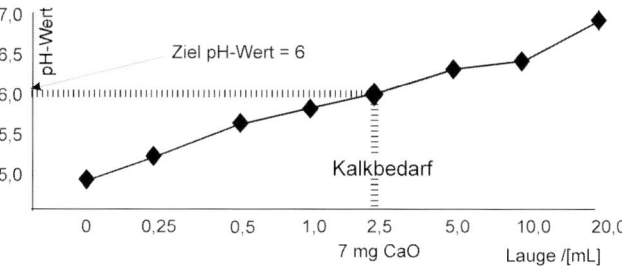

Dazu wurden jeweils 2,5 g des lehmigen Bodens mit Lauge versetzt. Der dieser Boden- und Nutzungsart angemessene pH-Wert lässt sich aus der untenstehenden Tabelle mit pH 6 ablesen. Dieser Ziel-pH-Wert wurde bei der Zugabe von 2,5 mL $Ca(OH)_2$-Lösung (7 mg CaO) zu 2,5 g Boden erreicht.

1 m^2 Boden enthält bei einer wirksamen Wurzeltiefe von 20 cm annähernd 300 kg Boden[9]. Ein Hektar enthalten somit 100 x 100 x 300 kg zu kalkenden Boden. Man benötigt für 2,5 g Boden 7 mg CaO oder für 1 kg 2,8 g CaO und damit für 1 ha Boden 8,4 t CaO.

Dabei kostet eine Tonne Kalk aus dem Hubschrauber zu verstreuen knapp 200 DM. Allein die Kalkung dieses kleinen Waldstückes würde also 8,4 t x 200 DM/t = 1680 DM kosten.

Während bei Grünland die untere Grenze der Erhaltungskalkung sinnvoll ist, liegt der Ziel-pH-Wert für Ackerböden um 0,5 bis 1 pH-Wert-Einheiten höher (obere Grenze der grauen Felder).

So soll der lehmige Sandboden einer

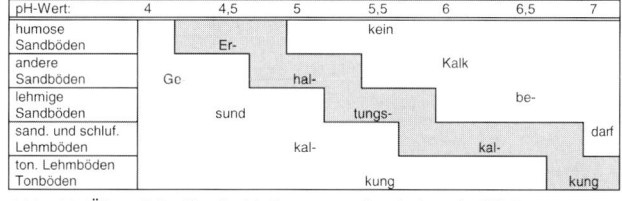

Abb. 12: Übersicht für die Kalkung von landwirtschaftlich genutzten Böden bei zu niedrigen pH-Werten in Abhängigkeit von der Bodenart (FINCK A., 1976)

Wiese bis zu einem pH-Wert um 5, der gleiche Boden als Acker auf einen pH-Wert von ~6 gekalkt werden.

Erläuterung:

Die Kalkung von Böden bewirkt unter anderem, dass die Nährstoff-Ionen den Pflanzen besser zur Verfügung stehen. Vor allem aber verhindert sie Tonverlagerungen, und damit Bodenverschlämmungen und -verdichtungen. Deshalb benötigen gerade schwere, tonige Lehmböden Calcium-Ionen, welche die Gefügestrukturen der Tonteilchen stabilisieren (s. Kap. 3.1).

Sandige Böden verdichten kaum, sodass bei diesen auch im sauren Bereich noch eine ausreichende Bodenbelüftung gewährleistet ist. Außerdem haben Ton- und Lehmböden schon aufgrund der Tatsache, dass sie mehr Kationen (Ca^{2+}, H^+ etc.) adsorbieren können, einen höheren Kalkbedarf als Sandböden.

---

[9] Diese Wurzeltiefe ist für Waldböden zwar zu gering, die Bodenversauerungen beschränkt sich aber zumeist auf die oberen Schichten des Bodens.

Versuchsvorschläge:

– Überprüfe, ob es nach angemessener Kalkung zu einer vermehrten Zersetzung der Streu und damit Freisetzung von braunen Huminsäuren durch Mikroorganismen kommt.
– Behandle dazu sauren Waldboden oder Quarzsand oder mit 100 mL Haushaltsessig pro 500 g Boden angesäuerten Boden
   a) mit 1 g Kalk pro 10 cm^2 Bodenoberfläche
   b) mit 1 g gebranntem Kalk pro 10 cm^2 Bodenoberfläche
   c) mit 1 g Mischung aus 3 Teilen gebranntem Kalk und 1 Teil Gips (CaSO$_4$)
und beobachte die Zersetzung von Zigarettenpapier (s. Kap. 8.4.1).

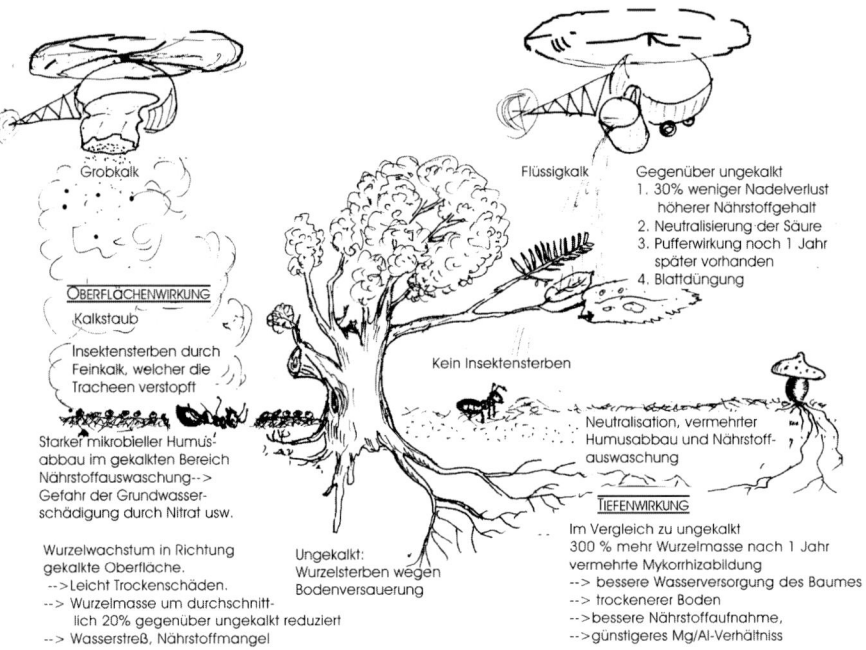

Grobkalk

OBERFLÄCHENWIRKUNG
Kalkstaub

Insektensterben durch Feinkalk, welcher die Tracheen verstopft

Starker mikrobieller Humusabbau im gekalkten Bereich
Nährstoffauswaschung-->
Gefahr der Grundwasserschädigung durch Nitrat usw.

Wurzelwachstum in Richtung gekalkte Oberfläche.
-->Leicht Trockenschäden.
--> Wurzelmasse um durchschnittlich 20% gegenüber ungekalkt reduziert
--> Wasserstreß, Nährstoffmangel

Ungekalkt:
Wurzelsterben wegen Bodenversauerung

Kein Insektensterben

Flüssigkalk

Gegenüber ungekalkt
1. 30% weniger Nadelverlust höherer Nährstoffgehalt
2. Neutralisierung der Säure
3. Pufferwirkung noch 1 Jahr später vorhanden
4. Blattdüngung

Neutralisation, vermehrter Humusabbau und Nährstoffauswaschung

TIEFENWIRKUNG
Im Vergleich zu ungekalkt
300 % mehr Wurzelmasse nach 1 Jahr vermehrte Mykorrhizabildung
--> bessere Wasserversorgung des Baumes
--> trockener Boden
-->bessere Nährstoffaufnahme,
-->günstigeres Mg/Al-Verhältniss

2.7 Organisches Material in Böden — Humus und Bodenleben

Sammle die organischen Bodenauflagen im Nadel-, im Laubwald und vom Wiesenboden. Sicherlich fällt es beim Wiesenboden schwer, größere Mengen organisches Material zu entdecken. Das meiste ist als traubige Wurmausscheidung mit Ton verbacken oder in den Boden eingearbeitet.

Mit den drei Proben aus dem Nadelwald, dem Laubwald und vom Wiesenboden hat man im Normalfall eine Rohhumus-, Moder- und eine Mullprobe eingesammelt.

Sie unterscheiden sich im Geruch von modrig-dumpf bis zum frischen Ackergeruch. Der Rohhumus bildet eine dichte und hohe Auflage aus Nadeln (evtl. Blättern) von mehreren Jahrgängen. Er ist nur wenig von Pilzhyphen, Milben und Springschwänzen durchsetzt und verrottet deshalb nur langsam. Im Moder findet man ein artenreiches Leben mit hoher biologischer Aktivität, wobei das organische Material abgebaut und in den Boden eingearbeitet wird.

Verstärkt gilt dies für den Mull, der aus rasch abgebauten Pflanzen- und Tierresten entsteht. Die dabei gebildete Krümelstruktur des Humushorizontes begünstigt das Pflanzenwachstum in besonderem Maße. (Siehe auch dazu die Abb. der Humusformen Mull, Moder und Rohhumus auf S. 17.)

Das Abbauprodukt von Rohhumus, Moder und Mull ist der Humus. Er ist ein extrem komplexes Gemisch unterschiedlichster organischer Verbindungen. Der Humusgehalt eines Bodens ist von großer Bedeutung:
1. Humus vermag von allen Bestandteilen des Bodens das Wasser am Besten zu halten.
2. Humus speichert neben dem Wasser auch noch Nährstoffe, die den Pflanzen zeitlich verzögert wieder zur Verfügung gestellt werden.
3. Humus kann Schwermetalle binden um so deren Giftwirkung zu verhindern.
4. Gleichermaßen bindet Humus das giftige Aluminium, sodass Pflanzen trotz Bodenversauerung (vgl. Kap. 3.8, Aluminium- und Eisen(III)-Ionen..., S.90) noch im humusreichen braunen Oberhorizont (A-Horizont) keimen und Wurzeln ausbilden können.
Kommen die Wurzeln jedoch in den helleren, humusfreien B-Horizont, werden die Wurzelhaare vom Aluminium vergiftet. Die Pflanze versucht deshalb, ihre Wurzeln möglichst flach im A-Horizont auszubilden. Eine Folge davon ist z.B. die heute geringe Standfestigkeit von Bäumen, sodass sie leicht vom Sturm entwurzelt werden. Eine weitere Folge ist die hohe Empfindlichkeit der Bäume gegen Trockenheit, da die Wurzeln nicht mehr in die Nähe des Grundwasserspiegels reichen.

2.7.1 Halbquantitative Bestimmung des Humusgehalts einer Bodenprobe

Der Humusgehalt einer Bodenprobe kann an der Braun- bis Schwarzfärbung des Bodens abgeschätzt werden (SCHROEDER, D. 1981).

Farbskala für die halbquantitative Bestimmung des Humusgehaltes von lehmigen Böden

hellgrau	humusarm	<		1 %	Humus
grau	humushaltig	1	-	2 %	„
dunkelgrau	humos	2	-	4 %	„
schwarzgrau	humusreich	4	-	8 %	„
schwarz	sehr humusreich	8	-	15 %	„

In einigen Böden täuschen hohe Manganoxid- und Eisenoxidgehalte durch ihre Farbe einen hohen Humusgehalt vor. In diesem Falle können die farbigen Komponenten des Humus durch einfaches Kochen der Probe mit Wasserstoffperoxid gebleicht, genauer gesagt oxidiert werden. So kann überprüft werden, ob die Färbung des Bodens auf Humus zurückzuführen ist (BLUME, H. P. et al. 1966).

2.7.2 Bleichen der Huminstoffe

15 min.	Gefahrstoff	Sicherheit	Entsorgung

Geräte
Hohes 400 mL Becherglas
Brenner mit Dreifuß und
Drahtnetz oder Heizplatte, Sieb

Chemikalien
Wasserstoffperoxid 30 % *(ätzend)*
Alkohol (Propanol bis Pentanol)
(leichtentzündlich)

Durchführung:
⇒ Ca. 10 mL gesiebte Bodenprobe mit ca. 20 mL Wasserstoffperoxid in ein hohes Becherglas geben[10] und durch die Schutzbrille beobachten.
⇒ Boden vorsichtig erhitzen, wobei es leicht zum Überschäumen durch oberflächenaktive Huminstoffe (Tensidwirkung) kommt. Deshalb muss ab und zu ein Alkohol aus einer Pipette zugetropft werden, der als „Schaumbremse" das Überkochen verhindert.
⇒ Zu beachten ist, dass Alkohol brennbar ist und deshalb nur dann zugegeben werden darf, wenn die offene Flamme des Brenners entfernt ist.

hohes Becherglas

20ml 30% Wasserstoffperoxid und 10 ml Boden

Tropfpipette mit i-Propanol

Schaum durch tropfenweise Zugabe von i-Propanol zerstören

Erläuterung:
- Huminstoffe, die zumeist braunschwarz gefärbt sind, werden zu farblosen Verbindungen und letztendlich zu Kohlendioxid oxidiert. Eisen- und Manganoxide behalten ihre dunkle Farbe.

2.7.3 Entfärben der Eisen- und Manganoxide

Die braune Farbe des Bodens kann nicht nur von Humus, sondern auch von Eisen- und Manganoxiden verursacht werden. Diese können durch Reduktion entfärbt werden, sodass sie die halbquantitative Bestimmung des Humusgehaltes nicht stören (BOCHTER, R. 1996).

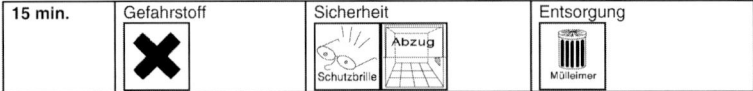

15 min.	Gefahrstoff	Sicherheit	Entsorgung

Geräte
Hohes 400 mL Becherglas
Brenner mit Dreifuß und Drahtnetz
oder Heizplatte
Sieb

Chemikalien
Natriumdithionit *(gesundheitsschädlich)*
Trinatriumcitrat-Dihydrat
Natriumhydrogencarbonat
dem. Wasser

---

[10] Dabei kann es zu leichtem Aufschäumen kommen, wenn die Probe biologisch aktiv ist, d.h. das Protein Katalase aus pflanzlichen und tierischen Zellen enthält (siehe „Katalasetest zur Beurteilung der biologischen Aktivität von Böden"). Dampfsterilisierte, käufliche Blumenerde zeigt kein Aufschäumen, da durch Erhitzen das Protein desaktiviert wird.

Durchführung:
⇒ 2 g gesiebte Bodenprobe mit 50 mL dem. Wasser, 1 g Natriumdithionit, 1 g Natriumhydrogencarbonat und 4 g Trinatriumcitrat-Dihydrat im Becherglas kurz bis zum Sieden erhitzen. Durch die Schutzbrille beobachten.

Erläuterung:
– Dreiwertiges Eisen wird durch Dithionit zu zweiwertigem reduziert und als Citratkomplex in Lösung gehalten. Dort kann es quantitativ bestimmt werden.

$$2Fe^{3+}_{(s)} + S_2O_4^{2-}_{(aq)} + Citrat \rightarrow 2SO_{2(g)} + 2Fe^{2+}(Citrat)$$

Aufgabe:
Versuche verschiedene Flecken von Rost, Erden, Blut, Tinte, Rotwein in Stoff mit der obigen Vorschrift zu entfärben!

2.7.4 Quantitative Verbrennung des Humus bei Rotglut an der Luft

Relativ schnell lässt sich der Anteil an organischem Material im Boden durch Ausglühen und Verbrennen quantitativ bestimmen.

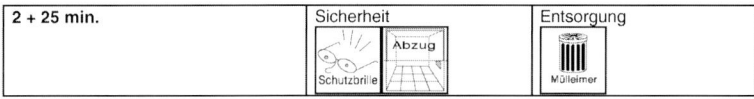

2 + 25 min.	Sicherheit	Entsorgung
	Schutzbrille / Abzug	Mülleimer

Geräte
Eisentiegel mit Deckel, Bunsenbrenner, Tondreieck mit Dreifuß, Tiegelzange, Waage, Sieb

Durchführung (nach STEUBING et al. 1980):
⇒ Die Bodenprobe wird gesiebt und für ½-6 h bei 105 °C im Trockenschrank getrocknet.
⇒ 2-5 g Probe werden im Eisentiegel mit Deckel eingewogen und zuerst langsam, später bis zur Rotglut im Abzug erhitzt. 500 °C sollten jedoch nicht überschritten werden.
⇒ Der Glühvorgang ist beendet, sobald die Bodenprobe nach dem Entfernen der Flamme keine schwärzliche Tönung mehr aufweist, sondern der Rückstand weißlich-grau oder leicht rötlich aussieht.

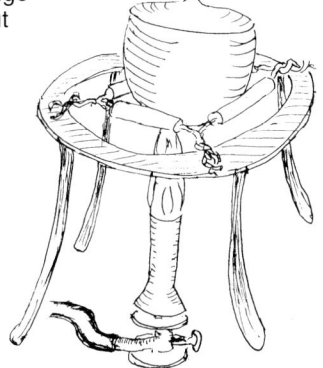

Auswertung:
Masse des oxidierten organischen Anteils der Bodenprobe (Humus) =
    Bodenmasse − Endmasse.

Da durch Verwitterung entstandene Oxide und Tonmineralien beim Glühen Wasser abgeben, muss vom Glühverlust ca. 0,1 % je % Ton abgezogen werden, um den Gehalt an org. Material zu erhalten.
Ein unangenehm durchdringender Geruch nach verbrannten Haaren und Horn zeigt Eiweißstoffe (Stickstoff) an. Der anfänglich entweichende Ammoniak lässt sich durch die Blaufärbung von feuchtem roten Lackmuspapier nachweisen.

Hinweis:
Enthält die Bodenprobe Kalk, erhält man leicht falsche Ergebnisse: Kalk wird beim Erhitzen über 500 °C *(Kalkbrennen)* in gebrannten Kalk (Calciumoxid) und Kohlenstoffdioxid zerlegt. Letzteres entweicht und täuscht organischen Kohlenstoff vor.
Deshalb ist es sinnvoll, die Probe zu teilen. Die eine Hälfte wird mit 10%iger Salzsäure versetzt und mittels der Gewichtsabnahme (CO_2 gast aus) auf den anorganischen Kohlenstoffgehalt des Bodens geschlossen[11].

$$CaCO_3 + 2HCl_{(aq)} \rightarrow CaCl_2 + H_2O + CO_2$$

Die andere Hälfte wird entsprechend der obigen Vorschrift geglüht. Der Humusgehalt des kalkhaltigen Bodens ergibt sich aus der Differenz beider Messungen:

Humusgehalt = Glühverlust - Gewichtsabnahme bei Zugabe von HCl

Aufgaben:
• Wieso muss der Boden bei diesem Versuch vorher getrocknet und gesiebt werden?
• Berechne die prozentuale Größe des Fehlers, wenn man bei reinem Kalkboden ($CaCO_3$) ohne Vorbehandlung mit Salzsäure den Humusgehalt bestimmt! Berechne dazu die Masse von 1 mol $CaCO_3$ und 1 mol $CaCl_2$!

Versuchsvorschlag:
Glühe Torf oder trockenes Holz. Löse das zurückbleibende Pulver (Pottasche, K_2CO_3) in dem. Wasser. Prüfe den pH-Wert und halte einen Tropfen mit einem Magnesiumstäbchen in die Bunsenbrennerflamme.

2.7.5 Analyse des Humus

Beim Abbau der abgestorbenen Lebewesen und Pflanzen durch Mikroorganismen, Pilze und Bodentiere entstehen aus den organischen Inhaltsstoffen neben Kohlenstoffdioxid, Ammoniak und Wasser auch kompliziert aufgebaute, größere Zusammenlagerungen von Molekülen: die Huminstoffe. Diese Huminstoffe sind mehr oder wenig dunkel gefärbt und lassen sich mit Hilfe von Natronlauge und Schwefelsäure in die drei Gruppen Fulvosäuren, Huminsäure und Humine aufteilen.

2 + 20 min.	Gefahrstoff	Sicherheit	Entsorgung
		Schutzhandschuhe Schutzbrille Abzug	Ausguß Mülleimer

---

[11] S. Kap. 2.6, Kalk/Carbonat, S.39 und 2. Arbeit: „Bestimmung des Humus-, Wasser- und Carbonatgehaltes..." (Anhang).

50

Geräte	Chemikalien
Erlenmeyerkolben mit Stopfen	Natronlauge-Pyrophosphat-Lösung *(ätzend!)*:
Bechergläser	0,4 g Natriumhydroxid[12] *(ätzend)* und 4 g
Waage	Natriumpyrophosphat Decahydrat auf
Heizplatte	100 mL dem. Wasser
Filterpapier mit Trichter	Schwefelsäure 10 % *(ätzend)*:
Evtl. Zentrifuge	1 Teil konz. Schwefelsäure *(ätzend!)* auf 9 Teile
	dem. Wasser

Durchführung (nach BRÜMMER, G. et al. 1985):

⇒ 1 g Bodenprobe wird mit 20 mL Natronlauge-Pyrophosphat-Lösung versetzt und kräftig geschüttelt (für eine vollständige Extraktion muss die Suspension eine Nacht stehen gelassen werden). Danach wird die Suspension zentrifugiert oder filtriert. Das Filtrat enthält braune bis schwarze Huminsäuren (Humate) und gelb- bis rotbraune Fulvosäuren (Fulvate). Der Filterrückstand enthält neben Bodenbestandteilen noch hochmolekulare schwarze Humine.

⇒ Im Filtrat lassen sich die Huminsäuren durch Zugabe von 6 mL 10 % Schwefelsäure ausflocken und abfiltrieren. Abschließend wird das Filtrat und der Filterrückstand eingedampft und ausgewogen.

Auswertung:

– Der Gehalt von 1 g Bodenprobe an Fulvo- bzw. Huminsäuren lässt sich aus dem eingedampften Filterrückstand bzw. Filtrat bestimmen. Den Gehalt an Humin liefert der Glühverlust minus dem Gehalt an Fulvo- und Huminsäuren.

Hinweis:

Das zugegebene Pyrophosphat komplexiert die Calcium-Ionen, welche sonst die Huminstoffe zu sehr viel größeren, wasserunlöslichen Molekülen verknüpfen.

Aufgabe:

• Die Löslichkeit der Huminstoffe in Wasser und auch ihre Säurewirkung nehmen mit steigender Molekülmasse (von 800 u bis weit über 100.000 u) ab. Welcher der drei Huminstoffe besitzt eine Molekülmasse zwischen 800 u und 9000 u und trägt stark zur Bodenversauerung bei?

2.7.6 Schaum aus Böden

Kocht man Böden mit Wasser und Wasserstoffperoxid oder gibt Salzsäure zu, schäumen manche Böden stark auf. Auch in Waldbächen bilden sich hinter kleinen Wasserfällen Schaumberge, die nicht auf Verunreinigungen durch Waschmittel zurückzuführen sind.

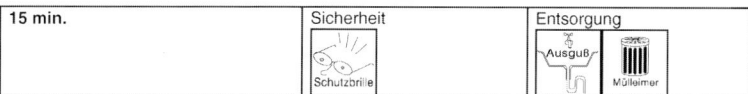

15 min.	Sicherheit	Entsorgung
	Schutzbrille	Ausguß Mülleimer

Geräte: Heizplatte, Becherglas, Spatel

---

[12] entspricht ungefähr einer Ätznatrontablette

Durchführung:
Wald-, Blumentopf-, Torf-, Sand-, und Tonboden werden mit dem doppelten Volumen dem. Wasser gekocht und die Schaumbildung registriert.

Ergebnis:
Waldboden, Torf und Blumenerde zeigen starke Schaumbildung, Ton- und Sandboden ergeben keinen Schaum.
Die Schaumbildung ist offensichtlich auf den Humusgehalt zurückzuführen. Humusstoffe verhalten sich wie Waschmittel (Tenside).

Alkohole als Schaumbremse
Wir wollen nun die Wirkung von Alkoholen als Schaumbremse untersuchen. Statt Huminstoffen verwenden wir Seifenlösung.

20 min.	Gefahrstoff	Sicherheit	Entsorgung
	✖ ☠ 🔥	Schutzhandschuhe Schutzbrille Abzug	organ. Lösungsmittel Ausguß

Geräte
stumpfes Messer
Becherglas
Reagenzgläser
Stopfen
Waage
Pipette
Pipettierhilfe

Chemikalien
Kernseife
verschiedene Alkohole; Methanol *(giftig)*,
Methanol bis n-Propanol *(leichtentzündlich)*,
n-Butanol bis n-Octanol *(gesundheitsschädlich)*,
n-Decanol *(reizend)*
Calciumchloridlösung: eine Spatelspitze Calciumchlorid
   Dihydrat *(reizend)* auf 10 mL dem. Wasser
Kupfersulfatlösung: eine Spatelspitze Kupfer(II)-Sulfat
   Pentahydrat *(gesundheitsschädlich)* auf 10 mL dem.
   Wasser
Natriumchloridlösung: eine Spatelspitze Natriumchlorid
   auf 10 mL dem. Wasser
Natriumsulfatlösung: eine Spatelspitze Natriumsulfat
   Decahydrat auf 10 mL dem. Wasser

Durchführung:
Mit dem Messer wird ca. ein Teelöffel voll Seifenflocken von der Kernseife abgeschabt und in ca. 100 mL dem. Wasser aufgelöst.
Danach wird die Lösung auf mehrere Reagenzgläser (ca. 3 mL pro Reagenzglas) verteilt und diese eine Minute kräftig geschüttelt, sodass eine Schaumkrone zu sehen ist.
In je ein Reagenzglas werden nun 2 mL dem. Wasser, Methanol, Ethanol... bis n-Decanol, hartes Wasser, Calciumchloridlösung, Kupfersulfatlösung, Natriumchloridlösung und Natriumsulfatlösung zugegeben und die Schaumhöhen notiert.

Ergebnis:
Die Zerstörung des Schaumes erfolgt durch höherkettige Alkohole, aber auch durch zweifach geladene Kationen und hartes Wasser (enthält Calcium-Ionen).

Erklärung für die Schaumzerstörung durch Alkohole:
Seifen und Huminsäuren (Tenside) sind Moleküle mit zwei sehr verschiedenen Teilen. Der „Kopf" des Moleküls ist polar und wasserliebend (hydrophil), der Schwanz hingegen unpolar, wasserscheu (hydrophob) und fettliebend (lipophil).

In einer wässrigen Tensidlösung werden sich daher die „Molekülköpfe" in das Wasser, die „Molekülschwänze" möglichst in die unpolare Luft begeben. Daraus resultiert die Schaumbildung. Die Haut einer Seifenblase (Schaum) ist nämlich nichts anderes als eine Tensid-Wasser-Tensid Membrane.

Alkohole haben ebenso wie Tenside einen polaren, wasserliebenden „Kopf", und einen unpolaren, wasserscheuen „Schwanz". Allerdings ist der „Alkoholschwanz" bedeutend kürzer als der „Tensidschwanz".

Wird nun Alkohol zu Seifenschaum gegeben, schieben sich die kurzen Alkoholmoleküle zwischen die Tenside und lockern deren Verband, sodass die Seifenblasen platzen.

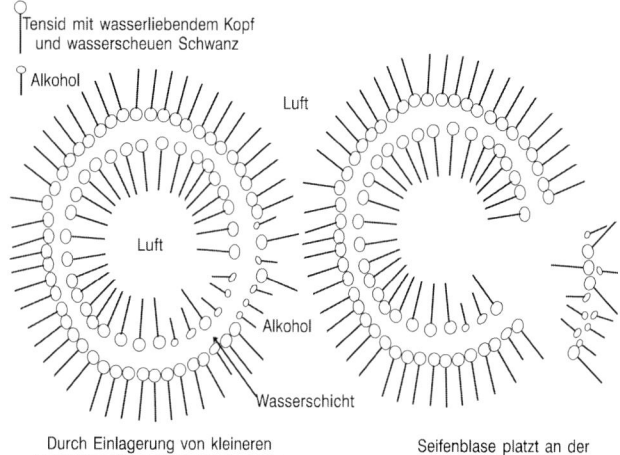

Durch Einlagerung von kleineren Molekülen (Alkoholen) geschwächte Seifendoppelmembrane

Seifenblase platzt an der Schwachstelle

Erklärung für die
Schaumzerstörung durch zweifach geladene Kationen (Hartes Wasser):
Seifen, aber auch Huminstoffe, reagieren mit zweifach geladenen Kationen zu größeren Molekülen (Verknüpfung) und bilden einen wasserunlöslichen Niederschlag. Dabei wird der Schaum natürlich zerstört.

Aufgaben:
Früher schäumten Waschmaschinen oft über. Die Wäsche wurde dann schlecht gewaschen, weil Waschmittel fehlte. In Bächen und Flüssen standen dafür manchmal meterhohe Schaumberge, da die damals in Waschmitteln enthaltenen Tenside nicht biologisch abbaubar waren.

Welcher Stoff wird den heutigen Waschmitteln beigemischt, um ein Überschäumen zu vermeiden: Decanol, Calciumchlorid oder Ethanol?

Begründe, warum höherkettige Alkohole an Membranen des menschlichen Körpers so gefährlich sind[13]!

---

[13]   Dieser Gesundheitsgefahr wirkt allerdings entgegen, dass höherkettige Alkohole schlecht wasserlöslich (blutlöslich) sind und so nur schwer an diese sensiblen Stellen gelangen können.

2.8 Der Säuregrad von Böden (pH-Wert)

Kostet man die Backzutaten feste Zitronensäure, Natron („Kaisers" oder Backpulver) und eine Mischung der beiden Stoffe, erfährt man die Geschmacksrichtungen sauer, basisch (seifig) und bei richtiger (Brause-) Mischung neutral. Diese drei Geschmacksrichtungen werden durch die Konzentration der Wasserstoff-Ionen bestimmt.

Im **Sauren** liegt die Konzentration der H^+-Ionen im Bereich zwischen 10^0 mol/L und 10^{-7} mol/L.

Im **Basischen** ist die H^+-Ionenkonzentration wesentlich kleiner und bewegt sich zwischen 10^{-7} mol/L und 10^{-14} mol/L.

Die Konzentration der Wasserstoff-Ionen wird in der Literatur vereinfacht durch den negativen Exponenten wiedergegeben:

Neutrales Wasser mit einer H^+-Ionenkonzentration von $10^{\boxed{-7}}$ mol/L hat einen pH-Wert von $\boxed{7}$.

Im Folgenden sind einige Stoffe nach ihrem pH-Wert eingeordnet.

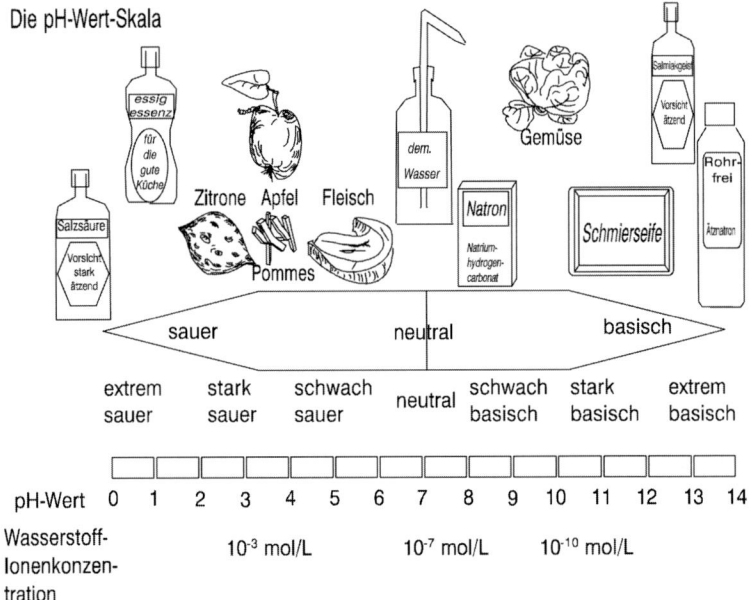

Die pH-Wert-Skala

Als *eine* Ursache des Waldsterbens wird das zunehmende Versauern der Böden durch Sauren Regen angesehen. Auch das Bodenleben, welches von der Waldstreu lebt, ist nicht gerade Freund eines salpeter- oder schwefelsauren Bodens.

Wird der Boden zu sauer und damit das Bodenleben geschädigt, türmt sich das Herbstlaub immer höher. Im Frühjahr fehlen dann den Bäumen und Büschen die Nährsalze aus dieser nicht verwitterten Streu.

Daneben setzt die Säure (ab pH 4) im Boden Aluminium-Ionen frei, wodurch die Feinwurzeln der Bäume absterben (s. Kap. 3.8, S.90). Pilze, die mit den Baumwurzeln in Symbiose leben, werden durch die von der Säure mobilisierten Schwermetall-Ionen (z.B. Cadmium) vergiftet. Ihr ausgedehntes und weitverzweigtes Myzel vermag dann keine Nährstoffe (z.B. Magnesiumsalze) herbeizuschaffen.

Die Belastung von pflanzlichen Nahrungsmitteln durch Schwermetalle ist nicht nur von deren Konzentration im Boden, sondern auch vom Säuregrad (pH-Wert) des Bodens abhängig. So kann ein schwach mit Cadmium belasteter Boden, der allerdings stark sauer ist, 10 mal mehr Cadmium ins Bodenwasser und damit an die Pflanzen abgeben, als ein 100 mal höher belasteter, jedoch neutral reagierender Boden (s. Kap. 3.11, S.106).

2.8.1 Messung des pH-Wertes einer Bodenprobe

Da der pH-Wert des Bodens von dessen Wassergehalt abhängt, werden die pH-Werte verschiedener Zustände des Bodens (nach starkem Regen, bei Trockenheit etc.) durch die Zugabe verschiedener Salzlösungen simuliert.

Hinweis:
Da die Bestimmung des Nitratgehaltes die gleichen Vorbereitungen erfordert, wird diese Messung am besten mit der pH-Messung durchgeführt (Vorschrift siehe „Stickstoff/Nitrat").

20 min.

Geräte
25 mL Messzylinder
50 oder 100 mL Bechergläser
Rundfilter
pH-Meter, pH-Teststäbchen
Rührstäbe

Chemikalien
5 mmol/L Calciumchloridlösung
735 mg $CaCl_2 \cdot 2H_2O$ auf 1 L dem. Wasser
1 mol/L Kaliumchloridlösung
74,5g KCl auf 1 L dem. Wasser

Durchführung:
Jedes der drei 50 mL Bechergläser wird mit 10 g trockenem, gesiebtem Boden und mit jeweils 25 mL der folgenden Flüssigkeiten gefüllt[14]:
1. Becherglas:
   25 mL dem. Wasser
   ⇒ pH-Wert nach starkem Regen
2. Becherglas:
   5 mmol/L Calciumchloridlösung
   ⇒ pH-Wert des feuchten Bodens

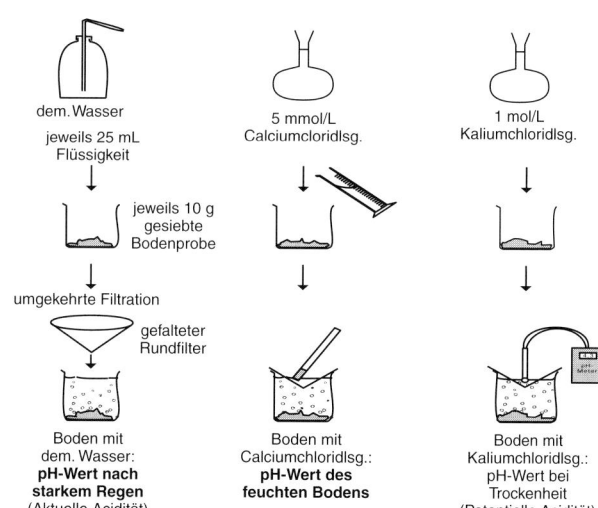

dem. Wasser
jeweils 25 mL Flüssigkeit

jeweils 10 g gesiebte Bodenprobe

umgekehrte Filtration

gefalteter Rundfilter

Boden mit dem. Wasser:
pH-Wert nach starkem Regen
(Aktuelle Acidität)

5 mmol/L Calciumchloridlsg.

Boden mit Calciumchloridlsg.:
pH-Wert des feuchten Bodens

1 mol/L Kaliumchloridlsg.

Boden mit Kaliumchloridlsg.:
pH-Wert bei Trockenheit
(Potentielle Acidität)

---

[14] Die dem Boden zugesetzte Flüssigkeitsmenge kann verdoppelt oder halbiert werden, ohne dass sich der pH-Wert merklich ändert.

3. Becherglas:
1 mol/L Kaliumchloridlösung
$\Rightarrow$ pH-Wert bei Trockenheit

Die Bodensuspensionen werden 3 Minuten gut durchgerührt und ca. 10 Minuten stehen gelassen, bis sich der Boden abgesetzt hat.
Ein gefalteter Rundfilter wird von oben in jedes Becherglas geschoben, sodass sich im Filter klare Lösung sammelt.
Ihr pH-Wert wird mit Hilfe des pH-Meters oder der Teststäbchen bestimmt.[15]

2.8.2 Vereinfachte, ungefähre Messung des pH-Wertes einer Bodenprobe

Ein ähnliches Verfahren wird in der Landwirtschaft zur „Vor-Ort-Bestimmung" des pH-Wertes einer Bodenprobe angewendet. Durch den geringen Aufwand ist es auch ideal als Voruntersuchung oder auf Exkursionen geeignet.

| 5 min. |

Geräte	Chemikalien
Universalindikator	5 mmol/L Calciumchloridlösung
Uhrgläser oder Tüpfelplatte	735 mg $CaCl_2 \cdot 2H_2O$ auf 1 L dem. Wasser
Rührstäbe	1 mol/L Kaliumchloridlösung
	74,5 g KCl auf 1 L dem. Wasser

Durchführung:
In einer Mulde der Tüpfelplatte die Bodenprobe mit ungefähr gleichen Volumen dem. Wasser, Calciumchloridlösung oder Kaliumchloridlösung versetzen und gut vermischen. Nach der Zugabe einiger Tropfen Universalindikator noch einmal gut durchmischen und die überstehende Lösung in eine weitere Mulde der Tüpfelplatte fließen lassen. Gegen einen weißen Hintergrund die Farbe des Indikators einem pH-Wert zuordnen[16].

Auswertung:
Als erstes Beispiel soll ein **gesunder humushaltiger Boden** dienen.

1. ***Dem. Wasser:*** Der nur mit dem. Wasser gewaschene Boden besitzt einen **pH-Wert von 4,2**. Dabei werden nur im geringem Maße H^+-, K^+-, Na^+-Ionen vom Wasser ausgewaschen. Der gemessene pH-Wert entspricht dem des Bodens nach ausgiebigen Regenfällen. Man spricht von der „aktuellen Acidität".
2. ***CaCl$_2$-Lösung:*** Mit einer extrem verdünnten Calciumlösung (5 mmol/L) findet schon ein Verdrängen der Ionen im Boden durch Ca^{2+}-Ionen statt: H^+-, Na^+-, K^+-, Mg^{2+}-Ionen sind in der wässrigen Phase zu finden, die einen **pH-Wert von 3,7** aufweist. Dieser pH-Wert entspricht dem des feuchten Bodens.
3. ***KCl-Lösung:*** Es findet ein starkes Verdrängen der Ionen im Boden durch die 1 mol/L K^+-Ionen statt: H^+-, K^+-, Na^+-Ionen und sogar die dreifach geladenen Al^{3+}-, Fe^{3+}-Ionen werden aus dem Boden freigesetzt.
Letztere (Al^{3+}, Fe^{3+}) haften besonders gut an den Bodenteilchen und sind vor al-

---

[15] Gleichzeitig kann mit Nitrat-Teststäbchen der Nitratgehalt bestimmt werden (siehe „Stickstoff/Nitrat").

[16] Hinweis: Unter Umständen kann allerdings eine der Indikatorfarben (hauptsächlich Kationen-Indikatorfarbstoffe) vom Boden adsorbiert werden, was zur Verfälschung des Farbeindruckes führen kann (vergl. „Guter Boden reinigt Wasser", Kap. 3.3). In diesem Falle müssen die wässrigen Salzextrakte vom Boden durch Filtrieren abgetrennt werden, bevor zu diesen die Indikatormischung gegeben wird.

lem in von Säuren ausgelaugten Böden mobil. Der tiefere **pH-Wert von 3,6** wird vor allem durch die Kationensäuren von $Al^{3+}(OH_2)_6$ und $Fe^{3+}(OH_2)_6$ verursacht, die aus dem Wasser ihrer Hydrathülle dank der hohen Zentralatomladung Protonen drängen:

$$Al^{3+}(OH_2)_6 \rightarrow Al^{3+}(OH_2)_5OH^- + H^+$$

$$Fe^{3+}(OH_2)_6 \rightarrow Fe^{3+}(OH_2)_5OH^- + H^+$$

Der gemessene pH-Wert entspricht dem des Bodens bei Trockenheit. Man spricht von der „potentiellen Acidität".

Beurteilung:
Dieser Boden hat eine hohe Austauschkapazität für Kationen, sein pH-Wert ändert sich nur um 0,5 Einheiten. Eine Schädigung der Wurzeln bei Trockenheit ist noch nicht zu erwarten.

Anders sieht es bei einem **durch Säure vorgeschädigten Boden** aus (siehe dazu Abb. auf nächster Seite).

1. Dem. Wasser: Die „aktuelle Acidität" entspricht einem **pH-Wert von 3,5.** Die im Bodenwasser vorhandenen H^+-Ionen werden vom Wasser ausgewaschen. Die Na^+-, K^+-Ionen sind schon vorher durch die H^+-Ionen des Sauren Regens ausgespült worden.

2. $CaCl_2$-Lösung: Der Saure Regen hat auch die fester am Boden adsorbierten Kationen (Na^+, K^+, Mg^{2+}, ..) gegen H^+ ausgetauscht. Die Ca^{2+}-Ionen drängen nur noch adsorbierte H^+-Ionen aus dem Boden in die wässrige Phase, die einen **pH-Wert von 2,8** aufweist.

3. KCl-Lösung: Erst 1 mol/L K^+-Ionen können Metallionen wie Al^{3+} und Fe^{3+} aus dem Boden freisetzen. Die „potentielle Acidität" beträgt **pH 2,6.**

Beurteilung:
Bei diesem Boden sind auch die Adsorptionsstellen mit hoher Kationen-Affinität nur noch durch H^+-Ionen belegt. Die starke pH-Wert-Absenkung von 0,9 Einheiten, wie sie beim Übergang zu Trockenzeiten zu erwarten ist, entspricht fast einer Verzehnfachung der Protonenkonzentration im Boden. Wurzelschäden sind zu erwarten.

Dieser Boden enthält außerdem wenig Nährsalze: Er ist an Kalium verarmt und besitzt eine geringe Austausch- und Pufferkapazität für weiteren Säureeintrag.

Erläuterung:
Je trockener ein Boden ist, desto konzentrierter ist die Bodenlösung. Deswegen werden gerade bei Trockenzeiten im Boden

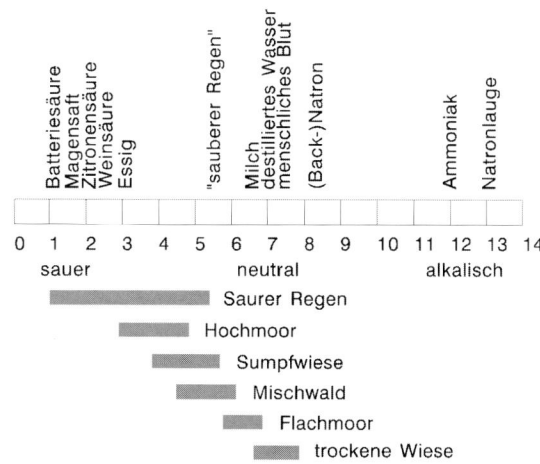

Modell für die verschiedenen pH-Werte des Bodens

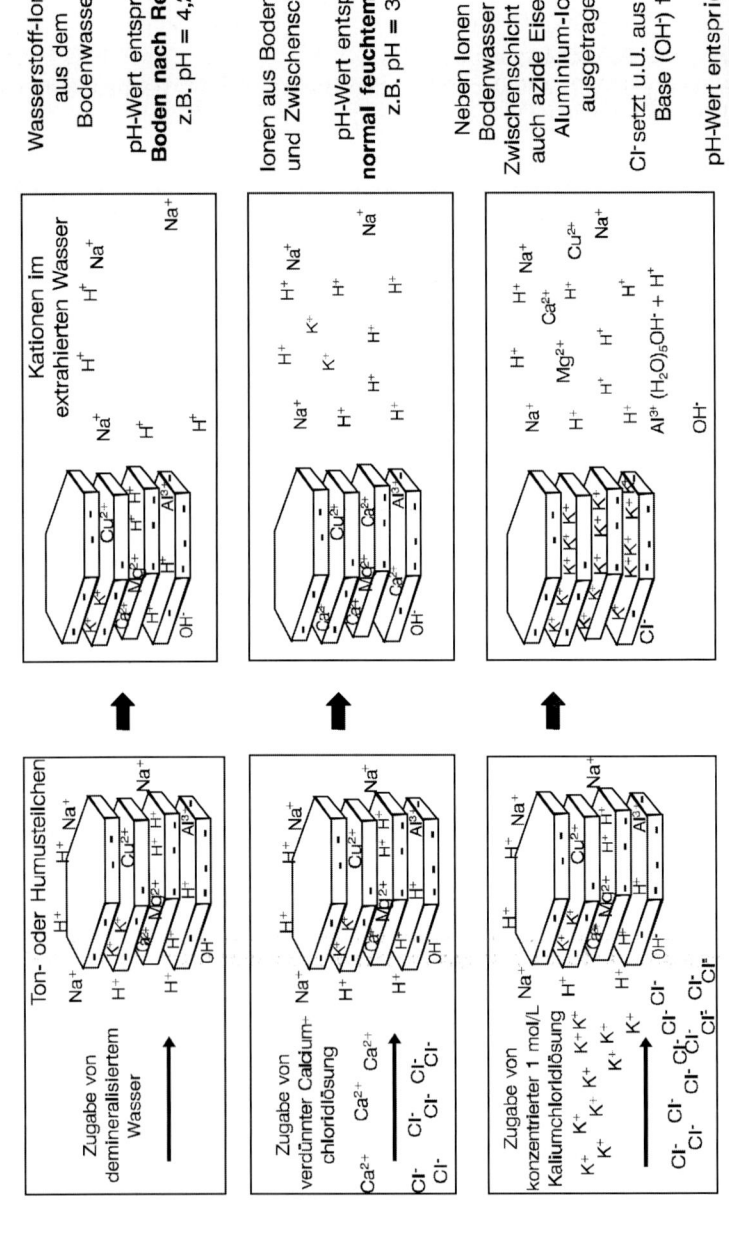

Zugabe von demineralisiertem Wasser

Ton- oder Humusteilchen

Kationen im extrahierten Wasser

Wasserstoff-Ionen aus dem Bodenwasser

pH-Wert entspricht **Boden nach Regen** z.B. pH = 4,2

Zugabe von verdünnter Calciumchloridlösung

Ionen aus Bodenwasser und Zwischenschichten

pH-Wert entspricht **normal feuchtem Boden** z.B. pH = 3,7

Zugabe von konzentrierter 1 mol/L Kaliumchloridlösung

Neben Ionen aus Bodenwasser und Zwischenschicht werden auch azide Eisen- und Aluminium-Ionen ausgetragen

Cl^- setzt u.U. aus Humus Base (OH) frei

pH-Wert entspricht dem **Boden bei Trockenheit** z.B. pH = 3,6

58

besonders niedrige pH-Werte erreicht, und es können Säureschäden auftreten. Im Labor simuliert man die Bodenlösung durch verschieden konzentrierte Salzlösungen.

Hinweis:

Manchmal kann der pH-Wert des Kaliumchlorid-Bodenextraktes über dem des Calciumchlorid-Bodenextraktes liegen: Vor allem an Humus gebundene Hydroxid-Ionen (OH^-) verursachen diesen Anstieg. Sie werden durch die große Zahl der Chlorid-Ionen (Cl^-) von den Adsorptionsstellen ins Wasser verdrängt.

Vorschläge für pH-Wert Messungen:
Bei Regen läuft besonders viel Wasser an Baumstämmen ab, dort sollte also der Boden besonders sauer sein. Ebenso sollte der Boden auf der Westseite eines Berges saurer als auf der Ostseite sein, vorausgesetzt, es herrscht der gleiche Boden vor.
Von Interesse könnte auch sein, wie tief der Saure Regen im Boden schon vorgedrungen ist!

Vorschläge zum Arbeitsblatt:
Die Austauschprozesse an Ton, aber auch an Humus können durch ausgeschnittene Pappe-Ionen spielerisch nachvollzogen werden.
Die Erläuterungen können abgedeckt und die Austauschprozesse durch verschiedenfarbige Markierung der Ionen erarbeitet werden.

Aufgaben:
Finde den Prozess, bei dem auch ein Anion von Bedeutung ist!
Ergänze das Arbeitsblatt mit den unbeteiligten Anionen und Kationen!

2.9 Stickstoff/Nitrat

Im freien Zustand als Gas ist Stickstoff ein wesentlicher Bestandteil der Luft (ca. 78 %).
Nur 1 % des gesamten Stickstoffs der Erde liegt – hauptsächlich als Nitrat – gebunden vor. Bekannte Nitrate sind der Chilesalpeter ($NaNO_3$) und der Kalisalpeter (KNO_3), welche oft in Feuerwerkskörpern als Oxidationsmittel eingesetzt werden.
Wichtiger ist der Stickstoffgehalt im Eiweiß (Protein), ohne welches kein Leben möglich wäre. Stickstoff, im Boden als Nitrat (NO_3^-) oder Ammonium (NH_4^+) gebunden, ist deshalb ein Makronährstoff für Pflanzen und muss dem Boden zugeführt werden. Ein zu geringer Stickstoffgehalt im Boden begrenzt das Pflanzenwachstum. Hohe Ernteerträge sind u.a. auf den Einsatz von Stickstoffdüngern[17] zurückzuführen.
Werden diese Dünger überdosiert oder zur falschen Jahreszeit aufgebracht, wandern sie von den Pflanzen ungenutzt ins Grundwasser. Mit Nitrat belastetes Grundwasser kann nur mit aufwendigen biologischen Verfahren (Kosten ca. 10 DM/m^3) zu Trinkwasser aufbereitet werden.
Der Nitratgehalt in Trinkwasser darf 50 mg (NO_3^-)/L nicht übersteigen (vgl. Anhang: Grenz- und Richtwerte für Trink-, Oberflächen- und Grundwasser) und wird zumeist auf dem Etikett der Mineralwasserflaschen angegeben. Gefährlich ist Nitrat besonders für Kleinkinder, da es sich in tödlich giftiges Nitrit umwandelt (Blausucht).

---

[17] Kalkstickstoff ($CaCN_2$), Salpeter, Gülle (Harnstoff ($CO(NH_2)_2$) und Ammoniumsalze

Die Umwandlung des Luftstickstoffs in eine pflanzenverfügbare Form wird großtechnisch mittels der Ammoniaksynthese durchgeführt. Auch Knöllchenbakterien, welche in Symbiose mit Schmetterlingsblütlern (Lupinen, Klee...) leben, gelingt diese Umwandlung.
Jedes Erhitzen der Luft auf über 3000 °C führt zur Bildung von Stickstoffoxiden. Bei Gewittern, vor allem aber in Automotoren und Verbrennungsöfen werden große Mengen der giftigen Stickstoffoxide gebildet. Diese tragen zur Smog- und Ozonbildung in unserer Atmosphäre entscheidend bei.
Alle oben angeführten Stickstoffverbindungen werden im Boden letztendlich durch Bakterien in Nitrate umgewandelt. Deshalb stellt der Nitratgehalt des Bodens eine wichtige Größe für dessen Bewertung dar.

2.9.1 Bestimmung des Nitratgehalts — Messung des Nitratgehalts im Boden

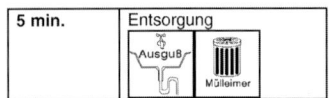

5 min.	Entsorgung
	Ausguß Mülleimer

Geräte
Nitrat-Nitrit-Teststäbchen (0 bis 500 ppm)
Rundfilter
200 mL Becherglas

Chemikalien
gesättigte Kaliumchloridlösung
30 g KCl auf 1 L dem. Wasser

Durchführung:

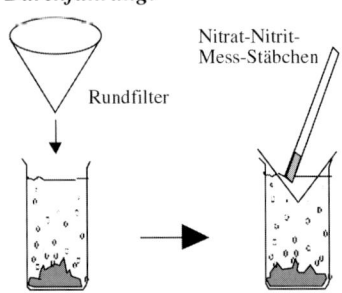

Rundfilter

Nitrat-Nitrit-Mess-Stäbchen

Boden-Wasser-Suspension

30 g Boden oder Gülle (ca. 30 mL) werden im Becherglas eingewogen und mit 120 mL Kaliumchloridlösung versetzt.
Nach dem Verrühren wird von oben ein Rundfilter eingetaucht und von außen nach innen filtriert (siehe Abbildung).
In das klare Filtrat wird ein Nitrat-Nitrit-Teststäbchen gesteckt, leicht abgeschüttelt und nach 1 Minute mit der Farbskala verglichen

Auswertung:
Da die Messung im Bodenwasser erfolgt, muss von der Konzentration des Nitrats im Wasser auf die Konzentration im Boden geschlossen werden.

Trockener Boden
Beispiel:
Es wurden 10 g **trockener** gesiebter Boden mit 25 mL dem. Wasser übergossen.
Gemessene Nitratkonzentration im Wasser: 20 mg/L

60

Somit enthalten:

1 L Wasser	20 mg Nitrat	*Messwert*
1 mL Wasser	0,02 mg Nitrat	
25 mL Wasser	0,5 mg Nitrat	*Nitratmenge der Bodenprobe*
10 g Boden	0,5 mg Nitrat	
1 g Boden	0,05 mg Nitrat	
1 kg Boden	50 mg Nitrat	*Nitratmenge in 1kg trockene Erde (T.E.)*

Der Boden enthält 50 mg/kg T.E. = 50 ppm Nitrat.

Feuchter Boden
Beispiel:
Es wurden 10 g **feuchter** gesiebter Boden mit 25 mL dem. Wasser übergossen.
Der Feuchtigkeitsgehalt des Bodens betrug 30 %.
Gemessene Nitratkonzentration im Wasser: 20 mg/L
Trockenmasse der Bodenprobe: 7 mg T.E.

Somit enthalten:

1 L Wasser	20 mg Nitrat	*Messergebnis*
1 mL Wasser	0,02 mg Nitrat	
25 mL + 3 mL Wasser	0,56 mg Nitrat	*zugesetztes Wasser + Bodenwasser (30 %)*
7 g Boden	0,56 mg Nitrat	*Nitratmenge bezogen auf trockenen Boden*
1 g Boden	0,08 mg Nitrat	
1 kg Boden	80 mg Nitrat	*Nitratmenge in 1 kg T.E.*

Der Boden enthält somit 80 mg/kg T.E. = 80 ppm Nitrat.

Hinweis:
Vereinfachend können zur Berechnung der Nitratkonzentration bei feuchten Bodenproben folgende Faktoren angewendet werden:
    Faktor 1,1 für *fast trockenen* Boden
    Faktor 1,3 für *normalen* Boden
    Faktor 1,5 für *nassen* Boden

Berechnung des Stickstoffgehaltes einer Bodenprobe aus ihrem Nitratgehalt
Die molaren Massen von Stickstoff (N, 14 g/mol) und Nitrat (NO_3^-, 62 g/mol) verhalten sich ungefähr wie 1:4. Somit ist die vom Nitrat verursachte Stickstoffkonzentrati-
on ca. ¼ der Nitratkonzentration.

Beispiel
    80 mg NO_3^-/kg T.E. $\triangleq$ 20 mg N/kg T.E. $\triangleq$ 20 ppm N

Berechnung des Nitratgehaltes eines Ackers
Beispiel
Ein Acker mit der Fläche 1 ha (= 100 m • 100 m) und einer wirksamen Bodentiefe
von 0,3 m hat eine Bodendichte von 1500 kg/m^3. Die Nitratkonzentration sei 1 mg
NO_3^-/kg T.E.

Wirksames Ackerbodenvolumen in 1 ha: 100 m • 100 m • 0,3 m / ha = 3000 m^3/ha

Wirksame Bodenmasse in 1 ha: 3000 m^3 • 1500 kg/m^3 / ha = 4500 000 kg /ha

Bei 1 mg NO_3^-/kg T.E ergibt sich ein Gesamtnitratgehalt in 1 ha: 4500 000 kg /ha • 1 mg NO_3^-/kg T.E = 4,5 kg NO_3^-/ha.

Verkürzte Rechnung:
1 mg NO_3^-/kg T.E. • 10000 m^2/ha • 0,3m • 1500 kg/m^3 = 4,5 kg NO_3^-/ha
Der Acker hat einen Nitratgehalt von 4,5 kg pro Hektar.

Umrechnung:
1 mg NO_3^-/kg T.E. $\hat{=}$ 1 ppm NO_3^- $\hat{=}$ 1 kg Stickstoff/ha $\hat{=}$ 0,1 g Stickstoff/m^2

Berechnung des Stickstoffdüngemittelbedarfes für Garten und Landwirtschaft

Garten
Ein Garten mit der Fläche 100 m^2 hat eine Nitratkonzentration von 30 ppm NO_3^-. Gewünscht wird eine Konzentration von 40 ppm NO_3^-.
(40 ppm NO_3^- − 30 ppm NO_3^-) • 100 m^2 • 0,1 g N/m^2 = 100 g N
Der Stickstoffdüngemittelbedarf des Gartens liegt bei 100 g Stickstoff.

Acker
Ein Acker mit der Fläche 10 ha habe eine Nitratkonzentration von 1 ppm NO_3^-. Gewünscht wird eine Konzentration von 50 ppm NO_3^-.
(50 ppm NO_3^- − 1 ppm NO_3^-) • 10 ha • 1 kg N/ha = 490 kg Stickstoff
Der Stickstoffdüngemittelbedarf des Ackers liegt bei 490 kg Stickstoff.

Bewertung (JUNGK, A. 1988)
0 - 40 ppm NO_3^- entspricht (0-40 kg N/ha): *Stickstoffmangel*
40 - 75 ppm NO_3^- entspricht (40-75 kg N/ha): *gesunder Gehalt*
75-150 ppm NO_3^- entspricht (75-150 kg N/ha): *hoher Gehalt*
> 150 ppm NO_3^- entspricht (> 150 kg N/ha): *Überdüngung*

Diese Bewertung ist allerdings noch von den anzubauenden Pflanzen abhängig: So kann rein quantitativ die größte Ernte bei **Winterweizen** bei einem Stickstoffangebot von 120 kg N/ha erwirtschaftet werden. Weniger oder auch mehr Stickstoff lässt den Ertrag rapide sinken: Bei ca. 70 bzw. 170 mg N/kg liegt der Ernteertrag unter 90 %. Bei **Weißkohl** erzielt man sogar mit 350 kg N/ha den größten Ertrag.

Nachteilig wirkt sich bei hoher Stickstoffdüngung aus, dass Haltbarkeit, Geschmack und wertgebende Inhaltsstoffe wie Zucker, Stärke und Vitamine der Produkte deutlich beeinträchtigt werden. Auch die Ernteverluste durch Abknicken der Halme, erhöhter Insekten- und Krankheitsbefall, aber auch die Grundwasserbelastung durch Nitrat sprechen für einen sparsamen Umgang mit Stickstoffdünger.
Spinat, Kopfsalat und Grünkohl, in geringerem Maße auch Kohlrabi, Tomaten und Möhren, enthalten bei ertragsorientierter Düngung Nitratgehalte, die ein Risiko für die menschliche Gesundheit darstellen (Bildung von krebserregenden Nitrosaminen).

2.9.2 Messung des Nitratgehalts in Pflanzenproben (Blattgemüse)

5 min.	Entsorgung
	Ausguß Mülleimer

Geräte
Nitrat-Nitrit-Teststäbchen (0 bis 500 ppm)
Mörser, Filterpapier
Evtl. Zentrifuge

Chemikalien
Quarzsand
evtl. Aktivkohle

Durchführung:
10 g Pflanzenprobe mit 5 mL dem. Wasser und ein wenig Quarzsand im Mörser verreiben. Den Saft abfiltrieren. In das Filtrat wird ein Nitrat-Nitrit-Teststäbchen gesteckt, leicht abgeschüttelt und nach 1 Minute mit der Farbskala verglichen.

Hinweis:
Ist der gewonne Pflanzensaft so stark gefärbt, dass seine Eigenfärbung das Ablesen des Teststäbchens behindert (Spinat, Rote Beete), muss er entfärbt werden. Dazu den Saft mit einer Spatelspitze Aktivkohle versetzen und zentrifugieren.

Auswertung:
Beispiel
10g (10mL) Salat + 5 mL Wasser + Sand
Der gemessene Nitratgehalt sei 70 mg/L
1 L   enthält   70 mg Nitrat
1 mL   enthält   70 µg Nitrat
15 mL (Salat + Wasser) enthalten 70µg • 15 = 1050 µg Nitrat
Diese Menge (1050 µg Nitrat) waren in 10 g Salat
1 kg Salat enthält somit 105 mg Nitrat. Sein Nitratgehalt ist somit 105 mg/kg (Feuchtmasse).

Nitratgehalt von saftreichen Pflanzen
Pflanzensaft aus Zwiebeln oder Knoblauch kann unverdünnt vermessen oder direkt durch Aufdrücken des Teststreifens auf die frische Schnittfläche des Nahrungsmittels bestimmt werden.

Versuchsvorschläge:
Ermittle den Nitratgehalt von Spinat aus biologisch-dynamischem und normalem Anbau.
Gibt es Unterschiede?
Spinat und anderes Gemüse auf verschiedene Weise behandeln und
    untersuchen:
1. in abgemessener Wassermenge kochen (Achtung, Wasserverlust ausgleichen)
2. auf einer Herdplatte langsam erwärmen
3. Gemüsesaft mit Vitamin C versetzen

4. Gemüsesaft mit Speichel versetzen und einige Zeit stehen lassen
5. Rote-Beete-Saft
6. trinken und im Speichel den Nitrat/Nitritwert bestimmen
7. Salatrippen und äußere Blätter sollten einen höheren Nitratwert haben
   Nitrat Richtwert für Kopfsalat und Spinat sind 3000 mg /kg, für Kartoffeln 300 mg/kg
   Die tägliche Nitrataufnahme soll 250 mg nicht übersteigen. Berechne, wieviel von
   Deinem Trinkwasser Du täglich trinken und wieviel Spinat du täglich verzehren darfst.

Wasseruntersuchung auf Nitrat und Nitrit[18]

Besonders interessant und aufschlussreich ist die Untersuchung von Bachwasser im
Bereich von Kläranlagen, landwirtschaftlich genutzten Flächen und Wassereinleitun-
gen. Dazu sind drei Wasserproben aus einem Bach im Bereich einer **Kläranlage**
oder auch einem **landwirtschaftlichen Betrieb** zu nehmen:
Die erste Wasserprobe mehr als 100 m oberhalb der Kläranlage (Nitratquelle)
Die zweite Wasserprobe 100 m unterhalb der Kläranlage
Die dritte Wasserprobe direkt am Auslauf nehmen.
Diese Wasserproben eventuell kühl lagern, wenn sie erst später vermessen werden.

2.9.3 Die Messung von Nitrat im Boden mittels Teststäbchen

Der Nitratgehalt von Trinkwasser kann leicht durch Eintauchen eines Teststäbchens
ins Wasser bestimmt werden. Drückt man aber ein Teststäbchen in trockenen Boden,
verändert sich dieses nicht. Es fehlt das Wasser.
   Nitrat kann wie die meisten Bodeninhaltsstoffe nicht direkt im Boden, sondern nur
im Wasser gelöst bestimmt werden. Dazu muss es mit Wasser aus dem Boden extrahiert werden. Wird nicht alles Nitrat aus dem Bo-
den gelöst, messen wir nur den **extrahierbaren Nitratgehalt**.

Anwendung von Teststäbchen
zum Nachweis von Inhaltsstoffen

direkter Nachweis
in Wasser möglich

direkter Nachweis im
Boden kaum möglich

   Wird nun ein Teststreifen kurz in die Boden-Was-
ser-Mischung getaucht und das überschüssige
Wasser abgestreift, verändert dieser je nach Nitratgehalt des Wasserfilms seine Farbe. Durch Vergleich mit einer geeichten Farbskala erhält man den
Nitratgehalt der wässrigen Lösung, z.B. 50 mg/L.
   Doch was hat ein in einer Boden-Wasser-Mi-
schung gemessener Nitratgehalt mit dem Nitratge-
halt des Bodens zu tun? Dazu wollen wir die einzelnen Schritte eines Nitratnachwei-
ses im Boden genauer betrachten.

Aufgaben:
1) Was ändert sich in dem Schema, wenn das Nitrat aus 10 g Boden mit 40 mL
   Wasser extrahiert wird?
2) Wird der Teststreifen nicht vom überschüssigen Wasser durch Abstreifen befreit,
   dann enthält er etwa 0,035 mL Wasser. Welcher (falsche) Nitratgehalt ergibt sich
   dabei für den Boden? (Gehe dazu alle Schritte des Schemas durch!)
3) Es ist nicht selbstverständlich, dass Bodeninhaltsstoffe vollständig ins Wasser
   übergehen. Meistens ist nur ein bestimmter Anteil extrahierbar. Wir wollen anneh-

---

[18] Nähere Angaben zu den Richtwerten für Wassereinleitung siehe Tabellen im Anhang am Ende des Buches.

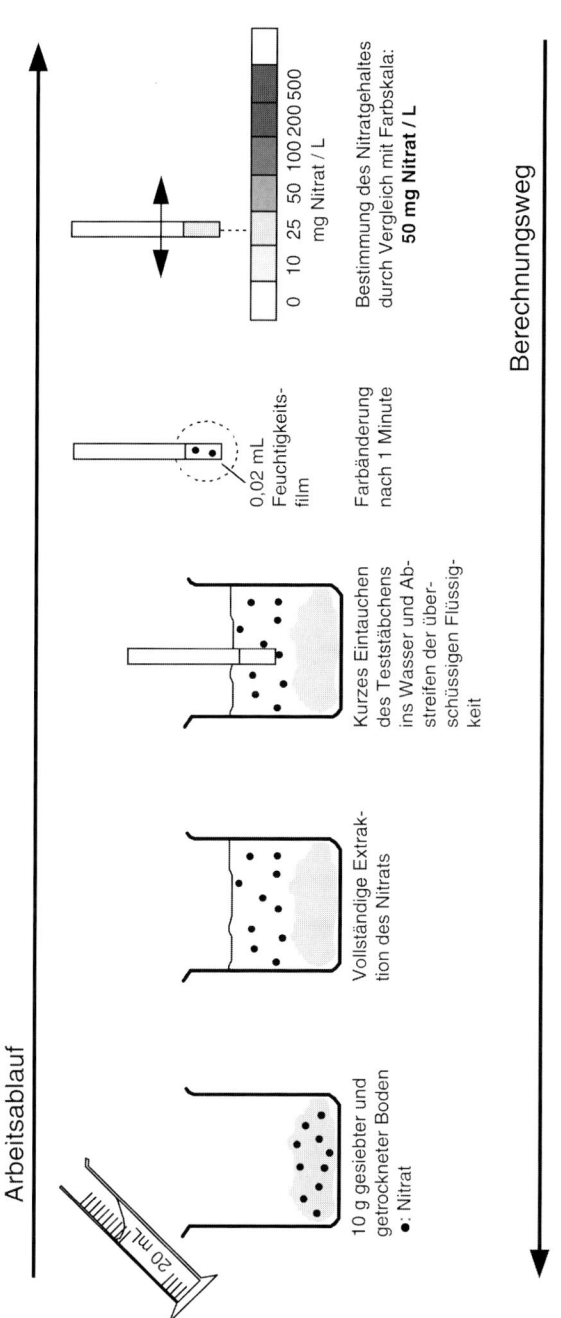

Arbeitsablauf

10 g gesiebter und getrockneter Boden
●: Nitrat

Vollständige Extraktion des Nitrats

Kurzes Eintauchen des Teststäbchens ins Wasser und Abstreifen der überschüssigen Flüssigkeit

0,02 mL Feuchtigkeitsfilm

Farbänderung nach 1 Minute

Bestimmung des Nitratgehaltes durch Vergleich mit Farbskala:
50 mg Nitrat / L

0 10 25 50 100 200 500
mg Nitrat / L

Berechnungsweg

10 g	Boden enthält 1 mg	(extrahierbares) Nitrat
100 g	Boden enthält 10 mg	(extrahierbares) Nitrat
1 kg	Boden enthält 100 mg	(extrahierbares) Nitrat

1 μg Nitrat verursachte die Umfärbung des Teststäbchens
1 mg Nitrat ging aus dem Boden ins Wasser über

1 L	Wasser enthält 50 mg Nitrat
1 mL	Wasser enthält 50 μg Nitrat
0,02 mL	Wasser enthält 1 μg Nitrat
20 mL	Wasser enthält 1 mg Nitrat

Der Nitratgehalt liegt somit bei **100 mg/kg** Boden oder 100 ppm.

men, dass aus 10 g Boden, der 90 mg Phosphat enthält, $^2/_3$ des Phosphats in 20 mL Wasser übergeht und $^1/_3$ im Boden verbleibt. Wieviel Milligramm Phosphat werden für die Umfärbung des Phosphat-Teststreifens verantwortlich sein, und welche Phosphatkonzentration des Wassers wird über den Vergleich mit der Farbskala ermittelt werden? (Der abgestreifte Phosphat-Teststreifen enthält ebenfalls 0,02 mL Wasser!)

4) Verfolge den Berechnungsweg, wenn statt 20 mL 40 mL Wasser verwendet werden. Das Konzentrationsverhältnis Phosphat im Boden zu Phosphat im Wasser sei wie bei Aufgabe 3:

$$C_{Boden} : C_{Wasser} = \frac{30mg}{10g} : \frac{60mg}{20mL} = 1 : 1 \text{ ist!}$$

(Hilfe: 1 Teil Phosphat auf 10 g Boden und 4 Teile Phosphat auf 40 mL Wasser).

3 Modellexperimente zur Austauscherwirkung und Adsorptionsfähigkeit von Böden

3.1 Der molekulare Aufbau von Böden

Atrazin, ein Pestizid, das in der intensiv betriebenen Landwirtschaft (z.b. beim Mais-anbau) verwendet wird, galt jahrelang als im Boden schnell abbaubar und somit ungefährlich. Tatsächlich wird Atrazin jedoch rasch vom Boden adsorbiert. Daher wurde es mit den damaligen (1970) Untersuchungsmethoden der chemischen Industrie nicht mehr erfasst. Die Folgen waren und sind große Kontaminationen des Grundwassers, da das Atrazin langsam ausgewaschen wird.

Neueren Datums ist ein Produktionsunfall bei der Firma Hoechst in Frankfurt (Frühjahr 1993), bei dem eine Mischung aus o-Nitroanisol, o-Chloranisol und einer Vielzahl anderer Verbindungen ein ganzes Stadtgebiet mit einer klebrigen Schicht bedeckte. Glück im Unglück waren die niedrigen Temperaturen und der geringe Niederschlag, die verhinderten, dass das Gift tiefer in den Boden eindringen konnte.

Bei beiden Ereignissen steht Boden und seine Fähigkeit, Stoffe zu adsorbieren oder passieren zu lassen, im Mittelpunkt.

Zumeist wird Boden als ein schwer lösliches Material betrachtet, dessen chemische Abläufe durch Fällungsreaktionen und Löslichkeitsprodukte beschrieben werden können. Werden allerdings die unterschiedlichen Auswaschungen, z. B. von Schwermetall-Ionen aus einer Deponie durch Regen in das Grundwasser, über das Löslichkeitsprodukt der schwer löslichen Carbonate, Oxide oder Sulfide berechnet, erhält man Ergebnisse, die sich zumeist gravierend von den tatsächlichen Grundwassermesswerten unterscheiden.

An den Alkalimetall-Ionen kann gezeigt werden, dass deren Verhalten im Boden mit den Löslichkeitsprodukten entsprechender Verbindungen nicht zutreffend beschrieben werden kann.

Die Kalium-Ionen sind wichtige Nährsalze für die Pflanzen. Obwohl diese Kalium-Ionen im Boden nur leichtlösliche Salze bilden, werden sie trotzdem nur langsam ins Boden- und Grundwasser überführt und bleiben somit den Pflanzenwurzeln verfügbar.

Wenn nur das Löslichkeitsprodukt die Konzentration von Kalium-Ionen im Sickerwasser bestimmen würde, dann wäre der gesamte Pflanzenwuchs – nach der Mineralientheorie von Justus von Liebig – wegen Kaliummangels völlig verkümmert.

Die Erklärung für diese Phänomene ist, dass Boden eben nicht nur aus Carbonaten, Oxiden und Sulfiden besteht. Normaler Boden enthält nämlich zusätzliche anorganische Mineralien (Ton) und organische Bestandteile (Humus).

3.1.1 Tonmineralien

Tonmineralien enthalten vornehmlich negativ geladene Gruppen wie Silikate, Aluminate und Phosphate. Abbildung 13 soll nur schematisch die Struktur eines Schichtsilikates wiedergeben, wie sie in den Tonmineralien auftritt. Für die Abbildung wurde das Aluminiumsilikat Montmorillonit $Na(Al_{2n-1}Mg)Si_{4n}O_{10n}(OH)_{2n}$ (mit n>0) ausgewählt, eil es typisch für die Tonmineralien aufgebaut ist.

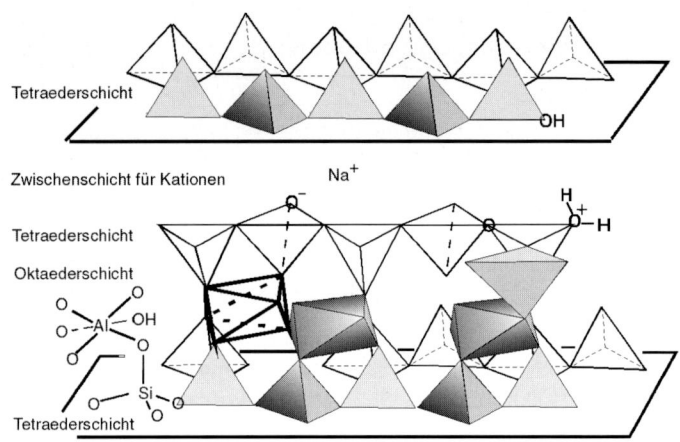

Abb. 13: Struktur des Dreischichttonminerals Montmorillonit.

Gut zu erkennen ist der schichtförmige Aufbau von Montmorillonit. Silikat-Tetraeder (SiO_4) bilden die unterste Ebene, die mit Aluminium-oxi-hydroxi-Oktaedern der nächsten Ebene verknüpft sind. Die Oktaeder besitzen die allgemeine Formel $MeO_n(OH)_{6-n}$, wobei das zentrale Metallatom nicht unbedingt immer Aluminium sein muss. Al^{3+} kann durch Mg^{2+}, Fe^{2+} oder Fe^{3+} ersetzt sein. Die nächste Lage besteht wiederum aus Silikat-Tetraedern, die eine Ebene mit ringförmig angeordneten Sechsecken bilden. Dieses Dreischichtenpaket (Tetraeder- Oktaeder- Tetraeder-Schicht) wiederholt sich, wobei zwischen verschiedenen Paketen nur geringe elektrostatische Kräfte wirksam sind. Dies führt zu einer Zwischenschicht, in die sich leicht neutrale Moleküle wie die des Wassers einlagern können (Quellfähigkeit des Tons). Die Alkali- und Erdalkali-Ionen der Zwischenschicht kompensieren fehlende Kationenladungen aus der Oktaederschicht (wenn dort z. B. Mg^{2+} statt Al^{3+} eingebaut wurde) und aus der Tedraederschicht (wenn dort Al^{3+} statt Si^{4+} eingebaut wurde).

Die Abfolge der Schichten ist spezifisch für ein Tonmineral. So ist die Fläche der Zwischenschichten in 1 cm³ Kaolinit, welches als Zweischichtsilikat einfacher als das Dreischichtsilikat Montmorillonit gebaut ist, 2800 m², d. h. in etwa so groß wie zwei Drittel eines Fußballfeldes.

Die Zwischenschichten von 1kg Montmorillonit können neben Wasser auch zwischen 0,7 und 1,2 mol einfach positiv geladene Ionen – wie K^+ oder Na^+ – einlagern, Vermiculit (Dreischichtsilikat) zwischen 1 und 1,5 mol/kg und Kaolinit (Zweischichtsilikat) nur 0,03 bis 0,15 mol/kg.

Besonders stark binden die Tonmineralien in ihren großflächigen Zwischenschichten mehrfach positiv geladene Ionen.

Wir bauen Ton

Man nehme:
Si, O, Al, K⁺, Ca²⁺

und verbinde vier O-Atome mit einem Si-Atom

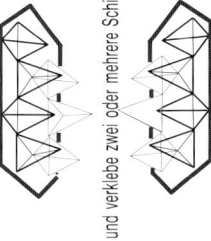

daraus bildet man viele Silikat-Tetraeder

und einige negativ geladene Aluminat-Tetraeder

verknüpfe diese über gemeinsame Sauerstoff-atome zu einer Schicht

Aluminium hat nur drei Valenzelektronen. Es leiht sich eins für die Bindung der vier Sauerstoffatome

und verklebe zwei oder mehrere Schichten

Ein Stapel aus mehreren Schichtpaketen bilden das Tonmineral oder wegen seiner geringen Größe Tonkolloid genannt

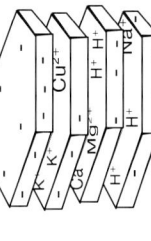

Das Zwei- oder Dreischichtenpaket ist dort, wo Al statt Si eingebaut ist, negativ geladen

Die Schichtenpakete halten sich, da negativ geladen, gegenseitig auf Abstand und

bilden eine Zwischenschicht

In die Zwischenschicht werden Kationen wie K^+_{aq} und H_2O-Moleküle gelagert

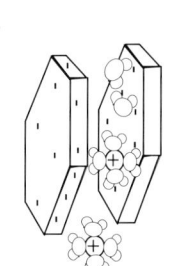

Das Tonkolloid vereinfacht gezeichnet

mit Ladung an Ober- und Unterseite

mit Ionenwolke im Bodenwasser

geladenes Bodenkolloid

ungeladenes Bodenkolloid

mehrfach geladene Ionen hatten besser und neutralisieren die Ladung

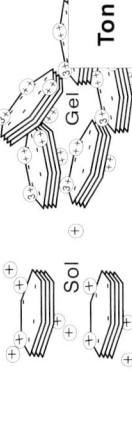

Bilden diese Tonkolloide je nach Ladung ein mobiles Sol oder stabiles Gel. Letzteres verdichtet nicht.

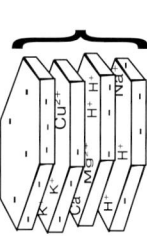

Gel

Sol

Ton

Durch die Zugabe von einfach geladenen Ionen wie H^+ (Säuren) werden die mehrfach geladenen Ionen verdrängt und die Tonkolloide geladen. Sie stoßen sich ab, das Tongerüst „fliegt auseinander" und die Tonkolloide werden vom Wasser weggeschwemmt und landen in den Hohlräumen des Bodens, welche sie verstopfen. Dies führt zur **Bodenverdichtung.**

Eine weitere Wirkung von Säure im Boden ist der **Tonabbau**:
Alle Verknüpfungen zwischen den Tetraedern und Oktaedern erfolgen über Sauerstoffatome, die analog zu Ätherbrücken durch Säuren wieder gespalten werden können (Saurer Regen). Die dabei freigesetzten Aluminium-Ionen sind für Pflanzen hochtoxisch.

Nach dem Abbau der Aluminium-Oktaederschicht und Aluminiumtetraeder durch Säure vermag das neu entstandene Tonmineral (z. B. sekundäres Chlorit) im weit geringeren Maße Ionen von Magnesium und Kalium in der Zwischenschicht zu speichern.

Dieser Abbau führt in den Tropen vom Dreischichtsilikat über das Zweischichtsilikat zum Bauxit (GAIDA, R. et al. 1987).

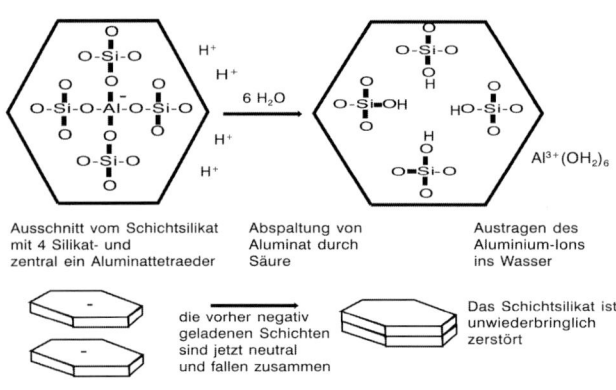

Ausschnitt vom Schichtsilikat mit 4 Silikat- und zentral ein Aluminattetraeder

Abspaltung von Aluminat durch Säure

Austragen des Aluminium-Ions ins Wasser

die vorher negativ geladenen Schichten sind jetzt neutral und fallen zusammen

Das Schichtsilikat ist unwiederbringlich zerstört

In „biologisch-dynamischen" oder „ökologischen" Anbauverfahren wird sandiger Boden durch Bentonit-Gaben verbessert. Die am Bentonit (= Dreischichttonmineral Montmorillonit) gebundenen Nährstoff-Ionen (K^+, Ca^{2+} etc.) stehen so den Pflanzen zur Verfügung, können aber nicht ausgewaschen werden.

Es ist auch empfehlenswert, beim Kompostieren ca. 1 kg Bentonit schichtweise und feinverteilt pro Raummeter Rohkompost zuzugeben. Auch neuartiger kommerzieller Mineraldünger (N, P, K-Dünger) enthält als Schutz gegen das Herauswaschen von Kalium-Ionen Bentonit. Die gleiche Wirkung hat die Zugabe von Lehm, der allerdings nicht so gut zu verteilen ist.

Tonminerale können neben Ionen auch organische Moleküle adsorbieren. Getrocknetes Tonpulver („Bleicherde") ist die Grundlage einiger Fleckenentferner. Wenn sie auf Stoff gerieben werden, entfernen sie Fettflecken, indem sie die Fettmoleküle auf den Silikatschichten adsorbieren. Diese Methode wird in der Textilindustrie zum Entfernen unerwünschter Öle aus neuer Wolle verwendet.

Das hohe Adsorptionsvermögen von Silikaten wird auch zum Entfernen von Karotin (Möhrenfarbstoff) aus Pflanzenölen benutzt.

Auf Grund der großen, für alle organischen Stoffe aktiven und damit katalytisch wirkenden Oberfläche stellte der Biochemiker Bernal die Hypothese auf, dass die Entstehung des Lebens an Tonmineralien stattgefunden habe.

3.1.2 Humus

Humusstoffe besitzen sehr viele negativ geladene organische Gruppen wie Phenolate, Carboxylate, aber auch wenige positiv geladene Aminogruppen, die entgegengesetzt geladene Ionen fest halten können.

Die Struktur des Humus ist äußerst kompliziert und hängt im Wesentlichen vom Ausgangsmaterial (Tannennadeln, Eichenlaub, Gras etc.) ab. Wichtige Bausteine sind Aminosäuren (Peptide), Zucker und vor allem Phenole und aromatische Carbonsäuren (aus Lignin).

Strukturvorschlag für Huminsäure (nach MARTVEDT, J. J. et al. 1972)
(einige Kationen sind schon am Molekül adsorbiert)

Die Carboxyl- und Phenolgruppen der Huminsäure vermögen als negativ geladene Carboxylate bzw. Phenolate besonders gut Kationen zu binden. Zum einen werden natürlich Nährstoff-Ionen (Na^+, K^+, Ca^{2+} etc.) gebunden, aber auch die hochtoxischen Schwermetallkationen, welche je nach ihrer Mobilität unsere Nahrungsmittel belasten (GAIDA, R. et al. 1993). Das Akkumulieren und damit die zwischenzeitliche „Entgiftung" des Oberbodens von Blei und Aluminium ist hierfür ein Beispiel.

Huminsäure bildet darüber hinaus mit den Tonmineralien komplexe Strukturen, die oft über Metalle verknüpft sind. Im Gegensatz dazu werden die negativen Ionen (Nitrat, Chlorid, aber auch Cadmiumchlorkomplexe), nicht so gut gebunden und damit leichter aus dem Boden herausgewaschen und gefährden dann das Grundwasser.

Die Reinigungsleistung von Humus ist etwa 5 mal höher als die von Ton (25-80 mmol Me^+/100g).

3.2 Boden und Ionen

Im Boden sind vor allem die großen Oberflächen bestimmend für die Fixierung von Stoffen und weniger deren Löslichkeit(-sprodukte). Kompliziert werden die Verhältnisse noch dadurch, dass sowohl die anorganischen Silikate als auch die organischen Humusstoffe ein breites Spektrum an unterschiedlich adsorbierenden Oberflächen mit unterschiedlichen Gruppen anbieten. Diese Gruppen können u.a. ganz **spezifische Kräfte** zu bestimmten Stoffen ausbilden. So werden z.B. Phosphat- und Arsenat-Ionen fest mit dem Silikatgitter verbunden. Schwermetall-Ionen werden z.B. von Schwefelgruppen im Humus fixiert.

Daneben sind für Haftung und Austausch der Kationen und Anionen am Boden noch drei Faktoren wesentlich: Die Ionenladung, der effektive Ionenradius und der Ionenüberschuss.

1. Ladung
Beim Übergang vom einfach zum doppelt und zum dreifach geladenen Ion erhöht sich die Haftfestigkeit ungefähr im Verhältnis 1: 100 :10 000.

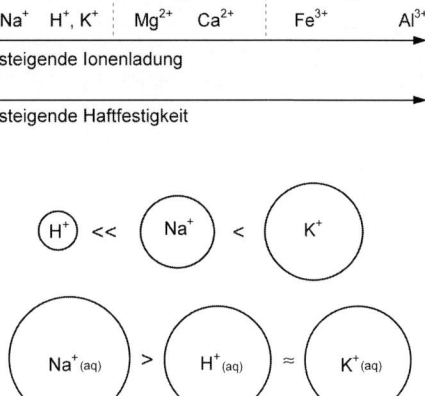

2. Radius der Ionen
Bei gleicher Ionenladung entscheidet der Radius der Ionen über deren Haftfestigkeit am Boden. So ist zum Beispiel der Radius des Aluminium-Ions kleiner als der des Eisen-Ions. Somit haftet das Aluminium-Ion besser am Boden.

Diese Haftfestigkeit der Ionen an Bodenteilchen verläuft nicht unbedingt parallel mit dem Ionenradius der **nackten Ionen**, jedoch bei gleicher Ladung im Allgemeinen parallel mit dem Radius der Ionen mit Wasserhülle (**hydratisierte Ionen**).
Die Abbildung gibt die Größenverhältnisse der nackten Ionen von H^+, Na^+, K^+ in etwa wieder.

Entscheidend für die Haftfestigkeit der Ionen am Boden sind die Ionengröße mit Wasserhülle, weil das Natrium- und Wasserstoff-Ion sich stärker mit Wasser umgeben als das Kalium-Ion:

$Na^+ \cdot 8\ H_2O$

$H^+ \cdot n\ H_2O$, n = 4 bis 6

$K^+ \cdot 4\ H_2O$

3. Ionenüberschuss
Ein großer Überschuss an einwertigen Ionen vermag auch höherwertige Ionen vom Boden zu verdrängen. Anwendung findet dieses Prinzip beim Regenerieren des Ionenaustauschers im Geschirrspülautomaten mit Kochsalz. Dort wird Na^+ gegen Ca^{2+} und Mg^{2+} ausgetauscht, die Wasserhärte verursachen.
Um aus dem Boden die pflanzenverfügbaren Kationen extrahieren zu können, muss man dem Boden im Austausch andere Kationen wie z.B. Ca^{2+} oder hohe Konzentrationen an K^+ oder H^+ anbieten.

3.3 Guter Boden reinigt Wasser

Es ist schon erstaunlich, dass wir sauberes Trinkwasser aus der Tiefe des Bodens pumpen können, obwohl viele (Schad-) Stoffe über die Niederschläge auf diesen einwirken.

Wir wollen herausfinden,
1) wo diese Verunreinigungen des Regenwassers bleiben;
2) welche Bodenbestandteile für die Reinigung verantwortlich sind;
3) ob alle Verunreinigungsarten vom Boden abgefangen werden können, oder ob nicht doch einige ins Grundwasser gelangen.

Als „Verunreinigung" des Wassers können Pflanzenfarbstoffe, Lebensmittelfarben und andere Farbstoffe angesehen werden, die wir in drei Gruppen unterteilen:

Kationenfarbstoffe	*Anionenfarbstoffe*	*Neutralfarbstoffe*
Traubensaft	Rote-Beete-Saft	Möhrensaft
Rotwein, Rotkohlsaft	(im stark Sauren!)	b-Carotin-Suspension
Johannisbeersaft	Rote Tinte	
Methylenblau	Eosin-Lsg.	
Fuchsin-Lsg.	Bromthymolblau-Lsg.	

20 min.	Gefahrstoff	Sicherheit	Entsorgung
	☠ ✖ 🔥	Schutzhandschuhe	Ausguß · Mülleimer

Geräte
1,5 L PET-Flaschen mit abgesägtem Boden und durchbohrtem Schraubverschluss
Bechergläser
Reagenzgläser
Reagenzglasständer
Stative mit Klammern
Sieb
Watte

Chemikalien
Fuchsin-Lsg.
  20 mg Fuchsin in 40 mL Ethanol *(leicht entzündlich)* lösen und mit dem. Wasser auf 200 mL auffüllen
Eosin-Lsg.
  10 mg Eosin gelblich *(reizend)* auf 100 mL dem. Wasser
Bromthymolblau-Lsg.
  10 mg Bromthymolblau auf 100 mL dem. Wasser
b-Carotin-Suspension
  100 mg b-Carotin *(umweltgefährdend)* in 100 mL dem. Wasser aufschlämmen
Natriumsulfit

Durchführung:
Die 1,5 L PET-Flaschen werden mit dem durchbohrten Schraubverschluss nach unten über je einem Reagenzglasständer mit Reagenzgläsern fixiert. Über den durchbohrten Deckel wird ein Wattebausch gelegt. Nun werden die Flaschen mit verschiedenen gesiebten Böden (tonhaltiger Boden, Sand, Gartenerde etc.) etwa 5 cm hoch gefüllt.

Kationenfarbstoffe auf verschiedene Böden

Quarzsand — tonhaltiger Boden — humusreicher Boden

Watte

Jeder Boden wird zuerst mit wenig Leitungswasser durchtränkt, dann werden auf ihn 10 mL einer der o.g. Farbstofflösungen gegossen. Nach dem Einsickern wird mehrmals mit 50 mL Wasser vorsichtig nachgewaschen. Das durchsickernde Wasser wird in den Reagenzgläsern aufgefangen.[1]

Jeder Boden sollte mit einem Kationen-, einem Anionen- und einem Neutralfarbstoff getestet werden. Die Flaschen sind natürlich jedesmal neu zu füllen.

Entsorgung:
Fuchsin färbt alles intensiv rot. Daher sollten fuchsinhaltige Lösungen vor der Entsorgung in den Abfluss mit etwas Natriumsulfit entfärbt werden.

Ergebnis:
Die Lösungen in den ersten beiden Reagenzgläsern sind zumeist von ausgespülten Bodenteilchen getrübt oder von überschüssigem Farbstoff gefärbt, sodass sie nur bedingt mit ausgewertet werden können. Die dritte Reagenzglasfüllung ist die eigentlich interessante, auf die sich auch die folgenden Angaben beziehen:

	Kationenfarbstoffe	Anionenfarbstoffe	Neuralfarbstoffe
tonhaltiger Boden	Wasser entfärbt	Wasser nicht entfärbt	Wasser entfärbt
Sand	Wasser nicht entfärbt	Wasser nicht entfärbt	Wasser entfärbt
Humose Gartenerde	Wasser weitgehend entfärbt	Wasser etwas entfärbt	Wasser entfärbt

Gartenerde (Humus) adsorbiert alle Farbstoffe. Humus sollte also die universellste Reinigungsleistung haben. Er vermag alle Stoffe aus dem Wasser zu adsorbieren. Daher muss er sowohl positiv als auch negativ geladene Gruppen aufweisen.

Nicht versauerter Ton vermag keine Anionen(-farbstoffe) zu adsorbieren, wohl aber Kationen(-farbstoffe). Er hat also nur negativ geladene Gruppen an seiner Oberfläche. Mobile Humusstoffe adsorbieren alle Farbstoffe und können teilweise vom Wasser ausgewaschen werden.

Sand entfaltet seine schwache Reinigungskraft nur bei Neutralfarbstoffen[2].

---

[1] Sickert kein Wasser durch, was bei stark tonhaltigen Böden vorkommt, so ist dieser Boden mit Sand innig zu vermischen (abzumagern).

[2] Trotzdem werden sog. Schnellsandfilter zur Reinigung von Flußwasser (Uferfiltration) verwendet, da sich auf Sandkörnern ein „Rasen" von Mikroorganismen bildet, welche die organischen Schadstoffe des Flußwassers abbauen.

3.4 Geladener Farbstoff, geladener Ton?

Werden Rotwein, Rote-Beetesaft oder Möhrensaft auf tonhaltigen Boden geschüttet, dann ist das Sickerwasser nach einer kurzen Bodenstrecke bei Rotwein nur noch schwach rosa, bei Rote-Beetesaft immer noch tiefrot und beim Möhrensaft völlig entfärbt. Es müssen somit verschiedene Kräfte zwischen dem Farbstoff und dem Ton herrschen.

Abstoßende und anziehende Kräfte hat jeder schon einmal mit Magneten erlebt, wo entgegengesetzte Pole (Nord/Süd) sich anziehen und gleichnamige Pole (S/S oder N/N) sich abstoßen. Wird ein Magnet auf den Boden oder in die Farbstofflösung gehalten, dann bleiben weder Ton noch Farbstoff auffällig haften. Magnetische Kräfte sind somit nicht für die Anziehung zwischen Ton und Rotweinfarbstoff verantwortlich. Mit dem folgenden Versuch wollen wir herausfinden, ob eventuell die analogen elektrostatischen Kräfte verantwortlich gemacht werden können.

Dazu wollen wir die drei Farbstoffe den Verlockungen (Anziehungs- oder Abstoßungskräfte) einer positiven oder negativen Spannungsquelle aussetzen.

20 min.	Gefahrstoff	Entsorgung
	🔥	Ausguß 🗑 Mülleimer

Geräte
Objektträger
Celluloseacetatpapier[3]
2 Kupferblechstreifen (Elektroden)
2 Krokodilklemmen zum Anschluss
 an die Elektroden mit 2 Kabeln
Gummiringe, Wäscheklammern oder
Transparentfilm für die Befestigung der
 Elektroden
Gleichspannungsversorgung 10-20 V
Schere
Pinzette
Tropfpipette oder Kapillare

Chemikalien
100 mL Kaliumnitrat-Lsg. (10 %)
 10 g Kaliumnitrat *(brandfördernd)*
 auf 100 mL dem. Wasser
diverse farbige Pflanzensäfte:
 Möhren-, Rote-Beete-, Traubensaft,
 Rotwein, Rotkohl- oder Johannisbeersaft
verschiedene farbige Pflanzenteile:
 Möhren, Rote-Beete, rote Weintrauben,
 Rotkohl, Holunder-, Blaubeeren, Kirschen,
 Stiefmütterchenblüten

Durchführung:
Ein Celluloseacetatpapierstreifen wird passend zum Objektträger zugeschnitten, in die Kaliumnitrat-Lösung getaucht und feucht auf den Objektträger gelegt. Auf diesem Streifen befestigt man im Abstand von 3-5 cm die Kupferstreifen und verbindet sie mit der Gleichspannungsquelle.

Eine Pipette wird mit einem Pflanzenfarbsaft gefüllt und damit in der Mitte zwischen den Elektroden einen schmaler Strich gezeichnet. Alternativ kann ein wenig Pflanzengewebe oder Fruchtfleisch auf das Papier gedrückt werden.

Die aufgetragenen Farbflecken müssen vor dem Einschalten der Spannungsquelle mit einem Bleistift markiert werden.

---

[3] Normales Filterpapier ist sehr ungünstig, da es die organischen Farbstoffe zu stark adsorbiert.
Celluloseacetatpapier wird üblicherweise für Elektrophoresen benutzt und kann z.B. bei der Firma Merck oder Macherey und Nagel bezogen werden oder notfalls durch Behandlung von Cellulosefilterpapier mit Essigsäureanhydrid hergestellt werden.

Farbe und Ladung von drei verschiedenen Pflanzenfarbstoffen bei unterschiedlichen pH-Werten

Rote und blaue Pflanzenfarbstoffe von Wein, Kirsche, Kornblume, Rose usw. (Anthocyane)

R = H oder OH $Z_{1/2/3}$ = H oder Zucker (Glucose oder Galaktose)

rot und positiv geladen im sauren Bereich

violett und neutral geladen im pH-neutralen bis basischen Bereich

blau und negativ geladen im basischen Bereich

Farbstoff der roten Rübe: Betanin

nur im stark sauren Bereich positiv geladen sonst immer neutral oder negativ geladen

Farbstoff der Möhre: Carotin   immer ungeladen

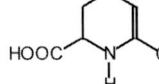

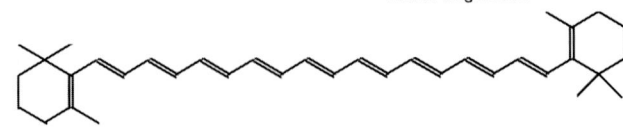

Ergebnis:
Nach dem Einschalten der Spannungsquelle wandern die Farbflecke von Rotwein, Traubensaft und Johannisbeersaft in Richtung Minuspol. Der Farbstoff der Möhren bleibt am Auftragspunkt, während der Rote-Beete-Farbstoff zum Pluspol wandert. Bei längerer Elektrolyse werden die Farbstoffe allerdings durch gebildete Säuren zerstört.

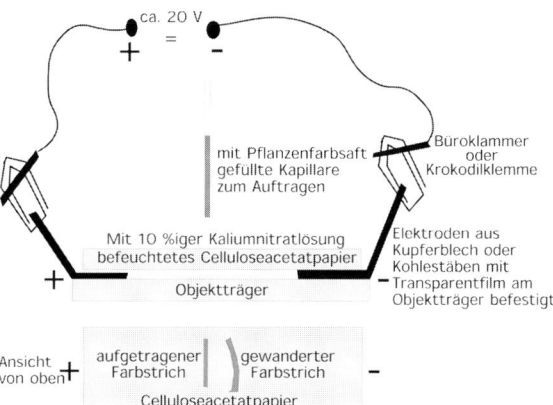

Hinweis:
Falls die Pflanzenfarbstoffe im elektrischen Feld schlecht wandern, lohnt es sich, durch Hydrolyse die angehängten Zuckerreste abzuspalten: Pflanzenfarbsaft mit verdünnter Salzsäure kurz aufkochen (allerdings zersetzt sich dabei leicht der Farbstoff).

Aufgaben:
Als bekannt setzen wir voraus, dass ungleiche Ladungen sich anziehen. Welche Ladung tragen dann die Farbteilchen der roten Trauben (Rotwein) und der Roten Beete?
   Welche Ladung sollten die Tonteilchen besitzen, wenn sie Rote Beetesaft nicht entfärben?

Weitere Versuchsvorschläge:
Benutze eine Kaliumnitratlösung, welche mit Natronlauge alkalisch (pH >10) gemacht bzw. mit Essigsäure angesäuert wurde (pH ~4).

Kleine Erläuterung zu den Farbstoffen
Die meisten roten und blauen Pflanzenfarbstoffe gehören zu den Anthocyanen, welche im sauren Bereich zumeist rot und im basischen blau sind. Die Farben des Herbstlaubes, der Möhre und Tomate sind von Carotinoiden verursacht. Selten sind die Betalaine, welche in der Roten Rübe und bestimmten Kakteen vorkommen.

3.5 Verschwinden und wieder Erscheinen lassen: Desorption von Fuchsin durch Umladen

Anhand der Versuche aus Kapitel 3.3 / 3.4 konnte gezeigt werden, dass Böden besonders gut positiv geladene Farbstoffe adsorbieren.
   Allerdings wurden für diese Versuch unterschiedliche Farbstoffe verwendet, deren Moleküle verschieden groß sind und schon deshalb am Boden verschieden stark haften sollten. Von der Anschaulichkeit her ist anzunehmen, dass große Moleküle besser am Boden haften als kleine.

Zur Entscheidung, welcher Faktor – „Ladung" oder „Molekülgröße" – für die Adsorption am Boden ausschlaggebend ist, soll der folgende Versuch dienen.

Fuchsin (Kationenfarbstoff) wird auf eine Bodenprobe gegeben und dort adsorbiert. Durch Anlagerung von Dithionit an die Farbstoff-Ionen wird der rote Fuchsinfarbstoff entfärbt und gleichzeitig vom Kationenzustand in den Anionenzustand überführt. Nun kann untersucht werden, ob die Fuchsin-Anionen ähnlich gut am Boden haften.

20 min.	Gefahrstoff	Sicherheit	Entsorgung
	✖ 🔥	🖐 Schutzhand-schuhe	Ausguß 🗑 Mülleimer

Geräte
1,5 L PET-Flasche mit abgesägtem
  Boden und durchbohrtem
  Schraubverschluss
Reagenzgläser
Reagenzglasständer
Stativ mit Klammer
Sieb
Watte

Chemikalien
Fuchsin-Lsg.
  20 mg Fuchsin in 40 mL Ethanol *(leicht entzündlich)* lösen und mit dem. Wasser auf 200 mL auffüllen
Anisaldehyd-Lsg.
  200 mg Anisaldehyd in 40 mL Ethanol *(leicht entzündlich)* lösen und mit dem. Wasser auf 200 mL auffüllen
Dithionit-Lsg.
  1 g Natriumdithionit *(gesundheitsschädlich)* auf 100 mL dem. Wasser (Diese Lösung ist nicht über längere Zeit beständig.)
Kaliumpermanganat
Natriumsulfit

Durchführung:
Die 1,5 L PET-Flasche wird mit dem durchbohrten Schraubverschluss nach unten über einen Reagenzglasständer mit Reagenzgläsern fixiert. Über den durchbohrten Deckel wird ein Wattebausch gelegt. Die Flasche wird mit gesiebtem Boden (tonhaltiger Boden, Sand, Gartenerde etc.) etwa 5 cm hoch gefüllt und der Boden mit etwas Leitungswasser durchfeuchtet.

Nun wird der Boden mit 100 mL Fuchsinlösung übergossen und das Eluat jede Minute in einem neuen Reagenzglas aufgefangen.

Nach 7 Minuten wird der fuchsinrot gefärbte Boden mit 50 mL Dithionit-Lsg. getränkt. Dies wird nach dem Einsickern wiederholt, bis die gesamte Fuchsinfarbe verschwunden ist. (Vorsicht, ein zu großer Überschuß an Dithionit verhindert die nachfolgende Farbstoffbildung.)

Danach wird der Boden mit ca. 10 mL Wasser gewaschen und das ablaufende Eluat aufgefangen. Die farblosen Eluate werden mit einigen Tropfen Anisaldehyd-Lsg. versetzt.

Entsorgung:
Fuchsin färbt alles intensiv rot. Daher sollten fuchsinhaltige Lösungen vor der Entsorgung in den Abfluss mit etwas Natriumsulfit entfärbt werden. Die Dithionit-Lsg. sollte vor der Entsorgung ins Abwasser mit verd. Kaliumpermanganatlösung oxidiert werden.

Ergebnis:
Die rote Fuchsinfarbe des Bodens verschwindet nach Zugabe des Dithionits. Nur die farblosen Eluate (ab 8. Minute) färben sich nach der Zugabe von Anisaldehyd blauviolett bis tiefblau.

Das Fuchsin-Anion als Dithiont-Addukt wird aus dem Boden gewaschen, obwohl seine Moleküle größer als die vom Fuchsin-Kation sind. Somit ist vor allem die Ladung für eine Adsorption an Böden maßgeblich.

Erläuterung:
Das positiv geladene Fuchsinteilchen lagert ein Dithionit-Ion an. Dabei entsteht ein negativ geladenes Teilchen. Negativ geladene Fuchsinteilchen werden von den negativ geladenen Gruppen der Stoffe im Boden nicht mehr gehalten und schwemmen aus.

Im Eluat ist somit die Farbreaktion von Fuchsin mit Anisaldehyd[4] möglich, wenn beide nicht durch einen zu großen Überschuss an Dithionit blockiert sind.

Anwendung:
Das Umladen eines Ions durch die Anlagerung eines entgegengesetzt geladenen Ions findet auch bei den

1. Minute
Zugabe der Fuchsinlösung zum Boden

7. Minute
Zugabe der Dithionitlösung zum Boden

Boden mit Fuchsin angefärbt

Entfärben des fuchsinroten Bodens durch Dithionit

Eluate

Zutropfen von Anisaldehyd

2. Minute fuchsinrot
3. Minute farblos
8. Minute farblos
10. Minute himmelblau

Nachweis von Fuchsin im Eluat

Fuchsin in der Cyaninform
fuchsinrot
Kationenfarbstoff

$2\ Na^+_2S_2O_4^{2-}$
Natriumdithionit

Fuchsin-Dithionit-Addukt
farblos
Anionenfarbstoff

$+ Na^+Cl^-$
$Na^+_2S_2O_4^{2-}$

Anisaldehyd

Fuchsin-Anisaldehyd-Dithionit-Addukt
himmelblau
Anionenfarbstoff

---

[4] Diese Reaktion beruht auf dem Nachweis von Aldehyden durch fuchsinschwefelige Säure, wobei die schwefelige Säure durch das Dithionit ersetzt wurde und statt der leichtverfügbaren, aber gesundheitsschädlichen Aldehyde wie Methanal und Ethanal das umweltfreundlichere und ungiftige Anisaldehyd verwendet wird.

Schwermetall-Ionen im Boden statt: So bildet sich aus dem zweifach positiv geladenen Quecksilber- oder Cadmium-Ion durch die Anlagerung von Chlorid-Ionen ein ungeladener oder sogar negativ geladener Komplex. Dieser wird vom Boden nur noch schlecht adsorbiert und vom Wasser ausgespült.

So werden nach dem Einsatz von Streusalzen (NaCl oder $CaCl_2$) diese Schwermetalle komplexiert und ausgewaschen.

3.6 Wettlauf zwischen Ammonium und Nitrat

In den letzten Jahren mussten immer mehr Trinkwasserbrunnen schließen, weil vor allem in ländlichen Gebieten mit Massentierhaltung oder Maisanbau das Grundwasser hoch mit Nitrat (NO_3^-) belastet ist. Ursache sind die großen Mengen Gülle, Mist und Stickstoffkunstdünger, die auf die Felder gebracht werden.

Mist und Gülle stinken vornehmlich nach Ammoniak (NH_3), wie man sich durch vorsichtiges Riechen an einer Flasche mit Ammoniakwasser überzeugen kann.

Das stechend riechende Ammoniakgas entweicht dabei teilweise aus dem Ammoniakwasser.

$$NH_4^+ + OH^- \rightarrow NH_{3(Gas)} + H_2O$$

Obwohl die Gülle sehr viel Ammonium (NH_4^+) enthält, gibt es nur dort Trinkwasserverschmutzungen mit stinkendem Ammoniak, wo Gülle direkt in den Trinkwasserbrunnen läuft. Sickert die Gülle zuerst durch Boden, kann Nitrat, aber niemals Ammonium bzw. Ammoniak, festgestellt werden.

Der Boden scheint somit wie ein Filter für NH_4^+ zu wirken, während er NO_3^- hindurchlässt.

Dies soll im Folgenden quantitativ überprüft werden (nach BÖHLMANN, D. 1991)

20 min.	Gefahrstoff	Entsorgung
	✖	Ausguß / Mülleimer

Geräte
1,5 L PET-Flasche mit abgesägtem Boden und durchbohrtem Schraubverschluss
Bechergläser
Stativ mit Klammer
Nitrat- und Ammoniumteststäbchen
Sieb

Chemikalien
6 mmol/L Ammoniumnitrat-Lsg.
480 mg NH_4NO_3 auf 1 L dem. Wasser
Watte

Durchführung:
Die 1,5 L PET-Flasche wird mit dem durchbohrten Schraubverschluss nach unten über einem Becherglas fixiert. Über den durchbohrten Deckel wird ein Wattebausch gelegt. Nun wird die Flasche mit gesiebtem, möglichst humusarmem und tonhaltigem Boden etwa 5 cm hoch gefüllt und der Boden mit etwas Leitungswasser durchfeuchtet.

Zuerst werden langsam 100 mL dem. Wasser zugegeben und das durchsickernde Wasser vollständig aufgefangen. Es wird mittels Teststäbchen auf Nitrat und Ammonium untersucht.

Dies gibt die leichtlösliche **Grundausstattung des Bodens** wieder. Sie kann durch Humus stark erhöht sein.

Zum Austesten der **Bindungskapazität** werden danach 100 mL 6 mmol/L Ammoniumnitrat-Lsg. auf den Boden getropft, etwa 100 mL des durchgelaufenen Bodenfiltrates in einem zweiten Becherglas aufgefangen und ebenfalls auf Nitrat und Ammoniak geprüft. Sollte der Nitrat- und Ammonium-Gehalt die Nachweisgrenze der Teststäbchen überschreiten, dann ist 1 Teil der Probelösung mit 9 Teilen dem. Wasser (1:10) zu verdünnen.

	Ammonium-Gehalt in mg/L	Nitrat-Gehalt in mg/L
Ammoniumnitratlösung	108	372
Wasser-Durchlauf		
Ammoniumnitrat-Durchlauf		
Adsorption in %, d.h. im		
Boden verblieben		

Ergebnis:
Der Versuch zeigt, dass das Filtrat aus dem Boden trotz Ammonium- und Nitrat-Zugabe kaum Ammonium enthält, während die Nitrat-Anionen leicht ausgewaschen werden. Höchstens 1/3 der aufgebrachten Nitratmenge wird vom Boden zurückgehalten.

Aufgabe:
Erkläre das Versuchsergebnis mit deinem Wissen über die Adsorptionseigenschaften von Ton (vergl. dazu die Kapitel 3.1 – 3.4).

Versuchsvorschlag:
Ein ganz ähnlicher Wettlauf kann zwischen Eosin und Fuchsin gestartet werden. Hier kann das „Rennen" wegen der „bunten Athleten" auch life miterlebt werden. Allerdings müssen Eosin und Fuchsin getrennt starten, da sie miteinander einen wasserunlöslichen Niederschlag bilden.

Anwendung und Konsequenzen:
Sowohl Nitrat (NO_3^-) als auch Ammonium (NH_4^+) sind in der Gülle enthalten. Das Ammonium haftet wie gezeigt am Boden, das Nitrat wird ausgeschwemmt. Wenn es nicht von den Pflanzenwurzeln aufgenommen werden kann (z.B. im Winter), belastet es das Grundwasser und damit auch unser Trinkwasser.

Trinkwasser mit zu hohem Nitratgehalt (>50 mg NO_3^-/L) ist vor allem für Säuglinge gesundheitsgefährdend. Es kann die Methämoglobinbildung hemmen (Säuglingsblausucht) und im Extremfall ein inneres Ersticken bewirken.

Diese Gefahr für das Trinkwasser durch Nitrat aus Gülle führte zum Erlass von verschiedenen Gülleverordnungen, welche diesen Missstand im Winter einschrän-

ken sollen. So ist das Aufbringen von Gülle in den kalten Jahreszeiten nur eingeschränkt möglich oder ganz verboten. Trotzdem kommt es aber zu Gülleimporten z.B. aus Holland ins Münsterland, wo – kein Gesetz ist ohne Hintertür – einige Landwirte den Naturdünger mit Regenwasser aus der Hofentwässerung verdünnen. Diese verdünnte Gülle soll dann nicht mehr – weil Abwasser – unter die Gülleverordnung fallen, was rechtlich zwar problematisch, aber möglich ist, da die Untersuchungsämter dabei mitspielen.

Der Erlass der Gülleverordnung ist verständlich, da der Abbau des Harnstoffes der Gülle zu Ammonium und dessen Umwandlung zum Nitrat im Boden schon ab 5 °C geschieht. Pflanzen vermögen bei diesen winterlichen Temperaturen Nitrat nicht aufzunehmen, sodass es dann ungenutzt ins Grundwasser gespült wird.

Ähnliche ungenutzte Nitratüberschüsse im Boden bilden sich bei starker Trockenheit in heißen Sommern: Die bakterielle Nitratbildung aus Ammonium hat ihr Optimum bei 30 °C, während die Pflanzen bei diesen Temperaturen und Wassermangel ihre Nitrataufnahme drosseln.

Aufgabe:
Der obige Versuch mit Ammoniumnitrat könnte also wegen der Aktivität der Bodenbakterien, die NH_4^+ in NO_3^- umwandeln, zu falschen Schlüssen führen.

Wie muss obiger Versuch umgestaltet werden, damit man sicher ist, dass nicht Mikroorganismen des Bodens obiges Versuchsergebnis vortäuschen?

3.7 Die Wirkung des Sauren Regens auf Böden

Jährlich fällt in unseren Breiten eine Regenmenge, die – würde das Wasser nicht versickern, abfließen oder verdunsten – den Boden durchschnittlich einen Meter hoch mit Wasser bedecken würde. Wir wollen die Auswirkungen dieses Sauren Regens mit einem durchschnittlichen pH-Wert um 4 (ULRICH, B. 1987) im Zeitraffermodell simulieren.

Die saure Wirkung des Regens wird vornehmlich durch Schwefel- und Salpetersäure verursacht. Während die Kohlensäure als schwache Säure das Regenwasser nicht unter einen pH-Wert von 5 anzusäuern vermag[5], sind die aus den Stickoxiden bzw. Schwefeldioxid nach Luftoxidation gebildeten Salpeter- bzw. Schwefelsäuren starke Säuren, die den pH-Wert des Regenwassers in Extremfällen bis auf pH 2 abzusenken vermögen.

1992 wurden in der BRD 2,9 Millionen Tonnen Stickstoffdioxid und 3,9 Millionen Tonnen Schwefeldioxid ausgestoßen (UMWELTBUNDESAMT 1995). Hauptverursacher des Schwefeldioxides war mit ca. 75 % die Energiewirtschaft (Kohle und Erdöl) und beim Stickstoffdioxid mit knapp 70 % der Verkehr.

Während in den Kohlekraftwerken Entschwefelungsanlagen eingebaut werden (der

---

[5] Regenwasser der vorindustriellen Zeit hatte einen pH-Wert über 5 (ULRICH, B. 1987)

drastische Rückgang bei der Schwefeldioxidemission ist auch auf die Schließung zahlreicher ostdeutscher Braunkohlekraftwerke zurückzuführen), steigt die Stickstoffoxidproduktion durch den Verkehr weiter an. Unsere Modellversuche, bei denen verdünnte Schwefelsäure eingesetzt wird, müssten also in Zukunft vielleicht mit verdünnter Salpetersäure durchgeführt werden.

Es ergibt sich ein jährlicher Säureeintrag zwischen 0 (wegen gleichzeitiger Emission von basischem Ammoniak) und über 8 kmol pro Hektar (10 000 m²) und Jahr. Der daraus resultierende Protoneneintrag aus dem Regen liegt häufig bei 0,8 kmol H⁺ /(ha • a).

Durch die Umwandlung des Ammoniaks im Boden in Salpeter-

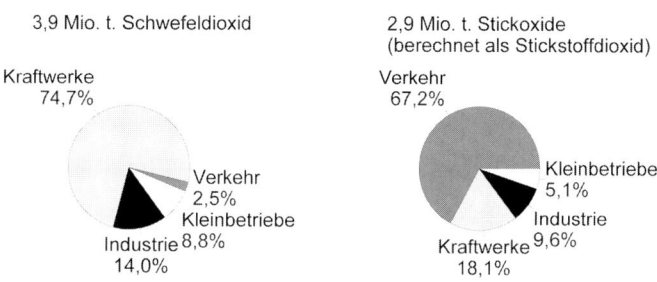

tersäure und dem Verrotten von organischem Material (Bildung von Huminsäuren) erhöht sich die Säurebelastung vornehmlich in Fichtenwäldern im Mittel bis auf 7 kmol H⁺ /(ha • a) (MATZNER, E. et al. 1983).

Tab. 1: Emissionen in der Bundesrepublik ohne natürliche Quellen in 1000 t/a (UMWELTBUNDESAMT 1995)

	1986	1990	1992
Gesamte Schwefeldioxidmenge	7650	5700	3900
Schwefeldioxidmenge aus Kraftwerken	7500	5600	2900
Gesamte Stickstoffdioxidmenge	3650	3250	2900
Stickstoffdioxidmenge aus Verkehr	1800	1900	2000

3.7.1 Boden als Säurefänger

Saurer Regen versickert im Boden und gelangt nach einiger Zeit ins Grundwasser, aus dem wir unser Trinkwasser beziehen. Müssen wir uns deshalb in Zukunft an saures Trinkwasser gewöhnen?

Um zu erkennen, was mit der Säure passiert, die im Boden versickert, muss diese sichtbar gemacht werden. Dies geschieht am einfachsten mit einem pH-Indikator. Besonders gut eignet sich Bromphenolblau.

Die Auswahl des Indikatorfarbstoffs ist für das Gelingen des Versuches wesentlich. Das Indikator-Ion muss sowohl im stark sauren als auch im schwach sauren Bereich anionisch vorliegen. Wäre das Ion positiv geladen, dann würde es am Boden (Ton oder Humus) adsorbiert werden. Darüber hinaus muss der Indikator seinen Umschlagsbereich zwischen stark und schwach sauer besitzen, da die meisten Böden schon von vornherein schwach sauer sind. Als Indikatoren bieten sich Bromphenolblau (Umschlagsintervall pH 3,0 bis 4,6, von gelb nach blauviolett) oder Bromkresolgrün (Umschlagsintervall pH 3,8 bis 5,4, von gelborange nach blau) oder Bromthymolblau (Umschlagsintervalle pH 1 bis 2 von rot nach gelb und pH 6 bis 7,6 von gelb nach blau) an. Bromthymolblau ist weniger günstig, da es im stark sauren Bereich eingesetzt werden müßte, wobei die Ionen dieses Farbstoffes dann aber positiv geladen sind und vom Boden adsorbiert würden.). Wird dieser blaue Farbstoff zu einer Säure gegeben, färbt er sich gelb, während er in neutralem Wasser blau bleibt.

Auf den Boden geschüttet kann der gelbe Farbstoff also den Weg der Säure markieren.

3.7.2 Aus Gelb mach Blau – Boden als Ionenaustauscher

20 min.	Gefahrstoff	Sicherheit	Entsorgung
		Schutzhandschuhe Schutzbrille	Ausguß Mülleimer

Geräte
1,5 L PET-Flaschen mit abgesägtem
 Boden und durchbohrtem
 Schraubverschluss
Bechergläser
Reagenzgläser
Reagenzglasständer
Stative mit Klammern
Sieb

Chemikalien
Bromphenolblau-Lsg.
 50 mg Bromphenolblau in 50 mL
 Ethanol *(leicht entzündlich)* lösen und mit
 dem. Wasser auf 1 L auffüllen
ca. 1 mol/L Schwefelsäure *(ätzend)*
100 mL konz. Schwefelsäure *(ätzend)*
 auf 1 L dem. Wasser

Durchführung:
Die 1,5 L PET-Flaschen werden mit dem durchbohrten Schraubverschluss nach unten über je einem Reagenzglasständer mit Reagenzgläsern fixiert. Über den durchbohrten Deckel wird ein Wattebausch gelegt. Nun werden die Flaschen mit verschiedenen gesiebten Böden etwa 5 cm hoch gefüllt.

Die Böden dürfen nicht zu humusreich sein, da sonst eine vollständige Adsorption des Indikatorfarbstoffes erfolgt. Auch dürfen sie nicht versauert sein, d.h. keinen pH-Wert unter 5 besitzen.

Jeder Boden wird zuerst mit ein wenig Leitungswasser durchtränkt.

Danach 50 mL der Bromphenolblau-Lsg. in ein Becherglas geben und so lange von der 1 mol/L Schwefelsäure zutropfen, bis die Lösung gerade gelb ist.

Diese gelbe Indikatorlösung (pH < 3) gießt man auf den Boden. Nach dem Einsickern wird mehrmals mit 50 mL Wasser vorsichtig nachgewaschen. Das durchsickernde Wasser wird in den Reagenzgläsern aufgefangen (sickert kein Wasser durch, was bei stark tonhaltigen Böden vorkommt, so ist dieser Boden mit Sand innig zu vermischen – abzumagern).

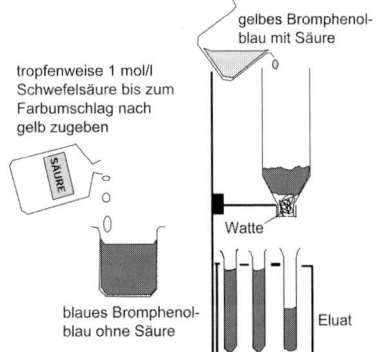

tropfenweise 1 mol/l
Schwefelsäure bis zum
Farbumschlag nach
gelb zugeben

gelbes Bromphenol-
blau mit Säure

Watte

blaues Bromphenol-
blau ohne Säure

Eluat

Ergebnis:
Die gelbe Indikatorlösung wird beim Einsickern in den Boden nach blau umgefärbt. Das Eluat ist blau.

Hinweis:
Ist das Eluat gelb, konnte der schon versauerte Boden die zugesetzte Säure nicht mehr abfangen. In diesem Falle muss die saure Indikatorlösung wirklich nur mit **einem Tropfen verdünnter Säure** auf Gelb umgefärbt werden und weniger davon auf den Boden gegeben werden.

Ist das abfließende Wasser farblos, dann ist noch solange gelbe Bromphenolblaulösung auf den Boden zu geben, bis der adsorbierende Boden vom Farbstoff gesättigt ist und den Überschuss hindurchlässt.

Der pH-Wert der Lösung hat sich beim Bodendurchgang von pH < 3,0 nach pH > 4,6 (Umschlagbereich von Bromphenolblau) geändert. Der Boden hat also die Säure, genauer die H^+-Ionen, adsorbiert oder neutralisiert, während die Teilchen des Indikators durchgelassen wurden.

In dem eben vorgestellten Versuch „Aus Gelb mach Blau" wurde gezeigt, dass Boden Säure neutralisieren kann. Dafür gibt es im Boden prinzipiell zwei Wege:
1. Die H^+-Ionen (Protonen) verdrängen Kationen ins Bodenwasser und nehmen deren Positionen an den Bodenteilchen ein.
2. Die H^+-Ionen mobilisieren am Boden gebundene (adsorbierte), basisch reagierende Teilchen und werden mit diesen ausgeschwemmt.

Im 1. Fall sollten die H^+-Ionen bei Zugabe einer hochkonzentrierten Kochsalzlösung durch Na^+-Ionen wieder ausgetauscht werden, das Eluat müsste sauer werden.

Im 2. Fall sollte der mit einer hochkonzentrierten Salzlösung behandelte Boden im Eluat keine saure Reaktion zeigen, da die Auswaschung der Basen irreversibel ist.

Der Nachweis der wieder freigesetzten H^+-Ionen geschieht am leichtesten mit einem Indikator, dessen Umschlagsbereich gerade im beginnenden sauren Bereich liegt. Dafür bietet sich Bromthymolblau an (Umschlagintervall pH 6,0 bis 7,6, von gelb nach blau). Wir erhalten somit die Umkehrung des vorigen Versuches „Aus Gelb mach Blau".

3.7.3 Aus Blau mach Gelb

20 min.	Gefahrstoff	Sicherheit	Entsorgung
		Schutzhandschuhe Schutzbrille	Ausguß Mülleimer

Geräte
1,5 L PET-Flaschen mit abgesägtem Boden und durchbohrtem Schraubverschluss
Bechergläser
Reagenzgläser
Reagenzglasständer
Stative mit Klammern
Sieb

Chemikalien
Bromthymolblau-Lsg
50 mg Bromthymolblau in 50 mL Ethanol
(leicht entzündlich) lösen und mit dem. Wasser auf 1 L auffüllen
Bromthymolblau-Salz-Lsg.
In der einen Hälfte der obigen Lösung löst man unter Rühren 10 g Kochsalz (Natriumchlorid)
Ca. 1 mol/L Schwefelsäure *(ätzend)*
100 mL konz. Schwefelsäure *(ätzend)* auf 1 L dem. Wasser

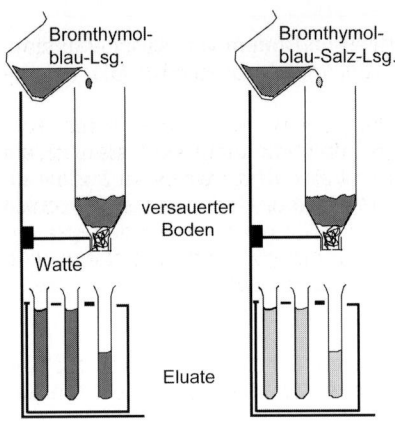

Bromthymol-
blau-Lsg.

Bromthymol-
blau-Salz-Lsg.

versauerter
Boden

Watte

Eluate

Durchführung:

Die 1,5 L PET-Flaschen werden mit dem durchbohrten Schraubverschluss nach unten über je einem Reagenzglasständer mit Reagenzgläsern fixiert. Über den durchbohrten Deckel wird ein Wattebausch gelegt. Nun werden die Flaschen mit verschiedenen gesiebten Böden etwa 5 cm hoch gefüllt, wobei pro Probe zwei Flaschen zu befüllen sind.

Die Böden müssen nun künstlich versauert werden, wobei durch Umwelteinflüsse bereits versauerte Böden direkt verwendet werden können. Dazu wird auf jede Probe 200 mL 1 mol/L Schwefelsäure gegeben. Ist die Säure versickert, wird dreimal mit 200 mL dem. Wasser nachgewaschen.

Zu einer der zwei gleichartigen Bodenproben wird 100 mL Bromthymolblau-Lsg. gegeben, zur anderen 100 mL Bromthymolblau-Salz-Lösung.

Die Eluate werden in den Reagenzgläsern aufgefangen. Sickert kein Wasser durch, was bei stark tonhaltigen Böden vorkommt, so ist dieser Boden mit Sand innig zu vermischen (abzumagern).

Hinweis:

Zu hohe Salzkonzentrationen stören diesen Vergleich, da hierdurch die Polarität des Wassers und damit dessen Autoprotolyse verstärkt wird. Die Bromthymolblau-Salz-Lsg. wird damit schon durch die zu hohe Salzkonzentration grünblau gefärbt.

Ergebnis:

Je nach Bodenart ist die neutrale Bromthymolblau-Salz-Lsg. nach dem Durchfluss durch den Boden grünblau oder selten gelb (schwach sauer). Die Bromthymolblau-Lsg. behält hingegen ihren blauen Farbton. Die stärkste Farbänderung bewirkt versauerter, humusreicher und streuhaltiger Boden.

Das große Angebot von Natrium-Ionen bewirkt im Boden, dass die dort adsorbierten Protonen verdrängt und somit wieder freigesetzt werden. Dies geschieht bei silikatischem Boden im Silikatpufferbereich zwischen pH 6,2-5,0, bei tonhaltigen Böden im Austauscherpufferbereich zwischen pH 5,0-4,2 und bei stark humushaltigen Böden (vergl. Kap. 3.1 „Der molekulare Aufbau von Böden", S. 67 und Kap. 3.9 „Die Pufferwirkung von Böden", S. 95"). Dabei kommt es allerdings zu Verwitterungen, die nicht vollständig umkehrbar sind.

Die freigesetzte Säuremenge ist jedoch wesentlich geringer als die, mit der der Boden versauert wurde. Die fehlenden Protonen mobilisierten offensichtlich im Boden Basen, mit denen sie neutralisiert ausgewaschen wurden. Beispiele hierfür sind die Umwandlung von Kalk in lösliches Hydrogencarbonat im pH Bereich zwischen 8,6 und 6,2 (vergl. Kap. 2.6, Kalk/Carbonat", S. 39 und Kap. 2.6.3 „Der Kalkbedarf von Böden", S. 44) und die Ausschwemmung von Aluminium- und Eisen-Ionen in den stark sauren Aluminium- bzw. Eisen-Pufferbereichen pH 4,2 bis unter 3,0 (vgl. Kap. 3.8 „Aluminium- und Eisen(III)-Ionen in Boden und Wasser", S. 90).

Erläuterungen:

Ton- und humusreiche Böden wirken bezüglich der H^+-Ionen wie Kationenaustauscher, solange die Strukturänderung, z.B. von Calciumfeldspat zum Kaolinit, reversibel ist.

Im Allgemeinen werden bei einer Säurebelastung des Bodens sowohl dessen Kationen (Kalium- und Magnesium- sowie Schwermetall-Ionen) mobilisiert, als auch am Boden fixierte Basen abgespalten. Diese Basen sind normalerweise im Boden unbeweglich, weshalb man in der Regel auch keine basischen Böden findet. Ton besitzt als basische Gruppen an seiner Oberfläche neutrale und negativ geladene Sauerstoffatome (silikatische Gruppen) und Humus die Carboxylat- und Phenolatgruppen Böden (vergl. Kap. 3.1 „Der molekulare Aufbau von Böden", S. 67).

Versuchsvorschläge:

Zeige durch Waschen einer neuen gleichen Bodenprobe mit dem. Wasser, dass dein Boden (normalerweise) keine auswaschbaren Basen enthält! Bestimme dazu den pH-Wert des Eluats.

Verwende statt des Neutralsalzes (NaCl) ein basisches Salz wie Natriumacetat! Dessen basische Acetat-Anionen begünstigen die Abspaltung der H^+-Ionen vom Boden, wobei sich Essigsäure bildet. Da die zugesetzte basische Salzlösung einen pH-Wert von ca. 9 besitzt, ist ein Indikator mit einem Umschlag in diesem Bereich zu wählen. Es bietet sich Thymolblau (pH 8 gelb, pH 9,6 blau) oder Phenolphtalein (pH 8,2 farblos, pH 9,8 rotviolett) an.

3.7.4 Simulation der Wirkung des Sauren Regens auf Böden mit verdünnten Säuren

Zur Simulation des Sauren Regens wird der Boden mit verdünnter Schwefelsäure und verdünnter Salpetersäure eluiert. Dabei soll einmal die Wirkung der durchschnittlichen monatlichen Regenwassermenge untersucht, zum andern aber auch die Bodenversauerung mit Hilfe von höherkonzentrierten Säuren im Zeitraffer betrachtet werden.

Der Saure Regen hat im Mittel einen pH-Wert von 4 bis 5. Da im Versuch die Säure innerhalb von Minuten durch den Boden sickert, und nicht wie der Regen innerhalb von Stunden, muss ein niedrigerer pH-Wert gewählt werden. So wird die monatliche Wirkung des Sauren Regens mit Säuren um pH 3 simuliert, die Langzeitwirkung (etwa 100 Jahre) mit Säuren um pH 0.

Im Eluat können die von der Säure ausgewaschenen Ionen dann nachgewiesen werden.

30 min.	Gefahrstoff	Sicherheit	Entsorgung

Geräte
1,5 L PET-Flaschen mit abgesägtem Boden und durchbohrtem Schraubverschluss

Chemikalien
verd. Schwefelsäure (pH 3) *(ätzend)* ca. 0,05 mL, d.h. 2 Tropfen konz. Schwefelsäure *(ätzend)* auf 1 L dem. Wasser

Bechergläser
Reagenzgläser
Reagenzglasständer
Stative mit Klammern
pH-Meter oder pH-Teststäbchen
Magnesia-Stäbchen
Bunsenbrenner
Tropfpipette
Sieb

0,5 mol/L Schwefelsäure (pH 0) *(ätzend)*
ca. 50 mL konz. Schwefelsäure *(ätzend)*
auf 1 L dem. Wasser
10^{-3} mol/L verd. Salpetersäure (pH 3) *(ätzend)*
ca. 0,05 mL konz. Salpetersäure *(ätzend,*
brandfördernd) auf 1 L dem. Wasser
1 mol/L Salpetersäure (pH 0) *(ätzend)*
ca. 50 mL konz. Salpetersäure *(ätzend,*
brandfördernd) auf 1 L dem. Wasser
2 % Bariumchlorid-Lsg. *(gesundheitsschädlich)*
ca. 200 mg Bariumchlorid-Dihydrat auf
10 mL dem. Wasser
1 % Silbernitrat-Lsg *(reizend)*
100 mg Silbernitrat *(ätzend)* auf 10 mL
dem. Wasser
25 % Ammoniakwasser *(ätzend)*
Kaliumthiocyanat-Lsg. *(gesundheitsschädlich)*
ca. 400 mg Kaliumthiocyanat *(gesundheits-*
schädlich) auf 10 mL dem. Wasser

Durchführung:

Die 1,5 L PET-Flaschen werden mit dem durchbohrten Schraubverschluss nach unten über je einem
Reagenzglasständer mit Reagenzgläsern fixiert.
Über den durchbohrten Deckel wird ein Wattebausch gelegt. Nun werden die Flaschen mit verschiedenen gesiebten Böden etwa 5 cm hoch gefüllt wobei pro Probe
vier Flaschen zu befüllen sind. Alle Böden werden mit etwas dem. Wasser durchfeuchtet.

Der Boden in der ersten Flasche wird 10 cm hoch mit verd. Schwefelsäure (pH 3),
entsprechend der Boden in der zweiten mit 0,5 mol/L Schwefelsäure (pH 0), der Boden in der dritten mit verd. Salpetersäure (pH 3) und der Boden in der vierten mit 1
mol/L Salpetersäure (pH 0) überschichtet.
Die Eluate werden in den Reagenzgläsern
aufgefangen.[6]

ca. 10 cm Säure
(pH 0) entsprechen
dem Säureeintrag
von 100 Jahren

ca. 10 cm verd.
Säure (pH 3) ent-
sprechen dem
Säureeintrag von
einem Monat

Watte

Eluat auf pH,
Sulfat, Chlorid,
Aluminium und
Eisen(III) prüfen

Der Inhalt eines Reagenzglases wird
gleichmäßig auf vier Reagenzgläser verteilt[7].

pH-Wertmessung:

Die pH-Werte der Eluate werden mit dem
pH-Meter oder mit pH-Teststäbchen bestimmt und notiert.

Nachweis der Sulfat-Ionen:

Die Sulfat-Ionen sind durch Zugabe von ca.
5 Tropfen Bariumchlorid-Lsg. zum ersten
Viertel der Reagenzglasfüllung nachzuwei-

---

6 Sickert kein Wasser durch, was bei stark tonhaltigen Böden vorkommt, so ist dieser Boden mit Sand innig zu vermischen (abzumagern).

7 Bei der Untersuchung der Eluate müssen nicht die Inhalte aller Reagenzgläser getestet werden. Es genügt, einige Repräsentanten aus jeder Messung auszuwählen.

sen. Bei Anwesenheit von Sulfat bildet sich ein weißer Niederschlag (Bariumsulfat). Unbedingt ist ein Vergleich der Sulfatfällung mit der ursprünglich auf den Boden gegebenen Säure vorzunehmen.

Nachweis der Chlorid-Ionen:
Durch Zugabe von ca. 3 Tropfen Silbernitrat-Lsg. zum zweiten Viertel der Reagenzglasfüllung ist ein Nachweis von Chlorid-Ionen zu versuchen. Es sollte sich dann ein weißer Niederschlag von Silberchlorid bilden, der sich am Licht langsam bläulich färbt (Fotoreaktion).

Nachweis der Natrium-Ionen:
Ein Magnesia-Stäbchen wird in das Eluat getaucht und in die nichtleuchtende Bunsenbrennerflamme gehalten. Eine intensive Gelbfärbung der Flamme zeigt Natrium an.

Nachweis der Aluminium-Ionen:
Die Aluminium-Ionen können durch die Zugabe von ca. 5 Tropfen 25 % Ammoniakwasser nachgewiesen werden. Es bilden sich weiße, gallertige Flocken von Aluminiumhydroxid.

$$Al^{3+}_{(aq)} + 3OH^-_{(aq)} \rightarrow Al^{3+}(OH^-)_{3(s)}$$

Nachweis der Eisen(III)-Ionen:
Zum Eluat werden ca. 5 Tropfen Thiocyanatlösung gegeben. Bei Anwesenheit von Eisen-Ionen entstehen verschieden rot gefärbte Eisen-Thiocyanato-Komplexe ($[Fe^{3+}(SCN)^-_x(H_2O)_{6-x}]^{3-x}$).

$$\text{Vereinfacht: } Fe^{3+} + 3SCN^- \rightarrow Fe^{3+}(SCN)^-_3 \text{ (blutrot)}$$

Ergebnis:

Die am Boden gebundenen Chlorid-Ionen werden von den zweifach geladenen Sulfat-Ionen der Schwefelsäure verdrängt und lassen sich im Eluat nachweisen. Es kann allerdings auch sein, dass sich ein Teil der Sulfat-Ionen an einer Adsorption am Boden vorbeimogelt und wieder im Eluat erscheint.

Im Unterschied zum Sulfat haften die Nitrat-Ionen der Salpetersäure weniger gut am Boden und setzen daher weniger Chlorid-Ionen frei[8].

Die H^+-Ionen der Säuren mobilisieren auch Natrium-Ionen aus den Zwischenschichten der Tone.

Ist der pH-Wert des Eluates kleiner als 4, dann kann darin Aluminium nachgewiesen werden. Bei einem pH-Wert kleiner 3 ist das Eluat auch Eisen(III)-haltig.

Es lässt sich folgern, dass Eisen stärker als Aluminium an Silikate im Boden gebunden ist, da es erst bei einer höheren (H^+)-Ionenkonzentration vom Boden abgespalten wird.

Erläuterung:

Das Sulfat-Ion wird wegen seiner zweifach negativen Ladung besser adsorbiert und im Boden gegen zwei einfach geladene Ionen wie adsorbierte Chlorid-Ionen ausgetauscht. Empirisch ergibt sich, dass ein doppelt geladenes Ion 100 mal stärker und ein dreifach geladenes 10.000 mal stärker als das einfach geladene Ion adsorbiert

---

[8] Diese hohe Mobilität des Nitrates (vornehmlich aus der Landwirtschaft) führt zu den hohen Belastungen des Sickerwassers, die u.a. zur Schließung von 40 % der Grundwasser-Trinkwasserbrunnen in NW geführt haben.

wird. Weniger stark wirkt sich der Ionenradius (mit Hydrathülle!) aus: Große Ionen werden schlechter adsorbiert (vgl. Kap. 3.2, „Boden und Ionen", S. 71).

3.8 Aluminium- und Eisen(III)-Ionen in Boden und Wasser

Wie in der vorangegangen Simulation der Wirkung des Sauren Regens auf Böden gezeigt, werden durch Säureeintrag nicht nur Nährstoff-Ionen mobilisiert und ausgewaschen, sondern bei starker Säurebelastung des Bodens auch Aluminium- und Eisen(III)-Ionen. Die Konsequenzen dieses Prozesses sollen im Folgenden betrachtet werden.

Aluminium-Ionen
Nach Sauerstoff und Eisen ist Aluminium das dritthäufigste Element auf unserem Planeten und mit 8 % das häufigste Metall der äußeren Erdkruste. Dort liegt es meist mit Silikat in Stein und Staub chemisch fest gebunden vor.

Es hat lange gedauert, bis man die verborgene Rolle von Aluminium bei den Zerstörungen des Sauren Regens begriff. Das Fischsterben in kanadischen und skandinavischen Seen wurde zuerst auf den bis zur Essigstärke gestiegenen Säuregrad zurückgeführt. Bei den Fischen werden vor allem die Kiemen angegriffen, es kommt dort zu verstärkter Schleimabsonderung und damit zu Schwierigkeiten bei der Atmung.

Doch als sich zeigte, dass in ebenso sauren Moorseen die Fische keine Überlebensprobleme haben, musste nach einer anderen Ursache geforscht werden. Es stellte sich heraus, dass die Aluminiumkonzentration sowohl in den betroffenen Gewässern als auch im Fisch um ein Vielfaches höher als normal ist (statt 2-7 µg/kg bis zu 50 µg/kg Fisch). Im Labor ließ sich dann auch eine klare Beziehung zwischen Aluminiumgehalt des Wassers und Sterblichkeit der Fische nachweisen.

Aluminium hat das besondere chemische Verhalten, gerade im physiologischen pH-Bereich (pH 6 bis 7) besonders unlöslich zu sein und richtet dann auch keinen Schaden an. Fest an andere Stoffe gebunden, verlässt es den Organismus. Sobald jedoch durch Säureeinwirkung der pH-Wert herabgesetzt wird, gehen die Aluminium-Ionen in Lösung und können ihre starke Giftwirkung entfalten. Einzig organische Säuren (Huminsäuren), wie sie in sauren Moorgewässern natürlich vorkommen, binden die freigesetzten Metallionen sogleich zu ungiftigen Komplexen. So ist auch das Überleben der Fische in diesen Seen zu erklären.

In gesunden Böden ist kein Aluminium für Tiere oder Pflanzen verfügbar. Es ist fest in den Silikatschichten der Tonmineralien eingebaut. Durch hohen Säureeintrag werden aus dem Ton Aluminium-Ionen freigesetzt. Dabei wird das Tonmineral zerstört (vergl. Kap. 3.1 „Der molekulare Aufbau von Böden", S. 67).

Die Aluminium-Ionen verdrängen ein- und zweifach geladene Ionen (z.B. K^+, Mg^{2+}), aus der Zwischenschicht noch intakter Tonmineralien. Diese Nährstoff-Ionen werden ins Grundwasser ausgewaschen und fehlen den Pflanzen. Darüber hinaus „verklebt" ausfallendes Aluminiumhydroxid die ursprünglich quellfähige Zwischenschicht des Tons. Das neu entstehende Mineral (Bodenchlorit) kann weder Nährstoff-Ionen wie Kalium (K^+) und Magnesium (Mg^{2+}) noch Wasser in seiner Zwischenschicht speichern. Diese Zerstörung des ursprünglichen Tonminerals ist durch Kalken des Bodens nicht mehr rückgängig zu machen.

Der Energieträger aller Zellen, das Adenosintriphosphat (ATP), ist durch Mg^{2+} stabilisiert. Durch Austausch von Mg^{2+} gegen besser bindendes Al^{3+} wird die Phosphatabspaltung und somit das ATP in seiner Energieträgerfunktion blockiert (KAIM, W. et al. 1991). Auch bei anderen magnesiumhaltigen Enzymen wirkt Al^{3+} blockierend.

Deshalb schädigen die Aluminium-Ionen die Bodenorganismen, die u.a. für die Umwandlung der Laub- und Nadelstreu (Mineralisation) sorgen. Die in der Laubstreu gebundenen Nährstoff-Ionen fehlen somit den Pflanzen.

Aluminium-Ionen schädigen auch die Feinwurzeln der Pflanzen. Diese können dann nicht mehr genügend Wasser und Nährsalze (vor allem Mg^{2+}) aufnehmen. Durch die zerstörten Feinwurzeln können Mikropilze eindringen, was zur Rotfäule bei Bäumen führt. Abgebrochenes Nadelholz mit feuchtem, rotem Holzkern findet man heute immer häufiger im Wald. Allerdings wird die Rotfäule bei Fichten auch durch die Verwendung schwerer Fahrzeuge im Forstbau verursacht, die zur Bodenverdichtung und Schädigung der Wurzeln führen.

Würde die gesamte Menge an NO_x und SO_2, die 1978 in der Bundesrepublik freigesetzt wurde, auf diese als Säure jährlich niederregnen, dann kämen 7 kmol Säure auf einen Hektar. Nach Modellrechnungen mit diesem Wert wäre schon nach 50 Jahren eine 50 cm tiefe Schicht des kalkfreien, tonhaltigen (10 %) Waldbodens durch Versauerung zu 100 % mit Al^{3+} belegt und praktisch frei von Ca^{2+} oder Mg^{2+} (BREUER, G. 1994).

Welche Wirkung von aluminiumhaltigen Küchengeräten, Getränkedosen, Backzusätzen und Medikamenten ausgehen kann, zeigte sich erstmals bei Dialyse-Patienten, die mit einem Aluminiumpräparat behandelt wurden. Sie litten unter schweren Wahrnehmungsstörungen bis hin zum Gedächtnisverlust. Auch bei der zunehmend auftretenden Altersdemenz (Alzheimer Krankheit) wird Aluminium in den befallenen Zellen gefunden. Ob dies Ursache oder Folge dieser Krankheit ist, konnte jedoch noch nicht geklärt werden.

Eisen(III)-Ionen

Die bei Al^{3+} geschilderten Schäden werden auch durch Fe^{3+} verursacht. So können im Talsperrenwasser von Robertville (Belgien) keine Fische überleben. Durch den hohen Fe^{3+}-Gehalt verschleimen deren Kiemen. Verursacht wird der hohe Eisengehalt durch das Hochmoor „Hohes Venn".

Moorboden ist auf Grund der Huminsäuren extrem sauer. Auch das Sickerwasser aus Mooren ist mit diesen organischen Säuren hochbelastet. Der unter dem Moor liegende Boden verliert durch die Säureeinwirkung sein gebundenes Fe^{3+}, welches – durch die Huminstoffe unter Mitwirkung von Bakterien zum $Fe^{2+}_{(aq)}$ reduziert – im Boden wesentlich mobiler ist. Fe^{2+} ist nicht so hoch wie Fe^{3+} geladen, es wird somit vom Boden etwa 100 mal schwächer gehalten. Darüber hinaus hat es auch eine wesentlich geringere Neigung zur Bildung schwer löslicher Hydroxide[9].

Auf Grund dieser größeren Mobilität von $Fe^{2+}_{(aq)}$ im Vergleich zu $Fe^{3+}_{(aq)}$ kann es zu einer völligen Entfärbung des zumeist braunen B-Horizontes kommen. In Gegenden mit stark sauren Sickerwässern ist der B-Horizont rein weißer Sand.

---

[9] Die Löslichkeitsprodukte von $Fe(OH)_2$ und $Fe(OH)_3$ sind $10^{-13,5}$ bzw. 10^{-38} und somit sehr unterschiedlich.

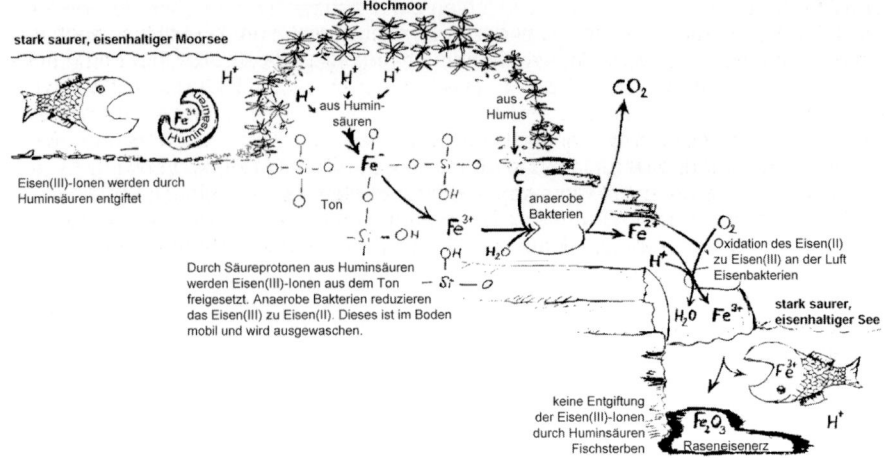

Abb. 14: Weg und Giftwirkung des Eisens in Boden und Wasser.

Tritt das nun sehr eisenhaltige Wasser wieder an die Oberfläche, oxidiert der Luftsauerstoff das $Fe^{2+}_{(aq)}$ zu $Fe^{3+}_{(aq)}$. An diesen Quellen findet man rotbraune Schlämme von $Fe(OH)_3$ und fadenförmige Bakterienkulturen (Eisenbakterien), die von dieser Oxidationsreaktion leben.

Auf diese Weise entsteht das Raseneisenerz, ein basisches Eisenoxid, das in der Eifel schon in der Eisenzeit zur Herstellung von Eisenwerkzeugen abgebaut wurde.

An der großen Oberfläche des frischen $Fe(OH)_3$-Gels werden Schwermetalle gut adsorbiert. Diese hohe Adsorptionsfähigkeit von $Fe(OH)_3$, aber auch von $Al(OH)_3$, wird zur Reinigung schwermetallhaltiger Industrieabwässer in Kläranlagen verwendet.

3.8.1 Die Adsorptionsfähigkeit von Boden für Aluminium- und Eisen-III-Ionen

Boden hat die Fähigkeit, mobile Aluminium- und Eisen(III)-Ionen zu adsorbieren. Auf diese Weise kann sich der Boden selbst entgiften.

20 min.	Gefahrstoff	Sicherheit	Entsorgung
	✖	Schutzhandschuhe / Schutzbrille	Ausguß / Mülleimer

Geräte
1,5 L PET-Flaschen mit abgesägtem Boden und durchbohrtem Schraubverschluss
Bechergläser
Stative mit Klammern
Sieb

Chemikalien
5 mmol/L Eisen(III)-chlorid-Lsg.[10]
(gesundheitsschädlich)
1,35 g Eisen(III)-chlorid-Hexahydrat
(gesundheitsschädlich) auf 1 L dem. Wasser
und mit ca. 10 mL verd. Salzsäure ansäuern
Kaliumthiocyanat-Lsg. *(gesundheitsschädlich)*
ca. 4 g Kaliumthiocyanat *(gesundheitsschädlich)* auf 100 mL dem. Wasser

---

[10] Trotz der Säurezugabe ist die Lösung nicht haltbar.

Durchführung:

Die 1,5 L PET-Flaschen werden mit dem durchbohrten Schraubverschluss nach unten über je einem Reagenzglasständer mit Reagenzgläsern fixiert. Über den durchbohrten Deckel wird ein Wattebausch gelegt. Nun werden die Flaschen mit 50 g verschiedenen gesiebten, luftgetrockneten Böden (A-, B-Horizont, humusverarmter Boden, z.B. aus intensivem Maisanbau) gefüllt. Alle Böden werden mit etwas dem. Wasser durchfeuchtet und darauf jeweils 100 mL Eisen(III)-chlorid-Lsg. geschüttet.

Das unten ablaufende Wasser wird in einem Becherglas aufgefangen und mit ca. 2 mL Kaliumthiocyanat-Lsg. versetzt. Bei Anwesenheit von Eisen(III)-Ionen färbt sich die Lösung blutrot. Die gleiche Prüfung auf Fe^{3+} erfolgt in der Original-Eisenlösung[11].

Ergebnis:

Die für Wurzeln schädlichen, hohen Fe^{3+} und Al^{3+}-Konzentrationen adsorbieren im Boden vor allem am Humus, weniger gut am Ton. Versauerte Böden (pH<3) vermögen Fe^{3+}- und Al^{3+}-Ionen allerdings nicht zu halten.

Versuchsvorschlag:

Durch Zugabe einer verdünnten Säure zu dem Boden aus obigem Experiment können die Fe^{3+}-Ionen wieder freigesetzt und im Bodenwasser nachgewiesen werden.

Erläuterungen und Konsequenzen:

Durch die eingetragene Säure werden Aluminium- und Eisen(III)-Ionen vom Tonmineral abgespalten, indem die Sauerstoffbrücken vom Tonmineral zum Ion protoniert werden. Die Reaktion verläuft analog der Etherspaltung.

Hinweis

Der Übersicht halber ist nur die Spaltung der letzten O-Brücke dargestellt. Insgesamt kann das Al- bzw. Fe-Ion über bis zu sechs O-Brücken verknüpft sein.

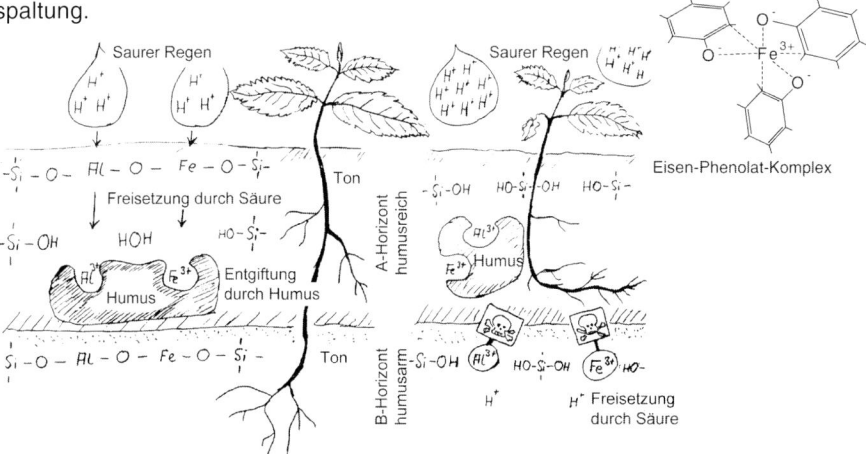

[11] Falls die Eisenkonzentrationen zu gering sind, können sie auch photometrisch bestimmt werden.

Im Bodenwasser sind nun giftiges Fe^{3+} und Al^{3+} für die Pflanzen verfügbar. Im A-Horizont wirkt sich eine Bodenübersäuerung weniger stark auf das Pflanzenwachstum aus, da die giftigen dreiwertigen Ionen dort an den Humusverbindungen komplex gebunden und unschädlich gemacht werden. Deshalb bilden die Pflanzen in sauren Böden ihre Wurzeln nur noch im A-Horizont aus. Sie haben keinen Anschluss an tiefere Wasserschichten, was sich in Trockenjahren ungünstig auswirkt. Die Senkwurzeln knicken im sauren Boden am Grenzbereich zwischen A- und B-Horizont waagerecht ab.

3.8.2 Modellversuch zu den phenolischen Eisen-Huminkomplexen

Humus entsteht vornehmlich aus Holz-und Pflanzenmaterial. Dieses enthält die hochmolekularen Verbindungen Zellulose und Lignin, die als Gerüstsubstanzen fungieren. Lignin wiederum ist aus Phenolen aufgebaut. Somit enthält auch Humus viele verschiedene Phenolgruppen. Diese Phenolgruppen können Aluminium- und Eisen(III)-Ionen besonders gut binden.
Phenol besitzt – wie alle Enole – als Anion (Enolat) mesomere Grenzstrukturen. Eno-

Keto-Form   Enol-Form

Grenzstrukturen von Enolat   Eisen-Enolat-Komplex

late können aus Phenolen oder C-H-aciden Aldehyden oder Ketonen entstehen. Beide Arten sind auch Strukturelemente der Humusstoffe im Boden.
Das Eisen(III)-Ion reagiert mit allen Enolaten zu farbigen Komplexen.

Geräte
Reagenzgläser mit Stopfen
Reagenzglasständer
Tropfpipette

Chemikalien
Ethanol *(leicht entzündlich)*
verschieden Enolate
Phenole:
Phenol, Kresol (Methylphenol), Pikrinsäure *(alle giftig)*; Salicylsäure, Hydrochinon, Brenzcatechin, Resorcin, Pyrogallol *(alle gesundheitsschädlich)*; Gallussäure
CH-acide Verbindungen:
Ascorbinsäure (Vitamin C), Acetessigsäure und sein Ethylester, Acetylaceton (Pentandion (2,4)) *(gesundheitsschädlich)*
1 %ige Eisen(III)-Lsg. (nicht haltbar!, *gesundheitsschädlich)*
250 mg Eisen(III)-chlorid-Hexahydrat *(gesundheitsschädlich)* auf 10 mL dem. Wasser

Durchführung:
Im Reagenzglas wird 1 Tropfen oder eine Spatelspitze eines Enolates in 5 mL Ethanol gelöst und mit 1-2 Tropfen der Eisen(III)-chlorid-Lsg. versetzt.

Ergebnis:
Man erhält intensiv gefärbte Lösungen der Eisen-Enolat-Komplexe. Die Bindung von Fe^{3+}-Ionen wird durch blutrote bis kornblumenblaue Komplexe mit CH-aciden aliphatischen Ketonen und durch blau bis violette Phenolkomplexe angezeigt (AUTORENKOLLEKTIV „ORGANIKUM", 1967). Offensichtlich sind in diesen Komplexen die Eisen und Aluminium-Ionen so gut verpackt, dass sie im Boden keine Giftwirkung mehr entfalten können.

3.9 Die Pufferwirkung von Böden

3.9.1 Wieviel Säure verträgt ein Boden, bis sich sein Säuregrad ändert?

Seit der Verbrennung von Kohle (mit Beginn der Industrialisierung) gibt es einen Ländergrenzen überschreitenden Sauren Regen, dessen mittlerer pH-Wert bei 4 liegt und in Extremfällen noch 100 mal saurer sein kann (pH 2).

Erstaunlich ist, dass die vom Regen getroffenen Böden über Jahrzehnte diese Säuredusche vertragen, ohne wesentlich ihren pH-Wert zu ändern.

Diese Eigenschaft, die Säure (des Regens) abzufangen, wird Pufferung genannt. Viele Böden besitzen die Fähigkeit, große Mengen an Säure zu neutralisieren, bis ihre Pufferkapazität erschöpft ist und der pH-Wert sich sprunghaft ändert.

Während auf tonhaltigen Böden die Versauerung nur langsam in die Tiefe vordringt, sind überwiegend sandhaltige Böden schneller auch in größeren Tiefen versauert, wodurch dann auch das Grundwasser betroffen ist.

Auffälliger Unterschied zwischen diesen Böden ist, dass es bei Tonböden leicht zum Stau von Regenwasser kommen kann, während Sandböden schnell trocken fallen.

Die Säure kann auf Tonschichten länger als auf gleich dicke Sandschichten einwirken und dabei abgepuffert werden. Ganz kompliziert wird es, wenn sich unter der Sandschicht eine wasserstauende Tonschicht befindet, dann ist auch der Sand der Säure länger ausgesetzt.

Offen ist, ob die unterschiedlich schnelle und unterschiedlich tief greifende Versauerung der Böden auf die unterschiedlichen Sickergeschwindigkeiten und damit Einwirkzeiten der Säure oder auf die unterschiedlichen Pufferkapazitäten der Böden zurückzuführen ist. Sinnvoll ist es, die Extremsituationen wie „ungestörtes Versickern" und „kein Versickern (Staunässe)" zu simulieren.

Zuerst soll der Einfluss der Sickergeschwindigkeit auf die Pufferwirkung der Böden untersucht werden.

3.9.2 Pufferwirkung von Böden gegenüber saurem Sickerwasser

Da es nicht ständig regnet, muss der Versuch auf zwei Arten durchgeführt werden.

Dauerregen: Das saure Wasser tropft gleichmäßig auf den Boden.
Schauerregen: Das saure Wasser wird schubweise zugegeben mit dazwischenliegenden Pausen.

30 min.	Gefahrstoff	Sicherheit	Entsorgung
	🧪	Schutzhandschuhe Schutzbrille	Ausguß Mülleimer

Geräte
1,5 L PET-Flaschen, auf halber
Höhe abgesägt und mit durchbohr-
tem Schraubverschluss
Bechergläser, Reagenzgläser
Reagenzglasständer
50 mL Büretten, Sieb
Stative mit Klammern
pH-Meter, pH-Teststäbchen oder
Universalindikator-Lsg. pH 4-10 und pH 0-5

Chemikalien
verd. Schwefelsäure (pH 3) *(ätzend)*
ca. 0,05 mL, d.h. 2 Tropfen konz. Schwefelsäure *(ätzend)* auf 1 L dem. Wasser
0,5 mol/L Schwefelsäure (pH 0) *(ätzend)*
ca. 50 mL konz. Schwefelsäure *(ätzend)*
auf 1 L dem. Wasser

Durchführung:
Die 1,5 L PET-Flaschen werden mit dem durchbohrten Schraubverschluss nach un-
ten über je einem Reagenzglasständer mit Reagenzgläsern fixiert. Über den durch-
bohrten Deckel wird ein Wattebausch gelegt. Über jeder Flasche wird eine 50 mL
Bürette befestigt.
   Nun werden die Flaschen mit je 50 g verschiedenen luftgetrockneten und gesiebten
Bodenproben gefüllt. Alle Böden werden mit etwas Leitungswasser durchfeuchtet.

Dauerregen	**Schauerregen**
Aus der Bürette wird gleichmäßig die verd. Schwefelsäure (pH 3) so schnell zugetropft, wie das Boden-wasser abtropft.	Die verd. Schwefelsäure (pH 3) wird so schnell zugetropft wie das Bodenwasser abtropft. Nach ca. 5 Minuten wird die Säurezugabe für 10 Min. unterbrochen, danach wieder Säure zugetropft.

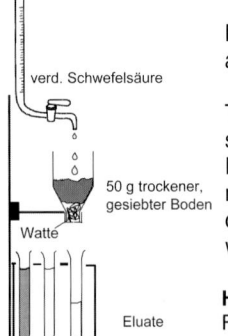

verd. Schwefelsäure

50 g trockener, gesiebter Boden

Watte

Eluate

Die Eluate werden in den durchnummerierten Reagenzgläsern
aufgefangen.[12]
   Die Farbe der Eluate wird notiert und in jedes Reagenzglas 4
Tropfen Universalindikator pH 4-10 bzw., wenn das Wasser zu
sauer ist, 4 Tropfen Universalindikator pH 0-5 gegeben und die
Farbe der Lösung mit der pH-Wert-Farbskala verglichen. Alternativ können die pH-Werte der Eluate auch mit pH-Teststäbchen oder einem pH-Meter bestimmt werden. Die Ergebnisse
werden in einer Tabelle notiert.

Hinweis:
Falls der pH-Wert nach längerer Titration unverändert hoch bleibt, wird
der Boden einfach mit der 0,5 mol/L Schwefelsäure (pH 0) titriert.

---
[12] Sickert kein Wasser durch, was bei stark tonhaltigen Böden vorkommt, so ist dieser Boden mit Sand innig zu vermischen (abzumagern).

Auswertung:

Die Ergebnisse werden als Titrationskurven aus pH-Wert (1. y-Achse) und zugegebener Säuremenge (2. y-Achse) in Abhängigkeit der Zeit (x-Achse) betrachtet.

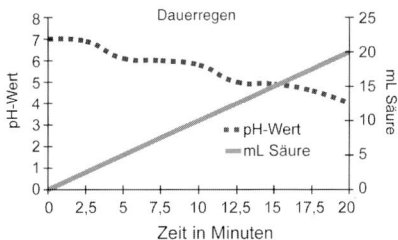 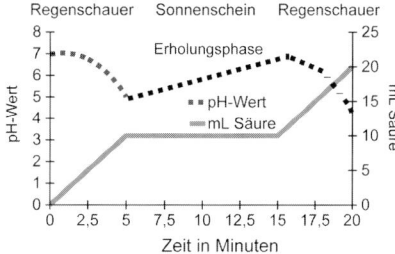

Beim Vergleich beider Versuche (Dauerregen und Schauerregen) fällt auf, dass sich der Boden in der Regenpause erholen konnte, denn der pH-Wert hat wieder Werte wie dem Versuchsbeginn angenommen. Diese verzögerte Neutralisation ist erstaunlich, da die Reaktion einer Säure mit einer Lauge im Reagenzglas blitzschnell abläuft[13]. Boden kann also in einem bestimmten Zeitraum nur eine bestimmte Menge Säure abfangen. Diese Menge wird Pufferrate genannt und meist bezogen auf ein Jahr angegeben.

Die Graphen lassen Bereiche erkennen, in denen sich der pH-Wert nur geringfügig ändert. In diesen Pufferbereichen reagieren bestimmte Bodenbestandteile mit der Säure und fangen sie ab. Aus dem Vorhandensein dieser Pufferbereiche kann somit auf die Bodenzusammensetzung geschlossen werden (ULRICH, B. 1981).

Aufgaben:

Begründe mit Hilfe der Abbildung, warum der pH-Wert wieder ansteigt, wenn bei der Titration des Bodens mit Säure eine Pause eingelegt wird!

Berechne näherungsweise den pH-Wert, wenn in 100 mL dem. Wasser 0 mL, 0,1 mL, 1 mL bzw. 10 mL einer 0,1 mol/L Salzsäure zugetropft werden und zeichne die zugehörige Titrationskurve! Vernachlässige dabei das Flüssigkeitsvolumen der zugesetzten Säure!

Wirkungsbereich	Pufferbereich	Pufferrate in mol H^+/(ha*a)
pH 8,6 bis 6,2	Carbonatpuffer	bis 2000
pH 6,2 bis 5,0	Silikatpuffer	200 bis 2000
pH 5,0 bis 4,2	Austauschpuffer	ca. 200
pH 4,2 bis 3,0	Aluminiumpuffer	ca. 200
pH kleiner 3,8	Eisenpuffer	bis 2000

---

[13] Man teste dies, indem man zur Säure etwas Lauge gibt *(Schutzbrille)*.

97

3.9.3 Pufferwirkung von Böden gegenüber saurer Staunässe[14]

20 + 10 min.	Gefahrstoff	Sicherheit	Entsorgung
		Schutzhand-schuhe / Schutzbrille	AusguB / Mülleimer

Geräte
6 Filmdöschen (Fotogeschäft)
Waage (auf 0,1 g genau)
2 Büretten 10 oder 25 mL
pH-Meter oder pH-Teststäbchen

Chemikalien
0,1 mol/L Salzsäure (pH 1) *(ätzend)*
ca. 10 mL konz. (35 %) Salzsäure
(ätzend) auf 1 L dem. Wasser

Durchführung:
Eine luftgetrocknete und grob gesiebte Bodenprobe (Waldboden, stark humoser Boden, gekalkter Gartenboden, Ackerboden, Sand, Quarzsand, Ton, Lehm...) wird zu 1 g Portionen auf 6 nummerierte Filmdöschen verteilt. In diese wird gemäß der unten stehenden Abbildung aus der Bürette verdünnte Salzsäure und dem. Wasser gegeben. Tritt bei der Säurezugabe eine starke Gasentwicklung auf, dann sollte deren Ende abgewartet werden, bevor das Gefäß verschlossen wird. Nach ca. 5 min werden die Filmdöschen verschlossen, gründlich geschüttelt und sicherheitshalber noch einmal kurz geöffnet.

Nach frühestens 24 Stunden wird der pH-Wert der überstehenden Lösung bestimmt, wobei es vermieden wird, die Bodensuspension aufzuwirbeln.

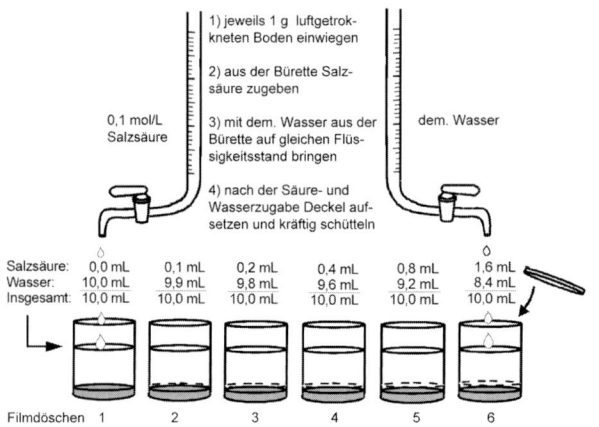

Auswertung:
Beispiel:
Die Ergebnisse werden als Titrationskurven aus pH-Wert (y-Achse) in Abhängigkeit von der zugesetzten Säuremenge (x-Achse) betrachtet.

Von gutem Gartenboden werden erhebliche Säuremengen abgefangen (gepuffert), ohne dass sich dessen pH-Wert ändert, wohingegen reiner Quarzsand so gut wie keine Pufferwirkung zeigt. Auch in sauren Waldböden sinkt der pH-Wert schon nach geringer Säurezugabe auf unter 4. Die von einem Boden abgepufferte Säuremenge ist ein Maß für seine Pufferkapazität.

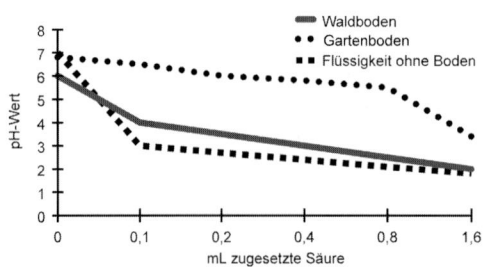

---
[14] (in Anlehnung an BOCHTER, R. 1996)

Auch in diesem Versuch sind die einzelnen Pufferbereiche eines Bodens zu erkennen. Bestimme die Pufferkapazität des Bodens für jeden einzelnen Bereich!

Wir wollen als Vegetationszone 30 cm Oberboden mit der gesamten Säure des Regens belasten. Ein Quadratmeter dieses Bodens entspricht 450 kg. Auf diesen Quadratmeter fallen jährlich ca. 1 m^3 Regen, der zwischen 0,1 und 0,01 mol Säure (pH 4-5) enthält. Dies entspricht zwischen 0,2 und 0,02 mmol H$^+$/kg Oberboden pro Jahr. Bestimme für deinen Boden die Zeit, bis dieser unter einen pH-Wert von 3,5 gerät! Der jährliche Säureeintrag sei 0,2 mmol/kg Oberboden bei einem pH-Wert von 4. Bestimme weiterhin die Zeit bis zur Versauerung, wenn der pH-Wert des Regens sich auf 3 erniedrigt, die Niederschlagsmenge aber gleich bleibt!

hohe Aufnahme-
kapazität

geringe Aufnahme-
kapazität

Pufferkapazität von Ton und Sand
in mmol H$^+$/kg Boden

Erkläre mit Hilfe der Abbildungen den Unterschied zwischen Pufferkapazität und Pufferrate!

Erläuterung:

Da die Pufferung im Boden sich über Jahre hinzieht, ist eine genaue Messung der gesamten Pufferkapazität von Böden innerhalb von Stunden, Tagen oder Wochen nicht möglich. Auch die Geschwindigkeit der Abpufferung, die Pufferrate, ist keine Konstante, sondern abhängig von den pH-Werten des Regens und des Bodens. Trotzdem ist sowohl die Pufferkapazität als auch die Pufferrate wichtig beim Vergleich von Böden.

Ein unbelasteter Waldboden, dessen pH-Wert zwischen pH 5 und 6 liegt, wird den Sauren Regen dadurch abpuffern, dass Silikate verwittern (Silikatpufferbereich). Dieser Boden kann zwischen 0,2 und maximal 2,0 kmol Säure-Ionen pro ha und Jahr reversibel abpuffern, d.h. es findet unter diesen Bedingungen keine merkliche Ca^{2+}- oder

Übersicht zu den Pufferbereichen von Böden[15]

pH-Bereich	Pufferbereich
8,6 bis 6,2 neutral	**Kohlensäure/Carbonat-Pufferbereich, Kalkpuffer (Kalkboden):** $CaCO_{3(s)} + H^+_{(aq)} \leftrightarrow Ca^{2+}_{(aq)} + HCO_3^-_{(aq)}$ Kalk löst sich in Säuren auf. Deshalb kommen im Bodenwasser hohe Salzkonzentrationen, vornehmlich von Ca^{2+} und HCO_3^-, vor. Ca^{2+} stabilisiert außerdem das Bodengefüge. Es herrschen optimale Bedingungen für Bodenorganismen. Durch Säure kommt es zum Herauswaschen von Calcium-Ionen (Entkalkung), aber zu keiner Tonauswaschung. Die Pufferwirkung beruht auf zwei Gleichgewichten der Kohlensäure: $CO_3^{2-}_{(aq)} + H^+_{(aq)} \leftrightarrow HCO_3^-_{(aq)}$ $HCO_3^-_{(aq)} + H^+_{(aq)} \leftrightarrow H_2CO_{3(aq)} \leftrightarrow H_2O_{(l)} + CO_{2(g)}$ Es kommt zum Ausgasen von Kohlenstoffdioxid.
6,2 bis 5,0 schwach sauer	**Ionenaustausch-Silikat-Pufferbereich (silikatischer Boden):** $CaAl_2Si_2O_{8(s)} + 2H^+_{(aq)} + H_2O_{(l)} \leftrightarrow Ca^{2+}_{(aq)} + Al_2Si_2O_5(OH)_{4(s)}$ Ca-Feldspat Kaolinit Durch Säure kommt es zu geringer Nährstoffauswaschung, Tonverlagerung und Silikatverwitterung. In diesem pH-Bereich liegt ein ökologisches Optimum, da die Nährstoff-Ionen gut verfügbar sind. Diese Verwitterung geschieht auch schon durch natürliches, kohlensaures Wasser. Das Bodengefüge ist mäßig stabil, was zu natürlicher Tonverlagerung und Bodenverdichtung führt.
5,0 bis 4,2 mäßig sauer	**Austausch-Pufferbereich (tonhaltiger Boden):** $n[2AlOOH_{(s)} + H^+_{(aq)} + H_2O_{(l)}] \rightarrow n[Al_2(OH)_5^+_{(aq)}]$ Calcium- und Magnesium-Ionen werden durch die entstehenden polymeren Aluminiumkomplexe verdrängt und ausgewaschen. Dieser Vorgang und die bei noch tieferen pH-Werten formulierten Vorgänge sind derzeit vornehmlich vom Menschen verursacht. Sie sind irreversibel, d.h. die für Nährstoffspeicherung wertvollen Mineralien können sich nicht mehr zurückbilden, wenn sie erst einmal zerstört sind. Die Bodenlösung ist arm an Nährstoff-Ionen. Wegen der Al^{3+}-Belegung der Tonmineralien ist das Bodengerüst gegen Verlagerung und Verdichtung stabil.
4,2 bis 3,0 stark sauer	**Aluminium-Pufferbereich (tonhaltiger Boden):** $AlOOH \times H_2O_{(s)} + 3H^+_{(aq)} \rightarrow Al^{3+}_{(aq)} + 3H_2O_{(l)}$ oder auch Beim Abspalten des Aluminiums vom Silikatmineral werden immerhin 3 H^+-Ionen gebunden und somit unschädlich gemacht. Allerdings wirkt auch das dabei gebildete $Al^{3+}_{(aq)}$ wie eine – wenn auch schwächere – Säure: $Al^{3+}(OH_2)_{6(aq)} \quad [Al^{3+}(OH_2)_5OH^-]_{(aq)} + H^+_{(aq)}$ Die mobilisierten Al^{3+}-Ionen wirken toxisch. Es kommt zum Herauswaschen von Mn^{2+} und evtl. im Boden vorhandenen Schwermetallen. In diesem pH-Bereich wird der Boden endgültig zerstört. Fast alle Pflanzen zeigen behindertes Wachstum. Das Bodengefüge ist stabil.
< 3,0	**Eisen-Pufferbereich (Eisenoxide und -silikate)** $Fe(OH)_{3(s)} + 3H^+_{(aq)} \rightarrow Fe^{3+}_{(aq)} + 3H_2O_{(l)}$ Es herrscht eine hohe Konzentrationen an H^+-, Al^{3+}- und Fe^{3+}-Ionen in der Bodenlösung. Bei starken Niederschlägen kommt es zur Vertorfung, d.h. das organische Material wird nicht mehr von Bodenorganismen abgebaut. Die Pflanzenwurzeln im Mineralboden sterben ab, nicht aber im humosen Boden. Dort findet eine Komplexierung und damit Entgiftung der Al^{3+}- und Fe^{3+}-Ionen durch Humusteilchen statt.

---

[15] (nach ULRICH, B. 1981)

auch Mg^{2+}-Auswaschung statt. Auch Humus vermag im pH-Bereich 5-8 Säure abzufangen. Als Säureeintrag werden heute bis zu 7 kmol Säure pro ha (10 000 m^3) und Jahr gemessen.

Allerdings wird durch den Umbau der Silikate vom Dreischichtmineral (z.B. Montmorillonit) zum Zweischichtmineral dessen Fähigkeit, Wasser und Nährsalze (z.B. die K^+- und Mg^{2+}-Kationen) in den Zwischenschichten zu speichern, stark verringert. Auch werden die neuen Tonmineralien leichter in Hohlräume des Bodens ausgeschwemmt und verdichten damit den Boden (vgl. auch mit nachfolgendem Kapitel).

Versuchsvorschläge:
Das Gesundkalken von Böden und die Pufferwirkung von Kalk kann in einem Modellversuch beobachtet werden. Dazu wird 50 g reiner Torf- oder Sandboden, welcher keine Pufferkapazität besitzt, mit 100 mg fein gepulvertem Kalk ($CaCO_3$) innig vermengt. Auf diese Mischung wird in einer abgesägten Flasche 5 mL 0,1 mol/L Salzsäure getropft und ca. 2 mL Eluat pro Reagenzglas aufgefangen. Durch Zugabe von 4 Tropfen Universalindikator pH 4-10 wird der pH-Wert bestimmt.

Da in einigen Gebieten mehr basisches Ammoniak aus der Intensivviehhaltung als Säure aus Verbrennungsprozessen emittiert wird (Münsterland), können dort die Niederschläge sogar basisch sein. Deshalb ist es auch sinnvoll, für diese Gebiete den Boden bezüglich seiner Pufferkapazität gegen Basen zu untersuchen. Realistisch wäre dabei der Eintrag einer verdünnten Ammoniaklösung, wie es in der Nähe von großen Viehhaltungen durch die Gülle, aber auch durch Lufteintrag geschieht. Ein Teil der Waldschäden gehen auf das Konto von basischem Ammoniak und von Ammoniumsalzen.

3.10 Bodenverdichtung durch Sauren Regen

3.10.1 Änderung der Wasserdurchlässigkeit von Böden

Denkt man an Bodenverdichtung, fallen einem zuerst schwere Land- und Forstmaschinen ein, die mit ihrem Gewicht den Boden zusammendrücken. Verblüffend ist, dass auch der Saure Regen den Boden verdichtet.

20 min.	Gefahrstoff	Sicherheit	Entsorgung
		Schutzhandschuhe Schutzbrille	Ausguß Mülleimer

Geräte
1,5 L PET-Flaschen mit abgesägtem
  Boden und durchbohrtem
  Schraubverschluss
Bechergläser
Messzylinder 100 mL
Stative mit Klammern
Sieb, Watte

Chemikalien
0,5 mol/L Schwefelsäure (pH 0) *(ätzend)*
  ca. 50 mL konz. Schwefelsäure *(ätzend)*
  auf 1 L dem. Wasser

Durchführung:
Die 1,5 L PET-Flaschen werden mit dem durchbohrten Schraubverschluss nach unten über je einem Messzylinder fixiert. Über den durchbohrten Deckel wird ein Wattebausch gelegt. Nun werden die Flaschen mit je 100 g luftgetrocknetem, gesiebten, verschieden tonhaltigen Boden gefüllt, wobei pro Probe zwei Flaschen zu befüllen sind. Alle Böden werden mit 100 mL Leitungswasser durchfeuchtet. Der vom Wasser auffüllbare Leerraum im Boden – auch **Totvolumen**

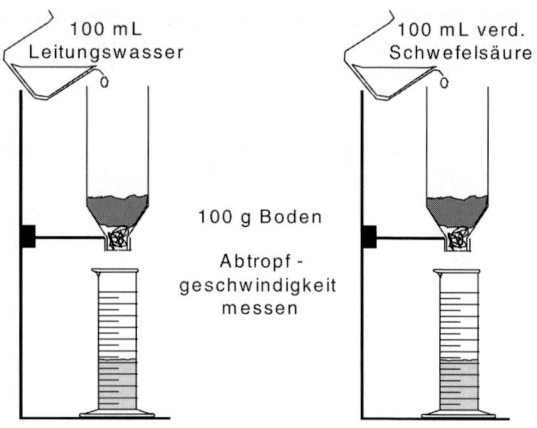

genannt – ergibt sich aus der Differenz zwischen zugegebener Wassermenge (100 mL) und der Wassermenge im Auffangzylinder, genau in dem Augenblick, wenn kein zugeschüttetes Wasser mehr über dem Boden steht.

Beide Böden werden gleich hoch mit 100 mL Leitungswasser belegt und die Abtropfgeschwindigkeiten pro Minute (Wassermenge) gemessen. Bei Kenntnis des Totvolumens lässt sich auch die Sickergeschwindigkeit im Boden bestimmen:

Sickergeschwindigkeit im Boden ist gleich Füllhöhe des Bodens (in m) geteilt durch die Zeit (in Sekunden), welche für den Durchfluss benötigt wird.

Während der Boden in Flasche 1 weiterhin nur mit Leitungswasser gewässert wird, wird der Boden in Flasche 2 mit der gleichen Menge 0,5 mol/L Schwefelsäure behandelt und die Abtropfgeschwindigkeiten (Wassermenge pro Minute) beobachtet.

Hinweis:
Demineralisiertes Wasser benetzt den Boden schlecht und sickert grundsätzlich schlechter durch den Boden. Es kann deshalb nicht als Vergleich verwendet werden!

Ergebnis:
Es zeigt sich, dass tonhaltige Böden in bestimmten pH-Bereichen nach Säurezugabe schneller verdichten als mit Leitungswasser gespülte Böden.

Werden die Böden stark versauert (pH < 4), dann sickert das Wasser hingegen besser hindurch.

Eine Ton-Wasser-Mischung kann sich wie eine Flüssigkeit (Sol, vergleichbar mit Milch) oder wie ein Festoff (Gel, vergleichbar mit Joghurt) verhalten.

Ton besteht aus unzähligen kleinen Teilchen, die so winzig sind, dass sie für unser Auge nur als Streuscheibchen im Wasser erkennbar sind (kolloidale Lösung). Ein Tonteilchen besteht aus vielen negativ geladenen Schichten, zwischen denen sich Kationen tummeln. Die einfach geladenen Kationen haften nicht sehr gut in diesen Schichten. Die negative Überschussladung des Tonteilchens zieht Kationen an, die dieses als Ionenwolke umhüllen. Die ursprünglich „verklebten" Bodenkolloide laden sich deshalb negativ auf und stoßen sich gegenseitig ab. Das Tongefüge löst sich im Wasser auf und die kolloidalen Tonteilchen werden vom Sickerwasser in die Boden-

Bodenkolloide im Sol- und Gel-Zustand

Tonmineral — vereinfacht mit Ladung an Ober- und Unterseite

mit Ionenwolke im Bodenwasser — einfach geladene Ionen (K^+, H^+, Na^+) geladenes Bodenkolloid

mehrfach geladene Ionen (Ca^{2+}, Fe^{3+}, Mg^{2+}..) ungeladenes Bodenkolloid

Abstoßung, da geladen — **Sol**

keine Abstoßung, da ungeladen — **Gel**

Frei beweglich im Bodenwasser
Tonverlagerung, Bodenverdichtung
Solzustand

Zusammenlagerung, Ausflocken
Gerüstbildung, kein Auswaschen möglich
Gelzustand

hohlräume getragen. Dort abgelagert, werden die Poren verstopft, was einen verminderten Wasserdurchfluss und eine Bodenverdichtung zur Folge hat.

Anders bei mehrfach geladenen Ionen, welche wesentlich stärker an dem Tonteilchen gebunden werden, wodurch dieses fast völlig entladen und die umhüllende Ionenwolke sehr dünn ist. Stoßen zwei dieser ungeladenen Tonteilchen zusammen, dann bleiben sie leicht aneinander „kleben" (vgl. unten mit Kap. 3.10.2).

Aufgaben:

Begründe unter Zuhilfenahme der Abbildung, warum Ton, der mit einfach geladenen Ionen belegt ist, sich nicht zu sperrigen größeren Teilchen zusammenballt, und somit leicht vom Wasser in Hohlräume gespült wird!

Warum verdichtet der Boden gerade im Silikatpufferbereich (s. S. 100, „Übersicht zu den Pufferbereichen von Böden")?

Warum sickert in stark versauerten Böden (pH < 4) das Wasser besonders gut durch den Boden?

Hilfe: Im Eluat können Aluminium- und Eisen-Ionen nachgewiesen werden.

3.10.2 Fließende Berge in Japan – Thixotropie

In Japan geraten manchmal nach lang anhaltenden Regenfällen, verbunden mit kleinen Erdbeben als Auslöser, ganze Berge ins Fließen, wobei diese oft eine beachtliche Geschwindigkeit entwickeln und ganze Häuser mit sich reißen können.

Wir wollen solche „schüttelempfindlichen" Mischungen (Thixotropie = Berührung + Wandlung) herstellen und die Umwandlung vom festen Zustand (Gel) zum flüssigen (Sol) untersuchen (Vorschriften in Anlehnung an MÜLLER, W. 1996).

A Verflüssigung von Sand

5 min.	Gefahrstoff	Sicherheit	Entsorgung
	🔥	Abzug	organ. Lösungs- mittel

Geräte
Reagenzglas mit Stopfen
Reagenzglasständer

Chemikalien
Quarzsand
Benzin oder Petrolether *(leicht entzündlich)*

Durchführung:
In das Reagenzglas mit etwa 5 mL Quarzsand wird so lange Benzin oder Petrolether gegossen, bis der Sand gleichmäßig durchfeuchtet ist und sich beim Schütteln gerade verflüssigt. Wird die Mischung stehen gelassen, erstarrt sie schlagartig.
Vergleiche diese Mischung mit einem Quarzsand-Wasser-Gemenge.

B Das Blutwunder von Neapel
Die jährliche Verflüssigung von „Blut" in Neapel, welche viele Gläubige anzieht, soll auf dieser Grundlage beruhen.

8 min.	Gefahrstoff	Sicherheit	Entsorgung
	✖	Schutzhand- schuhe	Mülleimer

Geräte
Reagenzglas mit Stopfen
Reagenzglasständer
Waage

Chemikalien
Eisen(III)-chlorid Hexahydrat *(gesundheits- schädlich)*
Calciumcarbonat
Natriumchlorid

Durchführung:
2,5 g Eisen(III)-chlorid werden in 10 mL dem. Wasser gelöst. Dazu gibt man 1 g Calciumcarbonat und 170 mg Natriumchlorid und schüttelt kräftig.
Nach einer Feinabstimmung mit Wasser und Kochsalz lässt sich das Gel bereits durch leichtes Schütteln verflüssigen.

Erläuterung:
Im basischen Bereich von Calciumcarbonat fällt kolloidales Eisenhydroxid aus, welches an seiner Oberfläche negativ geladen ist. Die Kolloidteilchen stoßen sich gegenseitig ab und verhindern damit das völlige Ausflocken. Durch die Zugabe von Calcium- und Natrium-Io-

5 negative Überschußladungen

6 negative Überschußladungen

nen erfolgt ein teilweiser Ladungsausgleich dieser Kolloide, welche sich nun zwar zusammenlagern (Gelzustand), jedoch bei Erschütterung wieder voneinander getrennt werden (Solzustand).

C Tonverflüssigung

5 min.	Gefahrstoff ✖	Sicherheit 🧤 Schutzhand-schuhe	Entsorgung 🗑 Mülleimer

Geräte
Reagenzglas mit Stopfen
Reagenzglasständer
Waage

Chemikalien
Töpferton
Calciumchlorid *(reizend)*
Natriumchlorid

Durchführung:
Zu 3 g Töpferton werden 1 g Calciumchlorid und 5 mL dem. Wasser gegeben und kräftig geschüttelt. Durch die Zugabe von ca. 200 mg Kochsalz und wenig Wasser lässt sich die Mischung gerade verflüssigen. In Ruhe erstarrt der Ton wieder.

Modelle für Sol- und Gelzustand einer thixotropen Mischung

Eine thixotrope, d.h. auf Schütteln reagierende Mischung besteht aus festen Partikeln und einer Flüssigkeit. Im Gelzustand bilden die festen Partikel ein starres Gerüst, in dessen Hohlräume die Flüssigkeit eingelagert ist. Im Solzustand wirbeln die

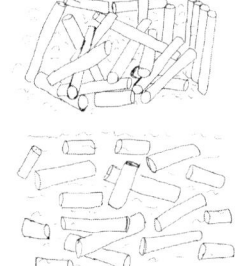

festen Partikel frei in der Flüssigkeit herum. Die Partikel dürfen nicht zu fest zusammengehalten werden (Gelzustand), da sie sich schon bei geringer Erschütterung voneinander lösen müssen (Solzustand). Damit sie im Solzustand nicht sofort wieder zusammenklumpen, müssen auch Abstoßungskräfte wirksam sein.

Sollen Sol- und Gelzustand stabil sein, müssen die Anziehungs- und Abstoßungskräfte bestimmte Bedingungen erfüllen:

Im Gelzustand, also auf kurze Distanz der Partikel, müssen die Anziehungskräfte größer als die Abstoßungskräfte sein. Im Solzustand, also bei größerem Abstand der Partikel, müssen die Abstoßungskräfte zwischen den Partikeln überwiegen.

Bei dem Versuch mit Tonpartikeln sind die Anziehungskräfte die Van-der-Waalskräfte. Sie bewirken nur auf sehr kurze Entfernung eine Haftung (analog einem Klettverschluss). Die abstoßenden Coulombkräfte sind Fernkräfte.

Beim Schütteln der Mischung löst sich „der Klettverschluss" und die Partikel werden durch Abstoßungskräfte (gleichnamig elektrisch geladen: Coulombkräfte) auseinandergetrieben.

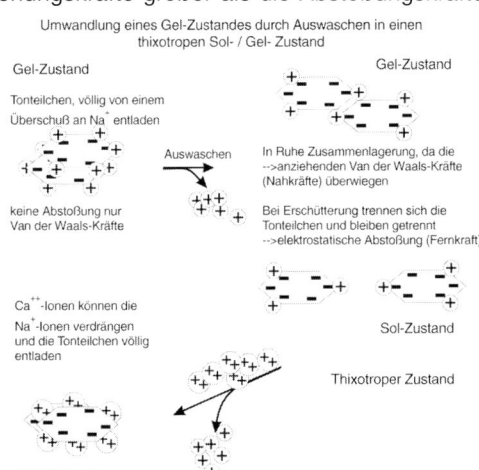

Umwandlung eines Gel-Zustandes durch Auswaschen in einen thixotropen Sol- / Gel- Zustand

Gel-Zustand

Tonteilchen, völlig von einem Überschuß an Na⁺ entladen

keine Abstoßung nur Van der Waals-Kräfte

Ca⁺⁺-Ionen können die Na⁺-Ionen verdrängen und die Tonteilchen völlig entladen

Gel-Zustand

Auswaschen

Gel-Zustand

In Ruhe Zusammenlagerung, da die -->anziehenden Van der Waals-Kräfte (Nahkräfte) überwiegen

Bei Erschütterung trennen sich die Tonteilchen und bleiben getrennt -->elektrostatische Abstoßung (Fernkraft)

Sol-Zustand

Thixotroper Zustand

Dank der thermischen Bewegung (Brownsche Bewegung) nä-
hern sich die Partikel teilweise wieder so weit, dass die Van-
der-Waalskräfte wieder wirksam werden („der Klettverschluss greift") und der Gelzustand wieder eingenom-
men wird.

Aufgabe:

In Norwegen sank ein Küstenabschnitt samt
Häusern beim Baggern in wenigen Minuten ins Meer (BUBLATH, J. 1996). Er
bestand aus Tonsediment, welches sich während der Eiszeit
unter dem Meeresspiegel gebildet hatte und somit stark mit
Salz ($Na^+ + Cl^-$) durchsetzt war. Nach dem Bau der Häuser war über Jahre viel
Wasser in die tieferen Schichten des Bodens gesickert.
Finde eine Erklärung für diese Katastrophe. Wie hätte sie verhindert werden können?

3.11 Mobilisierung von Schwermetall-Ionen bei niedrigem pH-Wert am Beispiel von Cadmium

Die Mobilisierung der Schwermetalle findet im Allgemeinen im stark sauren oder
alkalischen Bereich statt. Die Schwermetallbelastung des Bodenwassers ist somit
nicht nur von der Konzentration des Metalls im Boden, sondern auch vom pH-Wert
abhängig. Eine Überzahl an Hydronium-Ionen (H^+) verdrängt dabei die Metall-Ionen
von den Adsorptionsstellen.

Dies kann dazu führen, dass ein mit Cadmium hochbelasteter Boden im neutralen
Bereich (pH = 8) wenig Cadmium-Ionen im Bodenwasser aufweist. Hingegen ist im
stark sauren Bereich (pH = 3) trotz hundertfach geringerer Cadmiumbodenbelastung

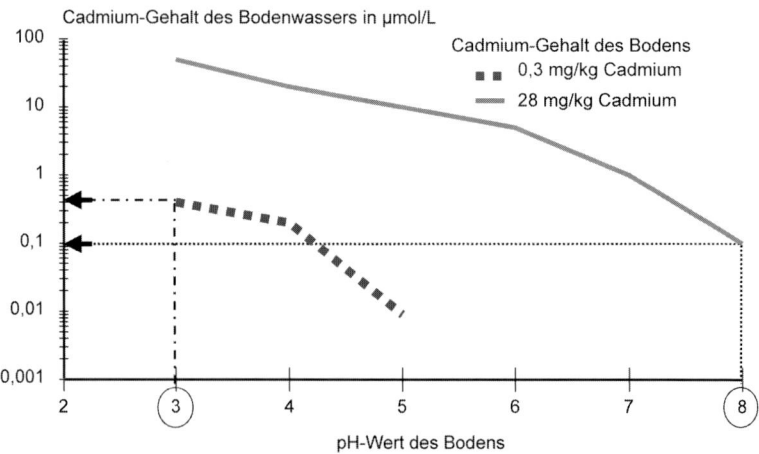

Abb.15: Cadmium-Gehalt der Bodenlösung in Abhängigkeit vom pH-Wert.

das Bodenwasser viermal so stark belastet (BRÜMMER, H. et al. 1985).

Durch Kalken oder durch Behandeln des Bodens mit einer Mischung aus Kalk und Gips erreicht man eine Fixierung der Schwermetalle am Boden, was die Gefährdung des Grundwassers und der Pflanzen durch diese Metalle wesentlich verringert.

Zunehmende Mobilität eines Metalls	Unterhalb eines pH-Wertes (SCHEFFER, F., 1989)
Cd^{2+}	6 bis 6,5
Ni^{2+}, Co^{2+}, Zn^{2+}, Mn^{2+}	5,5
Al^{3+}, Cu^{2+}, Cr^{3+}	4,5
Pb^{2+}, Hg^{2+}, As^{3+}	4,0
Fe^{3+}	3,5

Dieses Kalken des Bodens hat jedoch den Nachteil, dass durch die Anhebung des pH-Wertes die mikrobielle Aktivität steigt. Das hat verstärkten Humusabbau und Mineralisation zur Folge. Falls die Pflanzen dieses Nährsalzüberangebot nicht aufnehmen, können die Nährsalz-Ionen wiederum die Schwermetall-Ionen teilweise freisetzten.

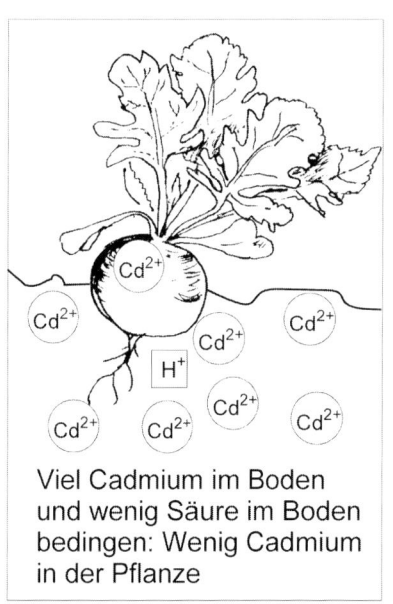

Viel Cadmium im Boden und wenig Säure im Boden bedingen: Wenig Cadmium in der Pflanze

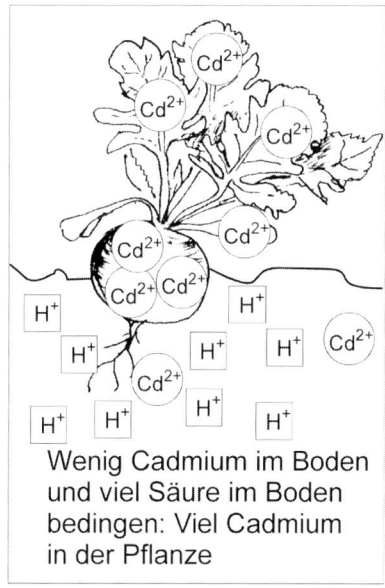

Wenig Cadmium im Boden und viel Säure im Boden bedingen: Viel Cadmium in der Pflanze

3.12 Zusammenfassung der Wirkung des Sauren Regens auf Ton, Humus und Mikroorganismen

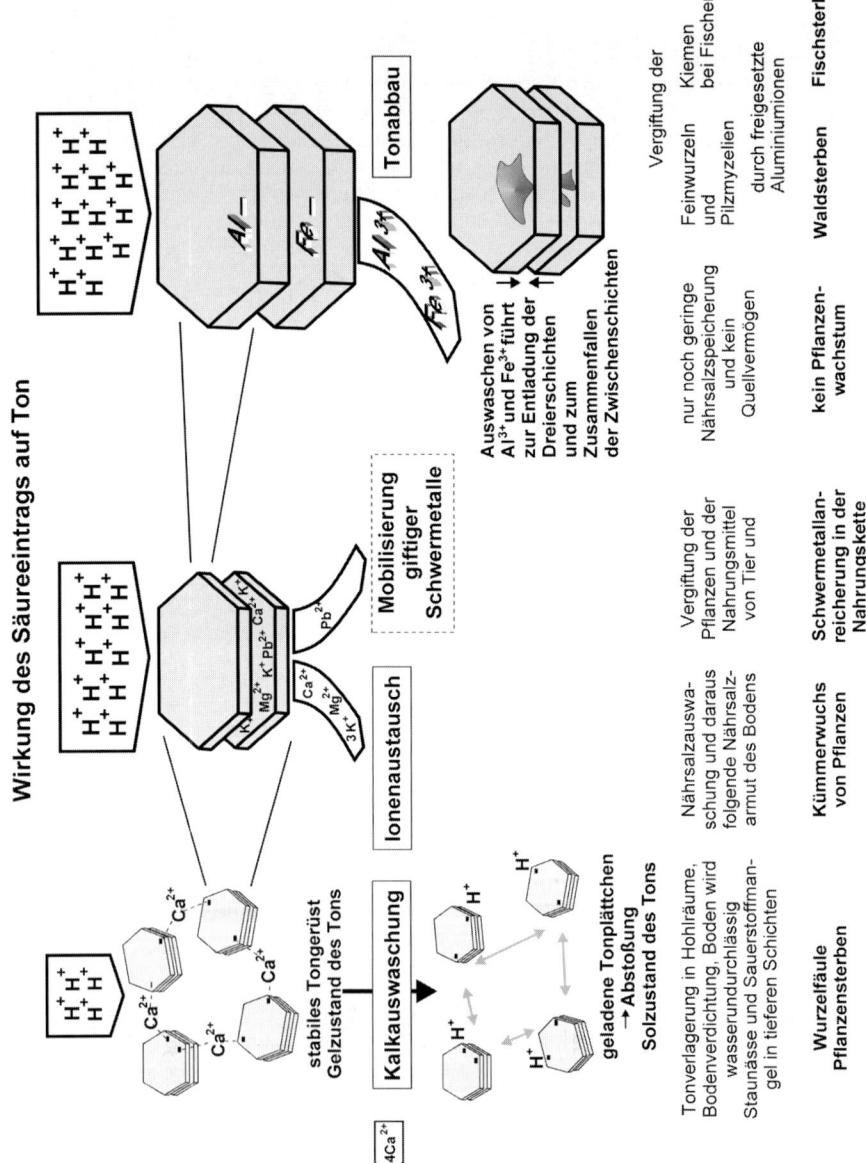

Wirkung des Säureeintrags auf Ton

Kalkauswaschung

stabiles Tongerüst
Gelzustand des Tons

geladene Tonplättchen
→ Abstoßung
Solzustand des Tons

Tonverlagerung in Hohlräume,
Bodenverdichtung, Boden wird
wasserundurchlässig
Staunässe und Sauerstoffmangel in tieferen Schichten

**Wurzelfäule
Pflanzensterben**

Ionenaustausch

**Mobilisierung
giftiger
Schwermetalle**

Nährsalzauswa-
schung und daraus
folgende Nährsalz-
armut des Bodens

**Kümmerwuchs
von Pflanzen**

Vergiftung der
Pflanzen und der
Nahrungsmittel
von Tier und

**Schwermetallan-
reicherung in der
Nahrungskette**

Tonabbau

Auswaschen von
Al^{3+} und Fe^{3+} führt
zur Entladung der
Dreierschichten
und zum
Zusammenfallen
der Zwischenschichten

nur noch geringe
Nährsalzspeicherung
und kein
Quellvermögen

**kein Pflanzen-
wachstum**

Vergiftung der

Feinwurzeln   Kiemen
und   bei Fischen
Pilzmyzelien
          durch freigesetzte
          Aluminiumionen

Waldsterben   Fischsterben

Wirkung von Säuren und gebranntem Kalk auf Humus und Bodenorganismen

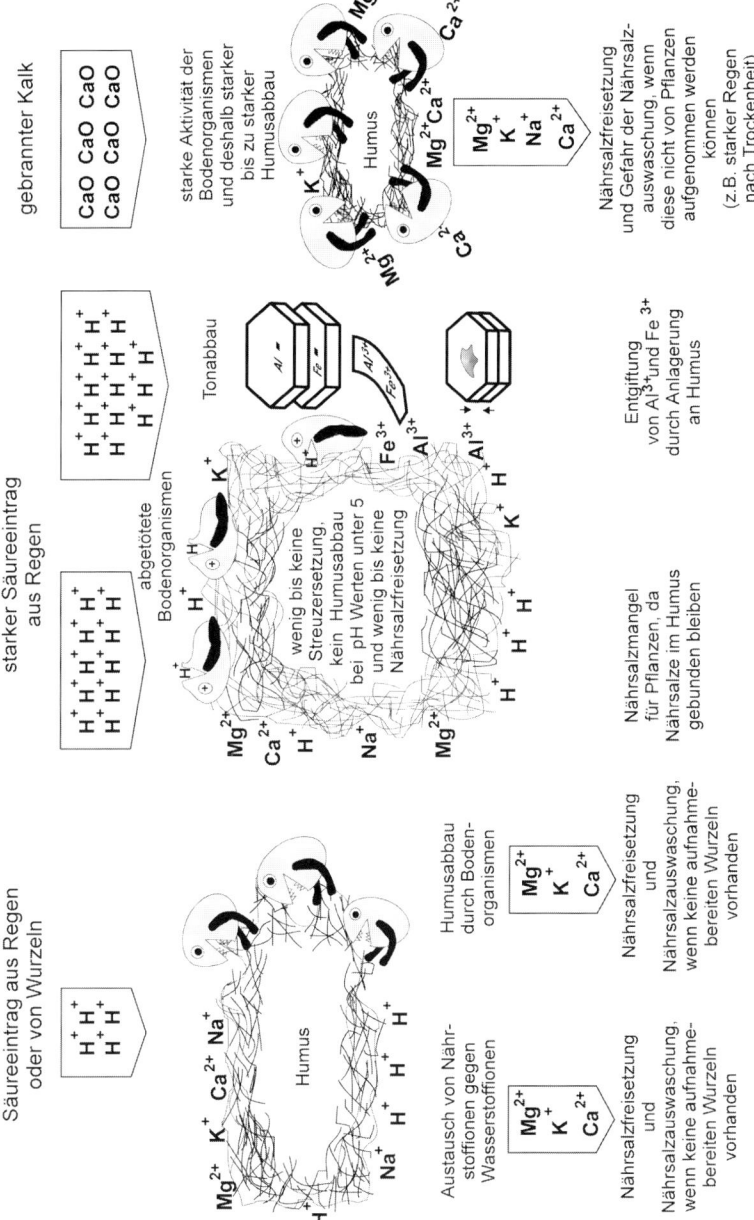

Säureeintrag aus Regen oder von Wurzeln

H⁺ H⁺ H⁺ H⁺

Humus

Mg²⁺ K⁺ Ca²⁺ Na⁺

Na⁺ H⁺ H⁺ H⁺

H⁺

Austausch von Nährstoffionen gegen Wasserstoffionen

Humusabbau durch Bodenorganismen

Mg²⁺ K⁺ Ca²⁺

Nährsalzfreisetzung und Nährsalzauswaschung, wenn keine aufnahmebereiten Wurzeln vorhanden

Mg²⁺ K⁺ Ca²⁺

Nährsalzfreisetzung und Nährsalzauswaschung, wenn keine aufnahmebereiten Wurzeln vorhanden

---

starker Säureeintrag aus Regen

H⁺ H⁺ H⁺ H⁺ H⁺
H⁺ H⁺ H⁺ H⁺ H⁺

H⁺ H⁺ H⁺ H⁺ H⁺ H⁺
H⁺ H⁺ H⁺ H⁺ H⁺
H⁺ H⁺ H⁺

abgetötete Bodenorganismen

Mg²⁺ Ca²⁺ H⁺ Na⁺ Mg²⁺

K⁺ H⁺ H⁺ K⁺ H⁺ K⁺ H⁺

wenig bis keine Streuzersetzung. kein Humusabbau bei pH Werten unter 5 und wenig bis keine Nährsalzfreisetzung

H⁺ H⁺ H⁺ H⁺

Tonabbau

Al – Fe²⁺

Al³⁺ Fe³⁺

Fe³⁺ Al³⁺ Al³⁺

Nährsalzmangel für Pflanzen, da Nährsalze im Humus gebunden bleiben

Entgiftung von Al³⁺ und Fe³⁺ durch Anlagerung an Humus

---

gebrannter Kalk

CaO CaO CaO
CaO CaO CaO

starke Aktivität der Bodenorganismen und deshalb starker Humusabbau

Mg²⁺ Ca²⁺

Humus

K⁺ Mg²⁺ Ca²⁺

Ca²⁺ Mg²⁺

Mg²⁺ K⁺ Na⁺ Ca²⁺

Nährsalzfreisetzung und Gefahr der Nährsalzauswaschung, wenn diese nicht von Pflanzen aufgenommen werden können (z.B. starker Regen nach Trockenheit)

3.13 Mineralstoffkreislauf im System Boden – Pflanze

Die folgenden Aufgaben sind in Verbindung mit der Abbildung „Mineralstoffkreislauf im System Boden – Pflanze" zu verwenden.
  Dabei sollen die für das Leben der Pflanzen im Boden wesentlichen Ionen und ihre Wege im Boden und in der Pflanze kennen gelernt werden.

Quelle: „Solange noch Gras darüber wächst", Der Tagesspiegel (Berlin), Febr./März 1985

Aufgaben:
1. Die für die Pflanzen wesentlichen Mineralien sind aus geladenen Teilchen (Ionen) aufgebaut. Stelle die auf der Abbildung genannten positiv geladenen Ionen (Kationen) zusammen und ordne diesen die folgenden Namen zu: Calcium-, Cadmium-, Magnesium-, Blei-, Kalium-, Eisen-, Hydronium-, Quecksilber-Ionen!
2. Stelle ebenso die in der Abbildung genannten Anionen (negativ geladenen Teilchen) zusammen und benenne sie: Phosphat-, Hydroxid-, Arsenat-, Sulfat-, Nitrat-, Hydrogencarbonat-Ionen!
3. Suche und nenne die verschiedenen Bestandteile der Abbildung (z.B. Humus)!
4. Auf welchen Wegen wird Nitrat (NO_3^-) in den Boden gebracht und wo verbleibt es, wenn es nicht von der Pflanze aufgenommen wird?
5. Warum wird Kalium nicht im gleichem Maße wie Nitrat ins Grundwasser ausgeschwemmt?
6. Warum wird der Dünger auch N-P-K genannt? Was steckt dahinter?
7. Beschreibe den Weg des Phosphat-Ions.
8. Welche Schwermetall-Ionen sind im Arbeitsblatt angegeben und über welche Wege kommen sie in den Boden?
9. Aus welchen Elementen besteht das schichtenförmig aufgebaute Tonmineral und wie wird es deshalb noch genannt?
10. Welche Ionen sind in den Zwischenschichten adsorbiert und warum sind es nur Kationen und Wasser? Vergleiche dazu auch den Humus!
11. Auf welchen zwei Wegen kann Calcium von der Pflanze aufgenommen werden?
12. Welche Stoffe und Voraussetzungen müssen für die Zucker- bzw. Zellulosebildung gegeben sein?
13. Welches Metall ist im Chlorophyll und welche Funktion hat die Zellulose?

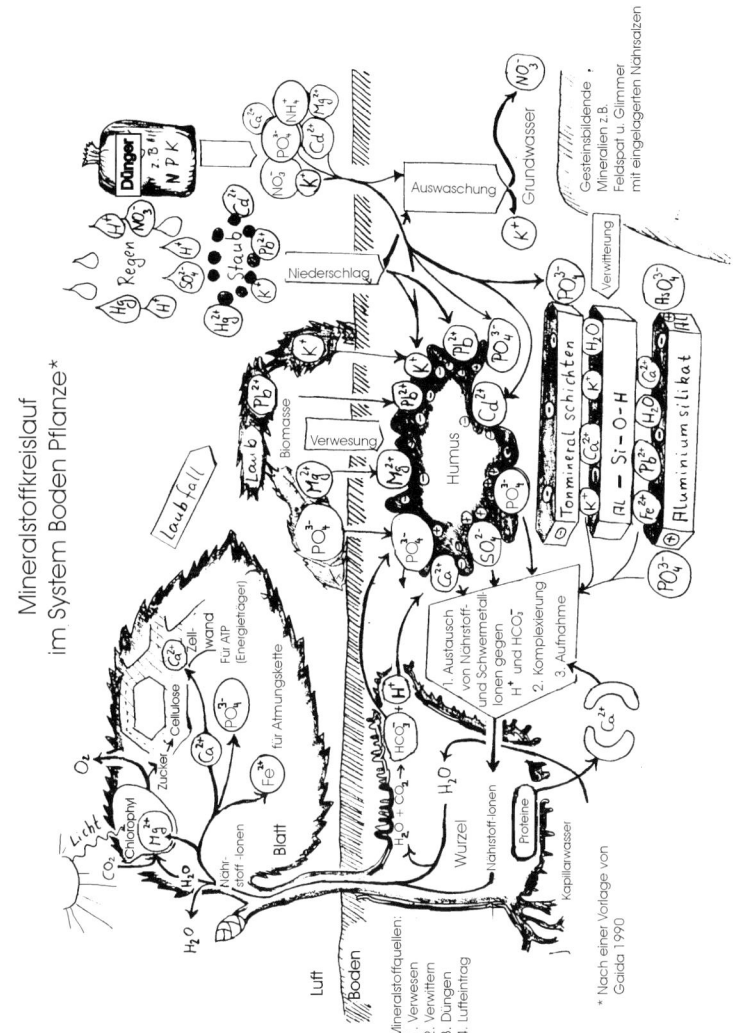

Mineralstoffkreislauf
im System Boden Pflanze*

* Nach einer Vorlage von
Gaida 1990

Mineralstoffquellen:
1. Verwesen
2. Verwittern
3. Düngen
4. Lufteintrag

4 Der Nachweis von Schwermetallen in Böden

4.1 Einleitung

Im Gegensatz zu den Belastungen des Bodens durch Pestizide, chlororganische Verbindungen oder Überdüngung (z.B. durch Nitrat) ist die Vergiftung des Bodens durch Schwermetalle in ihrer Bedeutung bisher unterschätzt worden. Dies liegt unter anderem daran, dass spektakuläre Schwermetallverseuchungen schnell vergessen werden (s. z.B. Stollberg (Blei), Lengerich (Thallium), Duisburg (Kupfer, Blei, Cadmium etc.)).
Die kontinuierliche Akkumulation der Metalle in unseren Böden geht schleichend vor sich. Eingetragen werden Schwermetalle nicht nur durch das Aufbringen von

Frühere Thyssen-Versuchsanstalt verseucht?

Schüler stellten hohe Quecksilberwerte fest

Von RAIMUND ESSER   NRZ 12.5.89

HILDEN. Nach der aufsehenerregenden Entdeckung der Mülldeponie auf dem Gelände der Firma Seiffert an der Weststraße wurden die Schüler der Aktionsgruppe „Maulwürfe" des Helmholtz-Gymnasiums wieder fündig: In der ehemaligen „Wärmetechnischen Versuchsanstalt" der Firma Thyssen auf der Eichenstraße entdeckten sie nach eigenen Angaben weit überhöhte Quecksilberwerte. Dies teilten die Schüler und ihr Chemielehrer, Dr. Walther Enßlin, bei einem Diskussionsforum im Helmholtz-Gymnasium der Öffentlichkeit mit.

Wie Enßlin erklärte, seien die gemessenen Quecksilberwerte so hoch, daß das Gebäude eigentlich nur mit Schutzanzügen betreten werden dürfe. Auch die Luft in der Umgebung sei, so ein Schüler, durch die geringe Luftzirkulation er-

Gefahr

heblich mit Quecksilber belastet. Das Haus steht seit Jahren leer und soll in Kürze abgerissen werden. Gefahr bestehe, so Enßlin, besonders für spielende Kinder und die Menschen, die während des Abbruchs

dort arbeiten müssen.
Quecksilber ist höchst giftig und schädigt unter anderem das Gehirn. Ohne Mühe seien die Schüler in das Gebäude gelangt und hätten dort unbehelligt die Messungen vornehmen können, erklärten sie. „Es ist auch für Kinder kein Problem, in das Gebäude zu gelangen", klagte ein Schüler die Stadt an. Sie müsse genügend Sicherungsvorkehrungen treffen, damit Gebäude und Grundstück von niemandem betreten werden können.
Schon im Januar hätten die Grünen, so Jochen Gödde vom Umweltausschuß zur NRZ, auf die unhaltbaren Sicherheits-

vorkehrungen auf dem Gelände hingewiesen. Bis jetzt sei aber von seiten der Stadt noch nichts zur Beseitigung der Mißstände unternommen worden.
Die Schüler des Helmholtz-Gymnasiums und ihr Lehrer

Beseitigung

Dr. Walther Enßlin dürften Verwaltung und Behörden ins Nachdenken gebracht haben. Vertreter der zuständigen Ämter und der Parteien hatten an dem „Hildener Umweltforum" teilgenommen.

belastetem Klärschlamm, sondern auch über Luft und Wasser. Dadurch werden auch Gebiete belangt, die weitab von allen Schadstoffquellen liegen.

In neuester Zeit macht zum Beispiel der Schlamm aus ausgebaggerten Flüssen von sich reden, dessen Schwermetallgehalt dem des gesamten bundesdeutschen Hausmülls entspricht.

Anders als die meisten organischen Verbindungen sind Schwermetalle nicht abbaubar. Vermindern kann sich der Schwermetallgehalt in der Biosphäre, d.h. im Lebensraum von Pflanze, Tier und Mensch, nur durch langsames Auswaschen in tiefere Bodenschichten oder durch Umwandeln in schwerlösliche, nicht biologisch verfügbare Mineralien. Diese Prozesse erfordern geologische Zeiträume.

Beschleunigt wird heutzutage der Auswaschprozess durch den sauren Regen, sodass z.B. Blei in den kalkarmen Gebieten Norddeutschlands wieder im Grund- und damit im Trinkwasser auftaucht.

Im Ruhrgebiet, wo seit jeher große Mengen von Schwermetallen verarbeitet wurden, müsste bereits eine landwirtschaftliche Nutzung über weite Gebiete untersagt werden. Dazu gehören bis zu 500 m breiten Streifen entlang der Autobahnen, die Überschwemmungsgebiete der Flüsse, mit Klärschlamm gedüngte Flächen und die Umgebungen von Blei-, Kupfer-, Eisen- und Glashütten, Zementfabriken, Galvanikbetrieben, Verzinkereien und älteren Müllverbrennungsanlagen. Selbst im eigenen Garten kann man sich nicht vor dem Eintrag von Schwermetallen (wie Blei, Platin, Cadmium) durch Autoverkehr schützen.

Um die Gefahren, die vom Schwermetallgehalt des Bodens ausgehen, abschätzen zu können, muss dieser analysiert und bewertet werden.

Mit unserem Verfahren wollen wir SchülerInnen, aber auch Untersuchungsämtern und privaten Untersuchungslabors die Möglichkeit geben, schnell und kostengünstig Gefahrenquellen aufzuspüren und das Risiko abzuschätzen.

4.2 Qualitative dünnschichtchromatographische Analyse von Bodenproben auf Schwermetall-Ionen

Wird eine schwermetallhaltige Bodenprobe mit Wasser versetzt, gehen Schwermetall-Ionen ins Wasser über. Da dies oft nur kleine Mengen Schwermetall-Ionen sind, ist es sehr schwierig, sie nachzuweisen. Andererseits stellt auch diese kleine Menge schon eine große Gefahr für Mensch und Umwelt dar. Für den Nachweis dieser geringen Schwermetallmengen müssen sie konzentriert werden.

Dazu werden die sehr gut wasserlöslichen Schwermetall-Ionen mit einem Komplexbildner verpackt. Der verwendete Komplexbildner heißt Diethyldithiocarbamat (DDTC) und wird der Bodensuspension als Natriumsalz (NaDDTC) zugefügt (s. Kap. 4.4, S. 120).

Die nun wasserunlöslichen, mit DDTC komplexierten Schwermetall-Ionen sind sehr gut in einigen organischen Flüssigkeiten löslich. Diese organischen Flüssigkeiten mischen sich nicht mit Wasser, sie bilden eine zweite Phase.

Nach der Zugabe des organischen Lösungsmittels bilden sich zwei Phasen, eine wässrige und eine organische Phase. Die komplexierten Schwermetall-Ionen wandern aus der wässrigen in die organische Phase. Da die organische Phase ein sehr viel kleineres Volumen als die wässrige hat, liegen die Schwermetall-Ionen konzentrierter vor.

Mittels Dünnschicht-Chromatographie (DC) ist es nun möglich, den Extrakt, also die organische Phase, auf komplexierte Schwermetall-Ionen zu untersuchen.

Etwas Extrakt wird auf eine DC-Platte aufgetragen und chromatographiert. Je nach Schwermetall-Ion löst sich der Komplex besser oder schlechter in dem Fließmittel Toluol. Dadurch wird jeder Komplex unterschiedlich weit transportiert.

Die unterschiedlichen Schwermetall-Komplexe sind jetzt metallspezifisch aufgetrennt.

Die meisten Schwermetallionen-DDTC-Komplexe sind farblos. Diphenylthiocarbazon (Dithizon), ein anderer Komplexbildner für Schwermetall-Ionen, bildet sehr intensiv gefärbte Komplexe aus.

Durch ein Tauchbad der DC-Platte in Dithizon-Lösung werden die DDTC-Komplexe durch Dithizon-Komplexe ersetzt. Nun können anhand von Farbe und Position den Flecken Metalle zugeordnet werden.

Einige DDTC-Komplexe werden nicht oder nur teilweise in Dithizon-Komplexe umgewandelt. Daher wird die Platte nach der Auswertung auf über 200 °C erhitzt und das organische DDTC zerstört. Danach ist eine vollständige Komplexierung mit Dithizon möglich (s. Kap.4.10, „Probleme mit Dithizon-DDTC-Mischkomplexen", S. 129).

4.2.1 Herstellung der Vergleichslösung

Zur besseren Auswertung lässt man in jedem Chromatogramm eine Vergleichsprobe mitlaufen. Sie enthält die wichtigsten Schwermetalle.

46 mg Zinknitrat Hexahydrat *(gesundheitsschädlich, brandfördernd)*,
38 mg Kupfer(II)-Nitrat Trihydrat *(gesundheitsschädlich)*,
17 mg Quecksilber(II)-Nitrat Monohydrat *(giftig)*,
49 mg Nickel(II)-Nitrat Hexahydrat *(gesundheitsschädlich, brandfördernd)*,
16 mg Blei(II)-Nitrat *(giftig, erbgutverändernd)*,
28 mg Cadmium(II)-Nitrat Tetrahydrat *(gesundheitsschädlich)*,
49 mg Kobalt(II)-Nitrat Hexahydrat *(gesundheitsschädlich)* auf
100 mL dem. Wasser

Hinweise:
Die Vergleichslösung darf von Jugendlichen nicht hergestellt, aber aufgrund ihrer geringen Konzentration eingesetzt werden. Soll die Lösung längere Zeit aufbewahrt werden, ist sie mit Salpetersäure *(ätzend)* stark anzusäuern (pH 0-0,5), um ein Anlagern von Metallionen an die Gefäßwand zu verhindern.

Die Vergleichslösung hat eine Konzentration von 100 mg Schwermetall-Ionen pro Liter. Es können andere Schwermetalle nach folgender Berechnung eingewogen werden:

$$100 \text{ mg Metallionen} = 100 \text{ mg} \cdot \frac{\text{Molmasse des Metallsalzes}}{\text{Molmasse des Metalls}}$$

Es sollten jedoch möglichst Nitrate oder Acetate verwendet werden, sonst fallen einige Metallionen aus.

4.2.2 Schwermetall-Chromatographie

45 min.	Gefahrstoff	Sicherheit	Entsorgung

Geräte
Waage (auf 1 mg genau)
Plastikspatel[1]
Sieb (Tee- oder Küchensieb)
250 mL Erlenmeyerkolben
  (mit Stopfen)
1 mL und 25 mL Pipette
Pipettierhilfe 50 mL
Rundkolben mit
  Anschlussreduzierstück
  und Vakuumschlauch
Wasserstrahlpumpe
250 mL Becherglas (300 mL hoch)[2]
Mikrokapillaren, Tauchkammer[3]
Heizplatte
Reagenzgläser
Reagenzglasständer
evtl. Zentrifuge[4]
evtl. Haartrockner
evtl. Heizpilz
Fotoapparat
Farbskala
(Briefmarken-Farbführer)

Chemikalien
Ammoniakwasser 25 % *(ätzend)*
DC-Kieselgelplatten 60; Schichtdicke 0,2 mm;
  ohne Fluoreszensindikator F254[5]
Natriumnitrat *(brandfördernd)*
tert-Butylmethylether (MTBE) *(leichtentzündlich)*
Essigsäureethylester *(leichtentzündlich)*
Toluol *(leichtentzündlich; gesundheitsschädlich)*
NaDDTC-Lösung (nur einige Stunden haltbar)
  ca. 200 mg NaDDTC (Natriumdiethyldithiocarbamat) *(gesundheitsschädlich)* in 20 mL
  dem. Wasser
Dithizon-Lösung (nur wenige Tage haltbar)
  20 mg Dithizon (1,5 Diphenylthiocarbazon) in
  100 mL Azeton *(leichtentzündlich)*
Essigsäure-Acetat-Puffer pH 4,5
  ca. 4,5 g Natriumacetat ca. 2 mL konz. Essigsäure *(ätzend)* 100 mL dem. Wasser
Schwermetall-Vergleichslösung *(gesundheitsschädlich)*

---

[1] Metallspatel können die Probe durch Abrieb kontaminieren!

[2] Als Chromatographie-Kammer genügt ein Becher- oder Marmeladenglas. Es sollte um ca. 5 cm höher als die darin stehende Platte sein, um eine optimale Verdunstung des Fließmittels zu erreichen. Durch dieses Verdunsten werden die Komplexe über die ganze Laufstrecke aufgetrennt. In einer geschlossenen, mit Fließmittel gesättigten Kammer, also ohne Verdunsten, werden hingegen nur 40 % der Laufstrecke des Fließmittels zur Auftrennung der Komplexe genutzt. Ist die Verdunstung in der offenen Kammer allerdings zu stark, werden alle Komplexe an der Fließmittelfront zusammengeschoben (Achtung, Luftstrom im Abzug).
Mit offener Kammer sind die R_f-Werte nicht reproduzierbar (sie hängen vom Verdunsten des Fließmittels ab), die Reihenfolge der einzelnen Metallkomplexe im Chromatogramm bleibt jedoch erhalten, da ein Ein-Komponenten-Fließmittel verwendet wird.

[3] Zum Tauchen der Platte in Dithizon-Lösung eignet sich gut eine schmale Kammer, in der die Platte gerade Platz hat. Eine solche Tauchkammer lässt sich leicht selbst aus Glasplatten (Bilderrahmen) bauen. Zum Abdichten und Verkleben der Glasplatten eignet sich Silicon, welches gegen das Lösungsmittel Azeton beständig ist.

[4] Falls die Phasentrennung bei humusreichen Bodenproben Probleme bereitet, muss das Extrakt zentrifugiert werden.

[5] Für unser Verfahren erwiesen sich Kieselgelplatten mit einer Schichtdicke von 0,2 mm (5 x 10 cm; Alufolie) als bester Kompromiss zwischen Trennleistung und Preis. Sie stehen den wesentlich teureren HPTLC-Platten kaum nach. Sie sollten allerdings **ohne** Fluoreszensindikator F254 sein, da dieser Zinksalze enthält.

Durchführung:

Hinweis: Da Öle aus **ölhaltigen Bodenproben** (z. B. Altlast) mit den Schwermetallen extrahiert werden und die Chromatographie erheblich stören, sollten diese vorher entfernt werden (s. Kap. 4.3).

Bodenprobe

In einem 250 mL Erlenmeyerkolben werden 50 g gesiebte Bodenprobe mit 100 mL dem. Wasser,
10 mL Puffer,
20 mL MTBE,
20 mL Essigsäureethylester und
2 mL NaDDTC-Lösung[6] versetzt[7].
Mindestens 5 min kräftig schütteln[8].
Zur Vergrößerung des Dichteunterschiedes zwischen organischer und wässriger Phase ca. 30g Natriumnitrat hinzugeben; die Mischung kurz und kräftig schütteln und absetzen lassen.
Die organische Phase **pipettieren.**
Falls dieses wegen Schaumbildung nicht möglich ist, den Schaum pipettieren und zentrifugieren.

Vergleichsprobe

In einem Reagenzglas wird
1 mL Vergleichslösung

mit 5 mL Puffer,
1 mL MTBE,
1 mL Essigsäureethylester und
1 mL NaDDTC-Lösung[6] versetzt[7].
Mindestens 1 min kräftig schütteln.
Die organische Phase **pipettieren.**
Aufgrund der geringen Menge Lösungsmittel entfällt das Einengen an der Wasserstrahlpumpe.

Die organische Phase an der Wasserstrahlpumpe auf ca. 1 mL **einengen.** Um den Vorgang zu beschleunigen, ist es manchmal sinnvoll, den organischen Extrakt mittels Wasserbad oder Heizpilz zu erwärmen. Fallen beim Einengen Substanzen aus, müssen diese durch ein wenig Essigsäureethylester wieder in Lösung gebracht werden. Diese Lösung wird auf die Chromatographieplatte aufgetragen. Mit einer Mikrokapillare möglichst kleine Flecken der extrahierten organischen Phasen **auftragen** (ca. 1 cm vom unteren Rand der Platte): Je kleiner der Fleck, desto besser die spätere Auftrennung[9]. Die Flecken gut trocknen lassen[10]. DC-Platte ca. 1/2 cm hoch mit Toluol gefüllte Kammer stellen[11]. Die Flecken 3-5 mal „konzentrieren"[12]. Das Fließmittel bis ungefähr 3/4 der Platte laufen lassen. Die Platte aus der Kammer nehmen, gut trocknen lassen[13], **auswerten** und fotografieren. Platte ca. 1 s lang in das Dithi-

---

[6]   Erst nach dem Puffer zugeben, weil NaDDTC nicht säurebeständig ist.

[7]   Störte in einem vorherigen Chromatogramm einer Bodenprobe die Eisenfahne, kann Eisen in nachfolgenden Chromatogrammen mit 3%-Natriumfluorid-Lösung *(gesundheitsschädlich)* maskiert werden.

[8]   Ein Ultraschallbad ist nützlich, ersetzt aber das mehrmalige Aufwirbeln der Suspension nicht.

[9]   Eventuell die Flecken beim Auftragen mit dem Haartrockner trocknen (aber nicht zu heiß, da die Komplexe hitzeempfindlich sind).

[10]   Es können sich sonst Verzerrungen im Chromatogramm ergeben.

[11]   Die Kammer muss sauber, möglichst mit Wasser gespült und trocken sein. Rückstände, z. B. von Aceton, stören die Chromatographie erheblich.

[12]   Eine erhebliche Verbesserung der Trenneigenschaften bei allen Plattentypen stellt das „Konzentrieren" dar. Das Fließmittel bis knapp über die oberen Fleckränder laufen lassen, die Platte aus dem Becherglas nehmen, trocknen lassen. Diesen Vorgang mehrmals wiederholen. Aus den runden Flecken werden schmale Striche, die eine bessere Auftrennung und Auswertung ermöglichen.

[13]   Eventuell mit Essigsäure begasen, um eine einheitliche Färbung des Plattenhintergrundes zu erzielen.

116

zon-Bad tauchen, trocknen lassen und nach ca. 5 min erneut auswerten und fotografieren. Danach im Abzug über konz. Ammoniakwasser halten und nach ca. 5 min auswerten und fotografieren. Platte auf eine Heizplatte legen und 10 min auf ca. 200 °C erhitzen, bis alle farbigen Flecken der Schwermetallkomplexe verschwunden sind. Erneut ca. 1 s in das Dithizon-Bad tauchen und nach ca. 5 min auswerten und fotografieren. Danach erneut mit Ammoniakwasser begasen und wieder nach ca. 5 min auswerten und fotografieren.

Auswertung:
Anhand der Farben und der Position im Chromatogramm kann jedem Fleck ein Metall zugeordnet werden. Im Folgenden ist eine Übersicht der von uns untersuchten Metalle angegeben, geordnet nach ihrer Reihenfolge im Chromatogramm. So ist der Zink-Komplex am weitesten und der Eisen-Komplex am wenigsten gewandert.

Zur Bestimmung der Farben wurde ein Farbenführer für Briefmarken (z.B. Michel Farbenführer) benutzt, erhältlich in jedem Briefmarkengeschäft. Beim Fotografieren der Platte Farbvergleichsskalen dazulegen. So werden Farbstiche im Film und Fotopapier erkennbar.

Metall	Farbe des DDTC-Komplexes	Farbe nach dem ersten Dithizon-Bad	Farbe nach der ersten Begasung mit Ammoniak
Zn	farblos	lilarosa	lilarosa
Cu	braun	ocker	grüner Rand; innen bräunlich
Hg	schwach gelblich	orangegelb	orangegelb
Ni	hellolivgrün	hellolivbraun	dunkelgraublau
Pb	farblos	rosakarmin	rosakarmin
Cd	farblos	gelborange	gelborange
Co	dunkelolivgrün	grünlich	grünlich
Fe	grauschwarz	graue Fahne	graue Fahne

Metall	Farbe nach dem Erhitzen und dem zweiten Dithizon-Bad	Farbe nach der zweiten Begasung mit Ammoniak
Zn	rosalila	rosalila
Cu	hellgrünoliv	hellgrün
Hg	sublimiert beim Erhitzen ab	
Ni	erst violett, dann mattgrau	ultramaringrau
Pb	hellrotorange	hellrotorange
Cd	orange	orange
Co	weißviolett	rötlichlila
Fe	wird beim Erhitzen oxidiert	

Hinweis:
Für eine halbquantitative dünnschichtchromatographische Analyse von Bodenproben auf Schwermetall-Ionen siehe Kap. 4.12 („Halbquantitative Auswertung", S. 131).

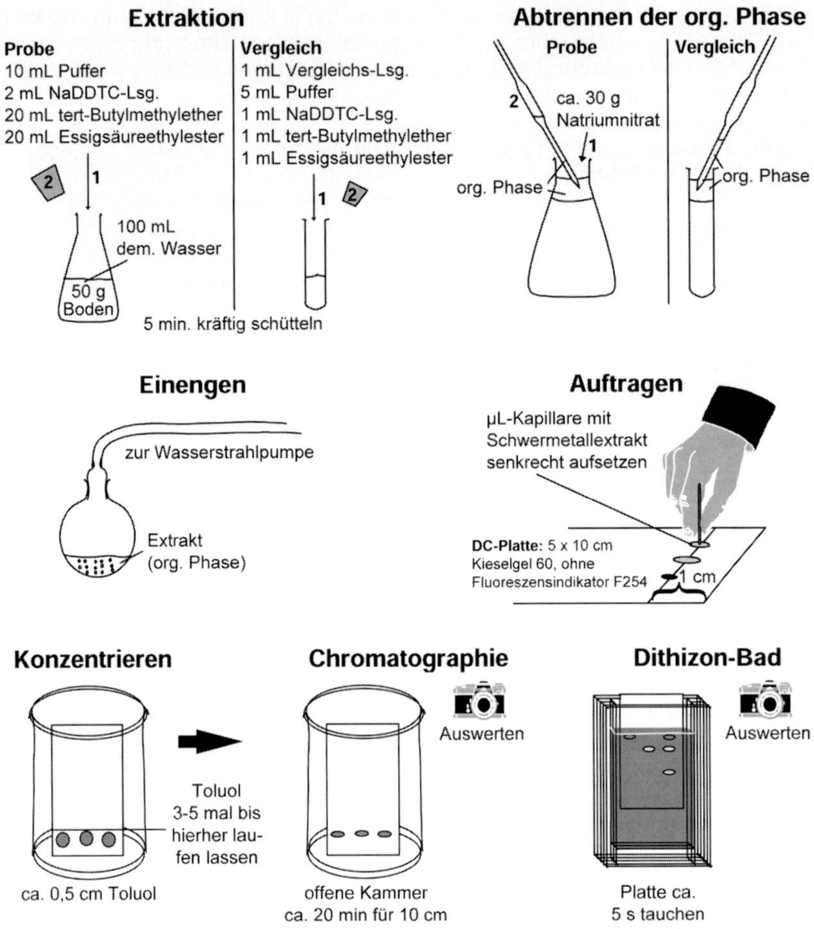

Extraktion

Probe
10 mL Puffer
2 mL NaDDTC-Lsg.
20 mL tert-Butylmethylether
20 mL Essigsäureethylester

Vergleich
1 mL Vergleichs-Lsg.
5 mL Puffer
1 mL NaDDTC-Lsg.
1 mL tert-Butylmethylether
1 mL Essigsäureethylester

100 mL
dem. Wasser

50 g
Boden

5 min. kräftig schütteln

Abtrennen der org. Phase

Probe

ca. 30 g
Natriumnitrat

org. Phase

Vergleich

org. Phase

Einengen

zur Wasserstrahlpumpe

Extrakt
(org. Phase)

Auftragen

µL-Kapillare mit
Schwermetallextrakt
senkrecht aufsetzen

DC-Platte: 5 x 10 cm
Kieselgel 60, ohne
Fluoreszensindikator F254

1 cm

Konzentrieren

ca. 0,5 cm Toluol

Toluol
3-5 mal bis
hierher lau-
fen lassen

Chromatographie

Auswerten

offene Kammer
ca. 20 min für 10 cm

Dithizon-Bad

Auswerten

Platte ca.
5 s tauchen

Begasen

Auswerten

25 %
Ammoniak-
wasser
Vorsicht ätzend

Erhitzen

200 °C

Heizplatte

Erneutes Dithizon-Bad
Erneutes Begasen

Auswerten   Auswerten

Platte ca.
5 s tauchen

25 %
Ammoniak-
wasser
Vorsicht ätzend

Dithizon-Lsg.: 20 mg Dithizon + 100 mL Azeton
NaDDTC-Lsg.: 200 mg NaDDTC (Natriumdiethyldithiocarbamat) + 20 mL dem. Wasser
Puffer: 4,5 g Natriumacetat + 2 mL Eisessig + 100 mL dem. Wasser

Vergleichs-Lsg.: 46 mg Zinknitrat Hexahydrat + 38 mg Kupfer(II)-Nitrat Trihydrat
+ 17 mg Quecksilber(II)-Nitrat Monohydrat + 49 mg Nickel(II)-Nitrat Hexahydrat + 16 mg Blei(II)-Nitrat
+ 28 mg Cadmium(II)-Nitrat Tetrahydrat + 49 mg Cobalt(II)-Nitrat Hexahydrat + 100 mL dem. Wasser

118

4.3 Ölhaltige Bodenproben

Ölhaltiger Boden muss vor der Schwermetallextraktion oder der Phenolanalyse mit MTBE gewaschen werden. Gleichzeitig kann der Ölgehalt bestimmt werden.

25 min.	Gefahrstoff	Sicherheit	Entsorgung
	🔥	Abzug	organ. Lösungs- mittel

Geräte
200 mL Rundkolben mit
Anschlussreduzierstück und
 Vakuumschlauch
Wasserstrahlpumpe
Waage (auf 1 mg genau)
Plastikspatel
eventuell Ultraschallbad
Zentrifuge
Sieb, evt. Heizpilz

Chemikalien
tert-Butylmethylether (MTBE) *(leicht-entzündlich)*
Glassäule gefüllt mit Aluminiumoxid
Paraffinöl in Pentan gelöst
 50 mg Paraffinöl in 20 mL Pentan
Natriumsulfat

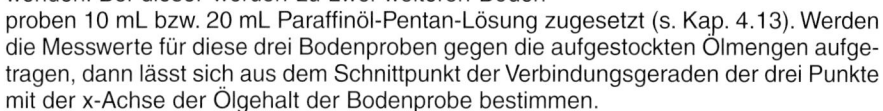

Durchführung:
100 g trockene gesiebte Bodenprobe mit 20 g wasser-freiem Natriumsulfat und 30 mL MTBE versetzen und im 200 mL Rundkolben kräftig schütteln (besser 30 min im Ultraschallbad). Die entstandene Ether-Boden-Suspension durch Zentrifugieren trennen oder einfa-cher 24 Stunden zur Abtrennung stehen lassen.

Soll der Ölgehalt der Probe sicher bestimmt wer-den, dann lohnt es sich, die Aufstockmethode anzu-wenden. Bei dieser werden zu zwei weiteren Boden-proben 10 mL bzw. 20 mL Paraffinöl-Pentan-Lösung zugesetzt (s. Kap. 4.13). Werden die Messwerte für diese drei Bodenproben gegen die aufgestockten Ölmengen aufge-tragen, dann lässt sich aus dem Schnittpunkt der Verbindungsgeraden der drei Punkte mit der x-Achse der Ölgehalt der Bodenprobe bestimmen.

Die abgetrennte MTBE-Lösung wird über eine mit Aluminiumoxid gefüllte Säule von polaren Verbindungen gereinigt. (Die Abtrennung der Phenole u. a. mittels Alumi-niumoxid kann unter Umständen entfallen.)

Vermessung (zwei Alternativen):
1. Das MTBE-Lösungsmittel wird im vorher gewogenen 200 mL Rundkolben am Wasserstrahlvakuum abgedampft. Den Rundkolben mit den öligen Rückständen auswiegen.
2. Die Öl-MTBE-Lösung kann mit einem Gaschromatographen untersucht werden.

Auswertung (Beispiel):
100 mL Rundkolben mit Öl   75,305 g
100 mL Rundkolben leer $\underline{-\ 70,207\ g}$
50 g Boden enthielt somit   5,098 g Öl und andere mit Ether extrahierbare Stoffe.

$$\text{Ölgehalt} = \frac{5{,}098g}{50g} \cdot 100\,\% = 10\,\%$$

Der so von Ölen befreite Boden ist für die Schwermetallanalyse bereit.

4.4 Extrahierbare Schwermetallionen

Mit unserem Komplexbildner Natriumdiethyldithiocarbamat (NaDDTC) lassen sich 22 Schwermetalle quantitativ extrahieren. Weitere 10 lassen sich unvollständig extrahieren (BODE, H. 1954; BALLSCHMITER, K. 1971; STARY, J. 1968, OKÁC, A. 1960).

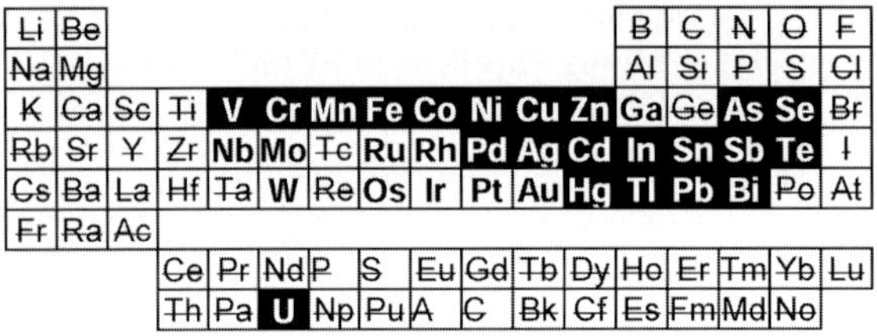

Abb. 16: Ausschnitt aus dem Periodensystem der chemischen Element. Die folgenden Elemente lassen sich nicht, teilweise bzw. vollständig mit extrahieren:

~~keine Komplexierung~~
teilweise Komplexierung
vollständige Komplexierung

	Ag	As	Au	Bi	Cd	Co	Cr	Cu	Fe	Ga	Hg	In	Ir	Mn	Mo	Nb
I	+															
II						+	+[1]		+	+		+		+		
III		+	+	+		+	+[2]		+[3]	+		+		+		
IV													+			
V																+
VI							R[4]								R[5]	

	Ni	Os	Pb	Pd	Pt	Rh	Ru	Sb	Se	Sn	Te	Tl	V	W	U	Zn
I												+				
II	+		+	+						O						+
III					+	+	+					+				
IV		+		+					+	+	+	+				
V												R				
VI													+	+		

Abb. 17: In den angegebenen Oxidationsstufen können die aufgeführten Metalle komplexiert werden. Dabei bedeuten: +: wird komplexiert; **O,R**: wird nach Oxidation (O) durch Luftsauerstoff oder Reduktion (R) durch DDTC komplexiert. In der Regel laufen diese Reaktionen automatisch während der Extraktion ab.

Das im folgenden beschriebene Verfahren beschäftigt sich nur mit den häufigsten Schwermetallen: **Cd, Co, Cu, Fe, Hg, Ni, Pb und Zn.**

Andere Metallionen werden jedoch mit extrahiert, chromatographiert und können später auf der Chromatographieplatte sichtbar werden.

4.5 Gängige Aufschlussmethoden (DEV-S4) – Einfluss des pH-Wertes auf Aufschluss und Extraktion

Wird eine Bodenprobe auf Schwermetalle untersucht, müssen die im Boden mehr oder weniger stark gebundenen Metalle erst einmal freigesetzt werden. Dieser Vorgang wird als Aufschluss bezeichnet. Er wird stark von dem herrschenden pH-Wert bestimmt. Von der Art dieses Aufschlusses hängt ab, wie viele Schwermetalle mobilisiert werden.

Ökotoxikologisch relevant ist nur der bioverfügbare Schwermetallgehalt. Das ist der Anteil an Schwermetallen, der durch natürliche Prozesse vom Boden in das Bodenwasser übergehen kann. Denn nur frei bewegliche Schwermetalle können in das Grundwasser oder in die Nahrungskette gelangen.

Für den Aufschluss von Schwermetallen gibt es zwei DIN-Verfahren:
DIN 38 414-S7 (Königswasseraufschluss)
DIN 38 414-S4 (Elution mit destilliertem Wasser über 24 Stunden)

Das deutsche Einheitsverfahren für Altlastenuntersuchungen ist der S4-Aufschluss (DEV-S4). Es ist – obwohl wenig aussagekräftig – für die Untersuchung von Altlasten **vorgeschrieben** und wird zu deren Beurteilung herangezogen.

Während der Königswasseraufschluss alle Metallionen aus säurelöslichen Verbindungen (das ist weitestgehend der Gesamtschwermetallgehalt) mobilisiert, soll der **Neutralaufschluss** (DEV-S4) den Schwermetallaufschluss durch Sickerwasser simulieren. Dass dieser Aufschluss äußerst unrealistisch ist, lässt sich mit einem Blick auf die wirklichen Bedingungen leicht aufzeigen: Der saure Regen hat einen pH-Wert um 4, im Wurzelbereich von Pflanzen liegt der natürliche pH-Wert bei 5. Ein Aufschluss bei einem pH-Wert von 4 wäre somit sinnvoller.

Der Aufschluss bei pH 7 ist immer noch das vom Gesetzgeber vorgeschriebene Verfahren[14]. Sämtliche Gutachten über Schwermetalle in Böden sind daher äußerst

---

Weitere Erläuterungen zu Abb. 17:

[1] Co(II) wird komplexiert, extrahiert und oxidiert in der org. Phase langsam zu Co(III)
[2] Cr(III) wird, vermutlich aufgrund seiner sehr stabilen Hydrathülle, sehr langsam komplexiert, sodass es nur erfasst wird, wenn es in extrem hohen Konzentrationen vorliegt, die unter halbwegs natürlichen Bedingungen in Böden nie auftreten können.
[3] Fe(III) wird, vermutlich aufgrund seiner sehr stabilen Hydrathülle, sehr langsam komplexiert, sodass es nur erfasst wird, wenn es in extrem hohen Konzentrationen vorliegt.
[4] Cr(VI) bildet nach der Reduktion zu Cr(III) durch DDTC einen blauen, gut extrahierbaren Komplex. Die störende Hydrathülle kann sich wegen der sofortigen Komplexierung nach der Reduktion erst gar nicht bilden.
[5] Mo lässt sich ausgehend von Molybdat komplexieren. Es bilden sich zwei verschiedene Komplexe unterschiedlicher Oxidationsstufen (gelb, violett), wobei der violette einer niedrigeren Oxidationsstufe zuzuordnen ist, da er nicht direkt, sondern erst durch Reduktion der Extraktionslösung mit Natriumdithionit entsteht. Um welche Oxidationsstufen es sich handelt, ist den Autoren nicht bekannt.

[14] Dies ist auch für das neue Bodenschutzgesetz (1999) gültig. Allerdings ist für die Beurteilung der nutzpflanzenverfügbaren Stoffe die Extraktion mit Ammoniumnitrat vorgeschrieben, welche auch für die Beurteilung des Sickerwassers verwendet werden kann (s. auch Anhang 1 „Sickerwasseruntersuchung nach dem neuen Bodenschutzgesetz").

kritisch zu betrachten, da auf Grund des vorgeschriebenen und angewendeten DEV-S4 die tatsächliche Belastung des Bodens und damit des Grundwassers unterschätzt wird.

Der Königswasseraufschluss ist auch nur sehr begrenzt geeignet, da im Wurzelbereich keine Protonenkonzentrationen von über 1 mol/l (pH 0, konzentrierte Säure), sondern nur um das Tausend- bis Zehntausendfach geringere Konzentrationen vorkommen. Auch unsere Magensäure ist nicht mit Königswasser vergleichbar. So

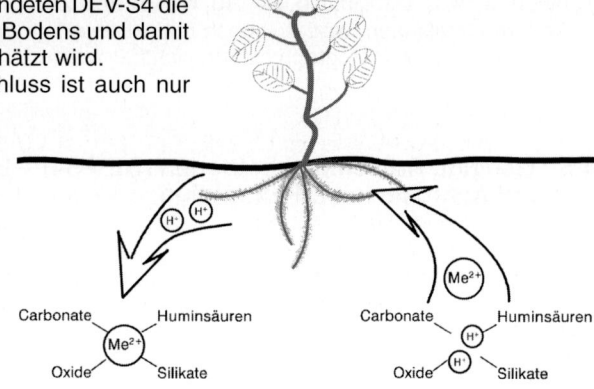

durchwandert Bleisulfat den menschlichen Körper unverändert, während es durch einen Aufschluss mit Königswasser mobilisiert wird und erfasst werden kann (WIRTH, W. 1985).

Keine dieser Methoden lässt eine Aussage über die tatsächliche Gefährdung der Umwelt zu!! Aufgrund dieser Tatsache, dass beide DIN-Verfahren keine direkte Beurteilung der Gefährdung von Mensch und Umwelt durch Schwermetalle zulassen, entwickelten wir einen Aufschluss speziell für den **bioverfügbaren Schwermetallanteil** einer Probe. Dazu ist, wie oben schon erwähnt, ein pH-Wert um 4 sinnvoll. Da die Extraktion bei einem pH-Wert von 4,5 durchgeführt wird, bietet sich an, Extraktion und Aufschluss gleichzeitig durchzuführen und so Zeit zu sparen. Aber nicht nur dieser rein praktische Vorteil spricht für unser Vorgehen:

Um positiv geladene Nährstoffionen (Na^+; K^+; Mg^{2+}; Ca^{2+} etc.) aufnehmen zu können, muss die Pflanze aufgrund des Ladungsausgleiches positive Ladungen abgeben. Dies tut sie zum Beispiel in Form von H^+-Ionen.

Durch diese freigesetzten H^+-Ionen werden nun wiederum an dem Boden (Humus, Ton, Eisenoxid) adsorbierte oder gebundene Metallionen freigesetzt, indem die H^+-Ionen deren Plätze in den Verbindungen einnehmen (Ionenaustausch). Die Pflanzen können nun ihrerseits diese freigesetzten Metallionen aufnehmen.

Auf diesem Wege gelangen aber auch giftige Schwermetallionen in die Pflanzen, sie werden regelrecht mit den Nährstoffionen verwechselt (FINK, A. 1969).

Durch ihre Aufnahmegeschwindigkeit für Schwermetallionen determinieren

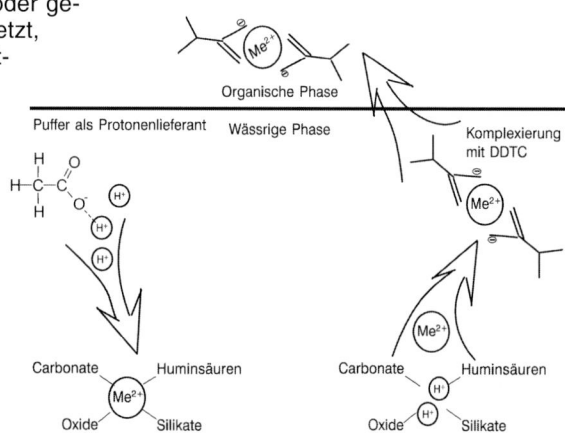

122

die Pflanzen gleichzeitig auch die Aufschlussgeschwindigkeit: Der Aufschlussprozess von Schwermetallionen wird durch ein Gleichgewicht zwischen freien Ionen in der Bodenlösung und am Boden gebundenen Ionen bestimmt. Durch die Aufnahme von Schwermetallionen verschieben die Pflanzen dieses Gleichgewicht und bewirken ein „Nachrutschen" von gebundenen Ionen.

Bei unserer Extraktion im Labor wird die Protonenabgabe der Pflanzen durch einen konstanten pH-Wert von 4,5 imitiert. Dieser pH-Wert entspricht ungefähr dem pH-Wert im Wurzelbereich.

Das Komplexieren und Extrahieren der Schwermetallionen mit Diethyldithiocarbamat (im Folgenden als DDTC bezeichnet) während des Aufschlusses simuliert deren Aufnahme durch die Pflanzen.

Die Pflanzen mobilisieren die Schwermetalle zwar langsamer, sie haben aber auch viel mehr Zeit. In unserem Verfahren wird dieser natürliche Vorgang im Zeitraffer nachvollzogen.

Das Verfahren wird also durch zeitgleiches Aufschließen und Extrahieren nicht nur schneller, sondern entspricht darüber hinaus auch zum Teil den tatsächlichen Vorgängen im Boden.

4.6 Deutsches Einheitsverfahren zur Wasser-, Abwasser- und Schlammuntersuchung

(Ministerialblatt für das Land Nordrhein-Westfalen – Nr. 76, vom 5. Sept. 1977)

1. Probenvorbereitung
Soweit wie möglich wird das Material in dem zur Ablagerung vorgesehenen Originalzustand untersucht, d.h. vor dem Auslaugen nicht zerkleinert. Der Feuchtigkeitsgehalt des Materials ist zu bestimmen.

Schlämme, die noch nennenswert Wasser abscheiden, werden vor der Elution filtriert oder zentrifugiert. Die abgetrennte Wasserphase wird volumetrisch erfasst und wie die Eluate untersucht.

2. Ausführung
Im Regelfall wird 1 Gewichtsteil der Probe, der wenigstens 100 g umfassen sollte, mit der 10fachen Menge dem. Wasser versetzt und bei Raumtemperatur 24 Stunden unter schonendem Rühren oder Umschütteln (Zerkleinerung durch Abrieb vermeiden) ausgelaugt. Im Filtrat werden dann Art und Konzentration der gelösten Stoffe nach den Verfahren der Wasseranalytik bestimmt. Der Eluationsrückstand sollte in der Regel – nach Abtrennung der Wasserphase durch Filtrieren oder Zentrifugieren – wenigstens noch ein weiteres Mal ausgelaugt werden.

Bei besonderen Problemstellungen z.B. im Zusammenhang mit gemeinsamer Ablagerung verschiedenartiger Abfälle, kann es zweckmäßig sein, außer mit dest. Wasser auch mit saurem oder alkalischem Wasser zu eluieren. Hierfür werden kohlensäurehaltiges Wasser, 0,1 mol/L Salzsäure und 0,1 mol/L Natronlauge empfohlen.

3. Angabe der Ergebnisse
Die Angabe der Ergebnisse muss die Probenahme- und Auslaugungsbedingung umfassen.

Die Konzentrationen der beim Auslaugungsversuch gelösten Stoffe sind für jedes Eluat und bei Dünnschlamm zusätzlich für das abgetrennte Schlammwasser in mg/L anzugeben.

Für die abschließende Beurteilung ist die Charakterisierung der Abfallprobe nach Herkunft, chemischer Zusammensetzung und äußerer Beschaffenheit erforderlich. Bei der Darstellung des Untersuchungsergebnisses ist die Richtlinie UP 1/75 „Darstellung von Untersuchungsergebnissen aus der Untersuchung von Wasserproben und Eluaten" (DEV 1984 Abschnitt S4 oder nach DIN 38414, Anlage 3; s. auch Anhang 1.3) zu beachten.

4.7 Einfluss des Redox-Milieus auf Aufschluss und Extraktion

Auch das Redox-Milieu wirkt sich, wie der pH-Wert, auf die Mobilität von Schwermetallionen im Boden aus.

Analysiert man die unter reduzierenden, neutralen und oxidierenden Bedingungen gewonnenen Extrakte derselben schwermetallhaltigen Bodenprobe, so könnte man zum Beispiel nebenstehendes Ergebnis erhalten (OBERMANN, P. 1991).

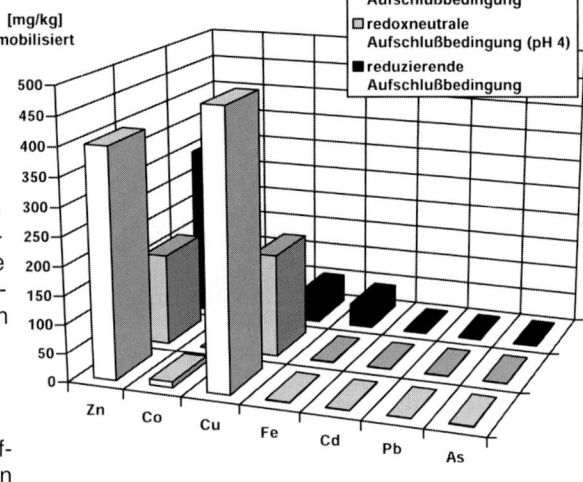

Erläuterung:
Oxidation
Humus, ein komplexes Stoffgemisch aus Abbauprodukten von Fetten, Proteinen, Polysacchariden, Lignin und vielen anderen organischen Substanzen, bindet sehr gut Schwermetallionen. Wird dieses organische Material durch Oxidation zerstört, werden die gebundenen Schwermetallionen freigesetzt.

Auch im Boden findet ein ständiger Abbau des Humus durch Bodenbakterien etc. statt, wodurch die Schwermetalle für die Pflanzen verfügbar werden. Bei zu hohem Schwermetall- und/oder Säuregehalt sind die Bodenlebewesen allerdings blockiert.

Es ist verständlich, dass gerade die Ionen, welche sich besonders gut am Humus und seinen Carboxylat-, Phenolat- und Sulfhydrylgruppen anlagern, durch einen oxidierenden Aufschluss freigesetzt und damit analytisch erfassbar werden (vgl. Abb.).

Reduktion
Neben dem Humus adsorbieren auch wasserunlösliche Eisen-III-Oxid-Hydroxid-Verbindungen (FeOOH) Schwermetalle. Wird der Boden mit einer reduzierenden Lösung (z.B. Hydroxylammoniumchlorid, Ammoniumoxalat oder Huminstoffen) behandelt, dann wird Eisen-III zu Eisen-II reduziert. Eisen-II-Hydroxid ist jedoch sehr gut

wasserlöslich. Das Eisen-II geht daher zusammen mit den adsorbierten Schwermetallen in Lösung und kann nachgewiesen werden.[15]

Damit kann auch die hohe Mobilität von Eisenionen in reduzierender Umgebung erklärt werden (vgl. Abb. 14)

In humosem Boden liegt normalerweise ein reduzierendes Milieu vor.

4.8 Bindungsformen der Schwermetallionen / fraktionierter Aufschluss

Mit unserem Verfahren werden in etwa die bioverfügbaren Schwermetallionen erfasst. Es wird dabei jedoch nicht nach deren verschiedenen Bindungsformen im Boden differenziert.

Will man wissen, woran die Metalle gebunden sind, ist der folgende stufenweise (fraktionierte) Aufschluss sinnvoll (DÜES, G. 1987).

Bindungsform	Extraktionslösung pro 20 g Boden
1) Austauschbare Ionen (adsorbierte Ionen)	10 g Ammoniumchlorid auf 100 ml dem. Wasser
2) Carbonate	5 mL Essigsäure konz. und 5 g Natriumacetat auf 100 mL dem. Wasser
3) Organische Bindungsformen (Humus) und Sulfide	10 g Natriumhypochlorit (NaOCl) auf 100 mL dem. Wasser
4) Amorphe Bindungsformen (Mn-, Fe-Oxihydrate)	10 g Natriumoxalat auf 100 mL dem. Wasser
5) Kristalline Bindungsformen	5 g Natriumoxalat und 5 g Ascorbinsäure auf 100 mL dem. Wasser
6) Schwermetalle im Rückstand	10 mL konz. Salpetersäure auf 30 mL konz. Salzsäure (Königswasser)

Das Prinzip dieses fraktionierten Vorgehens ist, unter immer „aggressiver" werdenden Aufschlussbedingungen nach und nach immer stabilere Bindungsformen zu lösen. Auf diese Weise können bestimmte Anteile des Gesamtschwermetallgehaltes den verschiedenen Bindungsformen zugeordnet werden.

Die verschiedenen vom Boden abgetrennten Extraktionslösungen können dann mit unserem Verfahren weiter untersucht werden.

Erläuterung:

1) Wie dargestellt, werden die **„austauschbaren Ionen"** bereits durch die Ammoniumchlorid-Lösung mobilisiert. Diese Ionen sind meist nur an größere Moleküle adsorbiert und werden daher leicht aus dem Boden herausgewaschen.

2) Die **„carbonatischen Anteile"** der Schwermetalle bleiben jedoch von diesem nur schwach sauren Aufschluss mit Ammoniumchlorid unbetroffen. Carbonate werden durch Säuren, wie Essigsäure, gelöst, wobei schon ein Essigsäure/Acetat-

---

[15] Die Umkehrung dieser Reaktion wird z.B. zur Reinigung von schwermetallhaltigen Abwässern ausgenutzt: Die Abwässer werden mit Eisen-II-Hydroxid versetzt und mit Luft durchblasen. Das Eisen-II oxidiert zu Eisen-III und flockt als Oxid-Hydroxid braun aus, wobei ein Großteil der Schwermetalle an diesem Gel adsorbiert wird. Dieser Vorgang findet auch an Moorquellen und vielen anderen Gewässern statt, wo die Sauerstoffzufuhr rotbraune Eisenablagerungen bewirkt (Raseneisenerz). (GAIDA, R. et al. 1990 (1))

Puffer ausreichend ist. Zusätzlich werden die in Lösung gegangenen Schwermetallionen teilweise von dem Acetat-Anion komplexiert. Dadurch wird das Gleichgewicht zwischen den an Carbonat-Anionen gebundenen und den mobilisierten Ionen in Richtung der mobilisierten Ionen verschoben.

3) Mit dem starken Oxidationsmittel Natriumhypochlorit wird der Humus im Boden vor allem an seinen phenolischen-, Amino-, Carboxyl- und Schwefelgruppen oxidiert. Diese sind vornehmlich für die Bindung von Schwermetallen am Humus verantwortlich (**organische Bindungsformen**). Liegen im Boden auch **Sulfide** (Pyrit, Bleiglanz ...) vor, dann werden auch diese Verbindungen oxidiert und deren Schwermetalle freigesetzt.

4) Die an „**amorphe Oxide**" gebundenen Schwermetalle werden durch einfache Reduktion der Oxide mit Oxalat-Lösung in die wässrige Bodenlösung überführt.

5) Die an stabilere „**kristalline Oxide**" gebundenen Schwermetalle können ebenfalls durch Reduktion der Metallionen mobilisiert werden, allerdings ist hier eine Mischung von Oxalat-Lösung und Ascorbinsäure (Vitamin C), welche ebenfalls ein Reduktionsmittel ist, zu verwenden.

6) Mit Königswasser können die **Schwermetalle im Rückstand** weitestgehend gelöst werden. Diese „Radikalkur" wird durch freie Chlorradikale und Nitrosylchlorid (NOCl) im Königswasser ermöglicht.

Bei Ersatzraumhalden hat sich folgendes Extraktionsschema zur Schwermetallmobilisierung etabliert (LANGE-HESSE, K. 1989).

Simulationsziel	Extraktionsmittel
pH-bedingtes Gesamtgefährdungspotential Wirkung des sauren Regens auf den Boden	0,5 mol/L Zitronensäure (pH 1,95) Kaliumhydrogenphthalat-Puffer (pH 4 oder 3)
pflanzenverfügbarer Anteil	0,1 mol/L Calciumchlorid (pH 5,6)
einfaches, hochwirksames Extraktionsmittel	25 g Boden + 50 mL Coca Cola

Vorschriften für spezielle Extraktionen

1. **Gesamtgehalt** durch Königswasseraufschluss (LANGE-HESSE, K. 1989):
Schutzbrille, Abzug, 100 mL Becherglas, konzentrierte Salzsäure und konzentrierte Salpetersäure, 2 g getrockneten und feingemahlenen Boden im Becherglas mit 10 mL konzentrierter Salzsäure zum Sieden erhitzen, 10 mL konzentrierte Salpetersäure dazugeben und bis zum Trockenen eindampfen. Danach Rückstand mit 5 mL verdünnter Salzsäure aufnehmen und zum Sieden erhitzen. Nach dem Abkühlen vorsichtig die Salzsäure durch Zugabe von festem Natriumacetat in seiner Säurewirkung abpuffern.

2. **Maximal pflanzenverfügbarer Gehalt:** Extraktion mit Zitronensäure ergibt das maximale pH-bedingte Gesamtgefährdungspotential:
50 mL 5 mol/L Zitronensäure (45 g Zitronensäure auf 50 mL dem. Wasser) auf 5 g luftgetrockneten, feingemahlenen Boden in das Ultraschallbad für 20 min geben. Mit konzentrierter Natronlauge den pH-Wert auf 4 einstellen.
Für die folgenden Extraktionen gilt als allgemeine Vorschrift: 0,5 g luftgetrockneter Boden in 100 mL PE-Weithalsflasche mit 50 mL Extraktionslösung versetzen und mit 200 U/min 24 Stunden liegend schütteln.

3. **Carbonatisch gebundene Schwermetalle** mit Essigsäure-Acetat-Puffer:
1 mol/L Natriumacetat und 1 mol/L Essigsäure zum Boden geben.
4. **Normaler pflanzenverfügbarer Anteil** (entspricht Schwermetallgehalt in der Pflanze):
0,1 mol/L $CaCl_2$ oder $Ca(NO_3)_2$ (pH 5,6)

5. **Kationenaustauschendes Extraktionsmittel** vor allem für Cadmium:
Ammoniumacetat (Ammonium tauscht aus und Acetat bindet die Schwermetalle bei pH 7). Cadmium wird fast so gut wie mit Königswasser extrahiert.

6. **Coca-Cola-Extraktion** (SCHMUG, E. 1997):
Als überall verfügbares Extraktionsmittel von gleichbleibender Qualität kann Coca-Cola für die Bodenanalyse verwendet werden. Cola enthält reines Wasser, Phosphor- und Zitronensäure sowie reichlich Zucker, welcher mit seiner leicht reduzierenden Wirkung den Extraktionsvorgang noch fördert. Vorschrift: 25 g Boden mit 50 mL Cola eine Stunde schütteln und dann filtrieren.

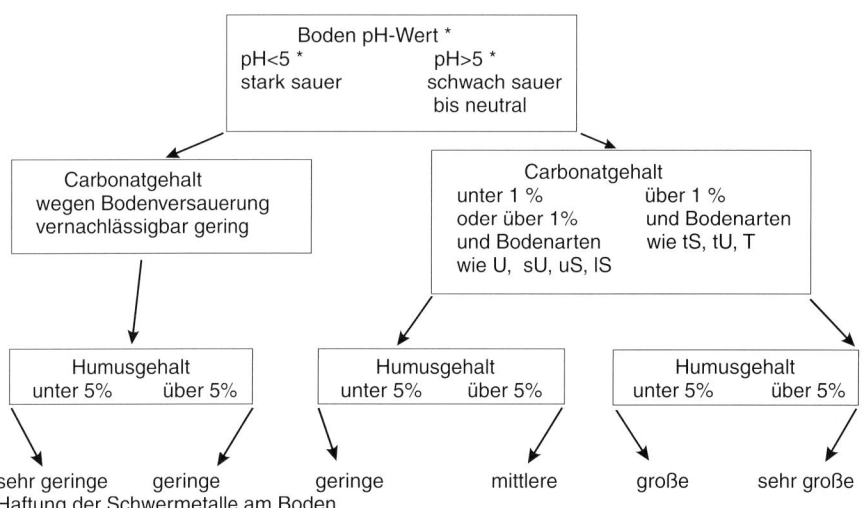

Schwermetalle haften am Besten an neutralen Böden mit hohem Carbonat- und Humusgehalt

* Der angegebene pH-Wert 5 ist nur ein Mittelwert für alle Schwermetalle.
Genauer sind Grenz-pH-Werte für die Mobilisierung ausgewählter Schwermetalle (nach Scheffer, F. 1989), unterhalb welchen die jeweiligen Schwermetalle aus dem Boden gewaschen werden:

Element:	Cd	Zn	Ni	Cu	As	Pb	Hg
Grenz-pH-Wert:	6,5	6,0-5,5	5,5	4,5	4,5-4,0	4,0	4,0

Abb. 18: Schwermetallfixierung an unterschiedlichen Böden

4.9 Die Stabilität von DDTC und seinen Metallkomplexen

Der Komplexbildner DDTC ist eine instabile Verbindung. In wässriger Lösung ist er nur wenige Stunden haltbar, die Festsubstanz NaDDTC ist nur im Kühlschrank längere Zeit haltbar.

Das liegt unter anderem daran, dass das DDTC-Molekül leicht an seinen Schwefelatomen oxidiert wird oder in seine Ausgangsverbindungen zerfällt. Auch gegen Säuren ist DDTC empfindlich. Daher ist auch die Einhaltung des pH-Wertes während der Extraktion durch den Puffer notwendig.

Natriumdiethyldithiocarbamat (NaDDTC) und der Me^{2+}-DDTC-Komplex

Man muss daher ein ständiges Schrumpfen der verfügbaren Menge DDTC hinnehmen. In der wässrigen Phase lässt sich dieser Fehler durch Zugeben eines großen Überschusses an DDTC kompensieren. Sind die unpolaren Metallkomplexe jedoch einmal im organischen Extraktionsmittel, fehlt dieser Überschuss, da freies DDTC in der wässrigen Phase zurückbleibt.

Wenn DDTC oxidiert wird oder zerfällt, fehlen einigen Metall-Ionen ihre Liganden. Befindet sich die organische Phase noch auf der wässrigen, können diese Metall-Ionen dort erneut mit DDTC komplexiert werden. Ist die Extraktionsphase allerdings abgetrennt oder wurde der Extrakt schon auf die Chromatographieplatte aufgetragen, dann wächst ständig die Zahl der unkomplexierten Metall-Ionen, die sich sofort an polaren Oberflächen (DC-Platte, Glaswand) anlagern (adsorbieren).

Die einzelnen Metallionen haben alle eine unterschiedliche Affinität zu DDTC, das heißt ihre Bindungen sind unterschiedlich stark (stabil). Wird in einem stabilen Metall-DDTC-Komplex das DDTC zerstört, „klaut" sich das „starke" Metall-Ion intaktes DDTC von einem Metallion mit einer schwächeren DDTC-Affinität. Daher wirkt sich der DDTC-Zerfall immer nur auf die Metall-Ionen mit der schwächsten Bindung zu DDTC aus.

Hinzu kommt, dass die DDTC-Moleküle, die eine Verbindung mit einem „starken" Ion eingegangen sind, besser gegen Oxidation geschützt sind, da der Sauerstoff an derselben Stelle, an welcher das Metallion sitzt (nämlich an den Schwefelatomen), angreift.

Die Affinität der Metall-Ionen zu DDTC wird in der ionenspezifischen Komplexbildungskonstanten ausgedrückt. Da uns die vollständige Komplexierung interessiert, benötigen wir die Bruttokomplexbildungskonstante und nicht die Konstante für Teilkomplexe. Je höher diese Bruttokomplexbildungskonstante ist, desto größer ist die Affinität des Ions zu DDTC.

Diese Bruttokomplexbildungskonstante ist wie folgt bestimmt:

$$K = \frac{[ML_n]}{[M^{n+}] \cdot [L^-]^n}$$

K: Bruttokomplexbildungskonstante
$[ML_n]$: Konzentration der Metallkomplexe
$[M^{n+}]$: Konzentration der nichtkomplexierten Metall-Ionen
$[L^-]$: Konzentration der freien ungenutzten Liganden
n: Ladungszahl des Metall-Ions

Von den von uns halb-quantitativ untersuchten Metallen hat Zink die niedrigste Komplexbildungskonstante. Der halbquantitative Zink-Nachweis ist also schwierig, da Probe und Vergleich zeitgleich behandelt werden müssen. Da Zink (außer bei großen Konzentrationen) im Boden toxikologisch unbedenklich bzw. sogar essentiell ist, ist der quantitative Nachweis

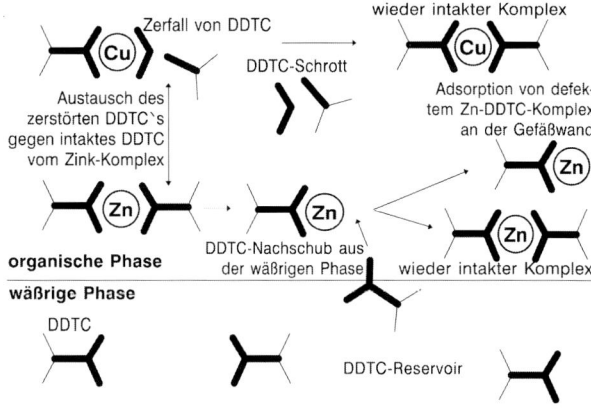

von Zink ohnehin relativ uninteressant. Ist in einer Probe kein Zink enthalten, könnte es sogar von Vorteil sein, dieser Probe eine kleine Menge Zink hinzuzufügen. Damit wird verhindert, dass ein anderes Schwermetall (z.B. Cadmium) von dem Zerfall des DDTC's betroffen wird.

Stabilitätsreihenfolge der Carbamatkomplexe:

$$Hg^{2+} > Cu^{2+} > Ni^{2+} > Co^{2+} > Pb^{2+} > Cd^{2+} > Zn^{2+} > Fe^{2+}$$

Die unterschiedliche Stabilität der Komplexe kann bei zu geringer NaDDTC-Zugabe zum Beispiel den folgenden Ligandenaustausch verursachen:

$$\left\{ Zn^{2+}\left(DDTC^{-}\right)_{2}\right\} + Cu^{2+} \Rightarrow \left\{ Cu^{2+}\left(DDTC^{-}\right)_{2}\right\} + Zn^{2+}$$

4.10 Probleme mit Dithizon-DDTC-Mischkomplexen

Da die Metall-DDTC-Komplexe zu schwach gefärbt sind (außer Cu und Fe) um eine Auswertung zu ermöglichen, wird zur Auswertung ein anderer Komplexbildner, nämlich 1,5 Diphenylthiocarbazon (Dithizon), benutzt.

Zu diesem Zweck werden die Platten nach der Chromatographie in eine Dithizon-Lösung getaucht. Das Dithizon besitzt in der Regel eine höhere Affinität zu Metallionen als das DDTC. Somit bilden sich sofort die farbigen Dithizon-Komplexe.

Der Hintergrund der Platte ist nach dem Dithizon-Bad erst grün, später tief violett gefärbt. Durch eine Änderung des pH-Wertes auf der Platte (mit Ammoniak begasen) färbt sich der Hintergrund gelb. So lassen sich dunkler gefärbte Metalldithizonate besser auswerten. Der Farbumschwung ist durch eine Protonenumlagerung zu erklären.

Bei manchen Metallen entstehen jedoch nicht die reinen Dithizon-Komplexe, sondern DDTC-Dithizon-Mischkomplexe (z. B. bei Nickel), oder der DDTC-Komplex bleibt

1,5 Diphenylthiocarbazon (Dithizon) Me^{2+}-Dithizon-Komplex

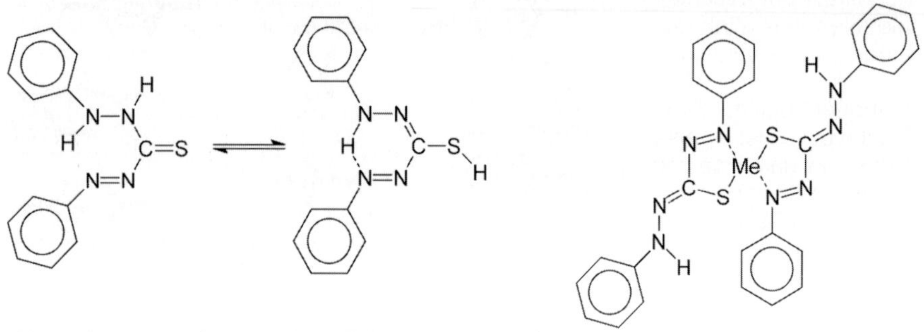

Abb.19: Protonenumlagerung beim Dithizon (nach IRVING, H.M.N.H. 1977)

vollständig erhalten (z. B. bei Kobalt). Die Flecken dieser Metalle – da nur schwach gefärbt – lassen sich schlecht auswerten. Auch der deutliche, hellgrüne Fleck eines Oxidationsproduktes von DDTC behindert die Auswertung.

Bei Bodenproben, die sehr viel organisches Material enthalten, können mitextrahierte organische Farbstoffe weitere Farbflecke verursachen, die die Auswertung zusätzlich erschweren.

Abhilfe schafft hier, die Platten nach dem ersten Dithizon-Bad zu erhitzen. So werden alle Komplexe und organische Farbstoffe zerstört. Dann ist die Platte nochmals zu entwickeln. Das Ergebnis sind reine Dithizon-Komplexe, die sich durch noch auffälligere Farben auszeichnen.

Einen Schönheitsfehler hat dieses Verfahren dennoch: durch die nötige hohe Temperatur (ca. 200 °C) sublimiert das Quecksilber. Dies ist jedoch kein allzu großes Handikap, da sich das Quecksilber vor dem Erhitzen schon gut auswerten lässt. Die sublimierte Menge liegt im Mikrogrammbereich und ist auf das Volumen des Arbeitsplatzes verteilt ungiftig. Trotzdem sollte das Erhitzen der Platte unter dem Abzug durchgeführt werden.

Ist der interne Standard ein organischer Farbstoff, muss er ebenfalls vor dem Erhitzen ausgewertet werden, da er natürlich ebenfalls zerstört würde.

Von Vorteil ist das Erhitzen auch, wenn weitere, vielleicht metallspezifische Komplexbildner angewendet werden sollen.

Li	Be											B	C	N	O	F
Na	Mg											Al	Si	P	S	Cl
K	Ca	Sc	Ti	***V***	***Cr***	***Mn***	***Fe***	***Co***	***Ni***	***Cu***	***Zn***	***Ga***	***Ge***	***As***	***Se***	Br
Rb	Sr	Y	Zr	Nb	***Mo***	***Tc***	***Ru***	***Rh***	***Pd***	***Ag***	***Cd***	***In***	***Sn***	***Sb***	***Te***	I
Cs	Ba	La	Hf	Ta	***W***	***Re***	***Os***	***Ir***	***Pt***	***Au***	***Hg***	***Tl***	***Pb***	***Bi***	***Po***	At
Fr	Ra	Ac														
			Ce	Pr	Nd	Pm	Sm	Eu	Gd	Tb	Dy	Ho	Er	Tm	Yb	Lu
			Th	Pa	***U***	Np	Pu	Am	Cm	Bk	Cf	Es	Fm	Md	No	

Abb. 20: Metalle, die farbige Dithizonate ausbilden. Bei den schwarz unterlegten Metallen ergibt sich eine „**Vollständige Komplexierung**", bei den übrigen „Keine Komplexierung".

Alle Metall-Dithizon-Komplexe sind lichtempfindlich. Das Ausmaß der Zerstörung der Dithizonate durch das Licht (Wellenlänge > 340 µm) ist jedoch sehr metallspezifisch. So ist z. B. der Nickelkomplex nach 89 Stunden erst zu 70 % zerstört, der Cadmiumkomplex nach 5,5 Stunden schon vollständig.

Hier die Reihe der photochemischen Haltbarkeit (MERIWETHER, L.S. et al. 1965):

$$Ni(HDz)_2 > Hg(HDz)_2 > Pd(HDz)_2 > Zn(HDz)_2 > Ag(HDz) \cdot H_2O > Pt(HDz)_2$$
$$> Pb(HDz)_2 > H_2Dz > Bi(HDz)_3 > Cd(HDz)_2$$

4.11 Spezielle Trennung von Blei und Cadmium mittels zweidimensionaler Chromatographie

Bei der Chromatographie der Schwermetallkomplexe lässt die Trennung von Blei und Cadmium oft zu wünschen übrig. Die Flecken überlagern sich stark, sodass selbst eine qualitative Auswertung nicht ohne weiteres möglich ist.

Da Toluol die beiden Metalle nicht zu trennen vermag, wird in diesem Fall ein anderes Fließmittel benutzt, ein Lösungsmittelgemisch aus Toluol und tert.-Butylmethylether (MTBE) im Verhältnis 5:1.

Dieses neue Fließmittel schiebt jedoch die aufgetrennten Metalle Blei und Cadmium in die normalerweise darüberliegenden Metalle (Zn, Cu, Hg, Ni), sodass jetzt gar keine Trennung mehr vorhanden ist.

Einen Ausweg stellt die zweidimensionale Chromatographie dar, wie sie zum Beispiel bei der DC-Trennung von Aminosäuren Anwendung findet. Die erste Dimension mit dem Fließmittel Toluol trennt die Metalle vor, sodass später keine Überlappungen mehr zustande kommen können. Nach dem Trocknen und Drehen der Platte um 90° werden Blei und Cadmium in der zweiten Dimension mit neuem Fließmittel (5:1 Toluol zu MTBE) aufgetrennt.

Bei diesem Verfahren ist es nicht sinnvoll zu „konzentrieren", da die strichförmigen Flecken jeweils senkrecht zur anderen Fließmittelfront stehen würden.

Die Verwendung von 10 x 10 cm großen DC-Platten ist zu empfehlen. Diese Größe lässt sich preisgünstig aus 20 x 20-Platten zuschneiden.

4.12 Halbquantitative Auswertung

Bei einer rein qualitativen Analyse reichen die Farben und die Reihenfolge zur Identifizierung der Metalle aus. Soll allerdings eine zumindest halbquantitative Aussage über den Schwermetallgehalt des Bodens gemacht werden, muss auf einen externen oder internen Standard zurückgegriffen werden.

Das Arbeiten mit einem externen Standard ist sehr zeit- und rechenaufwendig, da alle abgetrennten und auf das Chromatogramm aufgetragenen Volumina genau bestimmt werden müssen, um später den Schwermetallgehalt der Probe berechnen zu können.

Mit einem internen Standard lässt sich dieser Aufwand erheblich reduzieren. Es müssen nur die Fleckenflächen der einzelnen Flecken ausgemessen werden, was mit einer entsprechenden Schablone oder einem durchsichtigen Millimeterpapier (z.B. auf Overheadfolie) kein allzu großes Problem darstellt.

Als **Standardsubstanz** eignet sich am besten ein Metall, welches bei einer vorherigen qualitativen Analyse der Probe nicht zu finden war.

Durchführung

In einer qualitativen Analyse wird ein Metall bestimmt, das nicht in der Probe enthalten ist. Dieses Metall wird nun als Standard verwendet.

Zu der eingewogenen, getrockneten und gesiebten Bodenprobe wird eine genau gewogene Menge der Standardmetall-Ionen gegeben[16]. Diese Menge sollte bei 50 g eingewogenem Boden zwischen 10 und 20 mg liegen. Alternativ kann man zur Probe eine definierte Menge einer Metallsalzlösung des Standardmetalls geben.

Jetzt kann wie gewohnt extrahiert und chromatographiert werden.

Einfache Auswertung mit internem Standard

Das Prinzip der Auswertung mit internem Standard soll hier an einem fiktiven Beispiel erläutert werden:

Es soll der **Quecksilbergehalt** einer **Analysenprobe** bestimmt werden. Zur Vereinfachung sei einmal angenommen, die Probe enthalte sonst keine weiteren Schwermetalle. Zunächst werden 50 g getrocknete und gesiebte Bodenprobe eingewogen. Als **Standard** wird **Kupfer** gewählt. Eine definierte Menge Kupfer, in unserem Beispiel **12 mg Kupfer(II)-Ionen**, wird der Probe zugesetzt. Die **Vergleichsprobe** enthält **gleichviel** Gewichtseinheiten **Quecksilber** wie **Kupfer**.

Beim Extrahieren, Umschütten, Verschütten, Auftragen geht natürlich etliches an Substanz verloren, was uns glücklicherweise nicht weiter kümmern muss. Geht nämlich etwas von dem Quecksilber der Analysenprobe verloren, geht gleichzeitig derselbe Anteil Standard verloren. Auch dass die Metalle unterschiedlich gut komplexiert werden, ist ohne Auswirkung, da mit der Vergleichsprobe genau dasselbe passiert.

Bekannt ist uns jetzt nur der **Kupfergehalt** der **Analysenprobe** von **12 mg**. Um nun von diesem Wert an den Quecksilbergehalt der Analysenprobe zu kommen, benutzt man die **Vergleichsprobe** quasi als „**Messlatte**". Sie enthält nämlich von allen Metallen gleichviel Gewichtseinheiten. Folglich werden ihre **Flecken** im Chromatogramm **vergleichbar**. Denn nur mit diesem Trick kann man Fleckenstärken verschiedener Metalle miteinander vergleichen.

⇒ Durch Fleckenvergleich sieht man, dass der **Quecksilberfleck** der **Vergleichsprobe doppelt so stark** wie der **Quecksilberfleck** der **Analysenprobe** ist.

⇒ Der **Quecksilbergehalt** und der **Kupfergehalt** der **Vergleichsprobe** sind **gleich**, dieses Verhältnis (**eins zu eins**) wird durch die Flecken repräsentiert.

⇒ Der **Kupferfleck** der **Analysenprobe** ist **doppelt so stark** wie der **Kupferfleck** der **Vergleichsprobe**.

Also ist der **Kupfergehalt** der **Analysenprobe** mal so hoch wie der **Quecksilbersilbergehalt** der **Analysenprobe**.

---

[16] Formel zur Berechnung der nötigen Standardmetallsalzmenge s. Kap. 4.2.1, S. 114, „Qualitative dünnschichtchromatographische Analyse von Bodenproben auf Schwermetall-Ionen".

Bezieht man also $\frac{1}{4}$ des bekannten Kupfergehaltes auf die eingewogene Erde, ergibt dies den Quecksilbergehalt **3 mg** in der eingewogenen Erdprobe (50 g), also 60 mg Hg / 1000 g Trockenerde = 60 ppm Hg.

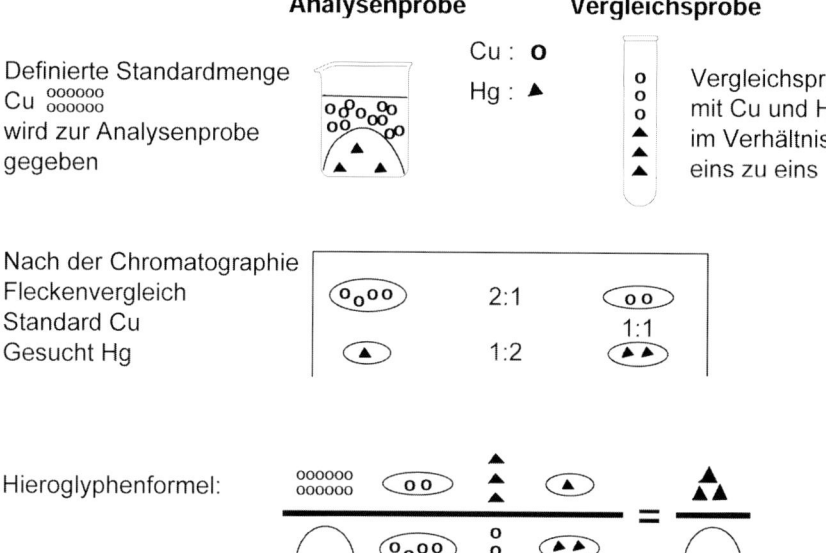

Der gesuchte Quecksilbergehalt im Boden ist somit durch die dem Boden zugesetzte Standardkupfermenge pro Bodenmenge, durch die Verhältnisse der Quecksilber- und Kupferflecken im Chromatogramm und durch das Verhältnis von Quecksilber- zur Kupferkonzentration in der Vergleichsprobe gegeben.

Formel 1

$$c_{AP}^{Me} = \frac{M_{AP}^{St} \cdot F_{VP}^{AP} \cdot c_{VP}^{Me} \cdot F_{VP}^{Me}}{M_{AP} \cdot F_{AP}^{St} \cdot c_{VP}^{St} \cdot F_{AP}^{St}}$$

c: Konzentration

F: Fleckenstärke
M: Masse

Me: Metall, welches
   bestimmt werden soll
St: Standardmetall
AP: Analysenprobe
VP: Vergleichsprobe

So ist zum Beispiel F_{AP}^{Me}: Die Fleckenstärke des Metallflecks der Analysenprobe.

Da sinnvollerweise in der Vergleichslösung alle Metalle in gleicher Konzentration angesetzt werden, ist das Verhältnis dieser Konzentrationen eins zu eins, sodass dieser Faktor $\frac{1}{1}$ im Folgenden weggelassen werden kann.

In der Bestimmungsformel für die Schwermetallkonzentration im Boden werden die Chromatogrammflecken **F** von Quecksilber **Hg (Me)** aus der Analysenprobe **AP** und

Vergleichsprobe **VP** ins Verhältnis gesetzt. Ebenso werden die durch den internen Standard **St** verursachten Flecken verglichen. Der Quotient dieser Größen (in Formel 2) gibt den Faktor an, mit dem Quecksilbergehalt und Kupfergehalt der Analysenprobe **AP** zusammenhängen.

Formel 2

$$\frac{c_{AP}^{Me}}{c_{AP}^{St}} = \frac{F_{AP}^{Me} \cdot F_{VP}^{St}}{F_{AP}^{Me} \cdot F_{AP}^{St}}$$

Wird dieser Faktor noch mit der Menge zugesetzten Standards in der Analysenprobe M_{AP}^{St} multipliziert und durch die Masse der Erdprobe geteilt, dann erhält man den Quecksilbergehalt der Analysenprobe.

Näherungsweise kann so durch einfachen Fleckenvergleich (es müssen Fleckenfläche und Farbintensität berücksichtigt werden) die Konzentrationen der einzelnen Schwermetalle ermittelt werden.

Verbesserte Auswertung

Möchte man genauere Ergebnisse erzielen (mit der obigen einfachen Auswertung können lediglich Aussagen über „viel" oder „wenig" gemacht werden), muss die Formel verbessert werden.

Die in der obigen Formel benutzte Größe **F** ist ungenau als „Fleckenstärke" bezeichnet worden. Exakt entspricht sie jedoch der Menge Substanz **M**, die auf dem Chromatogramm den Fleck verursacht.

Formel 3

$$c_{AP}^{Me} = \frac{M_{APP}^{Me} \cdot M_{VPP}^{St} \cdot M_{AP}^{St}}{M_{VPP}^{Me} \cdot M_{APP}^{St} \cdot M_{AP}^{St}}$$

VPP : Vergleichsprobe auf der Platte
APP : Analysenprobe auf der Platte

Leider ist diese Schwermetallmenge **M** nicht proportional zur Fläche des Flecks, denn in der Dünnschichtchromatographie gilt folgende Beziehung zwischen der Fleckenfläche **A** und der aufgetragenen Substanzmenge **M** (SCHWEDT, G. 1986):

Formel 4 (Gilt nur für gut sichtbare Flecke ohne Fahne)
a, b : Spezifische Konstanten

$$A = \left[a \lg M + b\right]^2 \qquad \Leftrightarrow \qquad M = 10^{\frac{\sqrt{A}-b}{a}}$$

In unserem Fall sind sie für jedes Metall und jede DC-Platte spezifisch.

Wenn man die Formeln 3 und 4 kombiniert, erhält man einen direkten Zusammenhang zwischen der Fleckgröße **A** und dem Metallgehalt der Probe. Die Konstante **b** kürzt sich weg.

Die Konstante **a** muss für jedes Metall oder den Eichfarbstoff in jedem Chromatogramm individuell ermittelt werden, da die Fleckenfläche **A** auch von der Laufstrecke abhängig ist.

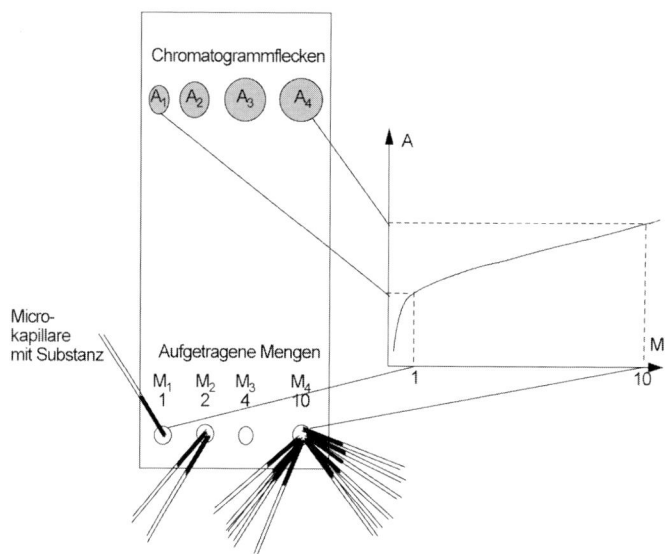

Abb. 21: Halbquantitative Auswertung des Schwermetallgehalts von Bodenproben mittels Dünnschichtchromatographie (nähere Einzelheiten s. Text).

Die Fleckenflächen können mit der Millimeterfolie gut ausgemessen werden.

Formel 5 (Gilt nur für gut sichtbare Flecke ohne Fahne)

$$C_{AP}^{Me} = M_{AP}^{St} \cdot 10 \frac{\dfrac{\sqrt{A_{APP}^{Me}} - \sqrt{A_{VPP}^{Me}}}{a_{Me}} + \dfrac{\sqrt{A_{VPP}^{St}} - \sqrt{A_{APP}^{St}}}{a_{St}}}{M_{AP}}$$

a_{Me}: Die Konstante a des zu untersuchenden Metalles
a_{St} : Die konstante a der Standardsubstanz

Bestimmung der Konstanten a
Jetzt müssen nur noch die Konstanten **a** ermittelt werden. Um diese stoffspezifischen Konstanten zu berechnen, müssen definierte Mengenverhältnisse aufgetragen werden.

Eine chromatographierte DC-Platte sieht zum Beispiel so aus, wie sie Abb. 21 zeigt. Die Mengen **M** sind zwar unbekannt, nicht aber die Mengenverhältnisse, wenn definierte Extraktmengen aufgetragen worden sind. Am besten notiert man sich, wie in unserem Beispiel, wie viele Kapillarinhalte aufgetragen wurden. So ist zum Beispiel M_1 nur halb so groß wie M_2 und M_4 2,5 mal so groß wie M_3 (die aufgetragenen Mengenverhältnisse entsprechen natürlich auch den Verhältnissen der Substanzmengen in den Flecken).

Aus den Mengenverhältnissen und den Fleckenflächen lassen sich nun einfach die a-Werte berechnen:

Formel 6 (Gilt nur für gut sichtbare Flecke ohne Fahne)

$$\frac{M_2}{M_1} = \frac{10^{\sqrt{\frac{A_2}{a_{Me}}}}}{10^{\sqrt{\frac{A_1}{a_{Me}}}}} \qquad \Leftrightarrow \qquad a_{Me} = \frac{\sqrt{A_1} - \sqrt{A_2}}{\lg \dfrac{M_2}{M_1}}$$

Wird in unserem Beispiel jede Menge mit jeder verglichen, erhält man 6 a-Werte, die gemittelt werden.

Es können natürlich immer nur Mengenverhältnisse zwischen Flecken einer Auftragslösung genommen werden, d.h. nur zwischen Analysenproben-Flecken oder Vergleichsproben-Flecken.

Die **a-Werte** können auch auf andere Chromatogramme übertragen werden, genauer ist es jedoch, sie jedesmal neu zu bestimmen.

Zusammenfassung

Der Fehler bei dieser halbquantitativen Auswertung liegt bei 50 %. Auf den ersten Blick scheint dies sehr viel. Grobe Grenzwertüberschreitungen lassen sich mit diesem Verfahren jedoch klar feststellen. Bei Werten um den Grenzwert kann ohnehin jeder Gutachter (durch geschickte Probennahme oder Interpretation der Ergebnisse) herausfinden, was sein Auftraggeber gerne hätte. Findet man jedoch mit diesem Verfahren **keine** Schwermetalle in einer Probe, kann man sicher sein, dass die Probe nur sehr geringe Konzentrationen an bioverfügbaren Schwermetallen enthält, da die Nachweisgrenzen unseres Verfahrens im Mikrogrammbereich liegen.

Für eine endgültige Gefahrenabschätzung einer Altlast muss allerdings immer ein Gutachten eingeholt werden, welches sehr teuer ist. Durch eine Voruntersuchung mit diesem Verfahren kann also eine Menge Geld eingespart werden. So dürften auch Umweltlabors an diesem Verfahren interessiert sein

Für den Schulunterricht ist die Genauigkeit dieses Verfahrens ausreichend. Hier ist wegen des geringeren Aufwandes sowieso die rein qualitative Untersuchung attraktiver. In einem konkreten Verdachtsfall kann hier allerdings eine halbquantitative Untersuchung eine spannende Bereicherung des Unterrichts sein.

Aufstockmethode

Bei vielen Messungen von Inhaltsstoffen des Bodens oder des Wassers findet man zu niedrige Werte, da ein Teil der Stoffe an Feststoffen im Boden oder Wasser haften bleiben. ($\rightarrow$ Adsorption)

Dieser Messfehler kann durch die Aufstockmethode korrigiert werden, da bei dieser Methode der zu messende Stoff der Probe zugesetzt und somit auch teilweise adsorbiert wird.

Vorgehensweise bei der Aufstockmethode:
1. Die Analysenprobe (Wasser- oder Bodenprobe) wird homogenisiert und in 4 gleiche Portionen geteilt.

Sie stocken Ihr Haus stockweise um 3 m auf. Wenn Sie am Ende wissen wollen, wie hoch das Haus ursprünglich war, kommt Ihnen die Beobachtung des Regenschattens zugute. Dieser wurde pro Aufstockung um 1 m größer. Somit folgern Sie, dass 3 m Höhe 1 m Regenschatten bedingt. Da das alte Haus einen Regenschatten von 2,5 m besaß, wissen Sie auch seine Höhe.

2. Zur zweiten, dritten und vierten Portion werden dann steigende Mengen von dem nachzuweisenden Stoff – zumeist als Lösung – zugesetzt (z.B. zur zweiten Portion 1 mL Bleisalzlösung mit 10 mg Blei, zur dritten 2 mL Bleisalzlösung und zur vierten 3 mL Bleisalzlösung).
3. Alle vier Proben werden vermessen und die Messwerte in einem Diagramm gegen die zugesetzten Aufstockmengen aufgetragen.
4. Die dabei erhaltenen vier Messpunkte sollten im Idealfall auf einer Geraden liegen. Abweichungen von der Geraden treten u.a. auf, wenn der Boden von dem zugesetzten Stoff übersättigt wurde, oder die zugesetzten Stoffe nicht lange genug mit dem Boden in Berührung kamen.
5. Der Schnittpunkt dieser Geraden mit der x-Achse ergibt den Gehalt der Probe.

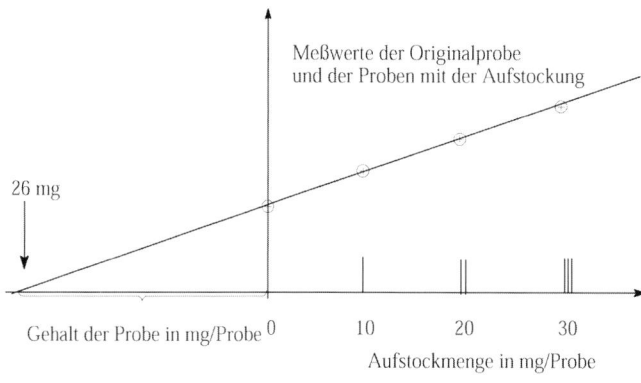

Abb. 22: Aufstockmethode, idealisierte Darstellung zur Ermittlung des tatsächlichen Gehalts eines Inhaltsstoffes in einer Bodenprobe. Der Schnittpunkt der Geraden mit der Abszisse zeigt das gesuchte Ergebnis.

137

4.13 Bleibelastung von Trinkwasser durch Bleirohre

Unser Verfahren der Schwermetallchromatographie eignet sich nicht nur zur Bodenanalyse, sondern auch zur Lebensmittel- oder Trinkwasseranalyse:
In den neuen Bundesländern sind in vielen älteren Gebäuden noch Bleirohre ver-
legt, durch die Trinkwasser zum Verbraucher gelangt. Um der daraus resultierenden
Bleibelastung zu entgehen, wird oft empfohlen, morgens, wenn das Wasser meist die
ganze Nacht im Rohrsystem gestanden hat, erst einige Zeit das Wasser laufen zu
lassen, um dann weniger belastetes Trinkwasser zu bekommen.
Dies ist auch sinnvoll, da sich der Sättigungswert an Blei erst nach einiger Zeit
einstellt.
Wir fragten uns nun, wieviel Blei sich beispielsweise nach 15 Minuten im Wasser
befindet.
Wir nahmen einen Innendurchmesser des Bleirohres von 1 cm an. Pro Milliliter
Trinkwasser entspricht das 4 cm² Bleioberfläche.
Wir legten ein Stück Bleidraht mit eben dieser Oberfläche 15 Minuten in 1 mL
Trinkwasser.
Als Standard wählten wir Kobalt (Das verwendete Trinkwasser enthielt natürlich
kein Blei oder Kobalt, wovon wir uns durch eine Blindprobe überzeugten!!).
Das Ergebnis war erschreckend: ca. 0,5 mg Blei pro Milliliter Wasser. Das sind
0,5g/L Blei!!! Erlaubt sind nach der Trinkwasserverordnung maximal 1 µg/L Blei. Die-
se Analyse zeigt, das Bleirohre besser heute als morgen ersetzt werden müssen.

4.14 Untersuchung von Elbewasser und Trinkwasser aus Dresden 1990

Im Januar 1990, kurz nach der Grenzöffnung der DDR, erhielt die Chemie Arbeitsgemeinschaft Wasserproben aus Dresden. Eine dünnschichtchromatographische Untersuchung auf Schwermetalle ergab folgendes:

Elbewasser (Dresden)	Trinkwasser Thälmannplatz (Dresden)
Geringe Mengen Eisen und Mangan	geringe Mengen Eisen und Mangan
Quecksilber	Quecksilber
Blei	größere Mengen Blei

Das Quecksilber lag in den Wasserproben so konzentriert vor, dass es selektiv nachgewiesen werden konnte[17]. Eine halbquantitative Messung mittels eines handelsüb-
lichen Testsets ergab die folgenden Quecksilberwerte:
Elbewasser: > 1 mg/L   Trinkwasser: 0,2 - 0,5 mg/L
Der Trinkwasserwert überschritt den BRD-Grenzwert der Trinkwasserverordnung somit
um mehr als das 100fache.
Die Anwesenheit des Quecksilbers im Trinkwasser erklärte sich aus dessen Gewinnung durch Uferfiltration des Elbewassers. Dazu wurde Elbewasser verrieselt und

---

[17] 5 mL Wasserprobe wird dazu mit einigen Tropfen konzentrierter Schwefelsäure auf pH 0 bis 1 angesäuert und mit einer Lösung von einer
Spatelspitze Dithizon in 5 mL Chlorform ausgeschüttelt. Der Farbumschlag der Dithizonschicht nach Gelb zeigt die Anwesenheit von
Quecksilber an.

einige Meter weiter „gereinigt" wieder aus dem Boden hochgepumpt. Offensichtlich war die gesamte Filterstrecke im Uferbereich mit Quecksilber belastet, sodass der Boden fast keine Reinigungswirkung mehr zeigte.

Die im Vergleich zum Elbewasser viel höheren Bleikonzentrationen im Trinkwasser lassen sich auf die Verwendung von Trinkwasserleitungen aus Blei zurückführen[18].

Bei einem Toxizitätstest mit Hefe[19] wurde Trinkwasser aus Dresden, Elbewasser und Trinkwasser aus Hilden miteinander verglichen. Während die Hefezellen im Hildener Trinkwasser heftig gärten und auch das Elbewasser nicht verachteten, entwickelte sich im Dresdener Trinkwasser kaum Kohlenstoffdioxid. Damit war damals, zumindest für Hefen, Dresdener Trinkwasser giftiger als Elbewasser. Allerdings darf man auch nicht außer Acht lassen, dass Zellulosereste und andere organische Abfälle im Elbewasser Schwermetalle fixieren, was entgiftend auf Hefen wirkt.

Auch das Ausweichen auf andere Getränke war damals für Dresdener nicht unbedenklich: Die Wässer und Säfte des Getränkekombinats Dresden hatten sehr hohe Nitratwerte (> 100 mg/L). Für Säuglinge sind diese Konzentrationen schon lebensgefährlich (Blausucht).

Ein schwacher Trost mag sein, dass allein das Dresdener Bier unbelastet war. Prost!

---

[18] vergl. „Bleibelastung von Trinkwassers durch Bleirohre", Kap. 4.13, S. 138
[19] vergl. „Hefetoximeter", Kap. 8.2.3.1, S. 241

5 Bestimmung des Arsengehalts von Böden

5.1 Didaktische Gesichtspunkte zur Gutzeit-Methode

Vorteile für die schulische Ausbildung
1. Wirkungsweise der Lokalelemente Kupfer – Zink
2. Redoxgleichungen einüben
3. Chemie der V – Hauptgruppe
4. Löslichkeitsprodukt CuS behandeln
5. Herabsetzung der Oberflächenspannung durch einen Alkohol (Schaumbremse)
6. gängige Chemikalien
7. Die Bestimmung kann in einer der Photographie analogen Form durchgeführt werden:
   a) Belichten entspricht Behandlung mit AsH_3,
   b) Entwicklung zur Verstärkung ist möglich, wenn im Dunkeln gearbeitet wurde,
   c) Fixierung und
   d) Auswertung.
8. Erstellung von Messreihen mit unterschiedlichen Arsenkonzentrationen.
9. Schnelle und leichte Auswertung und Dokumentationen (Schülerübung)
10. Abwandlung des Versuches zur photometrischen Bestimmung von Arsenwasserstoff mit Silberdiethyldithiocarbamat
11. Anwendung der Gefahrstoffverordnung

Nachteil
Die verdünnte Arsenik – konz. Salzsäure – Eichlösung muss aus Sicherheitsgründen von der Lehrkraft hergestellt werden.

5.2 „Historisches"

Ein Zeitungsartikel in der Rheinischen Post (9.3.1981) mit dem Titel „Giftgefahren auf Sportplätzen" machte die Schülerin Stefanie Jachertz 1981 auf die Thematik „Arsengehalt in Sportplatzaschen" aufmerksam. In diesem Artikel wurde berichtet, dass in Frechen/Köln Sportplätze wegen zu hohem Gehalt an Arsen und anderen Schwermetallen gesperrt werden mussten. Außerdem sei im Blut der dort trainierenden Sportler „deutlich erhöhte" z.T. sogar „besorgniserregende" Arsenspuren gefunden worden. Da Stefanie sich von diesem Problem direkt betroffen fühlte, entschlossen sich ihre Klassenkameraden und sie im Rahmen einer Arbeitsgemeinschaft eigene Untersuchungen durchzuführen.

Dieser Initiative ist der Ursprung einer jetzt schon über 18 Jahre bestehenden, erfolgreichen Chemie-AG des Helmholtz-Gymnasiums-Hilden zu verdanken.

Bei der Untersuchung von Hildener Sportplatzaschen wurden teilweise gefährlich hohe Arsengehalte im lungengängigen roten Staub gefunden.

Das Kreisgesundheitsamt in Mettmann lehnte nicht nur einen Vergleich dieser Werte mit den behördeneigenen (falls vorhandenen) Messwerten ab, sondern drohte auch mit einem Amtsenthebungsverfahren gegen den verantwortlichen Lehrer, falls irgendwelche Messwerte veröffentlicht würden (zur rechtlichen Stellung des Lehrers s. Anhang 1 (8) „Probleme beim Veröffentlichen von Untersuchungsergebnissen").

Dieser Maulkorb konnte aber dank des Einfallsreichtums der SchülerInnen umgangen werden, die bis zum Kultusminister vordrangen. Die Lösung hieß: „SchülerInnen dürfen veröffentlichen, was einem Lehrer untersagt ist".

Artikel in der Hildener Ausgabe der Westdeutschen Zeitung am 5.10.1981

Asche auf Sportplätzen doch Arsen-durchsetzt?

Schüler des Helmholtz-Gymnasiums aktiv

Erstaunliches berichtete die SPD-Fraktion in der letzten Sitzung des Grün-, Forst- und Umweltausschusses: Schüler und Lehrer des Helmholtz-Gymnasiums, so hieß es da, hätten interessehalber in ihrer Freizeit mehrere Hildener Sportplätze auf den Arsengehalt des Aschebelags überprüft. Nach den Ergebnissen der Schüler könne von einer generellen Unbedenklichkeit der Beläge keine Rede mehr sein.

Dieser offene Widerspruch zu einer Untersuchung des Kreis-Gesundheitsamts sollte scheinbar nicht publik werden: Das Amt, so berichtete die SPD weiter, habe eine Veröffentlichung der Schüler-Proben untersagt. Dieser denkwürdige Vorgang war offenbar weder im Umweltausschuß, noch im Kreis-Presseamt bekannt: Pressesprecherin Janhsen konnte sich jedenfalls auf Anfrage der WZ ein derartiges Vorgehen der Gesundheits-Behörde „nicht vorstellen" — wenn auch nicht widerlegen. Im Amt selbst wollte man keine Stellungnahme abgeben.

Wie im Helmholtz-Gymnasium zu vernehmen war, wollen die Schüler ihre Ergebnisse nun auf eigene Faust im Rahmen einer Pressekonferenz in Kürze bekanntmachen.

Gesagt, getan die Untersuchung wurde von den SchülerInnen als Jugend-Forscht-Arbeit veröffentlicht, wobei sie mit mehren Preisen ausgezeichnet wurden[1]. In der Arbeit konnten sie zeigen, dass eine Untersuchung eines Sportplatzes auf Arsen statt 300,– DM mit ihrer ausreichend genauen Methode (s. Kap. 5.5, S. 147, „Halbquantitative Arsenbestimmung nach Gutzeit") nur ca. 20,– DM kosten würde.

5.3 Sind Versuche mit Arsen in der Schule möglich? Eine Anwendung der Gefahrstoffverordnung (s. auch Anhang 1-14)

Arsen und seine Verbindungen sind als giftig, in einigen Fällen sogar als krebserregend eingestuft. Daher ist eine Verwendung in der Schule nur sehr eingeschränkt möglich. Soll mit Arsen oder seinen Verbindungen gearbeitet werden, sind folgende Fragen vorab zu klären:
1. Dürfen Arsen und seine Verbindungen überhaupt in der Schule **aufbewahrt** werden?
2. Darf mit diesen Stoffen **gearbeitet** werden? Gelten diese Verbot nur für SchülerInnen oder auch für Lehrer? Darf nach der Verdünnung der toxischen Stoffe doch mit ihnen gearbeitet werden?

---

[1] Stefanie JACHERTZ, Sylvia POHLMANN, Mattias JANDER: Entwicklung einer Methode zur halbquantitativen Arsenbestimmung in Sportplatzaschen, Jugend forscht Arbeit 1982, Sieger im Regional-Wettbewerb mit Sonderpreis für „Jugend erforscht Umwelt" und 2. Preis im Landeswettbewerb (NRW): „Verbesserung der Arbeitswelt".

3. **Entstehen** beim Arbeiten mit Arsen eventuell **hochgiftige** oder sonstige gesundheitsschädliche Stoffe, mit denen in der Schule nicht hantiert werden darf?
4. Wie ist die **Entsorgung** der Arsenverbindungen gewährleistet?

Die Bewertung von Arsen und seinen Verbindungen (KULTUSMINISTER DES LANDES NRW, 1995)

Stoff	R	S	E	Aufbewahrung in der Schule	Krebs	Verdünnung mit geringer Giftigkeit
Arsen	T	23/25	(1/2)-20 /21-28-45	8	–	–	Xn:3 % ≤ w < 25 %
di-Arsentrioxid	T+	45-28-34	53-45	8-12	Nicht möglich	Ja	
Arsenwasserstoff	T	23/25	1/2-20 /21-28-45	7	Nicht möglich		Xn:0,5 % ≤ w < 5 %
Weitere Arsenverbindungen	T	23/25	(1/2)-20 /21-28-45	4-8-12	unter Verschluss		Xn:0,1 % ≤ w < 0,2 %

Zu Punkt 1: Aufbewahrung

In der Schule dürfen unter Verschluss die Salze der arsenigen Säure (H_3AsO_3), jedoch nicht das zugehörige Arsentrioxid (As_2O_3), aufbewahrt werden. Dies ist ein gewisser Widerspruch, denn bei den Arsenbindungen der Oxidationsstufe 5 ist es genau umgekehrt: So darf man zwar Arsenpentoxid, nicht aber die durch Wasserzugabe daraus sich bildende Arsensäure (H_3AsO_4) und deren Salze in der Schule lagern. Verständlich ist, dass die Aufbewahrung des gasförmigen Arsenwasserstoffes untersagt ist.

Da nicht alle Arsenverbindungen als krebserregend eingestuft sind, ist es möglich, z.B. Arsentrichlorid ($AsCl_3$) im Unterricht als verdünnte Lösung auch durch Schüler/Innen einzusetzen. Diese Verbindung darf auch in der Schule gelagert werden.

Auch diese Verordnung ist widersprüchlich, da Arsentrichlorid mit Wasser wieder zu Arsentrioxid reagiert. Trotzdem darf eine verdünnte Arsentrichloridlösung im Unterricht eingesetzt werden. Das hochgiftige und krebserregende Arsentrioxid kann durch konzentrierte Salzsäure in Arsentrichlorid umgewandelt werden. Inzwischen sind alle Arsenverbindungen als Krebs auslösend eingestuft, sodass diese Unlogik nicht mehr besteht.

Zu Punkt 2: Experimentieren

Da alle Arsenverbindungen giftig und teilweise als krebsauslösend eingestuft sind, gilt das folgende Beschäftigungsverbot/die folgende Beschäftigungsbeschränkung:

Der Arbeitgeber (Lehrer) darf Jugendliche (SchülerInnen sind ArbeitnehmerInnen gleichgestellt) mit sehr giftigen, giftigen, krebserzeugenden, fruchtschädigenden, erbgutverändernden oder in sonstiger Weise den Menschen chronisch schädigenden Gefahrstoffen nicht beschäftigen.

Dieses Verbot wird für Allgemeinbildenden Schulen aufgehoben, wenn diese Stoffe in Gemischen aus zwei oder mehr Stoffen (Zubereitungen) in Form von Verunreinigungen oder Beimengungen vorhanden sind oder das Gefahrenpotential durch Verdünnen auf ein Maß herabgesetzt ist, sodass eine besondere Gesundheitsgefahr nicht mehr gegeben ist.

Der Gesetzgeber hat die Herabstufung der Giftigkeit der nicht krebsauslösend eingestuften Arsenat-(III)- und anderen Arsenverbindungen in drei Schritten vorgeschrieben. Eine Verdünnung von Arsenverbindungen auf unter 0,2 % der Gesamtmasse des Gemisches bewirkt die Einstufung mindergiftig. Unterhalb von 0,1 % sind die Arsenverbindungen sogar ungiftig.

Normalerweise enthalten Böden ca. 0 bis 20 mg/kg Arsen. Extrem belastete Böden liegen unter 1000 mg As/kg Boden und damit auch unterhalb der Mindergiftigkeitsschwelle.

Daraus folgt, dass SchülerInnen im Unterricht mit arsenhaltigem Boden und entsprechend vom Lehrer hergestellten verdünnten Arsenlösungen unter Beachtung von Sicherheitsvorkehrungen wie Handschuhen und Abzug hantieren dürfen. Da nun alle Arsenverbindungen als Krebs auslösend eingestuft sind, ist diese Argumentation nicht mehr zulässig. Tatsache ist, dass wir ständig von Krebs auslösenden Substanzen in unserer Umwelt umgeben sind. Eine Gefährdung z. B. durch arsenbelasteten Boden tritt erst bei dessen Aufnahme ein. Wesentlich ist somit, dass dieser Gefährdungsweg ausgeschlossen ist.

Anmerkung:
Die Einstufung eines Stoffes in die Kategorie „krebsauslösend" ist ein beschwerlicher, von vielen Widerständen aus der Wirtschaft begleiteter Vorgang. Wahrscheinlich sind viele krebserregende Stoffe deshalb noch nicht so eingestuft. Aus Verantwortung gegenüber den SchülerInnen sollte daher mit Arsenverbindungen unabhängig von ihrer Einstufung extrem vorsichtig umgegangen werden.

Zu Punkt 3: **Produzieren**
Abweichend vom Umgangsverbot mit krebserregenden Stoffen dürfen Schülerversuche, bei denen krebserzeugende Gefahrstoffe in geringen Mengen als Reaktionsprodukte entstehen, durchgeführt werden. Beim Arbeiten mit kleinstmöglichen Ansätzen müssen allerdings die notwendigen Schutzmaßnahmen, wie Arbeiten im Abzug und mit Schutzhandschuhen, beachtet werden.

So ist z.B. die Umsetzung des nicht krebsauslösenden Arsens zur löslichen krebsauslösenden Arsenverbindung möglich, wenn diese im Folgenden weiter zu Arsenwasserstoff umgesetzt wird.

Dieser gasförmige Arsenwasserstoff ist zwar nicht als krebserregend eingestuft, aber als giftig anzusehen. Laut Richtlinien darf deshalb das Experiment nur im Abzug durchgeführt werden. Auch für diesen Stoff gibt es Verdünnungsbereiche, unterhalb derer er als mindergiftig und sogar ungiftig eingestuft wird: Xn: 0,5 % ⩽ w < 5 %.

Besser zu handhaben ist der Luftgrenzwert nach der TRGS 900 (technische Regeln Gefahrstoffe), nach dem die Konzentration von Arsenwasserstoff während 30 Minuten im Mittel nicht den zweifachen MAK-Wert von 0,1 mg/m^3 überschreiten und diese Überschreitung nur zweimal pro 8 Stundenschicht vorkommen darf.

Zu Punkt 4: **Entsorgung**
Arsenverbindungen sind eventuell als Sulfid zu fällen (E4) und der städtischen Sondermüllbeseitigung (Schwermetallabfallbehälter) zuzuführen (E8). Sie dürfen nicht in die Kanalisation gelangen (E12).

Lehrerexperimente mit krebserzeugenden, erbgutverändernden Gefahrstoffen
§ 36 GefStoffV begründet zusätzliche Ermittlungspflichten, Vorsorge- und Schutzmaßnahmen beim Umgang mit krebserzeugenden Gefahrstoffen. Hierzu zählen eine Gefahrenbewertung für die jeweilige Tätigkeit, eine besondere Prüfung, ob der Gefahrstoff nicht durch einen weniger gefährlichen Stoff ersetzt werden kann und bei fehlender Substitutionsmöglichkeit die Prüfung, ob zusätzliche Schutzmaßnahmen erforderlich sind.

Bei Lehrern lassen sich wiederkehrende Tätigkeiten anhand der Namens- und Datumsangaben in unten stehenden Tabellen feststellen.

Danach ist der Umgang der folgenden krebserzeugenden Substanzen nach TRGS 450, Anlage 1, im Lehrerexperiment möglich: Arsentrioxid, arsenige Säure, Arsensäure (Kat. 1).

Krebserzeugender/ erbgutverändernder Stoff	Ergebnis der Prüfung auf Ersatzstoffe	Datum der Überprüfung	Name der Lehrkraft
Arsenwasserstoff	kein Ersatz, da Antimon-wasserstoff gleich eingestuft	20.10.95	Dr. W. Enßlin

5.4 Chemie des Arsennachweises nach Gutzeit

Früher war der Nachweis von Arsen besonders für Kriminologen interessant. Mit der sogenannten Marsh-Liebigschen Probe wurde so mancher Giftmischer überführt.

Dem vorgestellten Verfahren liegt jedoch ein etwas anderes Nachweisverfahren zugrunde, nämlich der Arsennachweis nach Gutzeit. Bei der Gutzeit-Methode wird ebenso wie bei der Marsh-Liebigschen Probe das Arsen aus der Probe mit Hilfe von atomarem Wasserstoff (Zink + Säure) als Arsenwasserstoffgas ausgetrieben. Dieses reagiert mit verd. Silbersalzlsg. zu Arsenhydroxid und Säure, wobei schwarzes, kolloides Silber ausfällt.

Unser halbquantitativer Nachweis von Arsen erfolgt in fünf Schritten:
1. Bildung von gasförmigem Arsenwasserstoff durch Reduktion.
2. Abfangen der störenden Gase (NH_3, PH_3, SbH_3 und H_2S)
3. Reduktion von Silbersalz zu Silbermetall durch Arsenwasserstoff
4. Fixierung des Silbers auf dem Papierstreifen
5. Auswertung

A Bildung von gasförmigem Arsenwasserstoff durch Reduktion
Zunächst wird das Zinkmetall verkupfert. Es bilden sich **Lokalelemente (Cu/Zn)**.

$$Zn_{(s)} + Cu^{2+} \rightarrow Zn^{2+} + Cu_{(s)}$$

Nun scheiden sich Säureprotonen als atomarer Wasserstoff am Kupfermetall ab, während vom Zinkmetall Zinkionen in Lösung gehen. Der atomare Wasserstoff adsorbiert sofort an Festkörpern (z. B. Bodenteilchen etc.).

$$Zn_{(s)} + 2H^+_{(aq)} \xrightarrow{\ Cu\ } Zn^{2+}_{(aq)} + 2H_{(ads.)}$$

Der adsorbierte atomare Wasserstoff ($H_{(ads.)}$) reagiert nun seinerseits mit den Arsen(III)-verbindungen zu Arsenwasserstoff.

$$As_2O_3 + 12H_{(ads.)} \rightarrow 3H_2O_{(l)} + 2AsH_{3(g)}$$ *Hier am Beispiel von Arsentrioxid*

Zumindest teilweise werden auch Arsen(V)-verbindungen zu Arsenwasserstoff reduziert.

$$As_2O_5 + 16H_{(ads.)} \rightarrow 5H_2O_{(l)} + 2AsH_{3(g)}$$ *Hier am Beispiel von Arsenpentoxid*

Bei Anwesenheit größerer Mengen Arsen (V) ist dieses mittels Zinkchlorid und Kaliumjodid zur Arsen (III)-Stufe zu reduzieren (FRIES, J. et al. 1977). Dies erwies sich jedoch bei unseren Untersuchungen bisher als nicht notwendig.

Das zugegebene i-Butanol verhindert eine Schaumbildung durch das Arsenwasserstoffgas. Dieselbe Wirkung haben auch andere Alkohole (Propanole bis Octanole) (vgl. Kap. 2.7.6, S. 51, Schaum aus Böden).

B Abfangen der störenden Gase (NH_3, PH_3, SbH_3 und H_2S)

Bisweilen entstehen bei der Untersuchung von Böden nicht nur Arsenwasserstoff, sondern auch andere Gase, wie z.B. Schwefelwasserstoff (H_2S), die ebenfalls mit der Silbersalzlösung gefärbte Niederschläge bilden. Das würde den Arsennachweis natürlich empfindlich stören. Die zugegebene Salzsäure und das Iod fangen diese Gase jedoch schon bei ihrer Entstehung ab.

Anders ist es bei antimonhaltigen Böden. Antimon wird analog zu Arsen zu Antimonwasserstoff (SbH_3) umgesetzt, welcher auch mit dem Silbersalz reagiert. Da Antimon selten in Böden vorkommt und giftiger als Arsen ist, wäre es nicht unbedingt störend, Antimon mitzuerfassen.

Antimonwasserstoff kann abgefangen werden, indem das entstehende Gas über einen mit salzsaurer Kupfer(I)-chlorid-Lösung getränkten Siedestein geleitet wird.

Bildung der Gase durch Reduktion

Der atomare Wasserstoff reduziert nicht nur die Arsenverbindungen, sondern auch Nitrat (NO_3^-) zu Ammoniakgas (NH_3),

$$NO_3^-{}_{(aq)} + 8H_{(ads.)} + H^+{}_{(aq)} \rightarrow 3H_2O_{(l)} + NH_{3(g)}$$

Phosphat (PO_4^{3-}) zu Phosphorwasserstoffgas (PH_3),

$$PO_4^{3-}{}_{(aq)} + 8H_{(ads.)} + 3H^+{}_{(aq)} \rightarrow 4H_2O_{(l)} + PH_{3(g)}$$

Sulfat (SO_4^{2-}) über Sulfit (SO_3^{2-}) zu Schwefelwasserstoffgas (H_2S)

$$SO_4^{2-}{}_{(aq)} + 8H_{(ads.)} + 2H^+{}_{(aq)} \rightarrow H_2O_{(l)} + SO_3^{2-}{}_{(aq)} + 6H_{(ads.)} + 2H^+{}_{(aq)}$$

$$\rightarrow 4H_2O_{(l)} + H_2S_{(g)}$$

und Antimonverbindungen zu Antimonwasserstoffgas (SbH_3).

$$Sb_2O_{3(aq)} + 12H_{(ads.)} \rightarrow 3H_2O_{(l)} + 2SbH_{3(g)}$$

Hier am Beispiel von Antimontrioxid

Reaktionen obiger Gase, die den Nachweis von Arsenwasserstoff stören

Ammoniak kann mit Silbernitrat eine braunschwarze Fällung von Silberoxid bilden.

$$2NH_{3(g)} + 2Ag^+{}_{(aq)} + H_2O \rightarrow Ag_2O_{(s)} + 2NH_4^+{}_{(aq)}$$

Analog regiert Phosphorwasserstoffgas.

$$2PH_{3(g)} + 2Ag^+{}_{(aq)} + H_2O \rightarrow Ag_2O_{(s)} + 2PH_4^+{}_{(aq)}$$

Schwefelwasserstoff bildet mit Silbersalzen einen äußerst schwerlöslichen schwarzen Niederschlag (Silbersulfid), der nur schwer von dem durch Arsen gebildeten schwarzen Silber zu unterscheiden ist.

$$H_2S_{(g)} + 2Ag^+_{(aq)} \rightarrow Ag_2S_{(s)} + 2H^+_{(aq)}$$

Antimonwasserstoff reagiert mit dem Silbernitrat analog zu Arsenwasserstoff.

$$SbH_{3(g)} + 6Ag^+_{(aq)} + 3H_2O_{(l)} \rightarrow Sb(OH)_{3(s)} + 6H^+_{(aq)} + 6Ag_{(s)}$$

Beseitigung der Störgase
Ammoniak und Phosphorwasserstoff reagieren mit den Säureprotonen der zugegebenen Salzsäure.

$$NH_{3(g)} + H^+_{(aq)} \rightarrow NH_4^+_{(aq)}$$

$$PH_{3(g)} + H^+_{(aq)} \rightarrow PH_4^+_{(aq)}$$

Die Bildung von Schwefelwasserstoff wird durch Zugabe von Iod unterbunden. Das gebildete Sulfit wird wieder zu Sulfat oxidiert. Damit ist die Reaktion von Sulfat zu Schwefelwasserstoff gestoppt.

Zum anderen läuft die Reduktion von Sulfit zu Schwefelwasserstoff in der Kälte nur sehr langsam ab.

$$SO_3^{2-}_{(aq)} + I_{2(aq)} + H_2O_{(l)} \rightarrow 2H^+_{(aq)} + 2I^-_{(aq)} + SO_4^{2-}_{(aq)}$$

Soll auch eventuell gebildeter Antimonwasserstoff abgefangen werden, wird ein mit salzsaurer Kupfer(I)-chlorid-Lösung getränkter Siedestein in den gasführenden Gummischlauch gelegt.

$$SbH_{3(g)} + 3Cu^+_{(aq)} \rightarrow Cu_3Sb_{(s)} + 3H^+_{(aq)}$$

C Reduktion von Silbersalz zu Silbermetall durch Arsenwasserstoff
Der Arsenwasserstoff reduziert die Silberionen zu Silbermetall, welches schwarzbraun ausfällt.

$$AsH_{3(g)} + 6Ag^+_{(aq)} + 3H_2O_{(l)} \rightarrow As(OH)_{3(s)} + 6H^+_{(aq)} + 6Ag_{(s)}$$

Bei der Verwendung einer konzentrierten Silbernitratlösung > 50 % entsteht gelbes $Ag_3As \times 3AgNO_3$ und gelbes Ag_3AsO_3. Diese Verbindungen werden durch wenig Wasser zu Arsenhydroxid, Säure und Silbermetall hydrolisiert.

D Fixierung des Silbers auf dem Teststreifen
Das Herauslösen der nichtreduzierten Silberionen geschieht analog dem Prozess bei der Photographie.

$$Ag^+_{(aq)} + 2S_2O_3^{2-}_{(aq)} \rightarrow [Ag^+(S_2O_3^{2-})_2]^{3+}_{(aq)}$$

Allerdings wird dabei das durch Arsen gebildete Silber mit ausgeschwemmt, da es nicht wie im Fotopapier fixiert ist, sondern auf dem Wasserfilm schwimmt.

Deshalb muss der Teststreifen mit dem Silberbelag vor dem Fixieren unbedingt getrocknet werden. Das Silber wird dabei auf dem Papier oder der Zellulose abgelagert und ist danach nicht mehr auswaschbar.

Vereinfachte Zusammenfassung

$$As_2O_3 + 12H_{(ads.)} \rightarrow 3H_2O + 2AsH_{3(g)}$$

$$AsH_{3(g)} + 6Ag^+_{(aq)} + 3H_2O \rightarrow As(OH)_{3(s)} + 6Ag_{(s)} + 6H^+$$

Interessant ist, dass pro Arsenatom sechs Silberatome reduziert werden. Dieses führt zu der enorm hohen Empfindlichkeit der Gutzeit-Methode (bis unter 0,1 ppm). Da der vorläufige amtliche Richtwert bei 50 mg pro kg Feinstaub (50 ppm As) liegt, ist diese Methode ausreichend empfindlich.

DIN und andere Verfahren

Steht ein Photometer zur Verfügung, kann der gebildete Arsenwasserstoff durch die Bildung eines roten Farbstoffes mit Silberdiethyldithiocarbamat nachgewiesen werden. Nach diesem DIN-Verfahren lassen sich noch im Nanogramm-Bereich Arsenspuren nachweisen.

Mit der Gutzeit-Methode verwandt ist der Merckoquant-Test (MERCKOQUANT 1982) und der Test mit Dräger-Prüfröhrchen (Leichnitz 1986). Während im Merckoquant-Teststreifen ein Quecksilbersalz durch Arsenwasserstoff zu kolloidalem braunen Quecksilber reduziert wird, wird im Dräger-Prüfröhrchen ein Goldsalz in elementares Gold umgewandelt. Beide Methoden besitzen eine ähnliche Empfindlichkeit wie die Gutzeit-Methode.

5.5 Halbquantitative Arsenbestimmung nach Gutzeit

Das Prinzip der Arsenbestimmung nach Gutzeit ist die Reduktion des Arsens in der Probe mittels atomarem Wasserstoff zu Arsenwasserstoff (AsH$_3$). Dieses Gas wird aufgefangen und über mit Silbersalzlösung getränkte Papierstreifen geleitet. Der Arsenwasserstoff reagiert mit verd. Silbersalzlsg. zu Arsenhydroxid u.a., wobei schwarzes, kolloides Silber ausfällt. Anhand der Färbung des Papiers kann nun der Arsengehalt bestimmt werden.

Die Papierstreifen tragen nach der Reaktion natürlich noch viele nichtreduzierte Silberionen. Um eine schwarze Fällung durch Lichteinfluss zu verhindern, werden diese analog dem Prozess bei der Photographie mit Thiosulfatlösung herausgelöst. Das Papier mit dem Silberbelag muss vor dem Fixieren allerdings unbedingt getrocknet werden. Das Silber wird dabei auf dem Papier abgelagert und ist danach nicht mehr auswaschbar. Wird das noch feuchte Papier gewaschen, wird dabei das durch den Arsenwasserstoff gebildete Silber mit ausgeschwemmt, da es nicht wie im Fotopapier fixiert ist, sondern auf dem Wasserfilm schwimmt.

5.5.1 Herstellung der 0,01-%igen Arsen-Eichlösung

Die Arsen-Eichlösung ist nur begrenzt haltbar, da sich mit der Zeit Arsenhydroxidverbindungen als farblose Kristalle abscheiden. Sie muss vor jeder Versuchsreihe immer auf Trübung hin untersucht werden.

Aufgrund ihrer geringen Arsenkonzentration ist sie nicht einmal als „mindergiftig" eingestuft.

5 min.	Gefahrstoff	Sicherheit	Entsorgung

Geräte
Waage
100 mL Messkolben
10 mL Pipette
Pipettierhilfe

Chemikalien
0,05 mol/L Natriumarsenat-(III)-Lsg. *(giftig, krebserzeugend)*
ca. 18 % Salzsäure *(ätzend)*
(1 Teil Salzsäure konz. *(ätzend)* auf 1 Teil dem. Wasser)

Durchführung:
In den 100 mL Messkolben werden 2,7 mL 0,05 mol/L Natriumarsenat-(III)-Lsg. gegeben und mit der 18 % Salzsäure auf 100 mL aufgefüllt.
Alternativ können 13,2 mg Arsen(III)-oxid in 100 mL 18 % Salzsäure gelöst werden.

Hinweis:
Die Arsen-Eichlösung darf von Jugendlichen nicht hergestellt, aufgrund ihrer geringen Arsen-Konzentration aber eingesetzt werden.

5.5.2 Arsenbestimmung

15 min.	Gefahrstoff	Sicherheit	Entsorgung

Geräte
Waage
Spatel
5 mL Schnappdeckelgläser o.ä. mit durchbohrten Stopfen
Winkelrohre
Kunstoffschlauchstücke
weiße Karteikarten oder Zellulose DC-Platten
Doppelstegplattenrest 10 cm x 10 cm x 0,5 cm aus Plexiglas mit 0,5 cm breiten Fächern (erhältlich im Baumarkt oder als Muster von der Firma Röhm, Darmstadt)
evtl. Siedesteine
Pinzette
Sieb

Chemikalien
Zink-Kupfersulfat
10 Teile Zinkpulver *(leichtentzündlich)* auf 1 Teil wasserfreies Kupfersulfat *(gesundheitsschädlich)*[2]
ca. 2 mol/L Salzsäure *(ätzend)*
1 Teil konz. Salzsäure *(ätzend)* auf 4 Teile dem. Wasser
Butanol-Iod-Lsg. *(entzündlich, gesundheitsschädlich)*
ein Iodkristall *(gesundheitsschädlich)* auf 10 mL i-Butanol *(entzündlich, gesundheitsschädlich)*
0,01 % Arsen-Eichlösung
1 % Silbernitratlsg. *(ätzend)*
0,1 g Silbernitrat *(ätzend)* auf 10 mL dem. Wasser

---

[2] Diese Mischung ist im geschlossenen Gefäß haltbar.

Glasstab
Kunststoffspritze ohne Metallnadel
Kunststoffspritze mit Metallnadel
kalibrierte 1 mL Kunststoffspritzen
  Reagenzglas

ca. 10 % wässrige Natriumthiosulfatlösung
  1 g Natriumthiosulfat Pentahydrat auf
  10 mL dem. Wasser

Versuchsaufbau:

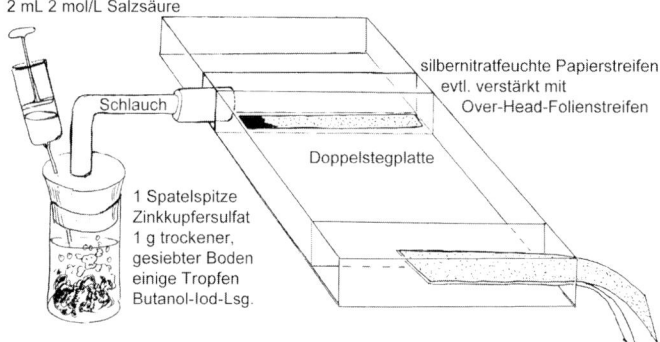

2 mL 2 mol/L Salzsäure

Schlauch

silbernitratfeuchte Papierstreifen
evtl. verstärkt mit
Over-Head-Folienstreifen

Doppelstegplatte

1 Spatelspitze
Zinkkupfersulfat
1 g trockener,
gesiebter Boden
einige Tropfen
Butanol-Iod-Lsg.

Durchführung:
Der luftgetrocknete Boden[3] wird gesiebt[4]. Aus einer weißen Karteikarte oder Zellulo-se-DC-Platte wird ein 0,4 cm breiter Streifen geschnitten und mit einer Silbernitratlö-sung aus einer Spritze[5] angefeuchtet. Der überstehende Wasserfilm wird vorsichtig vom Papier abgestreift, sodass dieses nur noch gleichmäßig feucht ist. Der Streifen wird mit Hilfe des Glasstabs in ein Fach der Doppelstegplatte geschoben.

In das Schnappdeckelglas gibt man in der folgenden Reihenfolge zuerst eine Spa-telspitze Zink-Kupfersulfat, dann 1 g fein gesiebten Boden und einige Tropfen Buta-nol-Iod-Lsg. und verschließt es mit dem Stopfen. Zum Schluss werden schnell 2 mL 2 mol/L Salzsäure mit Hilfe einer Spritze mit Metallnadel eingespritzt (nur in den ersten Sekunden entwickelt sich Arsenwasserstoff).

Die entstandene schwarze Zone auf dem Streifen wird mit Bleistift gekennzeichnet und der Streifen getrocknet (Fön, Trockenschrank bei 100 °C).

Der getrocknete! Streifen kann durch Tauchen in die Natriumthiosulfatlösung im Reagenzglas von löslichen Silberionen befreit und damit lichtunempfindlich gemacht werden. Nach erneutem Trocknen ist dieser Streifen dokumentenfest.

Erstellung einer Eichreihe mit der 0,01 mol/L Arsen-Eichlösung:
Der Versuch wird wie bei der Bodenprobe beschrieben durchgeführt. Anstelle der Bodenprobe werden jedoch 2 mL dem. Wasser und 0,1 oder 0,2 oder 0,3 mL .. oder 1 mL 0,01 mol/L Arsen-Eichlösung zugegeben.

---

[3] nicht erhitzten, da Arsenverbindungen flüchtig sind

[4] Bei amtlichen Untersuchungen wird ein 20 µm Sieb verwendet, da nur Feinstaub unter dieser Größe als Staub aufgewirbelt in die Lunge gerät. Da wir gröbere Siebe verwenden, finden wir auch einen niedrigeren Arsengehalt: Feinerer Staub (z.B. Filterasche) adsorbiert an der Oberfläche mehr Arsen als grober.

[5] ohne Metallnadel, sonst Silberfällung!

Desweiteren sollte eine Blindprobe mit 2 mL dem. Wasser statt der Arsen-Eichlösung durchgeführt werden. Die verwendeten Chemikalien sind ausreichend arsenfrei, wenn der Teststreifen der Blindprobe nur ganz schwach grau gefärbt ist.

Auswertung:

Blindprobe	0 mg As /kg TE	
0,1 mL Eichlsg.	10 mg As /kg TE	
0,2 mL Eichlsg.	20 mg As /kg TE	
0,5 mL Eichlsg.	50 mg As /kg TE	
⇒ Probe	ca. 30 mg As /kg TE	

Die schwarzen Flächen auf den Papier- oder DC-Plattenstreifen werden verglichen und eventuell graphisch gegen den Arsengehalt aufgetragen.
Die Schwärzung des Streifens durch
0,1 mL Arsenlösungen entspricht 10 ppm As in der Bodenprobe bei 1 g Einwaage,
0,2 mL Arsenlösung entsprechen somit 20 ppm und
1 mL entspricht 100 ppm oder 100 mg Arsen pro kg Erde.
Sind die Streifen gleich breit, dann kann statt der geschwärzten Fläche die Länge dieser Färbung ausgemessen werden.

Beispiel:
Eine Sportplatzasche wurde auf Arsen untersucht. Die Schwarzfärbung durch die Bodenprobe liegt zwischen der Schwarzfärbung durch 0,4 mL und 0,5 mL Arsen-Eichlösung. Also liegt der Arsengehalt der Bodenprobe zwischen 40 und 50 mg Arsen pro kg Boden (40-50 ppm).

Bewertung:
Der Arsengehalt der Asche liegt somit knapp unter dem gesetzlichen Richtwert II für Sport- und Spielplätze von 50 ppm. Er überschreitet jedoch den Richtwert I (20 ppm) für Spielplätze, sodass für diese Asche ein größeres als allgemein vorhandenes Risiko, sowie eine gesundheitsgefährdende Wirkung anzunehmen ist (MAGS NW, 1990). Diese Asche dürfte nicht mehr auf Spielplätze aufgebracht werden (Standardwert < 10 mg/kg). Nach dem neuen Bodenschutzgesetz (Anhang 1-2) darf diese Asche aber in Wohngebiete, jedoch nicht auf Agrarflächen, aufgebracht werden.
Damit ist die Möglichkeit einer gesundheitlichen Schädigung gegeben. Unter ungünstigen Umständen (Trockenheit, starke Staubaufwirbelung, längere Verweilzeiten als 2 Stunden auf dem arsenbelasteten Sportplatz) können für eine chronische Schädigung kritische Mengen Arsen aufgenommen werden. Außerdem sind Arsenverbindungen krebserregend, sodass sich schon kleinste Mengen auswirken können.
Würde der Arsengehalt der Asche den Richtwert II (50 mg/kg) überschreiten, müsste das Material auf einer Deponie für Siedlungsabfälle (Klasse 3) entsorgt werden (LANDESAMT FÜR WASSER UND ABFALL NW, 1987). Die Deponierung solcher Aschen (zumeist MVA-Asche oder Dolomit) kostet bis zu 1000 DM pro Tonne (das entspricht dem Aschebelag von ca. 0,6 m²). Eine solche Umbettung des Materials der Spielplätze in Nordrhein-Westfalen ist derzeit nicht finanzierbar. Als Alternative bleibt die vollständige Abdeckung des Spielplatzes mit einem wasserdurchlässigen Vlies, das von den Kindern nicht durchgraben werden kann. Auf diesem Vlies muss dann eine komplett neue Anlage angelegt werden (RATHJE, M. et al. 1993).

Anmerkungen:

Gegen das vorgestellte Verfahren könnte man einwenden, dass zwar der größte Teil, aber nicht alles Arsen aus der Probe ausgetrieben und gemessen wird. Durch starke Säuren mobilisierbare Arsenanteile werden nicht erfasst.

Da der menschliche Körper auch nicht mit stark konzentrierten Säuren das Arsen aus dem aufgenommenen Staub extrahiert, entspricht die von uns erfasste Arsenmenge in etwa dem physiologisch verfügbaren Arsen.

Eine Atomabsoptionsmessung mit chemischem Aufschluss eines arsenhaltigen Staubes der Firma Henkel ergab einen Arsengehalt von 16 mg Arsen pro kg Feinstaub. Unser Messwert der gleichen Probe lag zwischen 8 und 17 ppm.

Die Arsenbestimmung nach Gutzeit ist enorm empfindlich (bis unter 0,1 ppm). Da der vorläufige amtliche Richtwert bei 50 mg pro kg Feinstaub (50 ppm As) liegt, können ausreichend kleine Mengen bestimmt werden. Außerdem kann bei Bedarf die Probenmenge erhöht werden.

Wichtig für die Beurteilung einer Arsenprobe auf ihre gesetzliche Unbedenklichkeit ist ohnehin nicht deren absoluter Wert mit drei führenden Ziffern, wie er durch die anderen Verfahren erzielt werden kann, sondern die Feststellung des Bereiches, in dem der Arsengehalt liegt. Dieser ist mit unserer Methode genügend genau einzugrenzen.

5.5.3 Schnellverfahren der Arsenbestimmung

In den Deckel eines Schnappdeckelglases (oder Filmdöschen) wird ein Schlitz gestochen und der Sibernitratstreifen durchgeschoben. Das Schnappdeckelglas (Filmdöschen) wird wie im vorherigen Test mit Zink-Kupfersulfat, 1g fein gesiebtem Boden und einige Tropfen Butanol-Iod-Lösung befüllt. Zum Schluss werden schnell 2 mL 2 mol/L Salzsäure zugegeben und **sofort** das Gefäß mit dem Deckel verschlossen.

Falls ein Bespritzen des Teststreifens durch die Reaktionslösung vermieden werden kann und keine Störgase auftreten, sollte diese Schnellmethode zuverlässige Werte liefern.

Wichtig ist jedoch, dass der Teststreifen möglichst sofort in den Gasraum der Probe eingeführt wird, da der Arsenwasserstoff zumeist in den ersten Sekunden völlig ausgetrieben wird. Der Teststreifen wird getrocknet, mit Thiosulfatlösung fixiert und zur Dokumentation und zum Vergleich getrocknet.

Gefäß mit Deckel mit Schlitz und durchgestecktem, silbernitratfeuchtem Papierstreifen

1g trockene, gesiebte Bodenprobe
Spatelspitze Zink/Kupfersulfat
0,5 ml Isopropanol mit Jod
zuletzt 2ml verd. Salzsäure

5.6 Die Wirkung von Arsen auf Organismen

5.6.1 Arsen als lebenswichtiges Element / Doping mit Arsen / Arsen als Aphrodisiakum

Völliger Arsenmangel führt bei landlebenden Tieren eindeutig zu Reproduktions- und Wachstumsstörungen, die ähnlich wie bei Zinkmangel auftreten. Dies lässt auf eine mögliche essentielle Rolle der Arsenverbindungen bei der Aktivierung von Zink schließen (KAIM, W. 1991)

In äußerst geringen Dosen (0,5-5 mg) bewirkt Arsentrioxid eine Verbesserung des Allgemeinbefindens. Deshalb wurde es früher bei Bleichsucht, Rachitis, Neuralgien und nervösem Asthma als Appetitanreger sogar Säuglingen verordnet (GABEL, W. et al. 1973). Betrügerische Pferdehändler gaben heruntergekommenen Gäulen Arsenik, wodurch diese ein glatteres Fell, glänzende Augen und ein volleres Aussehen bekamen.

Vor allem in den USA werden seit den siebziger Jahren Arsenverbindungen als Masthilfsmittel eingesetzt (Geflügel erreicht eine größere Legeleistung, Schweine eine bessere Gewichtsentwicklung). Arsen ist bei uns als Masthilfsmittel zwar verboten, dies ist jedoch keine Garantie für seine Nichtanwendung.

Bekannt sind die Arsenikesser aus der Steiermark, die seit alters her steigende Mengen Arsenik (bis 0,4 g) mit Brot und Schnaps einnahmen, um den bergsteigerischen Strapazen besser gewachsen zu sein.

Der Name „Arsen" leitet sich von dem griechischen Ausdruck „arsenikos" (= männlich, potent) ab, was auf eine Verwendung als potenzsteigerndes Mittel schließen lässt.

In allen Zellen von Pflanzen, Tieren und Bakterien werden komplizierte Moleküle aufgebaut. Hierfür werden mobile Energieportionen benötigt, die in der Zelle durch „Verbrennen" von Zucker und Fett als Adenosintriphosphat (ATP) bereitgestellt werden.

Bei der Energieübertragung mittels ATP auf die Produktionseinheit (Enzym und Substrat) wird dieses ATP zu Adenosindiphosphat (ADP) und Phosphat (P) „entwertet". Das letztlich dabei gebildete Phosphat-Ion wird von Wassermolekülen umhüllt, wodurch mehr Energie frei wird, als zur Spaltung der Phosphatbindungen aufzubringen war. Auf dieser Energiedifferenz beruht die Energiespeicherwirkung von ATP.

Arsen ist als Element der 5.-Hauptgruppe mit dem Phosphor verwandt. Somit wird das Arsenat (AsO_4^{3-}) leicht mit Phosphat (PO_4^{3-}) verwechselt und statt diesem in ATP eingebaut. Leider ist diese „Energiewährung" (ATP mit Arsen) nicht so beständig wie das ATP. Sie zerfällt leicht durch Hydrolyse beim Transport zu den energieverbrauchenden Prozessen und geht somit der Zelle verloren. In den Produktionsstätten macht sich ein Energieengpass – dank der Störung durch Arsen – dadurch bemerkbar, dass ein Überschuss an ADP vorliegt.

Adenosintriphosphat (ATP)

Adenosindiphosphat (ADP)

Phosphation

$$Mg^{2+}ATP^{4-} \cdot 4H_2O + 4H_2O \rightarrow Mg^{2+}ADP^{3-} \cdot 3H_2O + PO_4^{2-} \cdot 2H_2O + 2[H_3O]^+$$

Die Zelle reagiert auf diesen Überschuss mit einem starken Ankurbeln der ATP-Produktion.

Ein kraftstrotzendes Pferd, bis zum Umfallen leistungstarke Holzfäller im Winter, ein potenter Mann, ein kurzfristig leistungsstarker Sportler sind die erwünschten Auswirkungen.

Allerdings geht diese Energiefreisetzung auf Kosten deren Reserven: Das zum Verkauf kurzfristig aufgeputschte feurige Pferd wird nach einiger Zeit noch klappriger als vorher sein. Es besteht sogar die Gefahr, dass die Erschöpfungsgrenze überspielt wird und der Mensch oder das Tier tot zusammenbricht.

5.6.2 Arsen als Gift

Eine ständige Zufuhr kleinerer Mengen Arsens (> 0,05 mg pro Liter Trinkwasser) führt zu chronischer Arsenvergiftung wie schmerzhaften Nervenentzündungen mit Bewegungsstörungen der Gliedmaßen und Haarausfall. Dabei wird Arsen in fast allen Organen gespeichert, vor allem jedoch in Haut, Haaren und im Nervensystem, wo es, wie Cadmium, sehr langsam ausgeschieden wird (PSCHYREMBEL, W. 1972; MOLL, W. L. M. 1976; HENNING, H. 1979).

Eine akute Arsenvergiftung tritt bei der Einnahme von bis zu 0,1 g Arsenik auf. Sie zeigt sich in heftigen Durchfällen, kollapsartiger Schwäche, Wadenkrämpfen, Benommenheit und Lähmungen, die ab 0,06 bis 0,12 g zum Tod führen können.

Arsenik war, da man es früher nicht nachweisen konnte, ein weithin beliebtes Mittel für Giftmörder (KOCH, E. R. et al. 1978). Als „Mäusepulver" gegen Ratten und Mäuse konnte es jedermann kaufen. Deshalb wurde es auch in der Politik als willkommenes Mittel zur Beseitigung missliebiger Zeitgenossen verwendet. Schon am byzantinischen Hof wurden Morde mit Arsenik durchgeführt, und auch das berüchtigte Adelsgeschlecht der Borgias, das in der Renaissance eine Zeitlang Italien tyrannisierte, bediente sich für seine meist politischen Morde des Arseniks.

Als Opfer eines schleichenden Giftmordes fühlte sich Napoleon I., französischer Kaiser, der von den Engländern auf die Insel St. Helena verbannt worden war. Scheinbar bestätigt wurde der auch schon von Napoleon geäußerte Mordverdacht erst 140 Jahre später durch Untersuchungen des Krankheitsbildes und seiner Haare. Einzelne Haarabschnitte enthielten bis zu 13 mal höhere Mengen Arsen als normal. Dieser Mordverdacht, der auf die Engländer fiel, ließ diese nicht ruhen. Ein Londoner Institut konnte in der grünen Farbe (Schweinfurter Grün = Kupfer-acetat-arsenat-(III)) der Tapeten des Speisezimmers von Napoleon hohe Arsenikmengen feststellen. Wie Napoleon dieses Gift trotz der geringen Sublimationsrate von Arsenik aufnehmen konnte, ist völlig ungeklärt. Neuere Untersuchungen der Haarlocken Napoleons mit modernsten Methoden zeigen nur geringen Gehalt an Arsen, dafür aber überhöhten Gehalt an Antimon, das damals Bestandteil vieler Arzneien war. Die Frage, ob Napoleon ermordet wurde, ist somit noch nicht endgültig geklärt.

Schlecht vertrug der französische Mathematiker, Philosoph und Freidenker Descartes das in heimtückischer Weise mit Schlafmittel gereichte Arsen. Obwohl er am blutigen Urin seine Arsenvergiftung erkannte, war es für ein Erbrechen, dank des Schlafmittels, zu spät.

Arsen bildet – ähnlich wie die anderen Schwermetalle – schwerlösliche Sulfide. Analog bindet sich Arsen stark an organische schwefelhaltige Verbindungen (Thiole)[6]. Besitzen diese Thiol- oder Mercaptogruppen wesentliche Funktionen im Zellstoffwechsel, z.B. als funktionelle Gruppe von Enzymen, so ist eine Giftwirkung von Arsen durch Blockierung dieser Gruppe erklärbar.

So besitzt das Coenzym Liponsäure eine Disulfidbrücke, die wesentlich für seine Funktion ist. Sind die Schwefelatome durch ein Arsenatom abgesättigt, dann vermag das Enzym nicht mehr die Brenztraubensäure in Essigsäure und Kohlenstoffdioxid zu spalten.

Dieses für den Glucosestoffwechsel wichtige Enzym ist in der Zellflüssigkeit des menschlichen Körpers nur in einer äußerst geringen Konzentration von 10^{-7} mol/L vorhanden. Dies bedeutet, dass in einem erwachsenen Menschen von ca. 70 kg und somit ca. 60 L Körperflüssigkeit nur 10^{-5} mol von diesem Enzym vorliegen. Würde

---

[6] Gluthandion wird wegen seiner S-H-Gruppe bei Arsenvergiftungen als Gegenmittel verordnet.

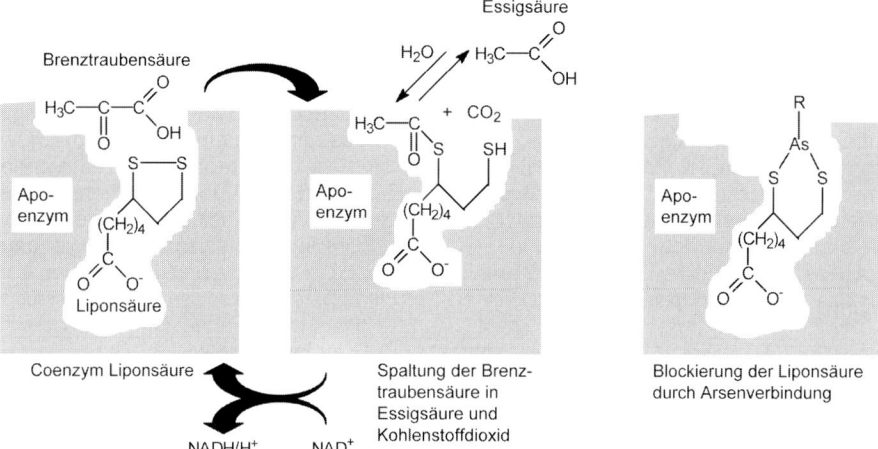

Abb. 23: Giftwirkung von Arsen: Spaltung der Brenztraubensäure in Essigsäure CH_3COOH und CO_2 wird verhindert.

Arsen nicht noch in anderen schwefelhaltigen Verbindungen des Körpers gebunden (z.B. in Haaren und anderen Proteinen), dann würde schon die kleine Menge von 0,5 mg Arsen für eine vollständige Blockierung des Stoffwechsels und damit für eine tödliche Vergiftung ausreichen.

Aufgrund der hohen Giftigkeit wurde im Zweiten Weltkrieg auch ein arsenhaltiges Kampfgas entwickelt, das Lewisit. Es wurde jedoch glücklicherweise nicht eingesetzt. Die Entgiftung von dieser Verbindung erfolgt durch eine stark schwefelhaltige Verbindung, die in Konkurrenz zu den Proteinen und der Liponsäure das Arsen abfängt, bevor es seine tödliche Wirkung ausübt. Entwickelt wurde das British-Anti-Lewisit (BAL) und später das weniger gefährliche Unithiol. Letzteres vermag nicht die Blut-Hirn-Schranke zu durchbrechen, weshalb auch bei diesem keine Gehirnschäden auftreten, wie beim Einsatz von BAL beobachtet wurde.

155

5.6.3 Die krebserregende Wirkung von Arsen

Arsenverbindungen sind beim Menschen krebserregend (GABEL, W. et al., 1973; PS-CHYREMBEL, W. 1972; KATALYSE-UMWELTGRUPPE KÖLN, 1981). Schon 1942 wurden in Deutschland Arsenikverbindungen als Pflanzenschutzmittel (Schweinfurter Grün) im Weinbau und Obstbau verboten, weil man herausfand, dass die Arsenrückstände im „Haustrunk" bei manchen älteren Personen nach einer Latenzzeit von 18 Jahren Leberkrebs erzeugte. Weiterhin konnten Karzinome an Haut, Bronchien und Lunge auf Arsenik zurückgeführt werden. Schon Mengen ab 0,78 mg Arsen, über das Trinkwasser täglich aufgenommen, sind laut Weltgesundheitsorganisation (WHO) krebserregend. Deshalb schlug diese Organisation einen Grenzwert von 0,05 mg pro Liter Wasser vor (HÜTTNER, L. A. 1979).

Nach Auffassung einer Senatskommission für gesundheitsschädliche Arbeitsstoffe der Deutschen Forschungsgemeinschaft (1978) kann kein MAK-Wert (maximale Arbeitsplatzkonzentration) für Arsen angegeben werden, da Arsen grundsätzlich krebserregend wirkt. Daher sollte der Arsengehalt in Wasser, Luft und Nahrungsmitteln stets so gering wie möglich sein (MINISTER FÜR ARBEIT, GESUNDHEIT UND SOZIALES NRW).

Wie aus der Dopingwirkung von Arsen zu ersehen war, kann Arsenat Phosphat im Körper ersetzen. Auch unsere Erbsubstanz enthält als wichtigen Baustein Phosphat. Werden auch hier Phosphatmoleküle durch Arsenat ersetzt, führt dies zu Brüchen im DNA-Strang, was letztlich zu Krebs führen kann.

5.7 Arsenvorkommen in der Umwelt – Grenz- und Richtwerte

Arsen kommt in geringen Mengen in allen Böden vor (0,1-20 mg/kg Trockenerde). Höhere Arsenkonzentrationen sind in Abwindrichtung von Glashütten vorhanden, z. B. Düsseldorf-Gerresheim, und in Aschen, z.B. „Aachener Rothe Erde". Die hatte eine Aachener Eisenhütte bis 1926 aufgetürmt und wurde dann als Sportplatzasche, beladen mit Blei und Arsen (teilweise > 350 mg As/kg Feinstaub) verwendet.

Auch in Weinbergen sollte wegen intensivem Spritzen von Kupferarsenverbindungen (bis ca. 1970) die Erde arsenbelastet sein. Allerdings wird das Arsenat vom Boden analog dem Phosphat sehr fest an den Aluminiumsilikaten gebunden, sodass es nur im stark sauren Bereich für Pflanzen verfügbar ist.

Die Winzer bekamen durch das Einatmen der arsenhaltigen Spritzmittel, aber auch durch den arsenhaltigen frischen Wein, „Haustrunk" genannt, Krebs. Diese „Winzerkrankheit" ist als Berufskrankheit anerkannt.

Tonmineral (Aluminiumsilikat) + Arsensäure

am Tonmineral kovalent gebundes Arsen + 2H$_2$O

Doch zurück zu den Sportplätzen: Der rote Feinstaub darf heute als lungengängiges Material bis zu 50 mg As/kg enthalten. Vor 1982 waren nur 35 mg As/kg erlaubt. Nach Aufdecken des „Aachener Rothe Erde"-Skandals wurden die Grenzwerte für die alten Sportplätze auf 350 mg/kg angehoben. Diese sind aus Sicherheitsgründen dann feucht zu halten. Die neue Sportplatzasche darf 50 mg As/kg Feinstaub enthalten, obwohl Arsen eindeutig laut „Technischer Anleitung Luft" (TA-Luft) zu den krebserregenden Stoffen gehört und z.B. ein(e) SportlehrerIn bei Benutzung eines staubigen Platzes während der Arbeitszeit erhebliche Mengen Arsen aufnimmt.

Arsengehalte, Grenz und Richtwerte (WIRTH, W. et al. 1985)

Arbeitswelt

Arsentrioxid und Arsenpentoxid, arsenike Säure, Arsensäure und ihre Salze sind eindeutig als krebserzeugend ausgewiesene Arbeitsstoffe zu betrachten. Sie gehören der Gruppe III A 1 an, d.h. zu den Stoffen, die beim Menschen erfahrungsgemäß bösartige Geschwülste zu verursachen vermögen. Da für Arsenverbindungen als krebserzeugender Stoff kein Grenzwert aufgestellt werden kann, werden Technische Richtkonzentrationen (TRK) aufgestellt, die als Expositionsmittelwerte für eine achtstündige Arbeitsschicht einzuhalten sind.	TRK: $0,1$ mg/m^3, berechnet als As im Gesamtstaub (gilt auch für Antimon)
Die Maximale Arbeitsplatzkonzentration (MAK) für Arsenwasserstoff (AsH$_3$) ist ein 8-Stunden-Mittelwert. Spitzenbegrenzung II,2: Dieser MAK-Wert darf 2 mal pro 8-Stunden-Schicht als 30 Minuten Mittelwert um das fünffache überschritten werden.	MAK: $0,2$ mg/m^3, $0,05$ mL/m^3(ppm) MAK II,2: 1 mg/m^3, $0,25$ mL/m^3(ppm)
Gesetzlicher Grenzwert für Sportplatzasche	50 mg/kg(ppm)

Boden

durchschnittlicher Arsengehalt im Boden (mit Bereich)	2 mg/kg(ppm) (0,1-20 ppm)
Richtwert für landwirtschaftlich genutzte Böden	40 mg/kg(ppm)
organisches Material	$\geq 0,02$ mg/kg(ppm)
kontaminierte Böden	> 800 mg/kg(ppm)

Wasser

Naturgewässer	~1µg/L(ppb)
Trinkwasser nach Weltgesundheitsorganisation (WHO)	0,05 mg/L
Trinkquelle Bad Dürkheim	12,9 mg/L
Trinkwasser Grenzwert BRD	40 µg/L

Luft

Produktionsstätten von Arsentrioxid bzw. Verhüttung von metallurgischen Rohstoffen (vorläufige Emissionswerte)	5 mg/m^3 Abluft
reine Luft	$< 0,02$ µg/L
Großstadtluft	0,07 µg/m^3
MAK Arsenwasserstoff	0,2 mg/m^3

Prüfwerte (Bodenschutzgesetz s. Anhang 1 (2))

Kinderspielfläche	25 mg/kg[7]
Wohngebiet	50 mg/kg
Park- und Freizeitanlage	125 mg/kg
Industrie- und Gewerbefläche	140 mg/kg
Prüfwerte Sickerwasser	10 µg/L

Mensch

Haare, Normalwert	0,46-2 mg/kg
Haare bei Arsenvergiftung	> 50-100 mg/kg
Fingernägel	0,28 mg/kg
Urin, Normalwert (Belastungswert)	10 µg/L (40µg/L)
Leber bei akuter Arsenvergiftung	10-100 mg/kg
Leber, Niere; Normalwerte Arsen pro Trockengewicht	0,03 mg/kg
Arsengehalt eines Erwachsenen	10-20 mg
niedrigste letale Dosis	130 mg/Mensch
letale Dosis pro Körpergewicht	45-90 mg/kg Körpergew.

Lebensmittel

ADI-Wert der WHO:	0,05 mg/kg Körpergew.
für einen 70 kg schweren Menschen:	3,5 mg

Durchschnittliche Arsenbelastung von Lebensmitteln ADI-Werte der BRD

Kartoffeln	0,06 mg/kg
Gemüse, Obst	0,02-0,04 mg/kg
Reis, Getreide	< 0,005 mg/kg
Fisch	0,8 mg/kg
Fischwaren	1,6 mg/kg
Fleisch, Milch	~0,05 mg/kg
Hummer	1,5-122,0 mg/kg
Shrimps (Garnelen)	3,2-25,7 mg/kg
Hering	0,8-1,43 mg/kg
Schellfisch	1,6-2,9 mg/kg
Rindfleisch	0,05 mg/kg
anderes Fleisch	0,1-0,25 mg/kg
Milch, Eier	0,1 mg/kg
Gemüse	0,2 mg/kg
Kaffee, Tee	0,5 mg/kg
Zucker	0,1 mg/kg
Getränke	0,1 mg/kg
Öl, Fett	0,1 mg/kg

---

[7] Umrechnung: 1mg/kg = 1 ppm

6 Entropie – Unordnung

6.1 Verteilung von Stoffen in der Umwelt

6.1.1 Aufräumen lohnt nicht.
Theoretische Grundlagen für die Verteilung von Stoffen in der Umwelt

Diese Erläuterung ist streng vertraulich und darf nicht in die Hände von Kindern gelangen, sonst ist die ganze Erziehung perdu

Nach dem Frühstück einer großen Familie blieb natürlich die Mutter mit den auf Tisch und Stühlen verteilten 5 Tassen zurück.

Müde und allein vor den Tassen grübelt sie, ob es überhaupt sinnvoll ist, diese tägliche Unordnung zu beseitigen oder ob sie nicht dabei womöglich ein noch größeres Chaos anrichtet.

Unordnung

Beruhigt stellt sie fest, dass Aufräumen letztendlich nur eine Änderung der Verteilung der Tassen beinhaltet: Vorher verteilt auf das Volumen der Küche und danach auf das Volumen des Schrankfaches. Überschlagsweise berechnet sie das Volumen für die Küche (3m x 3,3m x 2,5m = 25 m^3) und jenes für das Schrankfach (0,5m x 0,5m x 1m = 0,25 m^3). „Das Verhältnis dieser Volumina und die Zahl der Tassen" – so schloss sie scharfsinnig – „sollte die Abnahme der Unordnung bestimmen." Thermodynamiker nennen diese Unordnungsänderung auch Entropieänderung (ΔS). „Natürlich muss die Entropieabnahme für die Tasse von Joachim und Torsten den gleichen Wert besitzen und somit einfach durch Addition der Entropieänderungen pro Tasse berechenbar sein".

Wahrscheinlichkeit

„Allerdings" – so sinniert sie – „könnte ich die Küche verlassen und die Kinder einfach mit den Tassen spielen lassen. Wenn ich wiederkomme, könnten zufällig alle Tassen im Schrank sein. Sicherheitshalber schaue ich öfter nach, um diesen Glücksfall zu erleben." Nun ist aber die Küche 100 mal größer als das Schrankfach. Wenn nur eine Tasse da wäre, müsste ich durchschnittlich

100 mal nachschauen, um einmal die Tasse im Schrank zu finden, denn es gibt ja 100 Möglichkeiten, wo die Tasse zufällig steht. Vielleicht wird es mit mehreren Tassen besser, so denkt sie. Erschrocken stellt sie fest, dass sie, um allein zwei Tassen zufällig gleichzeitig in den Schrank geräumt zu bekommen, durchschnittlich 100 x 100 = 10 000 mal hoffnungsvoll nachschauen müsste, um die Kinder einmal loben zu können. Bei 5 Tassen wäre die Wahrscheinlichkeit kleiner als das große Los beim Lotto, nämlich $1:100^5$ = 1:10 000 000 000. Nein – so lange kann sie nicht warten!"

Unordnung/ Wahrscheinlichkeit

Irgendwann einmal, als sie noch nicht an die 3 K (Küche, Kinder, Kirche) fixiert war, hatte sie gelernt, dass eine **Multiplikation** mit dem gleichen Faktor auch durch eine **Addition** der Exponenten erreicht wird. (Z.B. $1/100 \times 1/100 \times 1/100 = (1/100)^{[1+1+1]} = (1/100)^3$. Dieses Rechnen mit den Exponenten führte damals in der Schule direkt zum Logarithmieren.

Vielleicht ist die additive Unordnungsänderung (ΔS) ebenso mit der multiplikativen Wahrscheinlichkeit (W) durch den Logarithmus verknüpft? Für drei Tassen:

$$\Delta S \sim (\ln W_1 + \ln W_2 + \ln W_3) = \ln (W_1 \times W_2 \times W_3) = \ln(W)^3$$

Summe der Unordnungseinheiten   Produkt der Wahrscheinlichkeiten

Nun kann man nicht erwarten, dass diese Größen ($\ln(W)$ und ΔS) zahlenmäßig gleich sind. Auch im Kaufhaus ist der Preis für einige Kiwis nicht gleich deren Anzahl: Es steckt noch ein Umrechnungsfaktor (der Preis für eine Kiwi) dazwischen.

Boltzmanngleichung

Der Umrechnungsfaktor zwischen dem Logarithmus der Wahrscheinlichkeit und der Entropie wurde zu Ehren von Boltzmann Boltzmann-Konstante (k) genannt. Sie ist extrem klein:

$$k = 1{,}4 \times 10^{-23} \text{ J/K.}$$

$$\Delta S = k \cdot \ln\left(\frac{V_{Schrank}}{V_{Küche}}\right)^{Tassenzahl}$$

Mit dieser Formel lässt sich jetzt die Unordnungsabnahme berechnen:

Entropieabnahme

$$\Delta S = 1{,}4 \times 10^{-23} \text{ J/K} \times 5 \times \ln 1/100 = -3{,}2 \times 10^{-22} \text{ J/K}$$

„So eine lächerlich kleine Ordnungszunahme bedeutet mir nichts," stellt die Mutter enttäuscht fest. „Kann vielleicht die Ordnungszunahme in Energieeinheiten ausgedrückt werden, denn Energie bewegt ja bekanntlich die Welt?"

Energie

In einem Physikbuch findet sie, dass die Entropieänderung mit der gerade in der Küche herrschenden Temperatur multipliziert werden muss, um die dafür nötige Energie zu bestimmen. Aber aufgepasst: Nicht die Zimmertemperatur **20** °C, sondern die absolute Temperatur (T = (273 + **20**) K = 293 K) muss in die Formel eingesetzt werden:

$$\Delta E = -\Delta S \times T = 3{,}2 \times 10^{-22} \text{ J/K} \times 293 \text{ K} = 9{,}4 \times 10^{-20} \text{ J}$$

„Mit diesem bisschen Energie kann nicht einmal ein mickriger Floh hochhüpfen", stellt sie bestürzt fest. „Ob ich die Tassen mit einem Bagger oder durch einen gezielten Wurf in den Schrank räume, bestimmt die tatsächlich aufzuwendende Energie, die unter den irdischen Bedingungen durch die Reibung und die Schwerkraft diktiert wird."

„Bagger und Werfen kommen in meinem Haushalt nicht in Frage," konstatiert die Mutter. „Aber", überlegt sie weiter, „wenn ich jetzt aufstehe und innerhalb von 10 Sekunden die 5 Tassen selbst wegstelle, dann „verbraucht" mein Körper immerhin 800 J mehr, als wenn ich schlafe. Das sind ca. 10^{22} = 10 000 000 000 000 000 000 000 mal mehr Energie als im „schwerelosen, reibungslosen himmlischen Fall".

Gleiches gilt auch für die Änderung der Ordnung: Werden die 5 Tassen aufgeräumt, dann nimmt zwar die Entropie für die Tassen ab (um $3,2 \times 10^{-22}$ J/K). Gleichzeitig steigt aber die Entropie und damit die Unordnung durch das Verbrennen der hochkomplexen Nahrungsmittelmoleküle im Körper zu den primitiven Molekülen Kohlenstoffdioxid und Wasser um 800J / 310K = 2,58 J/K. Durch den Versuch, Ordnung zu schaffen, indem ich Tassen aufräume, vernichte ich Ordnung um das Zehntrilliarden-fache (10^{22}). Lasse ich noch dabei eine Tasse fallen, dann sieht die Rechnung noch hoffnungsloser aus."

Entropie

Erleichtert lässt die Mutter die Hände in den Schoß fallen, denn sie hätte nicht alle Tassen im Schrank, wenn sie alle Tassen im Schrank hätte.

6.1.2 Lohnt sich das Einsammeln von Quecksilberbatterien?

Im vorhergehenden Abschnitt wurde das Aufräumen von Tassen berechnet. Diese Rechnung kann auch auf kleinere Objekte wie Quecksilberatome aus Batterien übertragen werden:

Taschenrechner, Fotoapparate, Uhren, elektrische Spielgeräte, sprechende Glückwunschkarten – viele dieser technischen Errungenschaften werden von kleinen Quecksilberbatterien – wegen ihrer Form auch Knopfzellen genannt – angetrieben. Diese Batterien enthalten durchschnittlich ca. 2,7 g reines Quecksilber und sind hochgiftiger Sondermüll. Sie müssen deshalb nach dem Verbrauch entweder in dem Geschäft, wo sie gekauft wurden, oder bei den kommunalen Sammelstellen für Sondermüll abgegeben werden.

Leider vergisst man dies leicht und so eine kleine Batterie rutscht auch schnell in den Hausmüll, da man sich nur schwer vorstellen kann, welche Gefahren von ihr ausgehen.

In Hamburg schätzte man auf Grund der Emissionen aus einer Müllverbrennungsanlage, dass durchschnittlich jeder Bundesbürger pro Jahr eine dieser verbrauchten Quecksilberbatterien zu seinem Müll gibt. Diese gelangt entweder auf die Mülldeponie oder zumeist in die Müllverbrennungsanlage.

Die tatsächliche Menge an Quecksilber, welches in Deutschland durch Haushalt, Verkehr und Industrie in der Biosphäre verteilt wird, ist mit 800 t/a drei mal so hoch. Nun sind in einer einzigen Knopfzellenbatterie bei ca. 2,7 g Quecksilber die unvorstellbar große Zahl von $6 \cdot 10^{21}$ Quecksilberatomen enthalten. Diese vielen Quecksilberatome werden durch die Müllverbrennung in das große Volumen der Biosphäre verteilt.

Wir wollen den Mindestenergieaufwand, der für das Sammeln der Knopfzelle in unserer Wohnung notwendig ist, mit dem Energieaufwand vergleichen, wenn aus Regenwasser die gleiche Quecksilbermenge wieder zurückgewonnen wird.

Grundlage dieser Berechnung ist die Formel, welche schon für das Aufräumen der Tassen galt:

Für das Aufräumen der Knopfzellen in der Wohnung berechnet sich eine Mindestenergie:

$$\Delta E = -T \cdot \Delta S = -T \cdot k \cdot \ln\left(\overset{\text{\textit{Zahl der Knopfzellen}}}{\frac{V_{Sammelbehälter}}{V_{Wohnung}}} \right)$$

Mit einer Knopfzelle, dem Volumen der Wohnung zu 100 m³ und des Sammelbehälters zu 0,001 m³ berechnet sich mit T = Zimmertemperatur (300K) und k = $1,4 \cdot 10^{-23}$ J/K eine Energie von $5 \cdot 10^{-20}$ Joule.

Das Quecksilber findet sich im Regenwasser nur in einer geringen Konzentration von ca. 20 ng/L = $20 \cdot 10^{-9}$ g/L wieder. Um meine 2 g $\triangleq$ 2g/13,6 g/cm³ = 0,14 cm³ Quecksilber wieder zurückzugewinnen, muss ich aus 10 L = 100 000 m³ Regenwasser oder 50 Schwimmbädern die Quecksilberatome fischen. Deren Zahl beträgt 2 g / 200 g/mol = 1/100 mol, was $6 \cdot 10^{21}$ Atome entspricht.

Die hierfür notwendige Mindestenergie ist durch die folgende Formel bestimmt:

$$\Delta E = -T \cdot \Delta S = -T \cdot k \cdot \ln\left(\overset{\text{\textit{Zahl der Quecksilberatome}}}{\frac{V_{Quecksilber}}{V_{Regenwasser}}} \right)$$

Umgeformt erhält man daraus die folgende einfache Beziehung:

$$\boxed{\Delta E = T \cdot R \cdot n \cdot \ln \text{ (Dichte des reinen Metalls/Metallgehalt im Regenwasser)}}$$

Mit R = $k \cdot 6 \cdot 10^{23}$ = 8,3 J/(K $\cdot$ mol) und n = Molmenge an Quecksilber

ΔE = 300 $\cdot$ 8,3 $\cdot$ ln(13600 kg/m³ / $20 \cdot 10^{-9}$ kg/m³) = 700 J. Dieser Betrag ist 10^{23} mal (um die **Avogadro**-Zahl) größer als beim direkten Einsammeln der Knopfzelle ($5 \cdot 10^{-20}$ Joule).

Dieser Energiebedarf für das Recycling von Quecksilberatomen ist jedoch nicht der gewichtigste, denn es fehlen noch die Transportenergien des Regenwassers zur Aufbereitungsanlage und zurück und die Energie für die Adsorption des Quecksilbers an einem Reinigungsmittel und dessen Regenerierung durch Desorption.

Für bergmännische Aluminiumgewinnung aus Bauxit ist der Energiebedarf bekannt und gut dokumentiert (Global 2000, 1981), sodass beide Energien verglichen werden können.

Energieeinsatz zur Verminderung der Unordnung (Entropie)

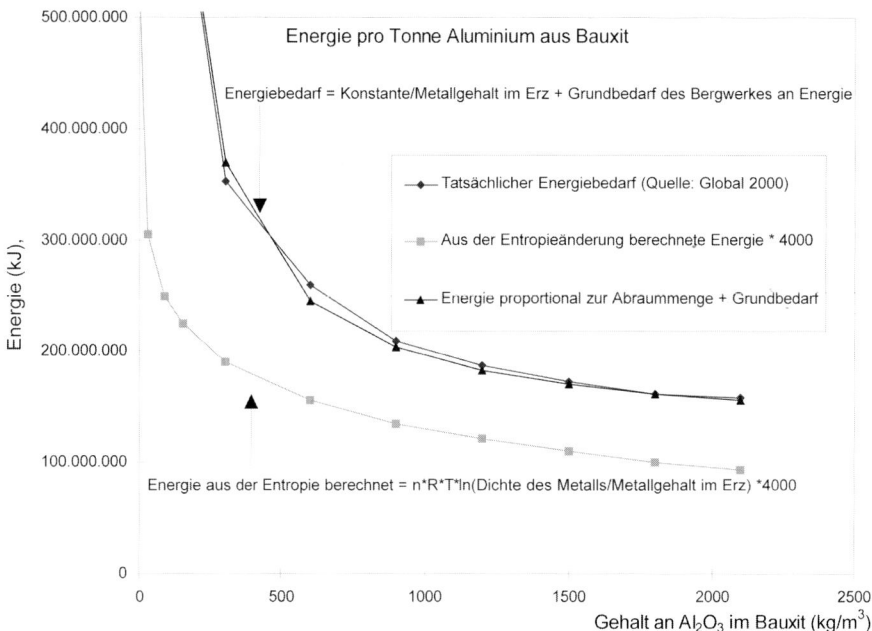

Abb. 24: Energiebedarf für die Gewinnung einer Tonne Aluminium aus Bauxitmineral (Global 2000, 1981).

Aus obiger Grafik ist zu ersehen, dass die Energiekosten mit fallendem Erzgehalt des Ausgangsmaterials steigen. Sie sind bis auf einen konstanten Betrag (Grundbedarf der Anlage) direkt proportional zur Masse des Abraums. Die folgende Formel gilt generell für die Gewinnung von Metallen aus Erzen:

> Energie = Konstante/Metallgehalt des Gesteins + Grundbedarf der Anlage

Der Energiebedarf für die Entropieabnahme bei der Erzanreicherung ist je nach Metallgehalt zehntausend Mal bis eine Milliarde Mal geringer als der tatsächliche bergmännische Energiebedarf für das Brechen des Gesteins, Bewegen des Abraumes und für den Grundbedarf der Anlage.

Soll das Quecksilber für eine Knopfzelle aus dem Regenwasser mit einem Gehalt von 0,00 000 02 g/L Quecksilber abgetrennt werden, dann ist allein für die Energie für die Konzentrierung (Entropie) schon $^1/_{1000}$ des jährlichen Energieverbrauchs pro Kopf der Bevölkerung in Deutschland (Gesamtenergieverbrauch ca. 10^{11} kWh = 10^{14} J / 7 • 10^7 Einwohner) notwendig. Eine realistische Abschätzung der Gesamtenergie für das Einsammeln des gesamten Quecksilbers aus dem Regenwasser ergibt das 10^{11}-fache des Pro-Kopf-Verbrauchs an Energie und ist somit unbezahlbar.

Wäre alles vorhandene Quecksilber gleichmäßig in der Erdrinde verteilt, dann läge seine Konzentration bei 0,000 009 %. Wirtschaftlich abbaubar ist Quecksilber erst bei einer Konzentration von 0,1 %. (COOK, E. 1976). Dazwischen liegt ein Faktor von

11 000. Dieser Faktor beträgt für Eisen nur 3,4, welches im Gegensatz zum Queck-silber überall in relativ hoher, fast abbauwürdiger Konzentration im Boden vorhanden ist und so gesehen, praktisch unerschöpflich ist.

Fazit

Eine Verteilung von Schwermetall-Atomen oder radioaktiven Stoffen in der Biosphä-re (Luft, Wasser, Boden) kann nur mit einem unvorstellbar hohen und damit unbe-zahlbaren Aufwand rückgängig gemacht werden. Sowohl für die Schwermetalle, als auch für die radioaktiven Stoffe gibt es keine biologische oder chemische Abbau-möglichkeit – ganz im Gegensatz zu den organischen Schadstoffen.

Nur in geologischen Zeiträumen wird die Natur jene nicht abbaubaren Konta-minationen wieder entschärfen: Sei es, dass die Schwermetalle ausgewaschen werden und sich im Unterboden als neue Minerallager abscheiden, sei es, dass die radioaktiven Elemente langsam zerfallen.

Wir beziehen Schwermetalle als Roh-stoffe aus der „Dritten Welt" zu Dumping-preisen: Der Abbau der Schwermetalle geschieht in diesen Ländern durch unter-bezahlte, rechtlose Arbeitskräfte in einer beispiellosen Ausbeutung der geologi-schen Lagerstätten mit der einhergehenden Zerstörung des dortigen Lebensraumes.

Diese niedrigen Kosten für den Import der Schwermetalle verhindern aber auch bei uns in der „Ersten Welt" einen schonenden Umgang mit der Umwelt: Die Rückge-winnung der Schwermetalle aus Produkten und Produktionsabfällen ist bei diesen niedrigen Rohstoffpreisen nicht rentabel, sodass die Schwermetallabfälle über Luft, Wasser und Böden entsorgt werden und diese irreversibel belasten.

Auch das getrennte Sammeln von einzelnen Abfallstoffen wie Quecksilberknopfzellen ohne ausreichende Kontrolle und ohne materiellem Anreiz darf nicht darüber hinweg täuschen, dass immer noch bei der Elektrolyse von Kochsalz große Quecksilbermen-gen an die Umwelt abgegeben werden und erst langsam die maroden Amalgamanla-gen durch quecksilberfreie Anlagen ersetzt werden. In weiten Bereichen des Amazo-nasbeckens sind die Fische durch Quecksilber aus der Goldgewinnung so hoch bela-stet, dass die dort lebenden Indianer nur die Wahl zwischen schleichender Vergiftung (Minimata Syndrom: Zerstörung der Nervensysteme, Rückbildung der Muskeln und Missbildung bei Neugeborenen) und dem Hungertod haben (Spiegel 6/1999).

Dilution is no solution for pollution

Auch der Vergiftung der Böden in Deutschland durch Schwermetalle wird – da sie unsichtbar und nur schleichend vor sich geht – nur schleppend durch Bürger und Politiker Einhalt geboten. Denn schärfere Umweltgesetze lassen die Produktionsko-sten ansteigen und führen oft dazu, dass Arbeitsplätze in Länder mit menschenver-achtenden Umweltgesetzen verlagert werden.

1. Das Recycling von Schwermetallen muss positiv unterstützt werden, denn schon geringe Mengen davon vermögen große Bereiche zu vergiften. Bei schadstoffhaltigen Gebrauchsgütern könnte das durch ein Pfandsystem geschehen, welches zwar nicht den tatsächlichen gewaltigen Energieunterschied zwischen Einsammeln und Rückgewinnung des Schadstoffes aus der Biosphäre widerspiegeln kann, aber doch einen starken Anreiz zum Sammeln und Wiederverwerten darstellen würde. Zur Orientierung: In einigen Bundesstaaten der USA kostet das Wegwerfen z.B. einer Tüte, einer Bananenschale oder Coladose ca. 1000 $ Strafe. Die derzeitige Einsammelquote für Quecksilberknopfzellen liegt bei 50 %.
2. Die bergmännische Gewinnung und der Import von Quecksilber und anderer hochtoxischer Stoffe muss mit so hohen Umweltabgaben belegt werden, dass sich ein weitgehendes Recycling lohnt.
3. Die Verwendung von Quecksilber und Cadmium soll noch stärker eingeschränkt werden. Dies betrifft Batterien, Zahnfüllungen (bei beiden Punkten findet ein Umdenken statt) und den Export quecksilberhaltiger Fungizide, die in Deutschland verboten sind.
4. Die Filtertechnik der Müllverbrennungsanlagen muss verbessert werden, stößt aber dann an wirtschaftliche und technische Grenzen. Besser und sicherer ist die Abkehr von der Müllverbrennung, da ein völliges Abtrennen der Schadstoffe wie Cadmium, Blei und Quecksilber nicht möglich ist. Aus einer Müllverbrennungsanlage kommen bei gleicher Energieerzeugung und Filtertechnik 25 mal mehr Quecksilber als aus einem Kohlekraftwerk (KOCH, T.C. et al. 1988). Nur 30 % des Quecksilbers können derzeit durch Filter (ohne Rauchgaswäsche) zurückgehalten werden (die Emissionsgrenzen für Quecksilber sind in der 17. Bundesimmissionsschutzverordnung (BImSchV) festgelegt). 3 % des Cadmiums und 70 % des Quecksilbers sind noch im „gereinigten" Abgas (NOTTRODT, A. 1975).
   Die durch die Tätigkeit des Menschen verursachten Quecksilberemissionen sind 275 mal größer (Bundesminister d. Innern, 1984) als die aus natürlichen Quellen (Vulkanismus, Verdampfen aus der Erdkruste). Die hohen Bleibelastungen in Ballungsgebieten gehen vornehmlich auf Müllverbrennungsanlagen zurück (WDR 5, Leonardo, Februar 1999).
5. Die derzeit überall propagierten Müllverbrennungsanlagen – als thermische Müllverwertung kaschiert – verhindern die Entwicklung von Giftmüllvermeidungsstrategien und Recyclingmethoden.
6. Die Gefahr durch Schadstoffe wird nicht dadurch vermindert, dass diese auf ein größeres (z.B. Luft-) Volumen verteilt werden. Denn durch schleichende Anreicherung im Boden kommt es nach Jahren zu nicht mehr behebbaren Schäden.

6.1.3 Experimentelles Recycling von Kupfer

„Da haben wir den Salat", ruft die Mutter als sie die Kupferschale mit verwelkten Salatblättern, Essig und Öl auf dem Balkon findet.
   „Max, den solltest du doch letzte Woche dem Besuch vorsetzen – war wohl nichts!"
Beim Reinigen der Schale entdeckt sie, dass der Boden mit türkisblauen Kristallen übersät ist.
   „Auch wenn du Tante Eulalia nicht leiden kannst, kannst du ihr

doch nicht etwas von deinen Chemikalien in den Salat tun", ruft die Mutter empört.

Max beteuert, nur Salat, Essig und Öl verwendet zu haben und versucht detektivisch hinter die Herkunft der glitzernden Kristalle zu kommen.

Er überlegt: „Der Salat stand die ganze Zeit abgedeckt auf dem Balkon, sodass ich nur das Zusammenspiel der vier Stoffe – Salat, Essig, Öl und der Kupferschale – zu untersuchen habe." „Vielleicht probiere ich zuerst, ob sich aus nur zwei Stoffen wie Salat und Essig, Essig und Öl, Öl und Kupferschale usw. blaue Kristalle bilden?"

„Da ich nur eine Kupferschale besitze, nehme ich als Ersatz Kupfermünzen oder Kupferdrahtstücke."

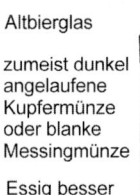
Altbierglas

zumeist dunkel
angelaufene
Kupfermünze
oder blanke
Messingmünze

Essig besser
Essigessenz

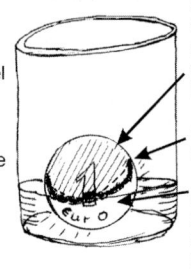

Kupfermünze
dunkel an-
gelaufen von
schwarzem
Kupferoxid

türkisblauer
Grünspan

blankes
Kupfer auch als
rote Flecken
beim Messing

Als Max die Kupfermünze an die Wand des Glases lehnt und mit wenig Essig übergießt, bemerkt er, dass die Münze innerhalb von 15 Minuten an der Flüssigkeitsoberfläche einen türkisen Rand bekommt und im Essig ganz blank wird. Auch mit einer Messingmünze macht er die gleiche Beobachtung, wobei sich diese im Essig stellenweise kupferrot färbt. Nach drei Tagen ist der Essig türkisblau gefärbt und nur auf dem essigfeuchten Metall haben sich kleine türkise Kristalle gebildet. Keine Kristalle bilden sich, wenn die Münze völlig mit Essig bedeckt ist. „Irgendwie erinnert mich diese Umwandlung mit Luft und Flüssigkeit an das Rosten von Eisen. Aus der türkisen Lösung lassen sich sicher noch mehr Kristalle gewinnen, deshalb verdampfe ich am Besten den Essig" denkt sich Max.

Dazu benutzt er Vaters Altbierglas. In dieses filtriert er durch einen Kaffeefilter die blaue Lösung und erhitzt sie auf der Herdplatte mit Stufe 2. Es riecht fürchterlich nach Essig und Max hofft, dass Mutter nicht erscheint. Gerade als der Essig völlig verdampft ist und viele blaue Kristalle entstanden sind, färben sich diese auf dem Gefäßboden rot und das Glas zerspringt. Die Bodenplatte des Glases ist teilweise verkupfert. „Zwar habe ich Vaters Glas zerstört, aber Kupfer zurückgewonnen", stellt Max fest und nimmt sich vor, dieses Recycling mit geeigneten Mitteln genauer zu untersuchen. Im Lexikon findet er, dass Kupfer mit Essig an der Luft Grünspan (=Kupferacetat) bildet und dass dieser Grünspan ab einer Konzentration von 25 % bei Verschlucken als gesundheitsschädlich eingestuft ist und Brechreiz bewirkt (Gefahrenhinweis Xn, R22). „Der Salat aus der Kupferschale wäre meiner Tante doch nicht gut bekommen und deshalb darf für saure Gerichte kein Messing- oder Kupfergeschirr verwendet werden", folgert er. „Jetzt verstehe ich, warum meine Mutter in die Blumenvase immer eine Kupfer oder Messingmünze legt, denn auch Fäulnisbakterien vertragen aufgelöstes Kupfer nicht gut."

Folgende Vorschrift stellt er dazu auf.

Bestimmung des Energiebedarfes und der Kosten für das Recycling von Kupfer

5 min 1 Woche Pause 20 min	Gefahrstoff	Sicherheit	Entsorgung
	✖ 🗲	Abzug Schutzbrille	Schwer-metall-lösung Mülleimer

Geräte
Waage auf 1 mg genau
100 mL Becherglas

Gasbrenner, Vierfuß, Ceranplatte

Thermometer,
Uhr mit Sekundenzeiger

Chemikalien
Kupferdraht, Kupfer oder Messingmünzen
farbloser Haushaltsessig, Kräuteressig
oder Essigessenz (25 %) oder Essigsäure (beim Eindampfen des Haushalts- und
Kräuteressigs bildet sich aus Zucker Kohlenstoff, welcher etwas stört. Essigessenz
bildet beim Erhitzen keinen Kohlenstoff).
Essigsäure mit einem Gehalt von unter
10 % wird nicht als ätzend eingestuft! Bei höheren Essig-Konzentrationen Schutzbrille
benutzen.
Falls direkt das Recycling gezeigt werden
soll: Kupferacetat (gesundheitsschädlich
beim Verschlucken). Dieses ist schnell
durch Erhitzen von Kupfer, 3 Teilen konz.
Essig und 1 Teil 30 % Wasserstoffperoxid
im Abzug herstellbar!

1cm Kupferdraht, Kupfer- oder Messingmünze auf 1 mg genau abwiegen (Masse(Kupfer$_{Anfang}$)). Die Kup-
ferstücke senkrecht an die Wand eines 100 mL Becherglases stellen
und dieses nur bis zur Hälfte des
Kupfers mit Essigessenz auffüllen.
Das Glas mit Papier abgedeckt stehen lassen.
   Nach etwa einer Woche das Kupferstück entnehmen, die türkisen
Kristalle mit wenig Wasser in das
Becherglas spülen und das getrocknete saubere Kupferstück wiegen
(Masse(Kupfer$_{Ende}$)).

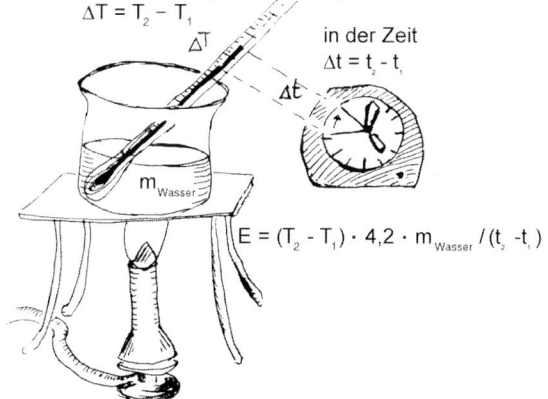

Bestimmung der Energiezufuhr
aus dem Temperaturanstieg:

$$\Delta T = T_2 - T_1$$

in der Zeit
$$\Delta t = t_2 - t_1$$

$$E = (T_2 - T_1) \cdot 4{,}2 \cdot m_{Wasser} / (t_2 - t_1)$$

**Weggeätzte Kupfermasse =
Masse(Kupfer$_{Ende}$) - Masse(Kupfer$_{Anfang}$)**

Die türkisblaue Lösung wird mit dem. Wasser auf 50 ml verdünnt und im Abzug erhitzt.
   Nach den ersten beiden Minuten (t$_1$ und t$_2$) die Temperaturen (T$_1$ und T$_2$) ablesen.
Daraus lässt sich bei bekannter Wassermenge (m$_{Wasser}$) und der spezifischen Wär-

me von Wasser c_{Wasser} = 4,2 J/(K x g) die pro Minute zugeführte Wärmemenge berechnen:

Zugeführte Energie/Minute = $(T_2 - T_1) \cdot c_{Wasser} \cdot m_{Wasser} / (t_2 - t_1)$

Nach der Temperaturmessung ist das Thermometer zu entfernen und die Zeit vom Beginn des Erhitzens bis zum völligen Verdampfen der Flüssigkeit (t_{Dampf}) und bis zur Bildung von Kupfer (t_{Kupfer}) zu messen. Während dieser Zeit darf der Brenner nicht reguliert oder verschoben werden.

Energiebedarf für die Rückgewinnung des Kupfers =
$t_{Kupfer} \cdot$ zugeführte Energie/Minute

Von Interesse ist die Energiemenge, welche für die Rückgewinnung von 1 kg Kupfer notwendig ist:

Energiebedarf für das Recycling von 1 kg Kupfer =

Energiebedarf für die Kupferrückgewinnung

weggeätzte und zurückgewonnene Kupfermasse

Zum Vergleich kann man die benötigte Energie in KWh und bei bekannten Energiekosten in DM oder Euro umrechnen:
1 J = 1/3600 000 kWh   1 kWh kostet 0,30 DM   1 kg Kupfer kostete etwa 3 DM.

Lohnt sich das Recycling von Kupfer?
Vor allem wenn das Kupfer stark verdünnt vorliegt, ist das Recycling weit teurer, als eine bergmännische Gewinnung. Der Hauptanteil der Kosten ist die Verdampfungswärme des Wassers, weshalb nur mehr als 0,4-%ige Kupferlösungen durch Eindampfen wirtschaftlich aufzuarbeiten sind. (Für die Gewinnung von 1 kg Kupfer aus einer 1-%igen Kupferlösung bezahlt man allein für das Verdampfen des Wassers 2,10 DM. Für eine 0,1-%ige Lösung liegen diese Energiekosten [Strompreis DM 0,30/kWh] schon bei 21 DM usw.) Die experimentellen Energiekosten bewegen sich – wegen der unvermeidlichen Energieverluste und der noch notwendigen thermischen Zersetzung von Kupferacetat – bei 250,- DM. Das zurückgewonnene Kupfer wird somit teurer als Silber.

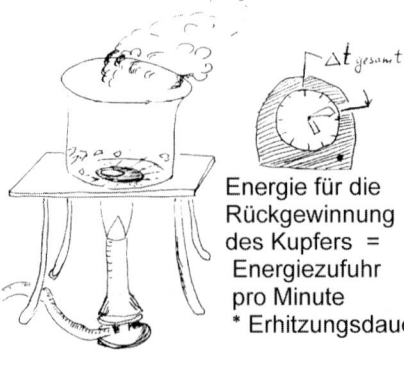

Wie reinigt ihr das verkupferte Becherglas?
Kupfersalz-Lösung in vorgesehenen Sammelbehälter entsorgen!

Energie für die
Rückgewinnung
des Kupfers =
Energiezufuhr
pro Minute
* Erhitzungsdauer

6.1.4 Belastung von Acker, Wald und Wiesen aus der Luft

Um Karthago auch langfristig zu zerstören, streuten die Römer auf die umliegenden Felder von Karthago Salz. Wir sind im Begriff, es „freiwillig" den Römern nachzumachen. Doch wie kommen Salze auf unsere Böden? Direktes Aufbringen durch den Menschen ist es wohl nicht, denn wer geht schon mit dem Salzstreuer in den Wald. Des Rätsels Lösung ist die Luft, die Schadstoffe auch in die entlegensten Winkel transportiert. Die Abbildung 25 zeigt den Bleigehalt in Böden verschiedener Nutzungsarten von Nordrhein-Westfalen (nach SPÄTE, A. et al. 1991).

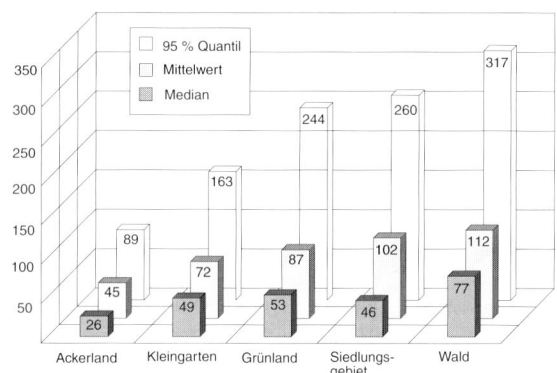

Abb. 25: Bleigehalt im Boden verschiedener Nutzungsarten von Nordrhein-Westfalen.

Sowohl der Median- als auch der Mittelwert (vergl. Kap. 6.2.1, Statistik bei Messungen, S. 183) der Schwermetallgehalte sind für Wälder höher als für Acker, Kleingärten und Grünland (Freiflächen).

Gibt es neben vielen Messwerten, die in einem engen Bereich um den Mittelwert liegen, noch wenige sehr große Messwerte, dann steigt der 95 % Quantilwert. Dies gilt besonders für den Wald, wo der 95 % Quantilwert für die Bleikonzentrationen immerhin 3 mal größer als der Mittelwert ist, während dieser Wert beim Acker nur doppelt so groß wie der Mittelwert ist.

Aber auch in den Ackerböden sind die Schwermetallkonzentrationen nicht gleichmäßig um den Mittelwert gelagert, da der Medianwert nur halb so groß wie der Mittelwert ist. Dies deutet darauf hin, dass die Bleikonzentration in Böden durch die Tätigkeit des Menschen (Industrie, Müllverbrennungsanlagen und die Jagd mit Bleischrot sind derzeit in Deutschland die größten Blei-Emittenten!) sich stark von der ursprünglichen Situation vor 100 Jahren entfernt hat. Gerade lokale Blei-Emissionen führen zu lokalen hohen Bleikonzentrationen im Boden.

Vergleich der verschiedenen Nutzungsformen

Es fällt auf, dass der Bleigehalt bei Äckern am geringsten und bei Wäldern am höchsten ist.

Eine Erklärung dafür ist, dass der Wald – und dort vor allem die Nadelbäume – die Luftschadstoffe weit besser herausfiltert. So vermögen Fichtenwälder wegen der ganzjährig großen Oberfläche die Luft bis zu 20 Mal besser „auszukämmen" als Freiflächen (MÜCKE, B. 1983).

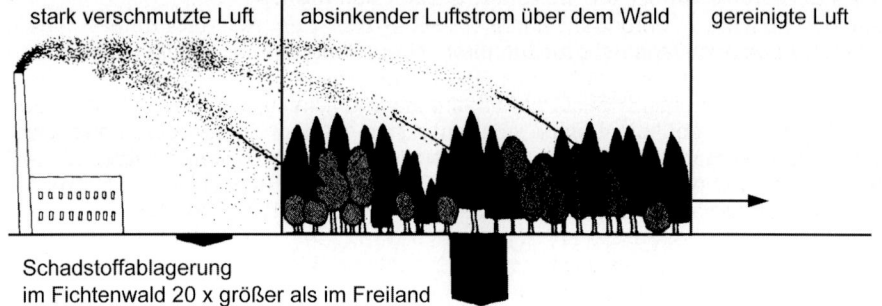

stark verschmutzte Luft | absinkender Luftstrom über dem Wald | gereinigte Luft

Schadstoffablagerung
im Fichtenwald 20 x größer als im Freiland

Wiesen und Siedlungsböden besitzen nach dem Wald die höchsten Schadstoffkonzentrationen. Bei diesen wird auch nicht wie beim Acker und teilweise bei Kleingärten der Boden durch Pflügen und Umgraben durchmischt. Die niedrigeren Schwermetallgehalte der Äcker sind somit nur ein Hinweis darauf, dass diese Böden schon bis in ca. 30 cm Tiefe von Schwermetallen belastet sind.

Differenzierung nach Bodenhorizonten

Wer schon im Wald gegraben hat, dem fielen die zu Wiesenböden völlig anderen Farben und Schichtenfolgen auf. Die obere Schicht des Waldbodens besteht aus faulenden Blättern, Ästen und Nadeln (O-Horizont), darunter kommt eine schwarze Mischung aus mineralischem Boden und Humus, durchsetzt mit vielen feinen Pflanzenwurzeln (A-Horizont) und darunter wiederum erscheint schon der hell gefärbte mineralische Unterboden (B-Horizont). In der Abbildung sind die Mittelwerte der Schwermetallgehalte in den verschiedenen Horizonten des Waldbodens aufgeführt. Diesen wurde der entsprechende Mittelwert für Äcker, Grünflächen, Siedlungsböden

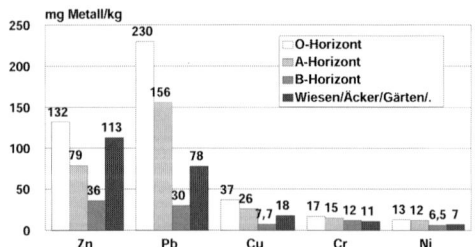

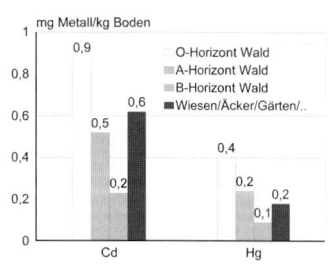

und Gärten aus der gleichen Region (NW) gegenüber gestellt (SPÄTE, A. et al. 1991). Auffällig ist der hohe Wert für Blei in der humosen Auflage (O-Horizont) und verringert in dem humosen Boden (A-Horizont). Dieser Wert übersteigt den Schwermetallgehalt des mineralischen Unterbodens (B-Horizont) extrem und ist ein Hinweis darauf, dass der Wald Blei stark aus der Luft aufnimmt. Vor allem die Blätter und Nadeln sind an ihrer Oberfläche mit Bleisalzstaub belegt. Auch vermag der Humusboden (humoser Oberboden im Wald und die untersuchten Wiesen- und Ackerböden) im Allgemeinen die Schwermetalle gut zu binden. Der mineralische Unterboden ist im

Wald normalerweise nur gering mit Schwermetallen belastet, während die Bleibelastung im humosen Oberboden teilweise die Grenzwerte der Klärschlammverordnung überschreitet (s. Tabelle 2, S.174).

Im Gegensatz zu Zink, Blei, Kupfer, Cadmium und Quecksilber unterscheiden sich die Schwermetallgehalte von Chrom und Nickel in allen Schichten nicht wesentlich. Wir dürfen deshalb davon ausgehen, dass diese Elemente nur wenig über die Luft transportiert werden.

Die Konzentrationen von Zink und Cadmium im humosen Oberboden des Waldes sind wesentlich geringer als in den vergleichbaren Wiesen- und Ackerböden. Trotzdem werden diese Metalle stärker vom Wald als von Wiesen aus der Luft gekämmt. Dieser scheinbare Widerspruch kann aufgelöst werden, wenn der höhere Säuregehalt des Waldbodens (häufig pH<4) berücksichtigt wird. Bei diesem Säuregehalt werden die Metalle Zink und Cadmium vom Sickerwasser in den Untergrund ausgeschwemmt.

Diese Mobilisierung tritt bei kalkarmen Böden auch für das ansonsten schwer verfügbare Blei auf. Ergebnis dieser unheilvollen Auswirkung des sauren Regens ist die Vergiftung des Grund- und Trinkwassers mit Blei in kalkarmen Gebieten (BÖRGEL, C. et al. 1993).

Aufgaben

1) Überlege, welche Konzentration das Cadmium in der Streu und im humosen Oberboden des Waldes nach einiger Zeit haben würde, wenn der Waldboden durch Kalken auf den gleichen pH-Wert wie die Freiflächen gebracht würde? Übertrage diese Überlegungen auch auf Zink. Lösung: Cadmiumgehalt im Waldboden ohne Auswaschung = 0,6 mg/kg x 230/78 = 1,77 mg/kg

2) Unter welchen Voraussetzungen kann aus der Konzentration der Schwermetalle in der Streu auf die Konzentration der Metalle in der Luft geschlossen werden?

6.1.5 Bestimmung der Immission aus der Emission

Die Böden entlang von Autobahnen und viel befahrenen Bundesstraßen sind ganz erheblich von den Emissionen des Verkehrs belastet. Zahlreiche Untersuchungen des Bodens auf Blei, Zink und Cadmium zeigten, dass noch in einer Entfernung bis zu 500 m der Einfluss des Verkehrs auf den Schwermetallgehalt des Bodens nachweisbar ist.

Vor allem in einem Streifen von 100 m Entfernung von viel befahrenen Straßen sind so hohe Bleiwerte im Boden und damit auch auf den Pflanzen nachzuweisen, dass eine landwirtschaftliche Nutzung untersagt werden müsste.

Wird die Schadstoffverteilung ausgehend von einer Quelle in allen Raumrichtungen betrachtet, dann erhält man die GAUSSsche Ausbreitungsgleichung (ULE, C.H. 1986, BImSchG 20 TA-Luft). Diese hat ihren Gültigkeitsbereich zwischen 100 m und 100 km (Landesanstalt f. Immissionsschutz 1986).

3) Ist eine Nutzungsänderung vom Wald zum Acker mit 1,77 mg/kg Cd möglich? (siehe dazu Anhang 1-2).

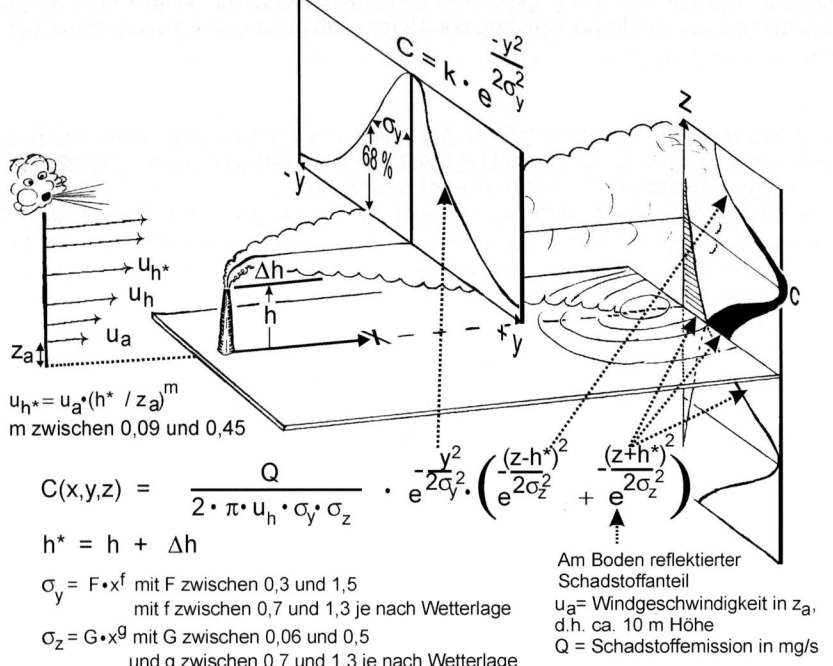

$u_{h*} = u_a \cdot (h^* / z_a)^m$
m zwischen 0,09 und 0,45

$$C(x,y,z) = \frac{Q}{2 \cdot \pi \cdot u_h \cdot \sigma_y \cdot \sigma_z} \cdot e^{-\frac{y^2}{2\sigma_y^2}} \cdot \left(e^{-\frac{(z-h^*)^2}{2\sigma_z^2}} + e^{-\frac{(z+h^*)^2}{2\sigma_z^2}} \right)$$

$h^* = h + \Delta h$

$\sigma_y = F \cdot x^f$ mit F zwischen 0,3 und 1,5
  mit f zwischen 0,7 und 1,3 je nach Wetterlage
$\sigma_z = G \cdot x^g$ mit G zwischen 0,06 und 0,5
  und g zwischen 0,7 und 1,3 je nach Wetterlage

Am Boden reflektierter
Schadstoffanteil
u_a = Windgeschwindigkeit in z_a,
d.h. ca. 10 m Höhe
Q = Schadstoffemission in mg/s

In dieser Gleichung sind
x = Quellentfernung windabwärts in m
y = seitlicher Abstand von der Abgasfahnenachse
z = Höhe über dem Boden
c (x,y,z) = Konzentration des emittierten Stoffes in mg/m³
Q = emittierte Stoffmenge (z.B. aus dem Kamin) in mg/s (Massenstrom)
u_{h*} = horizontale Windgeschwindigkeit oberhalb des Kamins (in effektive Quellhöhe)
  in m/s
h = Kaminhöhe
Δh = Anstieg der Abgasfahne über den Kamin hinaus (h + Δh = h in effektiver Quellhöhe). Diese ist von der Temperatur der Abgase (Wärmeemission) und der Temperatur der Umgebungsluft, der Windgeschwindigkeit und Ausströmgeschwindigkeit am Schornstein abhängig.
z ist der Diffusionsparameter für die Ausbreitung der Schadstoffe in der Vertikalen. Inversionsschichten begrenzen diese Diffusion.

Bei fast völliger Wolkenbedeckung und starkem Wind gilt $s_y \approx 0,35 \cdot x^{0,8}$ (m) und somit folgende Näherung:

$$C(x,y,z) = \frac{Q}{0,4 * x^{1,6}} * e^{\frac{y^2}{0,6 x^{1,6}}} * \left[e^{-\frac{(z-h^*)^2}{0,4 x^{1,6}}} + e^{-\frac{(z+h^*)^2}{0,4 x^{1,6}}} \right]$$

172

Die GAUSSsche Ausbreitungsgleichung kann nach entsprechender Anpassung der Parameter auch für die Ausbreitung von Schadstoffen im Grundwasser benutzt werden.

Stäube

Für Stäube wird obige Formeln der TA-Luft noch durch ein Integral ergänzt (ULE C.H., 1986, BImSchG 20 TA-Luft), in dem die Sedimentation der Stäube berücksichtigt wird. Diese unhandliche Gleichung wurde vereinfacht:
Näherungsweise kann man annehmen, dass die Konzentration **C** der belasteten Stäube in der Luft und nach der Ablagerung auf dem Boden umgekehrt proportional zum Abstand **r** von der Quelle ist (gilt nicht in der Nähe der Quelle).

$$C(x) \sim \frac{C_0}{x}$$

C_0: Schadstoffkonzentration direkt an der Quelle
Die Weiterentwicklung der Ausbreitungsrechnung nach GAUSS, welche auch die mittlere Windgeschwindigkeit **u** und die Sinkgeschwindigkeit **v** der Stäube einbezieht, kommt zu einer differenzierteren Beziehung (WEISSFLOG, L. 1994).

$$C(x) = \frac{C_0 \cdot k}{u \cdot G \cdot x^g} \cdot e^{-\frac{v \cdot x}{u \cdot G \cdot x^g}}$$

$g = 0{,}717$
$G = 0{,}38 \ \text{m}^{-0{,}283}$
$k = 1 \ \text{sm}^2$
c_0 = Anfangskonzentration
x = Entfernung von der Quelle

Korngröße	Sinkgeschwindigkeit v in m/s
5 μm	0,001
5-10 μm	0,01
10-50 μm	0,05
> 50 μm	0,10

Damit diese Beziehung auch an der Quelle ihre Gültigkeit hat, sollte sie im Nenner noch um k erweitert werden:

$$C(x) = \frac{C_0 \cdot k}{u \cdot G \cdot x^{g} + k} \cdot e^{-\frac{v \cdot x}{u \cdot G \cdot x^g}}$$

Voraussetzung für diese Bestimmung ist allerdings, dass die Bedeckung des Bodens mit Pflanzen, Steinen usw. auf der betrachteten Fläche gleichförmig ist und es keine Unterbrechungen durch Gebüsch und Gebäude gibt. Dazu ein Beispiel (GAIDA, R. et al. 1993):

Aus der Abbildung ist erkennbar, dass die Schwer-

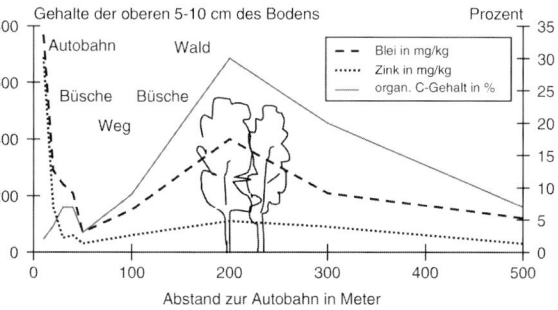

metallkonzentration in der Oberschicht nach dem ersten Abfall erneut steigt. Dieser Anstieg verläuft parallel mit steigendem Humusanteil (org. C-Gehalt). Dieser wiederum markiert Büsche und Waldanfang mit seiner stärkeren Belaubung, wodurch die lokale Windgeschwindigkeit sinkt und damit die Schwermetalle besser aus der Luft gefiltert werden.

6.1.6 Der Weg der Schwermetalle vom Verbraucher in die Umwelt und zurück

Der folgende Text ist eine Klausur. Deshalb sind einige Tabellen noch zu ergänzen.

6.1.6.1 Abwasser

Bevor wir uns der Schwermetallbelastung der Umwelt durch den Menschen zuwenden, soll der ursprüngliche, unbelastete Zustand in verschiedenen Gewässern und Sedimenten betrachtet werden.

Tab. 2: Schwermetallgehalt in unbelasteten Gewässern (nach HANTGE et al. 1984).

Metall	Fließ-gewässer µg/L	Grund-wasser µg/L	Meer-wasser µg/L	Sediment in Flüssen mg/kg	Sediment in der Nordsee-küste mg/kg
Cd	0,07-0,5	<0,6-10	0,07	0,05-1	0,3
Pb	0,2-3,0	1-7	0,001	10-20	20
Hg	0,01-0,05	<0,04-0,1	0,01	0,001-0,4	0,2
Zn	10	7,5-200	–	50-95	100

Vergleiche den Cadmiumgehalt im Wasser und im zugehörigen Sediment.
⇒ Um wie viel stärker werden die Schwermetalle im Sediment gebunden als im Wasser? Berücksichtige die Umrechnung von µg in mg, da der Schwermetallgehalt im Wasser in µg/L und im Sediment in mg/kg angegeben wurden und 1 L Wasser 1 kg entspricht.
Das Haushaltsabwasser, das Oberflächenwasser der Straßen und das Abwasser der Industrie gelangt in die Kläranlage. Dort wird es gereinigt.
  Der Schwermetallgehalt im Zulauf von kommunalen Kläranlagen stammt im Wesentlichen von industriellen Einleitungen. Einzige Ausnahme ist Zink, welches bei Regen von den Dachrinnen aus Zink gespült wird.

Tab. 3: Schwermetallgehalt einer Kläranlage für 80 000 Einwohner (nach HANTGE et al. 1984).

Metalle	Zulauf µg/L 1	Rückhalt %	Ablauf µg/L 2	Aufkonzentrie-rungsfaktor bez. auf TS	Metallgehalt im Schlamm Mg/kg TS
Cd	3,2	92	8 % • 3,2	5400	3,2/1000 • 5400=17,3
Pb	150	96	= 0,25	5300	
Hg	1,7	89		4800	
Zn	710	95		6300	

⇒ Ergänze vorstehende Tabelle mittels Rückhalt und Aufkonzentrierungsfaktor.
Aus ihm und der Schwermetallkonzentration im Klärschlamm ist auf die Schwermetallkonzentration im Zulauf der Kläranlage zu schließen:

$$\text{Aufkonzentrierungsfaktor} = \frac{\text{Konzentration im Klärschlamm (mg/kg Trockensubstanz)}}{\text{Konzentration im Zulauf der Kläranlage (mg/L Abwasser)}}$$

Tatsächlich ist dieser Faktor für jeden Schlamm spezifisch und schwankt je nach dessen Ton- und Humusanteil um den Faktor 5. Humus und Ton (im Klärschlamm) besitzen riesige innere Oberflächen, an welche sich Schwermetalle anlagern (s. Kap. 3.1 „Der molekulare Aufbau von Böden", S. 67).

⇒ Prüfe, ob der vorstehende Klärschlamm gemäß der Klärschlammverordnung in der Landwirtschaft noch verwendet werden kann. Die Klärschlammverordnung setzt für den Klärschlamm und den Akkerboden Grenzwerte, bei deren Überschreiten das Aufbringen des Klärschlammes verboten ist. Dazu muss **vor dem Aufbringen** sowohl der Schwermetallgehalt des Klärschlamms als auch der des Ackerbodens bestimmt werden.

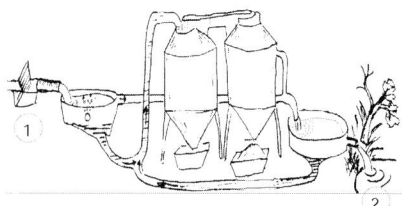

Tab. 4: Grenz- bzw. Richtwerte für Schwermetallgehalte in mg/kg Trockenmasse.

Schwermetall	Schlamm				Boden				Hessische Ackerböden[1]
	Klärschlamm-verordnung 1992		EG-Richt-linie		Klärschlamm-verordnung 1992		EG-Richt-linie		
	> pH 6[2]	pH 5-6			> pH 6[3]	pH 5-6			1983
Blei	900		750-1200		100		50-300		24,5
Cadmium	10	5	20-40		1,5	1	1-3		0,12
Chrom	900		kein Wert		100		kein Wert		38,9
Kupfer	800		1000-1750		60		50-140		21,5
Nickel	200		300-400		50		30-75		37,6
Quecksilber	8		16-25		1		1-1,5		0,10
Zink	2500	2000	2500-4000		200	150	150-300		66,2

[1] Mittelwert von 2076 hessischen Ackerböden

[2] Wird nur ein Grenzwert angegeben, dann bezieht sich dieser auf die volle pH-Wertskala des Bodens.

[3] Die neuen Grenzwerte der Klärschlammverordnung berücksichtigen im Gegensatz zur alten Verordnung von 1982, dass auch der Säuregehalt des Bodens die Verfügbarkeit der Schwermetalle bestimmt. Folglich darf auf sauren Böden weniger Schwermetall aufgebracht werden.

Bei der Novellierung der Klärschlammverordnung im April 1992 wurden die Grenzwerte der bisherigen Verordnung von 1982 für Cd, Zn und Cu verschärft.

⇒ Welche Metalle sind laut Klärschlammverordnung als besonders giftig einzustufen?

Volkswirtschaftlich betrachtet lohnt es sich, alles zu unternehmen, um ein Freisetzen von Schwermetallen (wie auch anderen Schadstoffen) von vornherein zu verhindern:

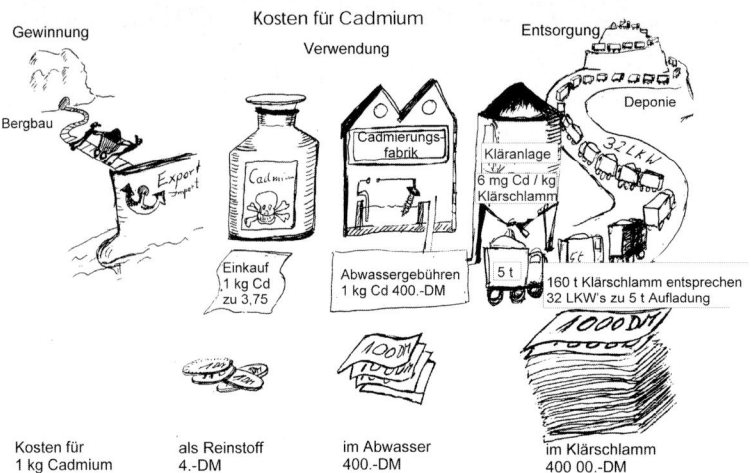

Kosten für 1 kg Cadmium	als Reinstoff 4.-DM	im Abwasser 400.-DM	im Klärschlamm 400 00.-DM

Enthält der Klärschlamm mit 6 mg mehr als 5 mg Cadmium pro 1 kg Trockenschlamm, darf dieser nicht mehr als Dünger verwendet, sondern muss deponiert werden. Die Deponierungskosten für 160 t Klärschlamm, die gerade 1 kg Cadmium enthalten, betragen 160 t • 250,– DM/t = 40.000 DM. Dagegen liegt der Marktpreis für 1 kg Cadmium bei etwa 3 bis 4 DM und die kommunalen „Abwasserabgabe" für die Einleitung von 1 kg Cadmium beträgt nur 400,– DM/kg." Diese Abwasserabgabe wird von den kommunalen Wasserverbänden festgelegt, worin die größten Verschmutzer entsprechend ihrer Beitragszahlung das größte Stimmrecht haben.

⇒ Wer trägt die restlichen Kosten von 40.000 – 400 DM = 39.600 DM?

Das gereinigte Wasser der häuslichen Abwässer gelangt aus der Kläranlage in den Vorfluter, d.h. Bach oder Fluss (2). Trotz seines geringen Schwermetallgehaltes reichern sich die Schwermetalle im Sediment an. Dieses Sediment muss immer wieder den Bächen und Flüssen entnommen werden, damit es zu keiner Verlandung und Überschwemmung kommt und die Schiffswege frei bleiben. Das Sediment könnte wie Boden abgelagert werden. Ist sein Schwermetallgehalt laut Klärschlammverordnung als Boden zu hoch, muss er auf eine entsprechend kostspielige Deponie verbracht werden.

⇒ Berechne die Schwermetallkonzentration des Wassers nach dem Klärwerk und im Sediment.

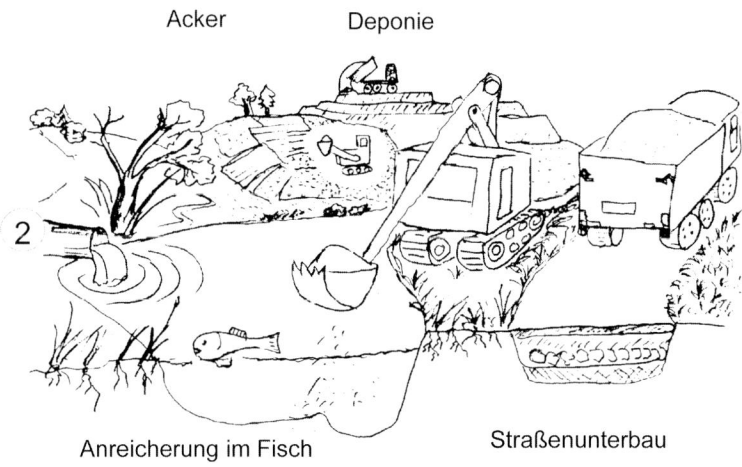

Acker   Deponie

2

Anreicherung im Fisch   Straßenunterbau

Tab. 5: Konzentration umweltbelastender Schwermetalle im Bachwasser vor und nach dem Klärwerk und im Sediment.

Metalle (KOPPE, P. 1986)	mittlere Konzentration in gereinigten häuslichen Abwässern (µg/L)	mittlere Konzentration des Baches vor dem Klärwerk (µg/L)	Bachwasser mit 10% gereinigtem Abwasser aus dem Klärwerk (µg/L)	mittlerer Anreicherungsfaktor im Sediment (mg/kg:mg/L)	Konzentration des Schwermetalls im Sediment (mg/kg)
Zink	250	10	$0{,}1 \cdot 250$ $+ 0{,}9 \cdot 10 = 34$	25 000	$0{,}034 \cdot 25000$ $= 850$
Nickel	25	5	7	8 000	56
Kupfer	120	0,2		30 000	
Chrom	15	0,4		40 000	
Blei	15	2		60 000	
Cadmium	1	0,3		17 000	
Quecksilber	0,2	0,03		25 000	

Auch Fische reichern über die Nahrungskette vom Plankton ausgehend Schwermetalle in ihrem Fleisch an. Diese Bioakkumulation kann durch den biologischen Anreicherungsfaktor (BAF) beschrieben werden.

$$\textbf{BAF} \ (\text{L/kg}) = \frac{\text{Schwermetallgehalt im frischen Fisch (80 \% Wassergehalt) (mg/kg)}}{\text{Schwermetallkonzentration im Wasser (mg/L)}}$$

Tab. 6: Bioakkumulationsfaktoren BAF von Schwermetallen in Fischen, bezogen auf gesamte, frische Fische.

Schwermetall	Durchschnittlicher BAF mg/kg : mg/L	Durchschnittliche Schwermetallkonzentration im Fisch in mg/kg frischer Fisch	zugelassene Schwermetall konzentration im Fisch in mg/kg frischer Fisch
Chrom	200	0,38	
Nickel	200		
Cadmium	400		0,1[4]
Blei	1 000		
Quecksilber	3 000		1[5]

⇒ Berechne die Schwermetallkonzentration im Fisch und überprüfe, ob dieser Fisch noch zum Verzehr geeignet ist.

Die Konzentration der Schwermetalle nimmt für einen Schritt in der Nahrungskette durchschnittlich um den Faktor 10 zu. So hat ein Hecht in etwa 10 mal mehr Schwermetalle im Körper als ein von ihm gejagter Friedfisch. Bis zum Hecht und letztlich zum Menschen sind es viele Schritte in der Nahrungskette.

Giftwirkung des Cadmiums

Hauptsächlich reichert sich Cadmium in der Niere an. Im Körper wird Cadmium an spezielle Eiweiße gebunden (Metallothioneine), so wird der Körper vom Cadmium entgiftet und Cadmium in dieser Bindeform zur Niere transportiert. Die Niere hat u.a. die Aufgabe, das wertvolle Eiweiß vom Urin abzutrennen. Dabei wird auch die Bindung zwischen dem Schwermetall und dem Eiweiß gelöst. Das toxische Schwermetall regt die Niere zur sofortigen Neubildung von Metallothioneinen an, mit der Folge, dass Cadmium von einer weiteren Ausscheidung zurückgehalten, in der Niere abgespeichert wird und langsam diese vergiftet. Eine Nierenfunktionsstörung entsteht, wenn die Konzentration des Cadmiums einen bestimmten Wert übersteigt. Anzeichen für die eingeschränkte Filterfunktion ist eine vermehrte Eiweißausscheidung.

Es gibt Vermutungen, dass bereits einige Tausend Menschen an cadmiumbedingten Nierenfunktionsstörungen leiden. Der von der Weltgesundheitsbehörde (WHO) festgelegte Grenzwert für die wöchentliche maximale Cadmiumaufnahme liegt bei 0,25 mg, als kritischen Grenzwert ermittelte sie die Aufnahme von 0,07 mg Cd/Tag.

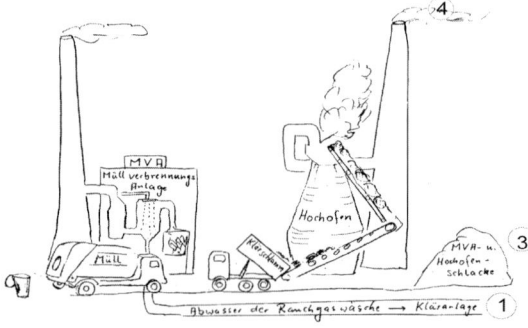

6.1.6.2 Abfall (Verwertung von Müllverbrennungsschlacke als Bau- und Straßenuntergrund)

Gefährliches Recycling ergibt sich, wenn – wie ein Erlass des Ministers für Umwelt Raumordnung und Landwirtschaft in NW. 1991 fordert – Schlacken aus industriellen Prozessen (Elektro- und Hochofen, Steinkohlefeuerung, Müllverbrennungsanlagen) mit teil-

---

[4] Quecksilberverordnung des deutschen Lebensmittelrechtes für Meerestiere

[5] Richtwert für Cadmium im Fisch

weise hohem Schwermetallgehalt ohne Genehmigung durch Behörden für Straßenbau und als Unterbau der Spielplätzen verwendet werden dürfen.

Laut Untersuchungen des Umweltamtes der Stadt Leverkusen werden die MV-Aschen nur nach dem Deutschen Einheitsverfahren in ihrer Gefährlichkeit klassifiziert. Dank dieser Auswaschungsuntersuchung der Aschen mit dem. Wasser statt mit Säure, wie es dem sauren Regen entsprechen würde, bleibt deren hoher Schwermetallgehalt verborgen.

Danach würde, wenn die vollständige Müllasche unter einer Straße mit 30 cm Stärke und 6 m Breite eingebracht würde, pro Kilometer die folgende Schwermetallmenge in die Landschaft eingebracht:

Würden diese Aschen noch mit Industrieschlacken verschnitten, dann würden sich die obigen Werte noch um das 3- bis 11-fache erhöhen. Zusätzlich würde sich die vernachlässigbare Arsenmenge in der Hausmüllschlacke von unter 0,01 t auf 3,3 t steigern.

Hochofen- und MVA-Schlacke

Sickerwasser

Grundwasser

Trinkwasserbrunnen

Blei:	6,8 t
Zink	10,0 t
Kupfer	7,1 t
Nickel	0,9 t
Chrom	0,9 t

WZ 13.12.1991

Asche auf das Haupt der Kritiker

Verwendung von Schlacke als Baumaterial in der Willbeck umstritten

Hochdahl. Zu einer Informationsveranstaltung zum Einbau von Müllverbrennungsanlagen-Schlacke im Wohngebiet Kleine Willbeck hatten am Mittwoch abend Anwohner dieses Neubaugebietes in das Restaurant „Zur Alten Post" eingeladen. Aufgrund der völlig unterschiedlichen Ergebnisse zweier Untersuchungen zur Schwermetall-Belastung des verbauten Materials und angesichts konträrer Einschätzungen der rechtlichen Situation entspann sich bald eine hitzige Diskussion. So stellt das — für die Stadtwerke Erkrath erstellte — Gutachten eines Altenberger chemischen Laboratoriums fest, daß durch den Einbau der Schlacke „keine schädlichen Einflüsse auf die Umwelt, namentlich auf die Grundwasserqualität in der Willbeck zu erwarten sind". Das ist die eine Seite.

Dr. Walther Enßlin betonte dagegen, daß diese — mit destilliertem Wasser — durchgeführte Untersuchung der Bodenproben an der Realität (dem sauren Regen) vorbeigehe und verwies auf die Ergebnisse der — mittels Königswasser-Aufschluß durchgeführte — Untersuchung des geografischen Instituts der Universität Düsseldorf.

Demnach sind die gefundenen Schwermetallgehalte ungewöhnlich hoch; nach der niederländischen Gefährdungsklassenliste wurden die festgestellten Werte eine sofortige Sanierung erforderlich machen.

Klaus Schütz, Geschäftsführer der MV-Schlackenvertrieb–GmbH Krefeld, unterstrich, daß es sich bei der eingebauten Schlacke um „gütegeschützten Recycling-Baustoff" handele. Man habe nicht einfach giftiges Material verkippt, sondern vielmehr allen rechtlichen Auflagen genüge getan, so Schütz.

GAB-Fraktionschef Peter Knitsch hingegen sprach von einem „illegalen Einbau" der Schlacke und stützte sich dabei auf den Erlaß des Umwelt- und des Städtebauministeriums NW, der den Einbau der MVA-Aschen innerhalb einer Wasserschutzzone 3 a — Willbeck liegt im Bereich einer solchen Zone — strikt verbiete. Weiterhin verwies Knitsch darauf, daß der Umweltausschuß der Stadt Erkrath einstimmig beschlossen hat, daß das Material unverzüglich abgebaut und abtransportiert werden soll.

Der Bauträger bemüht sich nun, bei der Unteren Wasserbehörde des Kreises Mettmann um eine nachträgliche Ausnahmegenehmigung für die Verwendung der umstrittenen Asche.

Bestimme aus diesen Angaben die Schwermetallkonzentration der Schlacke, wenn deren Dichte bei ca. 3 t/m³ liegt.

Beispiel:

Masse von 1 km Straßenunterbau: 1000 x 0,30 x 6 m³ x 3 t/m³ = 1800 x 3 t =5400 t. Der Arsengehalt läge somit bei 3,3 t/5400 t = 610 mg/kg = 610 ppm.

Metall	Masse/ 1 km	Metall-Konzentration	
Blei	14,9 t	2760	ppm
Zink	64,0 t	12000	ppm
Kupfer	13,3 t	2450	ppm
Nickel	3,3 t	610	ppm
Chrom	1,4 t	260	ppm
Arsen	3,3 t	610	ppm

6.1.6.3 Abluft aus Müllverbrennungsanlagen

Emission (= Abgabe von Stoffen)
Mittlere Metallkonzentration im Flugstaub (Reingasstaub) einer Hausmüllverbrennungsanlage (10 Proben, mittlerer Reingasstaubgehalt 88 mg/ m³)(ABEL, J. 1990)

Immissionen
(= Einwirkung von Stoffen auf Menschen, Pflanzen und Tiere)
Täglich atmet ein Erwachsener ca. 20 m³ und ein Kind ca. 6 m³ Luft ein.

Stoffliche Zusammensetzung des Hausmülls nach Elementen (ABEL, J. 1991)	Menge in g/kg
C	250
O	150
H	50
S	7
N	5
Cl	15
F	0,25
Fe	75
Zn	3,5
Pb	2,5
Cu	2,5
Cr	0,88
Cd	0,24
Ni	0,2
Hg	0,007

Staub-bestandteil	Konzentration in mg/m³
Al	12,056
Zn	3,080
Pb	1,760
Cu	0,185
Sn	0,167
Cd	0,071
Cr	0,044
Hg	0,001

⇒ Berechne die dabei täglich aufgenommene Schwermetallmenge eines Anwohners der MVA, wenn die eingeatmete Luft bei (ungünstiger Wetterlage) 1 % der MVA-Abluft enthält und vergleiche sie mit den WHO-Werten.

6.2 Statistische Auswertung von Messungen
Arbeitspapier: Klassenolympiade beim Radiergummi-Wurf

„Die Statistik lügt" ist ein gängiger Ausspruch. Doch er ist unberechtigt, denn gerade innerhalb der Statistik gibt es Gesetzmäßigkeiten, welche schon viele Messfälschungen und Fantasieergebnisse überführen konnten. Zu erinnern sei an die Zwillingsforschung in England, welche unglaublich genaue Vorhersagen über die Schullaufbahn und weiteren Bildungs- und Berufsweg der Kinder allein von deren genetischen Anlagen erlauben sollte. Sie war gefälscht, wie spätere statistische Untersuchungen belegten. Trotzdem fußt das englische Erziehungssystem mit der Förderung von Eliten und der Vernachlässigung der Breitenförderung noch heute in großen Zügen auf diesen gefälschten Ergebnissen.

Damit ihr euch ein Bild von den Möglichkeiten statistischer Untersuchungen machen könnt, sei mit einem Wurfspiel begonnen.

Aufgaben:
Geräte: 2 m Zollstock, Kreide oder Radiergummi

1 Wir gestalten einen Wettbewerb im Zielwerfen, wobei immer drei Personen eine Gruppe bilden. Ein 2 m Zollstock wird auf den Boden gelegt und der Werfer steht 1m von dessen Anfang entfernt. Er versucht einen Radiergummi oder eine Kreide so zu werfen, dass sie in Höhe der 1 m Markierung des Zollstockes zur Ruhe kommen. Jeder in dieser Gruppe macht 3 Würfe, einer liest auf 1 cm genau ab und der Dritte notiert diese insgesamt 9 Werte in einer Tabelle.

2 Ordne deine Messwerte in der Tabelle nach Größe und bestimme

2.1 den Mittelwert $\quad \bar{x} = \dfrac{(x_1 + x_2 + x_3 + \ldots + x_i + \ldots + x_{n-1} + x_n)}{n} = \dfrac{1}{n} \sum\limits_{i=1}^{n} x_i$

bester Mittelwert des Kurses: 1 P

2.2 den Zentral- oder Medianwert *bester Medianwert: 1 P*

2.3 den 25 % und den 75 % Quantilwert ($\equiv$ Percentilwert)

2.4 den Interquantilabstand (Differenz 75 %-25 % Quantil); das ist ein Maß für die Streuung *kleinster Interquantilabstand: 2 P*

2.5 die schiefe oder symmetrische Verteilung, indem die Differenz zwischen den Abständen (25 % Quantil-Minimalwert)-(Maximalwert-75 % Quantil) gebildet wird. Prüfe, ob eine linksseitige schiefe, oder eine rechtsseitige schiefe Verteilung vorliegt. *beste Symmetrische Verteilung: 2 P*
schiefste Verteilung: 1 P

2.6 Genau 68 % aller Messwerte liegen innerhalb des Bereichs $\bar{x} \pm S$
kleinster Schätzwert der Standardabweichung (S) 1P

Der mittlere Fehler der Einzelmessung liegt bei $\Delta x_m = \dfrac{S}{\sqrt{2}}$, oder 50 % aller Werte liegen innerhalb $\bar{x} \pm \Delta x_m$

Füge fünf Messwerte ein und berechne die Gleichungen in der Tabelle

Berechnung bei unbekanntem wahren Wert

Messwerte	aufsteigend nach Größe geordnete Messwerte	Formel bzw. Benennung	scheinbarer Fehler der Einzelmessung	Fehlerquadrate	Bekannter wahre Wert (Zielwert)	
					wahrer Fehler der Einzelmessung mit μ = wahrer Wert	wahrer quadratischer Fehler
x	i	x_i	$x_i - \overline{x} = \varepsilon_i$	ε_i^2	$x_i - \mu = \delta_i$	δ_i^2
	1	x_1 = Minimalwert				
	2					
	3	$x_{n/4}$ = 25 % Quantilwert				
	4					
	5	$x_{n/2}$ = Medianwert				
	6					
	7	$x_{\frac{3}{4}n}$ = 75 % Quantilwert				
	8					
	9	x_n = Maximalwert				
Summe		$\displaystyle\sum_{i=1}^{n} x_i = x_1 + x_2 + \ldots + x_n$	$\displaystyle\sum_{i=1}^{n}\left|\varepsilon_i\right| =$	$\displaystyle\sum_{i=1}^{n}\varepsilon_i^2 =$	$\displaystyle\sum_{i=1}^{n}\delta_i =$	$\displaystyle\sum_{i=1}^{n}\delta_i^2$
		$\displaystyle = \overline{x} = \frac{1}{n}\sum_{i=1}^{n} x_i$ Mittelwert (Bestwert, wahrscheinlicher Wert)	$\displaystyle \eta = \frac{\sum_{i=1}^{n}\left|\varepsilon_i\right|}{\sqrt{n\cdot(n-1)}} =$	$\displaystyle S = \sqrt{\frac{\sum_{i=1}^{n}\varepsilon_i^2}{(n-1)}} =$	$\displaystyle \frac{\sum_{i=1}^{n}\delta_i}{n} = \mu - \overline{x} =$	$\displaystyle \sigma = \sqrt{\frac{1}{n}\sum_{i=1}^{n}\delta_i^2} =$
			Streuung der einfachen mittleren Fehler	Schätzwert der Standardabweichung	Systematischer Fehler	Standardabweichung

Die Werte η und S sollten ähnlich sein, sonst liegen z.B. unsymmetrische Verteilungen vor.

2.7   *Beste Übereinstimmung zwischen η und S: 4 P*
2.8   *kleinster systematischer Fehler (μ − x̄): 4 P*
2.9   *kleinste Standardabweichung σ: 2 P*

Die beste Gruppe kann, wenn sie in jeder Disziplin siegt, maximal 20 Punkte erreichen. Allerdings kann eine andere Gruppe unter vielen Fehlwürfen zufällig genau die Ziellinie treffen und damit den kleinsten systematischen Fehler erzielen. Wiederum eine andere Gruppe kann gleichmässig zu kurz werfen. Ihre Würfe haben damit die kleinste Streuung (Schätzwert der Standardabweichung (S) und eine gute Übereinstimmung zwischen η und S).

Die Gruppe, welche die kleinste Standardabweichung hat, sollte zur nächsten Olympiade angemeldet werden, denn sie bewies die höchste Zielsicherheit.

6.2.1 Statistik bei Messungen – Qualitätssicherung

Genauigkeit = Richtigkeit und Präzision:

Die **Genauigkeit** einer Messung kann durch zwei unterschiedliche Arten von Fehlern beeinflusst werden:
1. Wenn sehr ungenau abgelesen wird, führt dies zu einem **statistische Fehler (Zufallsfehler)** und einer starken **Streuung** und geringen **Präzision** der Messwerte. Dieser Fehler kann durch viele Messungen ausgemittelt werden.
2. Wird beim Messen grundsätzlich falsch (z.B. schräg) abgelesen, schleicht sich ein **systematischer Fehler** ein. Dieser **Fehler der Richtigkeit** kann nicht durch Wiederholung der Messungen ausgemittelt werden.

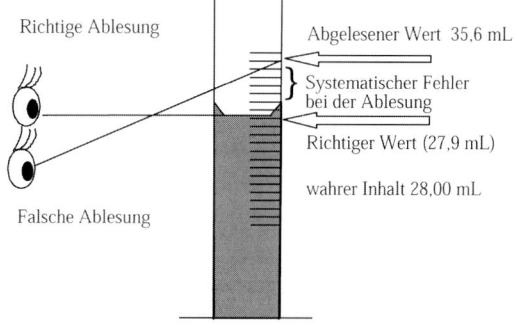

Systematische Fehler sind nicht immer leicht zu entdecken. Dazu ein Beispiel: Die Skala eines Messzylinders (siehe Abbildung) bei einem Hochofen ist aus Sicherheitsgründen immer vom gleichen Ort aus verschieden schräg ablesbar. Dies würde je nach Flüssigkeitsstand zu unterschiedlich großen systematischen Fehlern führen. Eine **Kalibrierung** der Messung muss vor Bau des Hochofens gemacht werden, da dieser bis zu seinem Abbau nicht mehr abgeschaltet werden kann. Dies geschieht, indem der Messzylinder mit einem bekannten Volumen gefüllt und die abgelesene Menge **(Erwartungswert)** mit der richtigen Menge **(Referenzmenge)** verglichen wird. Der Unterschied beider Werte ist der systematische Fehler. Wird nun bei jeder Messung die entsprechende Korrekturgröße berücksichtigt, dann erhält man einen **richtigen Wert**. Dieser muss noch nicht mit

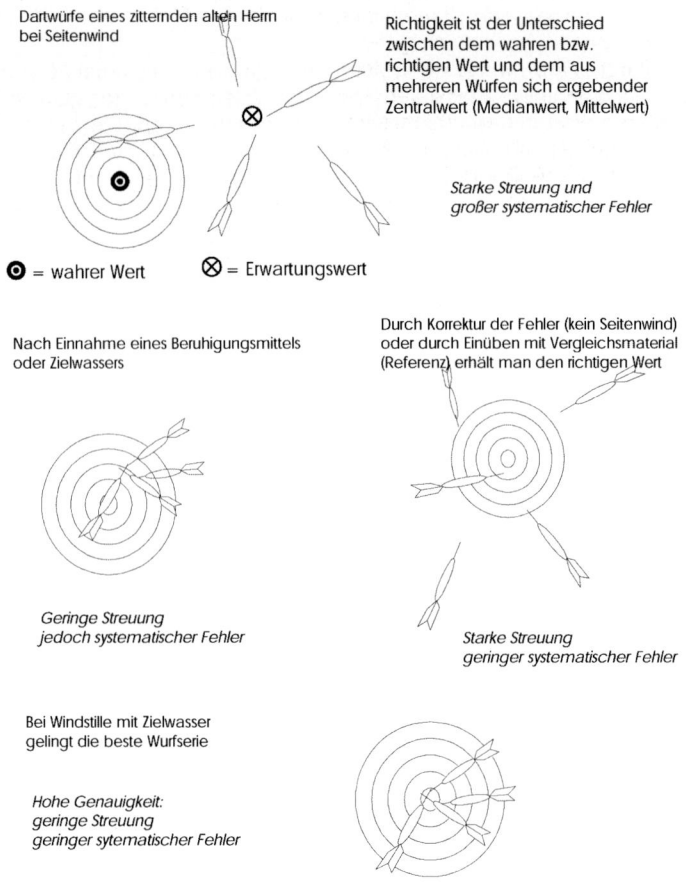

Genauigkeit einer Messung
Genauigkeit ist die Summe aus Präzision (zufällige Fehler durch Zittern)
und Richtigkeit (systematischer Fehler z.B. verbogenes Zielrohr, falsche Brille))

Dartwürfe eines zitternden alten Herrn
bei Seitenwind

Richtigkeit ist der Unterschied
zwischen dem wahren bzw.
richtigen Wert und dem aus
mehreren Würfen sich ergebender
Zentralwert (Medianwert, Mittelwert)

*Starke Streuung und
großer systematischer Fehler*

◉ = wahrer Wert   **⊗** = Erwartungswert

Nach Einnahme eines Beruhigungsmittels
oder Zielwassers

Durch Korrektur der Fehler (kein Seitenwind)
oder durch Einüben mit Vergleichsmaterial
(Referenz) erhält man den richtigen Wert

*Geringe Streuung
jedoch systematischer Fehler*

*Starke Streuung
geringer systematischer Fehler*

Bei Windstille mit Zielwasser
gelingt die beste Wurfserie

*Hohe Genauigkeit:
geringe Streuung
geringer sytematischer Fehler*

dem **wahren Wert** übereinstimmen, da die **Präzision** der Messungen zu weiteren
Ungenauigkeiten bei der Messung führt.
- Erstelle eine Tabelle der Korrekturgrößen für das Ablesen eines verschieden gefüllten Messzylinders von der Tischoberfläche aus. Benutze zur Bestimmung des
wahren Inhalts des Messzylinders eine Waage mit ausreichender Genauigkeit.
- Prüfe deine Kalibrierung in einer zweiten Messreihe, und bestimme deine Mess-
ungenauigkeit.

Anwendung der Statistik bei der Auswertung von Messungen (am Beispiel Wachstumsversuche mit Pflanzen)

1. Bestimmung des **Medianwertes ($x_{n/2}$), des 25 % Quantil und des 75 % Quantil**
Sortiere z.B. die gemessenen Sprosslängen nach ihrer Größe und finde den Wert in der Mitte der Zahlenreihe. Ist eine gerade Zahl an Pflanzen vermessen worden, dann benutze den Mittelwert zwischen den beiden mittleren Werten der Zahlenreihe.
   Der Werte nach Abschreiten von 25 % aller Werte heißt **25 % Quantil,** entsprechend heißt der Wert nach Abschreiten von 75 % aller Werte **75 % Quantil.**

2. Bestimmung des **Mittelwertes ($\overline{x}$)**
Bilde die Summe aus allen Messwerten und teile sie durch ihre Anzahl (n).

3. **Schätzwert der Standardabweichung (S)**
   Unterschiedliche Lichtverhältnisse beeinflussen das Pflanzenwachstum. Dies führt zu einem systematischen Fehler, der sich nicht abschätzen lässt. Deshalb kann auch nur ein Schätzwert der Standardabweichung berechnet werden.
   Hierfür wird die folgende Formel benutzt: Berechne alle Differenzen zwischen dem Mittelwert und den einzelnen Messwerten.
   Quadriere alle Differenzen und addiere all diese Werte.

$$x_i - \overline{x} = \varepsilon_i$$

$$\sum_{i=1}^{n} \varepsilon_i^{\,2}$$

Diese Summe wird durch die um 1 verringerte Anzahl der Messwerte (n-1) dividiert. Ziehe die Wurzel aus diesem Ergebnis.

$$S = \sqrt{\frac{\sum_{i=1}^{n} \varepsilon_i^{\,2}}{(n-1)}}$$

4. **Fehler des Mittelwertes „mittlerer Fehler des Mittelwertes"** $\Delta\overline{x}_{Stat}$
Die Streuung der Messwerte ändert sich nicht, wenn viele Messungen durchgeführt werden. Allerdings verringert sich die Unsicherheit für den Mittelwert, dass dieser noch stark vom richtigen bzw. wahren Wert abweicht, wenn die Zahl der Messungen erhöht wird. Man kann dann einen Bereich um den Mittelwert angeben, worin mit

$$\Delta\overline{x}_{Stat} = t \cdot \frac{S}{\sqrt{n}} = t \cdot \sqrt{\frac{\sum_{i=1}^{n} (x_i - \overline{x})^2}{n \cdot (n-1)}}$$

einer gewissen Wahrscheinlichkeit der wahre Wert liegen muss (Vertrauensbereich). Der Faktor Students t ist von der gewählten statistischen Sicherheit (P) für den wahren Wert und von der Anzahl der Messungen abhängig. Er liegt nahe bei 1, wenn mit einer Wahrscheinlichkeit von 68 % der wahre Wert im folgenden Intervall liegt:

$$zwischen \quad \overline{x} - \Delta\overline{x}_{Stat} \quad und \quad \overline{x} + \Delta\overline{x}_{Stat} \quad mit \quad \Delta\overline{x}_{Stat} = t\frac{S}{\sqrt{n}} \, :$$

Gewünschte Sicherheit		n=3	n=4	n=5	n=6	n=8	n=10	n=20	n=30
P= 68 %	t	1,32	1,20	1,15	1,11	1,08	1,06	1,03	1,02
P= 95 %	t	4,3	3,2	2,8	2,6	2,4	2,3	2,1	2,05

Dieser Bereich wird <u>Vertrauensbereich</u> oder <u>Konfidenzintervall</u> genannt. Wird ein höherer Vertrauensbereich verlangt, dann vergrößert sich selbstverständlich der Faktor t. Wird z.B. ein Vertrauensbereich von 95 % verlangt, d.h. man nimmt in Kauf, dass 5 % der Messwerte außerhalb dieses Bereiches liegen, dann ist dieser Vertrauensbereich bei über 30 Messwerten durch $\overline{x} \pm 2\, S/\sqrt{n}$ gegeben.

Mehr als drei Messwerten sollen wie folgt angegeben werden:

Mittelwert mit Vertrauensbereich (z.B. 68 %)	Prozentualer Fehler	Schätzwert der Standardabweichung	Varianz (Streuung)
$x_{wahr} = \overline{x} \pm \Delta\overline{x}_{Stat}$	$\dfrac{\Delta\overline{x}_{stat}}{\overline{x}} * 100\ \%$	$S = \sqrt{\dfrac{\sum\limits_{i=1}^{n}(\overline{x}-x_i)^2}{(n-1)}}$	S^2

Wird auf statistische Berechnungen verzichtet, dann lassen sich die Messwerte wie folgt darstellen:

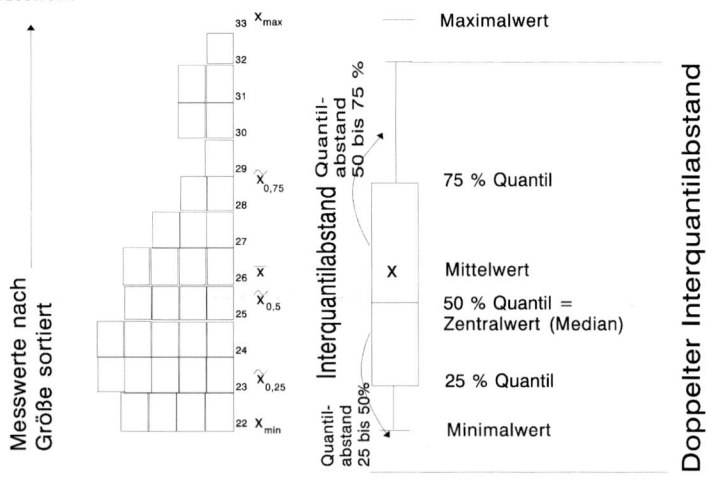

Abb. 26: Einfachste Darstellung von Messwerten mit ihrer Streuung.

6.2.2 Statistik für die Einsparung von Messungen

Die folgende Aufgabe soll arbeitsteilig gelöst werden
In Deutschland sind viele Äcker mit Cadmium belastet, da sie bis zur Klärschlammverordnung und auch noch danach mit schwermetallhaltigen Schlämmen „gedüngt"
wurden. Für diese Flächen gibt es Anbaubeschränkungen für Lebensmittel, die – da
geheim und kaum kontrolliert – oft nicht eingehalten werden. Für die Wertsteigerung
und Sanierung einer Ackerfläche muss diese untersucht werden. Dazu wurde an
verschiedenen Stellen des Ackers in einem Raster Proben genommen, analysiert
und folgende Messwerte erhalten:

Cadmiumgehalt eines belasteten Acker (in mg Cadmium pro kg trockenem Boden) mit 12 x 3 =
36 Messpunkten:

Raster	1.	2.	3.	4.	5.	6.	7.	8.	9.	10.	11.	12.
a	23,1	25,7	26,8	25,4	28,4	30,0	23,7	32,3	26,2	23,0	25,3	22,8
b	22,0	24,4	24,4	29,0	31,3	33,3	23,9	22,3	30,0	25,1	23,8	22,2
c	23,1	26,2	25,0	30,4	28,1	29,2	26,2	23,3	27,0	32,1	27,1	22,1

Auswahl der Messpunkte
Natürlich hätte man nur
1. einen Wert z.B. In der Mitte des Ackers (Messpunkt 6b) oder
2. die drei Messpunkte 6a, 6b, 6c
3. oder fünf Messpunkte 3a ,3c ,6b ,10a ,10c
4. oder 12 Messpunkte am kurzen Rand des Ackers bei 1a, 1b, 1c, 12a, 12b, 12c
5. oder 18 Messpunkte bei (1, 3, 5, 7, 9, 11) (a-c)
6. oder alle Werten
7. oder willkürlich ausgewählte Punkte nehmen können.

Berechne für die 7 Fälle
1. den Mittelwert und den Medianwert,
2. den mittleren Fehler, wobei beachtet werden muss, dass es positive und negative
   Fehler gibt,
3. den mittleren Fehler ohne die Berücksichtigung der Vorzeichen (≡ mittlerer absoluter Fehler),
4. die Fehlerquadrate und die Standardabweichung,
5. die Bereiche um den Mittelwert (Vertrauensbereich), innerhalb derer der wahre
   Wert mit 68 % und 95 % Wahrscheinlichkeit zu finden ist. Dieser wird auch
   Fehler des Mittelwertes genannt.
6. ob es bei der Auswahl der Punkte systematische Fehler gibt.

Rentabilitätsberechnung
Ab wieviel Werte konnte der Mittelwert auf
10 %, 5 % oder 1 % genau angegeben
werden?

Da jede Messung ca. 300.- DM kostet, lohnt es sich, die Zahl der Messungen einzuschränken. Trotzdem muss man genügend genaue Ergebnisse besitzen, da eine unzureichende Sanierung eine zweite nach sich zieht, was insgesamt wiederum wesentlich teurer kommen kann.

Wir wollen annehmen, dass die chemische Reinigung von 1 ha Ackerfläche von Cadmium eine Chemikalie benötigt, welche pro mg Cadmium im kg Boden 1 000.- DM und die Bereitstellen der Geräte für Sanierungsmaßnahmen 10 000,– DM kosten.

Fertige ein Diagramm an, in dem der Vertrauensbereich für 68 % und für 95 % gegen die Zahl der Analysen aufgetragen ist. Trage in dasselbe Diagramm auch die Kosten für die Analysen ein.

Stelle die Kosten für die verschiedenen Wege (68 %, 95-%ige Sicherheit) dem ungünstigen Fall einer erneuten Analyse und Sanierung gegenüber.

Zeitungsausschnitt: RÜCKERT, J. 1988

Umweltstrafrecht steht in Frage

Klärschlamm ruinierte Existenz

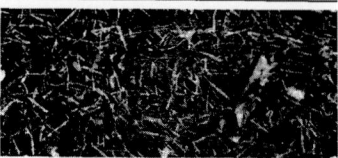

Klärschlamm auch auf anderen Feldern?

— jr — Eine traurige und tragische Geschichte trug sich in der Gartenstadt Haan Anfang der 80er Jahre zu und ist auch noch in der Gegenwart aktueller denn je. Die Auswirkungen dieses menschlichen Schicksals werden nach Aussagen von Rechtsanwälten einen erheblichen Einfluß in die Grunddiskussion des bundesdeutschen Umweltstrafrechts haben und in naher Zukunft auch in überregionalen Zeitungen für Schlagzeilen sorgen, denn der Haaner Fall des Landwirts Wegener läßt die Verjährungsfrist der Rechtsprechung in Frage stehen:

Landwirt Wegener übernahm Mitte der 50er Jahre den schuldenfreien Besitz seines Vaters, angrenzend an die Kläranlage Solingen Ohligs. Die Welt schien für ihn in Ordnung bis seine Scheune zweimal hintereinander durch Brandstiftung vernichtet wurde. Doch Kredite bei der Stadtsparkasse Haan konnte er seinen Betrieb wieder errichten und baute nicht nur weiter Kartoffeln und Getreide an, sondern stellte seinen Hof auf Bullenmast um. Ein einschlägiges Erlebnis für die Landwirtsfamilie. Doch nach der ersten Katastrophe folgte die zweite, die die Existenz und das Leben der Familie drastisch veränderte.

Seit Anfang der 70er Jahre bezog der Bauer laufend Klärschlamm von den benachbarten Klärwerk für Düngezwecke. Als Ende der 70er Jahre in der Öffentlichkeit bekannt wurde, daß die zu Düngezwecken aufgebrachten Klärschlämme zum Teil erheblich mit Schwermetallen belastet waren, geriet auch das Klärwerk in den Verdacht, landwirtschaftlich genutzte Flächen durch eine Klärschlamm zu verseuchen. „Ich habe immer rückgefragt, ob der Klärschlamm in Ordnung ist. Es wurde mir jedesmal mündlich bestätigt, daß in der Beziehung keine Bedenken bestehen", betonte Gerd Wegener

1978 erließ das Landesministerium für Ernährung, Landwirtschaft und Forsten eine Klärschlamm-Empfehlung, die auf die Gefahren hinweis. Doch trotz dieser Warnung brachte der Bergisch-Rheinische Wasserverband (Klärwerk) nach Aussagen des Landwirtes noch bis 1981 Klärschlamm (Dickschlamm) auf seine Flächen auf was von seiten der Klärwerkbetreiber im Prozeß immer wie der bestritten wurde.

Der tragische Einschnitt in der Leben des Landwirtes begann: Eine Anzeige eines Rentners der das Abschütten von Klärschlamm beobachtete und durch die Aussage eines Angestellten des BRW's "Kauft

nichts bei Wegener, das ist alles vergiftet", brachte den Stein ins Rollen. Der Bauer wurde in der Öffentlichkeit als „Kadmiumbauer" abgestempelt.

Noch im selben Jahr wurden von der Landwirtschaftlichen Untersuchungs- und Forschungsanstalt der Landesanstalt für Ökologie, Landschaftsentwicklung und Forstplanung sowie Behörden des Kreises Mettmann und der Städte Solingen und Haan auf den Feldern Bodenuntersuchungen durchgeführt, die Überschreitungen der Grenzwerte für die Schwermetalle Kupfer, Zinn, Blei, Chrom, Cadmium und Nickel um teilweise mehr als das Vierfache ergaben.

Der Kreis Mettmann und die Stadt Solingen handelten: per Ordnungsverfügung wurde die Ernte des Landwirtes von der BRW aufgekauft und mit einer Verfügung wurde ihm verboten, die geernteten Früchte für den menschlichen Verzehr zu verkaufen. Die hierdurch eingetretene Rufschädigung als „Kadmiumbauer" führte letztlich dazu, daß er in den folgenden Jahren seinen Betrieb schließen mußte — durch Pfändung.

Am 26. November 1986 erhob Wegener eine Schadensersatzklage und eine Strafanzeige gegenüber dem Bergisch-Rheinischen Wasserverbandes — der Verursachern. Das eingeleitete Ermittlungsverfahren gegen das BRW wurde von der Staatsanwaltschaft Wuppertal mit Bescheid vom 19. April 1988 eingestellt. Darin führten sie aus, daß, soweit ein Verdacht einer Straftat bestehe, jedenfalls Verfolgungsverjährung eingetreten sei. Die Generalstaatsanwaltschaft schloß sich dem in ihrem auf ihre Beschwerde hin ergangenen Bescheid an. Auch das Oberlandesgericht Düsseldorf schmetterte das Verfahren mit der „Verjährungsfrist" ab. Ironie in diesem jahrelangem Prozeß: Auch das Oberlandesgericht Düsseldorf bestätigte, daß es sich bei diesem Umweltfall (Klärschlammabkippung) um ein konkretes Gefährdungsdelikt nach § 330 Abs. 1 StGb handele.

„Dieses Beispiel verdeutlicht die Uneffizienz des Umweltstrafrechts. Die durch die kurze Verjährung (5 Jahre) den Tätern eingeräumte Begünstigung erscheint im Hinblick auf die zur Lebensfrage der Menschheit gewordenen Umweltpolitik nicht opportun", kommentiert Rechtsanwalt Frank Banrds aus Erkrath.

„Es kann kein Zweifel daran be-

stehen, daß auch bei Umwelt verschmutzung, die sich erst nach Jahrzehnten als spürbare Beeinträchtigung der Lebensqualität aller realisiert, der Ruf nach Bestrafung der Verantwortlichen ebenso laut ertönt als wäre der Umweltschaden am Tage der Abfallbeseitigung eingetreten", fügt er hinzu.

Für den Landwirt Wegener sind die guten Zeiten schon lange gezählt. Die jahrelange Prozeß hat sein Leben belastet und jetzt im Mai verlor er noch seine Prozeßkostenbeihilfe im Schadensersatzprozeß - eine ungeheure Summe von 200 000 Mark. Weiterhin muß der Bauer, wenn er endlich zu seinem Recht auf Schadensausgleich kommen möchte, 25 000 Mark an die Gerichtskasse vorstrecken.

Die Spitze des Falles Wegener wäre beinahe erreicht, stünde bei der Betrachtung nicht noch die Tatsache im Raume, daß Teile seiner „verseuchten Flächen" von einem anderen Bauern übernommen wurden, der trotz bestehender Auflagen noch bis vor Monaten Brotgetreide produzierte - gemäß dem Motto „Das soll mir jemand nachweisen".

Dieser Tatbestand wurde dem Ordnungsamt Solingen Anfang des Jahres mitgeteilt — ohne Resonanz. Was dem Bauern Wegener die Existenz beraubte — die Rechtsprechung und „Machenschaften von Anwälten öffentlichen Behörden" - ermöglichte dem Nachfolger einen freien Lauf der Dinge.

Bauer Wegener — jetzt wohnhaft in Solingen — ist verbittert Sein Leben lang mußte er für sein Recht einstehen. Und trotz finanzieller Notlage und dem Abstieg will er weiter „kämpfen" „ich habe nichts mehr zu verlieren", betont Wegener in einen Gespräch. Doch wie aussichtslos erscheint dieses Unterfangen, denn schon die Rechtsprechung steht gegen ihn — es ist alles verjährt — nur nicht die Gefühle, Gedanken und die Angst der Menschen in diesem einzigartigen Fall. „Der Ruf nach der Bestrafung der Verantwortlichen soll ebenso laut ertönen am Tage der Umweltschade am Tage der Abfallbeseitigung eingetreten."

6.2.3 Gaussche Fehlerfortpflanzung

Für die Untersuchung auf Inhaltsstoffe im Wasser muss eine Referenzlösung hergestellt werden, deren Gehalt genau und zuverlässig bekannt ist.

Wir wollen den Weg bis zur Lösung bezüglich seiner Fehlerquellen betrachten:
1. Zuerst wird das Wägeschiffchen leer (m_1) und danach mit der Substanz (m_2) abgewogen. Die Genauigkeit beider **Wägungen** ist durch die Präzision und Richtigkeit der Waage gegeben. Die **Richtigkeit** kann durch eine Kalibrierung mit geeichten Gewichten geprüft werden, während die **Präzision** vom Hersteller angegeben wird und zumeist im Bereich der **Ablesegenauigkeit** (Δm) liegt. Die Präzision kann auch durch viele Wiederholungsmessungen bestimmt werden.

2. Die Substanz wird in einen Messkolben gegeben und dieser auf 1000 mL aufgefüllt. Auch diese **Volumenmessung** (V) birgt einen Messfehler, welcher oft auf dem Messkolben eingraviert ist. Sind keine Angaben gemacht, dann ist bei einem 1000 mL Messkolben die letzte Stelle unsicher, d.h., es ist von einem Messfehler von ca. 1 mL auszugehen.

Aus den drei Messungen lässt sich die Konzentration der Lösung und ihr **maximaler Fehler** bestimmen:

$$c = (m_2 - m_1)/V = m / V$$

⇒ Berechne die minimale und maximale Konzentration der Lösung anhand folgender Angaben:

Masse des Wägeschiffchens leer:	$m_1 = 2\ 053$ mg
Masse des Wägeschiffchens mit Substanz	$m_2 = 2\ 123$ mg
Wägegenauigkeit bei jeder Wägung	$\Delta m_1 = \Delta m_2 = 1$ mg
Volumen	$V = 1$ L
Volumenfehler	$\Delta V = 0,001$ L

⇒ Auf wieviel Stellen ist somit eine Konzentrationsangabe der Lösung sinnvoll?
⇒ Gib die Konzentration in der folgenden Form an: c = (Zahl ± maximaler Fehler) Dimension

Der **maximale Fehler** ist allerdings irreführend, da sich Fehler teilweise gegenseitig aufheben können. Deshalb ist es sinnvoller einen **mittleren Fehler** zu bestimmen.
Gauss hat die Formeln der **Fehlerfortpflanzung** entwickelt, welche sich aus der Differentialrechnung ableiten:

Der Fehler einer Berechnung $\{y = f(x_1, x_2, ...)\}$ lässt sich aus der Ablesegenauigkeit der verschiedenen Messgeräte (Δx_1, Δx_2, ...) bestimmen.

Wird eine Messung (x) öfter wiederholt, dann heben sich die Zufallsfehler teilweise auf und der Messfehler kann durch die **Standardabweichung** angegeben werden.

Gauss'sche Fehlerfortpflanzung

$$\Delta x = S = \sqrt{\frac{\sum_{i=1}^{n} \varepsilon_i^2}{(n-1)}}$$ mit $x_i - \bar{x} = \varepsilon_i^2 =$ der Differenz zwischen der Einzelmessung und dem Mittelwert

Berechnungsformel des Resultats	mittlerer Gesamtfehler
Summe oder Differenz $y = x_1 + x_2$ $y = x_1 - x_2$	Das **mittlere absolute Fehlerquadrat** des Resultats = Summe der Quadrate der Messfehler $\Delta y^2 = \Delta x_1^2 + \Delta x_2^2$
Produkt oder Quotienten $y = x_1 \cdot x_2$ $y = x_1 / x_2$	Das **mittlere relative Fehlerquadrat** des Resultats = Summe der Quadrate der relativen Messfehler $(\Delta y/y)^2 = (\Delta x_1/x_1)^2 + (\Delta x_2/x_2)^2$
Potenzprodukt $y = K \cdot x_1^a \cdot x_2^b$	Beim **mittleren relativen Fehler** eines Potenzproduktes wirken sich die Exponenten (a, b) als Faktoren auf die relativen Messfehler aus: $(\Delta y/y)^2 = (a \cdot \Delta x_1/x_1)^2 + (b \cdot \Delta x_2/x_2)^2 + ...$

Anwendung der GAUSSschen Formeln für die Fehlerfortpflanzung auf unsere Bestimmung:

$c = (m_2 - m_1)/V = m / V$

Die Formel enthält eine Differenz ($m_2 - m_1$) und einen Quotienten (m / V). Deshalb muss zuerst der Fehler der Differenz (Masse des eingewogenen Stoffes) und dann der Fehler der daraus bestimmten Konzentration bestimmt werden:

1. Fehler der Stoffeinwaage:

$\Delta m_1 = \Delta m_2 = 1$ mg

$\Delta m^2 = \Delta m_1^2 + \Delta m_2^2 = (1 + 1)$ mg^2 und somit der Fehler dieser Differenz $\Delta m = 1{,}41$ mg

2. Fehler der Konzentration:

Relativer Fehler der Stoffmasse: $\Delta m/m = 1{,}41$ mg$/(2123 - 2053)$ mg = 0,020 (2 %)

Relativer Fehler der Volumenbestimmung: $\Delta V/V = 1/1000 = 0{,}001$ (0,1 %)

mittleres relatives Fehlerquadrat $(\Delta c/c)^2 = (\Delta m/m)^2 + (\Delta V/V)^2 = 0{,}020^2 + 0{,}001^2 = 0{,}0004$

Somit ist der mittlere relative Fehler $\Delta c/c = 0{,}020$ oder als prozentualer Fehler 2 %.

Mit c = 70 mg/L berechnet sich der mittlere Fehler zu $\Delta c = 0{,}020 \cdot 70$ mg/L = 1,4 mg/L.

Die Konzentration der Lösung ist somit mit **c = 70,0 ± 1,4 mg/L** genau anzugeben.

⇒ Welcher Fehler war bei der Konzentrationsberechnung wirksamer: der Fehler beim Wiegen oder beim Volumenabmessen?

⇒ Wie groß wäre der mittlere Fehler, wenn statt des Messkolbens ein 1000 mL Messzylinder mit einer Ablesegenauigkeit von 50 mL verwendet würde?

⇒ Begründe, warum zur genauen Volumenbestimmung nur Messkolben und Vollpipetten und keine Messzylinder oder Messpipetten verwendet werden.

7 Toxikologie

Das Interesse der Öffentlichkeit an der Toxikologie wurde erst in den letzten 20 Jahren durch Medienberichte über Unfälle in der Industrie und Umweltprobleme geweckt.

Es sei nur an die großen Katastrophen 1976 in Seveso (Dioxin: 100 000 Evakuierte), 1985 in Bhopal (Isocyanat: 3000 Tote, 300 000 Vergiftete) und 1986 in Tschernobyl erinnert. In der folgenden Tabelle sind nur Massenvergiftungen durch Schwermetalle zusammengefasst.

7.1 Bedeutende Schwermetallkatastrophen

(Quellen: RADKE 1990; DAUNDERER, M. 1990; GÜNTHER, R. Coordination gegen BAYER-Gefahren 1993; „Gesellschaft für bedrohte Völker/Society for Threatened Peoples" 1999)

192

Ort	Zeit-raum	Schwer-metall	Verursacher	Aufnahme durch	Krankheit	Opfer
Amazonasbecken, Brasilien	1980–1999	Hg	Goldwäscher haben 2000 t Hg in den Fluss gegeben. Daraus Bildung von giftigem Methylquecksilber	Flussfische. Durch Anlegen von Tümpeln zur Goldgewinnung bilden sich Brutstätten für Malariamücken und Tse-tse-fliegen	Muskelschwäche, neurologische Störungen, Schädigung der Neugeborenen, Tod, Erbschäden	70–90% der 19 000 Yanomami-Indianer sind an Quecksilbervergiftung und Malaria erkrankt.
Minimata-Bucht; Insel Kyushu; Japan	1952–1958	Hg	PVC-Fabrik	Seefisch und andere Speisen	"	46 Tote, über 3000 Erkrankte
Niigata; Insel Honshu; Japan	1964–1965	Hg	Elektrogeräte-Fabrik	See- und Flussfisch	"	5 Tote, über 30 Geschädigte
Pakistan	1961	Hg	Quecksilberhaltige Fungizide	Gebeiztes Saatgut, das verzehrt wurde (Getreide)	"	Über 100 Erkrankte
Irak	1971	Hg	"	"	"	500–50 000 Tote, über 100 000 dauerhaft Geschädigte
Yalovi; Ghana	1974	Hg	"	" (Mais)	"	114 Erkrankte
Jintsu-Flussgebiet Toyamadistrikt; Insel Hanshu; Japan	1947–1955	Cd	Regen, der mit Cd-haltigem aus der Abraumhalde einer Zn-Mine auswusch.	Reis, der mit Cd-haltigem Wasser versorgt wurde	Itai-Itai-Krankheit (schmerzhafte Knochendeformationen) Nierenfunktionsstörungen, Tod	bis 1965 ca. 100 Todesfälle 200 schwere Fälle, 2000 Verdachtsfälle
Tokio und andere Orte	Um 1960	Cr	Chromathaltiger Industriemüll, auf dem gebaut wurde.	Inhalation von chromathaltigem Staub	Durchlöcherung der Nasenschleimhaut, Lungenkrebs, Tod	> 30 Tote, > 200 unheilbar Erkrankte
Südafrika	1973–1991	Cr	Bayer-Tochter „Chrome Chemicals" seit 1992 Bayer Südafrika	"	75 % der Arbeiter Verletzungen der Nasenluftwege 26 % Geschwüre	unbekannte Zahl an Todesfällen, da bei Erkrankung entlassen wurden
Mehrere Städte in den USA	1960–1970	Pb in Farben			Anämie, Verhaltens- und physische Störungen	mehrere Tausend
	1900	As		Bier		6000 Erkrankte 7 Tote

Viele Massenvergiftungen vor allem in der Dritten Welt können nicht aufgeführt werden, da die Berichte darüber unterdrückt wurden und werden.

Erst langsam setzt sich die Erkenntnis durch, dass viele Chemikalien zu chronischen Vergiftungen führen, deren unterschiedliche Krankheitsbilder unter dem Begriff „Sick Building Syndrome" oder „Chemisches Syndrom" zusammengefasst werden. Bekannte Auslöser des chemischen Syndroms sind Holzschutzmittel (PCP), Weichmacher in Kunststoffen (PCB, Phthalate), Klebekomponente (Formaldehyd), Quecksilber aus Amalgam-Zahnplomben und viele beim Bau verwendete Lösungsmittel.

Die Kenntnis und die gezielte Anwendung toxischer Stoffe ist schon sehr alt. In Griechenland wurden schon vor mehr als 2000 Jahren toxische Stoffe (pflanzliche, z.B. Schierling, und tierische Gifte sowie Metalle) gezielt zum Zwecke von Mord, Selbstmord und zur Kriegführung eingesetzt (DEKANT, K. 1994). „Toxikon" bedeutet „giftige Substanz, in die Pfeilspitzen getaucht werden".

Im Mittelalter war Arsen das „Modegift" für die Beseitigung von politischen Gegnern, Rivalen und reichen Ehemännern.

Eine wissenschaftliche Basis für die Toxikologie begründete PARACELSUS (1493-1541) mit der experimentellen Erstellung von Dosis-Wirkungs-Beziehungen für chemisch definierte Stoffe.

In der Aussage „All Ding' sind Gift und nichts ohn' Gift; allein die Dosis macht, das ein Ding' kein Gift ist" ist die Grundlage der Toxikologie niedergelegt.

Die Entwicklung der Toxikologie zur eigenständigen Disziplin begann mit dem Leibarzt von Napoleon BONAPARTE, dem Spanier ORFILA (1787-1853), der Nachweismöglichkeiten für giftige Substanzen entwickelte und damit die Gerichtsmedizin begründete.

Heutzutage lässt sich die Giftwirkung von Stoffen bis in die molekulare Ebene zurückverfolgen und verstehen.

7.2 Vergleich der Giftigkeit natürlicher oder vom Menschen in die Umwelt verbrachter Stoffe

Ungefähre tödliche Dosis

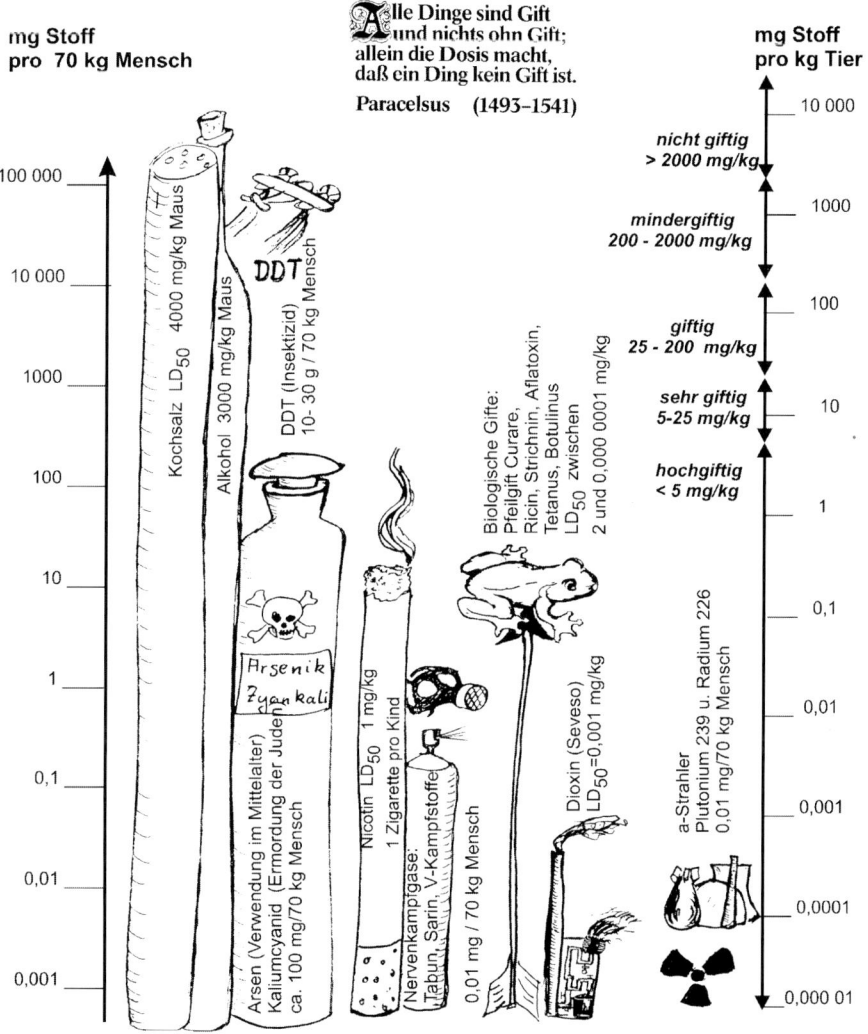

Alle Dinge sind Gift und nichts ohn Gift; allein die Dosis macht, daß ein Ding kein Gift ist.

Paracelsus   (1493–1541)

mg Stoff pro 70 kg Mensch

mg Stoff pro kg Tier

10 000

nicht giftig
> 2000 mg/kg

1000

mindergiftig
200 - 2000 mg/kg

100

giftig
25 - 200 mg/kg

sehr giftig
5-25 mg/kg

10

hochgiftig
< 5 mg/kg

1

100 000

10 000

1000

100

10

1

0,1

0,01

0,001

Kochsalz LD50 4000 mg/kg Maus

Alkohol 3000 mg/kg Maus

DDT (Insektizid)
10- 30 g / 70 kg Mensch

Arsen (Verwendung im Mittelalter)
Kaliumcyanid (Ermordung der Juden)
ca. 100 mg/70 kg Mensch

Nicotin LD50 1 mg/kg
1 Zigarette pro Kind

Nervenkampfgase:
Tabun, Sarin, V-Kampfstoffe:
0,01 mg / 70 kg Mensch

Biologische Gifte:
Pfeilgift Curare,
Ricin, Strichnin, Aflatoxin,
Tetanus, Botulinus
LD50 zwischen
2 und 0,000 0001 mg/kg

Dioxin (Seveso)
LD50=0,001 mg/kg

a-Strahler
Plutonium 239 u. Radium 226
0,01 mg/70 kg Mensch

0,1

0,01

0,001

0,0001

0,000 01

195

7.3 Das Märchen vom Enzymos Katalysator und der giftigen Cadmira

Es war einmal eine wunderschöne Bergwiese inmitten hoher Berge. Dort verbrachte eine kleine Gruppe von Molekülmenschen, die sich alle nach dem kleinen Bergdorf Substratler nannten, ihren Sommerurlaub. Sie fühlten sich ganz wohl beim Anblick der schroffen Aktivierungsberge, bis sie eines Tages in den Nachrichten hörten, ihre Reisegesellschaft habe Pleite gemacht und es gebe kein einfaches Wegkommen mehr von diesen blumenreichen Almwiesen.

Einige erregten sich darob sehr und versuchten, die steilen Aktivierungshänge zu erklettern. Dabei verloren sie aber schnell ihren Schwung und purzelten kraftlos wieder herunter.

Nur ein besonders energiegeladener und nicht zu bremsender Reinhold Meßner-Typ schaffte es, dank seines Schwunges den Bergkamm zu erreichen, von wo er, ohne zu verweilen, in Richtung des Ortes Produkt abstieg.

Damit die eingeschlossenen Substratler endlich nach Produkt gelangen konnten, wurde von der Zellorganisation der bekannte Bergführer Enzymos Katalysator geschickt. Dieser kannte einen schmalen, äußerst gefährlichen Klammweg aus der Bergmulde heraus. Dieser Pfad war so schmal, dass er nur immer einen Substratler hinauf und dann über den Pass hinab Richtung Produkt führen konnte.

Mühsam kletterte er mit dem süßen Fräulein Glucose bergan. Drohend kamen die Steilwände immer näher. Doch unbeirrt führte Enzymos Fräulein Glucose die gefährliche, von unten kaum sichtbare Klamm hinauf. Das Wasser toste durch die Schlucht und damit sie nicht ausglitte und wieder hinabstürze, band Enzymos Katalysator Fräulein Glucose ganz fest an sich. Zwar beschwerte sich das Fräulein und bemerkte bissig, ob diese Verrenkungen wirklich notwendig oder vielleicht nur ein billiger Trick seien, denn sie fühlte sich stark durch die unbequemen Seile hin- und hergezerrt. (Biochemiker bezeichnen diesen gespannten Übergangszustand als entatischen Zustand.) Je höher sie kamen, umso fester band Enzymos sie an sich. Sie jammerte, Arme und Beine – weil so fest gebunden – fühlten sich an, als würden sie abfallen. Zum Trost und zur Beruhigung gab er ihr seine Flasche Enzianwasser. Oben auf dem Pass angekommen, mit einem vor Kälte und Wind zitternden Fräulein Glucose auf dem Rücken, die sich jetzt so eng an ihn schmiegte, dass es ihm warm ums Herz wurde, begann er ohne Aufenthalt den Abstieg in Richtung Produkt. Auf einem Schneefeld rutschte er aus und schoss immer schneller werdend zu Tal. Das Fräulein hinter seinem Rücken stöhnte bei jedem Huckel, verlor auch ab und zu etwas von seiner Ausrüstung und zerrte an den fesselnden Seilen. Als sie schon in Sicht des kleinen Ortes Produkt waren, wurde es beiden wieder wärmer. Inmitten einer Frühlingsblumenwiese riss sich Fräulein Glucose von den fesselnden Seilen.

Wie war Enzymos erschrocken, als das Fräulein, völlig zerzaust, nass und verdreckt, nur noch lallte, dass es jetzt Schnaps hieße. Sie wolle allein weiter in den Ort Produkt laufen und sie wünsche ihn ob dieser Tortur, die sie völlig verändert habe, zum Teufel.

Traurig über die Undankbarkeit und den unerfreulichen Abschied machte sich Enzymos Katalysator wieder auf den Weg zum Ort Substrat zurück, um den nächsten Substratler abzuholen.

Nun lebte fernab vom Ort Substrat Frau Cadmira von Cadmium. Diese beobachtete missgünstig, dass dieser kräftige Enzymos immer wieder ihre heimelige Bergmulde mit hübschen Substratlerinnen verließ. Dabei bemerkte sie, dass sich Enzymos vornehmlich mit Hilfe einer Zinkplatte orientierte, auf welcher der Reaktionsweg über den Pass eingezeichnet ist. Derer habhaft zu werden, war nicht leicht. Als Enzymos nahe bei ihrer Hütte vorbeikam, strich sie mit einem schwarzen – wie in Tinte zerfließenden – Pilz, Tintling genannt, über Enzymos und schwub war das Zink Enzymos entwunden. Aber jetzt hockte Enzymos untätig in der Berghütte und trauerte seiner verlorenen Zinkplatte nach. Arglistig schob deshalb Cadmira eine Cadmiumplatte unter der Hüttentür hindurch. Enzymos stürzte sich auf diese, seine vermeintliche Zinkplatte und hielt sie ganz fest. Sie schien ihm allerdings etwas größer geworden zu sein, aber so genau wusste er dies nicht.

Fröhlich startete er mit einer Substratlerin zum Pass. Doch frustriert kam Enzymos immer wieder von seinen Bergführungen zurück nach Substrat, denn er fand mit dieser Cadmiumplatte nicht mehr zur Klamm und zum Pass.

Doch eines Tages, und nur durch Zufall, entdeckte Enzymos die Arglist der Cadmira von Cadmium und unter großer Mühe gelang es ihm, sich von der anziehend goldglänzenden Cadmiumkarte zu trennen und die wichtige Zinkkarte Frau Cadmira wieder zu entwenden.

Aber da hätte er sich vorsehen sollen. Cadmira verwandelte sich in eine hübsche Oxalsäure, und flugs sah Enzymos von Katalysator in ihr ein ängstliches süßes Wesen, welches zum Verwechseln Fräulein Glucose auf dem Passe ähnlich sah.

Aber dieses Wesen war schmiegsam und nicht nur bei höchster Gefahr oben auf dem Pass zum Anlehnen bereit. Enzymos öffnete die Arme und schon umgarnte sie ihn und benutzte seine eigenen Seile, um sich ganz eng an ihn zu binden. Nun sah Enzymos nur noch Cadmira und konnte sich nicht mehr frei bewegen. Er verblieb mit

Cadmira, die sich jetzt Oxalata vom Klee nannte, in der wunderschönen Bergmulde und wenn sie nicht gestorben sind, dann leben sie heute noch dort.

Was allerdings aus den vielen Substratlerinnen geworden ist, die auch dort noch ausharren: Nun – diese verfluchten die giftige Oxalata vom Klee und klagten, sie sei Gift für Enzymos Katalysator, womit sie nicht ganz Unrecht haben.

Anmerkung
Natürlich gibt dieses Märchen – wie jedes Märchen – die wirklichen Abläufe (wie hier bei der Vergärung von Glucose zum Alkohol) stark vereinfacht wieder:

1. So erfolgt die Gärung über verschiedene Zwischenprodukte wie Fructose, Glycerinaldeyd, Glycerinsäure, Brenztraubensäure (Pyruvat) und Ethanal zum Ethanol sozusagen **über mehrere Aktivierungsberge**, die „Pässen in der Energielandschaft der chemischen Reaktionen" entsprechen.

2. Der Tintling enthält schwefelhaltige Verbindungen, die vor allem das **Molybdän** aus dem Enzym Aldehyddehydrogenase entziehen und damit dieses Enzym unwirksam machen. Der Genuss von Alkohol neben einem Tintlingpilzgericht ist lebensgefährlich: Der Abbau des giftigen Aldehyds zur Essigsäure in der Leber ist blockiert, woraus eine akute Aldehyd-Vergiftung resultiert.
   Weit weniger wirken die Verbindungen des Tintlings auf die Zinkatome im Enzym Alkoholdehydrogenase: Die Alkoholbildung aus Aldehyd im Verlauf der Vergärung der Glucose und umgekehrt der Alkoholabbau zum Aldehyd im menschlichen Körper sind kaum gestört.

3. Enzyme mit einem Zink-Ion im Reaktionszentrum können durch **Austauschen des Zinks gegen Cadmium** entwertet werden. Störend wirkt dann u.a. der größere Ionenradius des Cadmiums.

4. Richtig gibt die Geschichte wieder, **dass ein wirksames Enzym (Katalysator) vor allem auf dem Aktivierungsberg eine starke Bindung mit dem Substrat eingeht und dabei das Substratmolekül deformiert.** Hierdurch wird die Aktivierungsenergie für die gewünschten Bindungsbrüche erniedrigt, d.h. der Reaktionsweg führt über einen „Pass". Das Edduktmolekül wird im Verlauf dieser Reaktion in seiner Geometrie so verändert, dass der Übergang in die Produktform erleichtert ist. Nach der Produktbildung muss sich das Enzym leicht vom Produkt lösen können, sonst steht das Enzym für weitere Reaktionen nicht mehr zur Verfügung.

5. Enzyme können somit durch Moleküle blockiert werden, deren **Geometrie einem Übergangszustand** gleichen: Oxalsäure ist ein Gift für das Enzym Pyruvatkinase. Sie besitzt eine ähnliche Struktur, wie Enolpyruvat in seinem Übergang zum Pyruvat (Brenztraubensäure) und vermag deshalb den Glucosestoffwechsel auf dieser Stufe

zu unterbrechen. Auf ähnliche Weise blockiert die Oxalsäure die Umwandlung der Bernsteinsäure zur Fumarsäure im Zitronensäurecyclus. Darüber hinaus fängt Oxalsäure lebenswichtiges Calcium unter Bildung von schwer löslichem Calciumoxalat ab und wirkt auch auf diese Weise giftig.

6. Das Enzym Hexokinase kann auch durch **glucose-analoge Moleküle** – wie z.B. mit Digitoxose (Zucker des Fingerhut) oder Xylose – belegt werden, welche auf diesem Wege nicht weiter umgesetzt werden und nur den Platz der Glucose einnehmen („molekularer Neidhammel" bewirkt kompetitive Hemmung).

7. **Vanadium**
Vanadium steht wie Phosphor in der 5. Gruppe des Periodensystems. Dies hat zur Folge, dass es als Vanadat teilweise die Stellung des überragend wichtigen Phosphats im Körper einnimmt, allerdings mit sehr unangenehmen Folgen:

Phosphoenolpyruvat entsteht beim Glucoseabbau als vorletzte Stufe der Glykolyse

Aus Phosphoenolpyruvat bildet sich mittels Pyruvatkinase

Pyruvat (Brenztraubensäure)

Oxalat-Ion wirkt als Enzymgift

für Puruvatkinase, welche aus Phosphoenolpyruvat unter ATP-Bildung Pyruvat erzeugt

Das Oxalat-Ion ähnelt stark in seiner Struktur dem Enolpyruvat-Ion und wird somit von der Pyruvatkinase stark gebunden

α-D-Glucose   β-D-Digitoxose   α-D-Xylose

Zucker des Fingerhutes

Die Anlagerung von allen drei Zuckern an das Enzym Hexokinase ist möglich, aber nur Glucose wird abgebaut. Digitoxose und Xylose blockieren das Enzym.

Das Enzym Phosphatase befindet sich in den Lysosomen – dem „Magen" der Zelle, in dem verbrauchte Zell-Bestandteilen wieder abgebaut werden. Dazu werden Phosphatverbindungen in einer gestressten 5fach koordinierten Form (Übergangszustand) an dieses Enzym gebunden und wandelt sich unter Abspaltung eines Restes in eine 4fach koordinierte Form um. Nach dieser Umwandlung verliert das Enzym jedes „Interesse" für das Phosphat, löst sich von diesem, um erneut eine Phosphatverbindung anzulagern und zu spalten.

Vanadat bindet sich auch an dieses hochwirksame Enzym. Jedoch bildet es leicht 5fach koordinierte Ionen, die kaum eine Tendenz zeigen sich in die 4fach koordinierte Form umzuwandeln. Das Enzym Phosphatase wird somit Vanadat nicht mehr los. Es wirkt somit auf Phosphatase wie ein Enzymblocker oder wie ein Enzymgift.

7.4 Giftwirkung und ihre quantitative Erfassung (Dosis-Wirkungs-Beziehung)

Sämtliche biologischen Prozesse werden durch Enzyme beschleunigt. Sie sind die biologischen Maschinen, ohne die es kein Leben gäbe.

Deshalb ist es naheliegend anzunehmen, dass stark wirkende Gifte diese biologischen Maschinen hemmen oder blockieren. Sie wirken als Enzymhemmer oder -blocker. Dazu muss sich das Giftmolekül an das Enzym anlagern, wodurch dieses in seiner Funktionsfähigkeit beeinträchtigt wird. Die biologische Maschine arbeitet langsamer oder kommt völlig zum Erliegen.

Manche Gifte können aber ein Enzym zur ungehemmten Produktion veranlassen, wobei die überschüssigen Reaktionsprodukte – wie in einer Fabrik mit Fließband – den weiteren Produktionsfluss behindern. In beiden Fällen wird der Organismus insgesamt weniger Stoffumsatz haben. (Dies gilt nicht, wenn Gegenregulationen wie z.B. durch Fieber möglich sind.)

Der verminderte Stoffumsatz kann auf verschiedene Arten registriert werden.

a) So kann die Gasentwicklung bei der Gärung mit Hefe gemessen werden, das Leuchten bestimmter Bakterien, die Bewegungsaktivität von Fischen, oder das Größenwachstum von Pflanzen.
b) Es kann die Zahl der Krankheits- und Todesfälle als Maß für die Giftwirkung dienen.

Schadstoffe blockieren nicht nur Enzyme; die meisten Schadwirkungen beruhen auf der Bindung der Gifte an zahlreiche Zellinhalts-Stoffe ohne enzymatische Aktivität wie DNA, Lipide, Proteine. Auch diese Bindung verursacht Schäden, welche sich in gleicher Weise wie bei den Enzymen beschreiben lassen (DEKANT, K. 1994).

Das Giftmolekül (G) und das Enzym (E) bilden umso häufiger einen Enzym-Gift-Komplex, je mehr von beiden Stoffen vorhanden ist.

Wechselwirkung zwischen Gift - Enzym - Produkt

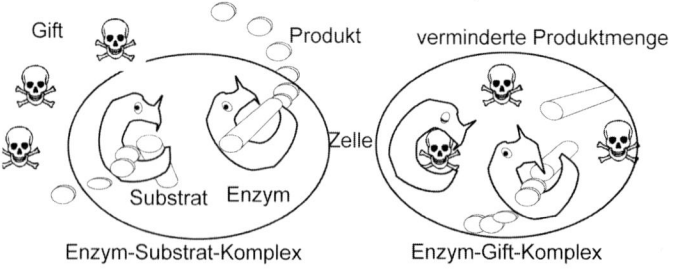

Enzym-Substrat-Komplex   Enzym-Gift-Komplex

$$G + E \rightarrow EG$$

Die Bildungsrate des Enzym-Gift-Komplexes ist proportional zur Konzentration (e) vom Enzym und zur Konzentration (g) des Giftes. Andererseits kann dieser Enzym-Gift-Komplex auch wieder zerfallen. Dieser Zerfall ist umso schneller, je höher die Konzentration (eg) des Enzym-Gift-Komplexes ist.

$$EG \rightarrow E + G$$

Nach einiger Zeit der Gifteinwirkung stellt sich ein Gleichgewicht zwischen Bildung und Zerfall des Enzym-Gift-Komplexes ein, da dann beide Prozesse gleich schnell ablaufen. Dieses Gleichgewicht ist durch die folgende Gleichung festgelegt, wobei K die Stabilität des Enzym-Gift-Komplexes, d.h. die Affinität des Giftes für das Enzym widerspiegelt (Massenwirkungsgesetz).

(1) $K = \dfrac{eg}{e \cdot g}$

(2) $K = \dfrac{e_0 - e}{e \cdot (g_0 - e_0 + e)}$

Definitionen:

e_0 = Enzymkonzentration vor der Gifteinwirkung

e = wirksame Enzymkonzentration nach der Gifteinwirkung

eg = Konzentration des Enzym-Gift-Komplexes = e_0 - e

g_0 = Giftkonzentration vor der Bildung der Enzym-Gift-Komplexe

g = Giftkonzentration nach der Bildung der Enzym-Gift-Komplexe = g_0 - eg = g_0- (e_0-e)

Daraus berechnet sich durch Umformen: (3) $g_0 = \dfrac{1}{K} \cdot \left(\dfrac{e_0}{e} - 1 \right) + (e_0 - e)$

Die rechte Seite der Gleichung enthält zwei Summanden: Je nach der Größe von K dominiert der 1. oder 2. Summand, was zu zwei Extremfällen führt:

1. Ist **K kleiner als 1**, d.h., bindet das Gift nur schwach – mittels Van der Waals-Bindung und/oder Wasserstoffbindung und/oder Ionenbindung – an das Enzym, dann spaltet es sich auch leicht wieder ab. Die Giftwirkung ist **reversibel** und abhängig von der Konzentration des Giftes im Organismus: **Konzentrationsgift.** Die nicht blockierten Enzyme (E) bestimmen die Stoffwechselaktivität (L): Diese wächst mit steigender Enzymkonzentration (e). Der genaue Zusammenhang zwischen der Enzymaktivität (bei kompetitiver, nicht-kompetitiver und allosterischer Hemmung durch das Gift) und dem Stoffwechsel kann durch die Gleichung von Michaelis und Menten (Koolman, J. 1994, Karlson, P. 1988) erfasst werden:

(4) *Giftmenge / (kg Tier)* = $\dfrac{1}{K} \cdot \left(\dfrac{L_0}{L} - 1 \right)$

Bei Konzentrationsgiften ist das Verhältnis aus der biologischen Aktivität mit Gift (L) und ohne Gift (L_0) umgekehrt proportional zur Giftmenge:

(5) $\dfrac{L}{L_0} = \dfrac{1}{(\text{Giftmenge / kg Tier}) \cdot K + 1}$

2. **Bei großem K** liegt eine **irreversible,** zumeist kovalente Bindung des Giftes an dem Enzym vor. Dabei wird das Enzym so gestört, dass auch nach der Ausscheidung des Giftes die Schädigung fortbesteht und bei erneuter Giftaufnahme noch vergrößert wird. Die Giftwirkung ist meist erst nach mehreren Giftgaben beobachtbar – sie ist additiv und kumuliert: **(Summationsgift).** Allerdings kann sich der Organismus

durch Reparatur der Schäden auch bei Summationsgiften erholen. Die Giftwirkung wird überwiegend von dem 2. Summanden in Gleichung (3) beschrieben.

(6) $L = L_0 - k \cdot Giftmenge$ k ist die Michaelis-Konstante für das Enzym

Bei Summationsgiften ist die Abnahme der biologischen Aktivität (L_0-L) oder die Zunahme der Krankheit oder Todesfälle proportional zur Giftmenge (Gift).

Die Abbildung 27 gibt die Bestimmung der Toxizität von zwei unterschiedlich wirkenden Substanzen wieder.

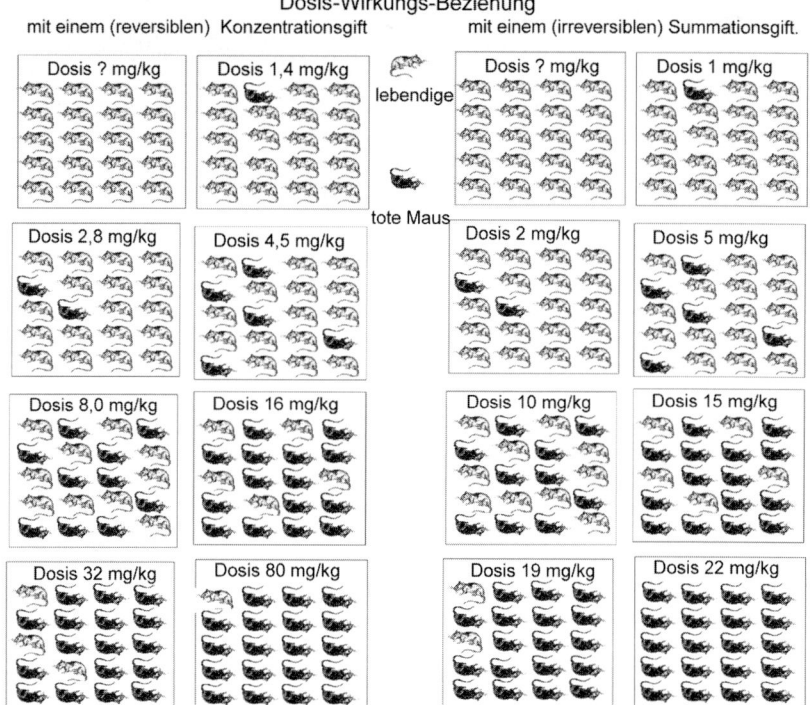

Die Abbildung gibt die Bestimmung der Toxizität von zwei unterschiedlich wirkenden Substanzen wieder.
1. Zeichne die Dosis-Wirkungs-Beziehung für das Konzentrations- und Summationsgift.
2. Bestimme daraus die Dosis bei der die Hälfte der Mäuse stirbt (LD_{50}).
3. Wie wirken sich reversible und irreversible Gifte bei hoher und niedriger Dosis aus?
4. Lassen sich aus obigen Experimenten mit jeweils 160 Mäusen die Giftmengen abschätzen, welche von 100 000 Mäusen nur eine Maus umbringt?
Diese letzte Frage ist für die Humantoxikologie von Bedeutung, denn bei 80 000 000 Einwohner in der BRD bedeutet ein Gift, das bei 100 000 einen Todesfall verursacht immerhin noch 600 Todesfälle der besonders empfindlichen Menschen.
Deshalb versuchen die Toxikologen aus möglichst wenigen Tierexperimenten Aussagen für niedrige Dosen zu gewinnen.

Abb. 27: Dosis-Wirkungs-Beziehung mit *links* einem (reversiblen) Konzentrationsgift und *rechts* einem (irreversiblen) Summationsgift.

1. Zeichne die Dosis-Wirkungs-Beziehung für das Konzentrations- und Summationsgift.
2. Bestimme daraus die Dosis bei der die Hälfte der Mäuse stirbt (LD_{50}).
3. Wie wirken sich reversible und irreversible Gifte bei hoher und niedriger Dosis aus?
4. Lassen sich aus obigen Experimenten mit jeweils 160 Mäusen die Giftmengen abschätzen, welche von 100 000 Mäusen nur eine Maus umbringt?

Diese letzte Frage ist für die Humantoxikologie von Bedeutung, denn bei 80 000 000 Einwohnern in der BRD bedeuten ein Gift, das bei 100 000 einen Todesfall verursacht, immerhin noch 800 Todesfälle der besonders empfindlichen Menschen.

Deshalb versuchen die Toxikologen aus möglichst wenigen Tierexperimenten Aussagen für niedrige Dosen zu gewinnen.

Diese nebenstehende Darstellung der Dosis-Wirkungs-Beziehung erlaubt keine Vorhersage der Wirkung von kleinen Giftdosen auf eine große Menschengruppe, in der sicher einige besonders empfindliche Menschen auf das Gift reagieren. Um auch Giftmengen von unter 1/10 mg/kg zu beurteilen, verwenden die Toxikologen eine Skala der Dosen in 10er Schritten (0,1; 1; 10; 100 usw.). Diese halblogarithmische Skala erzeugt eine S-förmige Kurve.

Allerdings kann die S-förmige Kurve nur mit großer Unsicherheit in den Bereich niedriger Konzentrationen verlängert werden. Deshalb versucht man die S-förmige Kurve wieder zu linearisieren: Die bei einer Gifterhöhung verursachten zusätzlichen Todesfälle (Steigung der S-förmigen Kurve) – gegen die Dosis aufgetragen – liefern eine glockenförmige Kurve. Diese kann unter Umständen sogar eine GAUSS-Kurve sein, welche eine zufällige Streuung beschreibt. Danach ist eine Zunahme der Giftwirkung genau im mittleren Toxizitäts-Bereich bei LD_{50} am größten. Sie ändert sich wenig bei hohen und niedrigen Giftdosen.

Dosis-Wirkungsbeziehung

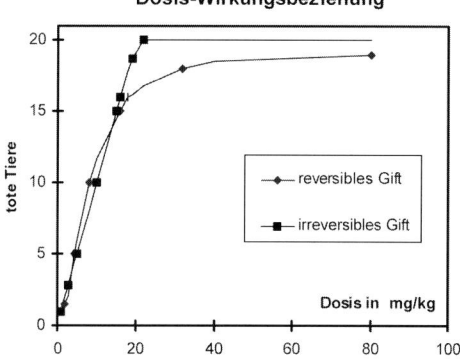

Abb. 28: Dosis-Wirkungs-Kurve.

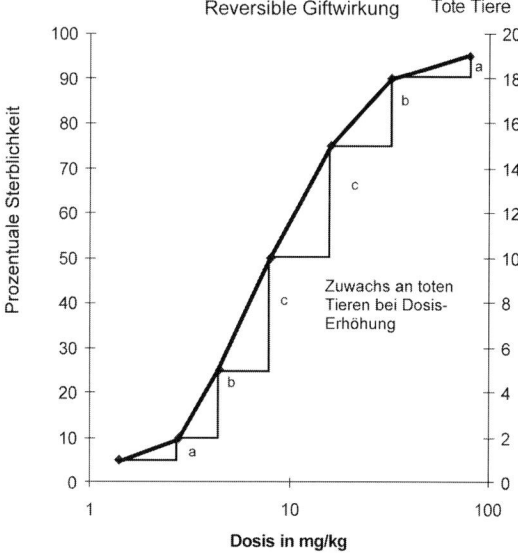

Abb. 29: Halblogarithmische Dosis-Wirkungs-Kurve.

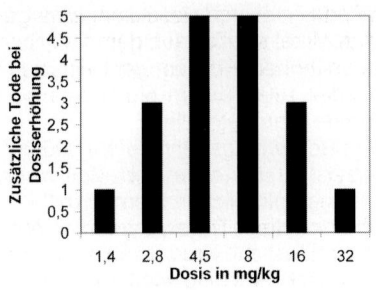

Abb. 30: Zuwachs der Giftwirkung bei Dosis-Erhöhung.

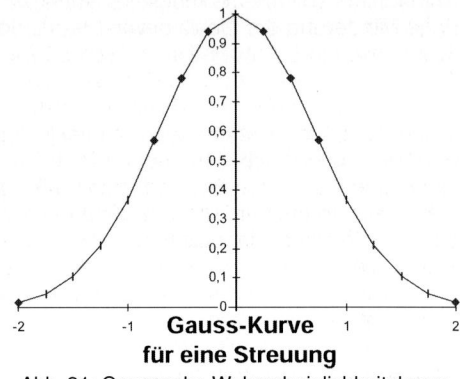

Gauss-Kurve für eine Streuung

Abb. 31: Gausssche Wahrscheinlichkeitskurve.

Deshalb wurde die Fläche unter der Gauss-Kurve (= Wahrscheinlichkeits-Integral) als Grundlage für eine Skalierung der Giftwirkung verwendet. Die damit erzeugte Probit-Skala für die prozentuale Mortalität ist bei hohen und niedrigen Werten gestreckt.

Man erhält näherungsweise eine Gerade, welche auch Aussagen über geringste Giftdosen erlaubt. Gifte, welche eine flache Dosis-Wirkungs-Gerade besitzen, wirken auch noch bei niedrigen Dosen (z.B. Dioxin) und sind deshalb besonders gefährlich.

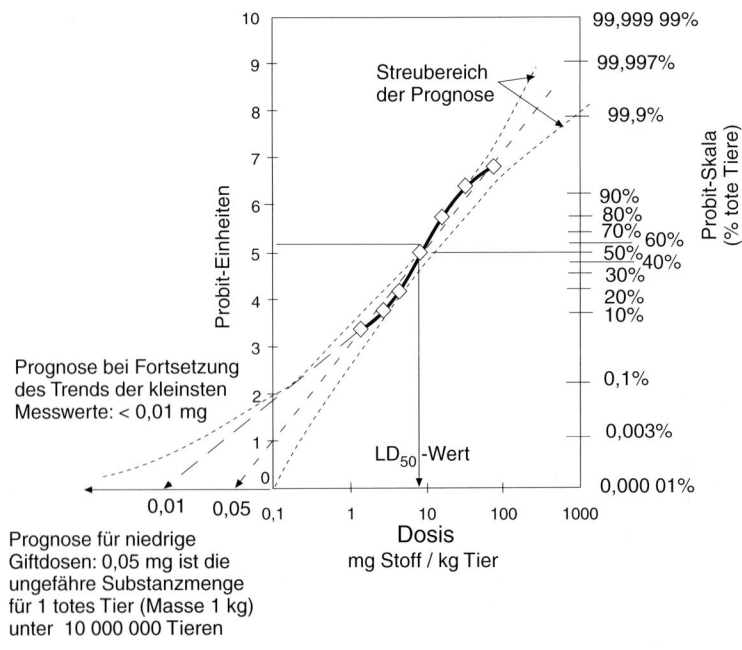

Abb. 32: Dosis-Wirkung-Beziehung in der Probit-Skalierung.

Arzneimittel sollen eine möglichst steile Dosis-Wirkungs-Gerade besitzen: Eine geringe Minderung der Dosis bewirkt dann, dass das Mittel schnell aus dem tödlichen bzw. toxischen Bereich herausrutscht. Gute Arzneimittel haben einen klar definierten Anwendungsbereich, innerhalb dessen auch besonders empfindliche Menschen nicht vergiftet werden. Bei Überdosierung wirken sie aber schnell tödlich.

Die Bestimmung einer seltenen Vergiftung bei niedrigen Dosen ist – wie aus der Abbildung ersichtlich – mit hohen Unsicherheiten behaftet: Werden alle Messwerte dazu verwendet, dann benötigt man 0,05 mg/kg Tier um eine Maus unter 10 000 000 Mäusen zu töten. Wird die Trendlinie der letzten beiden Messwerte verwendet, dann sollte die tödliche Giftdosis unter 0,001 mg liegen. Verlässliche Prognosen sind somit kaum zu erstellen. Diese Prognosen sind jedoch für die Bewertung von Inhaltsstoffen in menschlichen Lebensmitteln und Gebrauchsgütern und die Aufstellung von Grenz- und Richtwerten wichtig.

Wie eigene exakte Rechnungen zeigen, sollten die **Extrapolationen des linearen Bereiches** der Dosis-Wirkungs-Kurve zu niedrigen Dosen in einer **voll-logarithmischen Darstellung** zuverlässigere Werte liefern, während die oben beschriebene Probitmethode zumeist unzutreffend ist.

7.5 Grenz-, Richt-, Schwellenwert, akute und chronische Giftwirkung

In der Toxikologie[1] der Lebensmittelchemie und der Höchstmengenverordnung wird immer wieder mit dem Begriff Schwellenwert für die Festlegung von **Grenzwerten** operiert. Der Schwellenwert für einen Stoff stellt die Menge bzw. Konzentration dieses Stoffes dar, unterhalb der dieser keine toxische Wirkung mehr auf einen lebenden Organismus ausübt.

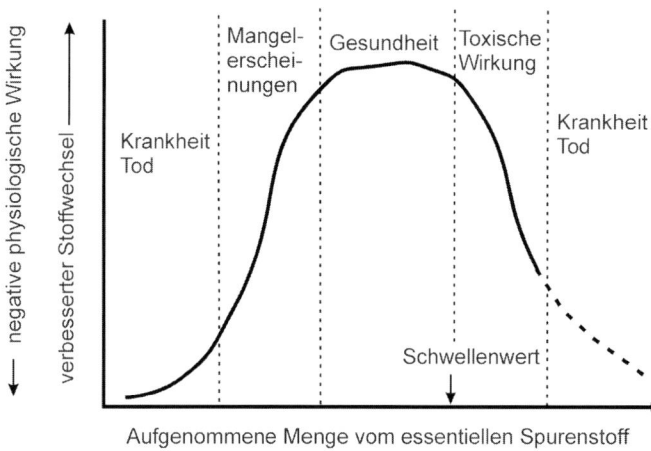

Abb. 33: Ambivalentes physiologisches Verhalten von Spurenelementen. (Diese Kurve entspricht auch der Toleranzkurve bezüglich der Ökofaktoren Wind, Regen, Temperatur etc.)

---

[1] Der Begriff „toxisch" stammt aus dem griechischen und heißt dort Bogen (tósov). HOMER: „Odysseus sucht nach einer effektiven, giftigen Substanz um seinen Pfeil zu vergiften."

Schon PARACELSUS stellte vor 460 Jahren den Satz auf: *„Alles ist Gift, nur die Dosis macht, dass etwas kein Gift ist"*.

Seine Berechtigung hat diese Aussage sicher bei essentiellen Schwermetallen – wie aus der Graphik leicht zu erkennen ist, kann eine Überversorgung an einem lebenswichtigen Element wie z.b. Selen zu einer Krankheit führen (beim Selen zur Selenose).

Allerdings kann auch eine Unterversorgung mit einem essentiellen Metall zur Krankheit bis hin zum Tod führen.

Der Satz von PARACELSUS enthält die positive Aussage, dass ein Gift nicht mehr giftig und somit unwirksam sein kann[2], wenn es nur in ausreichend geringer Menge im Körper aufgenommen wird.

Diese Aussage mag für alle essentielle Metalle und viele nicht essentielle Stoffe gelten, für die übrigen, toxisch wirkenden Schwermetallen ergeben sich andere Zusammenhänge, die auch die Aussage von PARACELSUS in Frage stellen:

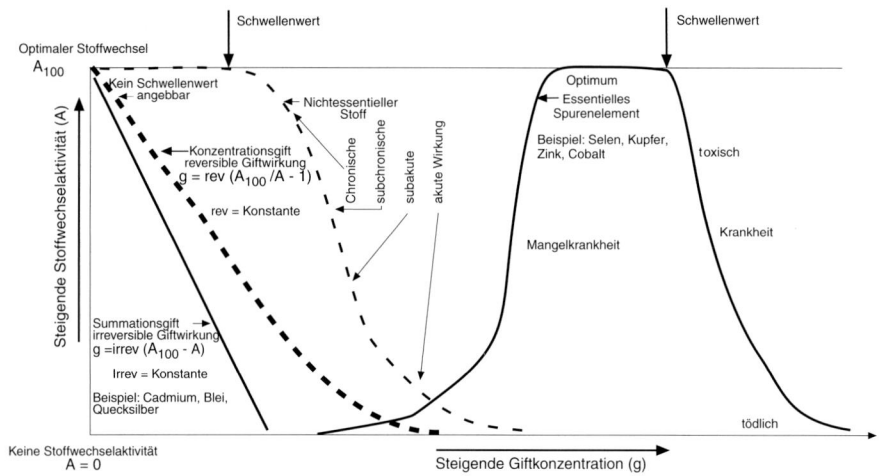

Abb. 34: Dosis-Wirkungs-Beziehung für essentielle bzw. nicht essentielle und gleichzeitig giftig wirkenden Stoffe.

---

[2] PARACELSUS wusste schon, dass starke Verdünnungen giftiger Stoffe eine Wirkung besitzen. Darauf aufbauend wurde von HAHNEMANN die Homöopathie-Lehre entwickelt, die mit Verdünnungen arbeitet, die teilweise unterhalb des atomaren Bereiches liegen: D23 bedeutet eine Verdünnung um 23 Zehnerpotenzen. Hier sollte nur noch 1 Molekül pro Liter Flüssigkeit anzutreffen sein. D30 liegt somit außerhalb dieses Bereiches.

[3] Eine chronische Giftwirkung beinhaltet langsam sich entwickelnde oder verlaufende Krankheitssymptome. Diese wird durch eine jahrelange, ständig kleine Giftzufuhr verursacht, die den Körper zu allergieähnlichen Reaktionen herausfordert. Bekannte Beispiele sind die schleichende Vergiftungen durch Holzschutzmittel (Xylamon mit Pentachlorphenol), bei der die Betroffenen erst nach Jahren die Ursache ihrer Krankheiten erkannten und noch heute große Schwierigkeiten haben, von den verantwortlichen Firmen Schadenersatz zu bekommen.

[4] Subchronische Wirkungen treten nach monatelanger Giftaufnahme auf. Sie werden normalerweise nicht als Krankheitssymptome klassifiziert. Dazu gehören: Müdigkeit, leichte Kopfschmerzen, leichte Konzentrationsschwächen, verringertes Reaktionsvermögen, verringerte Abwehrkräfte gegen Krankheiten. Subchronisch sind auch die Veränderungen im Chemismus der Zellen. Wenn in größeren Bereichen wie Organen krankhafte Veränderungen durch die Einwirkung eines Stoffes auftreten, spricht man von chronischer oder toxischer Wirkung.

[5] Der Gegensatz zur chronischen (lebenslänglichen) Gifteinwirkung ist die akute (toxische Wirkung), bei der Krankheitssymptome meist direkt nach der Vergiftung und plötzlich auftreten und heftig verlaufen. Da der zeitliche Zusammenhang zwischen der Aufnahme des Giftes und den Symptomen leichter hergestellt werden kann, werden diese Gifte auch leichter erkannt.

In obige Grafik sind die Begriffe „chronisch"[3], „subchronisch"[4], „subakut" und „akut"[5] willkürlich eingearbeitet. Ihre Reihenfolge ergibt sich aus den unterschiedlichen Zeiten der Gifteinwirkung, da z.B. die einmalige, d.h. akute Giftmenge, sicherlich größer als die lebenslänglich verabreichte chronische Giftmenge sein wird.

Unsicher und daher oft illusorisch ist die genaue Festlegung eines Schwellenwertes, unterhalb der keine Wirkung zu verzeichnen ist. So kann die Wirkung von Quecksilber bis in den atomaren Bereich zurückverfolgt werden. Schon einzelne Atome von

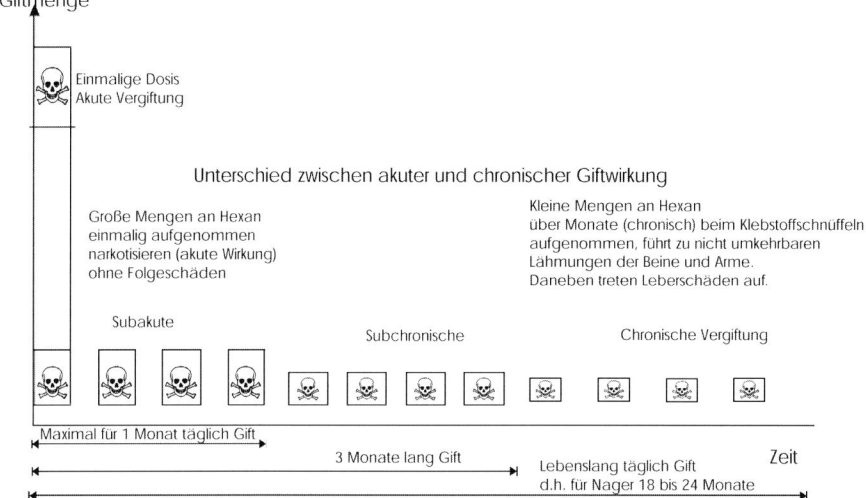

Abb. 35: Definition der akuten und chronischen Giftaufnahme.

Arsen oder Nickel vermögen Krebs auszulösen. Eine geringere Dosis als ein Atom ist physikalisch nicht möglich.

Kompliziert wird es, wenn ein Stoff gleichzeitig verschiedene toxische Wirkungen verursacht: So ist Selen sowohl essentiell krebsverhindernd, als auch bei höheren Konzentrationen krebsauslösend. Analoges gilt für Nickel und Kobalt.

7.6 Verfahren zur Bestimmung der Grenz- und Richtwerte für Schadstoffe in Lebensmitteln

Höchstmengenverordnung
(PmHV = Pflanzenschutzmittel-Höchstmenen-Verordnung)
Verfahren zur Konstruktion eines Grenzwerts
für die menschliche Ernährung aus Tierversuchen.

Tagesration einer Ratte
50 g Futter
mit

200 g Ratte

$$\frac{2 \text{ mg As} \cdot 50 \text{ g Futter/Tag}}{1000 \text{ g Futter}} = 0,1 \text{ mg As/Tag}$$

NOEL (no observable effect level):
Diese tägliche Arsenmenge von 0,1 mg sei ohne beobachtbare Wirkung auf die Ratte.

ADI (Acceptable daily intake):
Duldbare tägliche Aufnahmemenge
$$= \frac{0,1 \text{ mg As /Tag}}{0,2 \text{ kg Ratte}} = \frac{0,5 \text{ mg As}}{\text{kg Ratte} \cdot \text{Tag}}$$

1 kg
Mensch

ADI(Ratte) = $\dfrac{0,5 \text{ mg As}}{\text{kg Ratte} \cdot \text{Tag}}$ $\xrightarrow[\text{100}]{\text{Sicherheitsfaktor}}$ ADI(Mensch) = $\dfrac{0,005 \text{ mg As}}{\text{kg Mensch} \cdot \text{Tag}}$

Eine 1 kg Superratte
verträgt täglich mehr Arsen:

Bei einer Tagesration
an Salat von 400 g
dürfte diesem 0,3 mg As
zugesetzt werden.

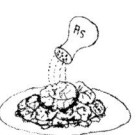

1 kg Salat dürfte somit als
"duldbare Rückstandsmenge":

$$\frac{0,3 \text{ mg As}}{0,4 \text{ kg Salat}} = 0,75 \text{ mg As/kg}$$

enthalten

Für einen Durchschnittsmensch
von 60 kg sollte folgende Arsenaufnahme
täglich unbedenklich sein:
$$\frac{0,005 \text{ mg As} \cdot 60 \text{ kg Mensch}}{1 \text{ kg Mensch} \cdot \text{Tag}} = 0,3 \text{ mg/Tag}$$

Bei guter landwirtschaftlicher Praxis
ergibt sich ein unvermeidbarer
Rückstand von 0,5 mg As / kg Salat

Der kleinere Wert (duldbare Rückstandsmenge und Rückstände aus der Praxis)
wird als "maximal duldbare Rückstandsmenge" festgelegt:
Diese ist hier 0,5 mg As / kg Salat

Da haben wir den Salat

Abb. 36: Die Konstruktion der Höchstmenge.

7.7 Kritik an der Pflanzenschutzmittel-Höchstmengen-Verordnung (PHmV)[1]

7.7.1 Kritikpunkt NOEL (No-Observable-Effect-Level)

a) Nach Untersuchungen wird von dem Industrieunternehmen (Chemie-Konzern) eine **Pestizid-Dosis festgelegt, welche keine beobachtbare schädliche Wirkung auf das Versuchstier hat (NOEL).** Das Unternehmen hat ein rein wirtschaftliches Interesse, dass das Pflanzenschutzmittel (Pestizid) ohne große Einschränkungen auf den Markt kommen kann.
Die Behörde kann nur die Schlüssigkeit der Untersuchung prüfen, was von Beamten geleistet werden muss. Kontrolluntersuchungen können i.d.R. nicht vorgenommen werden.

b) **Es gibt keine Schwellenwerte für Gifte**, denn schon ein einzelnes Giftmolekül regt die Produktion von Entgiftungsenzymen an. Schwellenwerte gibt es nur für essentielle Stoffe, welche in höheren Dosen Giftwirkung besitzen können. Die Schwelle liegt beim Übergang zur Giftwirkung. Beispiel Vitamin D.

c) Es gibt **verschiedene „Schwellenwerte" für verschiedene Wirkungen**: Z.B. für Haarsträuben, für Blutdruckerhöhung, für Lebervergrößerung. Der Testleiter legt fest, welches Kriterium gilt. So werden bei der NOEL-Bestimmung Einwirkungen auf das Immunabwehrsystem routinemäßig übersehen: Verhaltensänderungen fallen erst auf, wenn der *Hamster im Handstand durch den Käfig rennt.*

d) **NOEL ist abhängig vom Alter, Art, Geschlecht, Tageszeit, Gesundheitszustand, Widerstandskraft, Jahreszeit und sogar von der Bevölkerungsdichte.**
Alter: Alte Tiere reagieren stärker auf Betäubungsmittel, junge stärker auf Bestrahlung.
Tageszeit: Werden Laborratten um 14 Uhr mit Schlafmittel der Dosis LD_{50} gefüttert, dann sterben alle. Um 2 Uhr Nachts mit der gleichen Menge Schlafmittel gefüttert, überleben alle.
Jahreszeit: Im Winter ist für Ratten der LD_{50} für Kresol doppelt so hoch wie im Sommer.
Bevölkerungsdichte: Von 32 Mäusen im Käfig starben 94 % bei Giftgabe. Wenn nur 4 Mäuse pro Käfig sind, stirbt keine einzige bei gleicher Giftmenge.

e) Eine **Zusammenwirkung von verschiedenen Giften wird nicht untersucht.** Bei 100 000 in der BRD produzierten Verbindungen, wovon täglich der Mensch mit ca. 100 in Kontakt gerät, ist eine solche Untersuchung auch gar nicht möglich. Für die Untersuchung auf Kombinationswirkung von Arsen mit Quecksilber benötigt man für Arsen die Konzentrationen 0, 1 mg/kg, 10 mg/kg, 100 mg/kg und für Quecksilber z.B. 0,001 mg/kg, 0,01; 0,1; 1; 10mg/kg und die Kombinationen 0,1 mg/kg As mit 0,001 mg/kg Hg usw. Für jede Kombination müssen jeweils mindesten 10 Mäuse oder Ratten sterben, denn die Tiere können auch beim Überleben nicht für andere Versuche verwendet werden. Wird die Kombination von drei Giften untersucht, dann wären schon ca. 240 x 5 = 1200 Tiere notwendig. Gifte können sich in ihrer Wirkung **1) addieren, 2) potenzieren (synergetische Wirkung), 3) aufheben (Antidot).** Dazu einige Beispiele:

---

[1] In Anlehnung SCHUSTER, G. 1985

- Als Grenzwert für chlororganische Verbindungen in Milch wurde ein **Summengrenzwert** festgelegt, ebenso für Pestizide in der Trinkwasserverordnung. Es gibt aber Bestrebungen, diese sinnvolle Berücksichtigung der additiven Giftwirkung wieder aufzuheben.
- Gifte können sich gegenseitig unterstützen **(Synergistische Wirkung)**. So zerstört SO_2 ein bestimmtes Enzym im Laubblatt eines Baumes. Der Stoffwechsel verläuft dann vermehrt über eine „Umgehungsstraße" mit Enzym 2. Wird allerdings diese Umgehung auch noch durch ein zweites Gift wie Al^{3+} blockiert, ist das Blatt und somit der Baum am Ende seiner Kraft.
  Roststaub der Eisenhütte ist nicht Krebs erregend. Aber in Kombination mit Zigarettenrauch (Roststaub + Zigarettenrauch) ist die Wahrscheinlichkeit, an Krebs zu erkranken 100 000 mal größer. (Erklärung: der Roststaub blockiert die Flimmerhärchen der Lunge, welche die Krebs erregenden Substanzen dann nicht mehr abzutransportieren vermögen.)
- **Gegengift = Antidot:** Das starke Nervengift E605 wird durch Atropin von der Tollkirsche in seiner Giftwirkung kompensiert.

Nur in Einzelfällen ist die Wechselwirkung zwischen Giften bekannt. Die somit ermittelten Schwellenwerte sind absolut wirklichkeitsfremd, da die Labormäuse weder rauchen noch Alkohol trinken oder Medikamente zu sich nehmen ...

7.7.2 ADI-Wert (Annehmbare tägliche Aufnahme eines Schadstoffes)

Zu kritisieren ist auch die Übertragbarkeit der Ergebnisse, die im Tierexperiment gewonnen wurden, auf andere Tiere und den Menschen:
- Was für eine Labormaus gilt, muss noch lange nicht für eine Kirchenmaus gelten.
- **Morphium** macht Katzen aggressiv, auf Menschen wirkt es beruhigend.
- **Das Pilzgift Aflatoxin**, eine der stärksten Krebs erregenden Substanzen, ist für Schafe praktisch ungiftig.
- **Strychnin, Atropin** (Tollkirsche) sind für Menschen, nicht unbedingt für Tiere ein Gift.
- Der Winzerkrebs (anerkannte Berufskrankheit) durch arsenhaltige Pestizide konnte im Tierversuch nicht nachvollzogen werden.

7.7.3 Sicherheitsfaktor 100 für die Umrechnung der aus Tierexperimenten gewonnen Daten auf den Menschen

- **Dieser ist wissenschaftlich nicht begründbar.**
- Die Testresultate unterscheiden sich von Versuchstier zu Versuchtier oft um **mehr als den Faktor 100**.
- Es gibt **keinen Einheitsbürger** mit Einheitsverzehr und Einheitsgewicht: Säuglinge und Greise, Fette und Magersüchtige, Schwangere und Diabetiker, Alkoholiker und Berufssportler sind größeren Risiken ausgesetzt.
  Manche essen fünf Eier pro Tag, andere trinken 3000 Tassen Tee pro Jahr. Stoffwechselstörungen werden nicht berücksichtigt.

7.7.4 Lücken und Maschen der PHmV

- Neue Pflanzenschutzmittel werden erst nach 3-4 Jahren mit Höchstmengen belegt. Erhöhungen der Grenzwerte werden sofort in Kraft gesetzt, Verschärfungen erst ca. 3 Jahre später.
- Für viele Umweltgifte wie z.B. PCB's gibt es keine Höchstwerte im Käse oder in Wurstwaren, obwohl sie dort in teilweise hohen Dosen vorkommen.
- Höchstmengen werden an bestehende Chemiebelastungen angepasst, wodurch deren Überschreitung elegant aus der Welt geschaffen wird. So ist für Waldpilze das im Vietnamkrieg eingesetzte Gift Agent Orange (2,3,5,-T) um das 40fache gegenüber anderen Nahrungsmittel hochgesetzt worden. Der Grund ist die praktizierte Unterholzbeseitigung mit diesem Gift.
- Die Grenzwerte wurden in der Vergangenheit zumeist ständig nach oben geschoben:

  vor 1976   0,005 mg/kg HCB
  1976-1982   0,05 mg/kg HCB
  ab 1982   0,1 mg/kg HCB

  Es werden nur Höchstmengen erlassen, die einhaltbar sind!
- **Schweinenieren dürften wegen ihres zu hohen Cadmiumgehaltes** nicht mehr verkauft werden. Hier wurde der Grenzwert auch laut BGA viel zu hoch angesetzt.
- **Muttermilch** dürfte wegen zu hohem Gehalt an chlororganischen Verbindungen den Säuglingen nicht verfüttert werden (legalisierte, unfreiwillige und zumeist verschwiegene Vergiftung der eigenen Kinder).
- Ab 1982 ist es erlaubt, **vergiftete Lebensmittel mit unvergifteten zu vermischen**, sodass die Höchstmengen wieder unterschritten werden, z.B. darf pestizidverseuchte Milch mit hormon- und arzneimittelbelasteter gemischt und in den Handel gebracht werden.

7.7.5 Funktion der Höchstmengenverordnung

- Sie dient als Handhabe, bestehende Produktionsverfahren trotz toxikologischer und ökologischer Gefahren weiter aufrecht zu halten (um z.B. mit Antibiotika behandeltes Rindfleisch aus den USA auf dem europäischen Mark zulassen zu können).
- Sie dient dem Verwischen der Verantwortung für Pestizidbeimengungen: Wird Gift entdeckt, beruft sich der Verursacher auf die zumeist nicht überschrittenen Höchstmengen. Der zuständige Minister versteckt sich hinter Experten, welche die Grenzwerte gezimmert haben. Die Experten erklären, lediglich die Grundlage für die politische Entscheidung geliefert zu haben. Der Konsument ist der Dumme.
- Die PHmV garantiert keinen Gesundheitsschutz. Sie ist Stützpfeiler der industriellen Landwirtschaft und modernen Lebensmittelproduktion. Ihr Wert besteht darin – in Fällen, wo es Grenzwerte gibt – den Lebensmittelüberwachungsbehörden das Eingreifen zu ermöglichen.
- **Die Höchstmengen sind nicht wissenschaftlichen, sondern wirtschaftspolitischen Ursprungs. Sie sind nicht zulässige Werte, sondern zugelassene Werte.**

7.7.6 Notwendige Verbesserungen

- Nicht nur die Pestizide, sondern auch deren teilweise noch giftigere Abbauprodukte müssen durch Höchstwerte begrenzt werden.
- Höchstwerte dürfen nicht an die Belastung angepasst werden, sondern müssen dem höchstmöglichen Schutz der Konsumenten dienen.
- Es darf keine Ausnahmeregelungen geben (z.B. vom Reinheitsgebot beim Bier).
- Der Mischparagraph muss gestrichen werden.
- Die theoretische Grundlage der Feststellungspraxis muss verbessert werden.
- Die Untersuchungen müssen von unabhängigen Instituten durchgeführt werden.
- Der Sicherheitsfaktor muss drastisch erhöht werden.
- Die zuständigen Genehmigungsbehörde muss von ihrer Verstrickung mit der Industrie befreit werden und mehr Kompetenzen erhalten.

7.8 Toxikologie der Schwermetalle

Die Schwermetalle kommen in unserer natürlichen Umgebung in einem ursprünglich stabilen Verhältnis in Erdkruste, Atmosphäre und in den Meeren vor. Durch menschlichen Einfluss ist dieses Gleichgewicht zum Teil empfindlich gestört worden, in erster Linie durch die Industrialisierung mit Anreicherungen um die Produktionsstätten, in zweiter Linie durch die Industrieprodukte selbst und letztendlich durch deren Entsorgung. Im Klartext heißt das natürlich nicht Entsorgung, denn Schwermetalle sind biologisch nicht abbaubar, sondern allenfalls Wiederverwertung, in den meisten Fällen jedoch Anreicherung in einer dafür nicht geeigneten Umgebung.

Viele Schwermetalle kommen in Spuren auch im menschlichen Körper vor. Sie werden als essentielle Schwermetalle bezeichnet und müssen in einem engen Dosisbereich vorhanden sein. Meist sind sie zentrale Bestandteile von Enzymen (stabile Chelatkomplexe), das sind große Eiweißmoleküle, die wichtige Stoffwechselvorgänge im Körper beschleunigen oder erst ermöglichen. Sind sie in zu geringer Menge im Körper vorhanden, kommt es zu Mangelerscheinungen und Hemmung von Stoffwechselprozessen. Sind Schwermetalle in zu hoher Konzentration im Körper, so können Vergiftungserscheinungen auftreten. Toxische Schwermetalle besitzen oft einen ähnlichen Ionenradius und ein ähnliches Bindungsverhalten wie essentielle Schwermetalle. Sie sind somit in der Lage, diese aus ihren Schlüsselpositionen in lebenswichtigen Enzymen zu vertreiben und damit das Enzym funktionsunfähig zu machen.
Nicht essentielle Schwermetalle rufen Vergiftungserscheinungen hervor, da der Körper sie zwar in unbegrenzter Menge aufnehmen kann, aber nicht in der Lage ist, für eine entsprechende Wiederausscheidung zu sorgen. Dies hat er auf Grund seiner Entwicklungsgeschichte nicht „gelernt", da er sich in seiner Anpassung an die äußere Umgebung nie an steigende Schwermetallkonzentrationen gewöhnen musste. Ausnahme ist vielleicht das giftige Kupfer, an das sich die Menschheit während tausend Jahre Bronzezeit gewöhnen konnte. Dieses Phänomen besteht erst seit etwa 150 Jahren. Aus der Geschichte sind allerdings ähnliche „Unfälle" bereits bekannt, z.B. Bleivergiftung bei den Römern auf Grund bleihaltiger Trinkgefäße. Ebenso der

Tod durch Bleivergiftung der Expeditionsmitglieder von FRANKLIN auf der Suche nach der Nord-West-Passage. Diese ernährten sich aus Konservendosen, welche mit stark bleihaltigem Zinn verlötet waren. Beiden Ereignisse können exemplarisch auch als Vorboten der Industrialisierung verstanden werden.

Unser heutiges Problem sind nicht so sehr die akuten Vergiftungen, hier erregen nur gelegentlich eklatante Vorkommnisse wie die Quecksilbervergiftung der Fischer in der Minimata-Bucht in Japan (s. unter Quecksilber) die Aufmerksamkeit. Dramatischer ist die ständig zunehmende gleichmäßige Belastung der gesamten Biosphäre mit Schwermetallen, die in ihrer Bedrohlichkeit für alle lebenden Organismen nicht wahrgenommen oder völlig unterschätzt wird.

7.8.1 Aufnahme der Schwermetall-Ionen in die Pflanzen- und Tierzelle

Zellen müssen für ihr Wachstum Nährstoff-Ionen wie K^+, Mg^{2+}, Ca^{2+} und Na^+ aufnehmen. Daneben benötigen sie auch in geringen Mengen Schwermetall-Ionen wie Cu^{2+}, Co^{2+}, Fe^{2+}, MoO_4^{2-} und vor allem Zn^{2+}. Die Aufnahme dieser Ionen in die Zelle, z.B. in die Wurzelhaarzellen der Pflanzen oder direkt in die Hefezelle, erfolgt auf zwei Wegen:
1. Über einen **aktiven Ionentransport**, der hauptsächlich von Proteinen getragen wird.
2. mittels eines **passiven Ionentransportes** durch Öffnungen der Zellmembran.

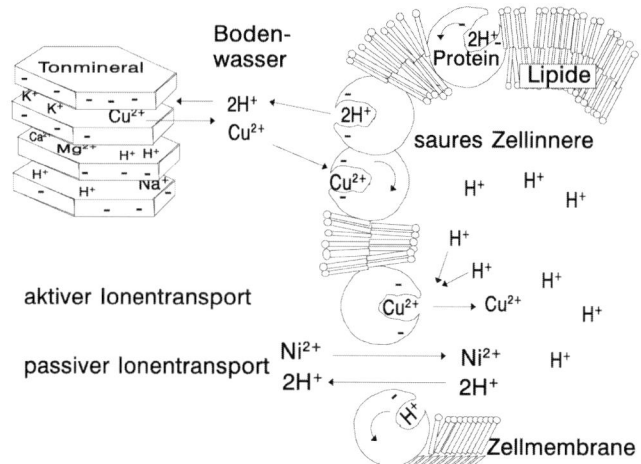

Abb. 37: Aktiver und passiver Ionentransport durch die Zellwand ins Zellinnere.

Letzterer verläuft entsprechend dem Konzentrationsgefälle, d.h., nur wenn die Ni^{2+}-Ionenkonzentration außerhalb der Zelle größer als in der Zellflüssigkeit ist, strömt durch die Öffnung der Zellwand Ni^{2+} ein.

Eine Voraussetzung für den **aktiven Ionentransport mittels Hydronium-Ionen**

(H⁺) im Austausch ist, dass die Flüssigkeit im Zell-Inneren saurer sein muss als außerhalb. Die Konzentration der H⁺-Ionen im Zell-Inneren liegt oft bei 10^{-5} mol/L (pH = 5). Statt **H⁺** können auch andere Ionen aus dem Zell-Inneren für die Einfuhr von Nährstoff-Ionen geopfert werden. Z.B. Mg^{2+} und K^+ für NH^{4+}, was heute bei der Stickstoffüberdüngung aus der Luft zu Mangelerscheinungen an Mg^{2+} und K^+ führt: Die alten Nadeln stiften ihr wichtiges Mg^{2+} aus dem Chlorophyll dem Maigrün und vergilben selbst dabei.

In der Abb. 37 oben rechts hat sich ein Protein zwei der vielen H⁺-Ionen geschnappt und dreht sich nach außen, wo es diese an das Bodenwasser abgibt. Am Tonmineral verdrängen diese H⁺-Ionen z.b. ein adsorbiertes Cu^{2+}-Ion. Ein gleichartiger Austausch geschieht auch am Humus (hier nicht gezeichnet), nur sind dort einige Schwermetall-Ionen wie z.b. das Pb^{2+}-Ion fester gebunden und können damit nicht so leicht durch die Säure freigesetzt werden.

Das Cu^{2+}-Ion bindet sich – ebenso wie die anderen Schwermetalle – sehr gut an die schwefel- und stickstoffhaltigen Gruppen des Proteins. Für jede Ionenart gibt es spezielle Proteine mit ganz spezifischen und stark bindenden Andockstellen. Deshalb vermögen sie auch geringste Mengen an Nährstoff-Ionen oder Schwermetall-Ionen aus dem Bodenwasser zu fischen.

Drehte sich das Protein zufällig dem Zell-Inneren zu, dann verdrängen die zahlreichen H⁺-Ionen das am Protein haftenden Cu^{2+}-Ion. Auch hier liegt wiederum ein Ionenaustausch vor. Dabei ist das Cu^{2+}-Ion regelrecht in eine Falle geraten, denn es kann nur selten die Zelle auf dem gleichen Weg verlassen. Durch diesen aktiven Transport kann sogar die Cu^{2+}-Ionenkonzentration in der Zellflüssigkeit höher als außerhalb im Bodenwasser werden. Im Zell-Inneren werden die Ionen stark gebunden, sodass ihre Konzentration im Zellsaft nicht unbedingt ansteigt.

Allerdings sind diese Schwermetall-Bindungsstellen an den Proteinen der Membran und im Zell-Inneren auch zu täuschen. So brauchen alle Zellen für ihre Teilung dringend Zn^{2+}-Ionen. Die dafür geeigneten Proteine verwechseln dieses jedoch leicht mit dem hochgiftigen Cd^{2+}-Ion. So kommt dieses unerwünschterweise in die Zelle und muss dort mit speziellen Proteinen (Phythochelatine in Pflanzen, bzw. Metallothioneine in Tieren und Mensch) verpackt und damit entgiftet werden. Ebenso verwechselt werden das Ca^{2+}-Ion mit Pb^{2+}, Cd^{2+} und Sr^{2+}, das Mg^{2+} mit Be^{2+} und Al^{3+}, das K^+ mit dem Tl^+ und das Eisen- mit dem Plutonium-Ion.

Fragen dazu:

1. Champignons sollen nicht zu häufig gegessen werden, da sie hohe Cadmiummengen in Form von Cd^{2+}-Ion enthalten, die unsere Nieren belasten. Die Cadmiumkonzentration des Bodenwassers in den Waldböden ist dabei weit niedriger als die im Pilzzellsaft.

   Wie kam das Cadmium in den Pilz? Weshalb ist auch der pH-Wert des Bodens hierfür wichtig?

Das Cadmium wurde von den Proteinen im Pilzmycel irrtümlich aufgenommen, deren Aufgabe das Sammeln von Zink ist. Der Aufnahmeprozess muss ein aktiver sein, da sonst die Ionenkonzentration nicht die des Bodenwassers übersteigen würde. Im sauren Waldboden ist Cd^{2+} ins Bodenwasser verdrängt.

2. Wie könnte die Cadmiumaufnahme verhindert werden?
   Dies wäre durch Düngen des Bodens mit Zn^{2+}-Salzen möglich.
3. Wie können Nährsalze aus einem stark sauren Boden (pH < 5) noch aufgenommen werden?
   Unter diesen Bedingungen ist der aktive Transport durch die Zellmembran erschwert. Allerdings werden die Ionen im Zell-Inneren auch spezifisch gebunden, sodass ein Konzentrationsgefälle ausgebildet wird, weshalb sie durch Zellporen passiv aufgenommen werden können.

7.8.2 Wirkung der Schwermetalle auf menschliche, tierische, pflanzliche und bakterielle Zellen

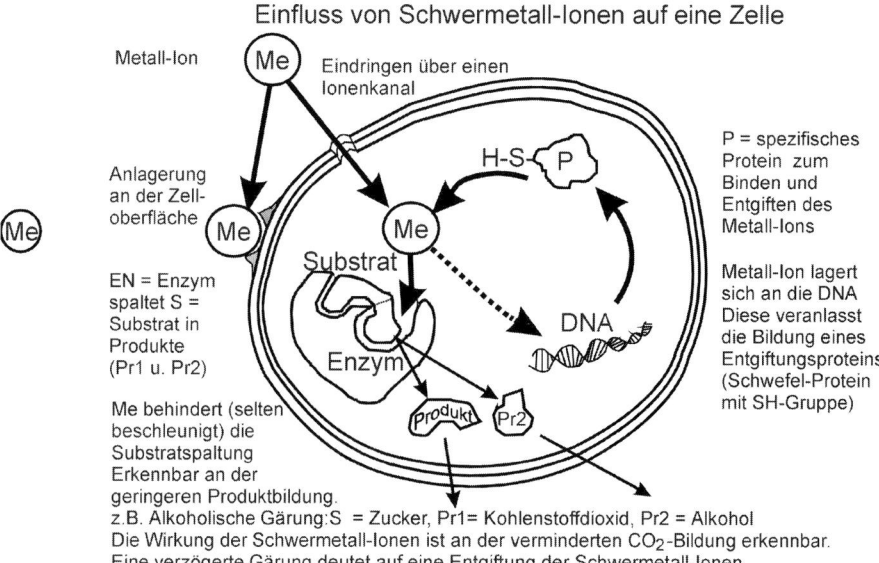

Einfluss von Schwermetall-Ionen auf eine Zelle

Im Folgenden wird ein kurzer Abriss über Vorkommen, Wirkung und derzeitige Grenzwerte der wesentlichen Schwermetalle gegeben.

7.8.3 Wirkung einiger Schwermetalle auf den Menschen

 Cd

Ionenradius Cd^{2+} (103 pm) fast identisch mit Ca^{2+} (106 pm), wird deshalb von Pflanzen am leichtesten von allen Schwermetallen aufgenommen. Bei Nichtrauchern ist die Nahrung die Hauptaufnahmequelle. Es konkurriert mit Zink. Biologische Halbwertszeit in Leber und Niere >10 Jahre. Niedrige Dosen Cd werden durch S-Proteine gebunden, bei hohen Dosen Knochen-Abbau (Itai-Itai-Krankheit /Japan)
Cd ist Faktor für Bluthochdruck u. Krebs.
Lymphozyten reichern Cd um den Faktor 3000 aus Kulturlösung an.

Risikogruppe für Pb: Kinder und Schwangere, da stärkere Bleiaufnahme wegen erhöhtem Calciumbedarf. Das unausgereifte Gehirn ist für Pb empfindlicher.

Pb

Pb konkurriert mit Zn und Ca, lagert sich in Knochen ein → Giftdepot
- schädigt Membranen (Gehirn, peripheres Nervensystem, Niere → "Bleischrumpfniere").
- hemmt Enzyme bei der Blutbildung → Blutarmut
- verringert Blutgerinnung,
- verursacht Krebs u. Missbildung
- behindert Ca im präsynaptischen Spalt,
damit Störung der Nervenleitung

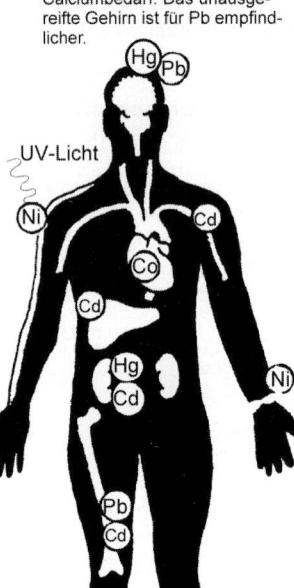

UV-Licht

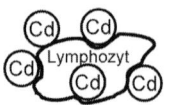

Hg

Hg besitzt hohe Affinität zu (-SH)-Gruppen. D.h. Hemmung von Enzymen vor allem in der Niere und Zerstörung der Proteinstruktur.
Hg verursacht Veränderung der RNA-Struktur durch Basenaustausch.
Es ist verantwortlich für viele schwere neurologische Erkrankungen (Verhaltensstörungen).
Methylquecksilber ist hochtoxisch, verursacht Foetusschädigungen u. unterdrückt stark das Immunsystem.

Akute Vergiftung:
Minimata-Krankheit Japan (1952)
Brasilien (1980-1999)

Signal durch Signal geöffneter Ionenkanal

Ende der Nervenzellen Spalte

Muskel

Botenstoffe überwinden den Spalt und regen Muskel zur Kontraktion an

Das Nervensignal öffnet einen Ionenkanal durch den dann **Ca** einströmt, welches die Aussendung von Botenstoffen über den Spalt veranlasst.
Pb verstopft diesen Kanal, keine Signalweitergabe an den Muskel.

 Ni

Ni ist essentiell
Nickelallergie ist weit verbreitet:
8-14% aller Frauen
ca. 1 % aller Männer
- fördert Mutationen (zusammen mit UV-Licht).
- verstärkt die Krebs auslösende Wirkung von Nitrosaminen.
- erzeugt reaktive Sauerstoffverbindungen
über Ni^{3+}/Ni^{2+}-Oxidation

Co

Co ist Teil des Vitamin B$_{12}$
Es hemmt Zellatmung und Enzyme des Citronensäurezyclus und täuscht dadurch dem Körper Sauerstoffmangel vor. Dies ist besonders gefährlich im Herzmuskel.
Schwerlösliche Salze von Co u. Ni sind Kerbs auslösend.
CoCl$_2$ verstärkt Krebs auslösendes Potential von Aromaten

7.8.3.1 Cadmium (Cd)

Cadmium ist ein hochtoxisches Schwermetall. Es kommt in der Natur in Zinkmineralien als Cadmiumsulfid und Cadmiumcarbonat vor. Cd fällt als Neben- und Abfallprodukt bei der Zinkgewinnung an und gerät bereits seit Jahrhunderten beim Verhütten von Zinkerzen in die Umwelt.

Verwendet wird Cadmium für Galvaniküberzüge, für Legierungen, elektrische Batterien, Anstrichfarben, Kunststoffpigmente (rote und orangefarbene Kunststoffe), zum Löten z.B. von Konservendosen.

In die Umwelt gelangt Cadmium durch Abwässer, Klärschlamm, Haus- und Industrieabfall, Müllverbrennung, Verbrennung von Kohle und Erdöl, Zigarettenrauch, Mineraldünger aus Klärschlamm, Phosphatdünger, Autoreifen-Abrieb etc.

Böden

In den Produktnormen für Zinkqualitäten wurden die zulässigen Cadmiumgehalte stark gesenkt, um den Cadmiumeintrag, z.B. über die Zinkregenrinne in das Abwasser, zu verringern. Ergebnis dieser strengeren Norm ist, dass diese Cadmiumfracht vermehrt in Abfall, Abwasser und Abluft gedrückt wird. Auch ein industrieller Einsatz dieses Metalls, der sich unter diesen Umständen anbietet, ist nicht erstrebenswert, da das Cadmium nach seinem Einsatz zum Vergüten von Metalloberflächen, als gelbes Farbpigment, als PVC-Stabilisator und in Batterien letztendlich als Abfall den Boden, die Luft und das Wasser belastet. Trotzdem ist die BRD nach den USA und Japan der drittgrößte Cadmiumverbraucher.

Wegen dieser steigenden Cadmiumverseuchung wäre es nach einem Vorschlag des Umweltbundesamtes zweckmäßiger, das anfallende Cadmium aufzukaufen und trocken abzulagern. Dies widerspräche aber dem Verursacherprinzip.

Die Politik der hohen Schornsteine, die Müllverbrennung, das Vermischen der Abfälle mit Schad-Wert-Stoffen, macht das Rückgewinnen von Cadmium unbezahlbar. Grundsätzlich ist die Rückgewinnung von Schad-Wert-Stoffen nur aus den ursprünglich konzentrierten Lösungen bezahlbar. Jedes weitere Verdünnen mit anderen Abwässern lässt die Rückgewinnungs- bzw. Entgiftungskosten ins Astronomische wachsen (siehe dazu Kap. 3.11 „Mobilisierung von Schwermetall-Ionen – am Beispiel Cadmium").

Bei der derzeitigen Zunahme des Cadmiumgehalts im Boden und in der Nahrung rechnet man nach Ansicht des Umweltbundesamtes damit, dass in 50 bis 70 Jahren für die gesamte westdeutsche Agrarfläche „Nutzungsbeschränkungen" ausgesprochen werden. Schon heute sind 40 % der westdeutschen Ackerfläche ungeeignet für den Anbau von Futterrüben. In Nordrhein-Westfalen waren schon 1980 ein Drittel aller untersuchten Getreideproben zu hoch belastet, aber auch im bayrischen Landkreis Freising dürfen stellenweise – laut amtlichen Auflagen – nur solche Fruchtarten angebaut werden, die nicht für den menschlichen Verzehr bestimmt sind.

„Dabei ist Cadmium im Boden nicht „nur" ein ökologisches, sondern auch ein gesundheitliches Problem" (LAMMERT, F-D. 1989)

Aufnahme durch Pflanzen

Cadmium wird am leichtesten (zu 80 %) von allen Schwermetallen überwiegend aus dem **sauren** Boden in das Pflanzeninnere aufgenommen. Deshalb kann es nicht abgewaschen werden. In der Pflanze ist es je nach Pflanzenart und Pflanzenorgan (Blatt, Stängel, Wurzel, Samen) in gleicher oder sogar höherer Konzentration als im

Bodenwasser vorhanden. Schon geringe Konzentrationen von 1 mg/kg Boden führen zu einem verminderten Wachstum.

Cadmiumgehalt in Pflanzen (Trockenmasse) auf einem Boden mit 40 mg Cd/kg (trockene Erde), (JOHN, M. K. 1972). Der Cadmiumgehalt in frischen Pflanzen ist wegen des hohen Wasseranteils etwa 10 mal geringer.

Erbsensamen	10 mg/kg	Blumenkohlblätter	19 mg/kg
Haferkörner	21 mg/kg	Mohrrübe	27 mg/kg
Broccoliblätter	36 mg/kg	Salatblätter	51 mg/kg
Rettichrübe	55 mg/kg	Spinatblätter	208 mg/kg

Wurde Kohlrabi auf einem Boden angezogen, der 1,4 mg Cd /kg trockenen Boden enthielt, so konnte in dem Gemüse 0,17 mg Cd pro kg Frischgewicht nachgewiesen werden. Wurde der Cadmiumgehalt im Boden verdreifacht, dann sammelte die Pflanze die sechsfache Giftmenge an, womit der Richtwert schon deutlich überschritten war. Möhren steigerten unter gleichen Bedingungen ihre Giftkonzentration um das Fünffache, Petersilie und Porree um das Sechsfache, Schwarzwurzel um das Neunfache, Kopfsalat um das Zwölffache und grüne Erbsen gar um das Neunzehnfache (HOECK, B. 1984).

Aufnahme in den menschlichen Körper
1. Aus der Nahrung wird Cadmium zu ca. 5 % resorbiert.
2. Über die Atmung Aufnahme ins Lungengewebe.

Bei uns in der BRD nimmt der Mensch täglich durchschnittlich 68 µg Cadmium aus der Luft (Müllverbrennungsanlagen, Industrie, Dieselmotoren, Rauchen) und über die Nahrung auf (Leber, Niere, Fisch, Pilze, Muscheln, Kakaoprodukte). Durch die Nahrung werden durchschnittlich etwa 70 bis 80 % der Cadmiummenge aufgenommen, die von der WHO (Weltgesundheitsbehörde) als oberste tolerierbare Grenze pro Woche (400-500 µg/Woche bei 60 kg Körpergewicht) angesehen wird (THORMANN, A. 1981).

Die steigende Cadmiumbelastung in der BRD ist bereits heute so groß, dass zwischen 10 000 und 100 000 Bürgern, die älter als 50 Jahre sind, wegen Cadmium an Nierenschäden leiden (MARKARD, C. et al. 1977).

Cadmium geht über den Magen-Darmtrakt bzw. das Lungengewebe ins Blut über, dort wird es von einem niedermolekularen Protein (Metallothionein) gebunden und entgiftet. In der Leber wird dieses Protein wieder abgebaut, wodurch erneut die Giftigkeit von Cadmium zu Tage tritt und zur erneuten Produktion des Entgiftungsproteins anregt. Sowohl in der Leber als auch in den Nieren wird das Cadmiumprotein abgeschieden, gelagert und zeitweise wieder abgebaut. Die Ausscheidung erfolgt sehr langsam mit einer Halbwertszeit von 35 Jahren. Dies bedeutet, dass mit steigendem Lebensalter Cadmium im Körper kumuliert. Bei einer Cadmiumaufnahme von über 1,4-2,7 mg Cadmium pro Woche kann beim Überschreitung des 50. Lebensjahres mit einer handfesten Nierenfunktionsstörung bei einem eindeutig nachweisbaren Anteil der Bevölkerung gerechnet werden.

Wirkung im menschlichen Körper
Da Cadmium von der Körperzelle mit dem chemisch verwandten Zink verwechselt wird, werden alle Zn-abhängigen Enzyme des Stoffwechsels durch Cadmium kompetitiv gehemmt. Cadmium ist somit als ein Enzymgift anzusehen.

Bei chronischer Cadmiumaufnahme ist das Zielorgan die Niere. Cadmium lagert sich in den Zellen des proximalen Tubulus ab, die in ihrer Funktion geschädigt werden oder auch absterben. Hierdurch entwickeln sich Symptome, die auch durch andere toxische Nierenschädigungen bekannt sind. Die Tubuluszellen haben die Aufgabe bestimmte lebenswichtige Substanzen, wie Glucose, Eiweißstoffe und Phosphor, die zunächst aus dem Blut in den

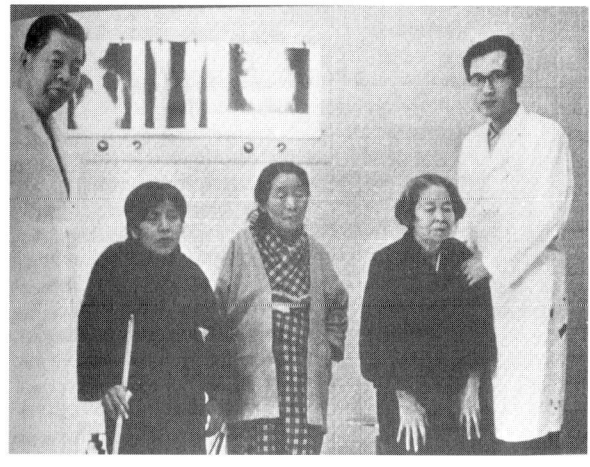

Urin gelangten, zurück ins Blut zu holen. Dies geschieht durch aktiven Transport oder durch passive Diffusion über ihre Membranen (s. Kap. 7.8.2).

Wird diese Fähigkeit durch Gifte wie Cadmium gestört, kommt es zu Verlusten von Eiweiß und Phosphor. Besonders der Phosphorverlust kann zu einer Entkalkung der Knochen (Calciumphosphat) führen: Dies war offensichtlich in Japan der Fall, wo die zunächst rätselhafte „Itai-Itai-Krankheit" auftrat, genannt nach den Schmerzensschreien der Betroffenen, die an Knochenerweichung mit schweren Skelettdeformierungen litten. Nach jahrelanger Suche wurde im Hauptnahrungsmittel Reis eine gegenüber der Norm 10fach erhöhte Cadmiumbelastung gefunden. Die Reisfelder waren mit ungereinigten Abwässern eines Bergwerkstollens bewässert worden.

Ein aktuelles Beispiel für die Auswirkung geringster Cadmiumspuren ist die Häufung von Knochenbrüchen in der Nähe von Zink verarbeitenden Metallhütten (Der Spiegel, 1999).

In zweiter Linie wird die Leber durch die Cadmiumbelastung geschädigt. Sie ist das wichtigste Organ für die Stoffwechselvorgänge des Körpers. Hier sind sehr viele Enzymsysteme lokalisiert, deren Funktionen gestört werden können.

Weiterhin steht Cadmium im Verdacht, Krebs auszulösen.

Aktuelle Belastungssituation

Durch die flächendeckende Verbreitung von Cadmium im Boden und den ausgeprägten Einbau in Pflanzen, der durch die Versauerung des Bodens (saurer Regen) noch gesteigert wird, ist die Bevölkerung allgemein belastet. Saure Speisen und Getränke, die in cadmiumhaltigen Gefäßen aufbewahrt wurden – z.B. Limonade in Metallbechern – haben bereits nach 10 Minuten zu akuten Vergiftungserscheinungen mit Übelkeit, Erbrechen und Durchfall geführt. Von Pilzen ist bekannt, dass sie besonders viel Cadmium speichern. Bei bestimmten Sorten sind bis zu 4mg/kg gefunden worden. In tierischen Nahrungsmittel sind vor allem Innereien wie Nieren und Leber belastet.

Stark gesteigert ist die Cadmiumbelastung bei Rauchern und Passiv-Rauchern, da Tabak Cadmium enthält. Beim Rauchen von 20 Filterzigaretten täglich erhöht sich die vom Körper aufgenommene Cadmiummenge im Vergleich zu Nichtrauchern etwa

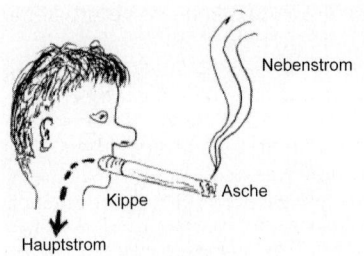

Nebenstrom

Kippe — Asche

Hauptstrom

Abb. 38: Cadmiumverteilung beim Ab-
rauchen einer Zigarette.

um die Hälfte. Handelt es sich um 20 filterlose
Zigaretten, so steigt die Aufnahme um das 2-
bis 3fache. Dieser hohe Anteil erklärt sich nicht
durch einen übermäßigen Cadmiumgehalt im
Tabak, sondern durch die optimale Cadmium-
Aufnahme über die Lunge. Über diese gelangt
weitaus mehr Cadmium in das Blut als über den
Magen-Darm-Trakt, der nur etwa 5 % der Cadmiummenge resorbiert und 95 % wieder mit dem
Stuhl ausscheidet. Insofern ist auch eine Cadmiumbelastung der Atemluft durch Müllverbrennung, Verbrennung von Kohle und Erdöl sowie
industrielle cadmiumhaltige Abgase ungleich
gefährlicher für den Menschen, als die ohnehin schon kritische Anhäufung von Cadmium in Böden über Düngung und Aufbringen von Klärschlämmen.

Da die Lunge entwicklungsgeschichtlich nicht darauf eingerichtet ist, Stoffe, die nicht
in der natürlichen Umwelt vorkommen, zurückzuhalten, können diese Giftstoffe relativ
ungehindert in den Körper gelangen. Zurückhalten kann die Lunge nur größere Partikel, wie z.B. Rußteilchen oder Asbestfasern, die sich jedoch in den die Lungenbläs-
chen auskleidenden Zellen ablagern und dort ihre schädliche Wirkung entfalten (z.B.
Lungenkrebs durch Zigarettenrauch oder Durchwandern von Asbestfasern in andere
Gewebe mit dortiger Krebsentstehung). Kleinere Giftstoffteilchen wie Schwermetalle
und Dioxin gelangen praktisch ungehindert ins Blut und den gesamten Körper.

Im Gegensatz dazu stellt die Schleimhaut des Magen-Darm-Trakts eine stärkere Bar-
riere für den Eintritt von Stoffen in den Körper dar. Die Nahrungsbestandteile gelangen
zum Teil durch Diffusion, zum Teil aber auch durch aktiven Transport durch die Schleim-
hautzellen in das Blut. Da viele Nahrungsbestandteile unverdaut den Körper passieren, hängt es von der Bindung der Giftstoffe an das sie tranportierende Medium ab, ob
sie in das Blut übertreten. So sind viele Faseranteile von Pflanzen unverdaulich und die
darin eingebauten Giftstoffe in unterschiedlichem Ausmaß ebenfalls.

Durchschnittliche Belastung					
Boden	3 ppm	Fleisch	0,1 mg/kg	Blattgemüse	0,1 mg/kg
Klärschlamm	20 ppm	Leber	0,5 mg/kg	Spinat	0,5 mg/kg
		Niere	1,0 mg/kg		

Grenzwerte: Aufnahme durch den Menschen: 1,4 mg Cadmium /Woche

8.8.3.2 Quecksilber (Hg)

Eigenschaften, Vorkommen und Verwendung
Chemisches Symbol Hg, Dichte 13,5 g/cm^3, Schmelzpunkt −38 °C, Siedetemperatur
357,3 °C.

Quecksilber ist das einzige − bei Zimmertemperatur − flüssige Metall, das schon
bei niedrigen Temperaturen verdampft und sich wegen seiner großen Flüchtigkeit in
ständigem Kreislauf zwischen Erdoberfläche, Gewässern und Atmosphäre befindet.

Etwa 20 000 t Quecksilber pro Jahr gelangen durch die Produktion und Verarbeitung dieses Metalls, sowie durch die Verbrennung von Kohle und Erdöl in die Umwelt.

Quecksilber wird als Flüssigkeit mit extremer Dichte für Druckmessgeräte und Vakuumpumpen verwendet. Seine hohe Siedetemperatur sprach für die Verwendung als Flüssigkeit in Fieberthermometern. Glücklicherweise wird es heute durch elektronische Messsysteme ersetzt, von welchen bei Bruch keine Gefahr ausgehen. Sein Edelmetallcharakter führte zum Einsatz als Elektrodenmaterial, bei der Kochsalzelektrolyse (Chlor-, Natrium- und Natronlauge-Herstellung), bei Katalysatoren, elektrischen Batterien, Legierungen (Amalgame), als Extraktionsmittel für Edelmetalle. Auch als leuchtend gelb oder rot gefärbtes Oxid und rotes Sulfid (Zinnober) liebten die Maler die Quecksilberverbindungen. Seine hohe Giftigkeit spricht aber generell für die Vermeidung seiner Verwendung u.a. auch als Mittel gegen Pilzbefall (Fungizid z.B. für die Saatgutbeize und Farbkonservierung) aber auch als Arzneimittel gegen Syphilis und in der Augenheilkunde. Zu Massenvergiftungen kam es durch mit Quecksilbersalz gebeiztem Saatgut, welches verzehrt wurde (siehe durch Schwermetalle verursachte Katastrophen).

Häufigstes Vorkommen im täglichen Leben: Zahnfüllungen (Amalgame), Thermometer.

Aufnahme in den menschlichen Körper

Quecksilber verdampft schon bei niedrigen Temperaturen so reichlich (15 mg Hg/m^3), dass es eingeatmet zum gefährlichen Gift wird. Anscheinend werden die Dämpfe über die Nasenschleimhaut z.T. direkt über Lymphbahnen ins Gehirn transportiert oder über die Lunge resorbiert. Da die Aufnahme in den Körper von der Teilchengröße abhängig ist und der Quecksilberdampf nur aus Atomen besteht, kann es schon bei einem verhältnismäßig geringen Quecksilberanteil der Luft unter täglicher Einatmung zu einer chronischen Vergiftung kommen (0,1-1mg Hg pro Tag). Die Passage von der Lunge ins Blut erfolgt entsprechend dem bei Cadmium beschriebenen Mechanismus. Im Blut wird Quecksilber an Eiweißkörper oder rote Blutkörperchen gebunden und in alle Organe, vor allem Bauchspeicheldrüse, Nieren und Leber transportiert.

Das in fast allen Nahrungsmitteln enthaltene Quecksilber wird in unterschiedlichem Maße vom Körper aufgenommen, da die Passage durch die Magen- und Darmwand von der Löslichkeit der jeweiligen Quecksilberverbindung abhängig ist.

Wirkung im menschlichen Körper

Als Schwermetall ist Quecksilber in der Lage, mit Proteinen zu reagieren und sie auf diese Art zu denaturieren. Diese Wirkung geschieht vor allem lokal am Anwendungsort, d.h. es kommt zu Verätzungen und Gewebeunter-

TAZ 27 3 93

Arglose Kinderspiele

Dortmund (AP) –Tagelang haben ahnungslose Kinder in Dortmund mit hochgiftigem Quecksilber gespielt. Die Kinder haben Schwermetallbröckchen vor einer Haustür in der Dortmunder Nordstadt gefunden und für glitzerndes Spielzeug gehalten. Insgesamt 29 Kinder sind damit in Berührung gekommen, fünf von ihnen wurden mit Hautausschlägen und Verdacht auf Vergiftungen ins Krankenhaus gebracht. Nachdem die ersten Kinder über Hautrötungen geklagt hatten, informierten besorgte Eltern die Behörden. Die Feuerwehr stellte insgesamt 15 Kubikzentimeter entsprechend 200 Gramm Quecksilber sicher.

gang an Häuten und Schleimhäuten. Darüber hinaus besitzt Quecksilber von allen Metallen die höchste Affinität zur Sulfhydrilgruppe (SH-Gruppe), aber auch zu anderen organischen Liganden, wobei die Bindungstendenz in folgender Reihenfolge abfällt SH > CONH$_2$ > NH$_2$ > COOH > PO$_4^{3-}$. Dabei blockiert das Quecksilber-Ion durch seine Anlagerung lebenswichtige Enzyme. Auf diesen Mechanismus wird die schädigende Wirkung des Quecksilbers auf die Tubuluszellen der Niere zurückgeführt, die bei akuter Vergiftung bis zum Nierenversagen führen kann.

0,005 mg/kg/d Methylquecksilber sind ohne toxische Wirkung auf den Menschen. Hingegen führten schon 0,08 mg/kg/d über 32 Tage (d) aufgenommen zur Schädigung des zentralen Nervensystems und zum Tode (KOCH, R. 1989). Bei Einatmung größerer Mengen von Quecksilberdämpfen kann es darüber hinaus zu Metallgeschmack im Mund, Erbrechen und blutigen Durchfällen kommen. Ebenso sind bei chronischer Vergiftung Geschwürbildung in Mund und Rachen beschrieben, da Quecksilber über den Speichel ausgeschieden wird.

Anders wirkt sich eine chronische Vergiftung mit organischen Quecksilberverbindungen aus: Da diese gut fettlöslich sind, reichern sie sich vor allem im Gehirn an und führen zu zentralnervösen Symptomen wie Kopfschmerzen, Schwindelanfällen, Erregungszuständen, Reizbarkeit, Zittrigkeit, Konzentrationsstörungen und Depressionen.

Prominentes Opfer eines Quecksilbermordes ist Mozart, der von seinem Leibarzt im Auftrage des Geheimbundes der Freimaurer vergiftet wurde. Ihm, der selbst Mitglied dieses Bundes war, wurde seine revolutionären sozialen Gedanken zum Verhängnis. Das Requiem, seine letzte Komposition, ist mit der für eine Quecksilbervergiftung typischen zittriger Schrift vollendet worden

Weniger spektakulär, aber auch schwer wiegend war die Vergiftung des Forschers STOCK durch die vielen offenen Quecksilberventile in seinem Labor. Jahrzehntelang hatte er an den Folgen dieser schleichenden und erst spät erkannten Vergiftung zu kämpfen, deren Folgen nur langsam wieder abnahmen.

Weitere Vergiftungserscheinungen durch Quecksilber sind Blutarmut, Zahnausfall, hartnäckiger Schnupfen, Kiefer- und Stirnhöhlenvereiterungen, Quecksilbersaum am Zahnfleisch, Lockerung der Zähne.

Aktuelle Belastungssituation
In fast allen Nahrungsmitteln ist Quecksilber in einer Konzentration von 1-100 µg/kg zu finden. Regelmäßige tägliche Aufnahme mit der Nahrung: 5-20 µg.

Methylquecksilber als Beizmittel von Saatgut hat zu großen ökologischen Schäden in der Vogelwelt geführt (Massensterben von Wildvögeln 1965).

Die Minimata-Krankheit in Japan wurde durch Einleitung von quecksilberhaltigen Abwässern einer Kunststofffabrik hervorgerufen. Das Anreichern in Fischen über Plankton führte zu Werten von 6-25 ppm (Höchstwert der WHO 0,5 ppm). Der Verzehr dieser Fische rief in der Bevölkerung schwerste Nervenschäden bis hin zu Blindheit, Verkrüppelungen und geistigem Verfall hervor.

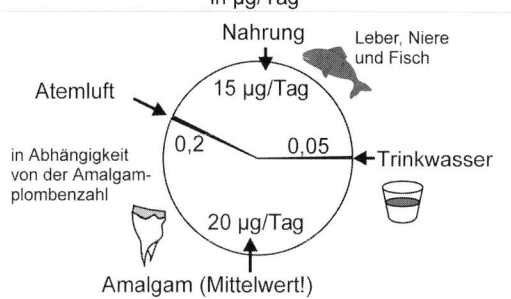

Mittlere tägliche Quecksilberaufnahme des Menschen in µg/Tag

Atemluft
in Abhängigkeit von der Amalgamplombenzahl

Nahrung
15 µg/Tag
0,2   0,05
20 µg/Tag

Leber, Niere und Fisch
Trinkwasser

Amalgam (Mittelwert!)

Annehmbare Tagesdosis (ADI-Wert) der WHO/FAO: 45µg/Tag

Amalgam-Zahnfüllung
Chronische Belastung ist durch Einatmen des Quecksilberdampfes aus Amalgam-Füllungen der Zähne möglich. Die ausgeatmete Luft enthält bei Amalgam-Zahnfüllungen 5-30 µg Hg/m^3 und bei keinem Amalgam 0,06-0,5 µg Hg/m^3. Diese Belastung ist deutlich größer als die Quecksilberaufnahme aus der Luft, dem Wasser und der Nahrung (ZANDER, D. 1980).

Durch Amalgam-Füllungen kommt es langfristig zu einer zusätzlichen Belastung des Organismus durch Quecksilber: Vor allem in den Nieren ist der Quecksilbergehalt im Mittel um das 10-fache! und Gehirn im Mittel um das Doppelte erhöht. Aber auch im Blut und Urin liegen 95% der Messwerte unter 1 µg Hg/L und steigen mit Amalgam-Zähnen auf 5µg Hg/L.

Die bei Personen mit Amalgam-Füllungen gemessenen Quecksilberausscheidungen im Urin sind in der Regel laut Bundesgesundheitsamt toxikologisch unbedenklich. Sie liegen um mindestens den Faktor 10 unterhalb der Quecksilberkonzentration, ab der mit unspezifischen Symptomen des Mikromerkurialismus und Nierenfunktionsstörungen gerechnet werden muss und weit unterhalb des arbeitsmedizinisch tolerierten Grenzwertes von 200 µg Hg/L Urin. Es konnte in der Studie der Deutschen Zahnärzte (Institut der Deutschen Zahnärzte 1990) kein Zusammenhang zwischen Störungen des Allgemeinbefindens (z.B. Kopfschmerzen, Schlafstörungen usw.) und Amalgam-Füllungen gefunden werden. Dies gilt jedoch nicht für das Auftreten von allergischer Reaktionen auf Quecksilber, wofür ein Schwellenwert nicht angegeben werden kann (BEGEROW, J. 1991/92). Allerdings zeigen neueste Studien, dass bei Frauen durch Quecksilber bedingte Hormonstörungen und Unfruchtbarkeit durch das Ausschwemmen der Schwermetalle mit dem Komplexierungsmittel Dimercaptopropansulfonsäure (DMPS) (DAUNDERER, M. 1990) oder Dimercaptobernsteinsäure (DMSA)[1] und einer Vitamin-Selen-Therapie schon nach drei Monaten beseitigt werden konnten (SCHILDHAUER, R. 1993).

Berücksichtigt man auch noch die Fälle, wo es durch unterschiedliche Metalle im Mundraum zu Spannungskorrossionen mit hohen Metallausschüttungen kommt, ist die Verwendung von Amalgamplomben unter Berücksichtigung der derzeit schon generell vorliegenden hohen Belastungen der Nieren durch Quecksilber und Cadmium wenig verantwortungsvoll. Leider wird der Kostenvorteil der Amalgamfüllung (Faktor 10) gegenüber vergleichbarer Goldfüllungen nicht durch deren ca. doppelte Haltbarkeit kompensiert.

---

[1] Entgiftung des Körpers von Schwermetallen nach DAUNDERER, M. 1990: 3-5 mg DMSA/kg Körpergewicht nüchtern und 30 Minuten nichts essen, jedoch viel trinken. Kein Alkohol trinken und nicht bei grippalem Infekt (Zinkmangelgefahr) anwenden! Dieses Mittel entgiftet sehr wirksam das Gehirn vom Quecksilber. Gleichzeitig wäscht es Cobalt, Silber, Platin, Antimon, Promethium und Nickel aus. Keine Wirkung hat es auf Fe, Al, Ba, Be, Bi, Cr, Mg, Se, SnO_2, Triethylzinnsulfat, Sr.

Hg in menschlichen Organen (mg/kg)		Quecksilber in Wasser (µg/L)		Quecksilber im Sediment (mg/kg)	
Haare	1,25-7,6	Regenwasser	0,02-0,5	Rhein (Mittelwert)	4,5
Knochen	0,45	Flüsse (Mittelwert)	0,01-0,2	Ozean (Background)	0,06
Gehirn	0,005-2,94			Nordsee	0,01-1,0
Leber, Niere	0,005-3,7			Minimata (Japan)	2010
Urin	4,3-114	Grenzwert für Trinkwasser: 4			

Grenzwerte für Luft (BRD): MAK-Wert: 0,01mg Hg/m^3
TA-Luft: 0,2mg Hg/m^3 bei einem Massestrom von 1g/h und mehr (Hg u. Verbindungen)

Quecksilber wird vor allem in den Haaren, Knochen, Leber, Niere und Gehirn angereichert. Dort sind seine Konzentrationen um bis das hundertfache höher als im Blut und Herz.

7.8.3.3 Blei (Pb)

Vorkommen, Eigenschaften und Verwendung

Blei ist ein weiches und leicht zu verarbeitendes blaugraues Metall. Es kommt sehr häufig in der Erdoberfläche meist als Bleiglanz (Bleisulfid, PbS) vor. Als einfach zu gewinnendes und zu verarbeitendes Metall ist es schon seit frühester Zeit dem Menschen bekannt und wurde bereits in den frühen Hochkulturen vor mehr als 4000 Jahren für Gebrauchsgegenstände verwendet. Es kann deshalb als Indiz für menschliches Schaffen genommen werden: Seine heutige weltweite Verbreitung – bis ins Grönlandeis – korreliert gut mit dem Wachstum der Menschheit und dem vermehrten Einsatz von Technik.

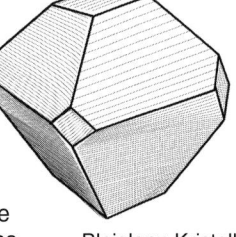

Bleiglanz-Kristall

Wir Menschen tragen heutzutage dazu bei, dass ein Vielfaches des natürlichen Eintrags (z.B. durch Vulkanismus und Erosion) an Schwermetallen in den Boden gelangt: Bei Blei ist der durch die menschliche Tätigkeit verursachte (anthropogene) Eintrag ca. 340 mal höher, bei Cadmium 19 mal und bei Quecksilber ca. 275 mal höher als der natürliche Eintrag. Auch wenn der Eintrag für Blei rückläufig ist, lässt sich mit verschiedenen Modellrechnungen belegen, dass bei gleich bleibenden Konsum- und Abfallgewohnheiten in ca. 150 Jahren Äcker, Wiesen und Wälder der Bundesrepublik für die Produktion von bestimmten Nahrungsmitteln wegen ihrer Bleibelastung ungeeignet (verseucht) sind. Ähnliche Zahlen gelten auch für andere Schwermetalle.

Seine besonderen physikalischen und chemischen Eigenschaften bestimmten die Verwendung dieses blaugrauen Metalls:
Seine leichte Formbarkeit, seine niedrige Schmelztemperatur (327 °C), seine gute Widerstandsfähigkeit gegen Oxidation, seine intensiv farbigen Verbindungen und seine hohe Dichte (11,35 kg/m^3) führten zu einer vielseitigen Verwendung, z.B.: Bau römischer Wasserleitungen, Verwendung als Druckerblei und Schrotkugel, Bestandteil in Ölfarben der holländischen Meister, als Schutzschirm gegen Röntgen- und radioaktive Strahlung. Auch der Bleistift war früher aus Blei, weil dieses sich leicht abreibt

(geringe Härte) und – wie heute der Graphit-Bleistift – einen grauschwarzen Strich auf dem Papier hinterlässt.

Ferner findet es sich im Bleiakkumulator wieder und – heute nur noch beschränkt – im bleihaltigen Benzin. Das für Jagd und Schützenfest benötigte Bleischrot trägt derzeit – neben den Müllverbrennungsanlagen – mit ca. 40 % zur Bodenbelastung bei.

Früher wurde Blei auch in Elektrokabeln und als Rostschutzfarbe (orange Bleimennige) verwendet. Teilweise wird es auch heute als leuchtend weiße und rote Ölfarbe, als Bleiglasur in Töpferwaren, als Legierungsbestandteil im Zinngeschirr, als stark lichtbrechendes Silikat im Bleikristallglas und als Metall in Bleiwasserleitungen (bei uns verboten) eingesetzt. Aus den letzten vier Anwendungen resultierten immer wieder Bleivergiftungen, da Säuren (z.B. Kohlen-, Wein- und Essigsäure) unter Sauerstoffzufuhr Blei und seine Verbindungen lösen.

Die Jagd mit Bleischrot als derzeit größter Blei-Emittent

Metallisches Blei sowie auch schwer lösliche Oxide, Carbonate und Sulfate können mit Körperflüssigkeiten reagieren und zu chronischen Bleivergiftungen führen.

Aufnahme von Blei in die Pflanze

Der unbelastete Boden enthält durchschnittlich 10-30 mg/kg, während in den obersten Bodenschichten in einer Entfernung von 25 m entlang von Autostraßen bis zu 2000 mg/kg gefunden wird. Blei in Nahrungspflanzen wird sowohl über die Wurzeln aus dem Boden aufgenommen als auch auf den Blättern abgelagert. Die Aufnahme von Blei von der Pflanze aus dem Boden ist gering, da es zumeist im Wurzelwerk verbleibt.

Aufnahme in den menschlichen Körper

Etwa ein Drittel des täglich aufgenommenen Bleis stammt aus der Luft und wird entsprechend der Größe der Bleioxidpartikel über die Lunge ins Blut aufgenommen. Die kritische Größe liegt bei 0,5 µm Durchmesser, größere Partikel werden in der Lunge festgehalten und eventuell wieder ausgehustet, kleinere durchwandern das Gewebe und treten ins Blut über. Ungefähr 90 % der durch Verbrennungsmotoren in der Atemluft verbreiteten Bleipartikel ist klein genug, um den Lungenfilter zu durchwandern.

Zwei Drittel des aufgenommenen Bleis stammt aus der Nahrung. 90 % davon lassen sich als Bleistaub von der Oberfläche der Pflanzen mehr oder weniger gut abspülen.

Durchschnittlich werden etwa 100-500 µg/Tag von einem Erwachsenen mit der Nahrung aufgenommen.

Der Übertritt ins Blut ist von der Art der Nahrungsmittels und erstaunlicherweise vom Alter des Konsumenten abhängig. Während Erwachsene nur 10-15 % des Bleis in der Nahrung aufnehmen und nur 5 % nicht wieder ausscheiden, nehmen Kinder zwischen 3 Monaten und 8 Jahren 50 % aus der Nahrung auf und scheiden in den ersten 3 Lebensjahren 30 % nicht wieder aus. Einige Nahrungsfette und Milchbestandteile wie Laktose steigern darüber hinaus noch die Aufnahme des Bleis. Außerdem kann der Mangel an Calcium und Phosphat sowie der Mangel an essentiellen Schwermetallen wie Zink und Kupfer zu einer vermehrten Resorption von Blei führen.

Wirkung im menschlichen Körper
Blei konkurriert mit den lebenswichtigen Elementen Zink und Calcium.

Nach dem Übertritt des Bleis in das Blut wird es zu 95 % an rote Blutkörperchen gebunden, zum Teil an den Membranen, zum Teil direkt im roten Blutfarbstoff und Sauerstoffträger, dem Hämoglobin. Blei behindert als Enzymgift den Aufbau der roten Blutkörperchen, was zur Blutarmut führt.

Blei wird hauptsächlich im Knochen gespeichert und verhält sich dort **ähnlich wie Calcium**. Als schwer lösliches Bleiphosphat oder auch Calcium-Bleiphosphat wird es vor allem in der Wachstumsphase in den Verkalkungszonen abgelagert und hat dort eine biologische Halbwertszeit von etwa 20 Jahren. Es ist in dieser Form unschädlich, kann aber bei Fieber und Stressreaktionen wieder freigesetzt werden und zu erneuten Vergiftungserscheinungen führen: Beobachtet wurde dies bei Kindern aus Stolberg (Aachen), die zur Erholung an die Nordsee in eine nahezu bleifreie Luft gelangten. Durch das Reizklima kam es zur Mobilisierung des Bleis und damit zur akuten Vergiftung. Die Kinder mussten zurück in die Eifel gebracht werden. Blei im Knochen stellt also ein potentielles Giftdepot dar.

Eine chronische Bleivergiftung zeigt durch die vielfältigen Angriffspunkte im Körper unterschiedliche Symptome wie Kopfschmerzen, Abgeschlagenheit, Appetitlosigkeit und Gewichtsabnahme. Weiterhin kann es zu einer Bleikolik, das sind schmerzhafte Verkrampfungen des Dickdarms, kommen.

Im Gehirn und im Nervensystem werden durch Blei vorzeitige Alterungsprozesse ausgelöst. Auch hier schädigt es die Zellmembranen und stört durch seine **Konkurrenz zum Calcium** den Calcium-Einstrom in den präsynaptischen Spalt zwischen Nervenende und Muskelzelle. Hierdurch wird die Signalübertragung vom Nerven auf den Muskel gestört. Es kommt zu Lähmungen im Bereich der motorischen Nerven. Als Schädigungszeichen des Gehirns treten Kopfschmerzen, Schwindelanfälle, Sehstörungen, Müdigkeit, Schlaflosigkeit, Zittern, Zuckungen bis hin zu Krämpfen auf.

Intelligenzminderung bei Kindern
Die Schädigung durch Blei ist bei Kindern jedoch wesentlich schwerwiegender, da bei Ihnen schon bei „noch akzeptablen Bleibelastungen" mit eindeutigen Intelligenzeinbußen gerechnet werden muss. In drei umfangreichen Untersuchungen (NEEDLEMAN 1991, 1979, HAMMOND 1990) wird belegt, dass signifikante Unterschiede im IQ auftreten, wenn die Blutwerte der Kinder im Bereich von 20 bis 35 µg/dL liegen. Diese Werte sind wesentlich niedriger als das 1977 von der Weltgesundheitsorganisation angenommene NDE-Niveau („nicht auszumachende Auswirkungen" siehe dazu NOEL und Kap. 7.6). Datenmaterial aus einer anderen Studie (HATZAKIS et al. 1987) zeigt, dass eine Schwelle für Auswirkungen auf den IQ bei Werten zwischen 15 und 25 µg/cm^3 liegt. Aber auch schon bei sehr niedrigen Werten zwischen 3 und 34 µg/cm^3 wird eine klare Verbindung zu veränderten geistigen Funktionen bei Kindern gezogen (FULTON 1987). Die geistige Entwicklung von 500 Kindern, die in der Nähe einer Bleischmelz-

hütte in Australien aufwuchsen, wurde zusammen mit ihren Blutbleiwerten untersucht. Es zeigte sich, dass die Kinder im Alter von 2 Jahren den höchsten Wert hatten (im Durchschnitt 21 µg/cm^3) und diese Werte in Beziehung gesetzt werden konnten zu ihrem geistigen Entwicklungsstand im Alter von 4 Jahren.

Die „intelligentesten" bleibelasteten Schulkinder zeigten geringere geistige und psychomotorische Leistungen (im IQ-Test) als die schwächsten gleichaltrigen aus einer unbelasteten Gegend (MᴄMɪᴄʜᴀᴇʟ 1988).

Kinder, deren Knochen überdurchschnittliche Mengen Blei enthalten, sind aggressiver als ihre geringer belasteten Altersgenossen. Sie randalierten laut einer Studie der Universität Pittsburgh doppelt so häufig und waren öfter in Schlägereien und Diebstählen verwickelt (Fᴏᴄᴜs-Magazin, 1999).

Wie stark der heutige Mensch im Gegensatz zu früher durch Blei belastet ist, lässt sich aus der folgenden Tabelle ersehen. Oft wird der Niedergang des Römischen Reiches auf eine Bleivergiftung durch den mit Bleizucker (Bleiacetat) versüßten Wein, die zahllosen bleihaltigen Trinkgefäße und auf die Wasserrohre aus Blei zurückgeführt.

Danach sähe es für unsere Gesundheit mit doppelt so hohen Bleiwerten sehr schlecht aus. Sicher ist, dass viele Schäden wie Nierenfunktionsstörungen nur deshalb noch nicht gravierend zum Tragen kommen, weil die Zufuhr von Eiweiß in den

Tab. 7: Bleigehalt in menschlichen Knochen (n. Untersuchungen v. Hᴀᴛᴢᴀᴋɪs et al. 1987).

Herkunft der Knochen	Datierung	Bleigehalt (mg/kg)	Grund
Inkas, Ureinwohner der peruanischen Wüstenregion	500-1000 n.Chr.	0,55	keine Verwendung von Blei
Teutonen, Bayernland	1700-400 v.Chr.	2,0	frühe Bleiverwendung?
Späte Römer aus Augsburg	200-400	4,7	Wasserleitungen, Keramikgefäße mit Bleiglasur
Reiche Augsburger in nachrömischer Zeit	600	4,5	römischer Lebensstil und Luxus
Armer Regensburger zur gleichen Zeit	600	1,4	kein römischer Luxus
Regensburger Nonnen im Mittelalter	800-900	2,4	steigender Klosterwohlstand
Regensburger Nonnen	1100	5,1	Benutzung von bleihaltigem Zinn
Augsburger Mönche im Mittelalter	1000-1200	5,0	Buchdruck und anderes
Menschen im Industriezeitalter	1983	11-12	Benzinblei, Müll- und Kohleverbrennung

hoch zivilisierten Ländern mehr als ausreichend und die Versorgung von Zink (Zn^{2+}), welches einen Schutzfaktor gegen viele Schwermetallintoxikationen darstellt, zumeist ausreichend ist.
Zu belegen ist die wachsende Verwendung von Blei im Laufe der Menschheitsgeschichte auch durch Eisproben aus Grönland. In diesen lässt sich der jahreszeitliche Rhythmus wie bei einem Baumquerschnitt erkennen, sodass sich die mit den Schnee-

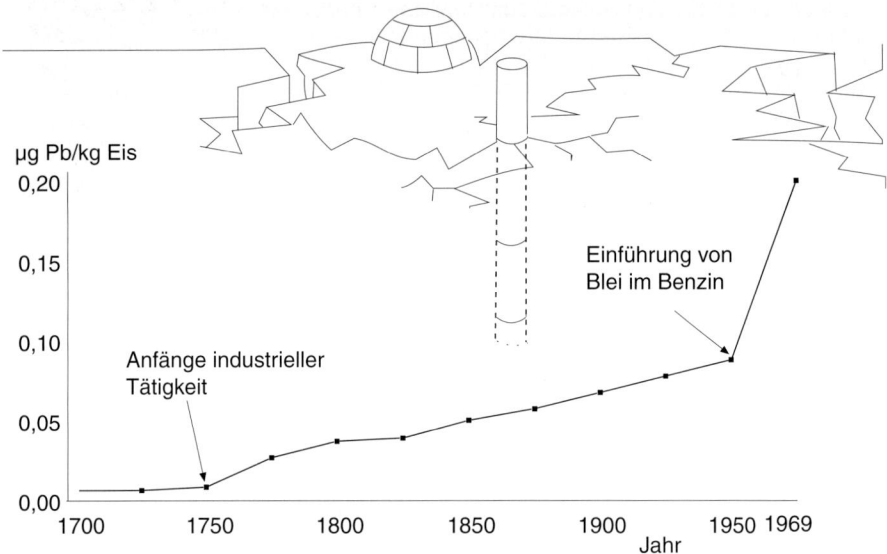

Abb. 39: Blei im Bohrkern von Grönlandeis (MUROZUMI, J. et al. 1969).

niederschlägen ausgewaschenen Bleimengen genau datieren lassen. Wie aus der Abb. 39 erkennbar, gab es dabei zwei gravierende Änderungen im Bleieinsatz: 1. Die Industrialisierung und 2. die Verwendung von Bleitetramethyl und -ethyl als Antiklopfmittel im Benzin.
Nicht nur in den Knochen (Tab. 7), sondern auch im Blut lässt sich Blei nachweisen (Abb. 40). Die Blutbleikonzentration spiegelt sehr gut die Belastung der Luft mit Blei wider.
    Nach der lange hinausgezögerten Einführung des bleifreien Benzins in der BRD ist diese Entwicklung auch bei uns zu beobachten. Auch bei heute niedrigen Bleikonzentrationen im Blut werden die im Knochen, Fettgewebe und Gehirn angelegten Bleidepots – wenn überhaupt – nur sehr langsamer wieder abgebaut.
Die Aufnahme von Blei aus der Luft von Müll- und Kohleverbrennung ist heute nach dem Verbot von Bleiglasuren und -rohren zur Nahrungsmittelherstellung und der Einschränkung des Bleis im Benzin die ausschlaggebende Quelle geworden.

Zusammenhang zwischen Benzinverbleiung und Bleigehalt im Blut (USA)

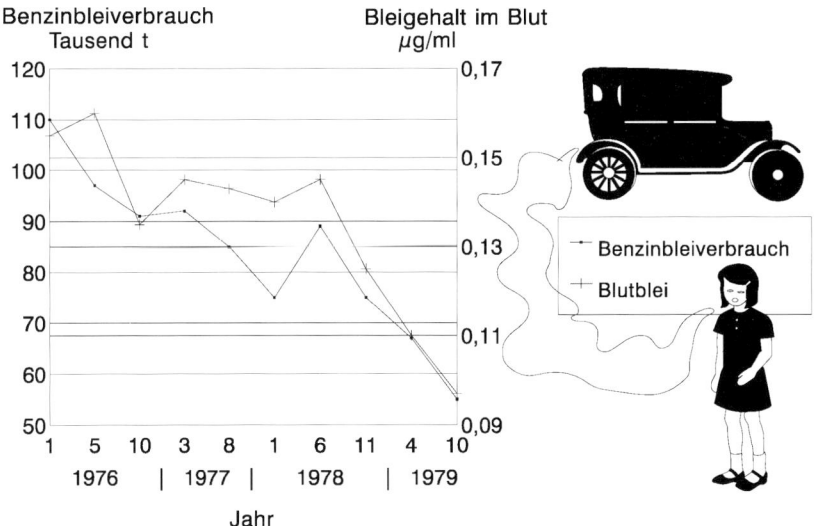

Abb. 40: Bleiwerte im Blut und Benzinbleiverbrauch (WALSH, M.P. 1980).

7.8.3.4 Nickel (Ni)

Nickel ist ein silberweißes, gut verformbares Schwermetall, das sehr resistent gegenüber Sauerstoff, Wasser und nicht oxidierenden Säuren und Laugen ist. Dichte: 8,9 g/cm³, Schmelzpunkt 1453 °C. Es wird vor allem als Legierungsmetall verwendet, z.B. mit Eisen zur Herstellung nicht rostender Stähle. Als in der Erdoberfläche vorkommendes Element steht es an 24. Stelle der Häufigkeit. Durch Verwitterung von Felsgestein und Böden gelangen etwa 150.000 t Nickel pro Jahr in die Atmosphäre. Zusätzlich beträgt der Nickeleintrag durch den Menschen etwa 180.000 t/Jahr.

Verwendung
Nickel ist Legierungsmetall in rostfreiem Stahl, welcher hauptsächliche in Autos, im Kochgeschirr, in Behältern zur Lebensmittelaufbewahrung verwendet wird. Weiterhin wird es bei der Produktion von Magnetbändern, von elektrischen Batterien, von Schmuck und Münzen, als Katalysator bei der Hydrogenierung von Fetten und Ölen, in Farbpigmenten (gelbes Nickeltitanat) und in Zahn- und Knochenprothesen eingesetzt.

Beim Kochen von sauren Speisen in Stahltöpfen und -pfannen kann Nickel in das Essen gelangen.

Aufnahme in den menschlichen Körper
Die atmosphärische Belastung der Atemluft durch Nickel ist in industriellen Ballungsräumen durch Verbrennungsmotoren, Kohleverfeuerung und Müllverbrennung über

229

Flugasche besonders hoch, bis zu 170 ng/m^3 Luft wurden gemessen. Etwa 35 % des inhalierten Nickels wird über die Lunge in den Körper aufgenommen. Durchschnittlich inhaliert ein Stadtbewohner 0,2 Mikrogramm Nickel/Tag, ein Raucher steigert diesen Betrag um 4,0 Mikrogramm pro Packung Zigaretten. Aus dem Magen- Darmtrakt wird zugeführtes Nickel nur zu 1-5 % resorbiert. Der Rest wird mit dem Stuhl ausgeschieden. Das aufgenommene Nickel geht in das Blut über, wird an Eiweißkörper (Albumin) gebunden und reichert sich in Knochen, Lunge, Nieren, Leber und Herz an. Die Ausscheidung erfolgt über Urin, Galle, Schweiß und Muttermilch.

Wirkung im menschlichen Körper
Nickel bewirkt zu einem außerordentlich hohen Prozentsatz beim Menschen Allergien: 7-11 % der Frauen und 0,2-2 % der Männer zeigen positive Hauttests, d.h. bei Hautkontakt mit nickelhaltigem Schmuck, Gürtelschnallen, Reißverschlüssen, Armbanduhren kann es zu lokalen Kontaktallergien mit Rötung, Pustelbildung, Ekzemen und Verhärtung der Haut kommen. Bei Überempfindlichkeit kann Nickel auch zu Asthma und Bindehautentzündung führen.

Systemische Vergiftungen kann es nach Inhalation von Nickelverbindungen geben (z.B. Nickelcarbonyl), die mit Kopfschmerzen, Übelkeit, Erbrechen, Husten, Atembeschwerden, Lungenödem (Überwässerung) und Schwäche bis hin zum Delirium und Tod verbunden sind. Diese Gefahr besteht allerdings nur bei industriellen Unfällen.

Arbeiter, die über längere Zeiträume Nickelstäube inhalieren, erkranken signifikant häufiger an Krebs des Nasen-Rachen-Raumes und der Lungen als solche, die diesen Bedingungen nicht ausgesetzt sind. Staub von Nickel, nickelhaltigen Erzen und seinen Verbindungen stehen im Verdacht äußerst krebsverdächtig für den Menschen zu sein.

Erhöhte Blutspiegel von Nickel werden gehäuft bei Patienten mit akutem Herzinfarkt, schweren Durchblutungsstörungen des Herzens und nach Schlaganfall gefunden.

Nickel als ein lebenswichtiges essentielles Schwermetall – z.B. in dem harnstoffspaltendem Enzym Urease (LIPPARD, S. J 1995) – wirkt ab einer höheren Konzentration giftig.

7.8.3.5 Die Bedeutung von Selen (Se) für die Gesundheit des Menschen

Das Element Selen wurde erst 1817 von BERZELIUS entdeckt. Es gehört wie Sauerstoff und Schwefel zu der 6. Hauptgruppe des Periodensystems, besitzt jedoch einige metallische Eigenschaften.

Bis in die 40er Jahre dieses Jahrhunderts galt Selen nur als hochtoxisch, möglicherweise sogar Krebs erregend. Erst neuere Untersuchungen zeigten, dass Selen nicht nur giftig und kanzerogen, sondern auch ein für Mensch und Tier lebensnotwendiges Spurenelement ist, das entgiftend wirkt und vor Krebs schützt.

Vorkommen in der Umwelt
Selen ist in der Umwelt weit verbreitet. Es kommt in Spuren in der Luft, im Boden, im Wasser, in Pflanzen und in Nahrungsmitteln vor. Die Erdkruste enthält im Durchschnitt 0,03-0,8 ppm; selten werden Konzentrationen über 100 ppm gefunden (WIL-

BER, C.G. 1980). In der BRD wurden Selenkonzentrationen zwischen 0,01 und 0,652 mg/kg Boden gemessen, wobei ein deutliches Nord-Süd-Gefälle – mit den niedrigsten Werten in Bayern und Baden-Württemberg und den höchsten in Schleswig-Holstein sowie im Ruhrgebiet – beobachtet wurde (HARTFIEL, W. 1988).

Selen wird bei der Verhüttung von Kupfererz und Schwermetallsulfiden gewonnen und für die Herstellung von Farben, Glas, Fotozellen, Halbleitern und als Zusatzstoff bei der Herstellung von Stahl, Gummi und Futtermitteln (Natriumselenit und -selenat) benutzt.

Konzentrationen: Landluft 0,17 ng/m^3; Stadtluft 0,3-3,8 ng/m^3; selenhaltige Industrieluft bis zu 3 µg/m^3. Trinkwassergrenzwert BRD 8µg/l; Quellwasser bis zu 100 µg/l.

Auf stark selenhaltigen Böden aufgewachsenes Getreide (auch Mais), kann durch seinen Selengehalt zu Vergiftungen bei Mensch und Vieh führen. Küchenzwiebeln (wie vermutlich alle stark schwefelhaltigen Pflanzen) und Spargel sammeln Selen in Form der Aminosäuren Seleno-Methionin und Seleno-Cystein an (TEUSCHER, E. 1988). Stark wird Selen in Kohlarten, Radieschen, Rettich und Ackersenf auch in nicht selenreichen Böden – in Form des dem Sulfat-Ion analogen Selenat-Ion (SeO$_4$$^{2-}$) – angereichert und umgewandelt und in den nicht essbaren Pflanzenorganen abgelagert (LINDNER, E. 1986). Bärenschote und vor allem *Astragalus*arten können bis zu 0,4 %

Radieschen und Rettich

Selen (bis zu 10 000 mg Se /kg!) als Methylcysteinderivat enthalten, was zu Tiervergiftungen wie „blindes Taumeln", Schaum vor dem Maul, starke Schmerzen bis zum Atemstillstand führen kann (TEUSCHER, E. 1988). Der selenhaltige Colorado-*Astragalus* wird zum Auffinden von Uranlagerstätten genutzt, da Selen und Uran in den Mineralien vergesellschaftet vorkommen und der hohe Selengehalt in der Pflanze somit auf ein Uranvorkommen hinweist.

Ackersenf und Brunnenkresse

Süßholz- und Kicher-Tragant (*Astragalus glycyphyllos und A. cícer*)

Seefische enthalten erhöhte Selengehalte in Verbindung mit Quecksilber, was auf eine Entgiftung des Quecksilbers durch Selen zurückzuführen ist. Auch in tierischen Nahrungsmitteln – vor allem in Leber und Niere – sind höhere Selengehalte als in den Pflanzen zu finden.

Funktion des Selens im Organismus

Selen ist Bestandteil einiger wichtiger Enzyme, wo es als selenhaltige Aminosäure wirkt: Glutathionperoxidase, welche in nahezu allen Säugetierzellen vorkommt, schützt vor Oxidationsschäden. Es reduziert in den Mitochondrien auftretende Hydroperoxide, insbesondere H_2O_2. Diese Aufgabe versieht es gemeinsam mit den Vitaminen C und E.

Ein weiteres wichtiges selenhaltiges Enzym, dass nur in Schilddrüse, Leber und Niere gefunden wird und die Bildung des Wachstumshormons Tri-Iodthyronin aus der Schilddrüse ermöglicht (katalysiert), ist I-Iodthyronin-Dejodase.

60 % des Selens ist in weiteren Seleno-Proteine eingebaut, die noch nicht ausreichend untersucht sind.

Sicher ist, dass bei Selen-Mangel das Immunsystem des Menschen schlechter arbeitet und die Empfänglichkeit für Infektionen durch Viren, Bakterien und Pilze erhöht ist. Dies gilt auch für AIDS-Patienten, die generell unter Selenmangel leiden. Geringe Dosen an Selen vermögen weitere Infektionen zu vermindern.

Toxische Wirkung von Selen

Selenvergiftungen beim Menschen sind relativ selten vorgekommen: Nach Bauchschmerzen und Übelkeit kam es nach einigen Tagen zur Erholung mit gleichzeitigem Haarausfall. Diese wuchsen allerdings wieder nach. Typisch war ein knoblauchartiger Geruch des Atems und Schweißes (Dimethylselenid) und eine Selenkonzentration von über 0,2 mg Se im Urin.

Selen-Mangelerscheinungen

Es gibt eine große Vielzahl von Selen-Mangelerscheinungen (bekannt aus China), die von Gelenkerkrankungen über Herzmuskel-Erkrankungen bis hin zu Herzrythmus-Störungen reichen. Generell scheint Selen eine wichtige Rolle bei der Vermeidung von Herz-Kreislauf-Erkrankungen zu spielen.

Mutagene Wirkung von Selen

Selen verhindert in niedrigen Konzentrationen Chromosomenbrüche verursacht durch z.B. Dimethylbenz[a]anthrazen, in hohen Konzentrationen löst es allerdings selbst Krebs aus (BEYEN, K. 1988). Deshalb wird es zur Krebsvorsorge, aber auch zur Behandlung von bestimmten Formen des Krebs verwendet.

Wechselwirkung mit anderen Schwermetallen

Es besteht ein Zusammenhang zwischen dem Stoffwechsel der Schwermetalle Cadmium, Quecksilber, Blei, Thallium, Zink, Silber, Kobalt und Arsen. Selen ist das reaktivste Spurenelement und bildet mit allen Metallen Selenide. So schützt es Versuchstiere vor toxischen Dosen von Cadmium, Quecksilber und Methylquecksilber. Es konnte gezeigt werden, dass der hohe Methylquecksilbergehalt in Thunfischen mit hohen Selengehalten korreliert und so die chronische Giftwirkung durch Quecksilber stark vermindert wird. Auch der Mensch reichert in der Leber bei Quecksilbervergiftung Selen an. In gleicher Weise schützt Selen – Selenit (SeO_3^{2-}) – vor Vergiftung durch Cadmium (kann Totgeburten verursachen) und Arsenat (kann zu Missbildungen führen). Andererseits können durch Arsen die Symptome einer Selenvergiftung verhütet werden. Es fördert dabei die Ausscheidung von Selen durch die Galle.

Aus diesen Gründen wird eine tägliche Aufnahme von 50 bis 200 µg Selen für Erwachsene als sicher und angemessen angesehen.

Thunfisch (Brehms Tierleben 1902)

7.8.3.6 Zink (Zn)

Akute und chronische Vergiftung
(WIRTH, W. 1985)
Zink löst sich im Gegensatz zu Kupfer leicht in schwachen Säuren und damit auch in Fruchtsäften. Verzinkte Töpfe sind somit im Gegensatz zu verzinnten zum Kochen und Aufbewahren von Nahrungsmitteln ungeeignet und haben nicht selten zu Vergiftungen geführt. Allerdings muss dabei auch die Mitwirkung anderer hochtoxischer Metalle wie Cadmium in Betracht gezogen werden.

1962 ereigneten sich in Kalifornien zwei Zink-Massenvergiftungen durch die Verwendung von zinkhaltigen Gefäßen für die Speise- und Getränkezubereitung. Es gab keine Todesfälle, aber mehrere Personen erkrankten an teilweise blutigen Durchfällen. In den genossenen Fruchtsäften wurde bis zu 2,2 g Zink/l nachgewiesen.

Auch die Verwendung von Wasser aus einem verzinkten Tank für die Hämodialyse (Blutwäsche) führte zur Vergiftung.

Bei Metallgießern tritt in Zusammenhang mit Zink das „Gießfieber" oder vorher die „Messingmalaria" auf. Dabei wird Zinkoxid über die Luft aufgenommen. Fieberanfälle, Abgeschlagenheit, Gelenk- und Muskelschmerzen, Frieren, Husten, Schüttelfrost, Temperaturanstieg bis 40 °C sind die Folgen. Nach mehreren Tagen kommt es zur mehr oder weniger vollständigen Erholung. Bei einigen Arbeitern tritt Gewöhnung, bei anderen zunehmende Überempfindlichkeit gegen die Zinkoxiddämpfe ein.

Biochemische Wirkung des Zinks
Neben vielen anderen Wirkungsorten in Enzymen besitzen die Zink-Ionen eine äußerst wichtige Funktion in den „Zinkfingern". Dies sind Proteine, die mittels der Zink-Ionen fingerförmig gefaltet werden. „Von Hefen über Frösche bis zum Menschen spielen diese Strukturen von Proteinen eine Schlüsselrolle bei der Regulierung der Genaktivität. Mit ihren fingerartigen, durch Zink-Ionen zusammengehaltenen Form können sie sich regelrecht in die Erbsubstanz krallen" (RHODES, D 1993).
Eine der faszinierendsten Fragen der Biologie ist, wie in vielzelligen Organismen Gene angeschaltet werden. Dazu müssen sich mehrere Proteine, die Transkriptionsfaktoren, an einem speziellen Abschnitt des abzulesenden Gens heften. Die richtige Zusammenstellung dieser Faktoren bildet eine Art Einschalter, der ein Abschreiben der genetischen Information – Transkription – ermöglicht. Viele Transkriptionsfaktoren haben sich als ausgesprochene Spürnasen erwiesen: Ihre Zinkfinger eignen sich bestens für die Erkennung bestimmter Basenabfolgen in der DNA und wirken wie getrennte Leseköpfe beim Kopieren der DNA. Manche Zinkfingerproteine besitzen neben der DNA-Haftstelle noch Rezeptoren für Hormone wie Östrogen oder Cortison und wirken in Kombination mit diesen regulatorisch auf die Stoffwechselproduktion der Zelle.

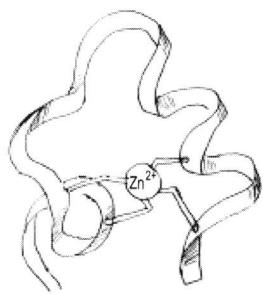

Abb. 41: Proteinkette, durch Zink fingerförmig gefaltet

Die Zinkfinger sind zwar nicht die einzigen Transkriptionsfaktoren, aber die bei weitem häufigsten DNA-bindenden Strukturmotive.

Ist durch Mutation ein Zinkfingerprotein verändert, vermag dieses sich nicht mehr korrekt an die DNA anzulagern. Es kann dann zum Wilms-Tumor – einer speziellen

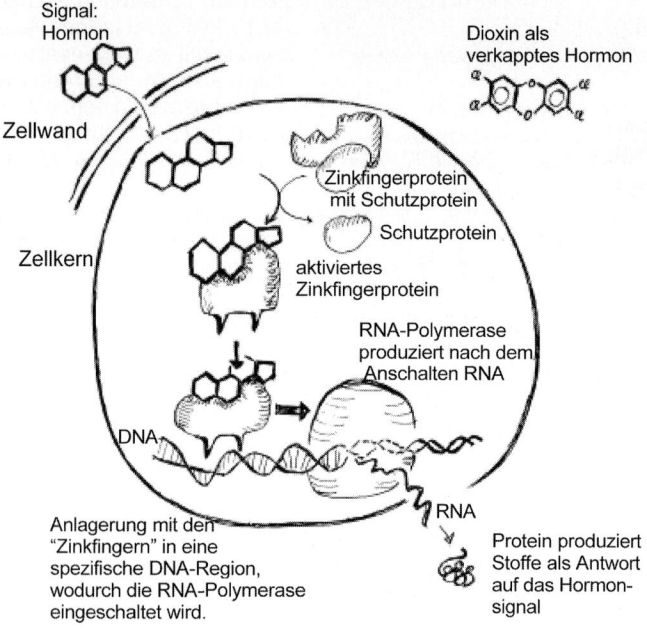

Signal: Hormon

Dioxin als verkapptes Hormon

Zellwand

Zinkfingerprotein mit Schutzprotein

Schutzprotein

Zellkern

aktiviertes Zinkfingerprotein

RNA-Polymerase produziert nach dem Anschalten RNA

DNA

RNA

Anlagerung mit den "Zinkfingern" in eine spezifische DNA-Region, wodurch die RNA-Polymerase eingeschaltet wird.

Protein produziert Stoffe als Antwort auf das Hormonsignal

Abb. 42: Wirkung des Zinkfingerproteins

Form des Nierenkrebses – kommen.

Nimmt man über die Nahrung zu wenig Zink auf, dann kann es zu einer Verzögerung der sexuellen Entwicklung kommen. Verständlich wird dies, weil in Abwesenheit von Zink die Östrogen- und Androgen-Rezeptoren nicht mehr die richtigen Strukturen ausbilden.

Ebenso ist das Wachstum, das Immunsystem (AIDS-ähnliche Symptome!) und die Wundheilung durch Zinkmangel beeinträchtigt, weil nur mittels der Zinkfingerproteine ein Ablesen der DNA und damit eine Zellteilung möglich ist (KAIM, W. 1991). Auch die schweren toxischen Auswirkungen von Cadmium- und Blei-Belastungen – beide Ionen vermögen in Konkurrenz zum Zink-Ion, dessen Wirkungsorte in den Protein einzunehmen – lassen sich begründen. So behindert Cadmium – indem es die Zink-Ionen aus dem Protein verdrängt – die DNA-Synthese.

8 Toxikologische Methoden der Beurteilung von Boden, Luft, Wasser und Nahrung und Sanierung von Böden

8.1 Alternativen zum Tierversuch

Tierversuche werden als Alternative zu den Versuchen an Menschen durchgeführt. Trotzdem gab und gibt es noch in allen Ländern der Welt Menschenversuche in vielfältiger Ausprägung. Dazu zählen die Experimente an Freiwilligen bei der Einführung von Medikamenten, aber auch die menschenverachtenden Experimente an KZ-Insassen, an Gefangenen, an ethnischen Minderheiten und Versuche des Militärs an der Zivilbevölkerung (Kernwaffen- und Giftgastests). Weniger offensichtliche Versuche mit Menschen sind die Vermarktung gesundheitsschädlicher Lebensmittel und Verbrauchsgüter (allergieauslösende Weichmacher in Babyspielzeug, BSE Fleisch aus England, Glykol im Wein, Pflanzenschutzmittel im Tee (ERNST, LANGBEIN & WEISS 1986; PHILIPPEIT & SCHWARTAU 1982; KAPPELSPERGER & POLLMER 1983; POLLMER et al. 1997) und Arbeits- und Lebensbedingungen ohne ausreichende Schutzmaßnahmen vor gesundheitsschädlichen Stoffen. So ist die Gefährlichkeit vieler Stoffe (Benzol, Vinylchlorid, Dioxin ...) von den Verantwortlichen in voller Kenntnis der möglichen Schäden über Jahrzehnte heruntergespielt worden (KOCH & VAHRENHOLT 1978; STREICH 1993; BULTMANN 1996).

Asbest wurde in der BRD zu einem Zeitpunkt besonders stark eingesetzt, als es in den USA wegen seines krebsauslösenden Potentials schon verboten war (CATRINA, W. 1985). Das Wissen über die Gefährlichkeit von Stoffen wurde durch das unnötige Leid von vielen tausend Menschen erkauft.

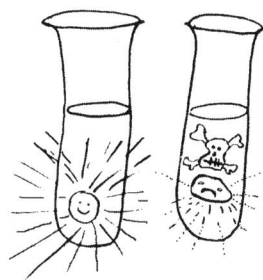

Die Tierversuche dienen der Prüfung der Inhaltsstoffe von Gebrauchsgütern und Lebensmittel auf die Giftigkeit, der Arzneimittelentwicklung und -prüfung, aber auch dem Austesten der Zerstörungskraft neuer Waffensysteme.

Alternativen zum Tierversuch sind:
1. Untersuchungen mit Körperzellen (*in vitro*-Versuche),
2. Untersuchungen an bebrüteten Eiern,
3. Stoffwechselphysiologische Computerberechnungen (noch in der Entwicklung),
4. Untersuchungen mit Organismen ohne Schmerzempfinden ([Leucht-] Bakterien, Pilze, Algen, Pflanzen).

Wir suchen einen geeigneten Boden-Testorganismus
Wenn man die Wirkung eines Bodens auf einen so großen Organismus wie den Menschen testen will, ist es ohne Frage ziemlich unmöglich, einen Menschen in den entsprechenden Boden einzubuddeln, mit Boden zu füttern und zu warten, was passiert. Deshalb müssen wir uns geeignete Testobjekte einige Nummern kleiner suchen. Die Mikroorganismen im Boden würden sich direkt anbieten. Sie haben den Vorteil, dass sie im Verhältnis zu ihrer Größe eine große Oberfläche besitzen und mit dieser gesamten Zelloberfläche mit dem Boden, den wir ja testen wollen, in Kontakt stehen. Der Nachteil bei ihnen ist, dass wir nicht wissen, mit wem wir es zu tun haben. Böden, die schon lange belastet sind, beherbergen oft eine abenteuerliche Vielfalt an angepassten Organismen. Was wir schließlich sehen, ist dann nur die gemittelte Reaktion von vielen Organismen auf die Stoffe im Boden. Je stärker die Population an das Bodenmilieu mit Schadstoffen angepasst ist, umso weniger wird sie sich in ihren Stoffwechselaktivitäten beeinflussen lassen. Deshalb arbeiten wir am besten mit einem Standardorganismus, dessen Stoffwechselreaktionen gut untersucht sind. Im häuslichen Umfeld gibt es nur einen Organismus, dessen Stoffwechselleistungen bestimmt jeder schon einmal genossen hat. Grübel – grübel..... Schwierig ?? Natürlich, die Hefe !!
Sie ist den Wissenschaftlern mittlerweile bestens bekannt, und ihr könnt sie in fast jedem Supermarkt um die Ecke als Backhefen, frisch oder gefriergetrocknet, kaufen.

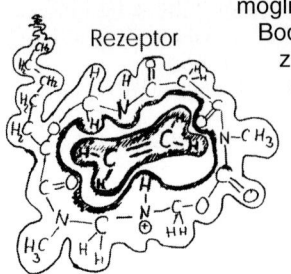

Computerberechnung zueinander passender Moleküle

Wir haben uns für den Hefepilz als Testorganismus entschieden, da dieser
1. in immer gleicher Qualität leicht und preiswert erhältlich ist und ohne gesundheitliche Bedenken bequem handhabbar ist.
2. Die Aussagen der Hefeversuche sind statistisch wesentlich sicherer, da man nicht 10 oder 100 Tiere testet, von denen einige gerade besonders empfindlich oder unempfindlich sein könnten. Es werden kostengünstig viele „Tierversuche" auf einen Schlag gemacht, da schon 1 mg Hefe 10 000 000 Hefezellen enthält.
3. Da die Stoffwechselvorgänge aller Organismen in vielen Schritten vergleichbar sind, sind auch Toxizitäten in vielen Fällen von Mikroorganismen, Tieren und Pflanzen auf den Menschen übertragbar. Schon die DNA der Hefe stimmt zu 60 % mit der des Menschen überein. Dementsprechend ist auch die Enzymausstattung der Hefe mit der des Menschen überwiegend vergleichbar. Durch Hefe werden viele Arznei- und Fremdstoffe in gleicher Weise metabolisiert wie im tierischen und menschlichen Organismus. So sind die Toxizitätstests für die Mehrzahl der Verbindungen mit Hefe (IC_{50}, ED_{50}) zumeist auf die Toxizitätstests mit Tieren (LD_{50}) und

auch auf den Menschen übertragbar. Somit wäre eine Vielzahl von Tierversuchen überflüssig. (KOCH, H. P. 1992).

Die Voraussetzungen für quantitative toxikologische Messungen sind:
1. Die Testorganismen müssen immer gleich gesund, d.h. die Hefe muss frisch sein
2. Das Nährmedium muss die Hefe optimal sättigen, damit nicht eventuell im Untersuchungsmaterial enthaltene Nährstoffe den Giftnachweis verschleiern.
3. Die nicht zu untersuchenden Anfangsbedingungen wie Temperatur, Salzkonzentration, pH-Wert müssen für jeden Versuch in einer Versuchsreihe die gleichen sein.
4. Schadstoffe sollten möglichst auch als Reinstoffe untersucht werden, da Mischungen von Schadstoffen – wie sie im Boden vorkommen – sich in ihrer Wirkung gegenseitig aufheben können (Gift und Gegengift, s. dazu Kap. 8.2.3.6 Giftiger Tomatenboden, S. 249), addieren oder gegenseitig übermäßig verstärken (potenzieren) können.

8.2 Hefe

8.2.1 Verschiedene Methoden zur Erfassung der Giftwirkung mit Hefe

Bei der Gärung (z.B. bei der Bier-, Sauerteig- und Weinherstellung) setzt die Hefe Zucker in Alkohol und Kohlenstoffdioxid um. Letzteres entweicht.

40 min. dann täglich 5 min	Gefahrstoff je nach verwendetem Gift	Sicherheit je nach verwendetem Gift	Entsorgung
		Schutzhandschuhe	Ausguß / Mülleimer

Diese Umsetzung kann auf verschiedene Weise verfolgt werden:
1. Durch die **Masseabnahme**, da CO_2-Gas entweicht. → *Gravimetrische Toximetrie*
2. Durch die **Volumenzunahme**, wenn das gebildete CO_2-Gasvolumen aufgefangen wird. →*Volumetrische Bestimmung der Toxizität mit dem Hefetoximeter*
3. Durch die **Neutralisation einer Lauge** mit dem gebildeten CO_2-Gas (pH-Wert, bzw. Leitfähigkeitsänderung) → *Demonstrationsexperiment*

4. Durch **Umfärben von Redoxindikatoren** →
Auxanometrische Methode mit Resazurin
und durch die **Bildung von Schwermetallsul-**
fiden bei der Schwefelatmung der Hefe → *Au-*
xanometrische Methode unter Zusatz von
Wismutsalz und Schwefel

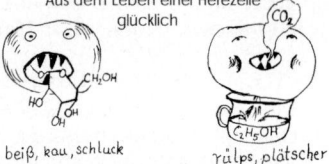

Aus dem Leben einer Hefezelle

glücklich

beiß, kau, schluck   rülps, plätscher

8.2.2 Gravimetrische Toximetrie

vergiftet

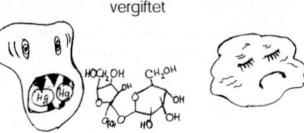

Die gravimetrische Toximetrie kann als Langzeit-
messung angelegt werden. Sie eignet sich dann
zur Feststellung einer **chronischen Giftwirkung**
und einer **Störung der Zellteilung**. Diese tritt erst
nach ca. 90 Minuten auf. Hefezellen, welche das

durch Quecksilber
blockierte Enzyme
als Zähne dargestellt

Hungertod

Gift besser vertragen, vermehren sich auch stärker als die empfindlicheren Hefezellen. Deshalb kann es bei diesem Verfahren zu einer Anpassung an das Gift kommen.
Diese Anpassung zeigt sich durch eine verzögert einsetzende Gärung.

Aus 342 mg Zucker können bei der Hefegärung maximal 176 mg Kohlenstoffdioxid gebildet werden. Aus 10 mL einer 5%igen Zuckerlösung entwickelt sich im Durchschnitt 150 mg Gas/Tag. Daneben verdunstet auch noch das Wasser aus dem Gefäß. Diese Verdunstung ist stark von der Raumtemperatur und Größe des Loches im
Gefäß abhängig und schwankt zwischen 10 und 50 mg/Tag. Deshalb müssen mit
einer entsprechend empfindlichen Waage täglich mindestens drei Ansätze gewogen
werden (m= Masse der Ansätze mit Gefäß).

1. Ansatz: Dieser enthält nur Wasser und erfasst somit nur die **Verdunstung** (m^v)
2. Ansatz: Dieser ist für die Erfassung der **optimalen Gärung** einer untoxischen Vergleichsprobe bei gleichzeitiger Verdunstung (m^{opt+v})
3. Ansatz: In ihm findet die **Gärung mit der zu untersuchenden (Boden-)probe**
   statt (m^{g+v})

Allgemeine Vorschrift

40 min. dann täglich 5 min	Gefahrstoff je nach verwendetem Gift	Sicherheit je nach verwendetem Gift	Entsorgung
		Schutzhand-schuhe	Ausguß / Mülleimer

Geräte
Spritzennadel, Spatel, Uhrglas
4 Filmdöschen mit Deckel,
Waage auf 1 mg genau. Ist nur eine auf
10 mg genaue Waage vorhanden,
kann der zehnfache Ansatz gefahren
werden. Mörser und Pistill
2 x 100 mL Bechergläser
5 mL Pipette
1 mL Pipette

Chemikalien
Frischer Hefewürfel oder Trockenhefe

Probe: giftiger und ungiftiger Boden (z.B.
Quarzsand), Pflanzenmaterial, Regen-
wasser...
Magnesiumsulfat-heptahydrat
Traubenzucker (Glucose)
Natriumammoniumhydrogenphosphat
Biobierhefe (als Quelle für Vitamine und
Spurenelemente [Reformhaus])

Suspensionen:

Hefesuspension für 50 Proben

¼ Paket frischer Hefewürfel in 5 mL Leitungswasser anrühren und in 45 mL handwarmes Leitungswasser einrühren. (Diese Suspension enthält 10^9 Hefezellen pro Ansatz und ist einen Tag im Kühlschrank haltbar.)

Nährsuspension für 10 Versuchsansätze/-gefäße

    4 g Traubenzucker
    100 mg Magnesiumsulfat $MgSO_4$ x 7 H_2O
    100 mg Natriumammoniumhydrogenphosphat $NaNH_4HPO_4$ x 4 H_2O
    1 Tablette Biobierhefe zermörsern

Die festen Bestandteile innig vermischen, mit wenig Wasser anrühren und mit Leitungswasser auf 50 mL auffüllen. Die Mischung ist trocken beliebig haltbar. Als Suspension ist sie nur abgekocht und steril verschlossen haltbar.

Durchführung:

Gäransätze

5 mL Nährsuspension in jedes Probengefäße (z.B. Filmdöschen) pipettieren

1 mL Hefesuspension hinzupipettieren

1 g abgewogene Bodenprobe (Giftboden bzw. giftfreier Boden) oder 1 **mL Probeflüssigkeit** hinzugeben.

Das Gefäß verschließen und schütteln. Danach mit der Spritzennadel ein kleines Loch in den Deckel stechen, sodass Gas entweichen kann.

Jeden Gäransatz sofort, dann alle 10 Minuten, später täglich wiegen oder die Wägung vom Computer registrieren lassen.

Verdunstungsansatz:

Filmdöschen mit 6 mL Wasser und 1 g Boden füllen, verschließen, mit kleinem Loch versehen und wie die Gäransätze wiegen.

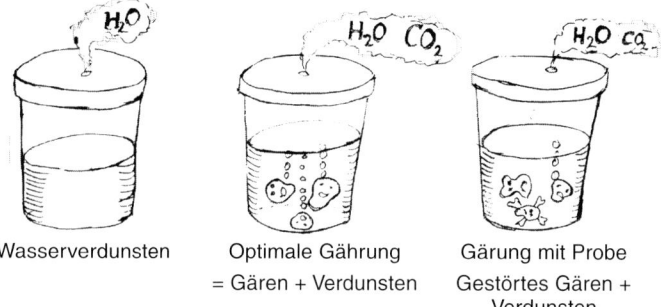

| Wasserverdunsten | Optimale Gährung = Gären + Verdunsten | Gärung mit Probe Gestörtes Gären + Verdunsten |

Giftwirkung = Gären – gestörtes Gären
           = (Gären + Verdunsten) – (gestörtes Gären + Verdunsten)
           = optimaler Gärung – Gärung mit Probe
Nachweis der Gärung über Massenabnahme bei:
           (Gären + Verdunsten) >> (Wasserverdunsten)
Gären = (Gären + Verdunsten) – (Wasserverdunsten)

Tag	Keine Gärung		optimale Gärung				Gärung mit Gift				Das Ergebnis ist proportional zur Dosis ist beim	
											Summations- Gift	Konzentrations- Gift
	Masse /mg m^v	Verdunsten Δm^v	Masse /mg m^{opt+v}	Gären + Verdunsten dm^{opt+v}	Gären dm^{opt}	Geschwindigkeit v^{opt}	Masse /mg m^{gift+v}	Gären + Verdunsten dm^{gift+v}	Gären dm^{gift}	Geschwindigkeit v^{gift}	$v^{opt} - v^{gift}$	$v^{opt}/v^{gift} - 1$
Fr	2000		2000				2000					
Mo	1940	60	1700	300	300 - 60 = 240	240/3 Tage = 80	1850	150	150 - 60 = 90	90/3 Tage = 30	80 - 30 = 50	80/30 - 1 = 1,7
Di	1920	20	1620	80	60	60/1 = 60	1810	40	20	20/1 = 20	60 - 20 = 40	60/20 - 1 = 2

Obige Werte sollten in einem Fall konstant sein. Die Realität liegt oft zwischen beiden Fällen der Giftwirkung.

Folgende tabellarische Berechnungen sind durchzuführen:
Es ist lohnend, sich mit einer Tabellenkalkulation vertraut zu machen, um die große Zahl an Messwerten effektiver bearbeiten zu können.

1. Die tägliche Massenabnahme über eine Woche gemessen: $\Delta m = m_n - m_{n+1}$ für alle drei Messreihen (Wasserverdunstung, optimale Gärung und Gärung mit Giftboden) (m_n = Masse vom n-ten Tag; m_{n+1} = Masse vom darauf folgenden Tag).

2. Von dieser Massenabnahme muss noch die Massenabnahme durch Verdunstung abgezogen werden. Man erhält die Massenabnahme der optimalen Gärung ($\Delta m^{opt} = \Delta m^{opt+v} - \Delta m^v$) und die Massenabnahme der von der Probe beeinflussten Gärung ($\Delta m^{gift} = \Delta m^{gift+v} - \Delta m^v$)

3. Falls die Zeiträume zwischen den einzelnen Messungen unterschiedlich sind, müssen die durch die Gärung verursachten Massenabnahmen noch auf die inzwischen verstrichene Zeit bezogen werden. „Gärgeschwindigkeit mit Probe" = $\Delta m^{gift}/Zeit$ und „optimale Gärgeschwindigkeit" = $\Delta m^{opt}/Zeit$

4. Je nach Giftart ist die Hemmung der Gärung wie folgt von der Giftkonzentration abhängig (s. dazu Kap. 7.4, S. 200, Giftwirkung und ihre quantitative Erfassung):

· Bei **Summationsgiften** (Quecksilber, Blei, Cadmium) ist die Hemmung direkt proportional zur Giftkonzentration (c^{gift}) : $c^{gift} = irrev\,(\Delta m^{opt}/Zeit - \Delta m^{gift}/Zeit)$; wobei „irrev" eine Konstante ist.

· Bei **Konzentrationsgiften** (wie Cyanid) lässt sich aus dem Verhältnis der Gärgeschwindigkeiten die Giftkonzentration bestimmen.

$c^{gift} = rev\,(\Delta m^{opt}/Zeit - \Delta m^{gift}/Zeit)/\,\Delta m^{gift}/Zeit$
$= rev \cdot [(\Delta m^{opt}/Zeit\,/\,\Delta m^{gift}/Zeit) - 1]$
wobei „rev" eine Konstante ist.

Wurden mindestens drei verschiedene Konzentrationen des gleichen Giftes eingesetzt, dann kann durch vorstehende Rechnung festgestellt werden, ob es sich um ein Gift handelt, welches sich in der Hefe anreichert und kaum ausgeschieden wird (**Summationsgift**) oder ein **Konzentrationsgift** vorliegt, welches nur schwach an die Hefe bindet und leicht wieder ausgeschieden wird. Die Wirkung des Konzentrationsgifts hängt nur von der augenblicklichen Giftkonzentration ab und nicht von früheren Giftaufnahmen.

Da viele Gifte gleichzeitig auf verschiedene Bestandteile der Zelle in unterschiedlicher Weise wirken, kann die **Giftwirkung auch zwischen dem reinen Summationsgift und dem reinen Konzentrationsgift** liegen:

g = irrev (Δm^{opt}/Zeit − Δm^{gift}/Zeit) + rev (Δm^{opt}/Zeit / Δm^{gift}/Zeit − 1)

1. Vorteilhaft ist die grafische Auswertung, wobei die Ergebnisse aus den Punkten 1, 2, 3 und 4 gegen die Zeit aufgetragen werden.

Bestimmung der Giftart eines unbekannten Giftes

Soll von einem unbekannten Gift festgestellt werden, ob es sich z.B. um ein gefährliches Summationsgift handelt, welches sich im Körper anzureichern vermag, dann kann wie folgt vorgegangen werden:

Drei unbelastete Bodenproben werden mit steigender Menge von Gift(-boden) innig vermischt und die Gärung der jeweiligen Probe vermessen. Ist die Verminderung der Gärung direkt proportional zur zugesetzten Giftmenge, handelt es sich um ein Summationsgift. Nimmt die Gärung mit jeder zusätzlichen Giftportion etwas weniger ab, handelt es sich um ein Konzentrationsgift.

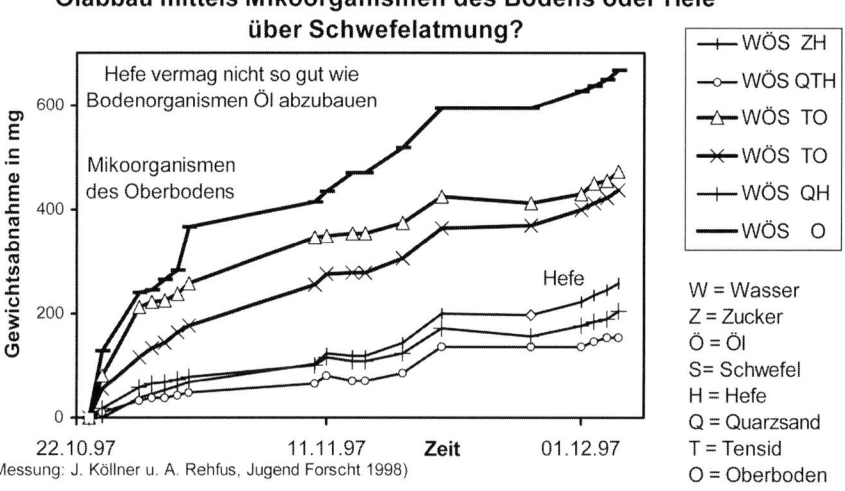

Ölabbau mittels Mikoorganismen des Bodens oder Hefe über Schwefelatmung?

(Messung: J. Köllner u. A. Rehfus, Jugend Forscht 1998)

8.2.3 Volumetrische Bestimmung der Toxizität

8.2.3.1 Bauanleitung für das Hefetoximeter

Material für ein Brett mit 4 bis 6 Röhren, dem Arbeitsplatz von 2 bis 3 Personen

4 bis 6 grüne Plastikröhren aus dem Aquariumbedarf, Außendurchmesser 0,5 cm, 1 m lang

4 Papiermaßbänder vom Möbelgeschäft

30 Nagelschellen 4-7 mm mit 23 mm Nägeln

1 m x 40 cm transparente Selbstklebefolie zur Abdeckung der Messbänder
Brett oder Nut- und Federbrett 105 cm x 9 cm x 1,5 cm
2 m transparenter Plastikschlauch mit passendem Innendurchmesser ca. 0,4 cm
4 bis 6 Schnappdeckelgefäße (Rollrandgefäße) (10 mL) ohne Deckel mit passendem
   durchbohrtem (0,4 cm) Gummistopfen und 4-6 Glasrohre 0,5 cm auf 6 cm Länge
   geschnitten
10 mL Spritze mit Nadel

Werkzeug:
Hammer, Schraubenzieher, Schere, PUK-Säge für Holz, Klebstoff (Weißleim, UHU...)

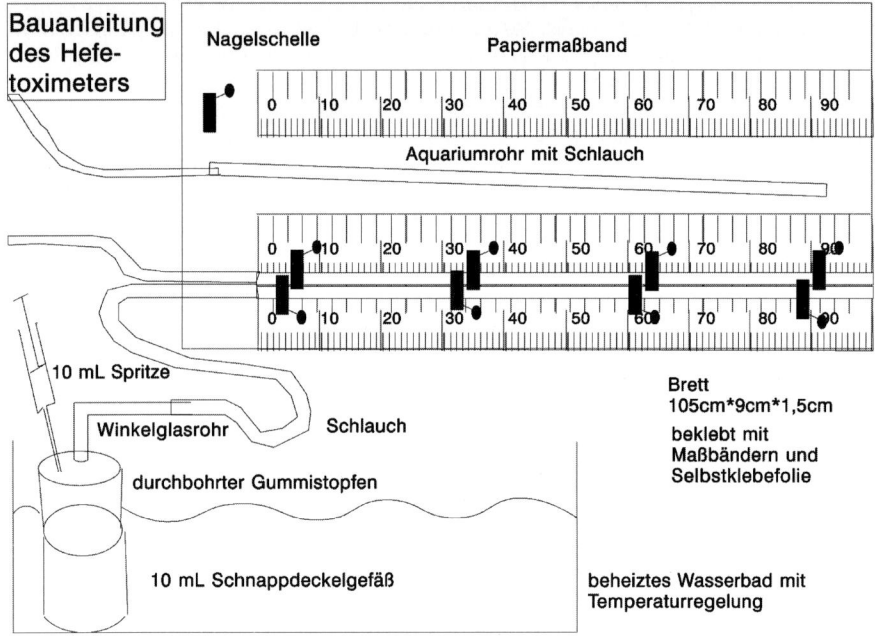

Abb. 43: Bauanleitung des Hefetoximeters.

Arbeiten:
Zur Herstellen des Winkelglasrohrs wird ca. 6 cm vom Glasrohr mit einem Außendurchmesser von 0,5 cm abgeschnitten (Glasschneider) und über der rauschenden Bunsen-
flamme in der Mitte erhitzt und rechtwinklig gebogen. Danach die Enden des Winkelroh-
res rundschmelzen!
4 Papiermaßbänder aneinanderstoßend auf das Brett kleben und dieses mit transparenter Selbstklebefolie völlig wasserdicht einhüllen.
Zwei Plastikröhren mit 8 Nagelschellen auf dem Brett bei ca. 5, 35, 65 und 95 cm
befestigen, sodass die Röhren paarweise die Zollskala des Maßbandes abdecken
(siehe Abbildung).
Unten aus dem Brett ragende Nägel durch 4 Holzleisten 8 cm x 4 cm x 2 cm abdek-
ken, die unter das Brett geschraubt werden (3 cm Schrauben).

Schläuche an Plastik- und Winkelrohr schließen und mit Reaktionsgefäß über Gummistopfen verbinden.
10 mL Spritze mit Nadel vorsichtig durch Gummistopfen ins Gefäßinnere stoßen.

Hefetoximeter mit Haushaltsmitteln

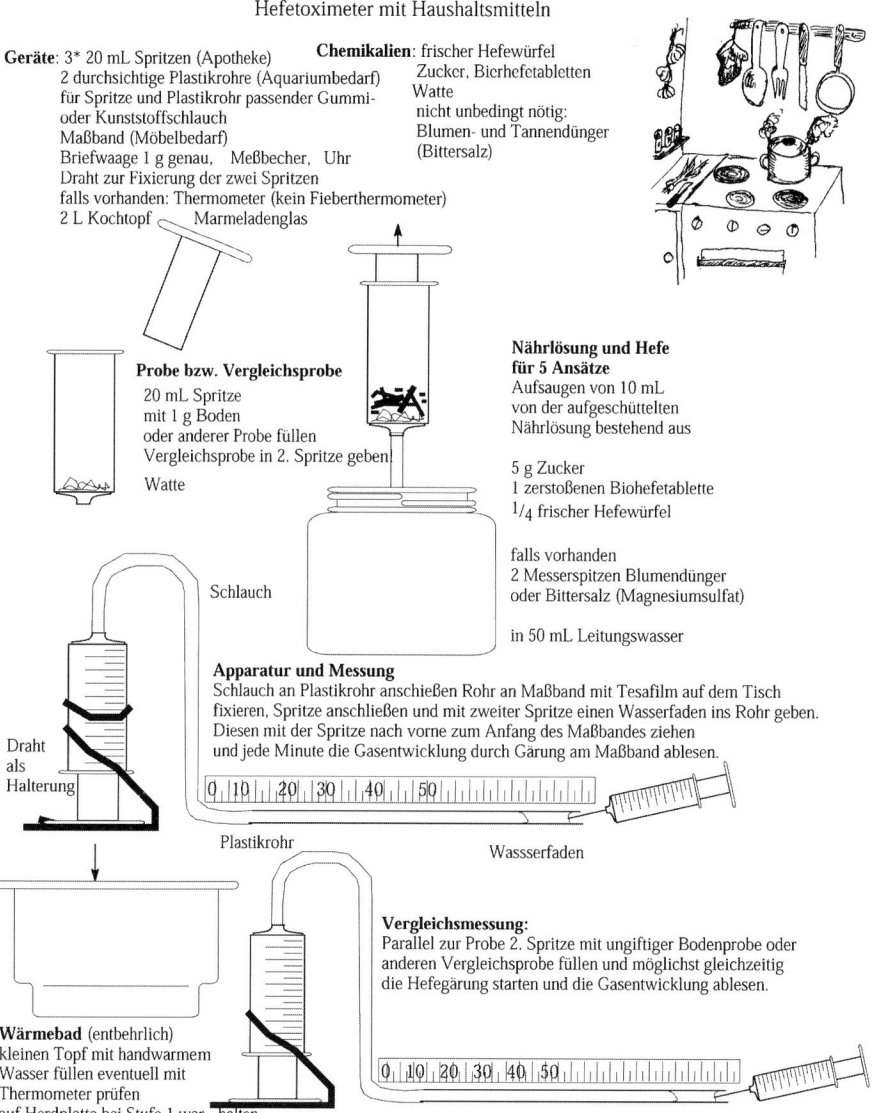

Geräte: 3* 20 mL Spritzen (Apotheke)
2 durchsichtige Plastikrohre (Aquariumbedarf)
für Spritze und Plastikrohr passender Gummi-
oder Kunststoffschlauch
Maßband (Möbelbedarf)
Briefwaage 1 g genau,   Meßbecher, Uhr
Draht zur Fixierung der zwei Spritzen
falls vorhanden: Thermometer (kein Fieberthermometer)
2 L Kochtopf   Marmeladenglas

Chemikalien: frischer Hefewürfel
Zucker, Bierhefetabletten
Watte
nicht unbedingt nötig:
Blumen- und Tannendünger
(Bittersalz)

Probe bzw. Vergleichsprobe
20 mL Spritze
mit 1 g Boden
oder anderer Probe füllen
Vergleichsprobe in 2. Spritze geben

Watte

Schlauch

Draht
als
Halterung

Plastikrohr

**Nährlösung und Hefe
für 5 Ansätze**
Aufsaugen von 10 mL
von der aufgeschüttelten
Nährlösung bestehend aus

5 g Zucker
1 zerstoßenen Biohefetablette
$1/4$ frischer Hefewürfel

falls vorhanden
2 Messerspitzen Blumendünger
oder Bittersalz (Magnesiumsulfat)

in 50 mL Leitungswasser

Apparatur und Messung
Schlauch an Plastikrohr anschießen Rohr an Maßband mit Tesafilm auf dem Tisch
fixieren, Spritze anschließen und mit zweiter Spritze einen Wasserfaden ins Rohr geben.
Diesen mit der Spritze nach vorne zum Anfang des Maßbandes ziehen
und jede Minute die Gasentwicklung durch Gärung am Maßband ablesen.

0   10   20   30   40   50

Wassserfaden

Vergleichsmessung:
Parallel zur Probe 2. Spritze mit ungiftiger Bodenprobe oder
anderen Vergleichsprobe füllen und möglichst gleichzeitig
die Hefegärung starten und die Gasentwicklung ablesen.

Wärmebad (entbehrlich)
kleinen Topf mit handwarmem
Wasser füllen eventuell mit
Thermometer prüfen
auf Herdplatte bei Stufe 1 war halten

0   10   20   30   40   50

Abb. 44: Selbstgebautes Hefetoximter mittels einfacher Haushaltsmittel.

8.2.3.2 Hefegärungs-Ansatz

Gifte oder essenzielle Nährstoffe erkennt man mittels der Hefegärung nur durch Vergleich mit einem unbelasteten Standard. Bei Bodenproben ist als Vergleich Ton, Sand oder Siedesteinchen zu nehmen, da die Hefe auf festen Oberflächen besser arbeitet.
Käufliche Bäckerhefen sind keine guten Reinkulturen, sondern enthalten noch geringe Mengen an Wildstämmen und Milchsäurebakterien. Ein Hefeansatz kann deshalb nicht unbedingt mit früheren verglichen werden. Unsere Versuche zeigten jedoch, dass der dabei gemachte Fehler gering ist.

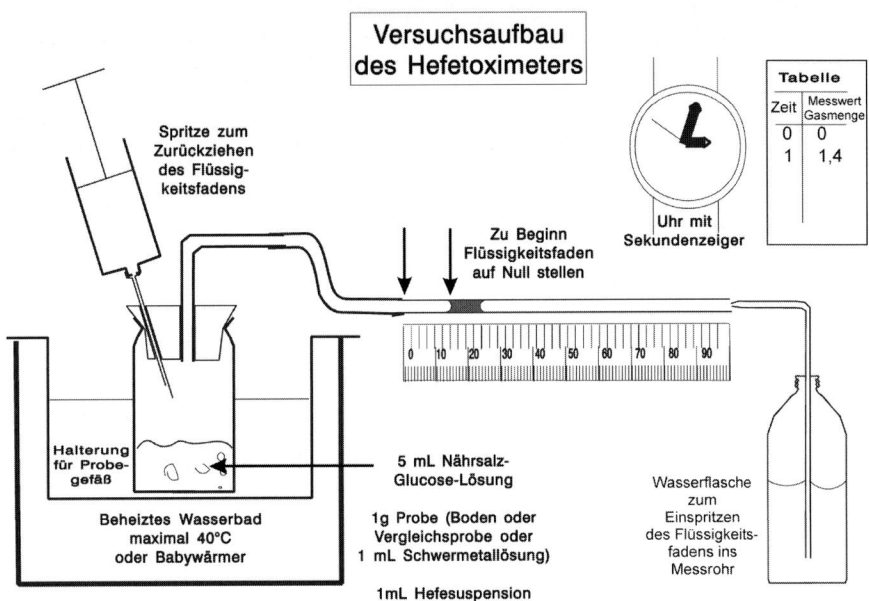

Versuchsaufbau des Hefetoximeters

Spritze zum Zurückziehen des Flüssigkeitsfadens

Zu Beginn Flüssigkeitsfaden auf Null stellen

Uhr mit Sekundenzeiger

Tabelle	
Zeit	Messwert Gasmenge
0	0
1	1,4

Halterung für Probegefäß

5 mL Nährsalz-Glucose-Lösung

Beheiztes Wasserbad maximal 40°C oder Babywärmer

1g Probe (Boden oder Vergleichsprobe oder 1 mL Schwermetallösung)

Wasserflasche zum Einspritzen des Flüssigkeitsfadens ins Messrohr

1mL Hefesuspension

Geräte
Mörser, Waage auf 0,1 g genau, 1 mL und 5 mL Messpipette, Spritze passend für Messrohr, kleine Schmuckwäscheklammern, Uhr

Chemikalien
Hefesuspension für 50 Proben
¼ Paket frischer Hefewürfel in 5 mL Leitungswasser anrühren und in 45 mL handwarmes Leitungswasser einrühren. (Diese Suspension enthält 10^9 Hefezellen pro Ansatz und ist einen Tag im Kühlschrank haltbar)

Nährsuspension für 10 Versuchsansätze/-gefäße
4 g Traubenzucker
100 mg Magnesiumsulfat $MgSO_4$ x 7 H_2O
100 mg Natriumammoniumhydrogenphosphat $NaNH_4HPO_4$ x 4 H_2O
1 Tablette Biobierhefe zermörsern

Die festen Bestandteile innig vermischen und mit wenig Wasser anrühren und auf 50 mL Leitungswasser auffüllen. Die Mischung ist trocken beliebig haltbar. Als Suspension ist sie nur abgekocht und steril verschlossen haltbar.

8.2.3.3 Messung der Gärung

Zwei bis drei Personen können bis zu 6 Messungen parallel planen und durchführen.

In jedes Probegefäß *5 mL Nährlösung* und *Probesubstanz* geben. Die aufgeschüttelten Hefesuspensionen mit der Pipette aufsaugen und rasch hintereinander jeweils *1 mL Hefesuspension* in jedes Probegefäß geben.

Danach die Probegefäße schließen, kurz schütteln und ins Wärmebad (37 °C bis maximal 40 °C) stellen. Luftzug vermeiden, da sonst Schwankungen beim zu messenden Gasvolumen auftreten.

In das Ende des Messrohres mit passender Spritze oder Spritzflasche Wasser einflößen und durch die Spritze am Probegefäß den Flüssigkeitsfaden auf Skalenpunkt Null ziehen.

Um Vertauschungen zu vermeiden kann jedes Probegefäß und zugehöriger Flüssigkeitstand in der Messröhre durch gleichfarbige oder gleichnummerierte Schmuckwäscheklammern gekennzeichnet werden.

Den Flüssigkeitsstand aller Röhren noch einmal auf Null stellen. Dies ist der Start der Zeitmessung.

Den Flüssigkeitsstand in den Messröhren jede Minute ablesen, in eine Tabelle eintragen und die Werte grafisch darstellen.

Erreicht ein Flüssigkeitsfaden das Ende des Messrohres, dann sollten alle Flüssigkeitfäden mittels der Spritzen an den Probegefäßen **nach Ablesen des Endstandes auf Null zurückgesetzt, die Spritzen entleert und möglichst gleichzeitig wieder aufgesetzt werden**. Bei dieser Rückstellung läuft die Uhr weiter.

8.2.3.4 Auswertung der Gärung mit Glucose und Quecksilber

Es gibt mehrere Anzeichen für eine Störung des Hefewachstums:

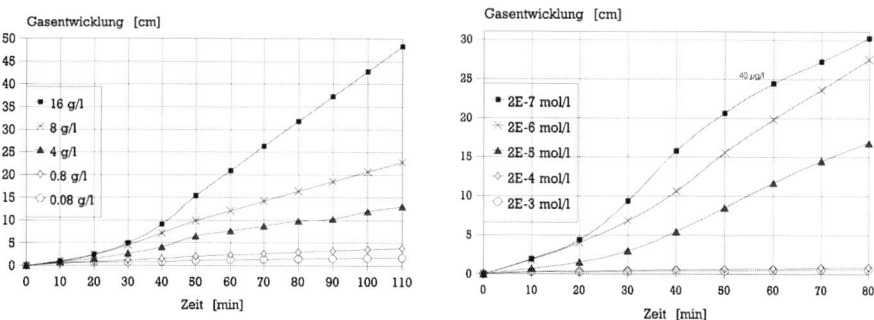

Abb. 45: Abhängigkeit der Gärung bei *S. cerevisiae* von der Glucosekonzentration (links) und Hemmung der Gärung bei *S. cerevisiae* durch verschiedene Quecksilberkonzentrationen (rechts). Aufgetragen ist die Gasentwicklung pro Zeit.

1. **Die Gärung setzt verzögert oder früher als beim unbelasteten Vergleich ein**. Z.B. gibt es einen beschleunigten Start der Gärung bei Cadmium mit Schwefel. Dies könnte auf die anregende Wirkung geringer Giftspuren zurückzuführen sein. Bei verzögertem Start musste sich die Hefe erst an das Gift gewöhnen und eventuell alternative Stoffwechselwege anschalten.
2. **Die Gärung verläuft langsamer**, sodass insgesamt weniger Kohlenstoffdioxidgas pro Gesamtmesszeit gebildet wurde. Z.B. Quecksilber und Tomatenboden bewirken eine verminderte Gärleistung, da sie wichtige Enzyme blockieren bzw. Membranschäden hervorrufen.

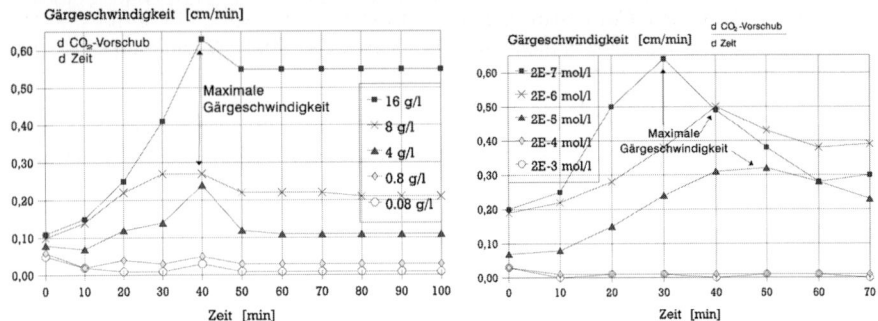

Abb.46: Abhängigkeit der Gärung bei *S. cerevisiae* von der Glucosekonzentration (links) und Hemmung der Gärung bei *S. cerevisiae* durch verschiedene Quecksilberkonzentrationen (rechts). Aufgetragen ist hier die Gärgeschwindigkeit pro Zeit.

3. **Die maximale Gärgeschwindigkeit** (mL Gas pro Minute) wird bei steigender Quecksilberkonzentration **zu einem späteren Zeitpunkt** erreicht. Offensichtlich musste sich die Hefe erst an die vergiftete Umgebung anpassen.
4. **Die maximale Gärgeschwindigkeit wird durch Gifte verringert**. Sie kann durch die Zugabe von Gegengiften oder essentiellen Elementen wieder erhöht werden. Beispiel: Schon bei Quecksilberkonzentrationen unter 10^{-10} mol/L verringert sich die Gärgeschwindigkeit; bestimmte essentielle Schwermetalle und auch die Zugabe von Schwefel kann diese Hemmung der Gärung durch Quecksilber mindern oder gar aufheben.

Folgende Grafiken ergeben Hinweise auf eine Stoffwechselstörung der Hefe:
1. **Gasvolumen** (in cm Messrohr gemessen) gegen die Zeit aufgetragen. (Die tatsächliche Gasmenge in mL lässt sich durch Füllen des 1 m Rohres mit Wasser und Abmessen des Wasservolumens bestimmen.) In den gleichen Graphen sollen auch die Gasentwicklung der Standardmessung und der von höheren und niedrigeren Giftkonzentrationen eingetragen werden.
2. **Gärgeschwindigkeit**: Gaszuwachs innerhalb der siebten Minute = Gasvolumen nach 7 Minuten – Gasvolumen nach 6 Minuten (geteilt durch 1 Minute) usw. In den gleichen Graphen auch die Gärgeschwindigkeit der Standardmessung und der von höheren und niedrigeren Giftkonzentrationen eintragen.
3. **Wachstum/Sterben = Änderung der Gärgeschwindigkeit**: Gärgeschwindigkeit in der siebten Minute minus der in der sechsten Minute (geteilt durch eine Minute). In den gleichen Graphen auch die Änderung der Gärgeschwindigkeit für die Stan-

dardmessung und die der höheren und niedrigeren Giftkonzentrationen eintragen. Die Graphen sind zumeist ein wildes Gebirge und wenig aussagekräftig, da schon geringe Störungen wie Luftzug während der Messung sich besonders stark auswirken.

4. **Logarithmisches Wachstum**, stationäre Phase und Sterben: Log (Gärgeschwindigkeit) gegen die Zeit auftragen. Diese Messung ist nur unter günstigen Nährbedingungen sinnvoll, da die Vermehrung der Hefezellen durch Knospung unter ungünstigen Nährbedingungen erst nach ca. 1½ Stunden beginnt oder durch Sporenbildung unter bestimmten Mangelbedingungen erst nach etwa 5 bis 6 Tagen einsetzt. Dabei sollte der Lebenslauf einer Hefepopulation mit

1. logarithmischem **Wachstum** als Gerade mit positiver Steigung erkennbar sein (ständig steigende Gärgeschwindigkeit, da sich die Zahl der Hefezellen in gleichen Zeitabständen verdoppelt).

2. **konstanter maximaler Population** und damit konstanter Gärgeschwindigkeit, als Gerade parallel zur Zeitachse erkennbar sein (stationäre Phase)

3. **Absterben** der Hefe als „fallende" Gerade erkennbar sein (abnehmende Gärgeschwindigkeit).

Toxikologische Auswertung des Hefeversuches:

Bei ungestörter Hefegärung werden die Werte der Gesamtgasentwicklung bzw. maximale Gärgeschwindigkeit auf 100 % gesetzt. Jede Verschlechterung dieser Werte durch einen zugesetzten Schadstoff bedingt kleinere Werte < 100 %. Unter Umständen treten allerdings auch Verbesserungen auf, sodass sich für essenzielle Metalle auch Werte über 100 % ergeben.

Diese Prozentwerte werden für verschiedene Metallkonzentrationen in eine Grafik gegen die zugehörigen Metallkonzentrationen aufgetragen.

Lineare Auftragung:

1. Gesamtgasmenge bzw. **2. maximale Gärgeschwindigkeit** bzw. **3. Zeitpunkt der maximalen Gärgeschwindigkeit** bzw. **4. maximale Zunahme der Gärgeschwindigkeit** bzw. **5. dessen Zeitpunkt** werden gegen die Schadstoff- bzw. Nährstoffkonzentration auftragen.

Die dabei gewonnenen 5 Kurven können unter Umständen den **toxischen oder essenziellen Charakter des Stoffes** nachweisen. Möglich ist auch – wie beim Quecksilber schon gezeigt – dass noch geringste Spuren toxisch wirken und die Giftwirkung nicht linear ist. Dies bedeutet, dass manches Gift wie z.B. Quecksilber schon in geringster Konzentration zuerst die Enzyme an den wichtigen Stellen blockiert. Höhere Quecksilberkonzentrationen wirken sich dann nicht mehr proportional aus.

Logarithmische Auftragung:

Die Experimente mit Schwermetall-Lösungen zeigen, dass Giftwirkungen über einen großen Dosisbereich (über 10000 Einheiten) festgestellt werden können. Diese Konzentrationen lassen sich nur dann in ein Diagramm darstellen, wenn die **Dosiswerte logarithmiert** werden. Es ergeben sich S- oder U-förmig gebogene Kurven.

Allerdings streikt der Taschenrechner zu Recht, wenn der Logarithmus zur Konzentration Null berechnet werden soll. Tatsächlich gibt es keine Schwermetallkonzentration Null, auch im saubersten Wasser. Wir setzen deshalb die Schwermetall-

Hemmung der Gärung bei *S. cerevisiae* durch verschiedene Quecksilberkonzentrationen

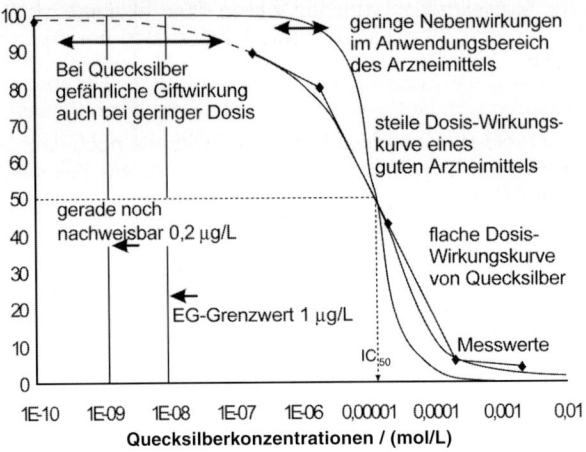

Quecksilberkonzentrationen / (mol/L)

konzentration des reinen Hefeversuches willkürlich etwas tiefer, als die von uns eingemessene niedrigste Schwermetallkonzentration mit feststellbarer Hemmwirkung. Im obigen Diagramm wurde die Kurve auf eine Konzentration der giftfreien Lösung von 10^{-10} mol/L verlängert.

Der Konzentrationswert des Schwermetalls, bei der die Hefe nur noch halb so gut wie in der unbelasteten Vergleichsprobe gärt, ist ein Maß für die Giftigkeit des Schwermetalls. Diese Konzentration ist die 50 % Hemmkonzentration = inhibitorische Konzentration (IC_{50}).

Daneben kann noch der IC_{25} bestimmt werden, da hierdurch besser die Gefährlichkeit eines Stoffes erfasst wird als einzig durch den IC_{50}-Wert. Vergleiche dazu die Dosis-Wirkungskurve eines Arzneimittels.

8.2.3.5 Erfassung des Schadstoff- (Pestizid-) und des Nährstoffgehaltes von Obst

Durch diesen Versuch können Unterschiede zwischen biologischem und konventionellem Obstanbau festgestellt werden. Für die Untersuchung der Wirkung von Dünger- und Pestizideinsatz auf Obst müssen Früchte der gleichen Sorte verwendet werden, denn Äpfel und Birnen kann man bekanntlich nicht vergleichen. So wurde ein Versuch mit Äpfeln der Sorte „Golden Delicious" aus dem Alten Land bei Hamburg und von einem Biobauern der Eifel (Paradieshof) durchgeführt. Da Äpfel schon für die Gärung wichtige Stoffe enthalten, wird nur ein Phosphat-Puffer zugegeben. Dieser verhindert, dass ein unterschiedlicher Säuregehalt der Äpfel die Messung beeinflusst.

Versuchsdurchführung:
Die eingewogenen, gleich schweren Apfelstücke (mit gleicher Apfelhautmenge) wurden im Mörser zerquetscht, mit Phosphatpuffer aufgenommen und in das Reaktionsgefäß (Schnappdeckelgläser oder Reagenzgläser) überführt. Die Reaktionsgefäße werden in ein temperiertes Wasserbad (32 °C) gestellt, die gleiche Menge Hefesuspension zugegeben, umgerührt und mit einem durchbohrten Stopfen verschlossen, der in ein 1,5 m langes Glasrohr gesteckt wird, welches einen kurzen Abschnitt von 1 bis 2 cm Wasser enthält. Die Verschiebung des Flüssigkeitsfadens wird auf einem Maßband (Papiermaßband aus einem Möbelgeschäft) gleichzeitig mit der Zeit abge-

lesen und in ein Diagramm eingetragen. Erreicht die Flüssigkeitssäule das Rohren-de, kann das entwickelte Gasvolumen durch eine Spritze aus dem Reaktionsgefäß abgesaugt werden, sodass der Meniskus des verschiebbaren Flüssigkeitsabschnit-tes wieder bei 0 am Maßstab anfängt. Temperaturschwankungen sind bei diesem Versuch unbedingt zu vermeiden.

Ergebnis:
Beobachtung und Deutung. Der biologisch angebaute Apfel entwickelte noch nach 2 Stunden Gas, während der Apfel aus konventionellen Anbau zu diesem Zeitpunkt seine Gärung schon eingestellt hatte.
Zum Zeitpunkt des Versuchsabbru-ches hatte dieser biologische Apfel schon ca. 2,5 mal mehr CO_2 durch Gärung entwickelt als der konven-tionell angebaute. Ob dieser Un-terschied auf den höheren Zucker-

gehalt und Vitamingehalt von Bioobst (laut Literatur ca. 10-20 % höherer Gehalt) oder auf die geringere Schadstoffkonzentration im Bioobst zurückzuführen ist, ist noch offen.

8.2.3.6 Giftiger Tomatenboden – eine Erfahrung mit dem Hefetoximeter

Bei der Untersuchung eines Gartenbodens aus Jülich ergab sich widersprüchliches: Obwohl dieser lockere Boden in Bezug auf Humusgehalt, pH-Wert, Pufferkapazität, Nitratgehalt und Schwermetalle als gesund eingestuft werden konnte und auch die darauf wachsenden Tomaten schon seit Jahren kräftig gediehen, waren die Hefezel-len von diesem Boden überhaupt nicht begeistert: Sie vergärten die zugesetzte Glu-cose nur unlustig und entwickelten dementsprechend nur wenig Kohlenstoffdioxid.

Zuckerrest

Tomatin ohne Zuckerrest
= Aglycon des Tomatins

α-Tomatin

Literaturrecherche half hier weiter, da es bekannt ist, dass Tomatenpflanzen sehr intolerant gegenüber bestimmten anderen Pflanzen sind, die auf diesen Böden Wachs-tumsstörungen zeigen.
   Tomaten geben im Rahmen ihrer chemischen Kriegsführung gegen Pilze und an-dere Konkurrenten α-Tomatin (TEUSCHER, E. 1979) an den Boden ab.

Dieses Gift mit Seifeneigenschaften, welches zur Gruppe der Saponine (vgl. soap, Seife) gehört, besteht aus einer wasserliebenden Zuckergruppe und einem unpolaren (wasserscheuen) Tri-Terpenrest. Dieser wiederum ist in seiner Grundstruktur mit den Steranen und damit auch den Hormonen Östrogen, Androgen und Cholesterin verwandt, aus dessen biogenetischen Vorläufer er auch gebildet wird (TEUSCHER, E. 1979)

Cholesterin

Zusätzlich enthält das Steran des Tomatins einen stickstoffhaltigen Sechserring, wodurch es auch in die Klasse der Alkaloide rutscht.

Seine biochemische Giftwirkung auf Pilzzellmembranen (z.B. der Hefezelle) entfaltet es nur, wenn der Pilz das zuckerabspaltende Enzym Glucosidase enthält. Mittels diesem wird der Zuckerrest des alkaloidischen Saponins entfernt, wonach der Rest (Aglycon = „ohne Zucker") nur noch lipophil (fettliebend) ist. Deshalb lagert sich dieser an die ähnlich unpolaren Sterine (Cholesterole) in der Zellmembran (OSSWALD, W. 1988). Dabei bilden sich in der Zellmembrane Poren, die für die normalen Moleküle der Zelle Scheunentorgröße (bis zu 8 nm) besitzen (zum Vergleich: die Größe eines Wassermoleküls beträgt ca. 0,3 nm). Die gebildeten Poren führt zum Ausfluss des Zellinhaltes und letztendlich zum Absterben der Zelle.

Eine Besonderheit vor den anderen Saponinen besitzt Tomatin: Es ist im Sauren nicht mehr fungizid (pilztötend), da es am Stickstoff protoniert wird und dann als geladenes Teilchen nicht mehr diese Anlagerung an Sterine vollziehen kann. Dies nützen bestimmte Pilze *(Botrytis* und *Monilia fructigena)* aus, die den pH-Wert der infizierten Tomatenzelle auf pH 4,4 senken und somit vor dem Tomatengift geschützt sind (OSSWALD, W. 1988).

Eine Konsequenz dürfte sein, dass sich die Giftwirkung der Tomaten auf den Boden im sauren Milieu verlieren sollte und die Hefezellen unter pH 4,4 vom α-Tomatin in ihrer Gärung nicht behindert werden dürften.

Versuchsvorschlag:
Dies lässt sich schön mit Blättern von Tomatenpflanzen testen: Blattextrakt zur Hefe einmal im sauren und einmal im neutral gepufferten Milieu. Vorsicht: Es muss noch der Vergleichsversuch der Hefe im saurem Milieu ohne Tomatenextrakt gemacht werden, denn viel Säure hemmt auch etwas die Gärung.

Löcher in der Zellmembrane sind nicht immer von Nachteil. Sie können auch bei einer Zwangsernährung der Hefe helfen. Siehe dazu den nächsten Versuch:

8.2.3.7 Schädigung der Hefezellmembran durch Tenside und deren Nachweis mit Brenztraubensäure

Brenztraubensäure kann nicht durch die Zellwand aufgenommen und verstoffwechselt werden.

Die Hefezelle ist mit der Brenztraubensäure zum Verhungern verdammt, wenn nicht Zellmembrangifte die Zellwand so weit schädigen, dass die Zelle zwar nicht völlig ausläuft, aber doch Brenztraubensäure eindringen kann.

Gibt man der Hefe somit statt Glucose Brenztraubensäure, dann verhungert sie. Wird ihr jedoch zusätzlich noch der Saft eines zerquetschten Tomatenblattes oder -stiels zugegeben, dann geht es der Hefe wieder gut. Ähnlich wie das Tomatin sollten Tenside wie Laurylsulfat aus der Zahnpasta und Waschmittel wirken.

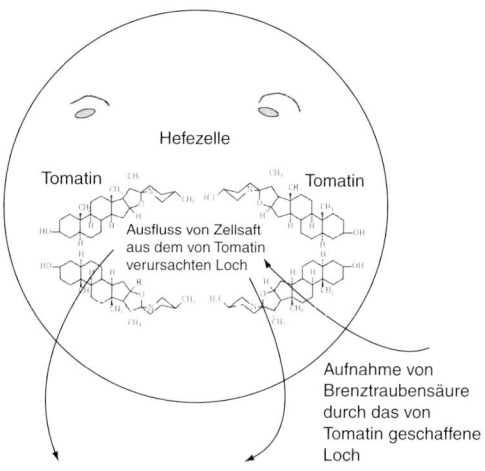

Erwartung:
Bei Anwesenheit von geringen Mengen an Membrangift sollte erst überhaupt eine Vergärung von Brenztraubensäure mit CO_2-Entwicklung stattfinden.

Eine zu hohe Membrangiftkonzentration tötet jedoch die Zelle.
Hier erlaubt ein Gift überhaupt erst einen Stoffwechsel.

8.2.4 Bestimmung der Gärung mittels chemischem CO_2-Nachweis

Das sich bei der Gärung bildende CO_2 kann in Kalkwasser eingeleitet werden, Kalk ausfällen und damit sowohl den pH-Wert des Kalkwassers, als auch dessen Leitfähigkeit ändern:

$$Ca^{2+} + 2\ OH^- + CO_2 \rightarrow CaCO_{3\,(s)} + H_2O$$

Somit kann die Gasentwicklung über eine Leitfähigkeitsmessung quantitativ verfolgt werden.

Eindrucksvoll ist die Änderung des pH-Wertes durch Universalindikator in einem Demonstrationsexperiment darzustellen.

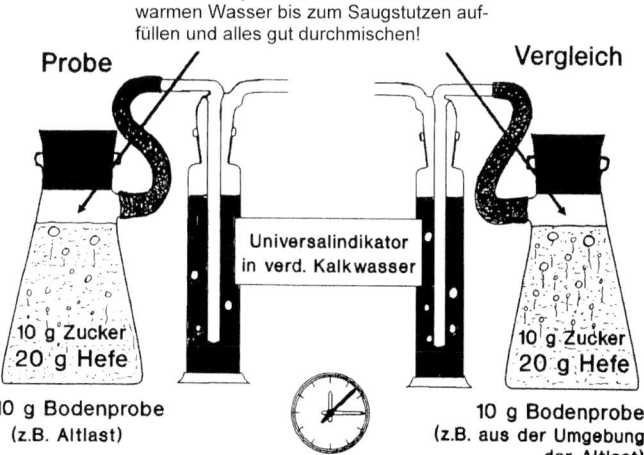

8.2.5 Nachweis der Hemmwirkung von Zellgiften

Diese auxanografische Methode ist eine Weiterentwicklung der Methode von RAD-LER 1981.

8.2.5.1 Hefegärung und -atmung

Vorbemerkung:
1. Wenn Hefezellen in einem geeigneten Nährmedium, z.B. Hefeextraktagar, einge-mischt werden, dann können sie darin wachsen. Sind sehr viele Hefezellen in den Agar eingemischt worden, dann entstehen keine einzelnen Kolonien, sondern das ganze Agarmedium wird infolge des Wachstums und der Vermehrung der vielen Zellen trüb. Werden kleine Mengen von Chemikalien auf die Agar-Oberfläche ge-legt, dann dringen diese Stoffe in das Medium ein und beeinflussen das Wachs-tum der Hefen, wenn die Platten bebrütet werden. Zellgifte verhindern das Wachs-tum, während harmlose Stoffe keine oder nur eine sehr geringe Wirkung haben. Wird das Wachstum der Hefen unterdrückt, so ist um die Substanz (Hemmstoff) auf dem Agar-Medium ein heller Hof zu erkennen. Durch die Zugabe von tinten-blauem Resazurin oder Methylenblau wird die Aktivität der Hefe noch deutlicher: Rosafärbung bis zur Entfärbung des Resazurins bzw. Entfärbung des Methylen-blaus zeigt lebende Hefezellen an (RADLER, F. 1981).
2. Da in Böden eine große Zahl an Mikroorganismen sind, welche in Konkurrenz zur Hefe treten, müssen diese vorher inaktiviert (erhitzen auf 105 °C) oder (im Auto-klaven) abgetötet werden.

30 min. nach 2-3 Tagen 5min	Gefahrstoff je nach verwendetem Gift	Sicherheit je nach verwendetem Gift Schutzhand- schuhe	Entsorgung Ausguß / Mülleimer

Geräte
Waage, Wägeschälchen, Spatel
Bunsenbrenner, Dreifuß, Drahtnetz
Topf als Wasserbad
Thermometer (0 bis 100 °C)
250 mL Erlenmeyerkolben
200 mL Weithalsflasche
Aluminiumfolie
0,1 mL Pipette, Pipettierhilfe
Glasstab
Dampfkochtopf

3 bis 5 Petrischalen
Parafilm- oder Tesakreppband

Chemikalien
Hefeextrakt, Agar, Glucose, Bäckerhefe
Kaliumdihydrogenphosphat (KH_2PO_4)

Proben: *Böden, Schwermetall-Lösungen*
verschiedene Pestizide aus dem Gartenbedarf
Salicyl-, Benzoesäure, NaCl, Natriumacetat
Kupfersulfat, Reiniger, Kaliumsulfat, Phenol,

Redoxindikator: *Resazurin oder Methylenblau*
pH-Indikator: *Bromthymolblau (neutral), Brom-*
phenolblau (saure) oder Phenolphthalein
(alkalische Nährlösung)

Ammoniumwismutacetat, Netzschwefel (Gar-tenbedarf) oder Thiosulfat

Durchführung: (Zeit 30 Min)
Sterilisation der Böden:
A Im Dampfkochtopf
100 g Boden in 200 mL Weithalsflasche mit 50 mL dem. Wasser anfeuchten und mit Aluminiumfolie locker verschließen.

Die Flasche in den Dampfkochtopf stellen und auf den Boden des Topfes etwas Wasser einfüllen. Den Dampfkochtopf sorgfältig schließen und mit höchster Stufe (III) aufheizen bis 2. Ring erscheint. Dann sofort auf kleinste Stufe (I) herunterschalten. Für 20 min müssen die zwei Ringe sichtbar bleiben. Anschließend den Topf so weit abkühlen lassen, bis die Ringe des Ventils wieder eingezogen sind. Erst dann den Topf öffnen!!

B Im Trockenschrank
Falls kein Dampfkochtopf vorhanden ist, muss der angefeuchtete Boden bei über 105 °C z.B. im Trockenschrank biologisch inaktiviert werden.

Agarmischung
1. Nährstoffe
1 g Hefeextrakt
(2 g Pepton)
2 g Glukose
0,1 g KH_2PO_4
1,5 g Agar

2. Nachweis der biologischen Aktivität
(Kleine Auswahl)

2.1 Reduktion
Spatelspitze Resazurin von blauviolett nach rot nach farblos bzw. Methylblau von blau nach farblos

2.2 Säure- oder Basenbildner:
Bromphenolblau von blauviolett (pH 4,6) nach gelb (pH3)
Bromthymolblau von blauviolett (pH 7,6) nach gelb (pH5,8)

2.3 Schwefelwasserstoffbildung
(brauner Niederschlag durch Bi_2S_3 bzw. Cu_2S)
150 mg Ammoniumwismutacetat
($NH_4Bi(H_3CCO_2)_4$ bzw. rotes Kupferoxid (Cu_2O)
200 mg Netzschwefel oder 1 g Natriumthiosulfat

2.4 Cyanid-Abbau
0,1 g rotes Blutlaugensalz
($K_3(Fe(CN)_6$) und Netzschwefel wird blau (Berliner Blau)

3. vorstehende Stoffe in **100 mL Leitungswasser** einrühren und im Wasserbad aufkochen. Erst nach dem Abkühlen auf 45-46°C Hefe zugeben.

4. Bei 45-46°C
5 mL Hefesuspension mit der Pipette zugeben und einrühren.
Hefesuspension: 50 mg Hefe auf
100 mL Leitungswasser

Herstellung der Agarlösung

Thermometer

250 mL Erlenmeyerkolben
mit Agarlösung

Wasserbad

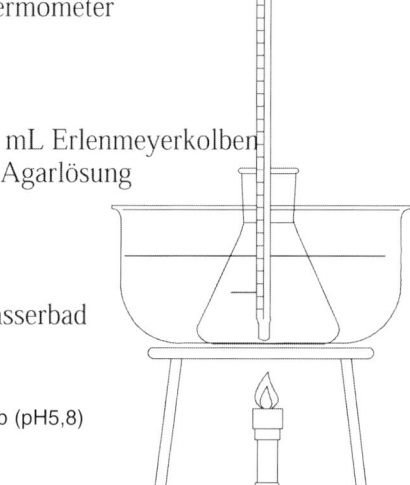

Ansetzen von Hefeextrakt-Agar:

In ein Wasserbad (Topf) wird ein 250 mL Erlenmeyerkolben gestellt. In diesen werden nacheinander 1 g Hefeextrakt, 2 g Glucose, 0,1 g KH_2PO_4, 1,5 g Agar, eine Spatelspitze vom Redox-Indikator Resazurin oder Methylenblau, und/oder die pH-Indikatoren Bromphenolblau oder Bromthymolblau oder Phenolphthalein usw. und 100 mL Leitungswasser gegeben. Dann wird das Wasserbad unter häufigem Umschwenken des Kolbens mit dem Bunsenbrenner zum Sieden gebracht. Das Anbrennen des Agars ist durch Rühren zu vermeiden. Vorsicht, Agar-Lösungen neigen beim Sieden zum Schäumen. Beim Beginn des Überschäumens sofort Gasflamme beiseite nehmen.

Ein Teil des heißen Wassers des Wasserbades wird ausgegossen und so viel kaltes Wasser nachgefüllt, dass eine Temperatur von 45 bis 46 °C eingestellt wird. Diese Temperatur unbedingt etwa 3 bis 5 min. halten, damit sich der Agar in dem Becherglas auch so weit abkühlt.

Hefesuspension:

50 mg Bäckerhefe (5 • 10^9 Zellen) werden in wenig Leitungswasser eingerührt und auf 100 mL aufgefüllt.

Hefe-Agar-Mischung:

Bei 45 °C bis 46 °C werden 5 mL Hefesuspension mit einer Pipette zu dem Agarmedium zugesetzt und durch leichtes Schwenken gemischt. Die Bildung von Schaumblasen soll vermieden werden.

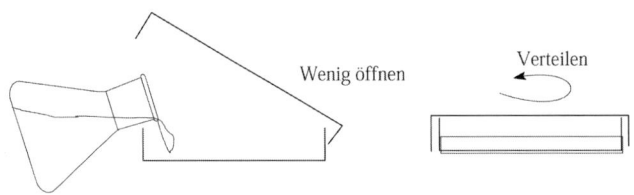

Wenig öffnen

Verteilen

Die Agarlösung wird in die Petrischalen gegossen. Die Petrischalen sollen hierfür nur wenig und kurzzeitig geöffnet werden. Der ganze Boden der Schale soll mit Agar bedeckt sein, was durch vorsichtiges Schwenken (Kreisen) der Schale auf der Tischplatte erreicht wird.

Die Schalen werden zum Erstarren des Agars, was innerhalb weniger Minuten erfolgt, auf eine waagerechte Tischplatte gestellt.

Untersuchungsobjekte:

Wenn möglich in einem vorher desinfizierten Abzug arbeiten. Die Petrischalen am Boden an drei Punkten mit einem Etikett oder Folienstift mit den Namen der Substanz, welche aufgetragen werden sollen, beschriften. Eine Platte ohne Probesubstanz bleibt als Kontrolle.

A Feststoffe: Böden, Gifte

Auf die Agar-Oberfläche über jedem der Punkte wird eine winzige (!) Menge (etwa 1 mg) verschiedener Substanzen gelegt. Dabei wird der Deckel der Petrischale möglichst wenig geöffnet. Zum Beispiel: 1. sterilisierter Boden, 2. Kupfersulfat, 3. Zahnpasta, 4. Kaliumsulfat, 5. Phenol, 6. Natriumacetat, 7. Benzoesäure, 8. Salicylsäure, 9. $Fe(II)SO_4$, 10. Kochsalz, 11. Haushaltsreiniger usw.

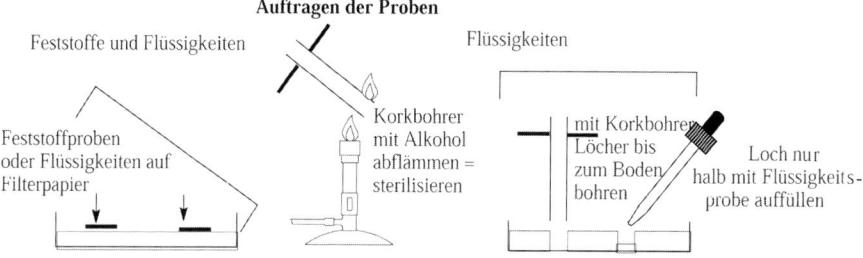

Auftragen der Proben

Feststoffe und Flüssigkeiten

Flüssigkeiten

Feststoffproben oder Flüssigkeiten auf Filterpapier

Korkbohrer mit Alkohol abflämmen = sterilisieren

mit Korkbohrer Löcher bis zum Boden bohren

Loch nur halb mit Flüssigkeits- probe auffüllen

B Flüssigkeiten

Mit dem Korkbohrer, welcher vorher durch Eintauchen in Alkohol und Abflämmen sterilisiert wurde, werden Löcher von ca. 1 cm Durchmesser gestanzt. Dazu muss die Agar-Agar-Schicht bis zum Boden ausgestanzt werden. In diese Löcher werden halbvoll die zu untersuchenden Flüssigkeiten oder Lösungen gegeben.

Bebrüten:

Anschließend werden die Petri- schalen am Rand mit Parafilm- oder Tesakreppband umklebt und 2 bis 3 Tage bei Zimmer- temperatur oder bei 25 bis 28 °C aufgestellt.

Die beschrifteten Platten etwas schräg lagern, damit das Kondenswasser möglichst abläuft und nicht auf die Agarschicht tropft. Probe darf dabei nicht aus dem Loch überlaufen!

Auswertung:

Nach dem Bebrüten werden die Platten verglichen. Der Durch- messer der Hemmhöfe (keine Trübung durch Hefekulturen), die unter dem Einfluss der ver- schiedenen Substanzen ent- standen sind, wird ausgemes-

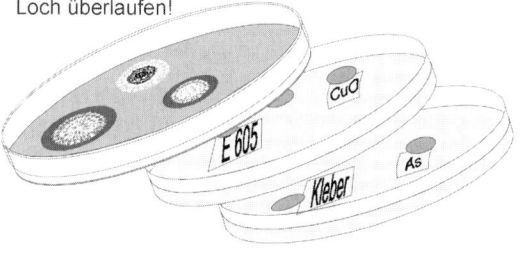

sen und notiert. Von den angegebenen Verbindungen lassen Kupfersulfat, Phenol, Benzoesäure und Salicylsäure (beides Entkoppler des Protonenpotenzials) eine deut- liche Hemmung des Hefewachstums erkennen. Gelegentlich können die Hemmhöfe den Durchmesser der ganzen Platte erreichen. Der tintenblaue Redoxin- dikator Resazurin wird nur durch lebendige Hefe rosa und dann ganz ent- färbt. Gebiete mit toter Hefe bleiben somit tin- tenblau. Zugesetzte re-

Auswertung der Agarplatte

kein Hemmhof keine Giftwirkung

Hemmhöfe um Probe Giftwirkung

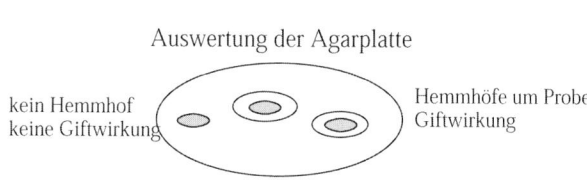

duzierende Substanzen (z.B.: $Fe(II)SO_4$) vermögen allerdings auch Resazurin zu ent- färben. Bei Böden wirken Pestizide, Schwermetalle, aber auch pflanzliche Gifte wie Tomatin hemmend auf das Hefewachstum.

Entsorgung:
Nach der Auswertung müssen die Petrischalen **ungeöffnet mit Parafilm** umklebt und sterilisiert (s. Seite 252) in den Hausmüll entsorgt werden. Eingetrocknete Petrischalen möglichst nicht öffnen. Sind neben den Hefekulturen noch andere Bakterien- oder Pilzkulturen gewachsen, dann müssen die Kulturen im Abzug mit einer 15%igen Salzsäure oder 10%igen Sagrotanlösung für 10 Minuten übergossen werden. Nach dem Abgießen der Desinfektionslösung können die Petrischalen in einem gut verschossenen Plastikbeutel in den Hausmüll gegeben werden.

8.2.5.2 Schwefelatmung der Hefe

Im Gegensatz zu uns Menschen kann die Hefe auch Schwefel als Sauerstoffersatz verwenden. Diese „Schwefelatmung" verläuft über uralte Stoffwechselwege, welche noch aus der Zeit vor der Sauerstoffatmosphäre stammen, und kann durch die Bildung von Schwefelwasserstoff verfolgt werden. Es zeigte sich, dass Schwermetalle und viele andere Gifte (vor allem Atmungsgifte) unter diesen Bedingungen weit weniger giftig für die Hefe sind, ja sogar von ihr entgiftet werden (z.B. Cyanid).
Die Schwefelwasserstoffbildung wird aus Schwefel oder Thiosulfat von der Hefe gebildet und durch zugegebenes Ammoniumwismutacetat nachgewiesen: Es bildet sich braunes bis schwarzes Wismutsulfid.

30 min. nach 2-3 Tagen 5min	Gefahrstoff je nach verwendetem Gift	Sicherheit je nach verwendetem Gift Schutzhand-schuhe	Entsorgung Ausguß Mülleimer

Vorschrift:
Analog obiger auxanografischen Methode, nur dass zum Ansatz des Hefeextraktagar zusätzlich noch 150 mg Ammoniumwismutacetat oder rotes Kupferoxid (Cu_2O) und 200 mg Netzschwefel (Schwefel-Tensid-Mischung) oder 1 g Natriumthiosulfat gegeben werden. Der Redoxindikator Resazurin kann weggelassen werden.

8.3 Biologische Sanierung von schwermetallhaltigen Böden

Schwermetallhaltige Böden und Wässer stellen oft ein hohes Gefahrenpotenzial dar:
Mobile Schwermetalle gefährden Trinkwasserversorgungen, was zu einer großen Zahl von Brunnenschließungen im Norddeutschen Raum wegen Bleibelastung führte.
Die Schwermetalle können auf Grund des kapillaren Aufstiegs des Bodenwassers bis in Gebäude vordringen, dort an den Wänden „ausblühen" und als Staub die Bewohner gefährden (z.B. Chromat in Wiesdorf/Leverkusen (1990) aus Ablagerungen der Firma Bayer, was zum Abriss der Gebäude führte).
Eine herkömmliche Sanierung von schwermetallhaltigen Böden durch Auskoffern und Bodenwäsche oder Verbringen auf eine Deponie scheitert oft an den damit verbundenen hohen Kosten, bzw. den beschränkten Deponieräumen und den Folgekosten der Deponiesicherung.

Grundsätzlich lassen sich Schwermetalle nicht wie organische Schadstoffe durch Verbrennen oder biologischen Abbau vernichten. Auch ein Auswaschen oder Ausgasen der Schwermetalle ist kaum möglich. Einzig ihre Immobilisierung beseitigt die Gefahr.

Zielsetzung des folgenden Verfahrens ist die biologische Immobilisierung von Schwermetallen vor Ort, die in Ihrem Verhalten Schwermetalllagerstätten entspricht, welche über geologische Zeiträume im Boden stabil verbleiben.

Patentanspruch (BARTSCH, U. et al. 1995):
Dieses Verfahren zur Sanierung schwermetallhaltiger Wässer und Böden ist dadurch gekennzeichnet, dass man in den zu behandelnden Böden und Wässern durch Zuführung von Hefe, biologisch abbaubaren organischen Stoffen, Schwefel bzw. Schwefelverbindungen Bedingungen herstellt, unter denen auch die im Boden schon vorhandenen Mikroorganismen Schwefelwasserstoff bilden, der mit den Schwermetallen zu Metallsulfiden reagiert.

8.3.1 Biochemisches Prinzip

Hefe als fakultativer Anaerobier
Anaerob: Bekannt ist die Hefegärung (Bier, Wein, Brot) bei der die Hefe den Zucker bei Sauerstoffmangel (anaerob) nur in Alkohol und Kohlenstoffdioxid umwandelt.

Aerob: Weit mehr Energie gewinnt die Hefe unter Sauerstoffzufuhr aus der Verbrennung von organischen Substanzen.

„Atmung ohne Sauerstoff": Neben Sauerstoff vermag die Hefe – wie viele andere Mikroorganismen auch – andere Oxidationsmittel wie z.B. Sulfat, Eisen-III-verbindungen und Schwefel und seine Verbindungen zu verwenden. Allerdings setzen diese Prozesse nicht mehr so viel Energie wie die Verbrennung mit Sauerstoff frei.

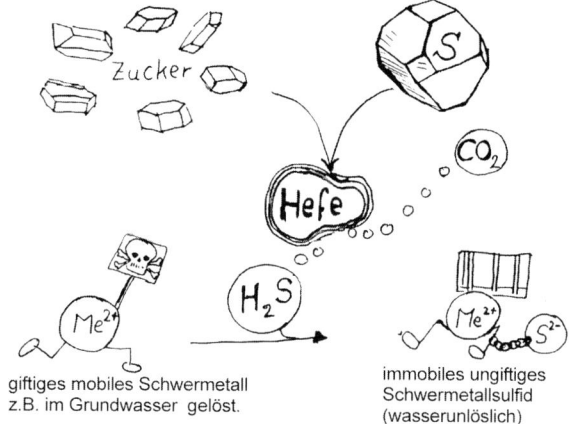

giftiges mobiles Schwermetall z.B. im Grundwasser gelöst.

immobiles ungiftiges Schwermetallsulfid (wasserunlöslich)

Diese Oxidationsmittel werden in der Reihenfolge ihrer Potenziale und Verfügbarkeit (Löslichkeit) von der Hefe benützt, sodass zwar dem Sauerstoffverbrauch die Eisen-III zu Eisen-II Re-

Überführung der für uns giftigen Schwermetalle in Sulfide, welche auch natürlich vorkommen und über geologische Zeiträume im Boden verbleiben.
Beispiele: Pyrit (FeS$_2$) Bleiglanz (PbS), Kupferkies (CuFeS$_2$)

Pyrit

duktion folgen sollte, dies aber wegen der Schwerlöslichkeit der Eisen(III)-oxide nur langsam abläuft. Verwendet die Hefe Schwefel und seine Sauerstoffverbindungen als Oxidationsmittel, dann werden diese zu Schwefelwasserstoff reduziert. Einige Schwermetalle induzieren bei der Hefe diese Schwefelwasserstoffbildung, da dieser die Schwermetalle durch Bildung der schwer löslichen Schwermetallsulfide entgiftet. Zusätzlich ist die Bildung von Schwefelwasserstoff thermodynamisch durch das Abfangen als wasserunlösliches Schwermetallsulfid begünstigt.

8.3.2 Anwendung in der Technik

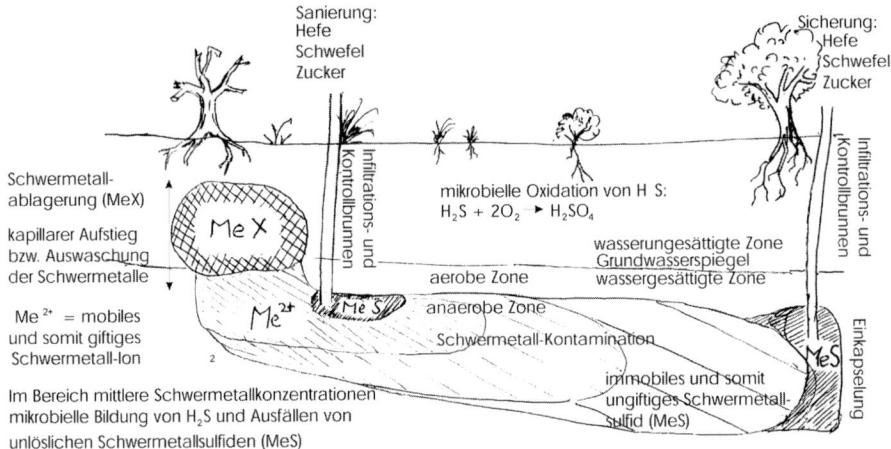

Sanierung:
Hefe
Schwefel
Zucker

Sicherung:
Hefe
Schwefel
Zucker

Schwermetall-ablagerung (MeX)

kapillarer Aufstieg bzw. Auswaschung der Schwermetalle

Me^{2+} = mobiles und somit giftiges Schwermetall-Ion

Im Bereich mittlere Schwermetallkonzentrationen mikrobielle Bildung von H_2S und Ausfällen von unlöslichen Schwermetallsulfiden (MeS)

Infiltrations- und Kontrollbrunnen

mikrobielle Oxidation von H_2S:
$$H_2S + 2O_2 \rightarrow H_2SO_4$$

wasserungesättigte Zone
Grundwasserspiegel
wassergesättigte Zone

aerobe Zone
anaerobe Zone
Schwermetall-Kontamination

immobiles und somit ungiftiges Schwermetall-sulfid (MeS)

Infiltrations- und Kontrollbrunnen

Einkapselung

8.3.3 Modellversuch

Von den im obigen Patentanspruch angesprochen Mikroorganismen kann die Hefe ohne Sicherheitsauflagen im Schullabor verwendet werden.

10 min. 1 Woche Pause 20 min.	Gefahrstoff ✖	Sicherheit Abzug Schutzbrille	Entsorgung Schwermetalllösung / Ausguß / Mülleimer

Geräte
Becherglas
durchsichtiges Gefäß
Waage
Messzylinder

Chemikalien
20 g schwermetallhaltigen Boden oder
 1 g rotes Kupferoxid und 20 g Quarzsand
2,8 g Zucker(Saccharose)
6,4 g Schwefel
ca. 35 mL Hefe-Suspension
 (auf 1 g Hefe 100 ml Wasser)

258

Versuch im Abzug durchführen

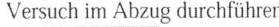

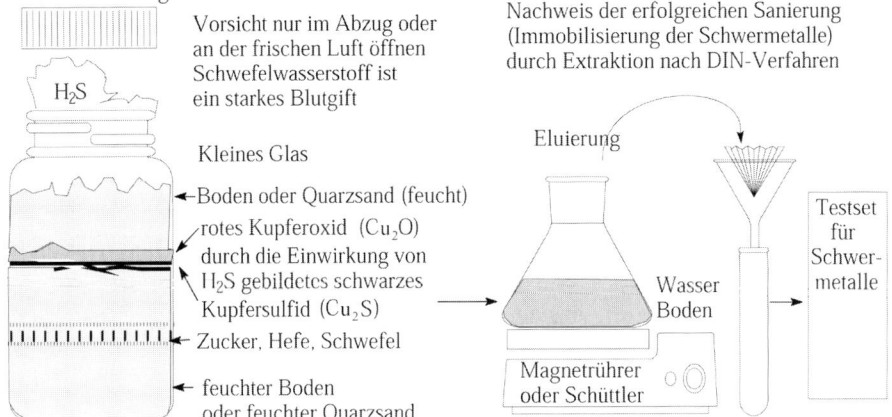

Vorsicht nur im Abzug oder
an der frischen Luft öffnen
Schwefelwasserstoff ist
ein starkes Blutgift

H₂S

Kleines Glas

←Boden oder Quarzsand (feucht)
rotes Kupferoxid (Cu₂O)
durch die Einwirkung von
H₂S gebildetes schwarzes
Kupfersulfid (Cu₂S)
← Zucker, Hefe, Schwefel

← feuchter Boden
oder feuchter Quarzsand

Nachweis der erfolgreichen Sanierung
(Immobilisierung der Schwermetalle)
durch Extraktion nach DIN-Verfahren

Eluierung

Wasser
Boden

Magnetrührer
oder Schüttler

Testset
für
Schwer-
metalle

Nachweis des Sanierungserfolges
Eluierung des Bodens nach dem deutschen Einheitsverfahren (S4)

Geräte	Chemikalien
Bechergläser	10 g schwermetallhaltiger Boden
Trichter zum Einfüllen	10 g sanierter Boden
Faltenfilter	dem. Wasser
Magnetrührer	Käufliche Schwermetall-Testsets
	(Merck, Macherey & Nagel, Hach, Lange)

Versuchsdurchführung:
Sanierung: 20 g des schwermetallhaltigen Bodens werden in ein Becherglas gegeben. Dazu kommen 2,8 g Saccharose, 6,4 g Schwefelpulver und ca. 35 mL Hefe
Suspension, die vorher so hergestellt wurde: Auf 1g Hefe wurden 100mL Wasser
gegeben. (Es sollte immer so viel Hefe Suspension auf das Boden-Zucker-Schwefel-
Gemisch geschüttet werden, dass im Becherglas keine Hefesuspension oberhalb
des Gemischs zu sehen ist.)

Diese Mischung wird nun in Filmdöschen gefüllt, deren Deckel ein kleines Loch
haben, durch das die entstehenden Gase entweichen können. Die Döschen werden
nun für ca. 24 Stunden bei einer Temperatur von 25-30 °C in den Trockenschrank
gestellt.

Eluierung:
1) 10 g des schwermetallhaltigen Bodens werden mit 100 ml dem. Wasser in ein
   Becherglas gefüllt und bei einer Temperatur von 60 °C eine Stunde (bzw. nach
   DIN Verfahren bei Raumtemperatur 24 Stunden; außerdem wenigstens 100 g Boden und 1 Liter dem. Wasser) mit dem Magnetrührer gerührt. Bei der Eluierung
   sollte der Abrieb durch Zerkleinerung vermieden werden. Danach wird der Boden
   – wenn nötig – mehrmals mit Trichter und Faltenfilter abfiltriert bis ein klares Eluat
   entsteht.
2) Das gleiche Verfahren wird darauf mit dem sanierten Boden durchgeführt.

Nachweis: Die Flüssigkeiten werden nun nacheinander nach Anleitung der Testsets auf Schwermetalle untersucht.

Ergebnis:
Im Eluat des sanierten Bodens sollte kein Kupfer mehr festzustellen sein, während im nicht sanierten Boden ca. 1 ppm Kupfer nachzuweisen sind.

8.4 Andere Mikroorganismen

8.4.1 Abbau von Zigarettenpapier durch Bodenlebewesen

Geräte
Marmeladengläser, Zigarettenpapier, transparentes Millimeterpapier

Vorschrift:
Auf den Boden und an die Seitenwand eines Marmeladenglases wird feuchtes Zigarettenpapier angedrückt und das Glas dann bis zur Hälfte mit feuchtem Boden gefüllt, sodass das Zigarettenpapier gut mit dem Boden in Berührung steht. Vorsichtig wird die Erde im Glas so befeuchtet, dass das Papier nicht unter Wasser gesetzt wird. Nun wird das Glas verschlossen.

Mehrmals pro Woche wird das Glas kontrolliert, um zu überprüfen, ob vor allem in der Umgebung des Zigarettenpapiers der Boden feucht ist, da die Bodenlebewesen nur bei ausreichender Feuchtigkeit aktiv werden können. Werden sie von der Luftzufuhr abgeschlossen, dann stellen diese ihre Tätigkeit ein, wofür allerdings andere (die Anaerobier) zum Zuge kommen. Diese bilden durch Faulung Methan-, Schwefelwasserstoff- und Ammoniakgas. Schwefelwasserstoff riecht nach faulen Eiern und Ammoniak nach Pferdemist.

Auf dem weißen Cellulosepapier entwickeln sich gelb, orange und rot gefärbte Zellhaufen von zelluloseabbauenden Bakterien (Mycobakteria, Myctobacteriaceae und Eubacterien Cellulomonas) (DAVID, W. 1981).

Da Bodenlebewesen auch ihre optimale Arbeitstemperatur besitzen, soll der Versuch auch bei verschiedenen Temperaturen durchgeführt werden. (Die optimale Temperatur dürfte zwischen 18 und 24 °C liegen.)

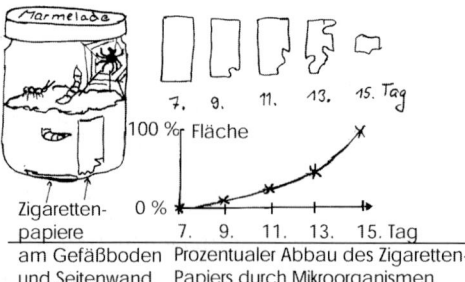

Zigaretten-
papiere
am Gefäßboden   Prozentualer Abbau des Zigaretten-
und Seitenwand   Papiers durch Mikroorganismen

Nach mehreren Tagen ist das Zigarettenpapier von den Bodenlebewesen völlig zerfressen. Dann lohnt es sich, durch Auflage eines durchsichtigen Millimeterpapiers das noch vorhandene Papier auszumessen. Leider muss dazu das Glas auf den Kopf gestellt werden, was nicht gerade einfach ist. Umgehen lässt sich dieses Umstülpen, indem das Glas auf den Fotokopierer gestellt kopiert wird und die Kopie ausgewertet wird oder der Boden mittels eines Spiegels betrachtet wird.

Vorschläge für Versuchsreihen, da ein Versuch nur aus dem Vergleich mit einem analogen, aber etwas variierten Versuch an Aussagekraft gewinnt:

1. *verschiedene Böden (humusreiche Gartenerde, Müllverbrennungsschlacke, Altlastenboden, Waldboden, Ackerboden....)* bei gleicher Wasserzugabe und gleicher Temperatur (gleichem Standort des Versuches, z.B. Fensterbank) untersuchen. Ziel ist es, herauszufinden, welcher Boden biologisch besonders gut besiedelt ist und in welchem aus Laub besonders schnell Humus wird und dann Mineralien freigesetzt werden.

2. Untersuchen, *ob Bodenbakterien auch im Winter arbeiten.*
Dazu eine Bodenprobe mit dem Zigarettenpapier in den Kühlschrank geben und eine gleichartige Probe in einem warmen Raum lagern (nicht auf die Heizung stellen, da dann das Wasser verdampft und im Deckel kondensiert und die Bodenbakterien und -pilze im Trockenen ihre Arbeit einstellen). Dies ist z.B. interessant für den Abbau des Laubes im Winter. Allerdings ziehen an frostfreien Tagen Regenwürmer das Laub in den Boden und bereiten dessen Zersetzung in tieferen, frostgeschützteren Schichten vor.

3. Untersuchung der *Wirkung von Schadstoffen* auf Bodenlebewesen:
Das Zigarettenpapier mit verdünntem Kupfersulfat oder mit einer Bleisalzlösung oder mit einem Öltropfen oder mit einem Pestizid (z.B. Antipilzmittel =Fungizid) oder Waschmittel oder Kaliumnitrat (Dünger) oder Blumendünger oder..... tränken. Hier sind unendlich viele eigene Ideen vorstellbar.
Wichtig ist, dass ein Vergleichsversuch (Blindprobe) gemacht wird, bei dem der gleiche Boden mit einem Zigarettenpapier ohne Schadstoffe gleichartig behandelt wird.

4. Zersetzung **bei Luftzufuhr** bzw. **unter Luftabschluss:**
In einem Gefäß wird Zigarettenpapier und Boden vollständig mit Wasser bedeckt. Zum Vergleich wird in einem anderen Gefäß der Boden nur angefeuchtet. Hierdurch kann untersucht werden, ob der Abbau von organischem Material mit Anaerobiern oder mit Aerobiern schneller vonstatten geht. Der Geruch des mit Wasser überfluteten Bodens ist nach der Öffnung des Gefäßes zu vergleichen mit dem Geruch des nur feuchten Bodens. Ersterer sollte unangenehm faulig stinken.

Konsequenzen und Anwendungen:
Das Zigarettenpapier besteht vornehmlich aus Cellulose, welche leicht abgebaut werden kann. Der Abbau von Lignin im Papier und Holz ist erheblich schwieriger und wird vor allem durch Enzyme von Bakterien und Pilzen verursacht, von letzteren ist am eingehendsten der Weißfäulepilz untersucht (Phanerochaete *Chrysosporium*). Seinen Namen bekam dieser Pilz durch seine Fähigkeit, im Holz das gelbliche Ligninpolymer abzubauen und die weiße Zellulosefaser übrig zu lassen, was vor allem für die Papierindustrie von Bedeutung ist. Dieser Pilz kann auch eine Vielzahl persistenter Schadstoffe wie Dioxine, DDT, Di- und Trinitrotuluole, Benzpyren, polychlorierte Biphenyle (PCB) und Phenole abbauen (SCHNEIDER, H. 1994).

Für die Sanierung von Altlasten mit ausgedehnten grundwasserverseuchten Gebieten ist von Bedeutung, dass dieser Weißfäulepilz auch die Lösungsmittel Benzol, Toluol, Ethylbenzol, Xylol (BTEX) abzubauen vermag.

8.4.2 Bakterielle Untersuchung von Erde und Sand in Kinderspielplätzen

Da Böden nicht keimfrei sind, Spielplätze aber zumindestens nicht durch Kolibakterien von Hunden verseucht sein sollen, ist folgender Versuch zum Nachweis von Bakterien sehr einfach und eindrucksvoll:

Geräte, Chemikalien
Petrischalen, Becherglas, Wärmeschrank oder Joghurtmaschine, Heizplatte, Agar, Phenolphthaleïnlösung, Soda.

Vorbereitung:
Agarnährboden wird in heißem Wasser aufgekocht und mit etwas Phenolphthaleïnlösung und mit (basischem) Soda versetzt, bis die Mischung rot ist. Die rote Farbe wird vom Phenolphthaleïn verursacht, das ein Indikator für Laugen ist. Der heiße Nährboden wird in eine Petrischale gegossen und verschlossen abgekühlt.

Sand und Bodenproben werden auf das Nährmedium in der Petrischale aufgebracht und über Nacht im Wärmeschrank bei 37 °C bebrütet.

Günstiger wäre es, einen Abdruck des Bodens zu machen, um die Dichte der Bakterien auf dem Boden nach dem Bebrüten erkennen zu können.

Beobachtung:
Die farblosen Höfe im sonst rosaroten Nährmedium zeigen, dass sich Bakterienkolonien ausbreiten. Diese erzeugen Säure, welche das basische Nährmedium neutralisiert – was durch die Entfärbung von Phenolphthaleïn angezeigt wird.

Entsorgung:
Die erbrüteten Bakterien in den verschlossenen Petrischalen müssen durch Erhitzen bei etwas über 100 °C unschädlich gemacht werden. Dies geschieht z.B. in einem Dampfkochtopf oder im Trockenschrank.

8.4.3 Harnstoffspaltung durch Urease – ein Enzym des Stickstoffkreislaufs

In Organismen werden freies Ammoniak (NH_3) und letztendlich auch die (NH_2-) Aminogruppen aus dem Aminosäurestoffwechsel durch die Synthese von Harnstoff gebunden und somit entgiftet. Freies Ammoniak kann nämlich als ungeladenes Molekül leicht die Zellmembranen passieren und durch seine basische Reaktion bestimmte Zellfunktionen stören oder sogar hemmen. Harnstoff gelangt somit als wichtiges tierisches Stickstoffausscheidungsprodukt in den Boden. Vögel produzieren Harnstoff, um mit dem daraus freisetzbaren Ammoniak ihren Säure-Base-Haushalt bei der Kalkschalenbildung zu regulieren und Pilze (z.B. Champignons) nutzen den Harnstoff als zeitweilige Stickstoffspeichersubstanz (Lexikon der Biochemie 1995). Außerdem ist Harnstoff ein wichtiger, weltweit verwendeter Stickstoffdünger.

Aus Pflanzenresten und Mikroorganismen gelangt das Enzym Urease in den Boden und bewirkt dort die Spaltung des Harnstoffs mittels Wasser in Kohlenstoffdioxid und Ammoniak. Sie erfüllt hiermit eine wichtige Rolle im Stickstoffkreislauf. Harnstoff ist ein sehr stabiles Molekül ($t_{1/2}$ = 3,6 Jahre bei 38 °C), doch mit dem Nickel-Reaktionszentrum der Urease wird die Hydrolysegeschwindigkeit um den Faktor 10^{14} stark erhöht (KAIM, W., SCHWEDERSKI, B 1991). Die Urease wird an Humus und Tonmineralien adsorbiert und stabilisiert, das heißt ihre Aktivität wird kaum durch Lufttrocknen oder Bodenlagerung (-60 bis 22 °C) beeinflusst. Außerdem zeigt die Urease eine deutliche saisonale Abhängigkeit. Auf Schwermetalle reagiert sie unterschiedlich.

Geräte
Reagenzgläser
passende Gummistopfen
Reagenzglasständer
Spatel

Pipette (1 mL)
Wasserbad oder Trockenschrank
wasserfester Stift

Chemikalien
rotes Lackmuspapier
dem. Wasser
Harnstoff-Lösung (1 %)
naturfeuchter Boden (jeweils 1g pro
 Ansatz)
verdünnte Kalilauge (0,1 %)
verdünnte Schwermetalllösungen (0,01 %)

Durchführung:
Jeweils 1 g naturfeuchter Boden wird in ein beschriftetes Reagenzglas gefüllt und mit 1 mL Harnstoff-Lösung (1 %) befeuchtet. Bei einer Leerprobe werden dem Boden stattdessen 1 mL dem. Wasser zugesetzt. Die Reagenzgläser werden so mit einem Gummistopfen verschlossen, dass ein eingeklemmtes Stück rotes Lackmuspapier frei in den Innenraum des Reagenzglases zeigt. Alle Gläser werden in einen Reagenzglasständer gestellt und 1,5 h bei 37 °C im Wasserbad oder im Trockenschrank inkubiert. Um die Wirkung von verschiedenen Schwermetallen auf das Enzym zu testen, können in die Reagenzgläser, die mit Harnstoff-Lösungen versetzt wurden, zusätzlich noch jeweils 1 mL einer verdünnten Schwermetallsalzlösung pipettiert werden. Nach der Inkubation wird die Farbe des Lackmuspapiers beobachtet.

Ergebnis:
Ein Farbumschlag von rot nach blau zeigt eine Ureaseaktivität mit Ammoniakfreisetzung an und weist auf ein gesundes Bodenleben hin. In der Leerprobe bleibt das Papier rot.

In einigen Fällen ist es vielleicht notwendig, das als Reaktionsprodukt adsorbierte Ammonium durch kurzes Öffnen des Reagenzglases und Zugabe einiger Tropfen verdünnter Kalilauge als Ammoniak freizusetzen. Dabei müssen aber immer zwei Proben des gleichen Bodens, eine vor und eine nach der Inkubation, verglichen werden, um auch sicher den enzymatischen Anteil der Ammoniakfreisetzung zu bestimmen.

Harnstoffspaltung im Boden*

Zwischen Reagenzglas und Stopfen
feuchtes rotes Lackmuspapier
klemmen, so daß es in die Luft ragt

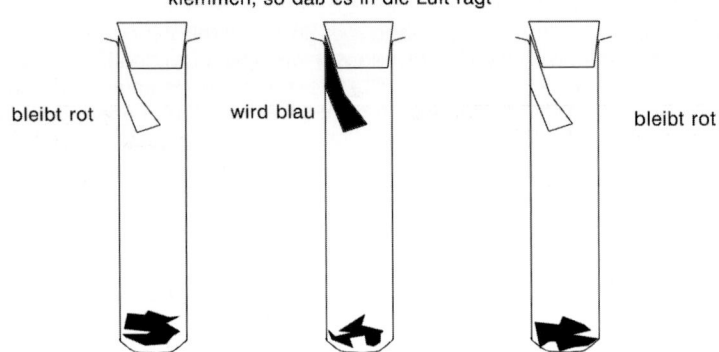

bleibt rot   wird blau   bleibt rot

Reaktion bei mäßiger Wärme (schneller bei 37 °C im Wasserbad oderTrockenschrank)

		2 Kaffeelöffel feuchter
2 Kaffeelöffel feuch- ter Gartenboden	2 Kaffeelöffel feuchter Gartenboden mit 1 Spatelspitze Harnstoff gründlich mischen	Gartenboden mit 1 Spatelspitze Harnstoff und mit 5ml verdünn- ter (0,1%) Schwermetalllösung gründlich mischen
* modifiziert nach Bukatsch		

Abb. 47: Harnstoffspaltung im Boden (modifiziert nach BUKATSCH in BRUCKER, G. 1990).

8.5 Pflanzen

8.5.1 Keimung und Keimling der Gartenkresse auf Böden, wässrigen Bodenauszügen und Schwermetall-Lösungen

Um die unterschiedliche Belastung oder Düngung von Böden zu erkennen, können wir schnellwachsende Pflanzen wie Kresse anbauen und deren Wachstum, z.B. nach einer Woche, vermessen. Dabei muss für eine gute und gleiche Beleuchtung und Wasserversorgung aller Böden gesorgt werden.

Leichter ist dies zu erreichen, wenn der Boden mit Wasser überschichtet wird und die Kresse auf einem Floß keimt. Dann ist auch das Wurzelwachstum gut zu beobachten und zu vermessen (LÖSCHER, K. 1989). Unter Umständen muss berücksichtigt werden, dass dieses Floß selbst Giftstoffe (Lösungsmittel des Klebers und Monostyrol) enthält, welche eine Messung auf analoge organische Stoffe verfälschen.

Da wir die Versorgung des Bodens mit Stickstoffdünger nicht kennen, lohnt es sich, in einem Vergleichsversuch den Boden mit einer Nitratlösung zu überschichten, was den Vorteil hat, andere Salze aus dem Boden durch Austausch freizusetzen.

Folgende Versuche mit Böden und Schwermetall-Lösungen sind möglich:
1. Kresse direkt auf diesen Boden aussäen.

2. Boden mit dem. Wasser überschichten und Kresse auf einem Floß aussäen.
3. Boden mit verdünnter 0,001% Kaliumnitratlösung überschichten und Kresse auf einem Floß aussäen.
4. Kressewachstum auf Schwermetalllösungen von einem weiten Konzentrationsbereich bestimmen.

Vorschrift:

Ansatz: 20 min. mit 1 Woche Pause Auswertung: 30 min	Gefahrstoff je nach verwendeter Lösung	Sicherheit	Entsorgung:

Geräte
3 hohe 250 mL Bechergläser oder
3 gleiche Marmeladengläser
3 mm Styroporplatte,
Styroporkleber,
Rasierklinge oder Messer
Nylonsiebgewebe: (Verbandsmaterial)
 Maschenweite 0,65 mm zwei
1 L Messkolben
100 mL Messzylinder
Waage mit 0,1 g-Anzeige,
bei Versuch mit Schwermetallsalzen 1 mg

Chemikalien
5 L bidest. Wasser
Kaliumnitrat
Bleinitrat
Cadmiumacetat oder Cadmiumnitrat

Lösungen:
0,1 % Kaliumnitratlösung (I):
1 g KNO_3 im 1 L Messkolben mit 1 L dem. Wasser auffüllen, verschließen und schütteln.

0,001 % Kaliumnitratlösung (II):
10 mL 0,1% Kaliumnitratlösung (I) im 1L Messkolben mit 990 mL dem. Wasser auffüllen, verschließen und schütteln.

Schwermetall-Lösungen:[1]
Blei-Stammlösung: 200 ppm 10^{-3} mol/L für 2 Versuchsreihen:
320 mg Bleinitrat mit 1000 mL Kaliumnitratlösung (II) im 1 L Messkolben bis zur Marke auffüllen.

Cadmium-Stammlösung: 20 ppm $2 \cdot 10^{-4}$ mol/L für 2 Versuchsreihen:
55 mg Cadmiumnitrat ($Cd(NO_3)_2 \cdot 4H_2O$) bzw. 41 mg Cadmiumacetat ($Cd(CH_3COO)_2$) mit 1000 mL Kaliumnitratlösung (II) im 1 L Messkolben bis zur Marke auffüllen.

---

[1] Die Schwermetall-Stammlösungen sind wegen des hohen Gefahrenpotentials der festen Schwermetallsalze nur von Erwachsenen herzustellen. Von den Lösungen geht für die SchülerInnen bei der Verwendung von Pipettierhilfe und Bürette keine Gefahr aus. Die Lösungen sind nicht unbegrenzt haltbar, da Glaswände erhebliche Mengen an Cadmium- und Blei-Ionen adsorbieren. Entsorgt werden die Schwermetalllösungen am Besten durch Eindunsten im Abzug bzw. durch Ausfällen der Schwermetalle mit Eisenwolle und verd. Schwefelsäure und Sammeln der festen Rückstände im Schwermetall-Sammelbehälter.

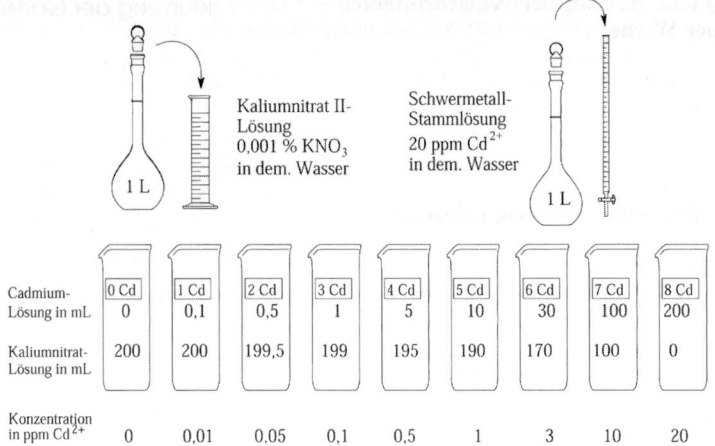

Cadmium-Lösung in mL	0 Cd 0	1 Cd 0,1	2 Cd 0,5	3 Cd 1	4 Cd 5	5 Cd 10	6 Cd 30	7 Cd 100	8 Cd 200
Kaliumnitrat-Lösung in mL	200	200	199,5	199	195	190	170	100	0
Konzentration in ppm Cd^{2+}	0	0,01	0,05	0,1	0,5	1	3	10	20

Übersicht der Arbeitsschritte:

1. Alle Glasgeräte müssen zuerst mit wenig Seifenlösung und dann mit wenig dem. Wasser mehrmals gründlich ausgespült werden.
2. Die Bechergläser werden laut Tabelle nummeriert und beschriftet.
3. Ansetzen der KNO$_3$-Lösung.
4. Es werden mit der Brief- oder Küchenwaage 50 g luftgetrockneter Boden in das Becherglas gewogen.
5. Bis zur 200 mL Marke wird die entsprechende Menge an KNO$_3$-Lösung (II) zugegeben und die Bodensuspension gründlich vermischt.
6. Die Styroporflöße werden mit der Gaze nach oben in die Bechergläser gelegt, wobei sich keine Luftbläschen unter der Gaze bilden dürfen.
7. Auf die Gazeflöße werden 5 Kressesamen gegeben (in der Anordnung wie die Augen beim Würfel).
8. Den Wasserstand am Becherglas außen markieren und regelmäßig das verdunstete Wasser vorsichtig mit bidest. Wasser auffüllen, sodass keine Pflanze weggespült wird.
9. Die Auswertung des Pflanzenwachstums erfolgt nach einer Woche.

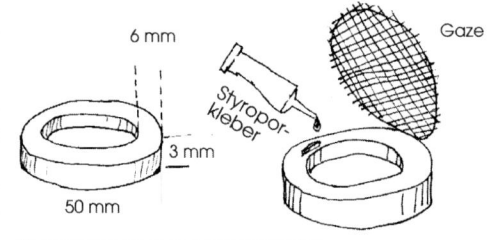

Styroporring aus 3 mm Styroporplatte

Styropor-Gaze-Flöße (2 Flöße werden benötigt). Aus der Styroporplatte wird nach nebenstehender Zeichnung ein Ring geschnitten, welcher in die 250 mL Bechergläser passt.

Aus dem Nylonstoff wird ein Kreis mit 50 mm Durchmesser geschnitten und auf den Styroporring geklebt.

**Bergung und Messung der Versuchspflanzen
nach einer Woche**

Keimling der Gartenkresse

Material
- Bogen schwarzes Papier,
- Petrischalen (10cm Durchmesser)
- Rasierklingen
- Klarsichtlineal
- Lupen ca. 7x
- harte Pinzetten, Federstahlpinzetten

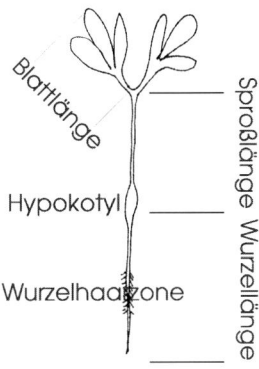

Auswertung:
1. Floß mit Keimling **schnell** in eine vorher mit Wasser gefüllte Schüssel überführen, sodass die Wurzelhaare feucht bleiben. Die im Becherglas abgesunkenen Keimlinge verwerfen.
2. Das Floß im Wasser festhalten und die Sprosse direkt über der Gaze (am Hypokotyl, siehe Bild) mit der Rasierklinge abschneiden und die Länge der Sprosse und der Blätter vermessen.
3. Die Wurzeln mit einem spitzen Gegenstand nach unten stoßen und in eine wassergefüllte Petrischale umgießen.
4. In dieser Petrischale mit der Lupe die Wurzelhaarzone suchen und deren Länge und Breite messen und Länge der Gesamtwurzel messen.
5. Die Mittelwerte der Messungen (Wurzellänge, Sprosslänge, Blattlänge, Länge der Wurzelhaarzone) in das Protokoll eintragen und grafisch gegen den zugehörigen Boden auftragen.

Boden	Wurzelbereich				Sprossbereich			
über-schich-tet mit	Anzahl gekeimt. Samen	Wurzel-länge (mm)	Anzahl der Wur-zeln mit Wurzel-haaren	Wurzel-haar-Länge x Breite (mm)	Spross-länge (mm)	Blattfarbe 1=dunkelgrün 2=grün 3=gelbgrün 4=grüngelb 5=gelb 6=gelbweiß 7=braungelb 8=braun	Blattlänge (mm)	Blattentwick-lung 1 = voll 2 = entfaltet 3 = kaum 4 = nicht ent-faltet
H_2O								
KNO_3								
feucht								

Verkürztes Beispiel:

Erde 1	Wurzelbereich				Sprossbereich			
H_2O	5	43,5	4	2,5*2,0	17,3	2,0	10,3	1
KNO_3	5	64,3	4	2,0*1,0	15,4	2	10,7	1
feucht	5	40,3	-	-	14,2	1,3	7,5	1

Anhang 1: Gesetze und ihre Anwendung

1 Bundes-Bodenschutzgesetz

„Viele Unternehmen (und Häuslebauer) sind heute bereits pleite. Sie wissen es nur noch nicht", war ein zynischer Ausspruch zur Altlastenproblematik.

Vertuschen, verheimlichen und möglichst verkaufen, hieß bisher die optimale Devise beim Entdecken von Bodenverunreinigungen, wenn man nicht seinen finanziellen Ruin herauf beschwören wollte. Hierdurch wurden die Schäden verschleppt und zumeist noch vergrößert.

Das neue **B**undes-**Bod**en-**Sch**utz-**G**esetz (BBodSchG) schafft jetzt mehr Rechtssicherheit und gibt Hilfsmittel an die Hand, mit denen eine kalkulierbare, offensive Strategie der Gefahrenerforschung und Sanierung möglich wird (GROTHMANN, T. 1998).

Bisher gab es für den Boden keine rechtsverbindliche Regelung und damit gesetzliche Begrenzung für schädliche Inhaltsstoffe. Man behalf sich deshalb mit etwa 30 verschiedenen Regelwerken, z.B. der Klärschlammverordnung, der Holland-, der Klockeliste und verschiedenen kommunalen und regionalen Tabellenwerken als Richtwerte. Es bestand somit keine gesetzliche Verpflichtung für eine Sanierung des Bodens mit der Ausnahme, dass von diesem Boden eine Gefahr für andere Schutzgüter wie dem Grundwasser (WHG), der Luft (BImSchG) oder der Nahrungsmittelproduktion ausging.

Vor dem Bodenschutzgesetz war der Boden nur in Hinblick auf einen **„Schutz der öffentlichen Sicherheit und Ordnung"** geschützt. Dies bedeutete ein Schutz
1. des Grundwassers gegen Verunreinigungen,
2. der Gesundheit der auf diesen Boden lebenden Menschen und des Eigentums, gegen Vermögenseinbußen, z.B. durch Bodenkontaminationen

Geltungsbereich
Betroffen von dem seit 1.März 1999 gültigen BBodSchG sind die obere Erdkruste einschließlich dem darin enthaltenen Wasser und die Bodenluft. Das Bodenschutzgesetz gilt nicht für den Grundwasserbereich und die Gewässerbetten.

§1 Zweck und Grundsätze des Gesetzes
Zweck dieses Gesetzes ist es, nachhaltig die Funktion des Bodens zu sichern oder wiederherzustellen. Hierzu sind schädliche Bodenveränderungen abzuwehren oder der Boden und die Altlasten sowie hierdurch verursachte Gewässerverunreinigungen zu sanieren und Vorsorge gegen nachteilige Einwirkungen auf den Boden zu treffen. Bei Einwirkungen auf den Boden sollen Beeinträchtigungen seiner natürli-

chen Funktionen sowie seiner Funktion als Archiv der Natur- und Kulturgeschichte – soweit wie möglich – vermieden werden.

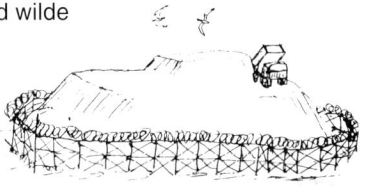

Altlasten können entweder **Altstandorte** (von stillgelegten Betrieben, auf denen mit umweltgefährdenden Stoffen umgegangen wurde) oder **Altablagerungen** von Müll, Verfüllungen, stillgelegte Abfallbeseitigungsanlagen und wilde Deponien sein.

Zusätzlich zum Schutz des Grundwassers, der Gesundheit der auf dem Boden lebenden Menschen und des Eigentums ist im neuen Bodenschutzgesetz die Vorsorge und Gefahrenabwehr gegen schädliche Bodenveränderungen verankert. Dabei soll der Boden in seiner **ökologischen Funktion** erhalten bleiben und wieder hergestellt werden. Darunter wird verstanden

1. Die natürlichen Funktionen des Boden als
- Lebensgrundlage und Lebensraum für Menschen, Tiere, Pflanzen und Bodenorganismen
- Bestandteil des Naturhaushaltes, insbesondere mit seinen Wasser- und Nährstoffkreisläufen,
- Filter und Puffer z.B. für das saure Regenwasser und andere Schadstoffe zum Schutze des Grundwassers
2. Der Boden als Archiv der Natur- und Kulturgeschichte
3. Der Boden in seinen Nutzungsfunktionen:
- Rohstofflagerstätte,
- Fläche für Siedlung und Erholung,
- Standort für land- und forstwirtschaftliche Nutzung und
- Standort für sonstige wirtschaftliche und öffentliche Nutzungen, Verkehr, Ver- und Entsorgung.

Das Bodenschutzgesetz schützt allerdings den Boden nicht um seiner selbst Willen, sondern in Hinblick auf **die Nutzbarkeit durch den Menschen**: Drohen dem Boden Gefahren, welche für den Menschen ohne Bedeutung sind, weil etwa sich der Boden in unbewohnter Umgebung befindet, so ist der vom BBodSchG errichtete Pflichtkatalog nicht an-

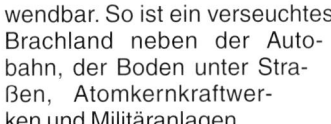

wendbar. So ist ein verseuchtes Brachland neben der Autobahn, der Boden unter Straßen, Atomkernkraftwerken und Militäranlagen

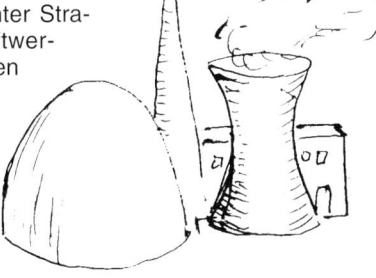

nicht durch das BBodSchG geschützt. Im Bodenschutzgesetz findet sich darüber hinaus die Einschränkung: „Wenn dies verhältnismäßig und zumutbar ist". Will sagen, dass die Interessen der Nutzer Vorrang vor dem Schutz des Bodens haben. Drei wichtige Punkte sind im BBodSchG enthalten:

I. Das BBodSchG stellt zunächst die **Vorsorgepflichten** in den Vordergrund, damit der Boden langfristig durch stoffliche und physikalische Einwirkungen in seiner ökologischen Leistungsfähigkeit nicht überfordert wird.

II. Den zweiten Schwerpunkt bilden die Bestimmungen zur **Sanierung von Altlasten**. So schließen behördliche Sanierungsverfügungen weitere Genehmigungen wie immissionsschutzrechtliche Genehmigungen mit ein.

III. Drittens kann nun der Grundstückseigentümer durch Rechtsverordnung verpflichtet werden, dauerhaft nicht mehr genutzte Flächen zu **entsiegeln**.

Gerade an die Untersuchung und Bewertung von Flächen mit dem Verdacht auf eine Bodenverunreinigung oder Altlasten, an die Sicherungs-, Dekontaminations- und Beschränkungsmaßnahmen, sowie an die Sanierungsplanung stellt das BBodSchG klare Anforderungen.

Die durch die Sanierung anzustrebenden Bodenwerte werden – im Gegensatz zu den Vorsorgeanforderungen – **von der späteren Nutzung des Bodens bestimmt**.

Wir wollen den Fall eines Grundstückkaufes oder der Erbschaft eines Grundstückes mit Altlasten annehmen und dazu die einschlägigen Gesetze betrachten.

Um finanzielle und/oder gesundheitliche Gefährdungen abzuwehren, lohnt es sich zuerst Verdachtsmomente zu sammeln:

1. Stadium: Der Verdacht

Verdacht sollte aufkommen, wenn das Grundstück nahe bei Straßen wie Eisen- und Hüttenstraße liegt. Ebenso können die in der Nachbarschaft betriebenen Galvanikbetriebe, Farbproduktionen, Pharmaindustrie, Chemiegewerbe, Glashütte, Buntmetallhütte oder chemische Reinigungen den Boden kontaminiert haben. Verkäufer, Behördenakten, Altlastenkataster, Kirchenchronik, Archive, Luftbilder, Betriebschroniken, Produktionsunterlagen, Literatur zur speziellen Produktionsanlage und Nachbarn können dazu Auskunft geben. Dies ist deshalb von Bedeutung, da der Käufer des Grundstückes umfassend in die Rechte, aber vor allem auch in die Pflichten des Verkäufers eintritt. Die Zustandshaftung, d.h. die Haftung für vom Grundstück ausgehende Gefahren, geht voll auf den Käufer über. Einen Grundstückskauf mit beschränkter Haftung gibt es nicht. Auch eine vertraglich vereinbarte Gewährleistung für Altlastenfunde nach dem Kauf verjährt nach einem Jahr, wenn nichts anderes festgelegt wurde.

Der Verkäufer muss auch *ungefragt* Auskünfte über Bodenbelastungen geben. Wenn er dies nicht tut, begründet dies eine arglistige Täuschung mit Schadensanspruch des Käufers. Bloße Vermutungen des Verkäufers, dass keine Bodenverunreinigungen vorliegen, sind unzulässig.

Die Behörden müssen bei der Auskunft über die Belastung eines Grundstückes den *Datenschutz*, aber auch das *berechtigte Interesse des Käufers* und das *Umweltinformationsgesetz (siehe Anhang 1.10 „Freedom of Information Act")* berücksichtigen.

Bei der Vertragsgestaltung ist es unabdingbar, einen sachkundigen Rechtsanwalt und/oder Notar hinzuzuziehen, damit man nicht auf den Kosten für später aufgedeckte Altlasten (Sanierungsbedarf!) oder Bodenverunreinigungen (Mängel) sitzen bleibt. Schon bei den Vertragsverhandlungen sollen – wenn möglich – entsprechende Gewährleistungsansprüche fixiert werden. Allerdings verjähren Gewährleistungsansprüche – wenn nicht anders vereinbart – schon nach einem Jahr. Zumindest soll kein Grundbucheintrag ohne vorherigen Altlasten-Check erfolgen, d.h. ggf. soll ein qualifiziertes (u.U. teures) Gutachten vor dem Kauf eingeholt werden.

Auch Vermieter können – wenn sie sich nicht rechtlich abgesichert haben – für grundwasserschädigendes Verhalten des Pächters herangezogen werden, falls der Vermieter dieses Verhalten pflichtwidrig duldete.

Hat man ein Grundstück mit schädlichen Bodenverunreinigungen oder Altlasten erworben, dann kann dieses durch eine Sanierung aufgewertet werden:

2. Stadium: Die Gefahrerforschung

Besteht ein Verdacht, dann sollte untersucht werden, ob sich dieser erhärten lässt.

Dabei geht es um den Begriff der Gefahr: Diese besteht, wenn es bei ungehindertem Ablauf mit hinreichender Wahrscheinlichkeit zu einem Schaden für die Schutzgüter der öffentlichen Sicherheit führen würde. Dabei sind die Anforderungen an diese Wahrscheinlichkeit des Schadenseintrittes umso geringer, je höherwertig das Schutzgut ist. So sollte die menschliche Gesundheit das höchste Gut sein. Das Grundwasser wurde bisher als höheres Schutzgut als die ungestörten Bodenfunktionen angesehen. Wie weit sich dieses durch die Auslegung des neuen BBodSchG ändert bleibt abzuwarten.

Wenn lediglich der **Verdacht einer Bodenverunreinigung** besteht, muss die Behörde die **Kosten für die Gefahrenermittlung** tragen und dies unabhängig davon, ob sich schließlich die Gefahr bestätigt oder nicht.

Anders liegen die Dinge z.B., wenn ein Tankzug mit Öl verunglückt und eine nicht zu ermittelnde Menge Öl ausläuft, die möglicherweise das Grundwasser gefährdet, dann muss der Verursacher die Kosten für die Untersuchung zur Gefährdungsabschätzung übernehmen. Da hier ein hohes Schutzgut – das Grundwasser – gefährdet war, kann auch bei Entwarnung der Verursacher nicht die Kosten für die Untersuchung von den Behörden fordern. Ermittelt die Behörde bei einem Verdacht, dann ist eine orientierende Untersuchung zu dulden.

Stellt sie bei den Untersuchungen z.B. Schadstoffwerte, welche die Prüfwerte überschreiten, fest, dann hat die Behörde zu entscheiden, ob eine schädliche Bodenveränderung oder Altlast vorliegt:

3. Stadium: Die Gefahrermittlung

Liegt nicht nur ein Gefahrenverdacht, sondern eine echte Gefahr vor, muss eine Gefährdungsabschätzung vorgenommen werden. Die Kosten für diese Maßnahme muss entweder der Verursacher oder der Grundstücksbesitzer begleichen. Näheres siehe Punkt 4.6.

Die Gefährdungsabschätzung berücksichtigt dabei den Pfad auf denen sich Schadstoffe auswirken können. So ist nicht nur Menge und Konzentration der Schadstoffe ausschlaggebend, sondern ob die Schadstoffbelastungen 1. beim ***Menschen*** und oder 2. in der ***Nutzpflanze*** und oder 3. im ***Grundwasser*** ankommen (3 Wirkungspfade). Die Art der Nutzung der Fläche, die Überschreitung der Prüfwerte und die Mobilität des Schadstoffes entscheiden, ob die Fläche saniert werden muss (**Nutzungsbezogene Prüfwerte,** s. folgendes Kap.).

4. Stadium: Die Sanierung

4.1 Wann kann eine Sanierung verlangt werden?

Das neue Bundes-Bodenschutzgesetz lässt **Sanierungsanordnungen nur noch zur Gefahrenabwehr** zu. Die Gefahr wird derzeit noch nach **länderspezifischen** Vorsorge- und Prüfwerten beurteilt. Damit werden die 30 früher verwendeten Listen ersetzt. Dass – wie geplant – bundeseinheitliche Werte erlassen werden oder z.B. die umfassende Hollandliste übernommen wird, kann an den verschiedenen bundesrepublikanischen Königreichen scheitern.

4.2 Die Sanierungsuntersuchung

Der Umfang der Sanierungsuntersuchungen ist noch nicht in allen Bundesländern festgelegt (Stand Juli 1999). Dabei kann die Behörde folgende Punkte verlangen:

- Anfertigung der Untersuchung von einem Sachverständigen,
- Eignung des Sanierungsverfahrens,
- Schätzung der Kosten; Erstellen einer Kosten-Nutzen-Analyse,
- Fragen der notwendigen Erlaubnisse, Genehmigungen und Zulassungen,
- Planung der Abfallentsorgung,
- Erforderlicher Arbeitsschutz
- Geschätzter Wirkungsgrad und
- Sinnvolle Nachsorgemaßnahmen

4.3 Die Ermittlung des Sanierungsziels

Das BBodSchG legt keine Sanierungsziele in Form von bundeseinheitlichen Bodenwerten fest. Das Sanierungsziel muss sich allerdings an der gegenwärtigen oder geplanten Nutzung orientieren, sodass dauerhaft keine Gefahren, keine erheblichen Nachteile oder erheblichen Belästigungen für den Einzelnen oder die Allgemeinheit entstehen. Auch das BBodSchG fordert als Sanierungsziel nicht die (unerreichbare) Null-Belastung des Bodens.

4.4 Der Inhalt und die Auswirkungen des Sanierungsplanes

Der **Sanierungsplan** soll die Ausgangslage bezüglich Standort und Gefahr, Sanierungsziele und Ergebnisse der Sanierungsuntersuchung darstellen. Weiterhin sind die beabsichtigten Sanierungsmaßnahmen und deren Eignung nachzuweisen, ebenso Angaben über geplante Eigenkontroll- und Überwachungsmaßnahmen, Zeitplan und geschätzte Kosten.

Jeder, der von der kontaminierten Fläche und durch die Sanierungsmaßnahmen betroffen ist, ist von den Sanierungspflichtigen zu informieren. Kurz: **Nachbarn sind zu informieren**, damit deren Einwände berücksichtigt werden können und die Qualität der Entscheidungen erhöht wird.

Wird der Sanierungsplan von der Behörde als verbindlich erklärt, dann sind andere behördliche Genehmigungen damit eingeschlossen.

Wird kein Sanierungsplan angefertigt, dann kann die Behörde dies als Ordnungswidrigkeit ahnden und Geldbußen bis zu 20.000.- DM verhängen. Dadurch ist der Boden allerdings noch nicht saniert. Deshalb sieht das Gesetz auch die Möglichkeit vor, dass die Behörde den Sanierungsplan erstellt oder in Auftrag gibt.

4.5 Anordnung von Sanierungsmaßnahmen

Sanierungsmaßnahmen können nach dem neuen Bodenschutzgesetz von Behörden angeordnet werden. Bei Weigerung kann es zum gleichzeitigen Einzug von

Zwangsgeldern und Ordnungsgeldern (letztere bis zu 100.000.- DM) kommen.

Neu ist, dass dann die Behörde im Falle der Verweigerung einer Sanierung zusätzlich zu den **Sanierungskosten** noch den **Wertzuwachs des Grundstücks** einfordert.

Nach dem neuen BBodSchG sind die folgenden Maßnahmen nicht mehr als Sanierung zulässig: Bauliche Nutzungseinschränkungen wie Zaun und Betretungsverbot und das Auskoffern und Deponieren von belastetem Material ohne dessen Behandlung.

Bei *Sanierung*smaßnahmen unterscheidet man zwischen *Sicherung*smaßnahmen, welche ein Ausbreiten der Schadstoffe verhindern: Darunter fallen das Absenken des Grundwasserspiegels durch ständiges Abpumpen, damit die Schadstoffe auf dem Grundstück verbleiben, ebenso das ständige Absaugen von Schadstoffen, deren Einkapseln durch Wände und Bindemittel (Kleber, Zement). Für schädliche Bodenveränderungen oder Altlasten, welche nach 1999 eingetreten sind, sind vorrangig *Dekontamination*smaßnahmen durchzuführen. Darunter versteht man das Verdampfen und Verbrennen, das Auswaschen, der biologische Abbau und die chemische Umwandlung (z.B. Verringerung der Wasserlöslichkeit) von Schadstoffen. Neu sind auch elektrokinetischen Verfahren, die mittels elektrischem Strom zur Abscheidung von Schwermetallen auf Elektroden führen.

4.6 Wen kann die Behörde zur Sanierung verpflichten?

Für die Abwehr einer Gefährdung durch eine Altlast ist es unerheblich, wer diese verschuldet hat *(Verursacher =Verhaltensstörer oder Handlungsstörer)*. In den Kreis der für die Sanierung haftenden gehören auch der Besitzer (Mieter, Pächter) und der Vermieter des Grundstückes *(Zustandsstörer)*. Ebenso gehört in den Kreis derjenigen, welche zur Kostenübernahme herangezogen werden, auch der Gesamtrechtsnachfolger des Verursachers und der frühere Eigentümer eines nach dem 1. März 1999 verkauften Grundstücks. Unsicher ist, inwieweit diese Regelung auf Verhaltensverantwortliche ab Mitte 1980 und für die neuen Bundesländer ab 1990 gültig ist. Somit sollte es nach dem neuen Bodenrecht nicht mehr möglich sein, dass – um die Sanierungskosten auf die Allgemeinheit abzuwälzen – kontaminierte Flächen von der Mutterfirma an eine konkursreife oder extra zu diesem Zweck gegründete Tochterfirma abgegeben werden. Diese un-

soziale Vorgehensweise war bis zum BBodSchG der Normalfall. **Die Behörden müssen** für die Finanzierung der Sanierung nicht den Verursacher, sondern **den auswählen, von dem die größere Effizienz der Sanierung zu erwarten ist.** Dies bedeutet, dass Firmen, welche durch die Sanierung in den Konkurs getrieben würden, davon verschont werden, wenn ein potenter Zustandsstörer zur Verfügung steht.

4.7 Die Entsiegelung als Sanierung

Neu ist im BBodSchG die Forderung, dass nicht mehr dauerhaft benutzte Flächen entsiegelt werden müssen. Diese Verordnung ist zwar sinnvoll, aber durch das Baurecht so eingeschränkt, dass sie vermutlich undurchführbar bleibt.

Kritik am Bodenschutzgesetz

1. Da sich die Vorsorge- und Prüfwerte auf etwa 30 cm Bodentiefe im Wohngebiet und auf Kinderspielplätzen, Wald- und Grünlandböden und für Park- und Freizeitanlagen auf bis zu 10 cm Tiefe beziehen, sollten **Kinder nicht tiefer graben, da es sonst für sie gefährlich werden könnte.**

2. Darüber hinaus **liegen die Prüfwerte für das Schutzgut Mensch an der Grenze zu einem Gefahrenbereich,** während sie für das Grundwasser im Vorsorgebereich liegen. Im Ergebnis sind die Prüfwerte für den direkten Pfad Boden – Mensch zu hoch angesetzt (ZEDDEL, A. & W. HUHN 1998).

3. **Der Boden ist nur schützenswert, wenn er genutzt wird.** (Wie Unkraut gibt es jetzt also auch Unboden.) Verseuchte Brachflächen neben der Autobahn haben keinen Anspruch auf Fürsorge, solange sich kein Investor findet.

4. Aus dem Anwendungsbereich sind so **viele Rechtsbereiche ausgeklammert,** dass der Anspruch, eine einheitliche Regelung zu schaffen – insbesondere bei der Vorsorge – nicht ausreichend erfüllt werden kann (FEHLAU & K-P. KÖNIG 1998).

4.1 Der Boden unter Straßen, Militäranlagen und Atomkernkraftwerken ist nicht geschützt. Der Unterbau der Straßen kann somit weiterhin als billige dezentrale Deponie benutzt werden.

4.2 Das Bodenschutzgesetz ist durch das Gentechnikgesetz eingeschränkt.

5. Bei Überschreitung der Vorsorgewerte ist die Pflicht der Vermeidung und Verminderung des Schadstoffeintrags durch den schwammigen Grundsatz der **Verhältnismäßigkeit** begrenzt. **Der finanzielle Schutz des Nutzers wird höher als der Schutz des Bodens eingestuft.**

5.1 Z.B. müssen bestimmte Schadstoffeinträge und -gehalte bei Verkehrswegen als unvermeidlich hingenommen werden, ohne dass eine Überschreitung der Vorsorgewerte entsprechende Minderungsmaßnahmen auslösen könnte.

5.2 Gleiches gilt auch für Privatunternehmen: Die angeordneten Vorsorge- und Sanierungsanforderungen müssen sich aus den Anforderungen der Nutzung ergeben und somit nicht für jede Nutzung zutreffend sein.

5.3 Keine Vorsorge wird getroffen gegen weitere **Pestizidbelastung**.

5.4 Vorsorgewerte gegen die **Bodenversauerung** fehlen. Ebenso fehlen Regelungen (wenn schon der saure Regen nicht aufgehalten werden kann) diese Versauerung durch Gegenmaßnahmen wie Kalken aufzuheben. Deshalb wird das neue Bodenschutzgesetz erst dann wirksam, wenn das Grundwasser z.B. durch ausgewaschenes Blei und Aluminium geschädigt ist. Der vorsorgliche Schutz der Waldböden ist auch mit dem neuen Bodenschutzgesetz nicht gegeben.

6. Der Grundsatz der Verhältnismäßigkeit und auch die vielen Entscheidungen, welche ins pflichtgemäße Ermessen der Behörden gestellt sind, **öffnen die Tür für deren Belieben und/oder deren Bestechung. Auch werden diese Entscheidungen zur Auslegungssache vor Gericht,** wo oft der finanziell Stärkere gewinnt.

7. Unklar geregelt ist die **finanzielle Verantwortung des Verursachers von 1980 bis** zur Inkraftsetzung des BBodSchG und für die neuen Bundesländer von 1990 bis März 1999.

8. Der **ausufernde Landschaftsverbrauch** wird nicht vom BBodSchG geregelt (FOKKEN, U. 1998).

9. Die Umsetzung der **Entsiegelung von Böden** wird vermutlich erst vor Gerichten geregelt.

10. Die Tatsache, das **jedes Bundesland** zum **Bodenschutzgesetz eigene Ausführungsbestimmungen** erlässt, fördert zwar den Föderalismus in der BRD, bedingt aber Wettbewerbsverzerrungen und Verzerrung der Umweltbedingungen.

11. Die **Rechtsfolge einer Überschreitung der Vorsorgewerte** bezüglich Düngemittel, Abfall- und Immissionsschutz ist nicht konkretisiert. Unklar ist, ob zusätzliche Begrenzungen der Schadstoffeinträge (Frachtenbegrenzungen, s. Anhang 1.2) generell oder erst nach Überschreiten der Vorsorgewerte angewendet werden.

In Hinblick auf die landwirtschaftliche Bodennutzung beschränkt sich das Gesetz lediglich auf **Beratungspflichten** (für Maßnahmen gegen Bodenerosion, -verdichtung). Eine Durchsetzung dieser „guten landwirtschaftlichen Praxis" nach dem BBodSchG ist – wegen fehlender Rechtsverordnungen – nicht möglich.

2 Bewertung von Bodenverunreinigungen nach dem Bundes-Bodenschutzgesetz

Das neue Bodenschutzrecht unterscheidet drei Stufen von Belastung und eine Begrenzung der jährlichen Frachten pro Hektar bei Überschreitung der Vorsorgewerte. Die Beurteilungstiefe ist 30 cm, für Wald- und Grünlandböden 10 cm.

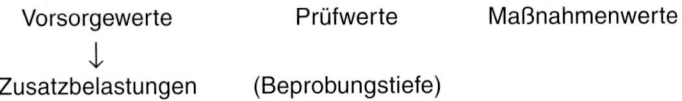

Vorsorgewerte   Prüfwerte   Maßnahmenwerte

↓

Zusatzbelastungen   (Beprobungstiefe)

Im Einzelnen:
Vorsorgewert
Unterschreiten die Messwerte den jeweiligen Vorsorgewert, dann besteht keine Besorgnis. Es besteht nur ein *vernachlässigbares Risiko oder Restrisiko.* Bei Überschreitung der Vorsorgewerte sind Vorkehrungen zu treffen, um **weitere Schadstoffeinträge zu vermeiden** oder wirksam zu verringern. Es besteht nur dann eine **Besorgnis der schädlichen Bodenveränderung (*Risikobereich*)**, wenn nachteilige Auswirkungen auf die Bodenfunktionen **durch zusätzliche Einträge** im Einzelfall festgestellt werden. Dabei sind grundsätzlich noch Einträge bis zur Höhe von bestimmten **Zusatzbelastungen zulässig.** Diese Frachten über alle Wirkungspfade (Luft, Wasser, landwirtschaftliche Nutzung, Betrieb von Anlagen..) messen sich nach mittleren jährlichen Einträgen pro ha Boden. So ist für Blei ein jährlicher Eintrag von 400 g Blei je ha erlaubt, was eventuell für das Schießen mit Bleischrot von Bedeutung ist.

Werden die Vorsorgewerte und die zulässigen Frachtraten weiterhin überschritten, ist die reale Gefahr einer **schädlichen Bodenveränderung** oder **Altlast** gegeben.

Prüfwert
Bei Überschreitung der Prüfwerte besteht ein *Gefahrenverdacht* mit der Notwendigkeit der Gefahrerforschung. Ein hinreichender Verdacht auf schädliche Bodenverän-

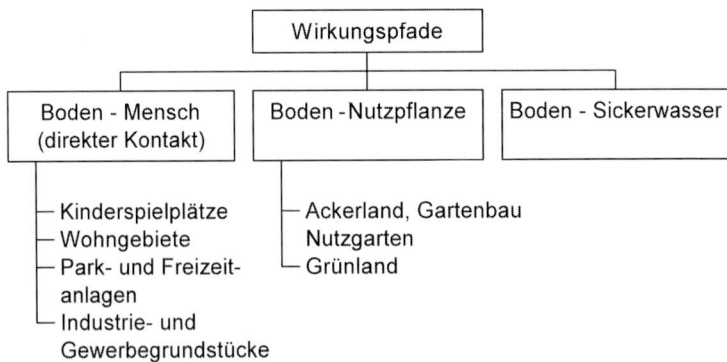

Abb. 48: Übersicht zu den Wirkungspfaden des Bundes-Bodenschutzgesetzes.

derung oder Altlast liegt in der Regel vor, wenn die Schadstoffgehalte die Prüfwerte für die ausgeübte oder angestrebte Nutzung überschreiten. Die Nutzung wird nach folgenden Wirkungspfaden unterschieden:

Je höher und je wahrscheinlicher die menschliche Gesundheit über Bodenstaub, Nahrungspflanzen und Grundwasser gefährdete ist, umso eher liegt eine **Gefahr** und damit Altlast vor. Dazu werden drei Wirkungspfade: Boden – Mensch, Boden – Nutzpflanze und Boden – Sickerwasser untersucht (Gefährdungsabschätzung) und falls eine Überschreitung der Prüfwerte auftritt, eine Sanierungsuntersuchung, -planung und Sanierung durchgeführt.

Maßnahmenwerte

Eindeutig ist das Bodenschutzrecht bei der Beurteilung der Dioxine und Furane. Nur für diese Stoffe wurden Maßnahmenwerte aufgestellt, deren Überschreiten in der Regel Maßnahmen nach sich ziehen müssen, da eine **Gefahr** besteht.

Tabellarische Aufstellung einiger Vorsorge-, Prüf- und Maßnahmenwerte

Vorsorgewerte für Metalle (in mg/kg Trockenmasse, Feinboden, Königswasseraufschluss) (BBodSchG)

Bodenart	Blei	Cadmium	Chrom	Kupfer	Nickel	Quecksilber	Zink
Ton	100	1,5	100	60	70	1	200
Lehm/Schluff	70	1	60	40	50	0,5	150
Sand	40	0,4	30	20	15	0,1	60

Böden mit naturbedingt und großflächig siedlungsbedingt erhöhten Hintergrundgehalten sind unbedenklich, soweit eine Freisetzung der Schadstoffe oder zusätzliche Einträge ... keine nachteiligen Auswirkungen auf die Bodenfunktionen erwarten lassen.

Vorsorgewerte für organische Stoffe (in mg/kg Trockenmasse, Feinboden) (BBodSchG)

Böden	Polychlorierte Biphenyle (PCB)	Benzo(a)pyren	Polyzyklische aromatische Kohlenwasserstoffe (PAK)
Humusgehalt > 8 %	0,1	1	10
Humusgehalt ≤ 8 %	0,05	0,3	3

Zusatzbelastungen: Zulässige zusätzliche jährliche Frachten an Schadstoffen über alle Wirkungspfade (Luft, Wasser, Dünger...) (in Gramm je Hektar und Jahr) (BBodSchG)

Element	Blei	Cadmium	Chrom	Kupfer	Nickel	Quecksilber	Zink
Fracht [g/(ha · a)]	400	6	300	360	100	1,5	1200

Eine Besorgnis der schädlichen Bodenveränderung besteht auch, wenn eine erhebliche Anreicherung krebserzeugender, erbgutverändernder, fortpflanzungsgefährdender oder toxischer Substanzen erfolgt.

Prüfwerte Wirkungspfad Boden – Mensch (BBodSchG)
[mg/kg] Trockenmasse Boden

Stoff	Kinder-spielflächen	Wohngebiete	Park- u. Frei-zeitanlagen	Industrie- und Gewerbegrundstücke
Arsen	25	50	125	140
Blei	200	400	1000	2000
Cadmium	10	20	50	60
Cyanide	50	50	50	100
Chrom [1]	200	400	1000	1000
Nickel	70	140	350	900
Quecksilber	10	20	50	80
Aldrin	2	4	10	–
Benzo(a)pyren	2	4	10	12
DDT	40	80	200	–
Hexachlorbenzol	4	8	20	200
Hexachlorcyclohexan (HCH-Gemisch)	5	10	25	400
Pentachlorphenol	50	100	250	250
Polychlorierte Biphenyle (PCB)[2]	2	4	10	200

	Prüfwerte: Wirkungspfad Boden – Sickerwasser (Baden-Württemberg)			Prüfwert: Wirkungspfad Boden – Nutzpflanze b) (Baden-Württemberg)		
Stoff	Hintergrund-wert Wasser µg/L	Prüfwert µg/L	Tole-ranzwert Pmax µg/L	Hintergrund-wert Boden mg/kg	Agrarfläche Tongehalt 0-8 %	Agrarfläche Tongehalt >8 %
Arsen	3	10	25	6-17	20 pH≥5	40 pH≥5
Blei	4	10	40	25-55	100	
Cadmium	1	3	8	0,2-1,0	1 pH=5-6	1,5 pH≥6
Cyanide	0-0,2	40	80	0	Einzelfallentscheidung	
Chrom gesamt	2	40	200	20-90	100	
Nickel	3	20	75	15-100	50 pH≥5	
Quecksilber	0,05	0,7	2	0,05-0,2	pH≥5	
Zink	150	1500	3400	35-150	150 pH =5-6	200pH≥6
Benzol/ Ethylbenzol/ Toluol/Xylol	nn c)	10	50	0,01	Einzelfallentscheidung	
Benzol	nn	1	5	0.01	Einzelfallentscheidung	
Chlorkohlenwasserstoffe	nn-0,1	10	40		Einzelfallentscheidung	
Mineralöle	10 a)	50 a)	300	50-100	400	
Pestizide	nn	0,1	1	0,03	0,2	
Phenol	10 a)	30 a)	100	0,02	Einzelfallentscheidung	
PCDD/PCDF (chlorierte Dioxine und Furane)	nn	5	15	2	5	

a) bei Beeinträchtigung des Geschmacks wird eine Überschreitung des Prüfwertes angenommen
b) Ammoniumnitrat-Extrakt für die Beurteilung der pflanzenverfügbaren Stoffe in µg/L (s. Anhang 1.5)
c) nn = nicht nachweisbar

---

[1] Chrom nur als Cr(III). Chromat und Dichromat mit Cr(VI) ist kanzerogen, weshalb dieses nicht vorliegen darf.

[2] Soweit PCB-Gehalte nach BALLSCHMITTER (BUCHER et al. 1982) als PCB_6 bestimmt (6 Kongenere) werden, sind die Messergebnisse mit dem Faktor 5 zu multiplizieren.

Prüfwerte Wirkungspfad Boden – Nutzpflanze (BBodSchG)		
Stoff	**Ackerbau, Gartenbau, Nutzgarten [µg/kg TM]** Aufschlussverf.: Ammonium-nitrat-Extrakt	**Grünland [mg/kg TM]** Aufschlussverf.: Königswasser-Extrakt
Cadmium	40	15
Blei	500	1000

Nutzungsorientierte Beprobungstiefen bei der Untersuchung zu den Wirkungspfaden Boden – Mensch und Boden – Nutzpflanze (BBodSchG)

Wirkungspfad	Nutzung	Beprobungstiefe
Boden – Mensch	Kinderspielfläche, Wohngebiet	0-35 cm maximal von Kindern erreichbare Tiefe; 0-2 cm bei gefährlichem Staub
	Park- und Freizeit-anlagen	0-10 cm Kontaktbereich für Schadstoff-aufnahme über den Mund und die Haut
	Industrie- und Gewerbe-grundstücke	0-2 cm bei gefährlichen Stäuben; 0-10 cm auf befahrenen unbefestigten Flächen
Boden – Nutzpflanze	Acker, Gartenbau, Nutzgarten	0-30 cm Bearbeitungshorizont; 0-60 cm Hauptwurzelbereich
	Grünland (Wiese)	0-10 cm Bearbeitungshorizont; 0-30 cm Hauptwurzelbereich

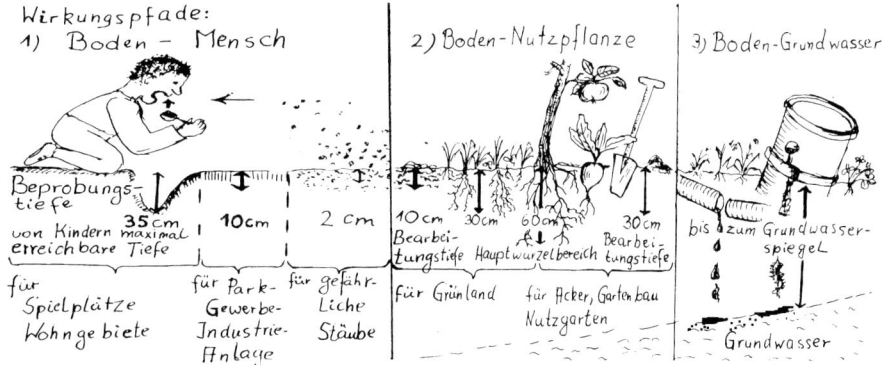

Nur für Dioxine und Furane gibt es bisher Maßnahmenwerte

Maßnahmenwerte für Dioxine und Furane Wirkungspfad Boden – Mensch **[ng Toxizitäts-Einheiten / kg Trockenmasse Boden][3] (BBodSchG)**				
Stoff	Kinderspiel-flächen	Wohngebiete	Park- und Freizeitanlagen	Industrie- und Gewerbegrundstücke
Dioxine/Furane (PCDD/F)	100	1000	1000	10000

[3] Summe der 2, 3, 7, 8 – TCDD-Toxizitätsäquivalente (nach NATO/CCMS)

3 Sickerwasseruntersuchung nach dem neuen Bodenschutzgesetz

Nachfolgend drei Verfahren, welche im Bodenschutzgesetz zur Bodenuntersuchung vorgeschlagen werden:

Anorganische Stoffe

1. Elution mit Wasser nach DIN 38414-2 11.85 bzw. DIN 38414-4 10.84
DIN ISO 11465: 12.96. (S4-Verfahren siehe Kap. 4.5)

2. Gewinnung des Bodensättigungsextraktes:
Zur lufttrockenen, gewogenen Bodenprobe im PE-Gefäß langsam so viel bidest. Wasser zugeben, bis sie vollständig durchfeuchtet ist.
Die dazu benötigten Wassermengen sind bodenabhängig und sollen ungefähr der Feldkapazität entsprechen. Bei sandigen Proben werden ca. 25 %, bei lehmig/schluffigen Proben ca. 35 % und bei tonigen Proben ca. 40 % Wasser des Bodengewichts hinzuzufügen sein.
Die zugegebene Wassermenge wiegen, die Probe gut durchmischen und für 24 Stunden bei 5 °C geschlossen stehen lassen.
Dieses vorgefeuchtete Bodenmaterial im Zentrifugenbecher (falls vorhanden) unter ständigem Rühren mit bidest. Wasser langsam versetzen, bis die Fließgrenze erreicht ist (Bildung einer glänzenden Oberfläche und Zerfließen der Spatelkerbe). Bei tonigen Proben muss 15 min bis zum Abschluss der Quellung gewartet und gegebenenfalls Wasser nachgegeben werden. Die zugegebene Wassermenge wiegen und die Bodenpaste mit einem Glasstab verrühren und zur Gleichgewichtseinstellung 24 h im Kühlschrank bei 5 °C geschlossen aufbewahren.
Aus der Einwaage des luftgetrockneten Bodens und der zweimaligen Wasserzugabe wird das Boden/Wasser-Verhältnis berechnet. Dabei ist der Wassergehalt der luftgetrockneten Probe an einer gleich schweren Probe getrennt zu erfassen (Trocknen bei 105 °C bis zur Gewichtskonstanz) und rechnerisch zu berücksichtigen: (Masse der beiden Wasserzugaben + Wassergehalt des lufttrockenen Bodens) / (Masse des lufttrockenen Bodens − dessen Wassergehalt) = Eluatwasseranteil.

Die nachfolgende Zentrifugation (für 30 min) ist in der vorgeschriebenen Form in der Schule nicht durchführbar, weil hierfür eine Kühlzentrifuge notwendig ist. Ohne Zentrifuge wird man die Suspension einige Tage stehen lassen und wie folgt nach der Vorschrift weiterarbeiten.
Überstand wird abdekantiert und in zuvor gewogener PE-Weithalsflasche mittels Unterdruck membranfiltriert. Die Filtermenge ist gravimetrisch zu bestimmen. Das vorher gewogenen Filterpapier wird getrocknet und gewogen. Die Filtratmenge ist gravimetrisch zu bestimmen. Die Lösung ist durch Zugabe von 10 Volumenanteilen Salpetersäure (c = 5 mol/L) zu stabilisieren, wobei die Säurezugabe bei der Auswertung von Messergebnissen und der Erstellung von Kalibrierlösungen zu berücksichtigen ist. (Vorsicht Schutzmaßnahmen gegen Säuren und der Entwicklung nitroser Gase beachten!)

Filtrationsschritt
Verwendet wird eine Druckfiltrationseinheit Membranfilter 0,45 µm Porenweite. Diese Filtration kann entfallen, wenn man höhere Konzentrationen im Wasser in Kauf nimmt.

3. Ammoniumnitratextraktion (DIN 19730: 06.97)
Für die Bestimmung der Gehalte anorganischer Schadstoffe für die Bewertung der Schadstoffe im Wirkungspfad Boden-Nutzpflanze für Ackerbau und Gartenbau ist die Ammoniumnitratextraktion anzusetzen. Sie kann auch zur Abschätzung von anorganischen Schadstoffkonzentrationen im Sickerwasser eingesetzt werden.

Organische Stoffe
Diese sind im Säulen- oder Lysimeterversuch zu untersuchen, wobei die zu erwartende Geschwindigkeit, mit der sich die Gleichgewichtskonzentration einstellt, zu beachten ist. Bei den näheren Ausführungen werden je nach zu extrahierendem Stoff andere Extraktionsmischungen verwendet:
Für Polycyclische Aromatische Kohlenwasserstoffe (PAK), Hexachlorbenzol und Benz(a)pyren Soxhlet-Extraktion mit Aceton/Toluol oder Aceton /Cyclohexan mit chromatographischer Reinigung.
Für Pentachlorphenol Soxhlet-Extraktion mit Heptan oder Aceton/Heptan (50:50); Derivatisierung mit Essigsäureanhydrid.
Für Aldrin, DDT, HCH Extraktion mit Petrolether oder Aceton/ Petrolether-Gemisch mit chromatographischer Reinigung. (Näheres s. die einschlägigen DIN-Vorschriften der Landesumweltämter.)

4 Grenz- und Richtwerte für Trink-, Oberflächen- und Grundwasser

	Grundwasser[4] Niederländische Liste		Oberflächenwasser[5]		Trinkwasser			
	Referenzwert (S)	Interventionswert (I)	A-Wert	B-Wert	EG Leitwert	EG-Höchstkonzentration	Deutschland TrinkV[6]	WHO-Leitlinie[7]
	µg/L	µg/L	µg/L	µg/L	µg/L	µg/L	µg/L	µg/L
Ag^+					10		100	
Al^{3+}			100	500	50	200	200	200
As	10	60	5	10		50	10	10
B			1000	5000	1000		1000	300
Ba	50	500			100		1000	
Be								
Br⁻	100	2000						
Cd^{2+}	1	10	1	2		5	5	3
CN·gesamt			10	50		50	50	70
CN· komplex	10	1500						
CN· nicht komplex	5	1500						

	Grundwasser[4] Niederländische Liste		Oberflächenwasser[5]		Trinkwasser			
	Referenz wert (S) µg/L	Inter- ventions- wert (I) µg/L	A-Wert µg/L	B-Wert µg/L	EG Leit- wert µg/L	EG-Höchst- konzen- tration µg/L	Deutsch- land TrinkV[6] µg/L	WHO- Leitlinie[7] µg/L
Co^{2+}	20	100						
Cr^{3+}	1	30	30	50		50	50	50
Cu^{2+}	15	75	20	50	100	3000[8]	2000	1000
F^-	300	4000	1000	1000		1500[9]	1500	1500
Fe			200	1000	50	200	200	300
Hg^{2+}	0,05	3	0.5	10		1	1	1
Mn			30	250	20	50	50	-
Mo	5	300					70	
NH_4^+	200	3000	200	400	50	500	500[10]	1500
Ni	15	75	30	40		50	50	20
NO_2^-						100	100	3000
NO_3^-			25.000	40.000	25.000	50.000	50.000	50.000
Pb	15	75	10	20		50[11]	40	10
Pestizide						0,1 einzel 0,5 gesamt		
pH					6,5-8,5	9,5	6,5-7,5	
Phenole	0,2	2000				0,5	0,5	
PO_4^{3-}	50	700	150	500	400	5.000	5000	
Se			1	10		10	10	10
Sn	10	150						
SO_4^{2-}			100	150	25	250	240	250
Zn	65	800	100	300	100	5000[12]		3000

---

[4] **Grundwasser:** Niederländische Liste 1994 für Böden u. Grundwasser (Minister für Wohnungswesen, Raumordnung und Umwelt). Die S-Werte entsprechen in etwa Werten von „normalen " nicht kontaminierten Grundwässern. Die in den Niederlanden gesetzlich verbindlichen Interventionswerte (I-Werte) machen bei ihrer Überschreitung eine Sanierungsmaßnahme erforderlich.

[5] **Oberflächenwasser:** Eignung von Fließwässern für die Trinkwasserversorgung. (Deutscher Verein von Gas- und Wasserfachmännern e.V. 1996 DVGW-Arbeitsblatt W 251) Die Werte dienen als Orientierungswerte für die Fließwässer Trinkwassergewinnung. **A-Wert** stellt die Normalanforderung dar, bei deren Einhaltung eine Trinkwassergewinnung mit natürlichen Verfahren möglich ist. Dabei ist eine große Sicherheitsspanne einbezogen.
B-Wert stellt die Mindestanforderung dar, bei deren Einhaltung eine Trinkwassergewinnung mittels physikalisch-chemischer Verfahren möglich ist.

[6] **Trinkwasser Deutschland:** Trinkwasserverordnung zuletzt geändert 26.2.1993 BGBI. Sie legt die Anforderungen für Trink- und Brauchwasser für Lebensmittelbetriebe nach mikrobiologischen und chemischen Kriterien fest.
Die Grenzwerte entsprechen Höchstkonzentration, die in der Regel nicht zu überschreiten sind.

[7] **Trinkwasser WHO-Leitlinie:** World Health Organization (WHO) (Hrsg.) Richtlinien für die Trinkwasserqualität Genf 1993. Die festgesetzten Richtwerte entsprechen Vergleichs- und Anhaltswerten, wenn es um die Erstellung von Grenzwerten in der nationalen Gesetzgebung geht.

[8] Nach 12-stündigem Verbleib in der Leitung.

[9] Bei einer Temperatur von 8-12 °C sonst 700 µg/L F^- bei 25-30 °C

[10] Grenzwert für Ammonium 30 mg/L

[11] Überschreitet die Pb-Konzentration 100 µg/L müssen geeignete Maßnahmen ergriffen werden.

[12] Nach 12-stündigem Verbleib in der Leitung.

5 Grenz-, Richt- und Schwellenwerte für ausgewählte Schwermetalle

in mg/kg[1] (nach BARKOWSKI, D. et al. 1990)

			Antimon	Arsen	Blei	Cadmium	Chrom	Kobalt	Kupfer
Holland-liste	A-Wert		–	29	85	0,8	100	20	36
	B-Wert		–	30	150	5	250	50	100
	C-Wert		–	50	600	20	800	300	500
ICRCL, Groß-britanien	kleine Gärten		60 **)	20	550	5	600	–	140 **)
	große Gärten/ Siedlerstellen		60 **)	10	550	3	600	–	140 **)
	öffentl. Flächen/ Parkanlagen		60 **)	40	1500	12	1000	–	140 – 280 **)
	große, freie Plätze		500	40	2000	15	1000	–	140 – 280 **)
Orientie-rungs-daten	häufig		0,01 – 0,5	0,1 – 20	0,1 – 20	0,01 – 1	2 – 50	1 – 10	1 – 20
	tolerierbar		5	20	100	3	100	50	100
	kontaminiert		–	bis 8000	bis 4000	bis 200	bis 20.000	bis 800	bis 22.000
LÖLF	Schwellenwerte für landwirtschaftliche Nutzung		–	40	300	2 (1 bei pH < 6,5)	100	–	100
LAGA	Richtwerte für Deponieklas-sen in mg/L *)	I a	0,01	0,04	0,04	0,04	0,05	–	0,1
		I b	0,05	0,05	0,05	–	0,05 (CrVI 0,01)	–	0,1
		II	0,1	0,1	0,5	–	1 (CrVI 0,1)	–	1
		III	1	1	2	–	10	–	10
LAGA-Richt-wert, nutzungs bezogen	Anbau Nutzungspflanzen		–	40	300	2	100	–	100
	menschliche Gesundheit (auf Dauer)		–	100	500	40	200	–	500
	menschliche Gesundheit (akut)		–	–	3000	40	500	–	3000
Kinder-spiel-Platz	Standardwert		–	10	20	0,5	15	–	–
	Richtwert I		–	20	200	2,0	50	–	–
	Richtwert II		–	50	1000	10	250	–	–
KVO, BRD	Grenzwert im Klärschlamm		–	–	1200	20	1200	–	1200
	in Diskussion		–	–	2400	13	2400	–	720
EU-Richtlinie	Richtwert im Klärschlamm		–	–	750 –1200	20 – 40	500 – 1200	–	1000 – 1750
Referenz	Literaturdaten Klärschlamm		4 – 20	3 – 30	11 – 3690	0,1 – 205	6 – 1480	2 – 100	2 – 2600
KVO, Schweiz	Grenzwerte Klärschlamm		–	–	–	30	1000	100	1000
Dünge-mittel-VO	Grenzwert für Düngemittel		–	–	20 in Spuren-nährstoff-dünger, 200 in Rück-standskalk	6 in Rück-standskalk, 4 in organ.-mineral. Dünger	–	–	200 in organ.-mineral. Mischdünger
LAGA	Kompost Richtwert pro Jahr		–	–	330 g/ha	33 g/ha	2000 g/ha	–	2000 g/ha
Kompost Schweiz	Grenzwert für Kompost		–	–	150	3	150	25	150
Fließge-wässer-Sedi-mente	Bach (< 0,03 mm)		–	–	< 5 – 57.000 M: 24	< 0,3 –110 M: 0,6	< 5 – 5676 M: 48	< 5 – 1375 M: 9	–
	Fluß (< 0,03 mm)		–	–	5 – 11.500 M: 37	< 0,3 – 38 M: 0,5	–	<5 – 85 M: 8	–
Nieder-Lande	Norm-Entwurf für Se-Dimente < 2 µm	Zielwert	–	25	50	–	–	–	–
		Standardw ert	–	40	125	–	–	–	–
		Grenzwert	–	100	700	–	–	–	–

---

[1] Diese Tabelle soll die Fülle sich teilweise widersprechender Regelwerke widerspiegeln. Die Hollandliste ist inzwischen vereinfacht.

Fortsetzung Tabelle

			Nickel	Quecksilb.	Selen	Thallium	Vanadi.	Zink	Zinn
Holland-	A-Wert		35	0,3	–	–	–	140	20
liste	B-Wert		100	2	–	–	–	500	50
	C-Wert		500	10	–	–	–	3000	300
ICRCL,	kleine Gärten		35	1,5	3	–	–	280 **)	–
Groß-	große Gärten/		35	1	3	–	–	280 **)	–
britanien	Siedlerstellen								
	öffentl. Flächen/		35 – 70	50	3	–	–	280 – 560 **)	–
	Parkanlagen								
	große, freie Plätze		35 – 70	50	6	–	–	280 – 560 **)	–
Orientie-	häufig		2 – 50	0,01 – 1	0,01 – 5	0,01 – 0,5	10 – 100	3 – 50	1 – 20
rungs-	tolerierbar		50	2	10	1	50	300	50
daten	kontaminiert		bis 10.000	bis 500	bis 1200	bis 40	bis 1000	bis 20.000	bis 800
LÖLF	Schwellenwerte für landwirtschaftliche Nutzung		100	2	–	1	–	500	–
LAGA	Richtwerte für	I a	0,05	0,001	0,01	0,01	–	0,1	–
	Deponieklas-	I b	0,05	0,001	0,01	0,01	0,05	0,1	0,5
	sen in mg/L *)	II	0,5	0,005	0,05	0,1	0,2	5	0,5
		III	10	0,05	0,5	2	2	10	10
LAGA-	Anbau Nutzungspflanzen		100	2	–	–	–	500	–
Richt-	menschliche Gesundheit (auf Dauer)		400	10	–	–	–	2000	–
wert, nut-									
zungs-									
bezog.	menschliche Gesundheit (akut)		4000	200	–	–	–	2000	–
Kinder-	Standardwert		–	–	–	–	–	–	–
spiel-	Richtwert I		40	0,5	–	0,5	–	–	–
platz	Richtwert II		200	10	–	10	–	–	–
KVO,	Grenzwert im Klärschlamm		200	25	–	–	–	3000	–
BRD	in Diskussion		–	19	–	–	–	2000	–
EU-Richtlinie	Richtwert im Klärschlamm		300 – 400	16 – 25	–	–	–	2500 – 4000	–
Referenz	Literaturdaten Klärschlamm		3 – 1230	0,2 – 55	–	–	–	262 – 14400	–
KVO, Schweiz	Grenzwerte Klärschlamm		200	10	–	–	–	3000	–
Dünge-mittel-VO	Grenzwert für Düngemittel		100 in Rück-standskalk, 30 in organ.-mineral. Dünger	4	–	–	–	100 in organ.-mineral. Dünger, > 5 % in Kupfer-Dünger	–
LAGA	Kompost Richtwert pro Jahr		330 g/ha	42 g/ha	–	–	–	5000 g/ha	–
Kompost Schweiz	Grenzwert für Kompost		50	–	–	–	–	500	25
Fließge-	Bach (< 0,03 mm)		< 5 – 1400 M: 17	–	–	–	<3 - 710 M: 32	< 5 – 13.800 M: 53	< 1- 1900 M: 11
wässer-sedi-mente	Fluß (< 0,03 mm)		< 5 – 130 M: 18	–	–	–	–	10 – 9500 M: 97	–
Nieder-lande	Norm-entwurf für Se-dimente < 2 μm	Zielwert	–	0,3	–	–	–	–	–
		Standard-wert	–	1	–	–	–	–	–
		Grenz-wert	–	100	–	–	–	–	–

---

*) im Eluat in mg/L (Boden/Substrat : Wasser = 1 : 10)
**) verfügbar

6 Kreislauf der Schwermetalle im Gesetzeskarussell

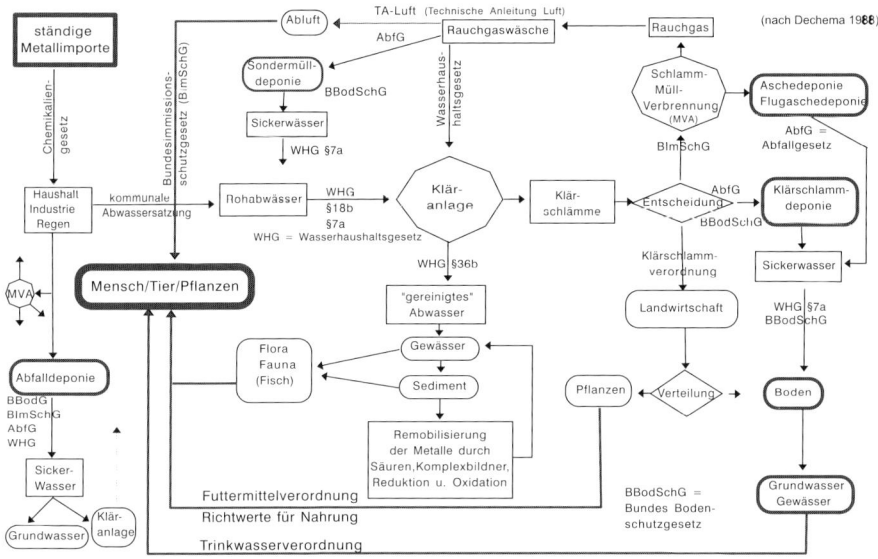

(nach Dechema 1988)

7 Entdeckerpfade, juristisch abgesichert

Schüler bringen oft Erdproben, die seltsam riechen, bunt oder tief schwarz gefärbt sind. Diese Proben haben sie Baustellen oder illegalen Deponien entnommen. Dazu mussten sie auf fremde Grundstücke gehen, was nicht strafbar ist, solange kein Zaun oder Hinweisschild dieses verwehrt.

Hausfriedensbruch
Stammen die Proben hingegen von umfriedeten Grundstücken, dann muss man für die weiteren Untersuchungen gewichtige Gründe haben, vermuten oder finden. In diesem Falle laufen die Schüler – und falls der Lehrer sie dazu auffordert auch er – Gefahr, eine Strafanzeige wegen Hausfriedensbruch zu bekommen. Hausfriedensbruch wird nur auf Antrag des Grundstücksbesitzers und nicht automatisch verfolgt (Antragsdelikt). Für die Schüler ist diese Gefahr gering, da im Allgemeinen dieses

Verfahren wegen Geringfügigkeit eingestellt wird. Dies kommt in kein Führungszeugnis, wird aber im Erziehungsregister (Bundeszentralregister Berlin) registriert und kann nur von Behörden innerhalb von ca. drei Jahren abgefragt werden. Als Strafe können aber auch irgendwelche Tätigkeiten für die Allgemeinheit an ein paar Wochenenden verhängt werden. Für den Lehrer ist diese Angelegenheit unangenehmer, da eine solche Aufforderung zusätzlich beamtenrechtliche Disziplinarmaßnahmen nach sich ziehen könnte und die Bestrafung nach Erwachsenenrecht abläuft.

Arbeitsschutzbestimmungen (Gefahrstoffverordnung)

Ist bei der Entnahme von Bodenproben ein Gefahrstoff zu erwarten, welcher die Gesundheit der Untersucher zu beeinträchtigen vermag, dann muss der Lehrer eine Exkursion auf dieses Gelände verbieten. Dies ergibt sich aus den Regeln für Arbeiten mit Gefahrstoffen, nach der eine Untersuchung gefährlicher Stoffe nur mit folgender Vorbereitung zulässig ist:

Meldung der Untersuchung der Genehmigungsbehörden (Berufsgenossenschaft, Amt für Arbeitsschutz). Diese Meldung beinhaltet:

* einen Arbeitsplan, in dem der Zeitpunkt und die Dauer der Untersuchung und die ausführenden Personen genannt werden;
* eine Auflistung der zu erwartenden Gefahren
* die geplanten Absicherungsmaßnahmen gegen diese Gefahren (Schutzbrille, Staubmaske, Atemschutzgerät, Schutzanzug, Handschuhe und Arbeitsanweisungen).

Private Exkursion

Es ist deshalb sinnvoll, für den Fall, in dem aus den bisherigen Ergebnissen und Informationen eine Untersuchung des Bodens dringend geboten ist, die Erkundung im privaten Rahmen mit Schülern über 18 Jahren durchzuführen. Wichtig ist dabei, dass man den Schülern ausdrücklich sagt, dass diese Exkursion keine Schulveranstaltung ist und somit weder die Schule Haftungen für Unfälle übernimmt, noch Schüler und Lehrer der allgemeinen Schulordnung unterworfen sind. Eine selbstverantwortliche Arbeit ist jedoch erst für Schüler über 18 Jahre möglich! Schüler unter 18 Jahren unterliegen bei Anwesenheit eines Lehrers dessen Aufsichtspflicht.

Güterabwägung

Auch wenn schwer wiegende Erkenntnisse vorliegen, wie z.B. Ölleckage oder illegale Deponierung von Schadstoffen, und Gefahr in Verzug ist, hat man als Privatperson nicht die Berechtigung, Hausfriedensbruch zu begehen, solange Polizei und Behörden verfügbar sind. Die Polizei kann unter diesen Umständen ohne Hausdurchsuchungsbefehl das Grundstück betreten und entsprechende Maßnahmen einleiten. Sie muss dabei die Verhältnismäßigkeit beachten.

Allerdings ist folgendes zu beachten:
1. Die Schülerinnen und Schüler müssen bei ihren Untersuchungen die Arbeitsschutzbestimmungen einhalten (siehe u.a. Anlage 1.7 und 1.14),
2. Die Ergebnisse der Schülerarbeit haben die Mängel, dass die Arbeiten zumeist nicht nach einem anerkannten Verfahren durchgeführt wurden (z.B. nach DIN) und das Schullabor nicht solch einen gesicherten Qualitätsstandard aufweisen kann, wie eingerichtete Labore, die einer ständigen Kontrolle unterliegen.
3. Die Schüler-Ergebnisse können nicht als Tatsachen dargestellt werden, sondern dürfen nur als „Hinweise" oder „Möglichkeiten" formuliert werden (s. auch Anlage 1.9 Beweislastumkehr).
Werden die obigen Punkte nicht beachtet, dann kann es ein böses Erwachen geben:

Behauptete z.B. ein Umweltschützer, dass eine Firma X einen bestimmten giftigen Stoff emittiert, kann die beschuldigte Firma einen Nachweis nach einem anerkannten Verfahren von einem anerkannten Labor verlangen. Kann der Nachweis nicht erbracht werden, kann es leicht zu einer Verleumdungsklage wegen Geschäftsschädigung (u.U. in Millionenhöhe) kommen.

Negative Behördenerfahrungen

Umweltbehörden sind oft durch die sachfremde interne Anweisung, „Umweltvergehen aus dem Blickwinkel des Industrie- oder Gewerbeunternehmers zu betrachten", in ihrem Vorgehen gehindert. Aus eigenen Erfahrungen mit Umweltbehörden erscheint es ratsam, *vor* einer Anzeige möglichst alles gut zu dokumentieren (mit Proben, Fotos, Analysen), denn oft werden mit Hilfe von Behörden unzulässige Zustände abgewiegelt und kaschiert, sodass es letztendlich nicht zu einer Sanierung kommt. Deshalb ist es sinnvoll, nicht alle Analysenergebnisse den Umweltbehörden, sondern diese eher dem Staatsanwalt und der Polizei zu übergeben.

Vor dem Anzeigen von Missständen kann es wichtig sein, einen Anwalt zu konsultieren. Man beachte, dass man auch als Lehrer Privatmann ist und so nicht unbedingt gebunden ist an den Krähenparagraphen für Beamte (Beamte und Behörden dürfen sich nicht gegenseitig ins Gehege kommen bzw. keine Krähe hackt der anderen ein Auge aus). Ergebnisse, die innerhalb der Schule oder mit Schulmitteln gewonnen wurden, darf man als Lehrer nur bedingt veröffentlichen (was einem Schüler jedoch nicht verwehrt ist!, näheres s.u.).

8 Probleme beim Veröffentlichen von Untersuchungsergebnissen

Die meisten der im Folgenden beschriebenen Untersuchungsmethoden wurden aus konkretem Anlass entwickelt:
In der Lokalpresse war zu lesen, dass auf einigen Sportplätzen arsenhaltige Aschen gefunden wurden. Angaben über den Arsengehalt auf schulischen und öffentlichen Sportplätzen gab es überhaupt nicht und wenn Messungen gemacht wurden, dann wurden sie von den zuständigen Behörden (Gesundheitsamt) geheim gehalten (s. dazu auch Folgekapitel).

Dies alles interessierte einige Schüler brennend, die Aschenproben nahmen und auch eine schnelle, relativ zuverlässige halbquantitative Bestimmungsmethode im Rahmen einer Jugend-Forscht-Arbeit entwickelten.

In diesem Zusammenhang muss darauf hingewiesen werden, dass eine Bodenprobenahme bei den Behörden unter Umständen missbilligt wird. Ein offizieller Antrag auf Probenahme und Untersuchung – wie von der Landesregierung NW gefordert – ist jedoch hoffnungslos schwerfällig und geht an der Schulrealität vorbei.

Wir dürfen
(noch) reden!

Schüler

Als nun die Messergebnisse der Aschenproben vorlagen, stellte sich das Problem der
Veröffentlichung.

Ergebnisse von Untersuchungen, die mit
schuleigenen Chemikalien und Geräten durchgeführt wurden, dürfen durch den Lehrer nur mit Genehmigung des Schulleiters veröffentlicht werden, oder
nur durch den Schulleiter selbst nach Absprache mit
den betroffenen Behörden. Dass dieser „Dienstweg" oft
mit zahlreichen Hindernissen gepflastert ist, liegt auf der
Hand.

Einen Ausweg bieten sich den Schülerinnen und Schülern, welche die Analysen ja auch durchgeführt haben. Sie
können über ihre Untersuchungsergebnisse der Presse und
in Umweltausschüssen ungehindert Mitteilungen machen.

Dieser letzte Weg ist auch ein wichtiger Lernerfolg für die
Schüler und sollte unbedingt gewählt werden, wobei der Lehrer die Funktion des
kritischen Beobachters übernehmen soll, der die Schüler vor Fehleinschätzungen
bewahrt.

*Da schulische Methoden nicht unbedingt den DIN-Vorschriften entsprechen und auch
der gesetzlichen Anerkennung entbehren, sollte bei Aussagen der folgende Abschnitt
„Beweislastumkehr" unbedingt beachtet werden. Auf diese Weise verhindert man
kostspielige Schadenersatzforderungen bzw. die Verpflichtung, die Aussagen durch
teure Analysen bestätigen zu müssen.*

9   Beweislastumkehr

Auch wenn die Anwohner einer Firma über Lärm, Geruchsbelästigungen und /oder
Gesundheitsgefährdungen stöhnen – die Firma kann juristisch nur dann belangt
werden, wenn ihr ein Verschulden nachgewiesen werden kann. Diese Beweislast
liegt normalerweise beim vermeintlich Geschädigten. Dieser muss unter Umständen
mit enormem Aufwand die nötigen Beweise erbringen, denn eine unzureichend be-
legte Beschuldigung kann zu hohen Schadenersatzforderungen wegen Rufschädigung und Produktionsausfall führen. Vollends verwehrt ist Betroffenen die Beweis-
führung bei Schädigung durch Stoffe wie Asbest, radioaktive Kontamination, Dioxin,
PCB usw., deren Auswirkungen (Krebs) sich mitunter erst Jahre später zeigen.

Weil dieser Beweis für normale Bürger in den meisten Fällen ohne entsprechendes
Kapital und Laborkapazität nicht zu erbringen ist, gibt es das Verfahren der **Beweis-
lastumkehr**, bei dem die Beweislast der vermutliche Verursacher trägt (zu § 823
BGB Absatz 2 („Schadenersatzpflicht") s. MERTENS, B. 1998, PALLANDT, O. 1999):

1. Zwar hat „grundsätzlich derjenige, der einen Anspruch erheben will, die Voraussetzungen für
   diesen Anspruch nicht nur darzutun, sondern auch den Beweis zu erbringen. Nach allgemeinen Grundsätzen hat deshalb der Geschädigte den Schaden, den Schadensverursacher,
   die Ursächlichkeit selbst, die Rechtswidrigkeit und das Verschulden nachzuweisen. Gerade
   aber bei Umweltschäden würde eine strenge Anwendung in vielen Fällen die Durchsetzung

des Schadenersatzes unmöglich machen. Die Rechtsprechung und Literatur behilft sich in diesen Fällen mit dem Anscheinsbeweis oder gar der Beweislastumkehr, sodass der Schadensverursacher nachzuweisen hat, dass er ausnahmsweise nicht ursächlich und nicht schuldhaft gehandelt hat."

2. Wer **vorsätzlich oder fahrlässig** das Leben, den Körper, die Gesundheit, die Freiheit, das Eigentum oder ein sonstiges Recht [ ] verletzt, ist dem anderen zum Ersatz des daraus entstehenden Schadens verpflichtet.

3. Die gleiche Verpflichtung trifft denjenigen, welcher **gegen ein den Schutz eines anderen bezweckendes Gesetz verstößt**.

Ist nach dem Inhalt des Gesetzes ein Verstoß gegen dieses auch ohne Verschulden möglich, so tritt die Ersatzpflicht nur im Falle des Verschuldens ein (BGB §823 dtv 1977). Ist dieser Verstoß und eine daraus resultierende Schädigung nachweisbar, kommt das Strafrecht zum Tragen.

Bei der Anwendung dieses Verfahrens müssen vom Geschädigten Indizien für ein Verschulden gesammelt werden. Auf diese stützt sich ein vorsichtig formulierter Verdacht. Dieser Verdacht darf keinen Verursacher feststellen, sondern muss auf die Folgen der Ursache ausgerichtet sein.
Beispiel: Die Behauptung *„Die Fa. XX schädigt die Anwohner!"* muss z.B. wie folgt formuliert werden: *„Die Abgase der Fa. XX scheinen bei den Anwohnern eine Schädigung hervorzurufen"*.

So umgeht man das Aufstellen einer Behauptung, die zum Beweis verpflichtet. Durch diese Vorgehensweise kann vor Gericht eventuell eine Beweislastumkehr erwirkt werden.

Beispiele für eine Beweislastumkehr:

Atommülltransporte
So konnte Bundesumweltminister Tritin in der Auseinandersetzung um die Lagerung und den Transport radioaktiver Brennstäbe den Einwand der Atomindustrie, die ihr auferlegte **Beweislastumkehr** sei verfassungswidrig, entkräften.

Schadstoffimmissionen
So muss die Einhaltung der in Technischen Anforderungen begrenzten Emissionswerte **vom Verursacher** gewährleistet werden. Diese Gewährleistung muss durch eine rechtsverbindliche und lückenlose Kontrolle gewährleistet sein. Die dazu nötigen verschiedenen, vorgeschriebenen Messungen müssen sachkundig (§18 Abs. 2 GefStoffV) nach verbindlichen Verfahren (§23 Abs. 1 BimSchG; TA Luft) vorgenommen werden. Wenn diese Auflagen dem Schutz der Beschäftigten galten, was zumeist der Fall ist, **müssen** diese Ergebnisse 30 Jahre aufbewahrt bleiben (§18 Abs. GefStoffV). Kurz formuliert: Die rechtsverbindlichen Regelungen des Bau-, Immissions- und Arbeitsschutzrechtes müssen nachweisbar eingehalten werden.

Asbest
Nach Sanierungen verlangen z.B. die Asbestrichtlinien, Kontroll- und Erfolgsmessungen vor einer Freigabe sanierter Bereiche für Dritte. Weil die „Deutsche Welle" als Arbeitgeber den Nachweis der Unbedenklichkeit gegen Asbestgefährdungen nicht erbringen konnte, musste der Sender einem Toningenieur das Gehalt weiter bezahlen, obwohl dieser sich weigerte, seinen Arbeitsplatz zu betreten.

Bleirohre
Bei Bleirohren als Trinkwasserleitungen erkannte das OLG Celle, dass unmittelbar Betroffene allein schon durch das Vorhandensein, nicht das Hervortreten einer Gefährdung einen erhebli-

chen Verlust an Lebensqualität erleiden, der zu weitreichenden Gegenmaßnahmen berechtigt: Diese können von fristloser Kündigung bestehender Miet- und Pachtverträge über hohe Schadensersatzansprüche bis hin zu Rentenzahlungen wegen Folgen aus „unerlaubten Handlungen" im Sinne des BGB reichen! (OLG Celle, Urt. V. 19.6.1984; 2UH 1/84; u.a. ZMT 1985, S.10)

10 Freedom of Information Act: Umweltinformationsgesetz

EG- Richtlinie über den freien Zugang zu Informationen über die Umwelt

Bei Untersuchungen im Umweltbereich ist man vielfach auch auf Informationen von Behörden angewiesen. Diese erhält man – wenn überhaupt – nur zögerlich. Seit Anfang 1993 hat sich diese unbefriedigende Situation wesentlich verbessert:

Wer jetzt zum Gewerbeaufsichtsamt, Ministerium oder zur Kreisverwaltung marschiert, kann sich auf eine EG-Norm berufen: Die „Richtlinie über den freien Zugang zu Informationen über die Umwelt" (verabschiedet vom EG-Umweltrat 1990) war bis Ende 1992 in nationales Recht umzusetzen. Seitdem gilt für den Bereich der Bundesrepublik:
Ausdrücklich verbrieft ist das Recht auf Informationen gegenüber „allen natürlichen oder juristischen Personen ohne Nachweis eines Interesses" (Art.3).
Niemand muss also erst beweisen, dass er persönlich beispielsweise wegen der Cadmium- und Quecksilber-Emission der benachbarten Müllverbrennungsanlage um seine Gesundheit oder sein Gartengrundstück fürchtet. Jeder **hat automatisch ein Recht auf Einsicht in die Messprotokolle**.
Auf schriftlichen Antrag muss die Behörde innerhalb von zwei Monaten den Zugang zu den gewünschten Informationen gewähren, darf allerdings eine „angemessene" Gebühr erheben.

Eine gravierendere Einschränkung sind die Ausnahmeregelungen, wann ein EG-Mitgliedsstaat solche Anträge **ablehnen** darf:
Wenn sonst Dinge wie „Geschäfts- und Betriebsgeheimnisse einschließlich des geistigen Eigentums", die „Vertraulichkeit personengebundener Daten", „die öffentliche Sicherheit" oder einiges mehr „berührt" würden. Will man Daten zur Luftverschmutzung durch eine Chemiefirma erhalten, dann könnte das „Betriebsgeheimnis" schon zu einem Problem werden.
Außerdem brauchen die Behörden „nicht abgeschlossene Schriftstücke oder noch nicht aufbereitete Daten oder interne Mitteilungen" nicht herauszurücken, ebenso wenig Unterlagen, die „von einem Dritten übermittelt worden sind, der dazu gesetzlich nicht verpflichtet war". Ein Blick auf die Original-Richlinien empfiehlt sich also auf jeden Fall, bevor man sich darauf beruft. Die genehmigten oder gesetzlich vorgeschriebenen Verfahren und Grenzwerte für die Reinhaltung der Luft und des Wassers sind nicht Bestandteil eines Betriebsgeheimnisses. Sie erlauben möglicherweise die Beantwortung der Frage, ob z.B. die störende Luftbelastung sich im Rahmen des Erlaubten bewegt.

Aber immerhin ist das Umweltinformationsgesetz eine Verbesserung, die man vorsichtig auf seine Tragfähigkeit überprüfen sollte.

Die EG-Richtlinie über den freien Zugang zu Informationen über die Umwelt (EG-Amtsblatt, 23.6.90,4 Seiten) gibt es unter der Bestellnummer 27/92 in der BUND-NW-Serviceabteilung Graf Adolfstr. Ratingen) und das seit 8. Juli1994 geltende Umweltinformationsgesetz (UIG) BGBl.I Nr. 42 vom 15.7.1994 S. 1490.

11 Altlasten können – dank der Umweltgesetze – Arbeitsplätze sichern

Eines nachts um 2 Uhr im Herbst 1990 fanden zwei Schüler der Chemie-Arbeitsgemeinschaft des Helmholtz-Gymnasiums mit ihren Messgeräten eine Kanalöffnung auf einer Straße im Hildener Industriegebiet, aus der große Mengen Lösungsmitteldämpfe strömten.

Dank städtischer Kanalkarten konnte diese Öffnung dem Abwasserkanal einer großen Farbenfabrik zugeordnet werden.

Im Gegensatz zu einigen anderen Hildener Firmen und vor allem Umweltbehörden nahm die Firmenleitung die von der Chemie Arbeitsgemeinschaft aufgezeigte Luft- und Wasserverschmutzung ernst. Sehr schnell kam es zu einer kritischen, konstruktiven Kooperation: Die Firmenleitung unterbreitete der Arbeitsgemeinschaft Unterlagen zu dem firmeneigenen Kläranlagensystem und ging dem Hinweis, dass das Kanalnetz der Firma undicht sein müsse, sofort nach.

Bei der aufwändigen und kostspieligen Untersuchung der Firma fand man unerwartet hohe Grundwasserkontaminationen, sodass das gesamte ausgedehnte Abwassernetz der Firma und auch andere Anlagen, wie die Destillation und Abfüllstation, stillgelegt und abgerissen wurden.

Dies bedeutet für die Produktion eine umfassende und einschneidende Maßnahme, wie sie schon seit Jahren nicht mehr vorgenommen wurde. Das Firmengelände wird derzeit mit großem Kostenaufwand bis in eine Tiefe von 35 m von Lösungsmitteln befreit.

Wegen der riesigen Sanierungssummen wurde von der Firmenzentrale erwogen, die erst seit wenigen Jahren mit Gewinn arbeitende Hildener Filiale stillzulegen. Dies hätte enorme Auswirkungen auf die Hildener Finanzen und vor allem die Arbeitslosigkeit von ca. 1500 Hildener Bürgern bedeutet. Diese Gefahr ist glücklicherweise gebannt worden, da im Falle eines Verkaufes der Firma mit Gelände laut **Bundes-Immissionsschutz-Gesetz** eine Summe in der Höhe der zu erwartenden Sanierungskosten hinterlegt werden müsste. Unter diesen Umständen sah die Mutterfirma von einer Stilllegung der Tochterfirma ab und nahm die Sanierung in die eigene Hand. Etwa 700 Arbeitsplätze in der Produktion sind während der schon fast 10 Jahre dauernden Sanierung gesichert.

Wie so häufig kam dieser Anstoß zur Anwendung des Gesetzes nicht von den zuständigen Behörden. Dazu das zugehörige Gesetz, dass den Fortbestand des Betriebes sicherte.

Störfall-Verordnung -12. Bundes-Immissions-Schutz-Gesetz vom 19.5.1988 (BGBl. I

S. 625) (BImSchG §16 Abs.2). Mitteilungs- und Anzeigepflicht:
(2) Beabsichtigt der Betreiber, den Betrieb einer genehmigungsbedürftigen Anlage einzustellen, so hat er dies unter Angabe des Zeitpunktes der Einstellung der zuständigen Behörde unverzüglich anzuzeigen. Der Anzeige sind Unterlagen über die vom Betreiber vorgesehenen Maßnahmen zur Erfüllung der sich aus § 5 Abs. 3 ergebenden Pflichten beizufügen.

Dazu sind Angaben über die folgenden Punkte zu machen:
- Die weitere Verwendung der Anlage
- Verbleib der beim Abbruch anfallenden Materialien
- Der Verbleib der zum Zeitpunkt der Betriebseinstellung voraussichtlich vorhandenen Einsatzstoffe und Erzeugnisse

Gerade aus den letzten beiden Punkten ist eine Sanierung von Altlasten unter stillgelegten Betriebsgrundstücken und der Bereitstellung der dafür notwendigen Mittel ersichtlich.

12 Kurze Anleitung zum Abwälzen von Strafen und Kosten für kontaminierte Böden
(gültig bis März 1999 und vermutlich darüber hinaus)

Diese Anleitung zum Abwälzen von Kosten ist nach dem neuen Bundes-Bodenschutzgesetz (BBodSchG) in einigen Punkten nicht mehr ganz zutreffend. Ob die Anwendung des BBodSchG´s eine Verbesserung bringt, bleibt abzuwarten.

Angenommen, wir hätten eine Firma zu leiten, die natürlich auch giftige Abfälle produzieren würde. (Pro Tonne Hausmüll fällt derzeit in der Industrie eine Tonne Sondermüll an!). Da die Endlagerung oder das Verbrennen von Sondermüll sehr teuer ist – je nach Giftart ca. 1000.– DM pro Tonne – , ist es lohnend, sich auch nach anderen Wegen umzusehen.

Vor dem BBodSchG griffen nur zwei Gesetze:
1. Das Abfallbeseitigungsgesetz
Vor 1972, d.h. vor dem Abfallbeseitigungsgesetz (§ 326 Umweltgefährdende Abfallbeseitigung [Strafgesetzbuch], § 18 Ordnungswidrigkeit [Abfallgesetz]), war es gefahrlos, das Gift einfach in den Boden zu leiten oder dort abzulagern. Aber auch nach 1972 kann mir, wenn ich es geschickt anfange, nicht viel geschehen, wobei ich noch riesige Geldmengen einsparen kann:
Am besten vergrabe ich die Giftfässer auf meinem Betriebsgelände, wenn ich keine Möglichkeit habe, sie unter

Hausmüll zu mischen und auf öffentlichen Deponien verschwinden zu lassen. Allerdings bin ich dann durch mögliche Mitwisser erpressbar (Geld, sicherer Arbeitsplatz) geworden. Ist dies nicht der Fall, dann bin ich fast sicher, dass niemand die Giftfässer innerhalb der nächsten fünf Jahre findet. Danach ist diese Straftat verjährt und niemand kann mich dafür noch strafrechtlich belangen.

2. Das Wasserhaushaltsgesetz

Noch kann ich aber nicht endgültig aufatmen, denn rosten später meine Fässer durch und wird dadurch das Grund- und/oder das Trinkwasser verseucht, so beginnt für diese zusätzliche Straftat (§ 324 Verunreinigung eines Gewässers – Strafgesetzbuch) erneut eine Frist von fünf Jahren bis zur Verjährung zu laufen. Erst wenn der Erfolg einer Tat eingetreten ist, z.B. wenn man durch die Vergiftung krank wird, beginnt die Verjährungsfrist. Bei Asbest kann diese Krankheit erst nach 30 Jahren auftreten.

Es bleibt mir dann zu hoffen, dass die Behörden länger als 5 Jahre benötigen,
1. bis sie die Grundwasserverseuchung festgestellt haben,
2. bis sie vom vergifteten Grundwasser den Weg bis zu meinen Giftfässern gefunden haben,
3. bis ein Gutachter zweifelsfrei meine Giftfässer als Verursacher der Grundwasserverseuchung eindeutig nachgewiesen hat,
4. bis die Behörde die Krankheit auf die Umweltkontamination zurückführt.

Man bedenke, dass dabei Gutachter sich leicht irren können, insbesonders, da sie auch weiterhin lukrative Industrieaufträge bekommen wollen. Jeder Zweifel kommt aber mir als Angeklagtem zugute.

Sind inzwischen die Giftfässer völlig ausgelaufen und wird das Grundwasser durch sie nicht mehr weiter belastet, gehe ich straffrei aus.

Aber auch wenn die Behörden und Gutachter ausnahmsweise einmal schnell arbeiten und rechtzeitig meine blutenden Giftfässer finden sollten, ist noch nicht alles verloren, denn letztendlich kann mich der Staatsanwalt selbst vor einer Verurteilung retten, indem er erst nach 5 Jahren aktiv wird und erklärt, nun sei alles verjährt (s. Kap. 6.2.2). Die Verjährung wäre nur dann unterbrochen worden, wenn die Staatsanwaltschaft innerhalb der 5 Jahre die Vernehmung zur Sache oder die Durchsuchung angeordnet hätte.

Würde ich rechtskräftig verurteilt – was in vergleichbaren Fällen extrem selten geschah -, dann sind die verhängten Strafen oft so gering, dass sie aus der Portokasse der Firma bezahlt werden könnten. Meine Einsparungen durch die illegale Giftbeseitigung sind zumeist weit größer.

Sanierung

Hier griff bisher das Verwaltungsrecht: Der Verursacher der Verseuchung ist hier Handlungsstörer.

Unabhängig davon, ob ich bestraft wurde, bin ich verpflichtet, den Giftmüll zu sichern oder zu beseitigen und dies kann teuer werden. Aber auch hier bin ich nach 30 Jahren aus dem Schneider.

Darüber hinaus sind alle Behörden – von der Unteren Wasserbehörde, dem Ordnungsamt und dem Gewerbeaufsichtsamt – dazu angehalten, meine Kosten möglichst niedrig zu halten (was zumeist auf Kosten der Umwelt geht).

Klappt dies nicht, so kann ich immer noch mit bedrohten Arbeitsplätzen argumentieren und durch Konkurs die Firma einfach schließen. In diesem Falle muss dann die Gemeinde und das Land die Giftmüllbeseitigung („Sanierung einer Altlast" wie es im schönfärberischen Neudeutsch heißt) voll bezahlen. Aus diesen Gründen hat in der Vergangenheit in den meisten Fällen die Allgemeinheit die Zeche für eine umweltverachtende, profit-orientierte, illegale Abfallbeseitigung bezahlt.

Große Firmen, die sich nicht so einfach durch Konkurs aus der Verantwortung schleichen können, konstruieren Tochterfirmen mit zu geringer Kapitaldecke und beschränkter Haftung. Muss die schadstoffbelastete Firma später abgerissen, das Gelände saniert und die Schadstoffe endgelagert werden, ist kein Geld vorhanden und die Allgemeinheit trägt wieder die Last.

Eigentümer eines verseuchten Bodens
Der Eigentümer des Grundstückes ist Zustandsstörer.
Heutigen Grundstückskäufern kann man nur empfehlen, den Boden vor dem Kauf chemisch untersuchen zu lassen. Denn wird auf diesem Grundstück Gift gefunden, dann ist zuerst der Grundstückseigentümer für eine Sanierung des Bodens verantwortlich. Dies kann so teuer werden, dass er seinen Hausbau u.U. „vergessen" kann. Wie so oft ist der Verursacher in diesen Fällen zumeist nicht mehr greifbar. Günstig ist es dann nur, wenn das Grundstück von der Stadt gekauft wurde, denn diese ist seit dem Urteil zu einem ganzen Wohngebiet auf Bielefelder Grund als Vorbesitzerin zum Tragen der Sanierungskosten verpflichtet.

13 Gutachter / Schlechtachter

Die folgende Abhandlung beruht auf konkreten Erfahrungen bei Asbestsanierungen in Schulen und bei der Sanierung von Industrieböden. Eine wichtige Rolle spielen dabei die Gutachter. (Gerade auf dem Gebiet der Untersuchung und Sanierung von kontaminierten Gebäuden und Böden werden riesige Summen umgesetzt. Es ist deshalb nicht verwunderlich, dass dabei Unterschlagung und Bestechung in den Behörden und Unternehmen immer stärker auftreten.)

Der deutschen Sprache mangelt es an Differenzierung, z.B. beim Wort Gutachter. Ein Sprichwort sagt „Dem Reinen ist alles rein", aber ist ein Gutachter immer gut? Das Tätigkeitsfeld der Gutachter ist riesig und seine Bedeutung wird in der Allgemeinheit oft unterschätzt. Zu erinnern sei an Baugutachten, psychologische Gutachten bei Gericht, das über die Strafmündigkeit entscheidet, Umweltverträglichkeitsgutachten für die Neuanlage eine Straße oder eines Flughafens, Sicherheitsgutachten für Atomkernkraftwerke, Gutachten zu einem Kunstwerk usw.

Bei der Beurteilung von Umweltgefährdungen durch Schadstoffe kommt der Arbeit eines Gutachters eine zentrale Bedeutung zu.
Dabei steht der Gutachter in einem Konfliktfeld:
Auf der einen Seite steht der **Auftrag- und Geldgeber,** dem der Gutachter somit

leicht verpflichtet sein kann („Wes Brot ich ess, des Lied ich sing"). Man darf nicht vergessen, dass der Gutachter von Gutachteraufträgen lebt. Auch kann der Gutachter nicht den Auftraggeber anschwärzen, d.h., die im Rahmen der gutachterlichen Tätigkeit entdeckten Umweltvergehen sind Bestandteil des bezahlten Gutachtens und somit als Wissen nur dem Auftraggeber zu Eigen. Nur dieser hat ein Recht, daraus zu veröffentlichen.

Dazu formulierte SCHÖNDORF (DER SPIEGEL 23 (1999), S. 42) treffend:

„Vor wenigen Jahren wurde diese Abhängigkeit noch als käufliche Wissenschaft gehandelt. Mittlerweile spricht man deutlicher von Wissenschaftskriminalität. Zahlreiche Gutachter begutachten einfach falsch: Sie irren sich nicht, sie lügen. Und sie lügen mit Kalkül, immer zugunsten des wirtschaftlich Mächtigeren, des Unternehmers, des Konzerns usw. Nie zum Vorteil der kranken Kläger. Was die Sachverständigen tun, ist kein Freundschaftsdienst, sondern es ist Teil eines Geschäftes: Unwahrheit gegen Cash. Der Hintergrund ist die finanzielle Abhängigkeit der Forschungsinstitute (auch Universitäten) von den (Dritt)-Mitteln der Industrie. Die Unternehmen profitieren von den verharmlosenden Expertisen, z.B. zu Pestiziden, Radioaktivität, chlororganischen Verbindungen. Denn ein einziger Richterspruch kann das Aus für eine ganze Branche bedeuten."

Bekannt wurde die „Unterstützung" einer großen Zahl von Gutachtern, die im Holzschutzmittelprozess vor Gericht aussagen sollten, durch einen Großkonzern der chemischen Industrie (SCHÖNDORF, E. 1999).

Auf der anderen Seite stehen z.B. die betroffenen Bürger, deren Kinder sich auf kontaminierten Spielplätzen oder in asbestbelasteten Schulgebäuden möglicherweise chronisch vergiften.

Bei dieser Untersuchung auf gesundheitsgefährliche Schadstoffe – sei es bei einem Spielplatz, einer Deponie, im Grundwasser, in Gebäuden z.B. auf Asbest, Formaldehyd oder PCB – kommen auf den Verantwortlichen oder zuständigen Auftraggeber für die Untersuchung und Sanierung oft hohe Kosten zu, welchen Betrag er lieber einsparen oder für positiv bewertete und publikumswirksamere Zwecke ausgeben würde, wie z.B. für ein „Spaßbad".

Grundsätzlich gibt es für das Verhalten des Auftraggebers und Gutachters für die Untersuchung auf Schadstoffe und deren Beseitigung (Sanierung) drei Verhaltensmodelle, die allerdings auch fließend ineinander übergehen können.

1. Modell: Untersuchung und Sanierung entsprechend den gesetzlichen Vorschriften

Der Auftraggeber, hier z.B. die Stadt, beauftragt einen fachkompetenten Gutachter, der die vielfältigen schädlichen Gefahren erkennt und den entsprechenden Handlungsbedarf ermittelt.

Darüber hinaus muss dieser Gutachter den Auftraggeber auf unangenehme, dabei unvermeidliche Anforderungen aller Art (Immissionsschutz, Abfallrecht, Arbeitsschutzbestimmungen, Umweltschutzgesetzgebung ...) aufmerksam machen. Gerade im Umweltbereich ist vom Gutachter eine ständige Lernbereitschaft zu fordern.

Die Schwierigkeiten, denen ein Gutachter in diesem Bereich gegenübersteht, sind:

1. Allgemeine Unwissenheit beim Thema Gefahrstoffe, wobei die Risiken von der Allgemeinheit ganz unterschiedlich, unabhängig vom tatsächlichen Risiko, eingeschätzt werden. (Beispiel Autoverkehr und Rauchen auf der einen und Verbrennen

von Gartenabfällen auf der anderen Seite).

2. Überkommenes Denken (z.B. haben wir früher Asbest gesägt, gebohrt, aus den Bremsbelägen geblasen etc. und es ist uns „nichts" passiert).

3. Die Frage: Warum, wofür und weshalb Geld ausgeben? Die Sanierung einer Deponie bei Grundwassergefährdung wird womöglich erst dann vorangetrieben, wenn der Trinkwasserbrunnen geschlossen wird und die Wassergebühren steigen. Der Gutachter muss darauf dringen, dass sowohl die Untersuchung, als auch die Sanierung den Gesetzen entsprechend durchgeführt werden.

Laut dem Verein deutscher Ingenieure muss ein Gutachter deshalb vor allem unabhängig sein und darüber hinaus Sachkunde und ein Gespür für psychologische Entwicklungen besitzen.

Beliebt sind solche möglicherweise unbequem standhaften Gutachter und Sanierungsfirmen nicht, da sie – wenn nötig – berechtigt hohe Kosten in Rechnung stellen. Deshalb wird Modell 2 bevorzugt:

2. Modell: Einsparung bei Untersuchung und Sanierung auf Kosten der Gesundheit

Bei diesem Modell stellt der „Gutachter" dem Auftraggeber, z.B. der Stadt, in Aussicht, Kosten einzusparen, indem gesetzliche Bestimmungen – welche zum Schutz der Menschen erlassen wurden – umgangen werden.

Vornehmlich „Gutachter und Sanierer" bieten sich dazu an, die über wenig Sachkompetenz und unzureichende Geräte verfügen, aber trotzdem am allgemeinen Untersuchungs- und Sanierungsboom verdienen wollen.

Im Vorfeld der Auftragsvergabe kommt es z.B. zwischen der Stadt und der Untersuchungs- bzw. Sanierungsfirma zu „vertrauensbildenden Maßnahmen". Diese können z.B. Absprachen enthalten, gewisse gesetzlich vorgeschriebene Untersuchungen und Sanierungen nicht oder ohne die gesetzlichen Schutzvorrichtungen „unter der Hand" durchzuführen, um damit Kosten einzusparen. Die Stadt wird leicht geneigt sein, unter der Vorgabe niedriger Sanierungskosten den Auftrag nicht – wie bei der Ausschreibung vorgeschrieben – an den preisgünstigsten, sondern an den „Vertrauen erweckenden" drittklassigen Gutachter zu vergeben.

Da die ungesetzlichen Einsparungen bei der Untersuchung oder Sanierung primär nur für die Stadt von Vorteil wären, muss diese dem Gutachter im Gegenzug gewisse Vorteile verschaffen. Dies geschieht z.B. durch die Garantie weiterer Aufträge (möglicherweise an der öffentlichen Ausschreibung vorbei), durch Weiterempfehlung oder direkter durch die Bezahlung von fingierten Untersuchungen und Scheinsanierungen. Der Übergang vom Modell 2 zum Modell 3 ist gleitend:

3. Modell: Aufteilung der Gelder für die „erforderlichen" Untersuchungs- und Sanierungskosten zwischen den Beteiligten, ohne deren korrekte Durchführung

Dieses Modell erfordert großes Raffinement beim Erstellen möglichst umfangreicher Gutachten, die zum Aufdecken und Sanieren aufgeblähter, nicht vorhandener Schäden führen. Die dafür nötigen öffentlichen Gelder werden von der Verwaltung als äußerst dringlich beantragt und vom Rat mangels Übersicht, mangels Akteneinsicht, mangels Wille zur Kontrolle und auf Grund parteiinterner und parteiübergreifender Verstrickungen genehmigt.

Falle für „Gutachter"

Erstellen Schülerinnen und Schüler selbst ein „Gutachten" oder richtig gesagt eine **„Stellungnahme"** z.B. zu einer wilden Deponie, dann empfiehlt es sich, darin nicht **alle** gefundenen Fakten (wie Chemikalien) zu nennen:

Bedenklich wird es dann, wenn der von der Firma oder Behörde beauftragte Gutachter **nur** das von den Schülerinnen und Schülern veröffentlichte Ergebnis **bestätigt** und trotz ausgefeilter Technik, hochwertiger Analysengeräte und Know-how keine weiteren Chemikalien entdeckt. Hier ist vermutlich ein Gutachter seinem Auftrag- und Geldgeber sehr verbunden gewesen, sodass dies bei Gericht ein gutes Argument für ein objektives Gegengutachten ist.

14 Schülerexperimente und die neue Gefahrstoffverordnung

Dem Arbeitnehmer stehen andere Beschäftigte, insbesondere Beamte ... sowie **Schüler** und Studenten gleich *[§3 Abs.4 GefStoffV]*.

Die Expositionszeit in der Schule gegenüber Gefahrstoffen steht zwar in keinem Verhältnis zu einer möglichen Exposition im Beruf, aber die Beschäftigten sind dort i.d.R. auch älter. Die bei dem Arbeitsschutz üblichen Grenzwerte gelten außerdem nur für gesunde Menschen im arbeitsfähigen Alter und nicht für Kinder.

Der Arbeitgeber.....**hat sich zu vergewissern,** ob es sich im Hinblick auf den vorgesehenen Umgang um einen Gefahrstoff handelt [§16 Abs.1 GefStoffV].

Die Lehrer sollen **prüfen**, ob für den ... **Unterricht Stoffe mit geringerem gesundheitlichen Risiko eingesetzt werden können.** Dies gilt insbesondere für krebserzeugende, fruchtschädigende, erbgutverändernde und sehr giftige Stoffe [Abschnitt 3.2.2, GUV 19.16].

Um eine Überschreitung der Auslöseschwelle zu verhindern, ist bei Arbeiten mit

Lösungsmitteln (z.B. Toluol) **grundsätzlich ein Abzug zu benutzen,** bei anderen Stoffen (z.B. Schwermetallsalzen) sind **grundsätzlich Schutzhandschuhe zu tragen.** Allerdings führen Schutzhandschuhe beim Arbeiten mit ätzenden Stoffen leicht zu einem falschen Sicherheitsgefühl: Reibt man sich mit dem Handschuh die Augen, kann es zum bösen Erwachen kommen. Hier hätte die juckende Haut vorgewarnt.

Vor der Durchführung von Schülerexperimenten hat der Fachlehrer gezielte Anweisungen zu den bei diesem Versuch eingesetzten Gefahrstoffen und deren sicherer Handhabung zu geben. Dies kann schriftlich durch ein Schülerversuchsblatt sowie mündlich durch gezielte Hinweise auf die Gefahrenstellen erfolgen [Abschnitt 6.1.3, GUV 19.16].

Im Rahmen der Gefahrstoffverordnung / GUV 19.16 ist es **bei ständiger Fachaufsicht** durchaus erlaubt, **Schülerexperimente** auch **mit gefährlichen Stoffen durchzuführen.**
Nähere Hinweise hierzu können der Gefahrstoffverordnung, der GUV 16.19 und den diversen Schriften der Kultusminister entnommen werden.

Kriterien für Experimente mit Gefahrstoffen in der Schule (erstellt für den Hausgebrauch)

Einstufung des Ausgangsstoffes

Tätigkeit	Gesundheitsschädlich Xn, ätzend C, reizend Xi	giftig T	sehr giftig T+	Cancerogen, mutagen, reproduktionsschädigend T, R45, R49, R46, R60, R61, R64	explosiv E O	hoch- (F+), leicht- (F) entzündlich
Lagerung in der Schule	a) in mit Gefahrstoffsymbolen, R- u. S-Sätzen² u. Hinweisen gekennzeichneten Gefäßen, welche keine Verwechslung mit Lebensmitteln erlauben b) ätzende Substanzen nicht über Augenhöhe lagern c) ausgasende Stoffe in entsprechende Schränke	a) siehe gesundheitsschädlich b) unter Verschluss Zugang nur durch Fachkundigen c) giftige Druckgase (Cl₂, NH₃) sind wie sehr giftige unter Verschluss zu halten	a) siehe gesundheitsschädlich b) Nur wenn unbedingt nötig in den handelsüblichen kleinen Portionen aufbewahren. Der Bestand an sensibilisierenden, krebserregenden frucht- und erbschädigenden Substanzen ist auf 1 g genau zu registrieren	a) siehe gesundheitsschädlich b) Nur wenn unbedingt nötig in den handelsüblichen kleinen Portionen aufbewahren	a) s. gesundheitsschädlich b) Nur in den handelsüblichen kleinen Portionen aufbewahren (Insgesamt maximal 100 g Explosivstoffe) Auf 1 g genau zu registrieren (nur in NRW) c) Feuchte Pikrinsäure H₂O>15% und Cyclohexanonperoxid H₂O>30 % fallen nicht unter Explosivstoffe	a) siehe gesundheitsschädlich b) 5 L dürfen im Glas, 15 L im Kanister aufbewahrt werden. Bis 60 L im feuerfesten Schrank, größere Mengen in separaten Räumen lagern und bei Behörde anzeigen
Schüler-Experiment	möglich, Sicherheitsvorschriften beachten	möglich (NRW ab Jahrgangsstufe 11) Sicherheitsvorschriften beachten generell möglich nach Verdünnung in niedrigere Gefahrenklasse Hg in offenen Gefäßen verboten	Nur möglich bei Verdünnung oder als Beimischung, sodass es in niedrige Kategorie eingestuft wird	Nicht möglich. Experimente mit krebsverdächtigen Substanzen nur unter sorgfältiger Beachtung der Schutzmaßnahmen (Abzug, Schutzhandschuhe) möglich	E nicht möglich O möglich. Nicht erlaubt sind Oxidationen mit Chloraten	F (leicht entzündlich) möglich. F+ (hochentzündlich) möglich, Flüssigkeiten erst ab Jahrgangsstufe 11 Sicherheitsvorschriften beachten
Lehrer-Experiment	möglich, Sicherheitsvorschriften beachten	möglich, Sicherheitsvorschriften beachten	möglich. Sicherheitsvorschriften beachten	möglich nur mit Stoffen GUV 19.16	möglich, Sicherheitsvorschriften beachten	möglich, Sicherheitsvorschriften beachten

Einstufung des Zwischenproduktes

	gesundheitsschädlich Xn, ätzend C, reizend Xi	giftig T	sehr giftig T+	Krebs erregend T, R45, R49	explosiv E	hoch- (F+), leicht- (F) entzündlich
Schüler-/Lehrer-Experiment	möglich, Sicherheitsvorschriften beachten	möglich, Sicherheitsvorschriften beachten	möglich. Sicherheitsvorschriften beachten (MAK-Werte)	möglich. Sicherheitsvorschriften beachten. Richtwerte beachten. Abzug, Sicherheitshandschuhe	möglich. Sicherheitsvorschriften beachten	möglich. Sicherheitsvorschriften beachten

Einstufung des Endproduktes

	gesundheitsschädlich, ätzend, reizend	giftig	sehr giftig	Krebs erregend	explosiv	hoch- und leicht- entzündlich
Schüler-Experiment	möglich, Sicherheitsvorschriften beachten	möglich. Sicherheitsvorschriften beachten (Grenz- u. MAK-Werte)	möglich. Sicherheitsvorschriften beachten (Grenz- u. MAK-Werte)	nur möglich bei kleinstmöglichem Ansatz und Schutzmaßnahmen	nicht möglich	möglich. Sicherheitsvorschriften beachten
Lehrer-Experiment	möglich, Sicherheitsvorschriften beachten (MAK-Werte)	möglich. Sicherheitsvorschriften beachten (MAK-Werte ..)	möglich. Sicherheitsvorschriften beachten (MAK-Werte)	möglich. Sicherheitsvorschriften beachten	nicht möglich. nur bei unterrichtsrelevanten Reaktionen in kleinsten Portionen	möglich. Sicherheitsvorschriften beachten

² R = (R)isiko) Gefahrenhinweise, S = (S)icherheitshinweise, E = Entsorgungshinweise

Für Schulen vereinfachtes Entsorgungskonzept der wichtigsten Abfallarten[3]

Abfallart	Säuren und Laugen	Alkalimetalle u. Lösungen von Carbiden, Nitriten, Fluoriden, Cyaniden, Oxalat	Quecksilber	Chromate und Permanganate	Schwermetallsalzlösungen	organische Feststoffe	Explosivstoffe	Organische Lösungsmittel
Behälter für Zwischenlagerung	gemeinsam sammeln	möglichst keine Zwischenlagerung!	Kunststoffflasche oder in Flasche in bruchsicheres Auffanggefäß stellen	möglichst keine Zwischenlagerung	im offenen Gefäß eindunsten lassen	Weithalsgefäß	keine Zwischenlagerung erlaubt	lösungsmittelresistente Behälter, eingeschränkte Lagermengen. Lagermengen nur erlaubt (s.u.) Aldehyde oxidieren dann Abwasser
Gefahrensymbole auf Behälter	C, Xn — ätzend	N mit R50-53 umweltgefährlich	T+	T, C1, C2	T+, C1, C2	T		F, F+
Aufarbeitung	erst nach Neutralisation ins Abwasser geben	erst nach Aufarbeitung ins Abwasser. Aufarbeitungen: Na, K mit Butanol volle Umsetzen u. m. H_2O hydrolisieren. C_2^{2-} u. CN^-, P_4, $S_2O_3^{2-}$ mit konz. HCl NO_2^- mit NaOCl oxidieren F^-: Oxalat mit $Ca(OH)_2$ ausfällen	kleine Portionen (weniger als 10 g) Hg zu den festen anorg. Abfällen AS 59303,[4] größere Hg-Portionen getrennt entsorgen AS 35326	mit $NaHSO_3$ reduzieren und in den Schwermetallsalzlösungsbehälter geben	Lösung mit verd. H_2SO_4 ansäuern und mit Eisenwolle reduzieren, abdekantieren, **Flüssigkeit** in Behälter für Säuren und Laugen, **Feststoffe** in Behälter für feste anorg. Abfälle		sofortige Vernichtung gemäß den E-Sätzen. **Azide** mit Iod u. Thiosulfat. **Carbide** mit konz. HCl **Chlorate** mit Fe/HCl **Pikrinsäure** mit Essigester **Peroxide** mit $NaHSO_3$ **sie sind von der Sonderabfallentsorgung ausgeschlossen**	5 L im Glas, 15 L im Kanister, In Summa maximal 20 L brennbare Flüssigkeiten pro Raum. Bis 60 L im feuerfesten Schrank, größere Mengen in separaten Räumen lagern und bei Behörde anzeigen.
Entsorger	Abwasser	feste Abfälle anorganisch AS 59303 oder AS 35326	feste Abfälle anorganisch AS 59303 oder AS 35326	–	feste Abfälle anorganisch AS 59303	feste Abfälle org. AS 59302	–	organische Lösungsmittel AS 55220

[3] Angelehnt an: Landesinstitut für Schule und Weiterbildung Nordrhein-Westfalen (1993): „Vorschlag einer Entsorgungskonzeption beim Umgang mit gefährlichen Stoffen".
[4] AS = Abfallschlüssel

Anhang 2: Unterrichtshilfen: Planung, Projekte, Klassenarbeiten

1 Planung

1.1 Ablauf des Differenzierungsunterrichts Chemie/Biologie/Ökologie (über zwei Jahre)

Die Chemie, Physik und Biologie des Bodens sollen die SchülerInnnen selbst erfahren und erarbeiten. Deshalb ist es wichtig, dass sie selbstständig zu experimentieren lernen. 2/3 der Unterrichtszeit wird mit eigenständigem Arbeiten ausgefüllt, wobei es sinnvoll ist, wenn die SchülerInnen in Kleingruppen zusammenarbeiten. Zu den einzelnen Experimenten sind Protokolle anzufertigen.

Die Klausuren beziehen sich auf die Experimente und die dazu erarbeiteten Materialien. Sie können teilweise durch eine Projektarbeit, wobei zu Hause und/oder in der Schule experimentiert wurde oder durch eine Ausarbeitung mit Literaturrecherche ersetzt werden.

Jahrgangsstufe 9: Der Boden und das Wasser wovon wir leben

Boden
1. Exkursionen mit Pflanzenbestimmungsbüchern, eventuell Bohrstock, Spaten und Eimern
   1.1 Physikalische Eigenschaften des Bodens: Spatenprobe, Handprobe, Wasserhaltevermögen, Analyse des Bodens mit Augen und Händen, Erkundung von Bodenprofilen auf Baustellen Fotografieren der Schichtenfolge bei Äckern und im Wald
   1.2 Botanische Bestandsaufnahme und Tiervorkommen auf Äckern, in Gärten, im Wald, in Kleingärten, auf Golfplätzen und im Humus- und Sandboden
2. Chemische Eigenschaften des Bodens: Humus-, Wasser-, Ton-, Nitrat-, Carbonatgehalt unterschiedlicher Böden, pH-Wert (Säurewert)
3. Modellversuche mit Böden zur unterschiedlichen Adsorptionsfähigkeit von Böden für Kationen und Anionen: Nachweis der Austauscherwirkung von Böden über die eluierten Ionen (Na, Cl, Fe, Al)

Waldsterben
1. Boden als Säurefänger: Bestimmung des Kalkbedarfs, der Pufferkapazität und Pufferrate des Waldbodens
2. Wachstumsversuche auf ungekalktem, angesäuertem oder gekaltem Boden
3. Verrottungsversuche von Streu (besser Zigarettenpapier) im sauren und neutralen Boden
4. Exkursion Kalksteinbruch; Waldexkursion mit Förster

Gewässeruntersuchung (eigene Gewässeruntersuchung)
1. physikalische Eigenschaften: Fließgeschwindigkeit, Wasserdurchfluss, Temperatur
2. Gewässergüte mittels Saprobienindex
3. chemische Untersuchung (Sauerstoff-, Nitrat-, Phosphat-, Eisen-, Tensid)
4. Uferpflanzen (Bewertung des Standortes)

Jahrgangsstufe 10: Vergifteter Boden, vergiftetes Wasser, vergiftete Pflanzen

Schwermetalle
1. Toxizität, Verwendung, Verbreitung und Eigenschaften der Metalle Blei, Quecksilber, Zink, Cadmium, Arsen, Kupfer und Selen (Vorträge pro Metall eine Schülerin / ein Schüler)
2. dünnschichtchromatographischer Nachweis der Schwermetalle in Böden, Wasser und Lebensmitteln
3. Arsennachweis in Bodenproben und Sportplatzaschen
4. Gesetzgebung zum Boden, Grenz-, Richt- und Schwellenwerte

Toxikologie
1. Hefe als Alternative für Tierversuche
2. Hefe als Testorganismus für Gifte in Boden und Nahrung
   Biologischer Nachweis der Toxizität und des Nährstoffgehaltes des Bodens und der Lebensmittel (Bioprodukte u. konventioneller Anbau) mittels Hefe
3. Energiestoffwechsel der Hefe und dessen Blockierung durch Schwermetalle oder Pestizide

Bierbrauen oder Weingärung
1. Tierversuche, ihre Problematik und Aussagekraft
2. biochemischer Mechanismus einiger Gifte
3. Toxikologie der Lebensmittel
4. Höchstmengenverordnung
5. Probleme des Alkoholmissbrauchs (Vorträge mit eigenständiger Literaturrecherche, z.B. mit dem Material des Kölner Modells [Uni Köln])

1.2 Vorschläge zur Gestaltung eines Bodengutachtens und Bewertungskriterien für Laborarbeit und Protokoll

Schriftliche Hausarbeit oder Projektarbeit (zu Kapitel 1, 2, 8.2, 8.4, 8.5)

Ihr sollt *Euren persönlichen Boden* nach möglichst vielen Gesichtspunkten untersuchen.

Dieser persönliche Boden kann aus dem Blumenkasten, dem Wald, dem Garten, einem Acker, von einer Baustelle, einer Altlast usw. gewonnen sein. Für das Bodengutachten müsst Ihr Folgendes genau beachten:

1. Macht Euch vorher Gedanken und schreibt auf, *warum* Ihr gerade *diesen Boden* zur Untersuchung *ausgewählt* habt und was Ihr *erwartet*.
2. Die *Herkunft des Bodens* ist möglichst genau zu dokumentieren. (Karte, Vorgeschichte des Bodens, Verwendung, Pflanzenwuchs, Bodenhorizont, eventuell Foto von der Entnahmestelle).
3. Die Versuche, die Ihr mit Eurem Boden und eventuell einem Vergleichsboden durchführt, müssen auch bei Misserfolg genau beschrieben werden. Diese Beschreibung ist nach folgenden Punkten vorzunehmen:
   3.0 *Überschrift und kurze Zielsetzung des Versuches*
   3.1 *Gezeichneter Versuchsaufbau*
   3.2 Tabellarische Zusammenstellung der notwendigen *Geräte und Chemikalien mit Gefahrenhinweisen!*
   3.3 *Versuchsdurchführung* (bitte hier nicht die Beobachtungen beschreiben)
   3.4 *Beobachtungen, Ergebnisse, Messergebnisse* (Die Beobachtungen können auch durch Fotos belegt werden.)
   3.5 *Auswertung* dieser Beobachtungen und Ergebnisse
   Beispiel: Der Kalkgehalt wurde aus der Gewichtsabnahme des Bodens nach der Säurezugabe berechnet. Hierfür muss unbedingt *die chemische Gleichung* für die Reaktion und somit etwas *Theorie* wiedergegeben werden.
   3.6 *Bewertung und Beurteilung dieser Ergebnisse*, Vergleich mit anderen Böden oder Werten aus Büchern. (Z.B.: der Boden enthält viel Kalk im Vergleich zu anderen Böden der Umgebung)
   3.7 *Verbesserungsvorschläge für den Versuch* bezüglich verwendeter Geräte, Chemikalien, Versuchsaufbau und -durchführung
   3.8 *Folgerungen aus dem Ergebnis,* z.B. könnte die Folgerung lauten: „Da der Boden wenig Kalk enthält und als Gartenboden benutzt wird, muss er, wenn er zu sauer ist, unbedingt gekalkt werden. Dazu müssen noch folgende Versuche durchgeführt werden: Bestimmung des Säuregehaltes und des pH-Wertes; Untersuchung der Krümelstruktur des Bodens; Bestimmung der genauen Kalkmenge, die zugesetzt werden sollte.“

Die Folgerung könnte bei der Entdeckung einer Altlast auch lauten: „Auf Grund unserer Messungen sind die Stoffe X und Y im Boden. Diese sind gesundheitsschädlich laut Literatur Z. Wir müssen noch prüfen, ob von diesen giftigen Stoffen viel oder wenig im Boden sind, damit wir die Gefahr besser abschätzen können. Schon jetzt ist allerdings zu sagen, dass dies kein gesunder Boden ist. Es ist auch zu klären, was diese Bodenvergiftung verursacht, wer dafür verantwortlich ist und wie diese abzustellen oder zu verringern ist."

Zur Auswahl stehen Euch eine Vielzahl von Versuchen, für die Ihr zuerst die **Arbeitsvorschrift studiert und die benötigten Geräte und Chemikalien in einem Arbeitsgang zusammenstellt.** Dies kann z.B. in der Einzelstunde geschehen, während **in der Doppelstunde möglichst der Versuch durchgeführt werden sollte.** Während dieser **Versuchsdurchführung können keine Geräte und Chemikalien geholt werden,** da sonst die Aufsicht im Übungsraum nicht gegeben ist.

Die Versuchsvorschriften werden ausgelegt, wobei es sinnvoll ist, dass ein Versuch von einer Gruppen durchgeführt wird und Ihr Euch gegenseitig bei Euren persönlichen Böden helft. Allerdings fertigt **jeder von Euch sein Protokoll** von seinem persönlichen Boden an (siehe Punkt 3), wobei er zum Vergleich natürlich auch die Messwerte der anderen Böden mit einbezieht.

Nach dem Versuch sind die Geräte entweder gereinigt der nächsten Gruppe zu übergeben oder wieder wegzuräumen.

Die Beurteilung Eurer Arbeit geschieht nach folgenden Gesichtspunkten:
Die Bewertung nach dem folgenden Punktkatalog ist sehr aufwendig und wird nicht allen Arbeiten gerecht. Sie soll deshalb mehr als Anhaltspunkt gesehen werden.
1. Es wird **Euer Einsatz und Eure Geduld** beim Versuchsaufbau und bei der Durchführung beurteilt. (10 Punkte)
2. Als wichtig erachte ich ein **ruhiges, planvolles Arbeiten!** (10 Punkte)
3. Besonders wichtig auch für Euer späteres Leben ist **die Fähigkeit zur Zusammenarbeit** in der Gruppe. **Hilfsbereitschaft,** d.h., falls eine andere Gruppe oder ein Anderer Schwierigkeiten beim Versuch oder Aufräumen hat. (10 Punkte)
4. Natürlich geht in die Bewertung auch **Eure Fähigkeit ein, Geräte ordentlich zusammenzubauen und Versuche durchzuführen.** (10 Punkte)
5. Gerne überhört wird **die Anforderung, in einem Labor Ordnung zu halten.** Auf diesen Punkt lege ich besonderen Wert. Jeder ist innerhalb einer Gruppe für die gesamte Gruppe verantwortlich. D.h., die Aussage, „dieses Gerät, dieser Schmutz ist nicht von mir, das hab nicht ich, sondern mein/e Gruppenkamerad/Inn liegen gelassen", wird nicht akzeptiert! Schon **vor Ende der Stunde sind alle Geräte wegzuräumen.**
   Der Rest der Zeit wird für das Anfertigen der Protokolle im Stufenraum verwendet. Dies geschieht kurzzeitig ohne Aufsicht. Die Stunde ist erst beendet, wenn alles aufgeräumt ist. Vorzeitiges Verschwinden, bevor ich als Lehrer die Klasse in die Pause entlasse, beinhaltet Punktabzug. Gruppenmitglieder, welche dies nicht beachten, können keine gute Noten erhalten, da sie unter diesen Umständen sowohl in Punkt 1, 2, 3 und 5 Mängel aufweisen und die gesamte, auch zukünftige Versuchsarbeit gefährden! (10 Punkte)
6. **Optische Darstellung des Protokolls** (Schrift, Abbildung, Text). (10 Punkte)
7. **Auswertung** in Form von Grafik, Berechnungen, wobei **Fehlerquellen aufgezeigt** werden sollen. (10 Punkte)

8. **Erklärung von Sinn, Zweck und Ablauf des Versuches.** Wie und warum funktioniert der Versuch (Theorie zum Versuch). (10 Punkte)
9. **Logischer Aufbau der Versuchsreihe, eigene Ideen. Vorschläge** für weitere Versuche. **Überlegungen was Du mit dem Versuchsergebnis persönlich anfangen kannst.** Handlungsvorschläge zur Verbesserung des Bodens falls **möglich und nötig und Vorschläge zu dessen Schutz.** (10 Punkte)
10. **Einheitliche Literaturliste,** aus der eindeutig die verwendeten Quellen (Bücher, Zeitschriften) hervorgehen. Genaue **Kennzeichnung von Zitaten** (10 Punkte)

Für besondere Leistungen werden Zusatzpunkte gegeben.
Notengebung für die Arbeit:

Bei 100-89 Punkten erhältst du die Note 1
Bei   88-77 Punkten erhältst du die Note 2
Bei   76-65 Punkten erhältst du die Note 3
Bei   64-53 Punkten erhältst du die Note 4
Bei   52-41 Punkten erhältst du die Note 5
Bei   < 40 Punkten erhältst du die Note 6

WZ 1998 16.8. Jetzt kann nur noch Kalk den Wald retten

Eichen und Buchen sind mittlerweile stark geschädigt

Von MICHAEL-MÜCKE

Nur Hilfe von oben kann den Düsseldorfer Wald noch retten. Die Eichen- und Buchenbestände, also 45 Prozent des Stadtwaldes, sind so stark durch den sauren Regen geschädigt, daß das Forstamt jetzt erneut 200 000 Mark für eine Kalk-Aktion beantragt hat. „Nur so können wir den alten Bäumen noch helfen", warnte der Leiter der Forstbehörde, Paul Schmitz.

Der jüngste NRW-Waldschadensbericht gibt keine Entwarnung. Auch die Stichproben im Düsseldorfer Forst bestätigen die neuesten Zahlen: Danach sind von den älteren, besonders wertvollen Baumbeständen 70 Prozent der Eichen und 67 Prozent der Buchen geschädigt.

Oberforstrat Paul Schmitz spricht bereits von „chronisch kranken Bäumen". Solange weiter saurer Regen fällt, wird sich die Situation auch in den nächsten Jahren nicht verbessern, kritisierte er. Er forderte endlich ein Maßnahme-Paket gegen die Luftverschmutzung. „Die Autos müssen sauberer werden."

Besonders dramatisch ist der Zustand der Böden im Gra-

fenberger und Aaper Wald. Dort versauern die Kies- und Sandböden schneller. Während landesweit 70 Prozent der Waldböden kritische Ph-Werte erreicht haben, sind es in Düsseldorf nahezu hundert Prozent! (Nur am Urdenba-

Paul Schmitz, Leiter der Forstbehörde.

cher Altrhein ist die Erde noch gesund).

Die Folge: Die Baumwurzeln werden angegriffen, außerdem verstärkt Schwermetalle freigesetzt. Damit ist auch das Grundwasser hier in Gefahr, so das Urteil des Geographischen Institutes in Köln zu den Düsseldorfer Untersuchungen. Und das Geologische Landesamt in Krefeld hat die Landeshauptstadt bereits aufgefordert, möglichst schnell mit neuen Schutz-Kalkungen zu beginnen.

Paul Schmitz bestätigt: „Der ph-Wert darf in unserem Waldboden nicht weiter absinken!" Zuletzt hatte 1991 ein Hubschrauber Kalk über dem Düsseldorfer Wald versprüht.

2 Projekte

2.1 Chemie-Arbeitsgemeinschaft des Helmholtz-Gymnasiums in Hilden (NRW)

Die sehr lebendige Chemie Arbeitsgruppe am Helmholtz-Gymnasium in Hilden (CIES-LIK, M. 1998) findet schon seit 1981 einmal wöchentlich als Ergänzung zum regulären Unterricht statt. Über 30 Schülerinnen und Schüler von Klasse 7 bis 13 (11 bis 19 Jahre) nutzen derzeit den angebotenen Freiraum zur Untersuchung von konkreten Problemen aus Ihrer Umwelt.

Die Vielfalt der Themen ist aus der Chronik zu ersehen (ENSSLIN, W. 1998). Die Themen umfassen vor allem die Untersuchung von Lebensmitteln, Böden, Wasser und Luft und die Entwicklung von physikalischen, chemischen und biologischen Nachweisverfahren für Umweltchemikalien (ENSSLIN, W. 1997).

Neue Schülerinnen und Schüler des Teams werden zuerst in den Sicherheitsbestimmungen und Arbeitstechniken unterwiesen. Eine große Hilfe bei dieser Aufgabe aber auch bei der Orientierung in der umfangreichen Chemiesammlung sind die älteren Mitglieder der Arbeitsgemeinschaft und (in unserem konkreten Fall) ein Diplomingenieur, welcher mit Rat und Tat zur Seite steht. Innerhalb der Chemie-Gruppe besteht eine rege Zusammenarbeit, eine Toleranz und ein Zusammengehörigkeitsgefühl, welches Jahre überdauert.

Nach einer Eingewöhnungszeit wird mit den einzelnen Schülerinnen und Schülern oder einer kleinen Schülergruppe ein gemeinsames Programm entworfen. Dazu wird auch eine konkrete Arbeitsvorschrift formuliert, die dann Ausgangspunkt für die Forschung ist. Ab diesem Zeitpunkt arbeiten alle eigenverantwortlich und entwickeln sich zu Fachleuten auf ihrem Gebiet.

Allen Projekten gemeinsam ist, dass wir mit bescheidenem Aufwand (low-cost methods) arbeiten, die trotzdem hinreichend genaue Antworten auf drängende Fragen geben können. Der Zugang zum Wissen wird somit nicht in die Hände weniger, gut ausgerüsteter Experten gelegt. Unser Ziel ist es, eine Wissenschaft für alle zu entwickeln. Die erfolgreichen Analysen und die Zusammenarbeit fördern auch innerhalb der Schülergruppe das Selbstbewusstsein. Gerade Schülerinnen und Schüler, deren Haltung der Schule gegenüber stark ablehnend war, lade ich zur Chemie-Gruppe ein, wo sie eine Nische für sich finden und langsam von der Gruppe akzeptiert werden, was sich sehr schnell positiv auf den normalen Unterricht auswirkt. Obwohl es keine Anwesenheitspflicht gibt, stellt nicht das Fehlen bei der Chemie-Gruppe ein Problem dar, sondern schon eher ihre vollzählige Anwesenheit und dass sie nach über 4 Stunden Arbeitsgemeinschaft ausdrücklich nach Hause geschickt werden müssen. Auch in den Ferien arbeiten manche von ihnen an ihren Projekten weiter.

Mit der Industriefirma Imperial Chemical Industry (ICI) besteht seit 8 Jahren eine fruchtbare Zusammenarbeit. Die Zusammenarbeit erwuchs aus einer anfänglichen Konfrontation: Schüler entdeckten hohe Lösungsmittelkonzentrationen in öffentlichen Abwasserkanälen und konnten diese auf eine große Farbenfabrik in Hilden zurückführen.

Die Firma nahm diese Hinweise ernst und forschte nach den Ursachen. Heraus kam dabei, dass die Kläranlage der Firma unzureichend ist, das Kanalnetz brüchig und der Boden bis in 36 m Tiefe mit organischen Lösungsmitteln hoch belastet ist.

Die Sanierung dieser Schäden dürfte mehrere Zehnmillionen DM kosten. Wegen dieser derzeit laufenden Sanierung ist der Standort der Firma in Hilden mit etwa 1000 Arbeitsplätzen über Jahre hinaus gesichert (s. Anhang 1.11).

Von der Chemie-Gruppe wurden einfache Verfahren zur toxikologischen Untersuchung ohne Tierversuche von Wasser und Boden und zur messtechnischen Erfassung von Luftschadstoffen entwickelt. Diese finden auch bei der Überwachung der Sanierung des Bodens von ICI ihre Anwendung. Die Firma unterstützt die Chemie der Schule jährlich finanziell und entlastet damit den Etat aller Fachbereiche der Schule.

Daher sind viele Untersuchungen möglich geworden, die auch zur Entwicklung eines Patents führten (s. Kap. 8.3).

2.2 Untersuchung eines Biotops, hinter welchem sich eine Ablagerung von toxischen und explosiven Stoffen verbarg

Das Projekt ergab sich aus den Ereignissen im letzten halben Jahr des fächerübergreifenden Unterrichtes Chemie und Ökologie der Klasse 9.

Unser ursprüngliches Unterrichtsprojekt waren einfache Bodenuntersuchungen mit der Bestimmung des Gehaltes an Kalk, Humus und Nitrat und der auf dem Boden lebenden Pflanzen.

Wir fanden eine seit über 10 Jahren ruhende Altlast. Ihre farbigen Ablagerungen explodierten bei unserer Untersuchung. Seitdem akzeptieren die Schülern auch für sie scheinbar überflüssige Sicherheitsmaßnahmen. Bei unseren weiteren Untersuchungen der Farbstoffe konnten wir vermutlich gesundheitsschädliche Stoffe wie Amino-, Nitro-, Azoverbindungen nachweisen. Bis wir dies den Besitzern des Grundstücks meldeten, war es zu einer Räumung und Beseitigung des Materials gekommen.

Bei diesem Projekt lernten die Schüler die Schwierigkeiten der Behörden kennen, Gesetze durchzusetzen. Voraussetzung für die Gespräche mit den Behörden und den Besitzern der Altlast waren eine gute Dokumentation der Funde und der Laborarbeit und eine genaue Recherche. Bei diesen Sitzungen kollidierten die Vorstellungen der Schüler zum Arbeitsschutz und zur Sicherung der Umwelt mit den Interessen der Investoren.

Der zeitliche Ablauf:

1. Untersuchung eines offen zugänglichen wilden Biotops
- Zwischen den Pflanzen und Bäumen finden wir Chemikalien in Flaschen und Fässern, z.B feste Industriereinigungsmittel und Ammoniak beide mit pH 14.
- An der Oberfläche des Bodens entdecken wir große Mengen von Farbstoff.
- Wir messen die Fundorte ein und stellen die Mächtigkeit der Bodenbelastung durch Bohrungen fest.

2. Recherche der Schülerinnen und Schüler
- Die Schüler besorgen das Altlastenkataster bei der Behörde für Wasser und Abfall und frühere Karten
- und stellen fest, dass es frühere Meldungen der Altlast schon gab.

3. Laboruntersuchungen
- Das ungewöhnlich gelbe, wässrige Eluat des Bodens konnte innerhalb drei Monaten biologisch abgebaut werden.
- Bestimmung des Humusgehalt der braunrot gefärbten Bodenprobe führte zu einer Explosion. Daraufhin untersuchen wir dieses explosive Material nach folgenden Kriterien:
- Untersuchung auf Aromaten
- Stickstoffnachweis im roten und blauen Farbstoff
- Nachweis der Aminogruppe
- Schmelzpunkt, Löslichkeit in org. Lösungsmitteln
- Halogennachweis (Beilsteinprobe)

4. Als wir die Gefährlichkeit der Bodenablagerungen den Besitzern des Grundstücks melden, müssen wir feststellen, dass das Material inzwischen abgefahren worden war. Die Besitzer sprechen ein Hausverbot aus.
- Daraufhin geben wir eine Pressekonferenz, worauf die Besitzer bestreiten, dass gefährliche Materialien vorhanden seien oder entsorgt worden seinen.
- Etwa eine Woche später gibt es eine Sitzung in den Räumen der Besitzer mit den Schülerinnen und Schüler über vier Stunden. Die Besitzer ließen keine neutralen Beobachter zu. Anwesend sind der Gutachter und Rechtsanwalt der Besitzer und Behördenvertreter. Ungeklärt bleibt, wieviel kontaminiertes Material entfernt und wohin dieses gebracht wurde.

5. Die Schülerinnen und Schüler luden Fachleute in unsere Schule, welche sie informierten:
- Vortrag eines Diplomgeologen zum Thema der richtigen Probenahme von einer Altlast, da die Probenahmen des Firmengutachters sehr eigentümlich waren.
- Vortrag eines Fachmannes für Abfallentsorgung zu den gesetzlichen Bestimmungen der Abfallentsorgung und des Arbeitsschutzes.
- Vortrag eines Vertreters der Behörde für Wasser und Abfall zu den gesetzlichen Möglichkeiten ungesetzliche Handlungen zu verhindern.

6. Anzeige gegen die Besitzer des Grundstückes wegen ungenehmigter und unzulässiger Abfallbeseitigung:
- Wir untersuchen die Altlast mit der Behörde für Wasser und Abfall.
- Nach dieser Begehung ergänzen wir die Anzeige, dass die farbigen, vermutlich gesundheitsschädlichen Substanzen völlig entfernt sind und die abgefahrene Masse ungefähr 10 t entspricht.

7. Die Behörde für Wasser und Abfall verfügte, dass bei den Erdarbeiten der Gutachter der Besitzer anwesend sein muss. Die Anzeige wird eingestellt.

3 Klassenarbeiten

3.1 Einfache Bodenuntersuchung (zu Kapitel 1.2, 2.4-2.8)

Durchgenommener Stoff: Bodenuntersuchung, die verschiedenen Horizonte (A,B,C), Pflanzen als Anzeiger für Stickstoff, Trockenheit, Feuchte, Schwermetalle. Boden ertasten. Tastorgane des Menschen zeichnen. Wärmeleitfähigkeit des Bodens – unterschiedliche bei Metallen, Nichtmetallen, Wasser und Gasen. Schwere Gase als schlechteste Leiter. Tiere aus dem Boden bestimmen mit Berleseapparatur. Wärmeleitfähigkeit als Energietransport durch Material in bestimmter Zeit bei definiertem Temperaturunterschied. Sedimentationsgeschwindigkeit u. STOCKESsches Gesetz.

Als zukünftiger Kleingärtner willst du ein Grundstück kaufen. Dir stehen mehrere auf einer großen Freifläche zur Auswahl (siehe beiliegenden Plan), sodass es sich lohnt, die Böden genauer zu betrachten.

1. Beschreibe, wie du das Grundstück an der Straße im Freiland ungefähr absteckst. (Zur Verfügung stehen dir ein Zollstock von 1m Länge, Karte und deine Füße.)

Auf dem Plan von der Straßenkreuzung aus die Entfernung zum Grundstücksanfangspunkt A und -endpunkt B und Seitenlänge des Grundstücks BC messen.
Mit dem Zollstock drei Schritte ausmessen und danach die Schrittlänge als Maß nehmen. Die Punkte A,B, C und D durch Abschreiten festlegen.)

2. Du möchtest feststellen, ob der Ameisenhügel tatsächlich auf dem eingezeichneten zweiten Grundstück liegt oder daneben. Dazu machst du eine kleinen Rundgang und zählst dabei die Schritte: Vom Fußpunkt der Kiefer waren es 15 Schritte bis zum Ameisenhügel, von diesem wiederum zum Fußpunkt der Tanne nur 10 Schritte! Von dort zurück zur Kiefer waren es immerhin 20 Schritte.
Berechne deine Schrittlänge und zeichne auf der Karte den tatsächlichen Ort der Spitze des Ameisenhügels genau ein. (Die Verwendung von Zirkel und Lineal ist dabei notwendig!).

10 m in der Landschaft entsprechen 7 cm auf der Karte. Die persönliche Schrittlänge ist aus dem Abstand der Bäume, die auf der Karte eingezeichnet sind, zu bestimmen: Auf der Karte entspricht 0,7 cm 1m im Gelände. Die Bäume stehen laut Karte 10,4 cm 10,4/0,7 = 14,9 m auseinander. 20 Schritte entsprechen somit 15 m und ein Schritt somit 15/20 = 0,75 m.
Die Schritte von den Bäumen zum Ameisenhügel müssen somit in m umgewandelt werden. Die m werden als cm im Plan mittels Zirkel als Abstand vom Baum

eingezeichnet. Am Schnittpunkt ist der Ameisenhügel. Dabei ergeben sich zwei Schnittpunkte, die nur dadurch zu unterscheiden sind, dass man beim Ablaufen der drei Seiten den Umlaufsinn mit angibt (z.B. im Uhrzeigersinn gelaufen):
10 Schritte entsprechen 7,5 m oder auf der Karte 7,5 x 0,7 = 5,3 cm.
15 Schritte entsprechen somit 11,2 m oder auf der Karte 7,9 cm

3. In der Bodenprobe findest du viele Regenwürmer und Ameisen. Einen Boden mit so viel widerlichem Ungeziefer wirst du natürlich nicht wählen oder? Begründung und kurze Beschreibung, wie du die Bodentiere finden könntest. Welche Funktion haben die Bodentiere bezüglich des Bodens?

Viele Bodentiere sind ein Zeichen für einen gesunden Boden. Sie zersetzen die Streuschicht und setzen damit wieder die Nährsalze für die Pflanzen frei. Dabei unterscheidet man zwischen Erstzersetzern und Zweitzersetzern, die den Kot der Erstzersetzer weiter abbauen. Bakterien und Pilze sorgen letztendlich für die Mineralisation. Mit der Berleseapparatur werden die Tiere aus der Erde in den dunklen Auffangbehälter getrieben. Dabei darf die Heizquelle nicht zu stark sein, damit die Tiere Zeit haben auszuwandern.

4. Beschreibe, wie du die Bodenzusammensetzung (Bodenart) bestimmst und welche Böden günstiger und welche ungünstig für das Pflanzenwachstum sind.

Mit der Fingerprobe können Tone, Schluff und Sand unterschieden werden. Dazu wird aus einer feuchten Bodenprobe eine fingerdicke Walze gerollt und deren Oberfläche und Brüchigkeit beobachtet.
Optimal ist eine gleichmäßige Mischung, weil dadurch das Luftvolumen und Wasserhaltevermögen optimal wird. Dies ist beim Lehmboden gegeben.
Grober Boden enthält mehr Luft und wenig Wasser. Beim mehr feinkörnigen Boden (Ton) staut sich das Wasser und es kommt zu Luftmangel und Wurzelfäule.

5. Wenn du Boden mit Wasser aufschlämmst, bekommst du nach einigen Minuten das folgende Bild.
Begründe, wie es zu dieser Schichtung kommt. Warum ist das Wasser immer noch trübe und welche Bestandteile des Bodens sind dafür verantwortlich?
   Überprüfe mittels der unten stehenden Formel, ob tatsächlich die kleineren Tonteilchen langsamer sedimentieren als die größeren.

– schwimmende Humusschicht

– Wasser

– Feinerde

– feine Sandbestandteile

– Sinkstoffe und grobe Sandteile

– grobe Bodengerüste

$$v = 2r^2 \cdot (D_B - D_W) \cdot g / (9\eta)$$

v = Sedimenationsgeschwindigkeit
r = Radien der Bodenteilchen (von den kleineren 0,000 01 m, von den größeren 0,000 025 m)
D_B = Dichte der Bodenteilchen 2,7 kg/m^3

D_W = Dichte der Flüssigkeit (Wasser 1 kg/m^3)
g = Erdbeschleunigung = 9,81 m/s^2
η = Viskosität der Flüssigkeit (Wasser 0,01 kg/ms)

Manche Bergseen in den Kalkalpen haben türkisfarbenes Wasser von feinsten schwebenden Kalkpartikeln. Die Schichtung entsteht bei der Sedimentation, weil die gröberen Bodenteilchen schneller im Wasser absinken. Die Humusteilchen hingegen steigen wegen Ihrer geringeren Dichte als Wasser auf. Die feinsten Tonteilchen bleiben schweben oder sinken fast unendlich langsam.
Für die kleineren Bodenteilchen berechnet sich eine Sinkgeschwindigkeit von
3,76 x 10^{-8} m/s = 0,12 mm/h
Für die Größeren 0,000 000 231 m/s = 0,834 mm/h
Diese Berechnung erübrigt sich, da nur das Größenverhältnis gefragt ist. Da der Radius quadratisch in die Sinkgeschwindigkeit eingeht, ist diese umso größer, je größer der Radius der Teilchen ist.

6. Du hast auf deinem Grundstück den Boden gehackt. Warum bleibt dieser Boden abends länger warm als der ungehackte, sodass die Pflanzen auf ihm besser wachsen?

Durch das Auflockern wird Luft in den Boden gearbeitet. Der Oberboden trocknet aus und der kapillare Wassernachschub wird unterbrochen. Die Lufträume im Boden wirken wärmeisolierend. Der Unterboden wird weniger schnell aufgeheizt, aber auch weniger schnell ausgekühlt.

7. Etwa 55 g Boden wurden mit 50 ml (= 50g) verdünnter Schwefelsäure überschüttet und die Masse jede Minute notiert. Zeichne ein Diagramm für die Gewichtsabnahme gegen die Zeit und berechne den Kalkgehalt dieses Bodens. Begründe

Zeit in Min	0	1	2	3	4	5	6	7	8	9	10	11
Masse des Bodens mit Säure in g	105	104,8	104,6	104,4	104,3	104,2	104,1	104,05	104,02	104,01	104,00	104,00

deine Rechnung mittels der Reaktionsgleichung.
Nach ca. 10 Minuten war die Gasentwicklung offensichtlich im Wesentlichen beendet. Dies kann man auch aus dem Graphen ersehen, der in eine horizontale Linie übergeht.
Es wurde aus 55g Boden etwa 1 g Kohlenstoffdioxid freigesetzt.
Die Reaktionsgleichung lautet dazu wie folgt:
$CaCO_3 + H_2SO_4 \rightarrow CaSO_4 + H_2O + CO_2$
Aus der Reaktionsgleichung folgt, dass aus 1 mol Kalk 1 mol Kohlenstoffdioxid entsteht:
1 mol CO_2 wiegt (12+32)g = 44g; 1mol $CaCO_3$ wiegt (40+12+3 x 16) = 100g
44 g CO_2 entsprechen 100 g $CaCO_3$
1 g CO_2 entspricht 100/44 g $CaCO_3$ = 2,27 g Kalk.
55 g Boden enthalten somit 2,27 g Kalk; 1g Boden enthält somit 2,27/55 g Kalk = 0,04 g
100 g Boden enthält damit 0,04 x 100 g Kalk = 4 g Kalk. Der Boden enthält somit 4 % Kalk.

8. Gib eine Begründung dafür, warum das auf der nächsten Seite beschriebene Experiment mit dem Frosch funktioniert. Gibt es auch bei uns ähnliche Täuschungen der Sinne?

Die Sinne arbeiten zumeist nach dem Prinzip des veränderlichen Reizes. D.h., konstante oder sich nur schwach verändernde Reize werden nicht wahrgenommen. Dies kann man selbst mit heißem Wasser nachvollziehen, dass stetig heißer wird. Ohne Bewegung der Hand in abwechselnd warmen und kalten Wasser würde man dieses heiße Wasser nicht wahrnehmen. Analoges passiert auch mit der Wahrnehmung durch die Augen, die deshalb sich ständig – für uns unmerklich – schnell hin und her bewegen müssen, damit die Sehzellen veränderte Reize bekommen.

3.2 Stickstoff im Boden, in der Pflanze und im Menschen
(zu Kapitel 2.5 - 2.10 und 3.1 - 3.8)

Unterrichtliche Voraussetzungen
1. Bestimmung des Wassergehalts
2. Wasserhaltevermögen (Kapillarkraft)
3. Wasserdurchfluss in Abhängigkeit von der Zeit
4. Gelb mach Blau, Pufferkapazität des Bodens
5. Fuchsin-Eosin-Wettlauf
6. Kalkgehalt berechnen
7. Bestimmung des Gehaltes mit Teststäbchen
8. pH-Wert-Skala
Stickstoffkreislauf: Eintrag des Stickstoffes im Boden: Abgase NO_2, NO, Blitz. Gründüngung, Knöllchenbakterien.
NO_3^-, Düngung, Wachstum mit Optimum, höhere Schädlingszahl, mehr Pestizide, Gesundheitsschäden durch $NO_3^- \rightarrow NO_2^-$ (Nitrit) Blausucht – Blockierung des roten Blutfarbstoffes mit Ersticken, mit Eiweiß Nitrosamin-Bildung → krebserregend

1. Stelle verschiedene Wege des Stickstoffes in die Pflanze dar und gib an, welche Auswirkungen die Stickstoffverbindungen auf die Landwirtschaft haben.
Stickstoff aus der Luft über Gewitter, Autoabgase, Knöllchenbakterien bei Schmetterlingsblütlern. Stickstoffdünger (Nitrat, Ammonium). Verstärktes Wachstum bis zu einem Optimum, verstärkter Schädlingsbefall, vermehrter Pestizideinsatz, Gefahren für das Grundwasser durch Nitratauswaschung.

2. Schildere und begründe die verschiedenen Vorgehensweisen, um den Nitratgehalt von Zwiebeln, den Nitratgehalt durch repräsentative Bodenproben vom Acker und vom Blattgemüse zu bestimmen.
- *Zwiebelsaft direkt messen ergibt den Nitratgehalt.*
- *Mehrere Bodenproben gleichmäßig verteilt vom Acker nehmen, alle zusammenschütten und gründlich mischen. Davon im abgewogenen Boden zuerst den Wassergehalt bestimmen (durch Trocknen bei 105 °C) und dann mit definierter Wassermenge ausschütteln. Umgekehrte Filtration anwenden, damit die Teststäbchen nicht direkt mit Bodenpartikel in Berührung kommen.*
- *Abgewogene Menge Blattgemüse mit Quarzsand verreiben und mit einem abgemessenem Volumen an dem. Wasser verdünnen. Nitrat bestimmen und bei der Berechnung diese Wassermenge einschließlich Wassergehalt des Gemüses berücksichtigen.*

3. Berechne den Nitratgehalt der Bodenmischprobe, wenn diese 50 g wiegt, einen Wassergehalt von 20 % hat und nach der Zugabe von 100 mL Wasser ein Nitrat-Teststreifen den Wert 150 mg/L anzeigt.

50 g Boden mit 20 % Wasser besteht aus 50 • 20/100 = 10 g Wasser und 40 g trockenem Boden
1 L enthält 150 mg Nitrat
1 mL enthält 150/1000 mg
(100 + 10) mL enthalten 150/1000 • 110 = 16,5 mg
40 g trockener Boden enthält 16,5 mg Nitrat
1 g tr. Boden enthält 16,5 mg/40 Nitrat
1kg tr. Boden enthält 16,5/40 • 1000 = 412,5 mg Nitrat.

4. Warum wird Nitrat (NO_3^-) bei tonhaltigen nicht aber humosen Böden leicht ins Grundwasser ausgewaschen? Beschreibe dazu Versuche, welche diese unterschiedlichen Eigenschaften der beiden genannten Böden erkennen lassen.
Tonhaltige Böden enthalten an der Oberfläche der Tonteilchen negative Ladungen. An diese lagern sich leicht positive Teilchen an, negative Nitrat-Ionen werden jedoch abgestoßen. Ton vermag Nitrat-Ionen somit nicht zu halten. Nitrat wird ins Grundwasser ausgeschwemmt.
Humus hingegen enthält an seiner Oberfläche auch positive Ladungen, welche Nitrat zu binden vermögen.
Folgende Versuche zeigten diese Eigenschaft von Humus- und Tonböden:
- *„Aus Gelb mach Blau", wobei die H^+-Ionen auf dem Ton haften blieben und das auf den Boden geschüttete saure Wasser (H^+) wieder neutral herauskam. Bei Humusböden gelang dieser Versuch schlechter bis überhaupt nicht. Humusböden hielten den negativ geladenen gelben und blauen Farbstoff zurück.*
- *„Guter Boden sieht rot aus". Hier vermochte der Tonboden den aus positiv geladenen Farbstoff-Ionen bestehenden Farbstoff abzufangen.*
- *„Wettlauf zwischen Fuchsin und Eosin": Eosin bestehend aus negativ geladenen Farbstoff-Ionen wird vom Ton nicht gehalten.*

5. Welche Auswirkungen sind aus dem Nitratgehalt der Lebensmittel Wasser, Fleisch und Gemüse auf den Menschen zu erwarten?

Babys bekommen leicht Blausucht, d.h. das Hämoglobin des Blutes wird durch das Nitrit blockiert und der Sauerstofftransport damit unterbrochen, was zum Ersticken führen kann.
Nitrat wird im Speichel zu Nitrit umgewandelt, welches mit Eiweiß zum Krebs erregenden Nitrosamin reagiert.

6. Was würdest du erwarten, wenn du mit Nitrat-Nitrit-Teststäbchen den Spinatsaft vermisst und zwar nach dem Kochen und nach dem erneuten Aufwärmen des Spinates?

Der Nitratgehalt ist im erneut aufgewärmten Spinat niedriger und dafür hat die Menge an gefährlichem Nitrit zugenommen.

7. Beschreibe den Versuch „*Aus Gelb mach Blau*" und überlege, welche Beobachtungen dabei gemacht werden können. Deute all diese Beobachtungen (ca. 7).

Eine Lösung von blauem Farbstoff wird angesäuert und dabei gelb, dann wird sie auf eine Bodenprobe geschüttet und das unten herausfließende Wasser beobachtet:
- *braunes Wasser zeigt Ton an*
- *farbloses Wasser zeigt Humus an, da dieser negativ geladene Farbstoff-Ionen zu adsorbieren vermag*
- *blaues Wasser zeigt die Fähigkeit des Bodens an, Säure (H^+) zu schlucken*
- *gelbes Wasser zeigt die Unfähigkeit des Bodens an, Säure zu schlucken*
- *Wasserdurchflussgeschwindigkeit in Abhängigkeit von der Zeit, Bodenart, Verdichtung*
- *Die im Boden verbliebene Wassermenge zeigt dessen Wasserhaltevermögen an und somit auch das Volumen der kapillaren Zwischenräume (besonders bei tonhaltigen Böden)*
- *Das aus dem Boden gesickerte Wasser hat einen erhöhten Calciumgehalt (höhere Wasserhärte)*
- *Ebenso sollte Natrium darin nachzuweisen sein.*

3.3 Bodenuntersuchung auf Ganimed (zu Kapitel 2.4 - 2.8)

Diese Klausur hat ihren Ursprung in einer Explosion bei der Bestimmung des Humusgehaltes mit H_2O_2. Ursache waren Nitro- und Azoverbindungen aus früheren Ablagerungen der Farbstoffindustrie.

Leise knistert es im hochgefüllten Eisentiegel. Plötzlich ein Knall – verdammt, hatte der Lehrer nicht gesagt, dass die Untersuchungsmengen nicht zu groß sein dürfen – da wir sonst mitsamt dem Labor von der Schule fliegen würden...? Eine von Sternen übersäte Finsternis umgibt euch. Sehnsüchtig blickt ihr zur Erde zurück, welche rasch kleiner wird und dabei so komisch grünstichig statt wie gewohnt blau aussieht. Da war doch etwas mit dem Ton eines Rennautos, vielleicht daher die seltsame Farbe?

1. Nenne, falls dir die Erklärung für diese „Rotverschiebung" des Lichtes einfällt, und berichte, wo diese Rotverschiebung von Bedeutung ist.
   Wenn eine Lichtquelle sich von uns entfernt, dann wird die Lichtfarbe nach „tieferen" = längeren Wellen verschoben. Genau dasselbe geschieht, wenn ein Rennauto sich von uns entfernt. Die Rotverschiebung der Natriumlinie von fernen Planeten wurde als Anhaltspunkt dafür genommen, dass sich das Weltall ausdehnt, d.h. alles mit einem Urknall begann.

Da taucht in der Ferne ein dunkler Körper auf, der rasch näher kommt. Schnell schaltet ihr den Gasbrenner als Bremsrakete ein. Als die blaue Gasflamme den Boden berührt, färbt sie sich gelb, da eine Fensterscheibe des Labors aus Cobaltglas besteht, seht ihr durch dieses Fenster eine blaurote Flamme.

2. Was hat diese Flammenfarbe verursacht und wie hättet ihr noch andere Farben erkennen und eventuell genauer analysieren können?
   Natrium gelb und Kalium blaurot, andere Elemente mit dem Handspektrometer und der Magnesiumabblitzmethode.

Ihr öffnet die Labortüre und betretet den von Kratern übersäten Planetenboden. Vorsichtig bückt ihr euch und nehmt etwas Boden zwischen die Finger und reibt. Es knirscht leise.

3. Erkläre diese Methode und nenne noch andere Methoden mit denen die Bodenart bestimmt werden kann.
   Die Probe nennt man Fingerprobe: Damit kann der Anteil an Sand, Ton und Schluff im Boden bestimmt werden, je nachdem, ob sich kurze oder lange Würste und matte oder glänzende Mischungen aus Boden und Wasser ausstreichen lassen. Es gibt noch die Sediment- und die Siebmethode.

Vielleicht habt ihr einen in der Zukunft bewohnbaren Planeten gefunden, da sollte man gleich eine Analyse machen.

4. Wie wäre es mit der Bestimmung des Wasser-, Humus- und Kalkgehaltes? Was müsst ihr dazu machen? Nennt und beschreibe alle dir bekannten Versuche dazu.
   1. Wasserbestimmung: Entweder mit der Carbidmethode oder durch Trocknen bei 105°C.
   2. Humusbestimmung: qualitativ durch Kochen mit H_2O_2 oder Abschätzen des braunen Farbtons oder durch Verglühen (Verbrennen).
   3. Kalkbestimmung: durch Zugabe von Salzsäure und Beobachten der Gasentwicklung.

5. Ihr gebt den Boden in einen Topf setzt einen Gasbrenner darunter und erwärmt die Probe, wobei ihr regelmäßig die Temperatur ablest und den heißen Topf auf eine Waage setzt und auswiegt. Zeichnet zu diesen Messwerten eine Graphik und erläutert eure Messwerte. Beachtet, dass Kalk gemäß der folgenden Gleichung Kohlenstoffdioxid abgibt und der gebrannte Kalk somit leichter ist:

$CaCO_3 \xrightarrow{\text{Hitze..über..500°C}} CaO + CO_2$ Aus 100 g Kalk entstehen 56 g gebrannter Kalk und 44 g Kohlenstoffdioxid.

Aus den nebenstehenden Werten ist zu ersehen, dass der Wassergehalt bei 250/500 • 100 % = 50 % vom feuchten Boden liegt. Der Anteil an Humus liegt bei 120/250 • 100 % = 48 %. Der Anteil an Kalk liegt bei 100 g. Der Rest von 20 g sind Asche.

Zeit (min)	Temperatur (°C)	Masse (g)	Massen-abnahme (g)
0	20	500	
5	105	410	90
10	105	335	75
15	105	285	50
20	105	265	20
25	105	255	10
30	105	250	5
35	105	250	0
40	350	180	70
45	350	155	25
50	350	135	20
55	350	125	10
60	350	120	5
65	350	120	0
70	700	95	25
75	700	80	15
80	700	76	4
85	700	76	0

Es raucht und stinkt höllisch, wahrscheinlich ein Vulkanausbruch vermutet ihr und überlegt, woher die Gefahr kommt. Aber da dringt die Stimme Eurer Mutter ans Ohr: „Was ist denn hier passiert? Bist du etwa eingeschlafen und hast die Kartoffeln auf dem Herd vergessen? Und warum hast du den verkalkten Wasserkessel zum Kochen der Kartoffeln genommen? Der glüht ja schon! Jetzt sind die Kartoffeln vertrocknet, verkohlt und verbrannt und es ist nur noch etwas Asche im Topf. Ein Glück, dass dabei nicht die ganze Küche abgebrannt ist!“ Mist – jetzt müsst ihr noch saubermachen, statt weiter die Hofstraße zu untersuchen.

6. Welche Bedeutung haben Bodenart, Wasser-, Humus- und Kalkgehalt für den Pflanzenwuchs? Gebt dieses nur stichpunktartig an.
Ohne Wasser, Luft (Licht) und Nährsalze ist kein Pflanzenwachstum möglich. Die Bodenart, d.h. die Zusammensetzung des Bodens aufgeteilt nach Sand, Schluff und Ton, bestimmt sein Wasserhaltvermögen, seine Wasserdurchlässigkeit und das Ausmaß des kapillaren Wasseraufstiegs und damit letztendlich die Wasserversorgung der Pflanze. Dabei kann Ton ein Nährstoff- und Wasserspeicher sein, während Sand Staunässe verhindert (Luftzutritt zu den Pflanzenwurzeln ermöglicht). Kalk enthält das Nährelement Calcium. Durch Kalk wird eine Bodenversauerung und damit auch ein Auswaschen der Nährsalze verhindert. Der Humus im Boden bildet ein Nährstoffreservoir. Der Wassergehalt wird durch Trocknen des Bodens bei 105 °C bestimmt, der Kalkgehalt durch Zugabe von Salzsäure zum Boden und Beurteilung der Gasentwicklung oder Messung der Gasmenge. Der Humusgehalt kann qualitativ durch die Braunfärbung des Bodens und quantitativ durch das Glühen des getrockneten Bodens bestimmt werden, wobei beachtet werden muss, dass auch Kalk ab 500 °C an Gewicht verliert.

3.4 Hildener Regen (zu Kapitel 3.9 und 6.2)

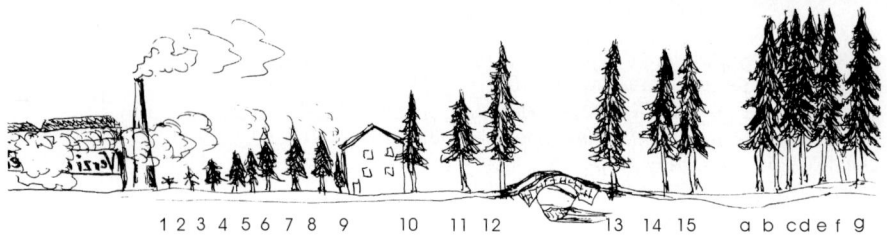

1 2 3 4 5 6 7 8 9   10   11 12   13 14 15   a b cd e f g

Eine Firma im Westen Hildens emittiert – trotz Protest der Anwohner – u.a. stechend riechendes Chlorwasserstoffgas in die Umgebung.
Dieses Chlorwasserstoffgas löst sich leicht in Regenwasser, welches dabei bis auf einen pH-Wert von 3 sinkt.

1 Wie stufst du dieses Regenwasser ein?

2 Beschreibe die Wirkung dieses Regenwassers auf die benachbarten Bäume und Büsche und schlage Verfahren vor, wie dem Boden wieder geholfen werden könnte.

3 Welche Voruntersuchungen an den Böden sind zu empfehlen, damit deine Bodensanierung erfolgversprechend wird? Beschreibe diese Voruntersuchungen genau, sodass sie auch ein Arbeiter durchführen kann.

4 Eine Firma für Weihnachtsbäume hat entlang einer ganzen Straße ihre Bäume setzten dürfen. Allerdings war ihr Erstaunen über das unterschiedliche Wachstum der Bäume groß.

     4.1 Kannst du ihr aus dem Erstaunen helfen, d.h. das unterschiedliche Wachstum erklären? Ist bei dieser Baumreihe eine systematische Abhängigkeit der Baumgröße von der Entfernung von der Fabrik erkennbar?

     4.2 Auffällig sind auch die Baumpaare 9 /10 und 12/ 13. Warum fallen sie auf und welchen Grund für ihr auffälliges Wachstum könnte es geben? Sind diese Auffälligkeiten systematischer oder rein zufälliger Natur?

     4.3 Die Länge der Baumgruppe vor der Brücke (1 bis 12) und der Baumgruppe hinter der Brücke (13, 14, 15, a, b, c, d, e, bis i) soll statistisch untersucht und verglichen werden. Dazu sind der Mittel- und Medianwert und der 25 % und 75 % Quantilwert und der Interquantilabstand zu bestimmen.

     4.4 Wie kann aus den dabei bestimmten Werten geschlossen werden, dass das Baumwachstum von der Firma beeinflusst wurde?

Baum	1	2	3	4	5	6	7	8	9	10	11	12
Größe/m	0,50	1,70	2,4	3,5	5	6,5	8,5	10,5	7	13	13,5	18

Baum	13	14	15	a	b	c	d	e	f	g	h	i
Größe/m	18	17,5	18	19	19,5	19,5	19,4	19,5	19	19,6	19,5	19,5

3.5 Autos und Böden: Salzstreuen im Winter (zu Kapitel 3)

Unterrichtliche Voraussetzungen:
Sediment-Methode zur Bestimmung der Zusammensetzung des Bodens.
Arbeitspapiere:
* *Tonmineralien als geladene Schichtsilikate*
* *Zerstörung von Schichtsilikaten durch Säure*
* *Bodenkolloide im Sol- und Gel-Zustand*
* *Mineralstoffkreislauf*
* *Aufnahme von Nährstoff-Ionen in die Pflanzenzelle*

Versalzene Straßen:
Im Winter wird bei Eisglätte die Straße oft mit Salz gestreut. Hierdurch schmilzt das Eis und die Autofahrer können weiterhin mit hoher Geschwindigkeit fahren. (Nachteilig für die Autofahrer ist, dass ihre Autos dank des Salzes wesentlich schneller rosten. Dies hat zur Folge, dass letztendlich durch das Streuen mehr Autosubstanz zerstört wird, als durch die häufigeren Unfälle, wenn nicht gestreut wird. Darüber hinaus sind Unfälle bei Glatteis, wenn die Autofahrer sich darauf eingestellt haben, zwar trotzdem noch häufiger als auf „versalzten" Straßen, sie sind aber dafür weniger schwerwiegend und vor allem mit weniger schweren Personenschäden verbunden. (Studie Berlin 1988, BÖHLMANN 1991.)

Für das Streuen mit Tausalzen wird entweder Steinsalz (Natriumchlorid Na^+Cl^-) oder Calciumchlorid ($Ca^{2+}Cl_2^-$) verwendet. Das Eis schmilzt und das Salzwasser versickert im Boden der Straßenbäume. Der folgende Versuch soll eine der Wirkungen des Salzstreuens auf diesen Boden aufzeigen:

Tonhaltiger Boden wird mit Wasser aufgeschlämmt und durch einen Wattebausch filtriert. Das Filtrat (braun abfließendes Wasser) wird auf zwei Reagenzgläser verteilt.

In das erste Reagenzglas wird 1 mL von einer verdünnten (0,1 mol/L) Calcium-salz-Lösung $\{Ca^{2+}_{(aq)} + 2\ Cl^-_{(aq)}\}$ gegeben

und in das zweite wird 1 mL von einer gleich verdünnten (0,1 mol/L) Natriumsalz-Lösung $\{Na^+_{(aq)} + Cl^-_{(aq)}\}$ gegeben.

Im ersten Reagenzglas klumpt sich der graubraune Stoff zusammen und setzt sich ab. Die Lösung wird dabei klar. Wird dieses Reagenzglas nur leicht bewegt, dann bleibt der graubraune Stoff liegen.

Im zweiten Reagenzglas ändert sich durch die Zugabe der Salzlösung nichts. Die graubraune Farbe des Wassers bleibt noch lange bestehen. Erst nach Tagen hat sie sich abgesetzt, wonach das überstehende Wasser klar ist. Schon bei geringen Erschütterungen wirbelt der graubraune Stoff im Wasser hoch und färbt dieses wieder ein.

1 Woraus besteht dieser graubraune Stoff?
Es muss sich um ein Tonmineral handeln, dass durch Eisenoxid angefärbt ist. Ebenso könnte es allerdings auch ein Huminstoff sein.

2 Erkläre den Unterschied zwischen beiden Versuchen auf molekularer Ebene. (Zeichnungen mit Text!)

Siehe: „Bodenkolloide im Sol- und Gel-Zustand".
Aus dem schnelleren Absinken der Tonteilchen im Versuch mit Calciumchlorid müssen wir folgern, dass dort die aufgeschlämmten Tonteilchen größer sind als im Versuch mit Kochsalz. Erklären können wir diese Eigenschaft dadurch, dass die doppelt **geladenen Calcium-Ionen Ca^{2+} sich sehr fest an die negativ geladenen Tonmineralien** *anlagern und diese völlig* **neutralisieren.** *Dadurch* **verschwindet deren gegenseitige Abstoßung.** *Die Tonteilchen lagern sich zusammen und flocken aus (Gel-Zustand): Die zusammengeballten Tonteilchen sind größer als einzelne Tonteilchen und* **setzen sich somit schneller ab.**
Die nur einfach geladenen Natrium-Ionen Na$^+$ lagern sich nur teilweise an das negativ geladene Tonmineral. Diese behalten eine negative Überschussladung und stoßen sich hierdurch gegenseitig ab (der Sol-Zustand bleibt erhalten).

3 Welches Streusalz würdest du auf Grund dieses Versuches in Hinblick auf Bodenbeschaffenheit und Pflanzenwachstum empfehlen und warum?
Der Ton bleibt beim Streuen der Straße mit Natriumchlorid im Wasser aufgeschlämmt (suspendiert). Er wird ausgeschwemmt und verstopft und verdichtet die Poren des Bodens. Die Bäume werden dann Schwierigkeiten haben, mit ihren Wurzeln zum Grundwasser zu gelangen. Das Oberflächenwasser staut sich und sickert nicht in den Boden, sondern fließt eher in den nächsten Kanal. Dies wiederum führt zum Wassermangel im Boden. Allerdings wirken sich die doppelt geladenen Ca^{2+}-Ionen ca 100 mal stärker als die Na$^+$- Ionen beim Verdrängen der Nährstoff-Ionen aus (siehe auch folgende Frage).

4 Warum mangelt es den Straßenbäumen nach mehrmaligem Winterstreuen mit Tausalzen {(Na$^+$Cl$^-$) oder (Ca^{2+}CL$^-_2$)} an Nährstoff-Ionen, was sie zum Absterben bringt?
Die anderen Nährstoff-Ionen wie Mg^{2+}, K$^+$ wurden von den Na$^+$-Ionen bzw. Ca^{2+}-Ionen aus den Tonmineralien verdrängt. Dies geschieht weit besser mit Ca^{2+} als mit Na$^+$.

Streuen mit tonhaltigem Sand:
Natürlich ist es sinnvoller, das Glatteis mit Sand oder Asche abzustumpfen. Diese sind auch bei tieferen Temperaturen (< 20 °C) wirksam und bedingen weder Baum- noch Rostschäden an Brückenkonstruktionen und Autos.
Da ein Straßenbauamt gerade keinen reinen Sand mehr vorrätig hatte, benutzte es stark tonhaltigen Sand.
Das Ergebnis der Winterstreuung war nicht wie gewünscht: Sobald das Eis wegen eines Tauwetters schmolz, verwandelte sich die Straße in eine schmierige Rutschbahn, was die Autoindustrie – nicht aber die Autobesitzer – mit Freude erfüllte.

5 Benutze dein Wissen vom molekularen Aufbau der Tonmineralien und seines Umwandlungsprodukt Quarzsand zur Deutung dieser Beobachtung. Zeichne und erkläre dazu die Struktur des Tonminerals.
Siehe dazu Arbeitspapier „Tonmineralien als geladene Schichtsilikate". Die Tonmineralien bestehen aus Schichten, wobei sich die negativ geladenen Ionen gegenseitig abstoßen. Durch positiv geladene Ionen werden sie insgesamt zusammengehalten. Diese Schichten können sich gegeneinander verschieben, was teilweise die schmierige, rutschige Eigenschaft von Ton erklärt.

6 Zeichne und erkläre den Ab- und Umbau des Tons durch Säuren zum Quarzsand.
Siehe dazu Arbeitspapier: „Zerstörung von Schichtsilikaten durch Säure".
Das in Sauerstofftetraedern gebundene Aluminium wird durch Säure (H^+) aus dem Ton „herausgeschnitten". Dabei werden die Sauerstoffbrücken zu den anderen Atomen (Si, Al...) gekappt. Da das Aluminiumatom ein Elektron weniger als das Siliciumatom besitzt, musste es zur Bindung der vier Sauerstoffatome ein Fremdelektron benutzen, was zur negativen Aufladung der Aluminiumsilikatenschichten führt.

Wird das Aluminium entfernt, entfällt auch eine Abstoßung zwischen den negativ geladenen Schichten, welche sich daraufhin zusammenlagern. Damit ist die wichtige Zwischenschicht zerstört.

Werden auch die Sauerstoffbrücken zwischen den Siliciumatomen durch Säure gekappt, dann zerfällt das Tonmineral völlig. Diese Kieselsäure kann sich in etwas weniger saurem Milieu als Quarz (SiO_2) auskristallisieren.

3.6 Auswirkungen des Sauren Regens auf den Boden, die Tier- und Pflanzenwelt (zu Kapitel 3.9)

1. Beschreibe kurz die im Unterricht behandelten Folgen des Sauren Regens auf den Boden und die darauf lebenden Pflanzen und Tiere. Nenne wenn möglich den Nachweis dieser Folgen.
- *Austausch von Nährstoff-Ionen Na^+, K^+, Mg^{2+}, Ca^{2+} gegen H^+ und deren Auswaschung:*
  1. Natriumnachweis durch gelbe Flammenfärbung. 2. Blattvergilbung wegen Magnesiummangels. Bräunung der Blattspitzen: Kaliummangel. 3. Ca^{2+}- Nachweis mit Oxalat oder Carbonat nach Neutralisation.
  Nachweis des unterhalb pH 4,2 freigesetzten Al^{3+} mit Ammoniakwasser. Folgen des Al^{3+}: Rotfäule in den Bäumen, Fischsterben, Auswandern der Regenwürmer.
  Freisetzen von Fe^{3+} bei pH < 3, Nachweis: gelbes Eluat und roter Komplex mit Thiocyanat: $Fe^{3+} + 3\ SCN^- \longrightarrow Fe^{3+}(SCN)^-_3$ (blutrot)
  Aluminium mit Ammoniakwasser: $Al^{3+}_{aq} + 3\ OH^-_{aq} \longrightarrow Al^{3+}(OH^-)_3$ (s)
  Wurzeln versuchen nur im humosen A-Horizont zu verbleiben, da Aluminium als Wurzelgift wirkt, das in humusreichen Böden abgefangen wird.
- *Bodenverdichtung durch Zersetzung und Mobilisierung von Tonmineral. Nachweis durch die verringerte Sickergeschwindigkeit im Boden.*
- *Freisetzen toxischer Schwermetall-Ionen. Vergiftung der Pflanzen, die dagegen Proteine zur Entgiftung produzieren.*

2. Werte die folgenden Titrationskurven für Boden mit Salzsäure bezüglich der Pufferkapazitäten der verschiedenen Pufferbereiche (ULRICH, B. 1981) aus. Woran sind die Pufferbereiche erkennbar? Was kannst du daraus schließen, wenn sandiger Waldboden und reines Wasser eine ähnliche pH-Kurve ergeben, wenn statt dem. Wasser mit Säure titriert wird?

		Pufferkapazität in mmol/kg Boden	Pufferrate in mol H⁺/(ha*a)
pH 8,6 - 6,2	Carbonatpuffer	100 bis 200 bei 1 % Kalk	bis 2000
pH 6,2 - 5,0	Silikatpuffer	abhängig vom Silikatgehalt	200-2000
pH 5,0 - 4,2	Austauschpuffer	bis 5 bei 1% Ton	ca. 200
pH 4,2 - 3,0	Aluminiumpuffer	70 bis 100 bei 1% Ton	ca. 200
pH < 3,0	Eisenpuffer		bis 2000
pH 8 - 3	Humushaltige Erde (Kohlensäurepuffer)		

Die Pufferbereiche erkennt man daran, dass bei Säurezugabe der pH-Wert sich nur gering ändert, was zu einer fast horizontalen pH-Wert-Kurve führt. Auffällige Pufferbereiche sind in dem humosen Waldboden der Silikat- Aluminium- und Eisenpuffer. Weniger gut erkennbar ist der Austauschpuffer.

Im Silikatpufferbereich werden 40 mL der 0,1 mmol/L Salzsäure, 40 mL • 0,1 mmol/ L = 4 mmol H⁺, abgefangen. Bezogen auf 1kg Boden wären dies 80 mmol H⁺.

Dem. Wasser puffert nicht; die pH-Wert-Absenkungen bei Säurezugabe ist nur durch die Verdünnung der zugegebenen Säure begründet. Gleiches gilt auch für reinen Quarzsand oder Torfboden.

3. Eine Frage für Denker: Begründe, warum der pH-Wert wieder ansteigt, wenn bei der Säuretitration des Bodens eine längere Pause eingelegt wird? (Hilfe: Überlege, welche Prozesse im Ton ablaufen.)

Die Pufferwirkung des Bodens beruht teilweise auch auf dem Austausch von H⁺-Ionen gegen die adsorbierten Metall-Ionen, welche tief in den Zwischenschichten der Tonmineralien eingelagert sind. Dieser Austausch erfolgt deshalb nur langsam, sodass nach einiger Zeit das Bodenwasser wieder weniger sauer ist.

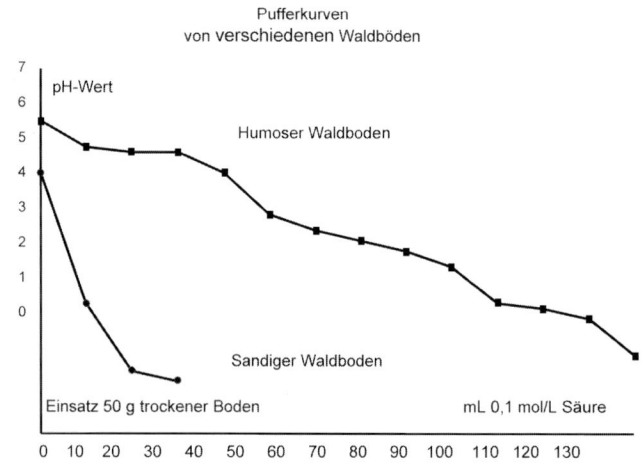

Pufferkurven
von verschiedenen Waldböden

3.7 Bodenart, Humus- und Kalkgehalt (zu Kapitel 1.2 und 2.4 - 2.6)

Nach einem starken Regen hatten sich auf einem Gelände in Hilden Pfützen gebildet, deren Wasser noch tagelang graubraun gefärbt blieb. Natürlich tollten Kinder auf dem Gelände, wobei sie sehr leicht ausrutschten, glänzende Rutschspuren auf dem Boden hinterließen und die Mütter sich darüber sehr freuten, da die Kleider sich nur schwer reinigen ließen. Sticht man ein Bodenstück heraus, dann hat es neben schwarzen auch grüne Zonen, während darunter die Schicht hell ist. Auf dem Boden wächst relativ wenig, vornehmlich Breitwegerich und Krauser Ampfer, Gemeiner Löwenzahn und Quecke (Grasart, die nicht im Blumenbestimmungsbuch aufgeführt ist).

1 Was kann aus diesen Beobachtungen bezüglich der Zusammensetzung des Bodens, seines Pflanzenwachstums und seines Tierlebens gefolgert werden?
Wenn das Wasser über Tage nicht versickert, dann liegt ein sehr wasserdichter Untergrund vor. Dieser ist stark tonhaltig (Lehm, Ton) und enthält kaum Sand. Da die Rutschspuren glänzend sind, muss der Tonanteil im Boden (in Analogie zur Fingerprobe) sehr hoch und der Sandanteil vernachlässigbar gering sein. Da die Tonteilchen – im Gegensatz zum Sand – kaum sedimentieren, bleibt die Pfütze tagelang trüb. Der Boden ist vermutlich eisenhaltig, worauf die grüne Farbe hindeutet. Er enthält im Pfützenbereich keine Regenwürmer, da sonst das Wasser versickern würde. Der Boden ist hier schlecht durchlüftet. Dies führt zur Wurzelfäule, weshalb der Boden für Pflanzenwuchs wenig geeignet ist. Ebenso sind kaum andere Bodentiere in diesem Boden zu erwarten. Breitwegerich deutet auf schweren, lehmigen, feuchten Boden (eventuell auch Bodenverdichtung) hin. Ton als feines Material lässt sich im Gegensatz zu Sand sehr schlecht aus der Kleidung auswaschen, da es in die feinsten Zwischenräume der Fasern zu dringen vermag.

2 Welche von uns besprochenen und durchgeführten Experimente stecken in den obigen Beobachtungen?
Wasserdurchlässigkeit mit der Dosenmethode
Sedimentmethode
Fingerprobe

3 Mache Verbesserungsvorschläge für diesen Boden, wenn du ihn für deinen Garten benutzen möchtest!
Der Boden muss gelockert und damit belüftet werden. Ihm muss unbedingt Sand zugesetzt werden, damit sein Abflussvermögen erhöht wird. Damit Regenwürmer einwandern können, sollte der Boden mit Grünmaterial abgedeckt werden. Eine Stickstoffdüngung ist nicht nötig, da die darauf wachsenden Pflanzen Stickstoffzeiger sind.

4 Von diesem grünschwarzen Boden werden 26 g auf die Fensterbank gelegt. Nach mehreren Tagen war er hart und wog nur noch 20 g. Dieses Bodenstück wurde geglüht, dabei färbte es sich rotbraun, wurde steinhart und wog nach dem Abkühlen nur noch 18 g.

a) Deute diese Beobachtungen – wenn möglich, auch durch eine chemische Gleichung – und gib an, welche prozentuale Zusammensetzung dieser Boden hat! Beachte dabei, dass sich prozentuale Angaben auf den trockenen Boden (= 100 %) beziehen.

Die schwarze Farbe des Bodens stammt vermutlich von organischen Kohlenstoffverbindungen (Humus). Die grüne vom Eisen in reduzierter Form. Dieses Eisen wird beim Glühen in die rotbraune oxidierte Form überführt.

$$2\ FeO + O_2 \rightarrow Fe_2O_3$$
$$<C> + O_2 \rightarrow CO_2$$

Der Wasseranteil des Bodens betrug 6/20 x 100 % = 30 %
Der Anteil an organischem Material 2/20 x 100 % = 10 %

b) Wofür könnte der Boden auf Grund der bisher geschilderten Eigenschaften verwendet werden?

Der Boden dürfte zum Töpfern oder zum Herstellen von Ziegelsteinen geeignet sein.

c) Beschreibe ein weiteres Verfahren, mit dem die schwarze Farbe des Bodens untersucht werden könnte!

Wird der Boden mit Wasserstoffperoxid behandelt, dann wandelt sich seine mehr schwarze Farbe zu einem braun (Eisenoxid). Der Boden enthält organisches Material, welches durch Wasserstoffperoxid „verbrannt" wird. Eisenoxid bleibt zurück.

$$<C> + 2\ H_2O_2 \rightarrow CO_2 + H_2O$$

5) Der Solinger Wald wurde per Hubschrauber aus der Luft vor kurzem frisch gekalkt.

a) Der Kalk soll die Säure des Sauren Regens neutralisieren. Bestätige dies durch die zugehörige chemische Gleichung für die im Unterricht behandelte Salzsäure!

$$CaCO_3 + 2\ HCl \rightarrow CaCl_2 + H_2O + CO_2$$

b) Zu 500 g von diesem getrockneten Waldboden wurden 100 mL = 100 g verdünnte Salzsäure gegeben. Die weißen Körner im Boden zischten und brodelten kurz auf, bevor sie zerfielen. Nachdem keine Gasentwicklung mehr erfolgte, wog die Mischung nur noch 595,6 g. Deute diese Beobachtung und ziehe Schlüsse aus diesen Angaben!

1 mol CO_2 entsprechen 44 g und 1 mol $CaCO_3$ (100 g).
4,4 g CO_2 entsprechen somit 10 g $CaCO_3$.
500 g Boden enthielten somit 10 g Kalk.

c) Die obige Bodenprobe habt ihr von einer Waldbodenoberfläche von 1 m • 1 m = 1 m² so abgekratzt, dass ihr die weißen Kalkkörner zusammen mit Boden vollständig dabei eingesammelt habt. Wie oft musste der Hubschrauber mindestens fliegen und wie teuer war diese Kalkung insgesamt, wenn die Waldfläche von Solingen ca. 20 km² = 20.000.000 m² umfasst und der Hubschrauber pro Flug 1000 kg mitschleppen kann und das 200.- DM kostet?

Es wurden 10 g Kalk auf 1 m² gestreut.
Insgesamt sind 20.000.000 • 10 g = 2 • 10⁸ g = 2 • 10⁵ kg = 200 t nötig. Der Hubschrauber muss somit 200 mal fliegen, was 200 • 200,– DM = 40.000,– DM kostet.

Molare Massen der folgenden Elemente: Ca: 40 g, C: 12 g, O: 16 g, H: 1 g, Cl: 35,5 g
Formeln: Kalk: $CaCO_3$, Salzsäure: HCl, Wasserstoffperoxid: H_2O_2
Material: Pflanzenbestimmungsbuch (z.B. AICHELE, D. 1981).

3.8 Im Königreich Chromatographie. Eine Märchenklausur
(zu Kapitel 4)

Zeichnung: J. ENSSLIN, Text frei nach der Grundidee des Märchens aus STEIN, A.N. (1976).

Voraussetzungen und Themen der Reihe: Schwermetallchromatographie
1. Trennung von Stoffgemischen:
1.1   auf Grund der unterschiedlichen Löslichkeiten;
1.2   durch Chromatographie (Nernstsche- und Craig-Verteilung, Holzapfelkrieg, Papierchromatographie);
1.3   Trennung auf Grund der unterschiedlichen Siedetemperaturen
2. Kräfte zwischen Molekülen:
2.1   Van der Waals
2.2   Dipol-Dipol

2.3 Wasserstoffbindung
2.4 Ion-Dipol (Wasserhydrathülle der Ionen)
3. Stoffgruppen und deren Eigenschaften.
   Alkane, Alkene, Alkine, Alkohole, Aldehyde, Ketone, Aromaten
   Namengebung obiger Verbindungen.

Es ist immer wieder die alte Geschichte: Eine Königstochter ist zu verheiraten. Der König hatte vorgeschlagen, den königlichen Wildbach mit seinen vielen großen Kieselsteinen für die Auswahl des zukünftigen Nachfolgers zu benutzen. Dazu sollten sich diese Kandidaten einfach auf die großen Kieselsteine im Bachbett unterhalb eines Wehres setzen, wonach dieses geöffnet wird. Die Flutwelle sollte die Schwächlinge hinwegspülen und nur derjenige, welcher sich am besten an den Kieselsteinen halten kann, soll der Krone würdig sein.

Doch diesmal läuft die Geschichte etwas anders weiter, denn die Königstochter möchte nicht – wie in früheren Zeiten üblich – mit dem stärksten Kraftprotz, z.B. dem immer besoffenen Ethanol verheiratet werden, sondern hat schon ihre Wahl (ohne König) getroffen.

Es ist der Schlosserbursche Heavy-Metall-Ferrum, dessen Kleider so toll nach dem Öl aus der königlichen Schlosserei, nämlich nach **Tetradecan,** riechen. Natürlich gießt die Prinzessin noch einiges Öl auf die Kleidung von Ferrum.

Wie überall gibt es natürlich am Hof auch Intrigen und so weiß die Kammerzofe Quacksalber mit ihrem giftigen Sohn Quecksilber von den Vorbereitungen der Prinzessin. Sie organisiert **2,2-Dimethyl 3,3,4-Triethyl-hexan** von einem Ölscheich für die Ölung der Kleidung ihres Sohnes. Arglistig fettet sie auch noch die großen Kieselsteine im Bachbett mit langkettigen Alkanen (Paraffinöl) ein.

1.1 Begründe den Vorteil von geölter Kleidung im Bach mit Hilfe zwischenmolekularer Kräfte
Das Öl in der Kleidung verhindert, dass diese vom Wasser benetzt wird, da die Kräfte zwischen den Wassermolekülen wesentlich stärker als zwischen Wasser und Ölmolekülen (Alkanen) sind. (Genauer gesehen ist die höhere Kraftdichte – von der Wasserstoffbindung und vom Dipolmoment des Wassermoleküls die Ursache des elitären, abweisenden Verhaltens von Wasser gegenüber Öl.) Da das Wasser an der Ölschicht abperlt – die Van-der-Waals-Kräfte zu den Ölmolekülen sind für die Wassermoleküle nicht sehr anziehend- kann auch nicht der Stoff darunter benetzt werden.

Der Wettkampftag ist sonnig und warm und so wundern sich einige, dass es so penetrant nach Öl riecht. Ja, es besteht sogar die Gefahr, dass die Kleidung der beiden „Ölprinzen" durch Verdunsten an Öl verliert.

1.2 Welcher der „Ölprinzen" verliert sein Öl durch Verdampfen schneller und warum?
   Der Kandidat mit Tetradecan oder der mit 2,2-Dimethyl 3,3,4-Triethyl-hexan? Beantworte dazu zuerst die nächste Frage.

1.3 Zeichne die Molekülstruktur von beiden Stoffen. Welche Verwandtschaftsbeziehungen besteht zwischen beiden Stoffen?
Die beiden Alkane sind Isomere. Weil das verzweigte Alkan – dank seiner geringeren

Oberfläche – schwächere Van-der-Waals-Kräfte auf sein Nachbarmolekül ausübt, als das lineare Alkan, siedet es bei tieferer Temperatur und verdunstet somit auch leichter.

Glücklicherweise gibt der König endlich das Zeichen, Fanfaren ertönen, das Wehr wird geöffnet und das Wasser überflutet die Kandidaten. Dies macht den beiden Geölten weniger aus, während die anderen dank wasserschwerer Kleidung von den Kieseln schnell herunter- und weitergespült werden. Einzig die zwei „Ölprinzen" rutschen nur langsam – vom Wasser geschoben – von Stein zu Stein flussabwärts.

Als die Prinzessin entdeckt, dass ihr möglicherweise so ein giftiger Typ als Partner blüht, holt sie schnell eine Packung Waschmittel vom Weißen Riesen und schüttet den Inhalt oben in das Bachbett. Natürlich hat der Hofalchimist ihr vorher das Extraktionsverhalten für beide Öle bestimmt. Danach verteilt sich das königliche Öl von Ferrum zwischen der Kleidung und der Seifenlösung im Bach im Verhältnis 2:1 und das Öl von Quecksilber im Verhältnis 1:1.

Jede Sekunde werden die „Ölprinzen" von einer Seifenlaugenmenge umspült, die genau dem Volumen ihrer Kleidung entspricht.

1.4 Wieviel Sekunden muss die Prinzessin warten, bis Quecksilber weniger als 1% Öl in der Kleidung hat und dann vom Wasser schnell weggespült wird?
Berechnung:
Der Erste Waschvorgang: Nach einer Sekunde verbleibt noch die Hälfte des Öls in der Kleidung, während der andere Teil vom Wasser weggespült wird (50 % Öl). Auch beim zweiten Waschvorgang wird die verbleibende Ölmenge halbiert (25 % Öl in der Kleidung). Nach sieben Sekunden ist der Ölgehalt $(1/_2)^7 \cdot 100 \% = 0{,}78 \%$ unter 1 %.

1.5 Dank der Schaumberge auf dem Wasser merkt der König, dass hier ein Umweltsünder am Werk war und lässt das Wehr schließen. Es sind jetzt 10 Sekunden vergangen, seit die erste Seifenlösung erschien. Ist die Kleidung von Ferrum nun schon fast ölfrei (unter 1% Ölgehalt), sodass auch er wasserschwer schnell hinweggeschwemmt wird, oder konnte er sich noch halten?
Berechnung für Ferrum:
Beim ersten Waschvorgang verliert Ferrum $1/_3$ seines Öls und behält somit $2/_3 = 66 \%$ Öl noch in der Kleidung. In der zweiten Sekunde ebenso $2/_3 \times 2/_3 = 0{,}44$. Erst nach 11 Sekunden wird es auch für Ferrum kritisch: Mathematische Lösung statt ausprobieren: $(2/_3)^n < 1/100$. $n \cdot \lg(2/_3) < -2$ $n > -2/\lg(2/_3)$.

2.1 Welche Elemente der Chromatographie, die du durchgeführt hast, erkennst du in dem Märchen wieder (z.B. mobile Phase, ...)
Startpunkt, Auftragpunkt in der Chromatographie ist der Sitzplatz der Kandidaten zu Beginn, bevor das Wehr geöffnet wurde. Das Wasser ist natürlich die mobile Phase und die Kiesel, die mit Fett unpolar gemacht wurden (reverse Phase) die stationäre Phase. Die unterschiedlichen Kräfte der Kandidaten sollen die unterschiedlichen Kräfte der zu trennenden Stoffe zwischen der mobilen und stationären Phase wiedergeben.
  Die Bachchromatographie entspricht eher einer Adsorptionschromatographie auf der Basis Kieselgel. Die wasserscheu (hydrophob) gemachten „Ölprinzen" wurden natürlich weniger gut vom Wasser erfasst, was auch in der normalen Chromatographie für unpolare Stoffe und z.B. Wasser als Fließmittel gilt.
  Im Unterschied zur Geschichte wird bei der Chromatographie der Zeitpunkt des

Startes genauer festgelegt und auch die Beeinflussung der Kräfte durch die Polarität der Stoffe besser herausgearbeitet. Auch in der Chromatographie wird mit variablen Fließmitteln gearbeitet (was hier der Seife entspricht).

2.2 Welche Unterschiede zur durchgeführten Papierchromatographie fallen dir bei diesem Märchen auf?
Bei der Papierchromatographie wurde das Papier nicht mit Öl unpolar gemacht, allerdings war das Papier etwas unpolarer als das Wasser.

2.3 Begründe, warum unter den Bedingungen des Märchens Ethanol (Formel!) im Wasser mit am schnellsten wandern sollte. Welche Kräfte herrschen zwischen dem Wasser und Ethanol, welche zwischen Ethanol und einem gesättigten Kohlenwasserstoff (Alkan)?

2.4 Wie sähe das Chromatogramm mit den folgenden Substanzen aus:
Benzin (Alkan) als Laufmittel und ein Wasserfilm auf Kieselgel als stationäre Phase und als Substanzgemisch Methanol, Propanol, Dekan und Propanon. Begründe die Reihenfolge im Chromatogramm.
Zu 2.3, 2.4: Ethanol hat einen polaren, wasserähnlichen Molekülteil (die Alkoholgruppe), der Dipolkräfte und Wasserstoffbindungen zum Wasser ausbildet. Zum gesättigten Kohlenwasserstoff kann Ethanol nur die schwachen Van-der-Waals-Kräfte ausbilden. Ethanol wird sich somit vornehmlich in der stationären Phase aufhalten, was im erhöhten Maße noch für Methanol und weniger für Propanol und Propanon gilt.

Die Reihenfolge wäre somit Methanol, Ethanol, Propanol, die auf Grund der starken Wasserstoffbindung und Dipol- Dipol-Kräfte liegen blieben, während Propanon geringere Kräfte zum Wasser ausbildet (nur passive Wasserstoffbindung) und besser wandert. An der Spitze in der Laufmittelfront würde das Dekan wandern.

3.9 Lösungsmittel im Abwasserkanal und seine Folgen – eine Realsatire (zu Kapitel 6.1.5)

1990 fanden Schüler mit ihrem selbstgebauten Messgerät einen Kanal hinter einer Farbenfabrik, dem Lösungsmitteldämpfe in hoher Konzentration entströmte. Dieser Fund hatte weitreichende Konsequenzen. Eine Sanierung mit Kosten in Höhe von mehreren Millionen wurde angestoßen. Erstaunlich war, dass sämtliche gesundheitsschädlichen Emissionen der Firma von den zuständigen Behörden genehmigt waren.

Im zukünftigen Badeort Hilden untersucht ein städtischer Beamter den Kanal in der Eichenstraße.

Bevor er den Kanaldeckel in der Straße öffnet, misst er die Lösungsmittelkonzentration der Luft auf der Straße über dem Kanal.

Er findet:
Ethylacetat 1000ppm = 1000ml/m³ = 3,6 g/m³ und
Toluol 20ppm = 20ml/m³ = 0,077 g/m³ Luft

1. Von den aromatischen Dämpfen schon leicht benebelt, überlegt er, wie es zu diesen verschiedenen Zahlenangaben kommt. War da nicht etwas mit molarer Masse und Volumen? Leider träumt er schon, sodass du ihm helfen musst.
2. Erschrocken stellte er fest, dass die Maximale Arbeitsplatzkonzentration (MAK) für Ethylacetat (400ml/m³ Luft = 1,4g/m³) um das Doppelte überschritten ist. Da er aber nicht 8 Stunden im Kanal bleiben möchte und die Hildener Luft schon gewöhnt ist, öffnet er vorsichtig den Kanaldeckel, entfernt das Schmutzsieb und steigt langsam die ölverschmierten Sprossen hinunter.
Seine Hände sind jetzt mit Fett = $C_{16}H_{34}$ verschmiert. Was war das schon wieder für eine Verbindungsklasse?
3. Schon berauscht von den Lösungsmitteln, träumt er von den verschiedenen Isomeren von $C_{16}H_{34}$. Überlege, ob du ihm dabei helfen kannst, zumindestens aber mit zwei Isomeren.
4. Vorsichtig wäscht er sich seine Hände im glasklaren, zart duftendem Wasser. Dabei überlegt er, ob er sich besser die Hände mehrmals mit wenig Wasser oder einmal mit der gleichen Gesamtmenge Wasser spült. Hilf ihm dabei.
   Leider hat er dabei nicht bedacht, dass seine Hände zwar blitzschnell sauber werden, aber jetzt völlig fettfrei sind, rot anlaufen und zu jucken anfangen. (Ein Ekzem, vom Ethylacetat verursacht, kündigt sich an.)
5. Welches der beiden Lösungsmittel im Wasser löste das Fett besser, überlegte er.
6. Nicht zu bremsen in seiner beamtenunwürdigen Denkarbeit sinniert er darüber, warum sich soviel mehr Ethylacetat als Toluol noch im Wasser löst.
   Schon berauscht vom vielen Toluol und Ethylacetat in der Luft, kämpfen in seinem Kopf zwischenmolekulare Kräfte gegeneinander. Hilfe ist dringend nötig!
7. Beim Betrachen der Gummidichtungen zwischen den Kanalrohren entdeckt er, dass diese aufgequollen sind und sich teilweise aufgelöst haben. Teilweise versickert das Schmutzwasser im Boden, um an anderer Stelle wieder für das Thermalbad hochgepumpt zu werden. Gummi besteht aus langen Ketten:

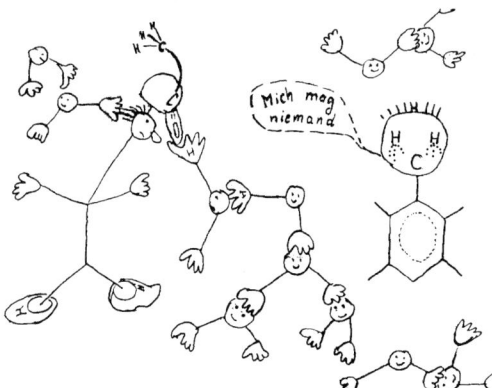

Welcher Stoff im Abwasser könnte dafür verantwortlich sein?

Ob die Firma in diesem Falle dann auch für die Sanierungskosten der Rohrdichtung aufkommt, überlegt er völlig beamtenwidrig.

8. Völlig von Sinnen überlegt er, wie man qualitativ und quantitativ die Elemente im Ethylacetat nachweisen könnte, um ganz sicher zu sein, dass es nicht das weit gefährlicher Pentylacetat ist, was so stark riecht.

9. Schon narkotisiert vom vielen Toluol (hier unten im Kanal 600 ml/m^3), zündet er sich gemütlich eine Zigarette an. Was passiert? Ist die Explosionsgrenze für Toluol mit 1,2 % Volumen oder die für Ethylacetat (Konzentration hier unten ca. 30 000 ppm) mit einer Explosionsgrenze von 2,1 % Volumen etwa überschritten? Wir können es leider nur noch für ihn errechnen und noch dazu die Reaktionsgleichung für die nachfolgende explosionsartige Verbrennung von Toluol und Ethylacetat aufstellen.

Dies ist das letzte Bild eines standhaften Beamten.

3.10 Qualm und Gase in Hilden (zu Kapitel 1.3.2, 6.2 und 7)

Seit über 10 Jahren gibt die Firma Krieger unangenehm riechende Gase an die Umgebung ab.
Der Protest der Anwohner und mehrere Anzeigen hatten nur einen geringen Erfolg

```
Ermittlung gegen die Firma durch die
Staatsanwaltschaft Düsseldorf,
Willi Becker Allee 8,4000 Düsseldorf 1              22.11.90
Geschäftsnummer 111 Js 237/90
                           Vfg
1. Vermerk:
    Es ist beabsichtigt, das vorliegende Verfahren gemäß § 170 II
StPO einzustellen, da ein Tatnachweis aus den nachfolgenden
Gründen nicht zu führen ist...
    Die Überprüfungen des Staat. Gewerbeaufsichtsamtes haben je-
doch Mängel ergeben, die den Austritt von ungereinigten Rauch-
schwaden ins Freie ermöglichten. Insbesondere fehlte bereits
seit Herbst 1986 oder 1987 eine Haube zur Abgaserfassung der
Rohrverzinkungsanlage. Dieses war ein Verstoß gegen die vor-
liegenden erforderlichen Genehmigungen im Sinne der Bundes-
immissionsschutzverordnung. Allerdings ist der Nachweis nicht
zu führen, dass durch das Fehlen dieser Abzugshaube Abgase
nach außen entwichen sind, die im Sinne von § 325 Abs. 1 Nr.
StGB geeignet waren, die Gesundheit anderer oder Pflanzen zu
schädigen. Auch die vorhandene frühere Abzugshaube hat le-
diglich ca. die Hälfte der Immissionen erfasst. Darüber hin-
aus waren durch die Rohrverzinkungsanlage nur relativ gerin-
ge Immissionen verursacht, die im wesentlichen aus Ammonium
und Zinkchlorid bestehen. Bei Anlagen, wie von der Firma
Krieger betrieben, lassen sich Restimmissionen, die über Dach-
öffnungen abziehen, niemals ganz vermeiden.
```

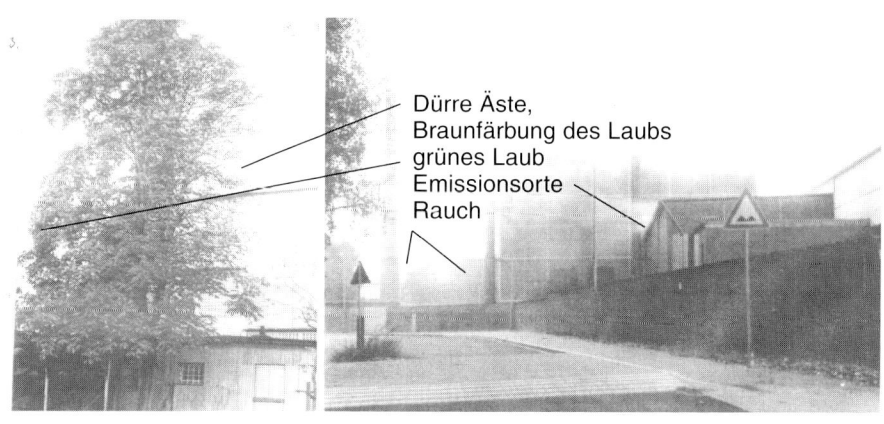

Dürre Äste,
Braunfärbung des Laubs
grünes Laub
Emissionsorte
Rauch

Landesanstalt für Immissionsschutz
Nordrhein-Westfalen

Landesanstalt für Immissionsschutz NRW
Wallneyer Straße 6, 4300 Essen 1

An die
Staatsanwaltschaft
Düsseldorf
Willi-Becker Allee 8

4000 Düsseldorf

15. MAI 1991

Dienstgebäude:

Wallneyer Straße 6
Telefon (02 01) 79 95-0
Telefax (02 01) 79 95-4 46
Telex 8 579 065 lisd

☐ Huyssenallee 105
Telefon (02 01) 7 20 06-0
Telefax (02 01) 7 20 06-10

☐ Zweigertstraße 14
Telefon (02 01) 7 20 06-0
Telefax (02 01) 7 20 06-10

Ihr Zeichen	Ihr Schreiben vom	Mein Zeichen	Durchwahl	Datum
		423	398	/14.05.91

Betr.:   Ermittlungsverfahren Nr. 111 Js 237/90
hier: Fa. Krieger Verzinkerei, Hilden,
Düsseldorfer Str. 49
Bezug: Ihr Schreiben vom 07.03.1991

Anlage

In dem o.g. Schreiben bitten Sie um Stellungnahme zu der Frage,
ob die beim Betrieb einer Verzinkerei anfallenden Gase die
Gesundheit von Menschen, Tieren, Pflanzen oder Materialien
schädigt.
Hierzu nehme ich wie folgt Stellung:

1.   Zur Frage, ob Gesundheitsrisiken über die Aufnahme der an-
     fallenden Schadgase außerhalb des Betriebes möglich sind,
     bedarf es der Aussage eines Humantoxikologen. Dazu könnte
     beispielsweise das *Medizinische Institut für Umwelthygiene
     an der Universität Düsseldorf, Gurlittstraße 53, 4000 Düs-
     seldorf*, angesprochen werden.

331

Das Verfahren wurde wegen Mangels an Beweisen eingestellt.
Die Firma verpestet noch 1999 die Umgebung in der Weststraße.

1. Kommentiere diese Aussagen des Landesamtes für Immissionsschutz.
Wie ist der Nachweis zu führen, dass die Kastanie auf der einen Seite stark geschädigt ist? Die auf der rechten Seite erkennbaren Braunfärbungen und dürren Äste genügten dem Landesamt für Immissionsschutz nicht. Skizziere genau deine Vorgehensweise für die im Unterricht behandelten Verfahren. (Zeichnung und Text!).
Leitfähigkeits- , Trübungsmessung und Messung der Peroxidaseaktivität

2. Beim Eintauchen der riesigen Eisenwerkstücke in das geschmolzene Zink, welches mit geschmolzenem Ammoniumchlorid luftdicht abgedeckt ist, kommt Sauerstoff zum Zink. Unter Knallen und Zischen reagiert das Zink mit dem Sauerstoff.
$2\,Zn + O_2 \rightarrow 2\,ZnO$
Das entstandene Zinkoxid wird von Ammoniumchlorid zu Zinkchlorid umgesetzt und sublimiert ab.
$ZnO + 2\,NH_4Cl \rightarrow ZnCl_2 + 2\,NH_3 + H_2O$
Ammoniak (NH_3) hat einen Geruch nach Mist.
Neben Eisenchlorid entweichen **pro Sekunde etwa 136 g Zinkchlorid.** Dieses Zinkchlorid verbindet sich mit der Luftfeuchtigkeit wieder zu Zinkoxid und Chlorwasserstoff
$ZnCl_2 + H_2O \rightarrow ZnO + 2\,HCl$
Berechne die Konzentration (in mg/m³ und ppm) an Chlorwasserstoff in der Luft, wenn bei schwachem Wind von 1 m/s (= 3,6 km/h) aus einer 10m • 1m Öffnung unter dem Dach die 136 g Zinkchlorid austreten – also in 10 m³ Luft verdünnt werden – und mit Luftfeuchtigkeit zum ätzenden Rauch reagieren.
65+2 • 35,5= 136 g = 1 mol ZnCl$_2$ 35,5+1 = 36,5 g = 1 mol HCl
Aus 1 mol Zinkchlorid entstehen 2 mol HCL. Also aus 136 g ZnCl$_2$ 2 • 36,5 gHCl
2 • 36,5g/1 • 10 • 1m³ = 2 • 3,65g/m³ = 7 300 mg/m³ = 2 • 24000 mL /10 m³ =
4.800 ppm (Volumen) = 7300mg/ 1,29 kg = 5840 ppm (Masse)

3. Chlorwasserstoff reagiert mit der Luftfeuchtigkeit zu Salzsäure: $HCL + H_2O \rightarrow H_3O^+ + Cl^-$. Die Messung der Leitfähigkeit des Regens, Schnees und des Taus vom Dach der benachbarten Autowerkstatt ergab die in der Tabelle unten aufgeführten Werte (die Meßwerte wurden zur Vereinfachung auf ganze 10-er Werte gerundet):
3.1 Trage die Leitfähigkeitswerte nebeneinander in eine Grafik ein. (Gar nicht so einfach!)
3.2 Finde ein System in den Werten. Wo liegt die Autowerkstatt relativ zur Verzinkerei?
3.3 Berechne den Mittelwert, den Medianwert, die 25% Quantil- und 75% Quantilwerte und die Standardabweichung. Ist diese Berechnung sinnvoll?
3.4 Welche Werte können sinnvollerweise zusammen gefasst werden?
3.5 In welchem Bereich ist der Leitfähigkeitswert des Regens aus NW-Richtung mit 65 % Wahrscheinlichkeit zu erwarten (Mittelwert mit Vertrauensbereich)?
3.6 Für ganz Gute: Berechne Mittelwert und Vertrauensbereich, wenn am 20.Januar ein Leitwert von 0,0015 und am 1. Oktober 0,0005 gemessen wurde.

Windrichtung	NW	NW	S	SW	W	W	O	O	NW
Regenmenge	20	40	10	10	60	40	10	20	100
Datum	01. Okt	06. Okt	10. Okt	12. Okt	20. Okt	21. Okt	12. Jan	15. Jan	20. Jan
Leitfähigkeit	0,001	0,001	0,000001	0,000001	0,0001	0,0001	0,000001	0,000001	0,001

Angaben zur Berechnung

Element	Zn	Cl	H	O
molare Masse in g/mol	65	35,5	1	16

$$\bar{x} = \frac{(x_1 + x_2 + x_3 + \ldots + x_i + \ldots + x_{n-1} + x_n)}{n} = \frac{1}{n}\sum_{i=1}^{n} x_i$$

$x_i - \bar{x} = \varepsilon_i$ scheinbarer Fehler

$$S = \sqrt{\frac{\sum_{i=1}^{n}\varepsilon_i^2}{(n-1)}} \qquad \Delta\bar{x}_{Stat} = t \cdot \frac{S}{\sqrt{n}} = t \cdot \sqrt{\frac{\sum_{i=1}^{n}(x_i - \bar{x})^2}{n \cdot (n-1)}}$$

gewünschte Sicherheit		n=3	n=4	n=5	n=6	n=8	n=10	n=20	n=30
P= 68 %	t	1,32	1,20	1,15	1,11	1,08	1,06	1,03	1,02
P= 95 %	t	4,3	3,2	2,8	2,6	2,4	2,3	2,1	2,05

Mittelwert mit Vertrauensbereich (z.B. P = 95%) $x_{wahr} = \bar{x} \pm \Delta\bar{x}_{Stat}$

Erlaubte Hilfsmittel: Taschenrechner, allerdings muss der Rechenweg dokumentiert werden.

Lösung der Aufgabe 3:
3.1 Sortieren der Messwerte nach Größe und Auftragen in ein halblogarithmisches Diagramm.
3.2 Die Leitfähigkeit ist immer bei NW-Wind am größten und bei S-, SW-Wind am kleinsten. Die Fabrik liegt somit nordwestlich von der Werkstatt.
3.3 Die Berechnung des Mittelwertes, der Quantilwerte und des Medianwertes der Leitfähigkeitswerte ist nicht sinnvoll, da diese von unterschiedlichen systematischen Störungen (Immission nur aus NW-Richtung) beeinflusst werden.
3.4 Die Werte für S-, SW- und O-Wind können zusammengefasst werden. Ebenso bilden die Werte für Westwind eine Gruppe.

Wind-richtung	Regen-menge	Datum	Leit-fähigkeit	scheinbarer Fehler		Fehler-quadrate
S	10	10. Okt.	0,000001	Min	-0,000355	1,3E-07
SW	10	12. Okt.	0,000001			
O	10	12. Febr.	0,000001	25% Quantil		
O	20	15. Febr.	0,000001			
W	60	20. Okt.	0,0001	50% Quantil = Medianwert		
W	40	21. Okt.	0,0001		-0,000256	6,6E-08
NW	20	1. Okt.	0,001	75% Quantil		
NW	40	6. Okt.	0,001		0,000644	4,1E-07
NW	100	20. Jan.	0,001	Max		
		Summe	0,003204/9 =			1,9E-06
		Mittelwert	0,000356		Schätzwert	0,00048
					der Standardabweichung	

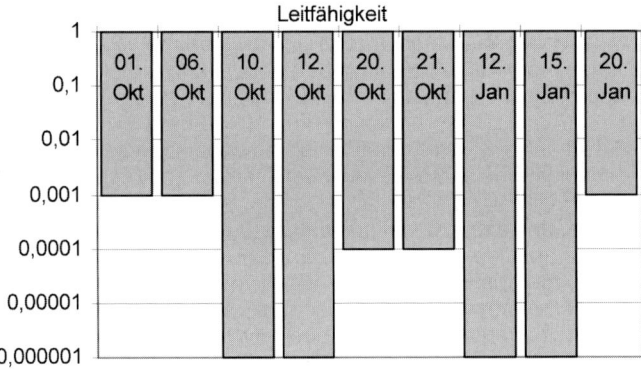

3.5 Da alle Leitfähigkeitswerte für den NW-Wind identisch sind, ist deren Mittelwert mit unendlich kleinem Vertrauensbereich anzugeben: x_{wahr} = 0,001 ± 0.

3.6 Schwanken die Werte für NW-Wind mit 0,0010; 0,005; 0,0015, dann ist der Mittelwert mit Vertrauensbereich für eine 68 % Gewißheit: **x_{wahr} = 0,001 ± (2 · 0,00052 /(3 · 2))½ · 1,32 = 0,001 ± 0,0005/1,732 · 1,32 = 0,001 ± 0,00038**

Für alle Werte (Mittelwert mit 68 % Vertrauensbereich):
x_{wahr} = 0,000356 ± 0,000485 · 1,07/(9)½ = 0,000356 ± 0,000173
Zum Vergleich für die drei Werte (0,0010; 0,005; 0,0015): **x_{wahr} = 0,001 ± 0,000381**

3.11 Lebensmittelchemie: Trinkwasserverordnung – Tierversuche
(zu Kapitel 7.7)

Am 1. Oktober 1989 trat in der BRD ein Grenzwert für Pestizide im Trinkwasser in Kraft, der die zulässige Menge an „chemischen Stoffen zur Pflanzenbehandlung und Schädlingsbekämpfung einschließlich toxischer Abbauprodukte" auf 0,1 µg/L für einen einzelnen Stoff und auf 0,5 µg/L für die Summe aller solcher Stoffe begrenzt. Der Grenzwert ist Bestandteil der Trinkwasserverordnung, die seit 1986 in Kraft ist. Er wurde jedoch bis 1.10.1989 ausgesetzt. Er wurde mit der Zielsetzung aufgestellt, „Wasser für den menschlichen Gebrauch" frei von Pestiziden zu halten.

Der Grenzwert für Pestizide im Trinkwasser ist im Allgemeinen um Zehnerpotenzen niedriger als die Grenzwerte, die durch die Höchstmengenverordnung für Lebensmittel festgelegt wurden.

1 Worin unterscheiden sich die Verfahrensweisen bei der Festlegung der Grenzwerte nach der Trinkwasserverordnung und der Höchstmengenverordnung?
2 Von Seiten der Landwirtschaft und Industrie wird behauptet, dieser Pestizidgrenzwert für Trinkwasser sei nicht toxikologisch, sondern nur politisch begründbar.
3 Gib Gründe an, warum die Festlegung der Höchstmengen auf wissenschaftlich schwachen Füßen steht.
4 Welcher Vorteil hat die Festlegung eines Summenparameters für Pestizide im Trinkwasser (0,5 µg/L)? Wie ist dies bei Lebensmitteln geregelt?
5 H. SPIESERS Untersuchung auf Umwelt- und Gesundheitsschäden beruht auf folgender Überlegung: Ein Umweltschaden beginnt dort, wo mindestens eine Tier- oder Pflanzenart von einer Substanz benachteiligt oder bevorteilt wird. Denn dies hat eine Veränderung in der Zusammensetzung des Ökosystems zur Folge, was bis zu dessen Zusammenbruch führen kann.

In SPIESERS Test dienen Fische als Modell. Sie sind benachteiligt oder bevorteilt, wenn sich ihr Verhalten ändert, wenn sie z. B. aktiver werden und mehr fressen, oder träger und damit leichter zur Beute werden. So studiert der GSF-Biologe das Verhalten von Fischen unter dem Einfluss von Chemikalien. Um selbst minimale, mit dem bloßen Auge nicht mehr wahrnehmbare Verhaltensänderungen exakt erfassen zu können, verfolgt er das Verhalten der Fische im Aquarium per Videokamera. Die Auswertung überlässt er einem Computersystem. Mit diesem System kann der  Biologe Verhaltensänderungen bei Chemikalienkonzentrationen nachweisen, wie sie heute schon teilweise in der Natur vorkommen. Eine Verhaltensänderung durch das Schädlingsbekämpfungsmittel Lindan beispielsweise kann er nach Auslösen eines Schreckreizes noch bei einer Konzentration von 0,08 ppb entdecken, das entspricht 80-milliardstel Gramm pro Liter (0,08 µg/L).

5.1 Welcher Vorteil hat diese Methode verglichen mit den Tierversuchen, die für die Höchstmengenverordnung durchgeführt werden, bezüglich der Empfindlichkeit und für die Tiere?
5.2 Was könnte nach der Beschreibung Kritik an dieser Methode hervorrufen?
5.3 Welche Folgerung könnte man aus der Konzentration für eine Verhaltensänderung bei Lindaneinwirkung und der Grenzkonzentration für Lindan für Trinkwasser ziehen (siehe auch Punkt 2.)?

3.12 „Höchstmengenverordnung" (zu Kapitel 7.5 - 7.7)

In der Monitorsendung (WDR1) vom 12.12.96 wurde von dem Einsatz des Arzneimittels Dimethylnitroimidazol in der Massentierhaltung berichtet.

Dieses wurde vom Berliner Bundesinstitut für gesundheitlichen Verbraucherschutz und Veterinärmedizin (BgVV = Nachfolgeinstitut des Bundesgesundheitsamtes) Ende vergangenen Jahres auf Druck eines großen Konzerns endgültig zugelassen, ob-

wohl seine Zulassung – wegen seiner krebsauslösenden Wirkung beim Menschen – 1995 endigen sollte.

Das Mittel, das BASF unter dem Namen Dimetridazol vertreibt, wird den Schweinen zum Vorbeugen gegen Parasiten verabreicht (Der Spiegel 50, 1996).

Nach der EG-Veröffentlichung dieser Gesundheitsgefährdung hat sich die deutsche Futtermittel-Industrie folgende Lösung ausgedacht: Da das Arzneimittel auch noch das Wachstum von Schweinen und Truthähnen fördert, fällt es nicht mehr in den Bereich Arzneimittel, sondern kann als Masthilfsmittel in unbegrenzter Menge dem Futter beigemischt werden, wofür das Landwirtschaftsministerium seine Zustimmung gab.

Es steht zu hoffen, dass die EG-Behörde ihre Drohung wahr macht und zum Schutze der Verbraucher die Verwendung des Arzneimittels/Masthilfsmittels verbietet.

Fragen:

1 Was versteckt sich hinter den Abkürzungen: NOEL, ADI, MAK, LD_{50}, ppm. Erkläre kurz ihre Verwendung.

NOEL = Tägliche Giftkonzentration ohne beobachtbaren Schaden für Tier
ADI = hinnehmbare tägliche Giftmenge für 1 kg Tier oder Mensch
MAK = maximale Arbeitsplatzkonzentration
LD_{50} = letale Dosis bei der 50 % der Tiere sterben
ppm = 1 Teil pro 1000 000 Teile (part pro million)

2 Warum kann für den Landwirt, der das Futter den Schweinen gibt und dabei Dimetridazolstaub einatmet, kein MAK-Wert angeben werden.

Da krebserregend, gibt es keinen MAK-Wert

3 Wie regelt man in diesem Falle die Begrenzung seiner Gesundheitsgefahr? Ist er dann sicher?

Die technischen Regeln für Gefahrstoffe (TRGS) legt die technische Richtkonzentration (TRK) für krebserregende Substanzen fest.

4 Wieviel Schweinefleisch dürftet ihr zu Weihnachten essen, wenn das 100-kg-Schwein 5 kg Futter mit einem Gehalt an 20 mg Dimetridazol/kg täglich ohne erkennbare Störung verkraftet, das Schweinefleisch ca. 6 mg Dimetridazol pro kg enthält und es euch egal ist, wenn Ihr krebskrank werdet?

$ADI_{Schwein}$ =5 kg täglich • 20 mg/kg =
100 mg Dimetridazol/100 $kg_{Schwein}$ • täglich = 1 mg/kg • d

ADI_{Mensch} = 1 mg/100kg = 0,01 mg/kg$_{Mensch}$

0,01mg • 60 kg = 0,6 mg Dimetridazol/Tag

1 kg Fleisch enthält 6 mg Dimetridazol, 100 g enthalten 0,6 g

Maximal 100 g Fleisch!

5 Der ADI-Wert für Schwefeldioxid bei Mäusen (à 50 g) sei 10 mg/{kg$_{Maus}$ • Tag}.

5.1 Berechne daraus den MAK-Wert für den 8 Stunden Arbeitsplatz, wenn der Durchschnittsmensch während dieser Zeit 8 m^3 Luft einatmet.

Erlaubte tägliche Giftmenge für den Menschen aus dem ADI$_{Maus}$ ohne Sicherheitsfaktor:

10 mg SO$_2$/{kg$_{Maus}$ • Tag} • 60 kg$_{Mensch}$= 600 mg SO$_2$ /(Tag • Mensch)

Verteilt auf die eingeatmete Luftmenge im 8 Stunden Arbeitstag:

600 mg SO$_2$ /(Tag • Mensch) • 8 m^3/Tag = 600 mg SO$_2$/8 m^3 = 75 mg SO$_2$/m^3

Der MAK-Wert beträgt somit 75 mg SO$_2$/m^3

5.2 Berechne aus dem ADI-Wert die duldbare Höchstmenge für Schwefeldioxid im Trockenobst, wenn man davon ausgeht, dass ein 60 kg schwerer Mensch täglich nur 100 g Trockenobst isst.

ADI$_{Mensch}$ = 10 mg/{kg$_{Maus}$ • Tag} • 100$_{Maus/Mensch}$ = 0,1 mg/{kg$_{Mensch}$ • Tag}

Umrechnung vom ADI-Wert auf die Masse des Menschen und seiner täglichen Nahrungsmenge:

ADI$_{Mensch}$ • 60 kg$_{Mensch}$ /0,1kg$_{Trockenobst}$ = 60 mg SO$_2$/kg$_{Trockenobst}$

6 Welche Dosis-Wirkungs-Kurven sind a) bei einem Gift, b) bei einer krebserregenden Substanz und c) bei einer essentiellen Substanz (z.B. Vitamin A) zu erwarten.

7 Welche Kritikpunkte sind gegenüber der Festlegung des NOEL-Wertes durch Tierversuche angebracht.

3.13 Dionysos in der Tonne (zu Kapitel 8.2 und zusätzlicher Literatur)

Leicht schwankend öffnet Bruder Dionysos das Tor der Klosterbrauerei und lässt eine hoch beladene Pferdefuhre und einen kleinen Ochsenkarren ein. „Was habt ihr geladen" fragt er leicht lallend. „Na die Zutaten für deinen Rausch" lacht der Fuhrknecht. „Schade früher kam noch das Kräuterweiblein und brachte Fliegenpilze, die machten das Pils so richtig zum Träumen, aber jetzt seitdem der Fürst das Reinheitsgebot erlassen hat, dürfen wir Bier nur noch aus ganz wenigen Stoffen brauen."

1. Könnt ihr ihm sagen, um welche Stoffe es sich dabei handelt?

Hopfen, Malz, Wasser (und Hefe)

„Wir sind zwar Brüder, aber du bist und bleibst blau" bemerkt bissig Bruder Franz, der beim Abladen der Säcke hilft. „Ich kann es dir sogar beweisen. Sieh, dieses Gerstenkorn teile ich und nenne die eine Hälfte `Dionysos, den ständig Blauen´ und die andere Hälfte bin ich. Nun lege ich die beiden Hälften auf ein feuchtes Tuch, das ich mit einer gelben Flüssigkeit getränkt habe. Du siehst beide Körner werden blau. Aber warte bis morgen, da wird die Kornhälfte genannt Dionysos noch immer blau sein, während meine Kornhälfte sogar süß schmeckt.

2. Wie funktioniert dieser kleine Trick von Bruder Franz? Beschreibt genau die biochemischen Abläufe und die Ursache der blauen Farbe.

Bei der Keimung des Korns wird vom Keim Amylase – ein Enzym, welches die Stärke abbaut, ausgesendet. Die Stärke färbt sich mit Iod blau, weil sich in den spiraligen Stärkeröhren Iodketten bilden, welche das gelbe Licht absorbieren. Werden die Stärkeröhren kürzer, dann sind auch die Iodketten kürzer und das absorbierte Licht auch kurzwelliger (grün). Die Farbe ändert sich dann nach rot.

3. Beschreibe kurz die Arbeitsabläufe bei der Bierherstellung bis die Stammwürze vorliegt und gib eine kurze Erklärung der dabei ablaufenden Prozesse.

Da er es nicht abwarten kann, beugt sich Bruder Dionysos über den Gärbottich. Mit einem großen Platsch fällt er hinein und taucht wieder auf, nachdem er einen guten Zug Würze geschluckt hat. „Das Zeug schmeckt ja nur süß und überhaupt nicht nach Bier" schimpft er.

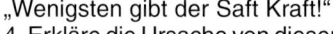

„Wenigsten gibt der Saft Kraft!"

4. Erkläre die Ursache von dieser Süße und was dem Bier an Geschmacksstoff noch fehlt.

5. Begründe, auf welche Weise die Maltose in den Körperzellen von Bruder Dionysos aufgenommen wird und warum sie ihm Kraft gibt.

Aktiver Transport der Maltose in die Zelle durch ein Transportenzym, welches durch eine Protonenpumpe angetrieben wird. Der Abbau der Maltose in der Zelle zu CO_2 und H_2O liefert die Energie.

Bruder Franz lacht am Rande des Bottichs: „Wir brauchen keine Spindel, sondern Bruder Dionysos muss nur noch etwas umgeändert werden, dann ist er zwar nicht spindeldürr, aber als Spindel bestens geeignet.

6. Welche Änderungen müssen vorgenommen werden, damit Bruder Dionysos als Spindel gut den Gehalt an Würze angeben kann?

Ein Gewicht an die Füße von Dionysos, sodass man am Hals den Gehalt an Würze ablesen kann. Dort ändert sich das Volumen beim Tiefersinken wesentlich weniger, als wenn die Wasseroberfläche im Bauchbereich ist.

Wild paddelt Dionysos im Bottich, denn er will endlich raus. Dabei bilden sich Schaumberge. „Ich sehe nicht mehr den Rand, wo kommt denn dieser viele Schaum her?" ruft er verzweifelt.

7. Könnt ihr die Herkunft und den molekularen Aufbau des Schaumes erklären und vielleicht einen Trick verraten, wie Dionysos diesen Schaum wieder loswird?

Bruchstücke des Eiweißes, welche in der Eiweißrast gebildet wurden, haben polare und unpolare Molekülteile, welche sich im Schaum als Doppelmembrane mit dazwischenliegender Wasserschicht anordnen. Der Schaum kann durch hartes Wasser und Fett wieder vernichtet werden.

Endlich erbarmen sich die Mönche und ziehen Dionysos aus der Tonne und spritzen ihn mit Wasser ab. Dionysos flucht wie ein Rohrspatz. „Einmal im Jahr sich zu waschen sollte reichen, meine speckige Kutte bleibt jetzt bestimmt nicht mehr nach dem Ausziehen stehen.

8. Skizziere den Waschvorgang auf molekularer Ebene

„Jetzt bin ich ob dieser fürchterlichen Anstrengung endgültig sauer" stöhnt Dionysos.

9. Erklärt, warum das Blut von Dionysos tatsächlich sauer ist. Um welche Säure dreht es sich und wie ist sie entstanden?

Es handelt sich um die Milchsäure, welche nach der Glycolyse der Maltose und Glucose in den Muskeln entstanden ist

„Jetzt brauche ich ein Starkbier" meint Dionysos. „Da musst du aber noch eine Woche warten, aber du kannst ja den maximal möglichen Alkoholgehalt berechnen, wenn ich dir angebe, dass die Stammwürze 20 % beträgt, d.h. 20 g Glucose auf 100 mL Wasser kommen und 1 mol Glucose ($C_6H_{12}O_6$) 180 g bzw. 1 mol Alkohol (C_2H_6O) 46 g wiegen.

10. Helft ihm bei der Berechnung des maximal zu erwartenden Alkoholgehaltes

Berechnung der Alkoholmenge aus der Vergärung von Glucose

$$C_6H_{12}O_6 \quad \rightarrow 2CO_2 + 2\,C_2H_6O$$

molare Masse: $(6 \cdot 12 + 12 \cdot 1 + 6 \cdot 16)g$

$\rightarrow 2 \cdot 44g + 2 \cdot (2 \cdot 12 + 6 \cdot 1 + 1 \cdot 16)\,g$

aus 180 g Zucker entstehen 88 g Kohlenstoffdioxid und 92 g Alkohol

aus 1 g Glucose entstehen dann 92/180 g = 0,51 g Alkohol

und aus 20 g Glucose entstehen 0,51 · 20 g = 10,2 g Alkohol.

d.h. Das Bier ist etwas über 10-%ig, da hierbei die Volumenprozente angegeben werden.

Literaturverzeichnis

ABEL, J. (1990): „Mittlere Metallkonzentration im Flugstaub" Abwasser- und Abfallwirtschaft

ABEL, J. (1991): „Stoffliche Zusammensetzung des Hausmülls nach Elementen" Abwasser- und Abfallwirtschaft

AICHELE, D. (1981): „Was blüht denn da?" Kosmos Naturführer, Franckh'sche Verlagshandlung Stuttgart

ALCUBILL, M. u. H. RODENKIRCHEN H. (1985): „Bodenchemie" Physik/Chemie 8

Anonymus (1996): „Tödliches Risiko. Schwerer Vorwurf gegen eine Bundesbehörde: Sie verschleppt das Verbot gefährlicher Arzneimittel" Der Spiegel 50, S.29

Anonymus (1984): „Dreißig Zentimeter, von denen wir leben" Der Spiegel 32, S.50

Anonymus (1997): „Waldsterben, Abhängig wie ein Junkie" Der Spiegel 50, S.61

Anonymus (1999): „Gefährliche Nachbarschaft" Der Spiegel 15, S.217

Anonymus (1999): „Wiederkehr eines Alptraumes" Der Spiegel 6, S.169

ARNDT, U., NOBEL, W. & SCHWEIZER B. (1987): „Bioindikatoren, (Möglichkeiten, Grenzen und neue Erkenntnisse)" Verlag Eugen Ulmer, Stuttgart

Autorenkollektiv (1967): „Organikum" Deutscher Verlag der Wissenschaften, Berlin, S.458 u. 569

BALLSCHMITTER, K. (1971): „Chromatographie von Metallchelaten" Z. anal. Chem. 254, S.348-353

BANNWART, H. (1985/86): „Sonderdruck aus Umwelt u. Gesundheit 3" Universität Köln

BANNWART, H. (1993): „Verbesserung und Wiederherstellung saurer Böden zur Bekämpfung von Waldschäden" Erfurter Tagungsberichte des VFD Z, S.34-97

BARKOWSKI, D. et al. (1990): „Altlasten" Verlag C.F.Müller

BARTSCH, U., ENSSLIN, W., HENKLER, R.-D., KRAHN, R. (1995): „Biotechnological purification of ground and water containing heavy metalls" Patent WO 96/20797

BECK (Hrsg.) (1977): „Bürgerliches Gesetzbuch", Deutscher Taschenbuch Verlag, München

BEGEROW, J. (1991/92): „Quecksilberbelastungen durch Amalgam-Füllungen" Jahresbericht des Medizinischen Instituts für Umwelthygiene 24, S.71-91

BEYEN, K. (1987/88): „Zur Bedeutung von Selen für die Gesundheit des Menschen" Jahresbericht des Medizinischen Instituts für Umwelthygiene Düsseldorf, Band 20

BLUME, H.P. (Hrsg.) (1990): „Handbuch des Bodenschutzes, Bodenökologie und -belastung. Vorbeugende und abwehrende Schutzmaßnahmen" Ecomed Verlag, Landsberg/Lech, S.25

BLUME, H.P. et. al. (1966): „Bodenkundliches Praktikum", Verlag P. Parey Hamburg

BOCHTER, R. (1996): „Boden und Bodenuntersuchungen" Praxis Schriftenreihe Chemie, Aulis Verlag, Deubner, S.78

BODE, H. (1954,1955): „Systematische Untersuchung über die Anwendbarkeit der Diäthyldithiocarbaminate in der Analyse" Z. anal. Chem. 143, S.182-195; 144, S.90, S.165-186

BÖHLMANN, D. (1991): „Ökologie von Umweltbelastungen in Boden und Nahrung, (Streusalze lassen Schnee und Eis schmelzen, aber unsere Straßenbäume sterben" Gustav Fischer Verlag Stuttgart, S.103

BÖHLMANN, D. (1991): „Ökologie von Umweltbelastungen in Boden und Nahrung" Basiswissen Biologie 5, Gustav Fischer Verlag Stuttgart

BÖRGEL, C., LETHMATE, J., SOMMERMEYER, J. & T. STRUCK (1993): „Blei im Qellwasser; ein Fallbeispiel zu den ökosystemaren Folgen der Luftverschmutzung" Biologie in unserer Zeit 23, S.63

BREHM (Hrsg.) (1902): „Brehms Tierleben", Bibliographisches Institut Leipzig

BREUER, G. (1994): „Versauerung von Süßwasser-Ökosystemen" Naturwissenschaftliche Rundschau 47, S.25

BRUCKER, G. & D. KALUSCHE (1990): „Boden und Umwelt" Bodenbiologisches Praktikum Biologische Arbeitsbücher, Verlag Quelle & Meyer Heidelberg

BRÜMMER, G. et al.: „Anleitung zur Durchführung von Bodenanalysen" Institut für Bodenkunde der Rheinischen Friedrich-Wilhelm-Universität

BRÜMMER, H. et al. (1985): „Bielefelder ökologische Beiträge" Universität Bielefeld, Bd.1 S.117-135

BUBLATH, J. (1996): „Das Knoff hoff Buch 3" Wilhelm Heyne Verlag München

BUCHERT H., BIHLER S., BALLSCHMITTER K. (1982) „Untersuchung zur globalen Grundbelastung mit Umweltchemikalien" Fresenius Zeitschrift für Analytische Chemie **313** Berlin

BULTMANN A. „Vergiftet und Allein gelassen. Die Opfer von Giftstoffen in den Mühlen von Wissenschaft und Justiz" Droemersche Verlagsanstalt München 1996

CATRINA, W. (1985): „Der Eternit-Report" Orell Füssli Verlag Zürich

CIESLIK, M. (1998): http://www.hilden.de/hgh/ags/chemieag.htm

COOK, E. (1976): „Limits to Exploitation of Nonrenewable Resources" Science **20**

DAUNDERER, M. (1990): „Handbuch der Umweltgifte (Klinische Umwelttoxikologie für die Praxis)" ecomed-Verlag Landsberg/Lech

DAVID, W. (1981): „Experimentelle Mikrobiologie" Quelle & Meyer Verlag Wiesbaden

DAVIES, D.J. et al. (1990): „Lead intake and blood lead in two-year-old U.K. urban children" Sci Total environ **90**, S.13

Dechema – Fachgespräche Umweltschutz (1988): Beurteilung von Schwermetallkontaminationen im Boden, Deutsche Gesellschaft für chem. Apparatewesen, chem. Technik u. Biotechn. e.V. Frankfurt am Main

DEKANT, K. & S. VAMVAKAS (1994) „Toxikologie für Chemiker und Biologen" Spektrum, Akademischer Verlag Heidelberg

DEV (1984): „Deutsches Einheitsverfahren (DEV)" Verlag Chemie GmbH Weinheim/ Bergstraße

DÜES, G. (1987): „Untersuchung zu den Bindungsformen und ökologische wirksamen Fraktionen ausgewählter toxischer Schwermetalle in ihrer Tiefenverteilung in Hamburger Böden" Hamburger bodenkundliche Arbeiten **9**, S.265

ENSSLIN, W. (1997): „Chronik von 15 Jahren Chemie-Arbeitsgemeinschaft und deren Wirken" in H., WAMBACH (Hrsg.): „Förderung von Jugendlichen im Unterricht; Außerunterrichtliche Praxisbeispiele als Beitrag zur Gestaltung von Schulprogrammen" Lit Verlag Münster - Hamburg – London, Band **27**

ENSSLIN, W. (1998): http://www.hilden.de/hgh/ags/chemie1.htm

ERNST, A., LANGBEIN, K. & H. WEISS (1986): „Gift-Grün, Chemie in der Landwirtschaft und die Folgen" Kipenheuer & Witsch Köln

European Chemical Industry Council Http://www.cefic.org

FARTHMANN, F. (1992): Der Minister für Arbeit, Gesundheit und Soziales von NRW „Kurzzusammenfassung des gegenwärtigen Kenntnisstandes über toxische Stoffe in Tennenbelägen" VB 4-0292.10.3.

FEHLAU, K-P. & W. KÖNIG (1998): „Das Bundes-Bodenschutzgesetz aus der Sicht eines Landes" altlasten spektrum **2/98**, S.81

FINK, A. (1976): „Pflanzenernährung in Stichworten" Verlag Ferdinand Hirt

FOKKEN, U. (1998): „Töpfers Bodenschutzgesetz ist zum „schlechten Altlastengesetz" verkommen" TAZ vom 16.5.

FRIES, J. & H. GESTROST (1977): „Organische Reagenzien für die Spurenanalyse" E. Merck Darmstadt, S.41ff.

FULTON, T. et al. (1987): „Influence of blood lead on the ability and attainment of children in Edinburgh" Lancet **1**, S.1221

GABEL, W. u.a. (1973): „Gift auf den Tisch". Nicolai Herford, S.120

GAIDA, R. & U. RADKE (1990): „Die Bedeutung eisen- und manganhaltiger Bodenhorizonte für die Fixierung und Remobilisierung von Schwermetallen „Naturwissenschaften im Unterricht - Chemie", **1/4**, S.161; **2/6**, S.45

GAIDA, R. & U. RADKE (1990): „Schwermetalle im Wasser" Unterricht Biologie **36**

GAIDA, R., RADKE, U., SAUER, K.-H. & R. SCHUHMACHER (1993): „Elementverteilung in einem Moorprofil aus der Spätglacial (Hohes Venn)" Düsseldorfer Geographische Schriften **31**, S.141-153

GAIDA, R., SPONA, K. & H. BRÜCKNER (1993): „Blei, Cadmium und Zink in Autobahnnähe im Bodenwasser des Hildener Waldes (Bergisches Land, Rheinland)" Düsseldorfer Geographische Schriften **31**, S.225

Gesellschaft für bedrohte Völker/Society for Threatened Peoples http://www.gfbv.de/voelker/ suedam/yanomami.htm

Global 2000 (1981), Zweitausendeins Verlag Frankfurt, S.472

GRILL, D. (1971): „Pufferkapazität gesunder und rauchgeschädigter Fichtennadeln" Pflanzenkrankheiten 10, S.39-50

GRODZINSKA, K.: „Monitoring of air pollutants by mosses and tree bark"

GROTHMANN, T. (1998): „Der Altlastenberater", K.O. Storck Verlag Hamburg

GÜNTHER, R. (1993): „Coordination gegen BAYER-Gefahren – Chrom am Kap" Düsseldorf

HAMMOND, D. (1990): „Lead exposure in early life: health consequences" Rev Environ Contam Toxicol 115, S.91

HANTGE, E., JOHAMNNES, H. & G. MIGGE G. (1984): „Untersuchung über das Verhalten ausgesuchter Schwermetalle in Gewässern von Rheinland-Pfalz und Hessen" DVWK Schriften BD, 68

HÄRTEL, O. (1977): „Fichtenborke gibt Auskunft über die Luftgüte", Umschau 77, S.308-309

HÄRTEL, O. (1972): „Langjährige Messreihe mit dem Trübungstest an abgasgeschädigten Fichten" Oecologia 9, S.103-111

HÄRTEL, O. & H. FUCHSHOFER (1987): „Neues zur Bioindikation von Abgaswirkungen aus Koniferen mittels des Trübungstest- Physiologische Grundlagen und Methodisches" VDI-Bericht 609, S.423-442

HÄRTEL, O. & D. GRILL (1972): „Die Leitfähigkeit von Fichtenborken-Extrakten als empfindlicher Indikator für Luftverunreinigungen" Eur. J. For. Path. 2, S.205-215

HARTFIEL, W. & N. BAHNERS (1988): „Selenium deficiency in the Federal Republik of Germany" in: „Selenium - present status and perspectives in biology and medicine" Ed. by Schrauzer G.N. - Clifton N.J.: Humana Press 1

HATZAKIS et al. (1987): „Psychometric intelligence and attentional performance deficits in lead exposed children" Lindberg, Hutchinson eds. Heavy Metals in the Environment. Edingurgh, Scotland: CEP Consultants Ltd. 204

HENNING, H. (1979): „Die Giftigkeit der Gebrauchsmetalle des Haushalts" Praxis Chemie 28, S.317

HOCK, B. & E.F. ELSTNER (1987): „Schadwirkungen auf Pflanzen" Lehrbuch der Pflanzentoxikologie, Bibliographisches Institut Wissenschaftsverlag Mannheim, S.87

HOEK, B. (1984): „Pflanzentoxikologie - der Einfluss von Schadstoffen und Schadwirkungen auf Pflanzen" Zürich

HÜTTNER, L. A. (1979): „Wasser und Wasseruntersuchung" Diesterweg Salle Frankfurt, S.65ff.

Institut der Deutschen Zahnärzte (1990): „Amalgam - Pro- und Kontra" Köln Deutscher Ärzteverlag

IRVING, H. M. N. H. (1977): „Dithizone" The Chemical Society, Analytical Sciences Monographs, No.5

JOHN, M. K. (1972): „Heavy Metalls in Plants and Soils" Canad. Agric. 17, S.20ff

JUNGK, A. (1988): „Toxikologie der Pflanzenernährung (Düngerschäden)" in HOCK, B. & e.F. ELSTNER (Hrsg) „Lehrbuch der Pflanzentoxikologie" B.I. Wissenschaftsverlag Mannheim, S.227

KAIM, W. & B. SCHWEDERSKI (1991): „Bioanorganische Chemie" Teubner Studienbücher Chemie Stuttgart

KAPPELSPERGER, E. & U. POLLMER (1983): „Iss und stirb" Kipenheuer & Witsch Köln

KARLSON, P. (1988): „Kurzes Lehrbuch der Biochemie" Georg Thieme Verlag Stuttgart

Katalyse-Umweltgruppe Köln (1981): „Chemie in Lebensmitteln" Kölner Volksblatt

KAUPENJOHANN, M. (1992): „Über die Wirkung einer Düngung mit Rosal-Kalk auf den chemischen Bodenzustand, die Wurzelmasse, die Wurzelvitalität und die Wurzelelementgehalte in zwei Fichtenbeständen der Nord-Eifel" Universität Bayreuth

KAYE, B. (1997): „Mit der Wissenschaft auf Verbrecherjagd" Wiley-VCH Weinheim

KELLER, T., Schwager, H. & D. Yee-Meiler (1976): „Der Nachweis der winterlichen Schwefeldioxid-Immissionen an jungen Fichten" Eur. J. For. Path. 6, S.6-18

KOCH, E. R. & F. Vahrenholt F. (1978): „Seveso ist überall" Kipenheuer & Witsch Köln

KOCH, H. P. (1992): Pharmazie 47 Heft 7, S.531

KOCH, R. (1989): „Umweltchemikalien" VCH Verlag Weinheim
KOCH, T.C. et al. (1988): „Ökologische Müllverwertung", C.F. Müller Verlag Karlsruhe
KOOLMAN, J. & K.-H. RÖHM (1994): „Taschenatlas der Biochemie" Thieme Verlag Stuttgart
KOPPE, P. (1986): „Selbstreinigung und kritische Schadstoffe in Fließgewässern" Z. Wasser-, Abwasser-Forsch. **19,** S.14-19
Kultusminister des Landes NW (1995): „Sicherheit im naturwissenschaftlichen Unterricht an allgemein bildenden Schulen" Verlagsgesellschaft Ritterbach mbH Frechen Heft **1031/1**
KVĚTOSLAV, H. (1987): „Pflanzen und Kräuter", Naumann und Göbel Verlag Köln
LAMMERT, F-D. (1989): „Bodenschutz" Unterricht Biologie **144,** S.2
Landesamt für Wasser und Abfall NW Düsseldorf (1987): „Entwurf einer Richtlinie über die Untersuchung und Beurteilung von Abfällen" Teil **2**: „Empfehlung zur Beurteilung von Abfalluntersuchungen / Beseitigung von Abfällen durch Ablagern unter besonderer Berücksichtigung wasserwirtschaftlicher Begebenheiten"
Landesanstalt f. Immissionsschutz (1986): „Eine vereinfachte Methode zur Immissionssimulation" LIS-Berichte **76,** ISSN 0720-8499, Landesanstalt f. Immissionsschutz NW, Wallneyerstr. 6, Essen
Landesinstitut für Schule und Weiterbildung in Soest (Nordrhein-Westfalen) (1993): „Vorschlag einer Entsorgungskonzeption beim Umgang mit gefährlichen Stoffen"
LANGE-HESSE, K. u.a. (1989): „Extraktionsschema für die Untersuchung zur Schwermetallmobilisierung aus Erzraumhalden" Erzmetall **42,** S.317
LEICHNITZ, K. (1985): „Prüfröhrchen-Taschenbuch" Drägerwerk AG Lübeck
LEICHNITZ, K. (1986): „Gefahrstoff-Analytik" Ecomed-Verlag
LINDNER, E. (1986): „Toxikologie der Nahrungsmittel" Thieme Verlag Stuttgart
LIPPARD, S.J. & J.M. BERG (1995): „Bioanorganische Chemie" Spektrum Akademischer Verlag
LÖSCHER, K. (Hrsg.) (1989): „Schulversuche zur Problematik Schwermetalle und Umwelt" Unterrichtspraktische Reihe MNT Franzbecker Verlag Bad Salzdetfurth
MAGS (Der Minister für Arbeit, Gesundheit und Soziales NW) (1990): „Metalle auf Kinderspielplätzen" Ministerialblatt für das Land NW Nr. **69** (24.9.90/ 1252-1253)
MARKARD C. et al. (1977): „Luftqualitätskriterien für Cadmium" Umweltbundesamt Berlin **4/77**
MCMICHAEL et al. (1988): „Pirie cohort study:environmental exposure to lead and children's abilities at the age of four years" N Engl J Med **319,** S.468
MERCKOQUANT -Test zur halbquantitativen Bestimmung von Ionen und Verbindungen (1982): Merck Darmstadt
MERIWETHER, L.S. et al. (1965): „The Photochromism of Metal Dithizonates" Journal of the American Chemical Society **20**
MERTENS, X. (1989): „Münchner Kommentar" Rd.-Nr. 48 zu §823 BGB, Beck Verlag München
MOLL, W.L.M. (1976): „Taschenbuch für Umweltschutz II" Steinkopf Darmstadt, S.174
MORTVEDT ,J.J., GIORDANO, P.M. & W.L. LINDSAY (1972): „Micronutrients in Agriculture, Madison" Soil Science Society America
MÜCKE, B. (1983): „Damit der Wald nicht stirbt" Heyne Verlag München
MÜLLER, W. (1996): „Demonstration eines Wunders im Chemieunterricht", Praxis der naturwissenschaften Chemie **3/45,** S.39
MUROZUMI, J., CHOW, T.Y. & C. PATTERSON (1969): Geochim. Cosmochim. Acta **33,** S.1247
MUTSCHLER, E. (1991): „Arzneimittelwirkungen; Lehrbuch der Pharmakologie und Toxikologie" Wissenschaftliche Verlagsgesellschaft Stuttgart
NEEDLEMAN, BELLINGER (1991): „The health effects of low level exposure to lead" Annu. Rev. Public Health **12,** S.111-140
NEEDLEMAN et al. (1979): „Deficits in psychologic and classroom performance of children with elevated dentine lead levels" N Engl J Med **300,** S.689
NOTTRODT, A. (1975) in: STRAUB, H., HÖSEL, G. & W. SCHENKLER (Hrsgb): „Müll-und Abfallbeseitigung" Müllhandbuch Bd. **4**, Berlin (38 Lfg. XI/75)
NYMAN, B.F. (1986): Eur. J. For. Path. **16,** S.139-147
OBERMANN, P. (1991): „Materialien zur Ermittlung und Sanierung von Altlasten" **Bd.6,** Landesamt für Wasser und Abfall NRW

OKÁC, A. (1960): „Qualitative analytische Chemie" Akademische Verlagsgesellschaft Leipzig

OSSWALD, W. & E.F. ELSTNER (1988): „Die Wirt-Parasit-Beziehung, Bakterien und Pilze als Parasiten" in B. HOCK und E. F. ELSTNER (Hrsg.): „Schadwirkungen auf Pflanzen", Lehrbuch der Pflanzentoxikologie B.I. Wissenschaftsverlag. Mannheim, S.247ff

PALLANDT, O. (1999): „BGB Kommentar" Beck Verlag München

PHILIPPEIT, U. & S. SCHWARTAU (1982): „Zu viel Chemie im Kochtopf" Rowohlt Taschenbuch Verlag Hamburg

POLLMER, U. et al. (1997): „Prost Mahlzeit! Krank durch Ernährung" Kipenheuer & Witsch Köln

PSCHYREMBEL, W. (1972): „Klinisches Wörterbuch" Walter de Gruyter & Co. Berlin, S.89

PÜTZ, J. (1984): „Das große Hobbythekbuch Essen 1" Verlagsgesellschaft Schulfernsehen (vgs) Köln

RADKE, U., GAIDA, R. & K.-H. SAUER (1990): Acta Biol. Benrodis 2, S.173-190

RADLER, F. (1981): „Experimentalkartei Biologie, Mikrobiologische Versuche an der Bäckerhefe" Klettverlag Stuttgart

RATHJE, M. et al. (1993): „Schwermetalle und Metalloide auf Spielplätzen" Düsseldorfer Geographische Schriften 31, S.251

RHODES, D. & A. Klug (1993): „Zinkfinger" Spektrum der Wissenschaft 4, S.54 1993

RICHARDSON, D. H. S., DOWDING, P. & E.N. LAHMHNA (1985): „Monitoring air quality with leaf yeasts", J. Biol. Education 19, S.299-303

RÜCKERT, J. (1988): „Klärschlamm ruinierte Existenz" Solinger Tageblatt v. 18.7.

RUDOLPH, E. (1977): „Exposition von Indikatorpflanzen zur Erfassung komplexer Emissionswirkungen in München", Staub-Reinhaltung der Luft 37, S.467-472

RUDOLPH, E. (1977): „Überwachung der Luftqualität in München an ausgewählten Testpflanzen", VDI-Berichte 270, S.175-177

RUDOLPH, E. (1978): „Wirkung von Luftverunreinigungen auf pflanzliche Indikatoren in Bayern.", Schriftenreihe Naturschutz und Landschaftspflege des Bayerischen Landesamt für Umweltschutz 9, S.7-44

SCHEFFER, F. & P. SCHACHTSCHNABEL (1989): „Lehrbuch der Bodenkunde" Ferdinand Enke Verlag Stuttgart

SCHILDHAUER, R. (1993): „Gift aus der Plombe?" Kosmos Stuttgart 6, S.45

SCHMEIL, O. & J. FITSCHEN (1996): „Flora von Deutschland", Verlag Quelle & Meyer, Wiesbaden

SCHMUG, E. & R. SCHULZ (1997): „Coca-Cola für die Wissenschaft" Institut für Pflanzenernährung und Bodenkunde an der Braunschweiger Bundesforschungsanstalt für Landwirtschaft (FAL)

SCHNEIDER, H. (1994/1): „Schadstoffabbau durch Pilze" Naturwissenschaftliche Rundschau 47, S.23

SCHÖNDORF, E. (1999): „Die Lügen der Experten" DER SPIEGEL 23, S.42

SCHÖNDORF, E. (1999): „Von Menschen und Ratten. Über das Scheitern der Justiz im Holzschutzmittelskandal" Verlag Die Werkstatt GmbH Göttingen

SCHROEDER, D. (1981): „Bodenkunde in Stichworten" Verlag F.Hirt, Uneträgeri

SCHUBERT, R. (1991): „Bioindikation in terrestrischen Ökosystemen" Gustav Fischer Verlag Jena

SCHUSTER, G. (1985): Zeitschrift Natur 4, S.46

SCHWEDT, G. (1986): „Chromatographische Trennmethoden" G.Thieme Verlag Stuttgart

SPÄTE, A. & W. WERNER (1991): „Materialien zur Ermittlung und Sanierung von Altlasten" Band 4, Erfassung u. Auswertung der Hintergrundgehalte ausgewählter Schadstoffe in Böden Nordrhein-Westfalens, Landesamt für Wasser und Abfall NW Düsseldorf

STARY, J. (1968): „Determination of Extraction Constants of Metal Diethyldithiocarbaminates" Z. anal. Chim. Acta 40, S.93-100

STEIN, A.N. (1976): J. Chem. Education 53, S.646

STEUBING, L. (1987): „Bioindikation von Schwermetallen in verschiedenen Ökosystemen" VDI-Bericht 609, S.351-366

STEUBING, L. et al. (1980): „Pflanzenökologische Experimente zur Umweltverschmutzung" Quelle & Meyer Verlag Heidelberg

STEUBING, L. & H.J. JÄGER (Hrsg.) (1982): „Monitoring of air pollutants by plants" Dr. W. Junk Publishers, The Hague, S.33-42

STEUBING, L. & U. KIRSCHBAUM (1982): „Bioindikation von Luftschadstoffen im Ballungsraum Frankfurt/Main mittels Flechten und höheren Pflanzen" Staub-Reinhaltung der Luft **42,** S.244-249

STEUBING, L., KLEE, R. & U. KIRSCHBAUM (1974): „Beurteilung der lufthygienischen Bedingungen in der Region Untermain mittels niedriger und höherer Pflanzen" Staub-Reinhaltung der Luft **34,** S.206-209

STEUBING, L. & C. KUNZE (1972): „Pflanzenökologische Experimente zum Umweltschutz", Quelle & Meyer Verlag Heidelberg, **92** S.

STREICH, J. (1993): „Dem Gesetz zuwider" Zebulonverlag Düsseldorf

STROGIES (1995): Umweltbundesamt II.4.2

Studie Berlin (1988): „Studie der Stadt Berlin zum Streusalzeinsatz und seinen Konsequenzen"

TEUSCHER, E. (1979): „Pharmazeutische Biologie" Friedrich Vieweg & Sohn Braunschweig, Wiesbaden, S.145,503,506

TEUSCHER, E. & U. LINDEQUIST (1988): „Biogene Gifte" Akademieverlag Berlin

THORMANN, A. (1981): „Cadmium-Bericht" Umweltbundesamt Berlin

ULE, C.H. (1986): „Bundesimmissionsschutzgesetz,TA-Luft" Luchterhand

ULRICH, B. (1981): „Ökologische Gruppierung von Böden nach ihren chemischem Bodenzustand", Z. f. Pflanzenernährung und Bodenkunde **144** (3), S.289-305

ULRICH, B. in E. MERIAN (ed.) (1987): „Metals and their Compounds in the Enviroment. Occurence, Analysis and Biological Relevance" Weinheim, S.369-378

ULRICH, B. & E. MATZNER (1983): „Abiotische Folgewirkung der weiträumigen Ausbreitung von Luftverunreinigungen" Forschungsbericht Umweltbundesamt Berlin, 10402615

Verband der chemischen Industrie Frankfurt, Karlstr.21 Tel 069-2566-0

WALSH, M.P. (1980): „Lead in Petrol" Conference Paper of BEUC and EEB, Brüssel

WEINZIERL, H. (1984): Vorsitzender des Bund für Umwelt und Naturschutz (BUND) zitiert im Spiegel **32,** S.50

WEISSFLOG, L. et al. (1994): „Modellierung der Partikelgröße der Flugstäube" Z. Umweltchem. Ökotox. **6**(3), S.135

WILBER, C.G. (1980): „Toxicology of Selenium" Clin. Toxicol. **17,** S.171

WIRTH W. u. GLOXHUBER C. „Toxikologie" Georg Thieme Verlag Stuttgart 1985

ZANDER, D., EWERS, U., FREIER, I., WESTERWELLER, S., JERMANN, E. & A. BROCKHAUS (1980): „Untersuchung zur Quecksilberbelastung der Bevölkerung II Quecksilber Freisetzung aus Amalgam-Füllungen" Umweltbundesamt Berlin

ZEDDEL, A. & W. Huhn (1998): „Prüfwerte nach der BBodSchG mit einheitlichen Gefahrenbezug" altlasten spektrum **4/98,** S.196

Stichwortverzeichnis

Notizen:

Notizen:

QUELLE & MEYER VERLAG